Robert Stam | Ella Shohat

Race in Translation

Ella Habiba Shohat ist Professorin für Kultur- und Frauenstudien an der New York University. Sie forscht und veröffentlicht zu Multikulturalismus, Postkolonialismus, Mizrahi-Identität und zionistischen Diskurs. Ihre Veröffentlichungen wurden bislang ins Französische, Spanische, Portugiesische, Arabische, Hebräische und Türkische übersetzt. Seit Jahren ist Ella Shohat in verschiedenen linken arabisch-jüdischen Organisationen aktiv, u.a. in der World Organization of Jews from Islamic Countries for ›The Question of Palestine‹ und Ivri-NASAWI, New Assosiation of Sephardi/Mizrahi Artists & Writers International.

Robert Stam ist Filmwissenschaftler und Professor an der New York University, wo er über La Nouvelle Vague lehrt. Viele Veröffentlichungen zu Französischer Literatur, vergleichenden Literaturwissenschaften sowie Filmtheorie und Filmgeschichte.

Robert Stam | Ella Shohat

Race in Translation

Kulturkämpfe rings um den postkolonialen Atlantik

Aus dem amerikanischen Englisch
von Alfred Weber

UNRAST

Bibliografische Information der Deutschen Bibliothek
Die Deutsche Bibliothek verzeichnet diese Publikation in der Deutschen Nationalbibliografie; detaillierte bibliografische Daten sind im Internet über http://dnb.ddb.de abrufbar.

Robert Stam | Ella Shohat
Race in Translation
1. Auflage, März 2014
ISBN 978-3-89771-562-2

Postfach 8020, 48043 Münster – Tel. (0251) 66 62 93
www.unrast-verlag.de – kontakt@unrast-verlag.de
Mitglied in der assoziation Linker Verlage (aLiVe)

RACE IN TRANSLATION. Culture Wars around the Postcolonial Atlantic
First published by: New York University Press

Umschlag: Felix Hetscher, Münster
Satz: UNRAST Verlag, Münster
Druck: CPI – Ebner & Spiegel, Ulm

Inhalt

Vorwort

Race in Translation: Kulturkämpfe rings um den postkolonialen Atlantik ist gleichzeitig ein Bericht von den unterschiedlichen Fronten in den Debatten zu *race* und Kolonialismus, eine Kartierung der betreffenden Literatur mehrerer Sprachen und eine Stellungnahme zur Politik des grenzüberschreitenden Ideenflusses. Vor dem Hintergrund eines von der Unterwerfung[1] indigener Menschen, der Versklavung der Afrikaner_innen und massiver kolonialer und postkolonialer Vertreibung und Umsiedlung geprägten atlantischen Raumes besucht unser Buch Haupthäfen entlang eines ozeanischen Kontinuums. Wir folgen dem transatlantischen Verkehr von *race* innerhalb und zwischen drei nationalen Zonen, den Vereinigten Staaten (und umfassender, der anglofonen Zone), Frankreich (und der frankofonen Zone) und Brasilien (und der portugiesischsprachigen Zone). Unsere Studie geht jedoch über diese drei Zonen hinaus, indem sie fortwährend an das Vorhandensein vielfältiger Geografien gemahnt, während sie gleichzeitig die *race*/Kolonialitäts-problematik allgemein in den atlantischen Raum einschreibt. Die verschiedenen Routen der Debatten um *race*, so argumentieren wir, kreuzen sich auf überraschende und erhellende Weise.

Jedes Kapitel von *Race in Translation* handelt von einer anderen Dimension der Thematik und hebt gleichzeitig die miteinander verflochtenen Ähnlichkeiten unter den verschiedenen Erscheinungsformen dessen hervor, was wir die ›atlantische Aufklärung‹ nennen. Die Mehrzahl der Kapitel kartiert den Werdegang einer Reihe von Ideen – des Eurozentrismus, der Dekolonisierung des Wissens, der Politik der Identität, des Multikulturalismus, der *affirmative action* (Förderprogramm zugunsten benachteiligter Gruppen), der postkolonialen Theorie usw. – so, wie sie sich in den Öffentlichkeiten voneinander getrennter Räume und über sie hinweg entfaltet haben.

Die ersten Kapitel liefern den breiten historischen Rahmen, indem sie die übergreifende Genealogie der Debatten verfolgen von der ›Begegnung‹ der Renaissance mit indigenen Gesellschaften, über das Aushandeln der Dialektik von Freiheit und Sklaverei in der Aufklärung, bis hin zu der belasteten Beziehung der Moderne zu den Objekten ihrer imperialen ›Zivilisierungsmission‹.

Die letzten Kapitel untersuchen unterdessen die Neuauflagen dieser Debatten, wie sie in den gegenwärtigen Kulturkämpfen verkapselt erscheinen.

1 Das im Original verwendete Wort *conquest* lehnt sich zwar stark an das spanische *Conquista* an und wird im Folgenden zumeist mit ›Eroberung‹ übersetzt; es wird aber auch, wie hier, im erweiterten Sinne, der über die Eroberung der Länder Amerikas hinausgeht, für ›Unterwerfung‹ indigener Menschen ganz allgemein verwendet.

Während der Begriff Kulturkämpfe gewöhnlich die erhitzten Polemiken in der englischsprachigen Welt bezeichnet, die sich um Identitätspolitik, *affirmative action*, einen verbindlichen Literaturkanon, Feminismus, Multikulturalismus, Schwulenrechte, Antiimperialismus und Antiglobalisierung drehen, bilden die verbalen Gefechte, die von diesen Kriegen ausgelöst werden, nur das oberflächliche Kräuseln eines tieferen ozeanischen Kampfes um die Dekolonialisierung von Machtstrukturen und Epistemologien. Wenn auch die Kulturkämpfe in einem gewissen Sinne erst in der Zeit nach dem Zweiten Weltkrieg auftauchten, so partizipieren sie bei längerer Sichtweise durchaus an dem fünf Jahrhunderte dauernden Prozess, durch den die europäischen Mächte eine Stellung ökonomischer, militärischer, politischer und kultureller Hegemonie in goßen Teilen Asiens, Afrikas und den Ländern Amerikas erzielten. Einige der Hauptbegleiterscheinungen dieses kolonialen Prozesses waren die massive Enteignung von Land, die umfassende Zerstörung indigener Gemeinschaften und Kulturen, die Versklavung indigener Amerikaner_innen und Afrikaner_innen sowie der Rassismus sowohl in der kolonialisierten Welt als auch im Westen selbst. Obgleich Widerstand gegen den Kolonialismus von den ersten Anfängen der Kolonialisierung an existierte, richten wir das Augenmerk auf den Widerstand, der seine kritische Masse in der Zeit nach dem Zweiten Weltkrieg erreichte und das erzeugte, was wir als ›seismische Verschiebung‹ in der wissenschaftlichen Forschung ansehen. Sie stellte die etablierten ethnischen Hierarchien, die eurozentrischen Narrativisierungen der Geschichte und die dominanten Modi der Wissensproduktion in Frage.

Entgegen der Gewohnheit einer auf den Nationalstaat fokussierten Analyse, setzen wir die Debatten in einen von uns ›interkolonial‹ genannten Rahmen, welcher die Spannungen zwischen Nationalstaaten, die gleichzeitig Kollaborateure und Rivalen sind, thematisiert. Alle Nationen sind letzten Endes Transnationen und als solche unauslöschlich gezeichnet von der Gegenwart anderer Nationen, für oder gegen die sie sich diakritisch definiert haben. Die kulturellen Grenzen zwischen nationalen Zonen sind daher porös, sie vermischen oft ›innen‹ und ›außen‹. Kulturelle Phänomene, die man als einzigartig für eine ›Nation‹ erachtet, können in Wahrheit von anderen geteilt werden. Intellektuelle Debatten, die in einer historischen Situation für irrelevant und unübertragbar gehalten werden, erweisen sich in einer anderen als relevant, ja sogar als dringend. Während die Debatten sich über nationale Grenzen hinwegbewegen, fragen wir: Wie werden sie sowohl wörtlich als auch im übertragenen Sinne übersetzt? Unter welchen Rubriken, Schlüsselbegriffen und Bewertungsrepertoires werden sie geführt? Wie verändern die Begriffe selbst ihre Valenz, indem sie von einer kulturellen Geografie und politischen Semantik in eine andere wechseln? Wie werden Ideen verlagert, wieder zur Sprache gebracht und neu kontextualisiert, während sie sich zwischen nationalen Feldern hin und her bewegen? Was sind die Raster, Prismen, Tropen und sogar Kirmes-Zerrspiegel, durch die die Debatten gesehen werden? Was sind die nationalen Doxa (für selbstverständlich erachtete Annahmen), die kulturellen Institutionen und die globalen ökonomischen Ausrichtungen, welche den Transit von Ideen über *race*/Kolonialität blockieren oder erleichtern? Wie wirken sich Exzeptionalismus, Narzissmus und verschiedene Formen ihrer Verleugnung auf das aus, was man, wenn man Freud mit Bourdieu verschmelzt, einen ›Narzissmus nationaler Sonderstellung‹ nennen könnte?

Wir befassen uns damit, wie Intellektuelle Ideen textualisiert, vermittelt und mobilisiert haben. Welche Ängste und Hoffnungen, welche Utopien und Dystopien werden durch Worte wie ›*race*‹, ›Multikulturalismus‹ und ›Identitätspolitik‹ an unterschiedlichen Orten ausgelöst? Warum ist das Konzept von *la République* zentral für die Debatten in Frankreich, aber nicht für die in den Vereinigten Staaten oder Brasilien, obgleich alle drei Nationalstaaten Republiken sind? Wieso sind ›Mischehen‹ in Brasilien ein dominantes Thema, aber nicht in Frankreich oder den Vereinigten Staaten, obwohl alle drei Länder, jedes auf seine eigene Weise, ›gemischtrassig‹ sind? Wieso ist ›Kommunitarismus‹ in Frankreich so negativ belegt, während er in Brasilien oder den Vereinigten Staaten selten auftaucht? Was ist die Vermittlerrolle, die die Sprache spielt? In diesem Sinne setzen wir nicht nur die Übersetzungspolitik ein, sondern zitieren Texte aus dem Französischen, Portugiesischen, Spanischen und anderen Sprachen auch in wörtlicher Übersetzung, um sowohl die Stoßrichtung der Argumente zu übermitteln als auch den Ton, die Körnung und die kulturellen Akzente der Stimmen, durch die die Argumente geäußert werden.

Die verschiedenen Kapitel erforschen die vielfältigen Dimensionen dieser transnational/translationalen Überschneidungen (von über die Ländergrenzen hinweg Agieren und Übersetzung). Die ersten drei Kapitel stellen den breiteren konzeptionellen und historischen Rahmen dar. Kapitel 1, »Die atlantische Aufklärung«, skizziert den intertextuellen Hintergrund der Kulturkämpfe mit den grundlegenden Widersprüchen der Aufklärung. Wie ließ sich der Republikanismus der Aufklärung mit seinen erklärten Werten von Freiheit und Gleichheit mit den tatsächlichen Praktiken des Kolonialismus, der Sklaverei und des Imperialismus vereinbaren? Stellte der Kolonialismus einen Bruch mit der Aufklärung dar oder ihren deutlichsten Ausdruck? War die Aufklärung eine Alternative zum Rassismus oder seine eigentliche Quelle? Auf welche Weise rekapitulieren heutige Polemiken Debatten der Aufklärung über das Universelle und das Besondere, wenn auch in neuem Gewand?

In diesem Kontext schlagen wir in Anklang an die bekannte Arbeit über ›*The Black Atlantic*‹ die Idee des ›roten Atlantik‹ und, in einer anderen Betonung, des ›weißen Atlantik‹[2] vor. Obgleich der Ausdruck ›roter Atlantik‹ bisher ausschließlich bezogen auf die Indigen@s der Amerikas verwendet worden ist, drückt er für uns in einem breiteren Sinne aus, dass die gesamte atlantische Welt ›rot‹ ist. Nicht nur wurde sie durch die Eroberung geprägt, die Europa materiell reich machte, , sondern auch durch indigene Formen des Denkens und des Zusammenlebens, welche eine heilsame epistemologische Krise dadurch auslösten, dass sie europäische Denker_innen – von Montaigne und Diderot bis Pierre Clastres – veranlassten, die herrschenden sozialen Normen in Frage zu stellen. Was wir ›den Diskurs des indigenen Radikalismus‹ nennen, ist ins Feld geführt worden, um solch unterschiedliche progressive Anliegen wie jakobinische und sozialistische Revolutionen, Gemeinschaftsbesitz, Klassen-, sexuelle und Geschlechtsgleichheit, Ökologie, kollektives Genießen, Antiproduktivismus und eine alternative Globalisierung zu unterstützen. Das Konzept eines ›weißen Atlantik‹ führt die hegemoniale Ethnizität und *Critical Whiteness Studies* als integrale Teile eines breiter angelegten antikolonialen Projekts an.

Spätere Kapitel nähern sich spezifischen Strömungen innerhalb des atlantischen Kontinuums. Kapitel 2, »Eine Geschichte dreier Republiken«, untersucht den atlantischen Republikanismus und die transatlantisch blickenden Beziehungen oder intellektuellen Polyloge zwischen Frankreich, Brasilien und den Vereinigten Staaten. Die Debatten um Kolonialismus, Sklaverei und *race*, allesamt transozeanisch in ihren Genealogien und Folgen, waren zutiefst konstitutiv für die brasilianischen, US-amerikanischen und französischen sozialen Ausformungen. Hier rücken wir die lange bestehende Rolle Frankreichs als kulturellem Mentor Brasiliens ins Blickfeld sowie das Füllhorn komparativer *Race Studies* bezüglich Brasiliens und der Vereinigten Staaten, und die Suche der Afro-Diaspora nach nichtrassistischen Utopien, vor allem in Frankreich

2 Während der Begriff ›schwarzer Atlantik‹ weit verbreitet ist, tauchen die Begriffe ›roter Atlantik‹ und ›weißer Atlantik‹ nur sporadisch auf. Nachdem wir unseren Abschnitt über den ›roten Atlantik‹ geschrieben hatten, entdeckten wir, dass eine Reihe Autor_innen sich beiläufig auf den ›roten Atlantik‹ bezogen haben. Die meisten dieser Autor_innen verwenden den Begriff entweder im Sinne von ›radikaler Linken‹ oder in dem historisch-ethnografischen Sinn von Bewegungen von Völkern. Das radikale ›Rote‹ bleibt ein Unterton in unserer Arbeit, da wir die Verbindung zwischen indigenen sozialen Normen und westlichem Radikalismus betonen. Jace Weaver hebt die ›hermeneutischen Möglichkeiten des roten Atlantik‹ in einem Aufsatz im *American Indian Quarterly* 35, Nr. 3 (Sommer 2011) hervor, während Tim Fulford von einem ›roten Atlantik‹ in Bezug auf die entscheidende Rolle der Figur des ›Indianers‹ in der Romantik gesprochen hat. Vgl. sein Buch *Romantic Indians:Native* Americans, *British Literature, and Transatlantic Culture* (Oxford: Oxford University Press, 2006). Historiker_innen haben gelegentlich von einem ›weißen Atlantik‹ gesprochen, aber nicht wie wir in Verbindung mit dem Konzept der *Critical Whiteness Studies.*

und Brasilien. Außerdem stellen wir die kulturalistische Dichotomie von Angelsächsisch gegenüber Romanisch als ein ideologisches Konstrukt in Frage, welches bis heute in den Debatten über ›Rasse‹ und Kolonialität herumgeistert. Auf diese Weise bewegen wir den Fokus weg von *Latins* und Angelsachsen als vermeintlich panethnischen Guppen und hin zu dem, was wir die Diskurse des Latinismus bzw. des Angelsachsentums nennen. Sowohl der ›Norden‹ als auch der ›Süden‹, so argumentieren wir, haben eurozentrische, Hegel-Webersche Theorien reproduziert, die die Unterwerfung afrikanischer und indigener Elemente in der ›Neuen Welt‹ naturalisieren. Abschließend verlangen wir eine translationale/übersetzende Analyse des intellektuellen Austauschs als einen Weg, versteinerte Konzeptualisierung nationaler Kultur zu vermeiden.

Kapitel 3, »Die seismische Verschiebung und die Dekolonialisierung des Wissens«, zeichnet die Protokolle des Eurozentrismus als diskursiven Niederschlag des Kolonialismus nach und skizziert die Versuche nach den Weltkriegen, die Forschung auf unterschiedlichen Untersuchungsfeldern zu dekolonialisieren. Hier diskutieren wir das Werk Frantz Fanons als Metonym für den umfassenderen Dekolonialisierungsschritt, welcher nicht nur zur nationalen Unabhängigkeit in der ›Dritten Welt‹ führte, sondern auch zu einer Radikalisierung akademischer Disziplinen und, letzlich, zu neuartigen transdisziplinären Bildungen wie *Ethnicity Studies*, *Critical Race Studies* und *Postcolonial Studies*. Diese seismische Verschiebung, so argumentieren wir, bildet den unentbehrlichen Hintergrund der nachsechziger Debatten über so belastete Themen wie *race*, Identität und Multikulturalismus. Die hier entwickelte Kritik eurodiffusionistischer Erzählungen bezüglich der Verbreitung von Wissen und die Diskussion der Radikalisierung der Disziplinen legen die Grundlage für unsere Kritik einiger ansonsten progressiver Denker später in diesem Buch.

Die verbleibenden Kapitel untersuchen die Debatten, wie sie sich von den 1990er Jahren bis heute entwickelt haben. Kapitel 4, »Identitätspolitik und die Links-Rechts Konvergenz«, untersucht die von der Rechten geteilte Feindseligkeit eines Teils der Linken gegenüber der Identitätspolitik, wie sie von Autor_innen wie Walter Benn Michaels, Pierre Bourdieu/Loic Wacquant und Slavoj Žižek formuliert wird. Wie lässt sich diese bizarre, insgeheime Übereinstimmung zwischen politischen Gegner_innen erklären? Die linken Argumente gegen ›*critical race*‹ und ›multikulturelle Identitätspolitik‹ sind denen, die von der Rechten propagiert werden, auf unheimliche Weise ähnlich, selbst wenn sie im Namen entgegengesetzter Visionen geäußert werden. Wie wir sehen werden, entspringt diese Ablehnung einer vorgeblichen Zwickmühle zwischen Klasse und *race* beziehungsweise zwischen Ökonomie und Kultur. Die lockere Ablehnung eines leicht zu kritisierenden ›liberalen Multikulturalismus‹, so argumentieren wir, lenkt die Aufmerksamkeit ab von der weniger leicht abzulehnenden Arbeit über *race* und Kolonialität. Wie wir schlussfolgern, sind dabei nicht so sehr die Argumente selbst das Problem, sondern die uniformierten und eurozentrischen Grundannahmen, die ihren Unterbau bilden.

Kapitel 5, »Frankreich, die Vereinigten Staaten und die Kulturkämpfe«, zeichnet die Verschiebung im französischen intellektuellen Leben nach, die uns von dem inbrünstigen ›Dritte Welt‹ -Glauben der 1960er Jahre zum Rückrudern dagegen in den 1970ern und dann weiter zu einer gewissen vereinten Front von Rechts und Links gegen multikulturelle Identitätspolitik in den 1990ern geführt hat. Hier sezieren wir die Angriffe durch prominente französische Intellektuelle wie Pascal Bruckner, Tzvetan Todorov und Alain Finkielkraut auf *critical race*- und multikulturelles Denken. Welche Ängste liegen in dieser defensiven Haltung gegenüber dem, was einige das ›Gespenst‹ des Multikulturalismus genannt haben? Wie können wir die große Kluft zwischen dem multikulturellen Frankreich des Hip-Hop und der anti-multikulturellen Haltung französischer Intellektueller erklären? Wir untersuchen hier auch die Rechtswendung, die von den selbsternannten ›pro-amerikanischen‹ und ›zionistischen‹ *nouveaux philosophes* vollzogen wurde – und sich in dem Slogan ›von Mao bis Moses‹ zusammenfassen lässt. Gegen jene, die Jüd_innen und Muslime sowie Jüd_innen und Schwarze als notwendigerweise antagonistisch betrachten, betonen wir ihre historischen, diskursiven und allegorischen Affinitäten, und zwar vom katalytischen Jahr 1492 bis heute. Letzten Endes, so argumentieren wir, sind die Probleme des Kolonialismus, des Antisemitismus, des ›Indianer‹hasses, des Orientalismus, des Eurozentrismus, des antimuslimischen Rassismus und des Rassismus gegen Schwarze alle eng miteinander verknüpft und teilen sich überschneidende Impulse und Logiken. Schlussendlich gibt das Kapitel ein Bild von dem, was seit der Wende zum 21. Jahrhundert die ›multikulturelle Wende‹ französischer Forschung genannt werden könnte.

Kapitel 6, »Brasilien, die Vereinigten Staaten und die Kulturkämpfe«, erforscht die südatlantische Version der seismischen Verschiebung, wie sie sich im Anti-Imperialismus, der Abhängigkeitstheorie und der Black-Consciousness-Bewegung im Nachkriegsbrasilien ausgedrückt hat. Wie ist eine gewisse, der unter französischen Intellektuellen anzutreffenden gleichzeitig ähnliche und von ihr verschiedene, brasilianische Skepsis zumindest in den 1990ern gegenüber multikultureller Identitätspolitik zu erklären? Wir formulieren diese Fragestellungen vor dem Hintergrund der produktiven komparativen Forschung über Brasilien und die Vereinigten Staaten. Worin bestehen die Vor- und Nachteile der komparativen Methode? In diesem Kapitel rücken wir auch die brillante Art und Weise in den Blickwinkel, mit der brasilianische Musiker_innen populärer Musik, wie Gilberto Gil und Caetano Veloso, durch ihre Texte, ihre Musik und ihre Auftritte Debatten über ›Rasse‹ inszeniert haben. Indem sie multikulturelle Dissonanz als eine kreative Ressource einsetzen, geben die Musiker_innen sozialem Begehren eine ästhetische Form. Gleichzeitig zeigen wir, dass brasilianische Akademiker_innen in Übereinstimmung mit den Künstler_innen die *race*-/Kolonial-Debatten mit großer Tiefe und Genauigkeit erforschen und dabei den Mythos der ›Rassendemokratie‹ oftmals hinterfragen.

Kapitel 7, »Von *affirmative action* zum Hinterfragen von Weißsein«, erforscht die Debatten um *affirmative action* und Reparationen als Neuauflagen der Debatten aus der Aufklärung über Freiheit und Sklaverei sowie um das Universelle und das Partikulare oder Eigentümliche. Hier stellen wir die Anatomie des hin und her prallenden Diskurses über die Langzeitfolgen von Kolonialismus und Sklaverei in den drei Zonen dar, wobei wir besonders den kreuz-referentiellen und transnationalen Charakter dieses Diskurses hervorheben. Warum ziehen sowohl die Befürworter_innen als auch die Kritiker_innen von *affirmative action* dauernd Vergleiche zu den Vereinigten Staaten? Gleichzeitig stellen wir mit einem Blick auf potentielle Bereiche der Gegenseitigkeit das Aufkommen in allen drei Zonen von *Critical Whiteness Studies*– oder ihrem funktionalen Äquivalent – fest.

Kapitel 8, »Französische Intellektuelle und das Postkoloniale«, lotet die Kluft zwischen Frankreich als einer ›multiethnischen‹ Gesellschaft und einer französischen akademischen Wissenschaft aus, die trotz der historisch bahnbrechenden Rolle französischer und frankofoner antikolonialer Denker_innen erst vor kurzem begonnen hat, sich mit *race* und Postkolonialität auseinanderzusetzen. Wie lässt sich die anfängliche Abneigung gegen postkoloniale Theorie und das folgende teilweise Abklingen dieser Abneigung erklären? Hier untersuchen wir einige der Ironien dieses Walzers des Zögerns im Angesicht der Postkolonialität, während wir auch auf die neuen Veröffentlichungen hinweisen, die besonders seit den Unruhen von 2005 die Kontinuität zwischen kolonialen Praktiken und dem postkolonialen Frankreich nachzeichnen. Die verschiedenen Genres postkolonialen Schreibens schlagen wir vor, als Teil der mittlerweile lebhaften, dem pulsierenden Zentrum des französischen öffentlichen Lebens ganz nahe Intervention zu betrachten.

Kapitel 9, »Der transnationale Ideenverkehr«, erfasst die Axiome, die in multilateralen Polemiken wirksam sind, in denen Wissenschaftler_innen aus einem Land (Frankreich) Wissenschaftler_innen aus einem anderen Land (den Vereinigten Staaten) einschalten, die über ein drittes Land (Brasilien) schreiben. Wir legen besonderes Augenmerk auf die Polemik zwischen Bourdieu/Wacquant und dem Politologen Michael Hanchard bezüglich der brasilianischen Black-Consciousness-Bewegung. Wir stellen diese Polemik in den Kontext des intertextuellen Feldes der Arbeit französischer und amerikanischer

›Brasilianist_innen‹. Gleichzeitig erforschen wir den Einfluss der Verbreitung französischer poststrukturalistischer Theorie in Brasilien und den Vereinigten Staaten. Indem wir die transregionale Zirkulation von Ideen untersuchen, kritisieren wir Narrative des intellektuellen Austausches, welche dichotome Achsen von fremd/einheimisch, Export/Import und Original/Kopie postulieren. Statt dessen schlagen wir eine fließendere, transnationale und translationale Methodologie vor, die dem grenzüberschreitenden intellektuellen Ideenverkehr gerecht wird.

Um unseren Text herum und in seinen Zwischenräumen schwebt die Metafrage der Theorien und Methodologien, die sich mit Fragen des transnationalen intellektuellen Austauschs befassen: Wie bringen kulturelle Praktiken wie Hip-Hop und Tropicália gemeinsam mit der Wissenschaft ihr ›Über-Blick‹/ ihre ›canivalesque‹ Seite (Bachtin) ein? Welche Vorteile gehen einher mit dem ›Blick aus der Ferne‹ (Lévi-Strauss), besonders, wenn der ›Blick aus der Ferne‹ und der ›Blick von innen‹ sich vermischen und Intellektuelle wie Claude Lévi-Strauss und Roger Bastide durch ihren Brasilienaufenthalt verändert werden? Was ist die kognitive Funktion des Vergleichs? Was erhellt er und was kann er nicht erhellen? Wie kann ein Vergleich die grundlegende Ungleichheit, die die Welt maßgeblich prägt, berücksichtigen? Sind nationale Vergleiche immer tendenziös, narzisstisch, vorschreibend und verstecken das, was R. Radhkrishan die ›Agression einer These‹[3] nennt? Unterstellt oder konstruiert ein Vergleich eine illusionäre Geschlossenheit auf beiden Seiten des Vergleichs? Wie verändert sich ein Vergleich, wenn wir vom Vergleichen zweier Objekte (mit der Gefahr verdinglichter binärer Zuschreibungen) zum Vergleichen von drei oder mehr Objekten schreiten (mit der Gefahr einer chaotischen Vervielfachung)?

Zwischenstaatliche Vergleiche sind gefärbt von Affekt, Ängsten, Eitelkeiten, Wünschen und Projektionen. Komparatist_innen können das ›Heimatland‹ idealisieren oder verunglimpfen, genau so wie sie auch das ›fremde‹ Land idealisieren oder verunglimpfen können. Sie können auch das Nationalstaatsdenken dadurch dekonstruieren, dass sie Gemeinsamkeiten wahrnehmen. Vergleich ist sowohl problematisch als auch unvermeidlich. (Selbst wenn man Vergleich als Methode ablehnt, vergleicht man trotz allem immer noch den Vergleich mit anderen, vermeintlich überlegenen Methodologien). Wenn verdinglichte, auf national-staatlichen Einheiten beruhende Dichotomien einen vermeintlichen nationalen Charakter ontologisieren, führt der Vergleich in eine epistemologische Sackgasse, die den Nationalcharakter jetzt einsperrt in dem,

3 Bezüglich der Theorie des Vergleichs, vgl. nicht nur R.Radhakrishnans Aufsatz »Why Compare?« sondern auch das gesamte Heft 3 (Sommer 2009) von *New Literary History* 40 zu diesem Thema – mit Aufsätzen von Rita Felski und Susan Stanford, Ania Loomba, Bruce Robbins, Gayatri Spivak, Ella Shohat, Robert Stam und anderen.

was man eine ›Ontologie-Nation‹ nennen könnte. Die Mengen-Diagramme richten die Aufmerksmkeit auf das gemeinsame vergleichbare Territorium, lassen aber alles außer Acht, was unvergleichlich ist, d.h., die Besonderheiten, die sich dem Vergleich entziehen. Wir versuchen, diese Klemme durch Formulierungen zu vermeiden, die Identität und Differenz miteinander verbinden und miteinander geteilte Widersprüche, differenzierte Gemeinsamkeiten sowie Familienähnlichkeiten – Unterschiede, welche verbinden, und Ähnlichkeiten, die trennen – betonen. Wir werden auf diese Weise einen multidirektionalen Polylog in den Mittelpunkt stellen, innerhalb dessen Intellektuelle fortwährend hybridisieren, indigenisieren, übersetzen und ›Ideen von anderswo‹ umwandeln, während sie gleichzeitig noch von ihren nationalen Kontexten und ungleichen Beziehungen zur Macht geprägt bleiben.

Vergleichen beinhaltet oft Generalisierung. Doch ist jeder Satz, der eine ganze Nationalität oder Ethnie mit dem Verb ›sein‹ verknüpft, unweigerlich problematisch, wie das schon der antike Rätselspruch »Alle Generalisierungen sind falsch« nahelegt. Aber selbst eingeschränktere Generalisierungen, die sich z.B. auf ›alle weißen französischen Soziolog_innen‹ beziehen, sind mit gleicher Wahrscheinlichkeit falsch. Vergleiche, die statische, überzeichnete Dichotomien ergeben, wecken den Wunsch nach einer komparativen Analyse von Ausnahmen, die das Augenmerk richtet auf Brasilianer_innen, die Fußball und Samba hassen, US-Amerikaner_innen, die Hotdogs und Baseball verachten, und französische Menschen, die Beaujolais und Camembert verabscheuen. Solche Analysen hätten zumindest den Vorteil ihrer Unvorhersagbarkeit und außerdem den, dass sie komplexe Kulturen nicht in den Gefängnissen nationaler Stereotype eingesperrt lassen.

Der Titel dieses Buches, *Race in Translation*, zeigt den roten Faden an, der sich durch den ganzen Band zieht. In einem Bezugsrahmen erzählen wir nach, wie Brasilien, Frankreich und die Verreinigten Staaten historisch in die Dynamiken von *race* und Kolonialität verwickelt gewesen sind, und wie diese Dynamiken in der Gegenwart in Form greifbar ungerechter sozialer Wirklichkeiten immer noch widerhallen. Während die spezifischen demografischen Verhältnisse und Machthierarchien variieren mögen, ist das historische Wechselspiel zwischen *race* und Kolonialität in jedem nationalen Fall prägend. Es ist die Umgehung, die Verweigerung und die blanke Verneinung dieser Prägung, was die ›Debatten‹ auslöst und antreibt. Die Umgehung/Verneinung nutzt in jedem Fall eine andere Rhetorik, ›Rassendemokratie‹ in Brasilien, ›Republikanismus‹ in Frankreich und ›Chancengleichheit‹ in den Vereinigten Staaten. Unserer Meinung nach geht es im Kern der Debatte um den Streit zwischen jenen, die die prägende Rolle von *race* und Kolonialität anerkennen, und jenen, die diese leugnen.

Race in Translation entwickelt die Vorstellung einer vielfarbigen atlantischen Meereslandschaft. In diesem Sinn ist unsere Arbeit Teil einer Bewegung innerhalb der Wissenschaft hin zu postkolonialen und transnationalen Bezugsrahmen, einem Trend der sich linguistisch in der rasanten Vermehrung solcher Vorsilben wie ›trans-‹, ›cross-‹, und ›inter-‹ niederschlägt und in Worten wie ›interkulturell‹, ›transnational‹, ›transkulturell‹, ›diasporisch‹, ›exilisch‹, ›global‹ und so weiter. Ein Strom aquatischer und ozeanischer Metaphern – ›schwarze atlantische Zivilisation‹ (Robert Farris Thompson), ›der schwarze Atlantik‹ (Paul Gilroy), ›Fluss und Rückfluss‹ (Pierre Verger), ›circum-atlantische Performanz‹ (Joe Roach) und ›Tidalektik‹ (Edward Brathwaite) – verleiht einer Poetik von Fließen und Wirbeln, die Myriaden von Strömungen miteinader vermischen, Ausdruck und spiegelt die Suche nach einer fließenderen analytischen Sprache. Gleichzeitig ist Flüssigkeit kein Allheilmittel. Auch die Sklaverei war transnational, und die Wasser des Atlantik begraben unter sich die Leichname der über Bord geworfenen Versklavten. Desweiteren ist nicht alles was fließt auch progressiv; auch Banker der Wall Street sprechen von ›flüssigen Aktivposten‹ und ›Kapitalströmen‹. Unser atlantizistischer Titel spiegelt in diesem Sinne ganz klar den Dreiecksverkehr wider, durch den Europa in einer einträglichen Schleife kommerzieller Aneignung Industrieerzeugnisse nach Afrika, afrikanische Sklaven in die Kolonien und Rohstoffe zurück zu seinen Zentren schickte.

Die Metapher von ›Strömungen‹ ist hier besonders vielsagend, indem der atlantische Ozean wörtlich von gewaltigen zirkulären ›Flüssen‹ und ›Strömen‹ durchzogen wird – einem nördlichen Kreis, der von seinen südlichen Anfängen im Uhrzeigersinn verläuft, und einem südlichen Kreis, der mit seiner Drallströmung im Gegenuhrzeigersinn an den Handel von Ideen und Gütern erinnert, der zwischen Afrika, Europa und den Ländern Amerikas hin und her ging.[4] In Anbetracht dieser flüssigen Überführungen und ›Handels-Passatwinde‹ – ein Ausdruck mit dem Beigeschmack des Sklavenhandels – ist unser Ziel, die gemeinsamen, durch die unterschiedlichen Zonen laufenden Strömungen, d.h., die Art und Weise wie Geschichtsabläufe, Texte und Diskurse sich innerhalb asymmetrischer Machtkonstellationen vermischen und gegenseitig beeinflussen, wahrzunehmen. In diesem Sinne interessieren wir uns für Édouard Glissants ›Transversalitäten‹, bzw. an den hierarchischen und lateralen Synkretismen und Dialogismen, die über nationale Räume hinweg stattfinden. Wir hoffen, Licht auf die miteinander verbundenen Analogien zwischen drei zu oft isoliert betrachteten kolonialen/nationalen Zonen zu werfen, um eine heilsame Konfrontation der Perspektiven bezüglich geteilter und ungleich gelebter Geschichten zu provozieren.

---

4 Vgl. Jack D. Forbes, *The American Discovery of Europe* (Urbana: University of Illinois Press, 2007), Kapitel 2.

1 Die atlantische Aufklärung

Die ganze atlantische Welt wurde von 1492 geprägt und dem, was euphemistisch die ›Begegnung‹ genannt wird, die nicht nur eine Katastrophe für indigene Gemeinschaften zur Folge hatte, sondern auch eine Krise im europäischen Denken auslöste. Der Zusammenstoß von Europa und Indigenem provozierte eine facettenreiche Reflektion über Utopie (Thomas Morus) und Dystopie (Bartolomé de las Casas). Den interkulturellen Hintergrund der gegenwärtigen Kulturkämpfe bilden die Widersprüche einer Aufklärung, die nicht ausschließlich europäisch war. Der Ausdruck ›atlantische Aufklärung‹ bezieht sich sowohl auf eine Geografie als auch ein Konstrukt. Das Denken der Aufklärung war eine hybride intellektuelle Produktion; es wurde nicht nur in Europa hervorgebracht, sondern auch in den Ländern Amerikas, von den Gründervätern der Vereinigten Staaten, den Revolutionär_innen Haitis und von Repräsentant_innen indigener Gemeinschaften. Die Aufklärung war eine Debatte, die über das Verhältnis zwischen Europa und seinem ›Anderen‹ an vielen Orten geführt wurde – mit einem linken und einem rechten Flügel, mit Gruppierungen für und gegen die Sklaverei, für die Kolonialisierung und gegen sie.

Die atlantische Welt ist von dem intellektuellen Erbe des Republikanismus der Aufklärung geprägt worden, wie er sich politisch in der amerikanischen Revolution 1776 sowie in den brasilianischen Unabhängigkeitsbewegungen des 18. Jahrhunderts und der brasilianischen Republik 1887 äußerte. Ein eindeutiger historischer Strang führt so von den Debatten der Aufklärung der amerikanischen und der französischen Revolutionen zu den gegenwärtigen Kulturkämpfen als quasi aktualisierte, rekombinierte Version früherer Debatten. Die Kulturkämpfe erben demgemäß Jahrhunderte diskursiver Auseinandersetzungen, die auf die Renaissance und die Aufklärung zurückgehen sowie auf deren bis zur Eroberung Amerikas und sogar zu den Kreuzzügen zurückreichenden Vorläufern. Versionen der Debatten waren bereits im Keim und unter anderen Namen in den heftigen Diskussionen um Eroberung, Kolonialismus und Sklaverei im Spiel. Sie wurden in der religiösen/politischen Sprache des 16. Jahrhunderts geführt, als Juan Ginès und Bartolomè de las Casas fragten, ob ›Indianer‹ Seelen und folglich ›*derechos humanos*‹ (Menschen-rechte) hätten. Sie waren im Spiel, als Indigen@s gegen die europäische Eroberung rebellierten oder sich der Bekehrung zum Christentum widersetzten. Sie waren im Spiel, als versklavte Afrikaner_innen gegen die Versklavung kämpften und argumentierten, oder als die US Gründerväter Position für und gegen das Aufnehmen der Sklaverei in die Verfassung bezogen. Sie waren im Spiel, als französische Philosoph_innen der Aufklärung über ›Freiheit‹ und ›natürliche

Tugend‹ sprachen und als sich ›Freie Schwarze‹ in den französischen Kolonien der Sklaverei entgegenstellten.

Zeitgenössische Kritik verlieh auf diese Weise alten Streitpunkten, die jetzt innerhalb veränderter Idiome und Paradigmen neu artikuliert wurden, neue Namen. Während seiner ganzen Geschichte erzeugte der Kolonialismus immer seine eigene Kritik, ob durch der herrschenden Kultur eigene Abtrünnige oder durch seine kolonialisierten Opfer. Wenn Montaigne im späten 16. Jahrhundert in »Des Cannibales« ausführte, dass zivilisierte Europäer_innen letztlich barbarischer seien als ›Kannibal_innen‹, da diese das Fleisch der Toten nur aßen, um sich die Kraft ihrer Feind_innen anzueignen, während Europäer_innen im Namen einer Religion der Liebe folterten und mordeten, so könnte man ihn als einen radikalen Antikolonialisten *avant la lettre* beschreiben. Wenn Diderot im 18. Jahrhundert einen afrikanischen Aufstand gegen die europäischen Kolonialist_innen forderte, so könnte er ebenfalls als Teil dieser gleichen anti-eurozentrischen Erblinie gesehen werden. Und wenn Frantz Fanon im 20. Jahrhundert davon sprach, »die gegenseitige Relativität unterschiedlicher Kulturen« zu akzeptieren, »sobald der Kolonialismus ausgeschlossen ist«[5], dann gab er uns eine Arbeitsdefinition von radikalen Formen postkolonialer Kritik.

Wenn wir sagen, dass die gegenwärtigen Kulturkämpfe auf den Kolonialismus und die Aufklärung zurückgehen, so meinen wir dies nicht im Sinn eines vagen ›Alles-geht-auf-die-Geschichte-zurück‹. Denn die gegenwärtigen Debatten wurzeln wortwörtlich in den Auseinandersetzungen der Aufklärung. So berufen sich sowohl Linke als auch Rechte im Frankreich von heute auf die französische Revolution und ›die Werte der Aufklärung‹, um ihre Ansichten in Bezug auf ›Identitätspolitik‹ zu artikulieren, ob sie diese als lobenswerte Erweiterung der Gleichheit der Aufklärung sehen oder als partikularistische Abweichung von der ›Universalität‹ der Aufklärung. In den Vereinigten Staaten berufen sich sowohl Linke als auch Rechte auf die Gründerväter und die Unabhängigkeitserklärung, jedoch mit entgegengesetzter Intention: Obama appelliert an die ›*more perfect union*‹ der Präambel, während Tea-Party-Republikaner_innen die Verfassung zur Verteidigung ihres rechten Libertarismus interpretieren. Die Linke schleust das radikale Aufklärungsdenken eines Diderot und eines Toussaint Louverture ein, während Newt Gingrich Adam Smith bemüht. Die Streitereien um indigene Land- und intellektuelle Eigentumsrechte gehen zurück auf die Eroberung und John Locke. Die unterschiedlichen diskursiven Positionen für bzw. gegen Eroberung, Sklaverei, Rassismus und Imperialismus sind schon seit langem ›verfügbar‹ gewesen. Heutige Debatten stellen so neu formatierte Versionen jener früheren Debatten dar. Ver-

5 Frantz Fanon, *Toward the African Revolution* (New York: Monthly Review Press, 1967), 447.

gangenheit und Gegenwart hallen zusammen wider. Alte Debatten nehmen die Gegenwart vorweg und spuken in ihr herum.

Der rote Atlantik

Unsere Bezugnahme auf einen ›roten‹, ›schwarzen‹ und ›weißen‹ Atlantik soll die Aufmerksamkeit von der unter der Rubrik des ›schwarzen Atlantik‹ geleisteten Arbeit nicht abziehen, sondern soll dieses Schwarzsein in ein Beziehungsspektrum stellen, welches auch das metaphorische ›Rotsein‹ des indigenen Amerika und, auf gänzlich andere Weise, auch das metaphorische ›Weißsein‹ Europas und Euro-Amerikas umfasst. Der Kolonialismus und die Sklaverei haben ›rassische, nationale und kulturelle Identitäten‹ vollständig in das, was man ›Regenbogen-Atlantik‹ nennen könnte, verwandelt. Die koloniale Eroberung hat eine äußerst heterogene Gruppe von Indigen@s – einst als Tupi, Carib, Arawak, Mohawk, Peguot usw. definiert – zu›Roten‹ verallgemeinert und eine gleichermaßen heterogene Gruppe von Afrikaner_innen – einst bekannt als Kong, Hausa, Yoruba – zu ›Schwarzen‹. Sie alle standen jetzt unter der Herrschaft einer zusammengewürfelten Mannschaft von Europäer_innen – Spanier_innen, Engländer_innen, Holländer_innen, Französ_innen –. die nun zu ›Weißen‹ wurden und somit die konstitutive, für die Länder Amerikas typische rot-weiß-schwarze demografische Triade bildeten. Die Kulturen des Atlantik sind deshalb nicht nur schwarz und weiß; sie sind auch im übertragenen Sinn rot. Selbst die Sklaverei war insofern ›rot‹, als die Indigen@s in den Ländern Amerikas schon vor den Afrikaner_innen verschleppt und versklavt wurden. In Brasilien wurden sowohl rote als auch schwarze Gruppen ›*negros*‹ genannt: die versklavte Bevölkerung war ›*Negros da Terra*‹ (Schwarze vom Land) im Unterschied zu ›*Negros da guinee*‹ (Schwarze aus Guinea, Afrika). Gelegentlich wurde eine Gruppe von Sklav_innen durch eine andere ersetzt, als beispielsweise *bandeirantes* aus Sao Paulo einhunderttausend ›*indios*‹ versklavten, um den Verlust afrikanischer Sklav_innen während der Aussetzung des Sklav_innenhandels zwischen 1625 und 1650 auszugleichen. Kolonialismus, Eroberung, Sklaverei und Multikulturalität sind folglich untrennbar miteinander verknüpft. Die Welt des Atlantik wurde synkretisch und hybrid, genau aufgrund dieser gewalttätigen transkontinentalen Prozesse.

Als Farbtropen werfen die Konzepte eines ›roten‹, ›schwarzen‹ und ›weißen‹ Atlantiks ein prismatisches Licht auf eine geteilte Geschichte. Während ›schwarzer Atlantik‹ Vorstellungen von der *Middle Passage* (d.h. dem Sklaven-Seehandelsweg nach Amerika) und der afrikanischen Diaspora weckt, vermerkt die Idee eines ›roten Atlantiks‹ nicht nur die Enteignung der Indigen@s durch die Europäer_innen, sondern auch den Einfluss indigener Ideen auf das europäische Denken. Der Kolonialismus der Siedler_innen, welcher die ›Roten‹ enteignete, und die Rassensklaverei, die die ›Schwarzen‹ ausbeutete, waren die beiden Motoren der weißen Vorherrschaft. Doch waren die Beziehungen zwischen Rot und Schwarz und Weiß immer instabil. Rot und Schwarz konnten sich gegen Weiß verbünden oder mit Weiß gegen Schwarz beziehungsweise Rot kollaborieren. David Roediger formulierte, dass sich weiße Vorherrschaft »einmal gegen ›rote‹ andere und ein anderes Mal gegen ›schwarze‹ andere platziert« habe[6]. Die Einstellungen zum Imperialismus sind ebenfalls konjunktivisch. Der französischer Beobachter Alexis de Tocqueville konnte französische Imperialist_innen in Afrika ermahnen, sich nicht an der US-Behandlung der Schwarzen, sondern an dem US-Umgang mit den Roten zu orientieren. Während der Eroberung von Mexiko stritten dann US-amerikanische Rassist_innen darüber, ob Mexikaner_innen schwarz oder rot seien; für die Rassist_innen war allein wichtig, dass sie nicht weiß waren.

Wir haben die anderen ›Farben‹ im atlantischen Regenbogen nicht vergessen, beispielsweise das metaphorische Gelb und Braun von Asiat_innen in der Diaspora, von Mestiz_innen, Latin@s und Araber_innen. Zum jetzigen Zeitpunkt der Geschichte haben Eroberung, Sklaverei, Immigration und Globalisierung eine ohnehin gemischte Farbpalette zu einem melierten Spektrum gründlich verrührt. Indem er von einer chromatischen zu einer linguistischen Ebene wechselt, spricht Eugene Jolas von einer ›atlantischen Schmelztiegelsprache‹ als dem verbalen Niederschlag transrassischer Synthese.[7] Die Beschreibung des heutigen Amerikanisch seitens Gilles Deleuzes als »bearbeitet von einem schwarzen Englisch und auch einem gelben Englisch, einem roten Englisch, einem gebrochenen Englisch, die jede wie eine von einer Farbpistole durchschossene Sprache ist,«[8] könnte auf die atlantische Welt im Allgemeinen ausgedehnt werden. Ebenso könnte man dem Substantiv ›Atlantik‹ vorschlagsweise verschiedene Attribute anbinden und von einem maurischen Atlantik, einem jüdischen Atlantik, einem Yoruba Atlantik, und so weiter, reden.

Hier werden wir aber nicht das vollständige Regenbogenspektrum ins Blickfeld rücken, sondern eher den roten, schwarzen und weißen Anteil. Zumal die Metapher vom Regenbogen es riskiert, den Eindruck einer oberflächlichen ›postrassischen‹ Harmonie und Rassentranszendenz zu vermitteln. Denn, während ›Rasse‹ keine wissenschaftliche Substanz besitzt, macht ›race‹ das Andauern tiefer, vorhandene Minderheiten betreffende Ungleich-

6 David Roediger, *How Race Survived U.S. History* (London: Verso, 2008)

7 Eugene Jolas, zitiert nach Emily Apter, *The Translation Zone: A New Comparative Literature* (Princeton: Princeton University Press, 2006), 58.

8 Gilles Deleuze und Claire Parnet, *Dialogues*, in der Übersetzung von Hugh Tomlinson und Barbara Habberjam (New York: Columbia University Press, 1987), 58.

heiten wirksam bewusst. Das Spektrum ist auch *spectral,* d.h., geisterhaft, gequält und überschattet von den Gespenstern unterschiedlicher Unterdrückungen. Einige Farben verdrängen, absorbieren oder verstecken und erschrecken andere als ›Spuk‹. Unser Ziel ist es daher, ein vielschichtiges, von machtlastigen Ungleichheiten durchzogenes Beziehungsgeflecht in seiner Komplexität darzustellen. Wie die Metapher eines Spektrums andeutet, verblassen dabei die Farben und verlaufen ineinander; trotz hierarchischer Regime verweigern sie sich segregierten Grenzen. Sowohl in Brasilien als auch den Vereinigten Staaten sind beispielsweise das indigene Rot und das diasporische Schwarz eng miteinander verwoben – demografisch durch Vermischung, politisch durch Koalition, akademisch durch Forschung und kulturell durch eine ›rassengemischte‹ populäre Kultur. Bei allem gehen wir davon aus, dass ›Farben situative, überlappende und Beziehungen angebende Äußerungen sind, die in ihrer Bezugnahme verrutschen und gleiten; sie gewinnen ihre Bedeutung nur als Teil eines größeren, von Macht und Ungerechtigkeit durchsetzten Systems.

Die rechtliche Grundlage für Eroberung war die ›Entdeckungsdoktrin‹, welche europäischen Monarch_innen einen Anspruch auf ›rote‹ Ländereien und Bevölkerungen gewährte. Diese Doktrin schrieb ethnozentrische Annahmen von der europäischen Überlegenheit gegenüber anderen Kulturen, Religionen und Bevölkerungen ein, so dass Europäer_innen in den Worten Robert Millers »sofort und automatisch Eigentumsrechte in indigenen Ländern erwarben und behördliche, politische und wirtschaftliche Rechte über die Bewohner gewannen ohne [...] die Einwilligung der indigenen Völker«.[9]Ursprünglich von der römisch-katholischen Kirche als Teil der Kreuzzüge zur Wiedergewinnung des Heiligen Landes entwickelt, wurde die Entdeckungsdoktrin zuerst auf muslimisch beherrschte, »ungläubige Länder« angewandt, denen es nach Meinung verschiedener Päpste an »rechtmäßiger Herrschaft« gebrach. Eine päpstliche Bulle von Papst Nicholas aus dem Jahre 1455 bevollmächtigte Portugal, »bei allen Sarazenen und Heiden einzudringen, sie aufzuspüren, gefangen zu nehmen, zu überwältigen und zu unterwerfen« und sie für immer zu versklaven, alles um die ganze Menschheit in den Schoß der einen wahren Religion zu bringen. Nachfolgende päpstliche Bullen erweiterten das Recht auf Eroberung auf die Länder Amerikas. England, Frankreich, Holland, Schweden und die Vereinigten Staaten zitierten später diese Präzedenzfälle zur Legitimation ihrer eigenen Eroberungen. Verschiedene Päpste nahmen für sich eine weltweite päpstliche Rechtszuständigkeit in Anspruch – eine frühe Inkarnation des ›Universellen‹ –, die in dem göttlichen Mandat des Papsttums wurzelte, sich um die ganze Welt kümmern zu müssen. Die Eroberungs- und

9 Robert J. Miller, *Native America, Discovered and Conquered: Thomas Jefferson, Lewis and Clar, and Manifest Destiny* (Lincoln University of Nebraska Press, 2008), 1.

Entdeckungsdoktrin wurde offiziell Teil des US-Rechts mit dem bahnbrechenden Fall des Obersten Gerichtshof *Johnson vs. M'Intosh* von 1823, welcher die gesetzliche Grundlage für die US Übernahme ›indianischen‹ Landes lieferte.

Kirche und Staat wurden mobilisiert, um die neue rassistisch/koloniale Ordnung zu legitimieren. Ein Hauptinstrument der Eroberung war das *Requerimiento* (die Beschlagnahme), die die spanischen Eroberer_innen den Bewohner_innen als eine Form der Legitimierung vorlasen. Dieses Dokument vermittelte die Idee einer Befehlskette, die von Gott über Papst zum König und schließlich zu den Conquistador_innen selbst reichte, die sich alle einig darin waren, dass die indigenen Territorien und Gemeinschaften dem Papst und dem spanischen Monarchen gehörten. Einige der Eroberung gewidmeten Filme (z.B. der Film von 1949 mit Fredric March) zeigen Kolumbus beim Vortragen des *Requerimiento*; allerdings versäumen sie, die Androhung von massiver Vergeltung für jedwede Kollaborationsverweigerung im Dokument zu erwähnen. Es verspricht, dass die Spanier_innen »mit Gottes Hilfe gegen Euch mit allen uns verfügbaren Mitteln Krieg führen und Euch dem Joch des Gehorsams gegenüber Kirche und Seiner Majestät unterwerfen, Eure Frauen und Kinder nehmen und versklaven werden, [...] alle Eure Güter nehmen und Euch alles Mögliche an Übel antun und all den Schaden verursachen, den ein Herrscher gegen ungehorsame Untertanen anrichten kann.« Das Dokument gibt dann die Schuld dem Opfer, indem es erklärt, dass »all der zugefügte Tod und Schaden [...] Eure Schuld sein wird und nicht die Seiner Majestät, noch die von uns selbst.« [10](Der provokante Film *También la lluvia – Und dann der Regen* von 2010 über einen spanischen Regisseur, der in Bolivien einen Film über Kolumbus macht, zeigt diese letzten Warnungen allerdings.)

Das *Requerimiento* sollte den »Indianern« auf Spanisch, das ihnen unbekannt war, vorgelesen werden. Es ist, als ob die Spanier_innen glauben wollten – oder zu glauben vorgaben –, dass die »Indianer« freiwillig ihr Land preisgaben, von ihren Glauben abfielen, ihren Anführer_innen abschworen und die spanische Herrschaft billigten. Das Dokument, weniger eine vertragliche Übereinkunft als eine Fabel, die die Spanier_innen sich selbst einredeten, verspricht absurderweise, dass die Indigen@s nicht zum Konvertieren gezwungen würden – solange sie spontan und von sich aus konvertierten. Die Indigen@s wurden als bar jeden politischen, rechtlichen oder religiösen Glaubenssystems dargestellt. Spanische und portugiesische Ideolog_innen behaupteten fälschlicherweise, dass den indigenen Sprachen drei Buchstaben fehlten – das *r* für *rei* oder ›König‹, das *l* für *lei* oder ›Gesetz‹ und das *f* für *fe* oder ›Glaube‹. Während europäische Königreiche »Ein König, Ein Glaube, Ein Gesetz« pro-

10 Zitiert nach Matthew Restall, *Sete Mitos da Conquista Espanhola* (Rio de Janeiro: Civilizacao Brasileira, 2006), 158-159.

klamierten, wurden die ›Eingeborenen‹ mittels einer Logik des Defizitären als Tabula rasa dargestellt, die auf die europäischen Einschreibungen wartete. Die Eroberung hatte auch eine linguistische Dimension. In allen Teilen Amerikas hatten die Indigen@s den Kontinent durch Sprache benannt, kartografiert und beschrieben. Infolgedessen tragen Staaten in Brasilien und den Vereinigten Staaten ursprüngliche Namen (Ceara und Piaui in Brasilien, Idaho und Ohio in den Vereinigten Staaten). Gegenwärtig haben indigene Gemeinschaften selbst eine Alternative zum Wort ›Amerika‹ vorgeschlagen, *Abya-Yala* (auf Kuna: ›Platz des Lebens‹), und auf den Kontinent als Ganzes bezogen.[11] Historisch wurde jedoch vielen indigenen Gruppen sogar das Recht, sich selbst einen Namen zu geben, aberkannt. So nannten sich die ›Navajo‹ in den Vereinigten Staaten eigentlich ›Dineh‹ und die ›Kayopo‹ Brasiliens nennen sich selbst ›Mebengokre‹ (oder ›Menschen des Wasserauges‹).

Sowohl in Brasilien als auch in den Vereinigten Staaten erlernten erste religiöse Persönlichkeiten indigene Sprachen, um zu missionieren: John Eliot übersetzte die Bibel in indigene Sprachen; Vater José de Anchieta verfasste eine Tupi Grammatik. Die amerikanischen ›Gründerväter‹ erlernten Sprachen der Bevölkerung, und indigene Worte bereicherten später das englische Vokabular. In Brasilien wurde die zunächst als eine Sprache der Verständigung zwischen Portugiesen und der Tupi Küstenbevölkerung benutzte Tupi-Guarani Sprache sogar bis ins 18. Jahrhundert zur Nheengaru genannten Lingua franca oder *lingua geral* auch unter Menschen, die keine Tupi waren. Tatsächlich wurde Portugiesisch erst im 18. Jahrhundert vorherrschend.[12] (Ein 2005 in der *New York Times* erschienener Artikel berichtete, dass die *lingua geral* im Innern Brasiliens gerade ein Comeback erlebe.)[13] Im Augenblick sprechen indigene Brasilianer_innen etwa 180 Sprachen, die jeweils von Gruppen gesprochen werden, deren Größe von mehr als zwanzigtausend (Guarani, Tikuna, Macuxi) bis zu einer bloßen Handvoll reicht. In den Vereinigten Staaten lassen mittlerweile ›Natives‹ ihre indigenen Sprachen wieder ›auferstehen‹, wie zum Beispiel das Wampanoag, welches über ein Jahrhundert lang kaum gesprochen wurde.

Die europäische Antwort auf die amerikanischen indigenen Zivilisationen offenbart ein allgemeines Muster der Verleugnung indigener kultureller Gestaltungsmacht. Obgleich indigene landwirtschaftliche Praxis Menschen tausende

---

11 Vgl. Walter D. Mignolo, *The Idea of Latin America* (Oxford, UK: Blackwell, 2005), 22.

12 Die gelegentlichen Vorschläge Tupi zur offiziellen Sprache Brasiliens zu machen werden ins Komische gesteigert in Lima Barrettos Roman *O Triste Fim de Policarpo Quaresma* (1915).

13 Larry Rohter, »A Colonial Language Resurfaces,« *New York Times* (August 28, 2005).

von Jahren ernährt hatte, wurde sie von Europäer_innen nicht als authentische Landwirtschaft anerkannt, sondern bloß als eine Art tierähnliche Nahrungssuche. Die Tatsache, dass ein dicht besiedeltes und kulturell gestaltetes Land als ›jungfräulich‹ angesehen wurde, offenbart eine Art von geistiger ›ethnischer Säuberung‹, einen Diskurs imaginierten Auslöschens. Die Vorstellung vom ›verschwindenden Indianer‹ entwickelte ihre eigene koloniale Produktivität, indem sie den weit verbreiteten Eindruck schuf, dass die Indigen@s bereits verschwunden seien oder mit dem nächsten heißen Atemhauch der Eroberung verschwinden würden. Die bleibende Anwesenheit des indigenen Amerikas zeichnet sich jedoch in vielen kulturellen Debatten ab und stellt die Legitimation von kolonialen Siedler_innenstaaten selbst in Frage.

Tiefergehend über den Roten Atlantik nachzudenken bedeutet notwendigerweise ein Nachdenken, welches den Nationalstaat transzendiert, weil, erstens, viele indigene Gemeinschaften vor dem Aufkommen der modernen Nationalstaaten entstanden; zweitens, die nationale Identität von kolonialen Siedler_innenstaaten in den Ländern Amerikas sich immer im Verhältnis zu den ›Indianern‹ , ob als Feind oder als ein Symbol des nationalen Partners, gebildet hat; drittens, die Enteignung indigener Gemeinschaften zum Teil das Ergebnis des kolonialen Expansionismus von Nationalstaaten war; viertens, viele indigene Gemeinschaften überhaupt das Konzept des Nationalstaates abgelehnt haben, nicht weil sie es nicht hätten verwirklichen können, sondern weil sie es nicht wollten; fünftens, die heutigen Grenzen vieler indigener Gemeinschaften tatsächlich über die Grenzlinien der Nationalstaaten hinausgehen (wie bei den Yanomami in Brasilien und Venezuela oder bei den Mohawk in den Vereinigten Staaten und Kanada); und sechstens, viele indigene Gemeinschaften aufgrund mehrfacher Umsiedlungen nicht mehr nur auf ihrem angestammten Land leben, sondern regional und transnational verstreut sind. Die Quechua bewohnen zum Beispiel nicht nur Peru, Ecuador und Bolivien, sondern sind bis nach Nordamerika und Europa verstreut.

Das Indigene und die epistemologische Krise

Fragen bezüglich des Status und der sozialen Systeme der falsch benannten ›Indianer_innen‹ wurden rund um die atlantischen Länder erörtert: von spanischen Juristen (Sepúlveda, Francisco de Vitoria), französischen Humanisten (Montaigne), britischen Empiristen (Locke), amerikanischen Staatsmännern (Jefferson, Franklin), deutschen Philosophen (Hegel) und brasilianischen Schriftstellern (von Péro Vaz de Caminha bis Darcy Ribeiro) sowie von den Indigen@s selbst. Die Figur des ›Indianers‹ wurde von Kontroversen über Religion, Besitz, Souveränität und Kultur vereinnahmt.

Tatsächlich kann keine eingehende Analyse der Moderne die indigenen Gemeinschaften Nord-, Mittel- und Südamerikas übergehen, egal ob negativ gesehen, als ›Opfer des Fortschritts‹, oder positiv, als Katalysatoren für das Denken und das künstlerische Schaffen des Westens, wie in den Werken von Jean de Lery, Shakespeare, Hobbes, Rousseau, Diderot, Voltaire, Melville, Marx und Engels, Oswald de Andrade, Gilberto Freyre, Claude Lévi-Strauss, Pierre Clastres und unzähligen anderen.

Der europäische Teil der atlantischen Welt ist demnach in einem ähnlichen Sinn, wie er ›schwarz‹ ist, auch ›rot‹ –, d.h., er ist sowohl von der Eroberung und Versklavung des indigenen Amerikas beeinflusst wie auch vom transformierenden Ferment der indigenen Denk- und Soziallebensformen. Von Sensationsreiseliteratur inspiriert stellten einige Philosoph_innen die indigenen Gemeinschaften als ›barbarische Wilde‹ dar, während andere diese kleinen, konsensbasierten Strukturen als Möglichkeit eines alternativen Gesellschaftsmodells ansahen. Der Philosoph Michel de Montaigne erinnerte sich an ein Treffens am Hof König Karls des Neunten im Jahre 1562 mit drei brasilianischen Tupinamba, bei dem die Tupinamba provokante Fragen zur französischen Gesellschaft stellten. So fragten sie sich, warum großwüchsige Erwachsene sich vor einem kleinen Jungen (dem Regenten) verbeugen konnten, und warum einige Menschen gut zu essen und andere kaum etwas zu essen hatten, und wieso jene, die kaum zu essen hatten, nicht jene, die so gut aßen, erwürgten. Montaignes ungenannte Tupi Gesprächspartner_innen veränderten sein eigenes Denken, indem sie zersetzende Fragen, die auf ihren Grundannahmen bezüglich dessen, was eine gute Gesellschaft – nämlich ihre eigene – ausmacht, stellten. In »*Des Cannibales*« verwandte Montaigne folglich eine Rhetorik zivilisatorischer Umkehrungen, indem er argumentierte, dass die Gewalttätigkeit des Tupinamba-›Kannibalismus‹ im Vergleich zu der von Religionskriegen in Europa ausgelösten Gewalt verblasste. Mit wenigen ehrfurchtslosen Fragen beschädigten die Tupinamba das Ansehen der Erbmonarchie und des Feudalsystems. Gewissermaßen theoretisierten die indigenen Brasilianer_innen das vorrevolutionäre Frankreich genauso stark, wie Montaigne das Amerika vor und nach der Eroberung theoretisierte. So gesehen hatten die drei Tupinamba angeblich einen entscheidenden Anteil an der europäischen Theoriebildung, nur kennen wir ihre Namen nicht, sondern ausschließlich den von Montaigne. Jedoch stellte ihre Weigerung, von europäischen sozialen Systemen beeindruckt zu sein, eine Form impliziter Kritik dar, die Montaignes eigene gesellschaftliche Selbstkritik beförderte.

Bei unzähligen Anlässen setzten europäische und euro-amerikanische Denker_innen ›den Indianer‹ als Inspiration für soziale Kritik und utopisches Begehren ein. Das Auftauchen des ›Indigenen‹ im europäischen Bewusstsein war ein epistemologischer Anstoß, der sowohl das dystopische Bild vom hinterhältigen und brutalen ›Wilden‹ erzeugte als auch das utopische Bild eines egalitären, sich deutlich von dem eines starr hierarchischen Europas unterscheidenden Gesellschaftssystems. Die Vorstellung eines freien, in einer Gesellschaft ohne Zwang lebenden ›Indianers‹ half, revolutionäre Ideen in Europa zu entzünden. Jean-Jacques Rousseau setzte die Vorstellung vom ›natürlichen Gutsein des Menschen‹ und von ›Gesellschaften ohne Zwang‹ ein, um den europäischen Autoritarismus zu untergraben. Rousseau verlieh Montaignes Ideen politische Effektivität und half damit, die französische (und indirekt auch die amerikanische) Revolution zu schüren. In der verfassungsgebenden Versammlung von 1789 waren die Vertreter_innen der Linken eifrige Leser_innen von Montesquieu, Voltaire, Rousseau und Diderot, die alle von der Bevölkerung der Amerikas redeten.

Eine komplexeres Narrativ der Renaissance und der Aufklärung müsste so die wörtliche und figurative Begegnung von Europa und ›dem Indigenen‹ aufgreifen, sowohl im Hinblick auf den direkten Einfluss als auch im Hinblick auf diffusere, transtextuelle Beziehungen, Tropologien und Allegorien. Das Motiv ›des Indianers‹ als ›einem Musterbeispiel der Freiheit‹ durchzieht nicht nur die diskursive Atmosphäre der französischen Aufklärung, sondern auch der amerikanischen Revolution und des brasilianischen antikolonialen Nationalismus. In den Vereinigten Staaten waren die Gründerväter eifrige Leser_innen der philo-indigenen Philosoph_innen, gewissermaßen ›lasen‹ sie aber auch die indigenen Amerikaner_innen selbst. Die philosophisch interessierten Gründerväter, die gleichermaßen der Exotisierung ›der Indianer‹ als sogar auch des Ausrottungsstandpunkts fähig waren, hatten eine direktere Erfahrung mit den indigenen Amerikaner_innen als die französischen Philosoph_innen. Sie standen in diplomatischem Kontakt mit ihnen, handelten mit ihnen, lernten ihre Sprachen und waren von ihrem politischen Denken beeinflusst, selbst wenn – und dieser Punkt ist wichtig – sie sie letztlich enteigneten. Amerikanische Revolutionär_innen stellten ›das Indianische‹ als Ikone des nationalen Unterschieds zu England heraus: daher die Irokesen- (Haudenosaunee-) Symbolik (der Köcher des Adlers mit Pfeilen, die die dreizehn Staaten repräsentierten) auf der Dollarnote, und die Indianerstatue, die das Capitol schmückt. Indigene Topoi wie der ›große Baum‹ und die ›Kette der Freundschaft‹ wurden in den revolutionären Diskurs aufgenommen. Der revolutionäre Held Paul Revere machte aus einer indianischen Frau das erste nationale Symbol.[14]

Ein wiederkehrendes Leitmotiv in den Schriften der Philosoph_innen der Aufklärung und der Gründerväter wie Jefferson war die Idee, dass ›indiani-

14 Vgl. Donald Grinde, Jr., und Bruce Johansen, *Exemplar of Liberty: Native America and the Evolution of Democracy* (Berkeley: University of California Press, 1991).

sche Gesellschaften‹ sich nie irgendwelchen Gesetzen oder einer Zwangsgewalt unterwürfen. Bei der Lektüre von Lewis Henry Morgans *Ancient Society* stießen Marx und Engels auf Themen, die sich um ›die Ureinwohner‹ drehten. Morgan lobte die grundlegend demokratische Ordnung der Irokesen-Konföderation. Für Marx und Engels verbanden die Irokesen ein gemeinschaftliches Wirtschaftssystem mit einer demokratischen politischen Organisation und boten damit ein ohne staatliche Herrschaft verwirklichtes Modell wirtschaftlicher Gleichheit – in einer Gesellschaft ohne Adel, König_innen, Gouverneur_innen, Soldat_innen und Polizei, in der alle, einschließlich der Frauen, frei und gleich waren. Obwohl der marxistische Begriff ›primitiver Kommunismus‹ eine seit langem verschwundene Communitas suggeriert, war diese ›Utopie‹ eine wirklich existierende Gesellschaft des 19. Jahrhunderts, angesiedelt in einer wirklichen Region, die heute Kanada und die Vereinigten Staaten genannt wird.

Gegenwärtig über die native Bevölkerung Amerikas forschende Wissenschaftler_innen haben den indigenen Einfluss auf amerikanische politische Institutionen hervorgehoben. Donald A. Grinde, Jr. schlussfolgerte in seinem Buch von 1977, *The Iroquois and the Founding of the American Nation*, dass die Autor_innen der US-Verfassung die Konzeption einer Bundesregierung teilweise dem Beispiel der Sechs-Nationen-Konföderation der Irokesen entlehnt haben. 1982 veröffentlichte Bruce Johnson *Forgotten Founders: Benjamin Franklin, the Iroquois, and the Rationale for the American Revolution*. Innerhalb weniger Jahre wurden beide Autoren in die Kulturkämpfe hineingezogen. Die Türhüter der Rechten verspotteten die These dieser Bücher als an sich lächerlich. Anscheinend war ihnen nicht bekannt, dass sogar Präsident John F. Kennedy die These des irokesischen Einflusses unterstützt und 1960 geschrieben hatte, dass »die Liga der Irokesen Benjamin Franklin inspirierte, sie zu kopieren, indem er die Föderation der Staaten plante.«[15] Ein Jahrzehnt vorher hatte der Rechtswissenschaftler Felix Cohen argumentiert, dass »das universelle Wahlrecht für Männer, der Föderalismus und das Verständnis von Häuptlingen als Dienern statt Herren des Volkes lange vor der Landung von Kolumbus Teil des amerikanischen Way-of-Life waren.«[16]

Nachdem die kolonialisierenden Mächte bereits innerhalb Europas die Allmende ›eingegrenzt‹ hatten, begrenzten sie nun auch das gemeinschaftliche indigene Land unter dem Vorwand, dass die indigenen Gemeinschaften für das Land keine ›notarielle Urkunde‹ bzw. keinen ›Titel‹ besäßen und eigneten es sich selbst an. Genauso wie Rechte in der Vergangenheit gemäß eines rassistisch geprägten Schemas verteilt wurden, so ist heute die Frage des

15 Vgl. John F. Kennedys Einführung zu William Brandon, *The American Heritage Book of Indians* (New York: Dell, 1961).

16 Felix Cohen, »Americanizing the White Man,« *American Scholar* 21:2 (1952): 181.

›Copyright‹ mit der Aneignung von zuvor durch indigene Gemeinschaften kontrollierten Ressourcen durch Konzerne verbunden. Heutzutage ist bereits der Gedanke eines ›Titels‹ eng an die Vorstellung von Verträgen zwischen individuellen Akteuren oder Firmen geknüpft, eine indigenen Gemeinschaften völlig fremde individualistische Vorstellung von geistigen Eigentumsrechten also. Anders als Pirat_innen und Konquistador_innen bemächtigen sich transnationale Konzerne nicht mehr bloß des Goldes und Silbers und der Diamanten, sondern erklären sich ›ermächtigt‹ oder ›erpatentiert‹, traditionelles Gemeinschaftswissen, wie zum Beispiel über Kräuterheilmittel des Regenwaldes, auszubeuten, das sie dann zu hohen Kosten für alle Welt, sogar einschließlich der Nachkommen der Menschen, die dieses Heilmittelwissen ursprünglich entwickelten, vermarkten.

Die Frage geistiger Eigentumsrechte bietet ein anschauliches Beispiel des geschichtlichen ›Wandels‹, der uns von Kolumbus zu den Chief Executive Officers (Vorstandsvorsitzenden) heutiger transnationaler Unternehmen trägt. Das Wort ›Patent‹ bezog sich im Europa des 16. Jahrhunderts auf die offiziellen königlichen Briefe (*litterae patentes*), mittels derer König_innen Privilegien, Rechte und Landtitel auf verschiedene Mitglieder des Adels übertrugen, wie beispielsweise die vom portugiesischen König gewährten *capitanias* in Brasilien. Im ›Zeitalter der Entdeckungen‹ gingen diese ›Briefe‹ buchstäblich mit der Eroberung von Territorium einher; fünf Jahrhunderte später sind sie in Verbindung zu bringen mit der aktualisierten Fassung der Eroberung ökonomischer Rechte durch transnationale Konzerne im globalen Süden, dessen Biodiversität sehr eng mit dem kulturellen Wissen indigener Gemeinschaften zusammenhängt. Wie Djelal Kadir deutlich macht, war der am 17. April 1492 von Fernando und Isabel bewilligte und von Juan de Colona ratifizierte Brief, der die Eroberungen von Kolumbus genehmigte, »der eigentliche Prototyp, das Muster, der *locus classicus* seines Genres.« Kolumbus besaß sozusagen das »Patent der Patente und den Freibrief, sich das Land und den materiellen Reichtum der Neuen Welt anzueignen.« [17]

Fünf Jahrhunderte nach der Eroberung stellen die Regeln der Welthandelsorganisation (WTO) betreffs Copyrights neu formatierte Versionen der päpstlichen Bullen und königlichen Edikte, die die Eroberung legalisierten, dar. Für Vandana Shiva ist »die Handlungsfreiheit, die transnationale Unternehmen heute fordern, die gleiche Handlungsfreiheit, die europäische Kolonist_innen

17 Vandana Shiva, Zitate von Djelal Kadir, *Columbus and the Ends of the Earth* (Berkeley: University of California Press, 1992), 66, aus ihrem Essay »Biodiversidade, Direitos de Propriedade Intelectual e Globalizacao,« in Boaventura de Sousa Santos, Hrsg., *Semear Outras Solucoes: Os Caminhos da Biodiversidade e dos Conhecimentos Rivais* (Rio de Janeiro: Civilizacao Brasileira, 2005), 321.

nach 1492 als ein natürliches Recht über das Territorium und die Reichtümer nichteuropäischer Menschen forderten.«.[18] Die damalige religiöse Sprache ist durch die säkulare Sprache des Marktfundamentalismus ersetzt worden. Statt Territorium zu kontrollieren, kontrolliert das neue Regime Märkte, geistige Eigentumsrechte und die rechtlichen Parameter, mit deren Hilfe es von der Biodiversität profitiert. Unter dem Druck transnationaler Konzerne werden alle Aspekte des Lebens ›patentierbar‹. Da, wie Shiva es formuliert, »der Boden, die Wälder, die Flüsse und die Ozeane alle kolonialisiert und vergiftet worden sind, muss das Kapital neue Kolonien zum Besetzen und Ausbeuten finden, um den Prozess der Akkumulation fortzuführen. Diese neuen Kolonien [...] sind die inneren Räume von Frauen, Pflanzen und Tieren.«[19] So wie die europäischen Kolonialist_innen indigenes Land als ›leer‹ ansahen, weil es keine Wirtschaftsgüter ›produzierte‹ – obgleich es indigene Gemeinschaften über Jahrtausende erfolgreich ernährt hatte – so erkennen transnationale Unternehmen nicht das Recht indigener Gemeinschaften auf die Biodiversität an, es sei denn diese sei in ein vermarktbares Produkt umgewandelt worden.

Der Amazonas bildet so gesehen das Epizentrum der Konflikte, die aus der Krise von fünf Jahrhunderten Produktivismus und instrumenteller Naturbeherrschung hervorgehen. Der 1492 eingeleitete Prozess ist dabei, ein Finale zu erreichen, jetzt, da der globalisierende Kapitalismus gegen die Grenzen planetarer Ökologie drückt und gleichzeitig in nackten Konflikt mit den das Land bewohnenden indigenen Gemeinschaften gerät. Der Amazonas ist zur letzten Hürde geworden, zum Ort, an dem Grenzen gleichzeitig überall und nirgends sind. Jetzt, da der Planet die bitteren Früchte instrumenteller Vernunft erntet, in einem Zeitalter des Endes aller Utopien (einschließlich der neoliberalen Utopie des ›Endes der Geschichte‹), eröffnet die Lebensweise jener, die schon immer dagewesen, die nie weggegangen sind, einen neuen Horizont des politisch Möglichen. Biodiversität und Soziodiversität, hegemonielle Biomacht und indigene Souveränität, das Lokale und das Globale, alle werden sie miteinander verbunden, instabil und interaktiv.

Zum ›Ersten Kontakt‹ kommt es immer noch, aber diesmal haben einige der ›Indianer‹ Computer, Digitalkameras und Internetseiten. Schon in den 1980ern zeigte der Dokumentarfilm *Kayapo: Out of the Forest* (1989) bra-

---

18 Ebd. Der Film *Even the Rain* aus dem Jahr 2010 vergleicht den Kolonialismus der Zeit des Kolumbus mit der heutigen Globalisierung. Angesiedelt in Cochabamba, Bolivien – dem Schauplatz der Kämpfe gegen die Privatisierung des Wassers – zeigt dieser reflexive Film die Geschichte eines Filmregisseurs, der Cochabamba als billigen Drehort für einen Film über Kolumbus gewählt hat. Die Rebellion eines Taino Anführers gegen Kolumbus im Film findet ihren Widerhall in den heutigen Kämpfen gegen transnationale Konzerne.

19 Ebd., 324.

silianische, mit Camcordern bewaffnete Indigen@s beim Protest gegen einen Stausee, der ihre Dörfer überflutet hätte. Innerhalb der globalisierten Kontaktzone führen indigene Anführer_innen und die Konzernvertreter_innen der Firma Eletronorte eine lebhafte Debatte über das Wesen des Fortschritts, über Energie, Wissen und Besitz. Unternehmensrationalität auf dem Höhepunkt ihrer Arroganz, aber auch am Ende ihrer Weisheit trifft auf redegewandte Indigenität. Eine Kayopa Frau appelliert an ein gemeinsames Menschsein und sagt dem Vertreter von Eletronorte: »Da auch Sie Ihre Kinder lieben, sollten Sie uns verstehen.« Ein anderer Kayopa zeigt medizinische Kräuter, die vom Bau des Staudamms bedroht sind. Eine Frau presst eine Machete gegen das Gesicht des Firmensprechers, während sie ihn auf Kayapo beschimpft. In einer Umkehrung der kolonialen *écriture* fordert sie den Sprecher auf, ihren Namen niederzuschreiben, da sie eine derjenigen ist, die sterben werden, wenn der Damm gebaut wird. Der Kayapo Vertreter Raoni erscheint an der Seite des Rockstars Sting bei dem erfolgreichen Versuch, internationale Medienaufmerksamkeit zu erzielen. Es ist, als hätten die Tainos ihre Begegnungen mit Kolumbus auf Video aufgenommen und die Bilder auf YouTube verbreitet.[20] Der nicht endende Strom indigener Kritik geht ungedämpft weiter. Der Yanomami Vertreter Davi Kopenawa Yanomami, dessen Gruppe durch eine vorsätzlich eingeschleppte Epidemie dezimiert wurde und der daraufhin Sprecher der Yanomami wurde, behauptet, dass »weiße Menschen ihre Worte in sichtbare Form bringen, weil ihr Denken voller Vergesslichkeit ist.« In einem Aufsatz, dessen Titel – »Die Entdeckung der Weißen« – den gewöhnlich euro-orientierten Tropus der Entdeckung umdreht, bietet Yanomami seine eigene Version der »Dialektik der Aufklärung«. In frühen Zeiten, so schreibt er,

> »lebten Weiße wie wir im Wald, [...] aber sobald sie Werkzeuge, Maschinen, Autos und Flugzeuge schufen, wurden sie euphorisch und sagten: ›Wir sind die einzigen, die so genial sind, nur wir wissen, wie man Maschinen und Waren herstellt.‹ Das war der Augenblick, als alle Weisheit verloren ging. Zuerst beschädigten sie ihr eigenes Land, bevor sie dann weggingen, um in anderen Ländern zu arbeiten, um endlos ihre Waren zu schaffen. Und sie hielten nie inne, um zu fragen: ›Wenn wir die Erde zerstören, werden wir eine andere erschaffen können?‹«[21]

Ein anderer Aktivist einer bedrohten Gruppe, Ailton Krenak malte sich als Zeichen der Trauer über die gesetzliche Blockade indigener Rechte vor einer Rede vor dem Nationalkongress während der Diskussionen von 1987 über die neue brasilianische Verfassung mit Jenipapo-Paste schwarz an. Krenak besteht

20 Aktuell haben sich indigene Aktivist_innen aus der Amazonasregion, die sich mit den Navi Menschen aus *Avatar* identifizierten, mit James Cameron gegen den selben hydroelektrischen Staudamm zusammengeschlossen.

21 Davi Kopenawa Yanomami, »Discovering White People,« in *Povos Indigenas 996/2000* (Brasilia: Instituto Socioambiantal, 2000).

auf dem intellektuellen/histografischen Selbstvertretungsanspruch indigener Gemeinschaften, die ebenfalls ihre Geschichte ›schrieben‹, nicht in Form von Büchern, sondern in Form von Sprichwörtern, Ritualen und Erzählungen. Die durch die Eroberung angestoßenen Konflikte dauern bis in die Gegenwart an und werden täglich ausgetragen. Indem er die Ansichten des Anthropologen Pierre Clastres, der mit den Nhandeva und M'bia lebte, bezüglich der aktiven Ablehnung des Nationalstaates bestätigt, fügt Krenak hinzu: »Es gibt hier keine Ideologie, selbstverständlich sind wir gegen den Staat, wir machen es, wie der Wind seinem Weg folgt oder der Fluss dem seinen, wir folgen ganz selbstverständlich einem Weg, der staatliche Institutionen nicht als für unsere Gesundheit, Bildung oder unser Glück notwendig bejaht.« [22]

Indigene Kritik verkörpert ein zeitliches Paradoxon: Sie ist sehr traditionell und uralt, doch gleichzeitig sehr radikal und neu. Sie stellt nicht nur die Logiken von Kolonialismus, Eurozentrismus und dem Nationalstaat in Frage, sie hinterfragt auch den marxistischen Produktivismus, den Nomadismus der Postmoderne und den Konstruktivismus des Poststrukturalismus. Wir sehen dieses Paradoxon höchster Radikalität und höchsten Traditionalismus im Dialog zwischen den Denker_innen der Indigenität und der multikulturellen Linken. In *Red Pedagogy* tritt Sandy Grande, eine Quechua Professorin am Connecticut College, in den Dialog mit radikalen linken Vertreter_innen der ›kritischen Pädagogik‹. Während sie ihnen große Anerkennung zollt, merkt sie auch an, dass ihnen eine indigene Perspektive fehle. Die Linke (und manchmal die Rechte) spreche von ›Demokratie‹, vergesse aber, dass Demokratie aus indigener Sicht oft eine Waffe zur Entmachtung der Massen war. Die marxistische Linke spreche von ›Revolution‹, aber lateinamerikanische Revolutionen hätten Miskitus, Sumus, Ramas und Quechua enteignet. Für Grande kritisiert die kritische Pädagogik zwar das kolonialistische Projekt, bleibt aber geprägt von Individualismus, Anthropozentrismus und dem Glauben an stufenweisen Fortschritt, also von epistemischen Ausrichtungen, die allesamt die ökologische Krise verschlimmern. Studierende würden ermutigt, ›unabhängig‹ (was auf einen individualistischen Argwohn gegen Zusammenarbeit hinausläuft), erfolgreich (d.h., konkurrierend) und gegen Tradition zu sein. Das Denken der radikal Linken gehe daher nicht weit genug; Marx sei antikapitalistisch (teile aber viele der kulturellen Annahmen des Kapitalismus), und die kritische Pädagogik sei transformatorisch (aber ignoriere den Wert des zwischen den Generationen geteilten Wissens). Grande versucht all diese Strömungen zu erfassen, sie aber gleichzeitig zu ›indigenisieren‹.[23]

22 Ailton Krenak, »The Eternal Return of the Encounter,« in *Povos Indigenas,* 48.

23 Sandy Grande, *Red Pedagogy: Native American Social and Political Thought* (Lanham, MD: Rowman and Littlefield, 2004).

Der Austausch zwischen europäischem und indigenem Denken war ebenso holprig wie kontinuierlich. Damit wurden so unterschiedliche progressive Anliegen unterstützt, wie die sozialistischen und Jakobiner-Revolutionen, der konföderative Zusammenschluss und die Gewaltenteilung, die Klassen-, Geschlechter-, und sexuelle Gleichheit, der Gemeinschaftsbesitz, die Ökologie, die Jouissance, die Antiproduktion und die alternative Globalisierung. Als konkret verortete Äußerung verändert sich die Konversation vor dem Hintergrund historischer Herausforderungen und ideologischer Bedürfnisse, so dass unterschiedliche Aspekte dieses Diskurses indianischer Radikalität zu verschiedenen Zeiten in den Vordergrund treten: die Kritik der Monarchie während der Renaissance (Montaigne), die Idee der ›indianischen Freiheit‹ während der Aufklärung (Rousseau, Tom Paine), die Kritik des Kapitalismus und bürgerlicher Besitzverhältnisse im 19. Jahrhundert (Marx und Engels), die Aufwertung von Gesellschaften ohne politischen Zwang im 20. Jahrhundert (Pierre Clastres, Marshall Sahlins) sowie der Protest gegen ökologische Verwüstung und transnationale Ausbeutung von Biodiversität im 21. Jahrhundert. In diesem Sinne verschmelzen die zwei ›Rot‹ – das radikale Rot und das indigene Rot.

Obwohl indigene Menschen sich schon immer über ihr kollektives Leben und ihre Beziehung zu anderen Gemeinschaften Gedanken gemacht haben, werden indigene Intellektuelle erst jetzt in der öffentlichen Sphäre sichtbar. Heutige indigene Denker_innen, wie beispielsweise Davi Kopenawa Yanomami, Luiz Gomes Lana und Ailton Krenak, unterhalten einen intensiven Dialog mit nicht-indigenen Wissenschaftler_innen sowie Aktivist_innen, wie Arturo Escobar, Edouardo Viveiros de Castro und Giuseppe Cocco. Während eurozentrische Kommentator_innen, Indigen@s als verschwunden und ›hinter dem Mond‹ ansehen, betrachten andere sie als ›um Längen voraus‹. Viveiros de Castro erinnert uns an die intellektuellen Schulden, die Anthropolog_innen gegenüber den Gemeinschaften haben, die sie studieren. Die »interessantesten Ideen, Probleme, Phänomene und Handlungskräfte, die von der anthropologischen Theorie eingeführt wurden,« so meint er, »finden ihre Quelle in der Vorstellungskraft der Gesellschaften (oder Völker oder Gemeinschaften), die die Anthropologen zu erklären beabsichtigen.«[24] In dem Maße, in dem Theorie eine hybride, aus Koautor_innenschaft erwachsende Praxis wird, weirden der Anthropolog_innen von der theoretischen Bildsprache des der Indigen@s inspiriert, die wiederum auf die Anthropolog_innen reagieren. Indigene Aktivist_innen formulieren zunehmend ihre eigenen politischen Standpunkte und entlasten so nicht-indigene von der Last, zu meinen, für sie sprechen zu müs-

24 Eduardo Viveieros de Castro, *Métaphysiques Cannibales* (Paris: PUF, 2009), 5.

sen. Indigene Menschen und ihre nicht-indigenen Gesprächspartner_innen haben nie aufgehört, grundlegende Fragen bezüglich Kultur, Natur, Eigentum, Energie, Reichtum und Gleichheit aufzuwerfen. Indigenes Denken stellt in seinen theoretischen und praktischen Erscheinungsformen Herausforderungen an das marxistische, moderne und postmoderne Denken.

Der Schwarze Atlantik und die Aporien des Universellen

Genau, wie die teils reale, teils imaginäre Gestalt des ›Indianers‹ sowohl eine Kritik der europäischen sozialen Hierarchien als auch die Utopie einer alternativen sozialen Ordnung erzeugte, offenbarte der afro-diasporische Widerstand gegen die Sklaverei die Begrenztheit weißer, bourgeoiser Revolutionen und legte eine Utopie egalitärer Freiheit nahe. Die gewaltsame Diasporisierung von Afrikaner_innen führte zu der paradoxen Konsequenz, dass ›Schwarze‹ eine unverzichtbare ökonomische, politische, militärische und intellektuelle Rolle in den amerikanischen Ländern spielen sollten. Abgesehen von der entscheidenden Beteiligung an der ökonomischen Produktion und abgesehen von ihrem Militärdienst in den amerikanischen, brasilianischen und französischen Kriegen, haben Afrikaner_innen in der Diaspora auch heftige Anklagen gegen das herrschende System formuliert.

Der kritische Beitrag versklavter Afrikaner_innen in den Ländern Amerikas ist um so bemerkenswerter, als die Sklaverei als Institution alles Wissen seitens der Versklavten und sogar ihren Wunsch nach Wissen zu zerschlagen suchte. Charles W. Ephraim beschreibt diesen Prozess wie folgt:

> »Afrikaner wurden tatsächlich als Personen entprogrammiert; sie wurden entpersönlicht, ihrer Identität mit der Absicht beraubt, sie vollständig ihren weißen Fängern dienstbar zu machen [...]. Es wurde ihnen aus Angst vor der sehr realen Möglichkeit eines Aufstandes verboten, bedeutungsvolle Gruppenbeziehungen aufzubauen [...]. Es wurde ihnen verboten, ihre Muttersprachen zu sprechen, und sie durften nur so viel von den Ansätzen einer pervertierten Form des Englisch lernen, wie nötig war, um sie in der Knechtschaft brauchbar sein zu lassen. Strenge Gesetze wurden erlassen, die es jedem verboten, schwarzen Menschen Lesen und Schreiben beizubringen – damit wurden tatsächlich Kommunikation von und Zugang zu jedweder Information unterbunden, die ihre Neugier bezüglich ihrer eigenartigen und unerträglichen Lebensumstände als Sklaven in einem fremden Land mitten unter gänzlich unberechenbaren und grausamen Menschen hätte wecken können [...]. Die weiße Obsession, sich selbst zu überhöhen erforderte ein umfassendes Programm der Entmenschlichung der Afrikaner, die Vernichtung aller Spuren ihrer Vergangenheit, ein Auslöschen ihres Gefühls, dass sie je jemand gewesen waren.«[25]

---

25 Charles W. Ephraim, *The Pathology of Eurocentrism: The Burden and Responsibilities of Being Black* (Trenton, MJ: Africa World, 2003), 3-4.

Es wurde also ein enormer Aufwand betrieben, um nicht nur jeden schwarzen politischen Widerstand zu verhindern, sondern auch die materiellen und geistigen Bedingungen, die eine öffentliche Artikulierung kritischen Denkens ermöglicht hätten.

Ähnlich wie die indigenen Gemeinschaften waren sich die diasporischen Afrikaner_innen der Leere offizieller US Erklärungen von ›Freiheit‹ und ›Gleichheit‹ sehr wohl bewusst, genauso wie der Leere brasilianischer Ideen von ›Ordnung und Fortschritt‹ und ›Rassendemokratie‹ sowie der französischen Prahlereien von ihrer ›*mission civilisatrice*‹. Die zahllosen Aufstände gegen die Sklaverei (die schon in Afrika begannen) setzten unterdessen eine politische Vision in die Praxis um. Die Maroon-Republik [Maroons, abgeleitet vom spanischen/creollo *Cimarrón*, sind von Plantagen geflohene schwarzafrikanische Sklav_innen; es wird sonst für wilde, potenziell gefährliche Tiere verwendet] von Palmares im Brasilien des 17. Jahrhunderts errichtete eine alternative soziale Ordnung, während sie militärische Angriffe der Holländer_innen und Portugies_innen abwehrte. Neuere archäologische Forschung hat frühere Spekulationen bestätigt, dass Palmares neben der afrikanischen Mehrheit Indigen@s, Mestiz_innen, übergelaufene Weiße,. Jüd_innen und Muslim_innen umfasste und letztlich zu einem Zufluchtsort für die von der brasilianischen Gesellschaft Verfolgten wurde[26]. Palmares, das ein Gebiet von etwa einem Drittel der Größe Portugals bedeckte, hatte fast ein Jahrhundert lang Bestand und dies trotz der sich durchschnittlich alle 15 Jahre wiederholenden Angriffe durch Militärexpeditionen, denen es standhielt.[27] Palamares ist ein Zeugnis nicht nur für den afro-brasilianischen Widerstand gegen die Sklaverei, sondern auch für die Fähigkeit, ein alternatives Leben zu gestalten.[28]

26 Bezüglich neuerer archäologischer Forschung über Palmares vgl. Ricardo Bonalume Neto, »O Pequeno Brasil de Palmares: Escavacoes Arquelogical Sugerem que o Quilombo de Zumbi era Multietnico como um Pequeno Brasil,« *Folha de Sao Paulo* (4. Juni, 1995), 5-16. Palmares hat heute, da schwarze Nationalist_innen den *quilombismo* beschwören und den »Tag des schwarzen Bewusstseins« am Todestag des Palmarino-Führers Zumbi feiern, eine große Resonanz in Brasilien gefunden. Tatsächlich bebauen schwarze Bäuer_innen immer noch Land, das ihre Vorfahren besiedelten, und eine »Quilombo Klausel« könnte Landtitel für 500.000 Abkömmlinge der freien schwarzen Gemeinden bedeuten. Musikgruppen aus Bahia, besonders Olodum und Ile Aiye, haben für die heutigen Nachfahr_innen der Quilomb@s Unterstützung organisiert und Texte zu Musik gesetzt, wie »Quilombo, hier sind wir/Meine einzige Schuld ist gegenüber Quilombo/Meine einzige Schuld ist gegenüber Zumbi.« Vgl. James Brooke, »Brazil Seeks to Return Ancestral Lands to Descendants of Runaway Slaves.« *New York Times* (15. August, 1993), 3.

27 R.K. Kent, »Palmares: An African State in Brazil,« *Journal of African History* 6, Nr. 2 (1965): 167-169.

28 Palmares ist in zwei brasilianischen Filmen von Carlos Diegues gefeiert worden, in *Ganga Zumba* (1963) und in *Quilombo* (1983).

Ja, der brasilianische Anthropologe José Jorge de Carvalho fordert sogar für die heutige Zeit eine ›politische Verwirklichung von Palamares‹ als einem Ort, an dem schwarze Anführer_innen einen Schutzraum für das integrierte Zusammenleben von Indigen@s, versklavten Afrikaner_innen und armen Weißen schufen und damit ein Modell für eine Koalition von Schwarzen, Indigen@s und progressiven Weißen im gegenwärtigen Brasilien vorgaben.[29]

Der uruguayische Autor Germán Arciniegas macht in seinem Buch *America in Europe* deutlich, dass Rote und Schwarze in den Ländern Amerikas an der Spitze republikanischer Revolutionen standen, selbst wenn sie das Wort ›Republik‹ nicht benutzten: »Die Schwarzen von Cartagena wurden 1602 in Palenque stark, riefen eine freie Republik aus und hielten sie 100 Jahre lang [...]. Die Indianer von Tupac Amaru waren in ihrem Aufstand gegen Spanien den Weißen 40 Jahre voraus.«[30] Indigene Rebell_innen und Maroon-Anführer_innen setzten gewissermaßen republikanische Ideen von Selbstregierung und Autonomie ›in die Tat‹ um – manchmal bereits bevor Philosoph_innen der Aufklärung sie in essayistischer Form artikuliert hatten. Intellektuelle der afrikanischen Diaspora haben somit die Aufmerksamkeit auf die Aporien des universalistischen Anspruchs der Aufklärung gelenkt. Exotopisch (außerhalb des gängigen Diskurses) positioniert, wie sie es sind, um den Bluff der offiziellen Ideologien und Idealisierungen zu entlarven, können afro-diasporische Menschen quasi als proleptische Dekonstruktivist_innen angesehen werden.[31] Während schwarze Amerikaner_innen die inneren Widersprüche der von der amerikanischen Revolution errichteten ›Herrenrassendemokratie‹ (Pierre van den Berghe) entlarvten, entlarvten schwarze Kritiker_innen in den französischen Kolonien wie Haiti und Guadeloupe und ihre Verbündeten in Frankreich selbst die Widersprüche des ›kolonialen Republikanismus‹.

Denker_innen der Aufklärung rangen mit Dilemmata, welche auch heute noch mitschwingen, und jedes tiefgründig historische Nachdenken über Kolonialität und *race* verlangt einen Umgang mit diesem widersprüchlichen Erbe. Der weiß beherrschte ›racial contract‹ (Charles Mills)[32] wurde von Anfang an angefochten. In den Vereinigten Staaten taten freie ›Schwarze‹ in den frühen

29 Vgl. José Jorge de Carvalho, *Inclusao Étnica e Racia no Brasil: A Questao das Cotas no Ensino Superior* (São Paulo: Attar, 2005), 141.

30 Vgl. Germán Arciniegas, *America in Europe: A History of the New World in Reverse* (New York Harcourt Brace Jovanovich, 1986), 120.

31 Tatsächlich verweist Henry Louis Gates, Jr., in *Figures in Black* auf Jean Toomers Anliegen als Vorwegnahmen der Postmoderne und des Poststrukturalismus. Vgl. Henry Louis Gates, Jr., *Figures in Black: Words, Signs, and the »Racial« Self* (New York: Oxford University Press, 1987), 210.

32 Charles W. Mills' Begriff dafür, dass in den USA der ›Rassenkontrakt‹ Kern des ›Sozialen Kontrakts‹ ist, d.h., dass es eine unausgesprochene und manchmal auch explizite

Tagen der Republik ihre gegen die Sklaverei gerichteten Meinung öffentlich kund. Ein großer Teil schwarzen Denkens, so drückt es Charles Mills es aus, »drehte sich einfach um die beharrliche Forderung, dass Weiße ihren eigenen (angeblich universalistischen) Prinzipien gerecht leben sollten.«[33] 1779 ersuchten Sklav_innen aus Connecticut die Vollversammlung ihres Staates, das grundlegende Gleichheitsprinzip durchzusetzen, und sie reklamierten: »Wir sind die Geschöpfe Gottes, der aus einem Blut und verwandt alle Nationen der Erde machte; wir erkennen durch unsere eigene Reflektion, dass wir mit den selben Fähigkeiten ausgestattet sind wie unsere Herren und dass es nichts gibt, was uns glauben oder argwöhnen ließe, dass wir mehr verpflichtet seien ihnen zu dienen als sie uns.«[34] Der Eröffnungsleitartikel im als erste schwarze Zeitung der Nation 1827 gegründeten *Freedom Journal* plädierte für ein Grundrecht der Selbstvertretung: »Wir möchten für unsere eigenen Anliegen eintreten. Zu lange schon haben andere für uns gesprochen.«[35]

Während einige weiße Denker_innen der Aufklärung die hierarchischen Abstufungen schwarzer und weißer Intelligenz zu eichen suchten, verurteilten schwarze Denker_innen solche Theorien als grausam und frivol. Schwarze Amerikaner_innen wiesen Jeffersons in den *Notes on Virginia* aufgestellte Behauptungen zur intellektuellen Unterlegenheit von Schwarzen zurück. Der freie, schwarze Benjamin Banneker, ein Mathematiker und Astronom, sandte Jefferson im Jahre 1792 eine Kopie seines eigenen, kurz vor der Veröffentlichung stehenden *Almanac* zu, zusammen mit einem Brief, der Jefferson dafür tadelte, dass er die Intelligenz von Schwarzen unterschätze. Banneker drückte darin die Hoffnung aus, dass Jefferson »jede Gelegenheit ergreifen würde, diese Kette von absurden und falschen Ideen und Meinungen auszumerzen, die in Bezug auf uns so allgemein überwiegt.« Er ergänzte, dass Jeffersons Ansichten »mit meinen übereinstimmen, nämlich, dass ein einheitlicher Vater uns allen das Sein verliehen hat; und dass er uns alle nicht nur aus einem Fleisch gemacht, sondern auch ohne Voreingenommenheit uns allen die gleichen Empfindungen gewährt und uns alle mit den selben Fähigkeiten ausgestattet hat.«[36] Jefferson antwortete herzlich, aber wies Bannekers Argument zurück. In einem privaten Brief an Joel Barlow behauptete Jefferson, dass Bannekers

Übereinkunft unter Menschen europäischer Abstammung gibt, dass das Ideal weißer Vorherrschaft gegen andere Gesellschaften in der Welt behauptet werden muss.

33 Vgl. Charles W. Mills, *Blackness Visible: Essays on Philosophy and Race* (Ithaca: Cornell University Press, 1998), 5.

34 Zitiert nach Mia Bay, *The White Image in the Black Mind: African-American Ideas about White People, 1839-1925* (Oxford: Oxford University Press, 2000), 13.

35 Ebd., 25.

36 Zit. nach ebd., 17.

Almanac »nichts beweise.«[37] 1827 veröffentlichte der freie Schwarze David Walker seinen *Walker's Appeal [...] to the Colored Citizens of the World*, in welchem er auf den Widerspruch zwischen dem Satz aus der Unabhängigkeitserklärung »alle Menschen sind gleich geschaffen« und dem antiegalitären Rassismus von Jeffersons *Notes on Virginia* hinwies. Indem er Jefferson mit den Ungereimtheiten seines eigenen Diskurses konfrontierte, ermahnte Walker Jefferson: »Vergleichen Sie doch Ihre eigene, der Unabhängigkeitserklärung entnommene Sprache mit Ihren Grausamkeiten und Morden, die Ihre grausamen und unbarmherzigen Väter uns und unseren Vätern, [...] Männern, die Ihren Vätern und Ihnen nie den geringsten Anlass gaben, zugefügt haben.«[38]

Obgleich die Sklaverei in eklatantem Widerspruch zu den vorgegebenen Prinzipien der Aufklärung stand, betonte die herrschende Geschichtsschreibung traditionell diese Ideale und spielte die Widersprüche herunter. Viele US-Schulbücher behandeln die Sklaverei als eine kleinere Panne innerhalb eines übergreifenden Narrativs vom unweigerlichen Fortschritt. Obwohl als Ausnahme von der ›Regel‹ der Demokratie dargestellt, waren es Sklaverei und Segregation, die eher die Regel waren, während Freiheit und gleiche Rechte eher die Ausnahme bildeten. Obgleich einige der Abgeordneten zum verfassungsgebenden Konvent 1787 die Abschaffung der Sklaverei verlangten, akzeptierten sie sie schlussendlich doch als Teil des Kompromisses mit den Südstaaten. Die Verfassung gründete sich so auf einem faustischen Pakt zwischen südlichen Sklavenhalter_inneninteressen und nördlichen ökonomischen Interessen. Die Gründerväter stimmten im Wesentlichen darin überein, bezüglich der Sklaverei nicht übereinzustimmen, sie einerseits indirekt zu legalisieren, gleichzeitig aber auch eine von der Aufklärung abgeleitete Sprache einzuführen, die als Geste auf ihren letztendlichen Untergang weisen (und ihn konkret ermöglichen) würde. Indem sie so handelten, verschoben sie bloß den Bürgerkrieg, der 70 Jahre später ausbrach.[39] Auf lange Sicht gesehen, führte die Privilegierung des Südens zu einer südlichen Dominanz in der US-Politik und zu dem Begriff ›Bundesstaatsrechte‹ als einem Euphemismus für Segregation. Die Dilemmata der amerikanischen Revolution verfolgen die Amerikaner_innen seit langem – von den beschämenden Kompromissen der Gründerväter, über Abraham Lincolns rassistischen Abolitionismus, bis zu Nixons ›Südstaaten-Strategie‹ in den 1960ern und 1970ern, den ›Heissen Eisen‹ der Republikaner in den 1980ern und der vorgetäuschten Vielfalt unter Bush Jr. in den 1990ern, die im Augenblick

37 Zit. nach ebd., 16.

38 Zit. nach ebd., 62.

39 Joseph J. Ellis, *Founding Brothers: The Revolutionary Generation* (New York: Vintage, 2002), 102.

ihren Höhepunkt in der anti-Obama ›Geburts‹-Hysterie zu Anfang des 21. Jahrhunderts erlebt.[40]

Im Verlauf der Geschichte bestand der afro-diasporische Widerstand darin, für etwas zu plädieren, was selbstverständlich hätte sein sollen, nämlich ein schwarzes Mensch- und Subjektsein. Charles Mills drückt es so aus: »Das hervorstechendste Merkmal der Erfahrung jener [im herrschenden Rassensystem] als Untermenschen Klassifizierten wird das Bedürfnis sein – und zwar für die eigene Selbstachtung – gegen die dauernde rassi[sti]sche Verachtung, die sie routinemäßig erfahren, anzugehen. Denn, wenn sie sie ohne Widerspruch hinnehmen, akzeptieren sie die offizielle Definition von sich als weniger als menschlichen, nicht wirklichen Personen.«[41] Die Stellung am unteren Ende der sozialen Hierarchie machte manchmal einen teuer erkauften epistemologischen Vorteil möglich, einen, der afrikanische Amerikaner_innen in die Lage versetzte, vor Eigenlob strotzende nationalistische Narrative zu entmystifizieren. Mehrere schwarze, intellektuelle und moralische Gleichheit reklamierende Proteste offenbaren, was wir in Abwandlung von Raymond Williams ›analoger Struktur des Fühlens‹ ein Produkt des intersubjektiven Affektstroms unter den Marginalisierten genannt haben, wenn sie Shylocks Rede, »Hat nicht ein Jude Augen?« aus dem *Kaufmann von Venedig* in andere Worte fassen.[42] Im Jahre 1789 deutete ein freier Schwarzer auf die Grenzen des Universalismus der Aufklärung, indem er fragte: »Hat nicht ein Neger Augen? Hat nicht ein Neger Hände, Organe, Leib und Glieder, Sinne, Neigungen, Leidenschaften?«[43]

Die gesamte US-Geschichte kann als ein Ringen um die politische Hermeneutik der Gründungsdokumente gesehen werden, welches in der Spannung zwischen dem »Alle Menschen sind gleich geschaffen« der Unabhängigkeitserklärung und den die Sklav_innen zum Besitz erklärenden Bestimmungen der Verfassung wurzelt. Der Sklavereigegner William Lloyd Garrison verbrannte bei einer Versammlung gegen die Sklaverei eine Kopie der Verfassung, die er dabei »einen Pakt mit dem Tod und eine Vereinbarung mit der Hölle« nannte.[44] Es ist, als ob die Vereinigten Staaten von Anfang an von zwei miteinander konkurrierenden politischen Modellen heimgesucht worden seien, von denen

40 Für eine in die Tiefe gehende Diskussion darüber, wie diese Themen sich im Verhalten und in den Entscheidungen der US Präsidenten niederschlagen, vgl. Kenneth O'Reilly, *Nixon's Piano: Presidents and Racial Politics from Washington to Clinton* (New York: Free Press, 1995).

41 Mills, Op. cit., 87.

42 Über das Konzept »analoger Strukturen des Fühlens« vgl. Shohat/Stam, *Unthinking Eurocentrism: Multiculturalism and the Media* (New York: Routledge, 1994), 351.

43 Zitiert nach Bay, *The White Image in the Black Mind*, 16.

44 Zitiert nach Howard Zinn, *Passionate Declarations: Essays on War and Justice* (New York: HarperCollins, 2003), 231.

jedes in einem symbolischen Gebäude konkrete Gestalt annahm: das eine, demokratische, im Bürgerversammlungshaus, der ›Town Hall‹; das andere, tyrannische, im Knast, dem ›Big House‹. Die entscheidende Frage war, welches Modell größere Macht ausüben würde.

Antinomien der Aufklärung

Viele der zentralen historischen Konflikte und Debatten in den drei in diesem Buch besprochenen Ländern drehen sich um diese höchst zwiespältige Hinterlassenschaft. Wie ließen sich Werte der Aufklärung, wie Freiheit und Gleichheit vor dem Gesetz in Einklang bringen mit den tatsächlichen Praktiken des Kolonialismus, des Genozids, der Sklaverei und des Imperialismus? Stellte der Kolonialismus einen Bruch mit den Ideen der Aufklärung oder ihren deutlichsten Ausdruck dar? War die Aufklärung die Krankheit oder die Kur oder beides gleichzeitig? Ist die Aufklärung unvollendet oder ist es die Dekolonialisierung, oder sind beide in gegenseitiger Wechselbeziehung zu vollenden? Da wir sowohl vor Idealisierung als auch vor Dämonisierung zurückscheuen, würden wir sowohl die Meinung von der Aufklärung als einer unbefleckten Quelle der Vernunft, Wissenschaft, Freiheit und des Fortschritts ablehnen als auch die gegenteilige Ansicht, die die Aufklärung auf die Barbarei instrumenteller Vernunft und die Auslöschung von Unterschieden reduziert. (»Wir müssen uns von der intellektuellen Erpressung 'für oder gegen die Aufklärung zu sein' befreien,« schrieb Foucault.)[45] Als ein, um Fredric Jamesons Begrifflichkeit zu verwenden, Meister-Code, in dem miteinander konkurrierende Ideologien ihren Kampf ausfechten, ist die Aufklärung ein widersprüchliches Projekt, sowohl was die Kluft zwischen Idealen und Praktiken angeht als auch was ihre eigenen diskursiven Aporien betrifft. Janusköpfig bildet sie vor allem eine Matrix für Dilemmata und schwierige Fragen. Statt ein einziges geschlossenes Bild von *race* und Differenz zu liefern, beinhaltete die Aufklärung die Notwendigkeit einer bis heute dauernden Debatte. Es ist daher nicht eine Frage pauschaler Ablehnung – des Ausschüttens des Kindes der zivilen Freiheiten mit dem Bade des kolonialistischen Rassismus –, sondern des Auslotens der positiven wie auch der negativen Dialektik der Aufklärung.

Ein Aspekt radikaler Kritik geht einher mit einer archäologischen Lektüre des rassistischen Sediments im Denken einiger Aufklärungsdenker_innen. Der intellektuelle Historiker Louis Sala-Molins untersucht in seinem 1987 erschienenen Buch *The Black Code, or The Calvary of Canaan* den ›Code Noir‹, d.h.,

45 Michel Foucault, »What Is Enlightenment?« in Paul Rabinow, Hrsg., *The Foucault Reader* (New York: Pantheon, 1084), 45.

den französischen Rechtskodex, der den Umgang mit den Versklavten in den Kolonien regelte.[46] Der im Jahre 1685 unter der Monarchie verfasste und endgültig erst 1848 aufgehobene Kodex legalisierte die Sklaverei ganz allgemein und genehmigte im Besonderen Folter, Verstümmelung und sogar das Töten von Sklav_innen. Der Kodex liefert ein Druckmuster für viele der Gesetze und Gepflogenheiten, die das Leben in ›Rassenstaaten‹ geprägt haben – die Schikanerung von Schwarzen, ein rassi[sti]sch abgekartetes Justizsystem, den Ausschluss schwarzer Zeug_innen von Gerichtsprozessen (was verhinderte, dass Schwarze ihre eigene Erfahrung und Geschichte vor dem Gesetz wiedergeben konnten), und das Verweigern schwarzer ökonomischer Autonomie. Die Artikel des Kodex können auch quasi gegen den Strich gelesen werden, indem sie die Schwierigkeiten offenbaren, die dem Aufzwingen von Sklaverei gegenüber einer widerspenstigen Bevölkerung innewohnen. Der Artikel 33 beispielsweise gibt den Widerstand von Sklav_innen insofern zu, als er die Todesstrafe für Sklav_innen fordert, die ihre Herren, Herrin oder den Ehemann ihrer Herrin oder deren Kinder ohrfeigt.[47] Ein anderer Artikel, der jede Art von Diebstahl, ob durch Sklaven_innen oder freie Schwarze, mit der Todesstrafe belegt, legt häufigen Diebstahl auf ähnliche Weise als eine subversive Geste offen.

Sala-Molins unterscheidet drei ausgeprägte ideologische Positionen unter den Philosoph_innen der Aufklärung: (1) die rassistische Befürwortung der Sklaverei, (2) die nicht-rassistische Befürwortung der Sklaverei und (3) die rassistische Anti-Sklaverei. (Denis Diderot – antirassistisch, anti-Sklaverei und antikolonialistisch – bietet eine vierte Position.) Voltaire (Abraham Lincoln diesbezüglich nicht unähnlich) war ein Rassist, der sich gegen die Sklaverei wandte. Montesquieu, ein Haupteinfluss für französische und US-amerikanische politische Institutionen, kann zitiert werden, um entweder wie ein aufrechter Abolitionist oder wie ein Verfechter der Sklaverei auszusehen. Seine auf abstrakte Weise großartige und rhetorische Geißelung der Sklaverei in Frankreich wurde konterkariert durch seine Verteidigung der Sklaverei »in bestimmten Klimazonen,« wo die Sklaverei »die Vernunft weniger beleidige.«[48] Viele Denker_innen der Aufklärung wendeten ›Sklaverei‹ metaphorisch auf die Herrschaft von Weißen über Weiße an, d.h., die ›Versklavung‹ der gewöhnlichen Menschen durch das Ancien Régime oder die Sklaverei, die den kolonialisierten Amerikaner_innen durch die Brit_innen

46 Vgl. Louis Sala-Molins, *Le Code Noir, ou Le Calvaire de Canaan* (Paris: Presses Universitaires de France, 1987).

47 Ebd.

48 Montesquieu, »Chapter VII: Another Origin of the Right of Slavery,« in *The Spirit of the Laws* (1748).

aufgezwungen wurde. Für die Revolutionär_innen, so schlussfolgert Sala-Molins, waren die Sklav_innen sie selbst.[49]

Statt von einer einheitlichen europäischen Aufklärung, sollten wir von mehreren transatlantischen Aufklärungen reden. Zum Beispiel war es in Haiti, dass die Widersprüche der Aufklärung am explosivsten und intellektuell herausforderndsten auftraten. Dank der dichtesten Sklavenbevölkerung in der Neuen Welt, stellte das Haiti des 18. Jahrhunderts einen der Schlüssel für Frankreichs Reichtum und Macht dar. Das kolonialisierte Haiti war, wie der Historiker Laurent Dubois es ausdrückt, »der Ground Zero des europäischen Kolonialismus in Amerika.«[50] Für Aimé Césaire wurde dort der ›Knoten‹ des Kolonialismus zum ersten Mal zu- und dann aufgebunden.[51] Und als »der erste unabhängige moderne Staat der sogenannten Dritten Welt erlebte Haiti,« wie Michel-Rolph Trouillot ausführt, »früh alle Probleme postkolonialer Staatenbildung.«[52] Doch die historische und philosophische Stimme der haitianischen Revolution ist zum Schweigen gebracht worden. Die Textbücher und populären Schriften, die die verschiedenen Revolutionen in der Welt behandeln, übergehen die von allen radikalste, eine Revolution, die zugleich national, sozial und ›ethnisch‹ war. Da die Idee einer von Schwarzen angeführten Revolution, die weitaus radikaler wäre als die amerikanische und französische Revolution, mehr oder weniger undenkbar war, wurde die haitianische Revolution langsam zu einem Nichtereignis gemacht.

Es waren eher Belletrist_innen als Historiker_innen, die die Wirkung der haitianischen Revolution wahrnahmen, so, wenn Herman Melville in *Benito Cereno* das Sklavenschiff, auf dem eine Rebellion stattfand, die *St. Dominic* nannte, was der zeitgenössische Begriff für Haiti war. Die Historiker_innen vernachlässigten Haiti, obgleich die Vereinigten Staaten einen Großteil ihres Territoriums dank der Schockwellen der haitianischen Revolution gewannen, die französische Ängste und daher den Verkauf von Louisiana auslösten. Eric Hobsbawms marxistischer Klassiker *The Age of Revolutions, 1789-1843* lässt Haiti praktisch außer Acht, obwohl sowohl Frankreich als auch England mehr Soldaten in Haiti verloren als bei Waterloo. In Frankreich setzten weder die Hundertjahrfeier der Revolution von 1848 noch die französische Übersetzung von C.L.R. James *The Black Jacobins* eine wesentliche Debatte in Gang.

49 Sala-Molins, *Le Code Noir.*

50 Laurent Dubois, *Avengers of the New World: The Story of the Haitian Revolution* (Cambridge: Harvard University Press, 2004), 13.

51 Aimé Césaire, *Toussaint L'Ouverture: La Révolution Francaise et le Problème Coloniale* (Paris: Présence Africaine, 1981), 23.

52 Michel-Rolph Trouillot, *Silencing the Past: Power and the Production of History* (Boston: Beacon, 1995), 68.

In den Vereinigten Staaten waren es erst die Neuherausgabe des Buches von James im Jahre 1962, dann die Bürgerrechtsbewegung und die »Neue Sozialgeschichte«, die eine Diskussion um das monumentale Erbe der haitianischen Revolution entfachten.[53]

Die haitianische Revolution veranschaulicht, wie die Kulturpolitik der Aufklärung über ein breites Spektrum des Schwarzen Atlantik kartiert werden muss. Obgleich einige Philosoph_innen der Aufklärung die Sklaverei abstrakt verdammten, haben sie sich selten mit ihrer tatsächlichen Brutalität auseinandergesetzt. In Haiti, genau wie in großen Teilen des Schwarzen Atlantik, wurden Auspeitschungen und sogar Kastrationen als disziplinarisches Schauspiel aufgeführt. Scharfe Pfefferkörner wurden in Haiti als Strafe in offene Wunden gerieben und Schießpulver in den Anus von Sklav_innen geschoben und dann zur Explosion gebracht. ›Die Herrschaft der Herrenrasse‹ verwob sich mit dem, was man ›den Krieg der Herrenrasse‹ nennen könnte. General Leclerc verlangte »einen Ausrottungskrieg«, der »nur Kinder unter zwölf Jahren verschonen« würde.[54] Germaine de Staël beschreibt, was sie eine »grässliche« Begebenheit nennt: Aus Angst, dass Haitianer_innen die Rebell_innen unterstützen könnten, »warfen die Franzosen 1800 von ihnen ohne irgendeinen Prozess ins Meer.«[55] Als sich das Verbrennen, Ertränken und Ersticken als kontraproduktiv erwies, kaufte General Rochambeau 1500 auf das Verschlingen von Schwarzen abgerichtete Kampfhunde und stellte sicher, dass sie ausgehungert und deshalb umso brutaler waren.[56] Dennoch waren die sadistischen Praktiken einer republikanischen Regierung in Übersee und das, was sie über die Unfreiheit derer, die nicht als Bürger_innen der Republik galten, aussagten, nicht notwendigerweise Thema von philosophischen Abhandlungen in der Hauptstadt. Um Theorie und Praxis abzugleichen, ersannen einige konservative Denker_innen ein Klassifikationssystem, das die Opfer einer niedrigeren Stufe des Menschseins zuordnete und sie der den weißen zugestandenen Rechte nicht wert sein ließ. Obwohl Grausamkeit in allen Formen des Kolonialismus gewöhnlich war, wirkte sie deutlicher abnormal in einer Situation, in der französische Philosoph_innen die Prinzipien von Gleichheit mit ungewöhnlicher Kraft und Tragweite verkündet hatten und damit den Kontrast zwischen, einerseits, den Ideen in all ihrem Glanz, und andererseits, den Übergriffen in all ihren Schrecken verstärkten.

---

53 Ebd., 70-107.

54 Zitiert nach Dubois, *Avengers of the New World*, 290-291.

55 Epistel 27, Brief von 1803, in Germaine de Stael, *Correspondence Generale 1* (Paris: Hachette, 1982), zitiert nach Gilles Manceron, *Marianne et le Colonies* (Paris; La Découverte, 2005), 68.

56 Aus Victor Schoelchers *Vie de Toussaint Louverture*, zitiert nach Manceron, *Marianne et les Colonies*, 68.

Die negative Dialektik des Republikanismus der Aufklärung muss auf dem kolonialen Grund außerhalb des hexagonalen Frankreichs entworfen werden. ›Freiheit, Gleichheit, Brüderlichkeit‹ sollten nicht von den Schiffen geladen werden. Ein Plantagenbesitzer drückte es 1792 so aus: »Wir haben nicht eine halbe Million wilde Sklaven von der Küste Afrikas geholt, um sie in die Kolonien als französische Bürger zu bringen.«[57] Die Debatte über die intellektuellen und politischen Folgen der haitianischen Revolution schlug rund um den Atlantik Wellen. Die kreolische Sklavenhaltereliten der amerikanischen Länder wurden zum Beispiel vom Gespenst des haitianischen Präzedenzfalls verfolgt. In Brasilien erwogen die Minas Revolutionär_innen des 18. Jahrhunderts, die einen Aufstand gegen den portugiesischen Kolonialismus planten, die Sklaverei abzuschaffen, waren aber gleichzeitig besorgt, dass die Unabhängigkeit eine ›Haitianisierung‹ der Situation mit sich bringen würde. (Der multi-ethnische ›Aufstand der Schneider‹ von 1798 in Bahia ahmte dagegen bewusst das haitianische revolutionäre Modell nach.) Während Schwarze und einige Weiße über den Erfolg der haitianischen Revolution jubelten, waren weiße Sklavenhalter_innen und ihre Bündnisgenoss_innen von der Aussicht auf ähnliche Aufstände in den Vereinigten Staaten beunruhigt. Die Ankunft tausender weißer französischer in Städten wie Philadelphia und Charleston Zuflucht suchender Plantagenbesitzer_innen dramatisierte das haitianische Gespenst ebenfalls. Jefferson, der Haitis Anführer_innen als »Kannibalen der Schreckensrepublik« brandmarkte, schlug sich auf die Seite seiner französischen Kompliz_innen, den weißen Plantagenbesitzer_innen, obgleich der haitianische Revolutionsführer Jean-Jacques Dessalines für seinen Entwurf der haitianischen Unabhängigkeitserklärung die von Jefferson verfasste US-Erklärung zum Vorbild genommen hatte. Die Ängste vor einem schädlichen Einfluss Haitis wurden im Januar 1811 bekräftigt, als in Louisiana eine kleine Armee von Sklav_innen einer viel größeren Armee von Sklavenhalter_innen entgegentrat. Diejenigen, die ein neues Saint Domingue entlang dem Mississippi zu errichten suchten, »erkannten nicht,« wie Daniel Rasmussen es formulierte, »wie sehr sie damit die Bedingungen schufen, welche die haitianische Revolution [verursacht hatten].«[58]

Vorherrschaftsdenken hielt das weiß dominierte Amerika davon ab, die haitianische Revolution genauso als eine ›Schwesterrevolution‹ anzusehen wie die französiche. Während so die Metapher von der Familie die französische und die amerikanische Revolution als Schwestern abbildete, wurde die haitianische Revolution bestenfalls als ein uneheliches Kind angesehen – und

57 Ebd. 142.

58 Vgl. Daniel Rasmussen, *American Uprising: The Untold Story of America's Largest Slave Revolt* (New York: Harper, 2011), 48.

schlimmstenfalls als überhaupt nicht der revolutionären Familie zugehörig. Die Weigerung, Haiti einen Platz in der Metaerzählung über die Revolutionen der Aufklärung zu gewähren, gewann im Licht der Tatsache, dass Haitianer_innen mit den französischen Truppen die amerikanischen in der Schlacht von Savannah unterstützt hatten, eine besondere Ironie. Diese besteht auch in Hinblick auf eine weitere Schuld den Haitianer_innen gegenüber. Es war deren Freiheitskampf, der Frankreich Verlusten und Gefahren ausgesetzt hatte, die schließlich den Verkauf von Französisch-Louisiana notwendig machten. Der Historiker Henry Adams schrieb 1889, dass »allein Rassenvorurteile das amerikanische Volk gegenüber der Schuld blind machten, die es gegenüber dem verzweifelten Mut von 500.000 haitianischen Negern hatte, die keine Sklaven sein wollten.«[59] Die Verweigerung diplomatischer Beziehungen sollte bis 1862 dauern, als der Sieg der Union es dem Senator und Anhänger der Sklavenbefreiung Charles Sumner möglich machte, die Beziehungen wieder herzustellen. Die haitianische Revolution brachte nicht nur die erste schwarze Republik beziehungsweise ehemalige Kolonie mit sich, sondern war auch den ersten Krieg einer kolonialen Rückeroberung in einem amerikanischen Land. Und so wie wir die Linien verfolgen können, die den faustischen Pakt der US-Verfassung mit späterer Segregation und Diskriminierung verbinden, können wir auch die Verbindungslinien verfolgen, die von der Unterdrückung der haitianischen Revolutionär_innen zu der von Frankreich und den Vereinigten Staaten ausgeübten neokolonialen Gewalt gegen Haiti in späteren Zeiten führen.

Haiti lieferte für die schwarze Diaspora fantastische Musterbeispiele revolutionärer Vision. Im Jahre 1800 inspirierte das haitianische Beispiel in Richmond, Virginia, einen Sklaven namens Gabriel, einen Aufstand zu planen, der Weiße wie Schwarze einbezog.[60] 1805 trugen trugen Soldat_innen afrikanischer Abstammung in Rio de Janeiro Medaillons zu Ehren des haitianischen Kaisers Dessalines.[61] Die Verwandlung eines gedemütigten Sklaven wie Dessalines in einen brillanten General, den C.L.R. James »eine herausragende Persönlichkeit in der politischen Geschichte der atlantischen Welt« nannte, sprach ganz offensichtlich Bände über das Potenzial der Versklavten.[62] Auf Napoleon Bonapartes Versprechen einer bloß bedingten und lokal begrenzten Freiheit für Schwarze soll Toussaint Louverture geantwortet haben: »Eine nur uns zugestandene und Bedingungen unterworfene Freiheit ist nicht das, was wir wollen [...]. [Wir wollen] die absolute Zustimmung zum Prinzip, dass kein Mensch, ob rot, schwarz

59 Zitiert nach David. R. Roediger, *How Race Survived US History* (London: Verso, 2008), 60.

60 Dubois, Avengers of the New World, 304.

61 Ebd., 305.

62 Zit. nach ebd., 173.

oder weiß geboren, Besitz eines anderen sein kann.«[63] Letztendlich suchte die haitianische Revolution, die Idee eines rassifizierten Republikanismus zu demontieren unter Einschluss der französischen Metropole selbst.

Wenn es der haitianischen Revolution auch nicht gelang, sich vielen Denker_innen der Aufklärung als historisches ›Ereignis‹ bemerkbar zu machen, so erkannten viele Afrikaner_innen in der Diaspora doch ihre weltgeschichtliche Bedeutung.

C.L.R. James' Wortschöpfung von den ›schwarzen Jakobinern‹ fusioniert karibisches Schwarzsein mit der radikalsten Inkarnation der französischen Revolution. Einige Aufständische »drückten ihre Forderungen ausdrücklich in der Sprache republikanischer Rechte aus.«[64] William Wells Brown träumte davon, dass »ein Toussaint, ein Christophe, eine Rigaud, ein Clervaux und ein Dessalines eines Tages in den Südstaaten dieser Union erscheinen können, wenn die Revolution von St. Domingo in South Carolina oder Louisiana nachvollzogen werden wird.«[65] 1893 erklärte Frederick Douglass, der US Botschafter in Haiti, dass die »schwarzen Söhne von Haiti für die Freiheit jedes schwarzen Menschen in der Welt gekämpft« hätten.[66] Veröffentlichungen jener Zeit nahmen sogar eine Art ›Dritte-Welt-Denken‹ vorweg, von dem man gewöhnlich annimmt, dass es erst anderthalb Jahrhunderte später aufkam. Der haitianische freie farbige Anführer Vincent Ogé kam Alfred Sauvys Begriff ›Dritte Welt‹ zuvor, als er die Forderungen der freien Menschen dunkler Hautfarbe mit jenen des Dritten Standes in der französischen Revolution verglich. Ähnlich forderte der afro-amerikanische Autor Martin Delaney lange vor dem amerikanischen Bürgerkrieg eine Allianz aller People of Color (PoC). In Haiti beschwor Henri Christophes Sekretär, der Baron de Vastey, die Vision von »fünf Millionen schwarzen, gelben und dunkelhäutigen Menschen, die, verteilt über die Erdoberfläche, die Rechte und Privilegien einfordern, die ihnen vom Naturrecht her gebühren.« J. Michael Dash nennt diese Aussage völlig richtig »einen bemerkenswert frühen Appell an die Macht der ›Verdammten dieser Erde.‹«[67] Die haitianische Revolution schlug, kurz gesagt, Wellen rund um den Schwarzen Atlantik und wurde ein Kristallisationspunkt in der Genealogie der späteren Auseinandersetzungen mit dem Kolonialismus.

---

63 Zit. nach ebd., 242.

64 Ebd., 105.

65 William Wells Brown, *St. Domingo, Its Revolutions and Its Patriots* (Boston: B. Marsh, 1855), zitiert aus J. Michael Dash, *Haiti and the United States: National Stereotypes and the Literary Imagination* (London: Macmillan, 1988), 11.

66 Zitiert nach Dubois, *Avengers of the New World,* 305.

67 Das Vastey Zitat ist aus seinen *Reflections,* zitiert nach J. Michael Dash, *The Otherr America: Caribbean Literature in a New World Context* (Charlottesville: University of Vorginia Press, 1998), 44.

Weiße Stimmen gegen die imperiale Raison

Es wurden auch einige weiße Stimmen zugunsten der haitianischen Revolutionär_innen und, allgemeiner, zugunsten des intellektuellen Selbstvertretungsrechtes von PoC erhoben. Englische Schriftsteller_innen wie Wordsworth, französische wie Lamartine und amerikanische wie der Abolitionist John Whittier schrieben alle Hommagen an die haitianische Revolution. In Frankreich verteidigte Abbé Grégoire die vollständige intellektuelle Gleichberechtigung schwarzer Menschen in seinem Werk *De la Littérature des Nègres, ou Recherches sur Leurs Facultés Intellectuelles* (1808), für das er von niemand anderem als König Christophe von Haiti beglückwünscht wurde – dem Vorbild für Eugene O'Neills *Der Kaiser Jones.* Der König kaufte in London 50 Exemplare des Buches und lud den Abbé ein, das von ihm regierte Land zu besuchen. In der Tat erinnert uns der Fall des Abbé Grégoire, dass eine radikal antirassistische Position unter Weißen zur Zeit der französischen und haitianischen Revolutionen ›verfügbar‹ war.

Für nordamerikanische Revolutionär_innen stellte Haiti unterdessen eine echte Herausforderung dar. Wie sollten die Beziehungen zwischen der ersten weiß beherrschten Republik und der ersten schwarzen Republik in Amerika aussehen? In diesem historischen Zusammenhang verdient ein weißer nordamerikanischer Staatsmann, Timothy Pickering, besondere Erwähnung. Als Anführer der Miliz von Salem während des Befreiungskrieges, als General in Washingtons Armee, dritter Außenminister und Senator, prangerte Pickering die Sklaverei in den Straßen von Sklavenhandelshäfen und in den Hallen des Kongress öffentlich an. 1783 entwarf Pickering eine Bundesstaatsverfassung, die den »totalen Ausschluss der Sklaverei« verlangte. Als Senator von Massachusetts klagte Pickering die Doppelmoral an, mit der einerseits die französische Revolution unterstützt, andererseits aber die haitianische Revolution verdammt wurde. Denn die gleichen Prinzipien die zur Unterstützung der französischen Revolution führten, seien »mit zehnfacher Priorität und Stärke auf die derben Schwarzen Santo Domingos anzuwenden.«[68]

Die auf Gleichheit abzielende Stoßkraft eines Flügels der Aufklärung wird nicht nur von den schwarzen Jakobiner_innen verkörpert, sondern auch von einigen weißen französischen Philosoph_innen. Denis Diderot dient uns als herausragendes Beispiel für die These, dass radikal egalitär Denkende klare antirassistische und antikolonialistische Standpunkte einnehmen konnten und sogar die tatsächliche Umsetzung des Radikalismus in Sklavenrevolten und -revolutionen unterstützten. Französische Wissenschaftler_innen sind seit der

68 Zitiert nach Gary Wills, *»Negro President«: Jefferson and the Slave Power* (New York: Houghton Mifflin, 2003), 44.

Veröffentlichung von Yves Bénots *Diderot: De l'Athéisme à l'Anticolonialisme*[69] von 1970 dabei, die anti-imperialistische Seite Diderots auszugraben. Bénot exhumierte Diderots oft begrabene, weil anonym geschriebene oder mit einem anderen Namen in Werken wie Abbé Raynals *L'Histoire Philosophique et Politique des Établisseements et du Commerce des Européens dans le Deux Indes* verbundene Beiträge zum antikolonialen Diskurs. Wenn man sich mit den Beiträgen Diderots zu Raynals *Histoire* und Diderots eigenem *Supplément au Voyage de Bougainville* befasst, so überrascht einen der extrem radikale Charakter seiner Ideen. Obgleich Diderots vielgestaltige und vielstimmige Texte eine Vielheit von Stimmen inszenieren, tritt aus seinem Schaffenswerk deutlich ein konsequent antikoloniales Grundmotiv hervor.

Hier weisen wir auf einige der wichtigeren Aspekte von Diderots Radikalität hin, die ihn zu einem Vorläufer antikolonialer Theorie, *Critical Race Theory* und sogar *Critical Whiteness Studies* machen. Erstens sieht Diderot den Imperialismus als ein paneuropäisches Phänomen, d.h., er weigert sich, irgendeinen nationalen Sonderweg, einschließlich des französischen, gutzuheißen. Zweitens richtet er sein Augenmerk auf die dem Imperialismus intrinsische Gewalt. Drittens betont er, auf welche Weise der Imperialismus die Europäer selbst korrumpiert. Viertens verweigert er sich der euromissionarischen Idee, die Europa zum nachahmenswerten Modell macht. Fünftens kritisiert er die narzisstischen Epistemologien, die nicht-westliche Gesellschaften durch ein ethnozentrisches Raster verkennen. Sechstens verweigert er sich der Versuchung, Gesellschaften hierarchisch einzustufen. Siebtens sieht er den Imperialismus als eine ›Maske‹, die mit zunehmender Entfernung von der Metropole immer mehr herunterrutscht und an der Front endgültig fällt. Schließlich, und dies ist vielleicht der subversivste Aspekt seines Denkens, glaubt Diderot weniger an koloniale oder humanitäre Reformen, die von den Kolonialist_innen durchgeführt werden, als an das Recht der Kolonialisierten, mit Waffengewalt Widerstand zu leisten.

Diderot befasste sich auch schon mit der Subjektivität der Kolonialisierten; im zeitgenössischen Jargon gesagt, ›imaginierte er den Anderen‹. In Passagen, die er dem *Supplément au Voyage de Bougainville* beisteuerte, warnte Diderot die Tahitianer_innen vor den »mit Kreuz in einer Hand und dem Dolch in der anderen« bewaffneten Europäer_innen, die »Euch zwingen

69 Für eine frühe Diskussion des Antikolonialismus von Diderot und anderen Aufklärungsträgern, vgl. unser *Unthinking Eurocentrism*, Kapitel 2 (»Formations of Colonialist Discourse«). Zwei wichtige Werke, die Diderots oft verborgenen Beiträge zu diesen Debatten ausgruben, waren Yves Bénot, *Diderot: De l'Athéisme à l'Anti-colonialisme* (Paris: Maspero, 1970), und Michèle Duchet, *Diderot et l'Histories des Deux Indes, ou L'écriture Fragmentaire* (Paris: A.G. Nizet, 1978).

werden, ihre Bräuche und Meinungen anzunehmen.«[70] Diderot verspottet die Entdeckungsdoktrin des ›tauche einfach auf‹, indem er einen weisen alten Tahitianer den weißen Kolonialisten wie folgt anreden lässt: »Dies Land gehört Dir! Warum? Nur, weil Du hier gelandet bist?« Wie Sankar Muthu in seinem Buch *Enlightenment against Empire* darlegt, gründet er seine Verteidigung der ›Eingeborenen‹ nicht auf Ontologien vom ›edlen Wilden‹, sondern auf eine für selbstverständlich gehaltene kognitive Gleichheit unter denkenden menschlichen Wesen.[71] Was den Kolonialist_innen recht ist, ist den Kolonisierten billig.

Diderot dreht das kolonialistische Metonym vom ›Biest und Wilden‹, lässt es nach hinten losgehen, indem er die afrikanischen ›Hottentotten‹ warnt, dass die wilden, in ihren Wäldern lebenden Tiere »weniger furchterregend [wären] als die Monster des Imperiums, dem ihr bald angehören werdet.« Diderot brandmarkte auch die Heuchelei des sentimentalen Moralismus in Europa, der denjenigen Menschen, denen Europa seine eigenen materiellen Vorteile schuldete, alle Empathie verweigerte:

> »Europa hallt seit einem Jahrhundert von den erhabensten moralischen Maximen wider. Die Brüderlichkeit aller Menschen ist in unsterblichen Schriften niedergelegt [...]. Sogar erfundene Leiden lösen in der Stille unserer Zimmer und noch stärker im Theater Tränen aus. Es ist nur das tödliche Schicksal unglücklicher Schwarzer, das uns nicht zu berühren vermag. Sie werden tyrannisiert, verstümmelt, verbrannt, erstochen, und wir hören kalt und ohne Gefühl davon. Die Qualen eines Volkes, dem wir unsere Freuden schulden, erreichen nie unsere Herzen.«[72]

Dieser Abschnitt ist reich an Vorwegnahmen später folgender antikolonialer Gedanken. In Diderots »Volk, dem wir unsere Freuden schulden,« finden wir den Keim der Idee Fanons, dass »Europa wörtlich die Schöpfung der Dritten Welt ist.« Diderots Anprangern der weißer humanistischer Sentimentalität inhärenten Heuchelei liefert wiederum die ersten Kristalisationskerne der *Critical Whiteness Studies.* Diderots Kritik der blinden Flecken westlicher, bürgerlicher Zuschauer_innenschaft imaginiert nicht nur ›den Anderen‹, sondern auch, wie die Europäer_innen selbst durch die Augen der Kolonisierten wahrgenommen werden könnten. Diderot verkörpert so den europäischen Intellektuellen, der sich mit den Kolonisierten gegen den europäischen Kolonialismus identifiziert, und nahm damit spätere Renegaten vorweg, wie den Jean-Paul

---

70 Denis Diderot, »Supplément au Voyage de Bougainville,« zitiert nach William B. Cohen, *Francais et Africains: Les Noirs dans le Regard des Blancs* (Paris: Gallimard, 1982), 251.

71 Sankar Muthu, *Enlightenment against Empire* (Princeton University Press, 2003), 52.

72 Zitiert nach Bénot, *Diderot*, 209.

Sartre, der das Vorwort zu Fanons *Die Verdammten dieser Erde*[73] verfasst hat. In einer Geopolitik der Relationalität bietet Diderot, was Bénot »eine utopische Vision eines vereinten und brüderlichen zukünftigen Planeten, wo gewalttätige und ungleiche Beziehungen friedlichen Beziehungen zwischen allen Völkern weichen,«[74] nennt.

Diderots Kritik des Imperialismus seiner Zeit findet nach Muthu ihr Echo in heutiger Kritik der Globalisierung.[75] Im Buch IV (Kapitel 33) von *L'Histoire des Deux Indes* beschreibt Diderot den europäischen Imperialismus oder »globalen Handel« als globalen Verbreiter von materieller und ökologischer Zerstörung: »Es scheint, als ob in einer Region nach der anderen der [dortige] Wohlstand von einem bösen Genius, der all unsere Sprachen spricht und das selbe Unheil überall hin verteilt, verfolgt wird.«[76] Diderot verurteilt die Verwüstungen, die die vom Imperialismus geförderten Monopole anrichten, indem er die Sprecher_innenposition wechselt. Mittels dieser ›Transvokalisierung‹ verleiht Diderot den Raubtieren des globalen Handels und der homogenisierten Welt, die sie im Namen ihrer eigenen Gier zu schaffen bestrebt sind, eine ironische Stimme: »Lass mein Land verderben, lass die Region, die ich beherrsche, ebenfalls verderben; verderben mag der Bürger und der Fremde; verderben meine Kompagnons, vorausgesetzt, dass ich mich an ihrem Raubgut bereichern kann. Alle Teile des Universums sind mir gleich. Wenn ich ein Land verwüstet, erschöpfend ausgebeutet und arm gemacht habe, werde ich immer noch ein anderes finden, in das ich mein Gold tragen kann.«[77] Diderots Worte, die auch die Vorgehensweise von Union Carbide in Indien oder von Chevron in Peru oder von Haliburton und Blackwater im Irak beschreiben könnte, klingen heute wie das vorweggenommene Gemunkel späterer Globalisierungskritik, ob es von Nicht-Betroffenen geäußert wird oder von desillusionierten Insidern wie Joseph Stiglitz. Trotz euphorischer Versprechungen eines universellen Wohlstands, hat die Globalisierung stattdessen eine um sich greifende Ungleichheit erzeugt. Der sich langsam ausbreitende Kolonialismus verwandelt sich in den sich langsam ausbreitenden Imperialismus, der sich wiederum in die sich langsam ausbreitende Globalisierung verwandelt,

---

73 Jean-Paul Sartre, Vorwort zu Frantz Fanon, *Les Damnés de la Terre* (Paris: Francois Maspero, 1961).

74 Vgl. Yves Bénot, *La Révolution Francaise et la Fin des Colonies* (Paris: La Découverte, 1987), 26.

75 Sankar Muthu, »La Globalisation au Temps des Lumières: Diderot Observateur du Commerce Global et du Pouvoir Impérial,« in Patrick Weil and Stephane Dufoix, Hrsg., *L'Esclavage: La Colonisation, et Après ...* (Paris: Presses Universitaires de France, 2005).

76 Diderot, *L'Histoire des Deux Indes, IV,* 33, zitiert nach Muthu, *Enlightenment against Empire,* 87.

77 Ebd., *III,* 41, zitiert nach Muthu, *Enlightenment against Empire,* 101.

und alle tragen zu der Flut gegenwärtiger Krisen und Schmerzen bei. Diderot nimmt das, was Chalmers Johnson später die »imperialen Leiden« nannte, vorweg, wenn er eine immer noch aktuelle Warnung an die Bevölkerung Nordamerikas richtet:

> »[Lasst] Euch das Beispiel aller Euch vorangegangenen Nationen und besonders das Eures Mutterlandes eine Lehre sein. Fürchtet Euch vor dem Einfluss des Goldes, welches es, zusammen mit Luxus, mit sich bringt, dass die Moral korrumpiert und die Gesetze verachtet werden. Fürchtet Euch auch vor einer ungleichen Verteilung des Reichtums, welche eine kleine Zahl reicher Bürger und eine große Menge ins Elend geworfener Bürger hervorbringt [...]. Haltet Euch frei vom Eroberungsgeist. Die Ausgeglichenheit eines Imperiums schwindet im Verhältnis zu seiner Ausdehnung.«[78]

In einer Situation, in der Konservative wie Niall Ferguson die Vereinigten Staaten aufforderten, stolz den Mantel des britischen Imperiums zu übernehmen, und in der »die ungleiche Verteilung des Reichtums« ihren Höhepunkt erreicht hat, hallen diese Worte schrecklich wider.

78 Ebd. *XVIII,* 52, zitiert nach Muthu, *Enlightenment against Empire,* 102.

2 Eine Geschichte dreier Republiken

Nachdem wir das umfangreiche atlantische Meerespanorama als Hintergrund für unsere Diskussion skizziert haben, untersuchen wir jetzt die Langzeitstränge der historischen Verbindung zwischen den Vereinigten Staaten, Brasilien und Frankreich als drei nationalen Zonen, die sich gegenüber der ›Rassen‹- bzw. Kolonialfrage sowohl gleich als auch unterschiedlich positionierten. Unser trilaterales Augenmerk gilt (1) einem ›paradigmatischen‹ europäischen Nationalstaat – Frankreich – einer einst imperialen Macht mit einem klar umrissenen Territorium und einer gemeinsamen Sprache, einem Land, welches historisch verbunden wird mit grundlegenden Theoriebildungen über Nationen und Nationalismus; es gilt (2) einer kontinentgroßen, kolonialen Siedler_innen-›Nation der Nationen‹ – den Vereinigten Staaten – der Supermacht-Kommandozentrale eines Imperiums aus Stützpunkten, die der ›Ersten Welt‹ und dem imperialen Westen zugerechnet werden; und es gilt (3) einem kontinentgroßen Schwellenland, einer kolonialen, der ›Dritten Welt‹ und dem globalen Süden zugeordneten Siedler_innen-›Nation der Nationen‹ – Brasilien.

Wie man diese Nationalstaaten theoretisch einordnet, hängt von dem entsprechenden ausgewählten Kriterium ab. Geopolitisch gesehen, teilen die Vereinigten Staaten mit Frankreich den Status eines westlichen oder ›Ersteweltlandes‹ des globalen Nordens, während Brasilien ein sogenanntes Schwellenland der ›zweiten Reihe‹ und des globalen Südens verkörpert. Der Doppelstatus Brasiliens als einem gleichzeitig kolonialen Siedlerstaat und einem ›Drittweltland‹ wird durch den brasilianischen Begriff *Belindia* ausgedrückt, der Brasilien als ein Nord-Süd Gemisch aus Belgien und Indien abstempelt. In anderer Hinsicht maskieren die diversen geopolitischen Ortszuschreibungen jedoch eine tiefere historische Schicht, die von allen drei Nationalstaaten geteilt wird, als da sind: ihre kolonisierende Beziehung zu den indigenen Gemeinschaften als Teil des Roten Atlantik, ihr gemeinsames Geprägtsein von dem Dreieckssklav_innenhandel als Teil des Schwarzen Atlantik und das von ihnen geteilte Muster der ›Rassenhegemonie‹ im ›Weißen Atlantik.‹[79] So repräsentieren die drei Nationalstaaten ausgeprägte Mischformationen innerhalb interkolonialer atlantischer Strukturen.[80]

---

79 Liv Slovak bezieht sich in ihrem Essay »We Are Family: Whiteness in the Brazilian Media,« *Journal of Latin American Cultural Studies* 13, Nr. 3 (Deczember 2004): 315-325, kurz auf das Konzept des »Weißen Atlantik.«

80 David T. Goldberg hat geltend gemacht, dass die Rassifizierung für die Bildung des modernen Staates konstitutiv gewesen ist, und zwar insofern, als vom Staat eingeführte,

Alle drei Nationalstaaten haben Teil an einer Multikulturalität, die im Tiegel des kolonialen Prozesses geschmiedet wurde. Die Vereinigten Staaten und Brasilien, die zwei größten »Multi-Nationen-Staaten« (Will Kymlicka) der Amerikas, bringen wenigstens drei Hauptbevölkerungsgruppen zusammen: (1) diejenigen, die *schon hier* in den Amerikas waren (indigene Gemeinschaften in all ihrer Vielfalt und Heterogenität), (2) jene, die *zu kommen gezwungen* wurden (zum größten Teil Afrikaner_innen, aber auch schuldgeknechtete Europäer_innen und Asiat_innen) und (3) jene, die *zu kommen wählten* (Konquistador_innen, Kolonialist_innen, Immigrant_innen).[81] Frankreich seinerseits ist ebenso multikulturell, erstens in Bezug auf seine auf Region, ›ethnische‹ Zugehörigkeit oder Religion zurückzuführende innere Differenzierung (Kelt_innen, Frank_innen, Gallier_innen, Bask_innen, Breton_innen, Hugenott_innen, Jüd_innen, Roma), und zweitens durch seine langen kolonialen Verstrickungen in Asien, Afrika und den Amerikas. So gesehen, würden wir unterscheiden zwischen ›kolonialer Multikulturalität‹, einem Begriff, der mit seinem Nomen die Aufmerksamkeit auf den de facto multikulturellen demografischen Charakter heutiger Nationalstaaten lenkt, und seiner Umkehr, ›multikulturelle Kolonialität‹, die auf die kolonialen Strukturen aufmerksam macht, die genau diese Vielfalt hervorgebracht haben. Ein gewisses Changieren zwischen diesen zwei Betrachtungsschwerpunkten bildet den Hintergrund einiger der Debatten über die politische Relevanz von Multikulturalismus, was manchmal für eurozentristische Zwecke oder nationale Sonderstellungen instrumentalisiert worden ist.

Von Anfang an zutiefst miteinander verwoben, wurden die Vereinigten Staaten, Frankreich und Brasilien durch asymmetrische Interaktionen, nicht nur untereinander, sondern auch mit dem indigenen Amerika, mit Afrika und mit der Afro-Diaspora geprägt. Innerhalb einer wahrhaftigen Verkettung kulturellen Verkehrs sind die Vereinigten Staaten ›in‹ Brasilien, welches ›in‹ Frankreich ist, welches ›in‹ den Vereinigten Staaten ist. Tatsächlich beginnen die Verbindungen mit spekulativen ›hätte sein können‹ der Geschichte, einschließlich der Tatsache, dass sowohl Brasilien als auch die Vereinigten Staaten französisch hätten sein können. Hätten die Portugies_innen nicht ›France Antarctique‹ im 16. Jahrhundert hinausgeworfen, würden Brasilianer_innen heute vielleicht französisch sprechen. Und hätte Frankreich im Louisiana-Kauf

---

auf ›Rasse‹ beruhende Unterscheidungen Homogenität aus heterogenen Bevölkerungen herstellten. So sei ›Rasse‹ »dem Emporkommen, der Entwicklung und den Wandlungen (konzeptionell, philosophisch, materiell) des modernen Nationalstaates wesentlich.« David T. Goldberg, *The Racial State* (Malden, MA: Blackwell, 2002), 4.

81 Vgl. Will Kymlicka, *Multicultural Citizenship* (Oxford: Oxford University Press, 1995).

von 1803 nicht Land an die Vereinigten Staaten abgetreten, wäre Französisch möglicherweise die offizielle Sprache des amerikanischen Südwestens geworden. Obwohl frankophobe Amerikaner_innen immer wieder auf den französischen ›Undank‹ nach der Befreiung Frankreichs durch die USA im Zweiten Weltkrieg zu sprechen kommen, könnten Französ_innen die Amerikaner_innen mit Fug und Recht daran erinnern, dass sie die amerikanische Revolution selbst gerettet hätten, nämlich, als französische Hilfe George Washington und seine Truppen davor bewahrte, den Unabhängigkeitskrieg zu verlieren. Wenn Frankreich die Vereinigten Staaten in ihrer symbolischen frühesten Kindheit rettete, so retteten die Vereinigten Staaten Frankreich im Erwachsenenalter.

Während die historischen Berührungspunkte zwischen Frankreich und den Vereinigten Staaten weithin akzeptiert sind, sind die Parallelen zwischen den Vereinigten Staaten und Brasilien nur Spezialist_innen bekannt. Als die beiden bevölkerungsreichsten Siedler_innenstaaten Amerikas, verlaufen ihre Geschichten auf parallelen Schienen. Beide ›begannen‹ ihre offizielle Geschichte als europäische Kolonien: Sao Vicente, die erste portugiesische Siedlung, wurde 1532 gegründet, und Jamestown fast ein Jahrhundert später im Jahr 1607. In beiden Ländern stießen die Kolonialist_innen – in den Vereinigten Staaten *pioneers* genannt und in Brasilien *bandeirantes* – einen Prozess an, der eine indigene Bevölkerung von jeweils vielen Millionen auf Hunderttausende reduzierte. Massive Ausrottung, Landraub und die Zerstörung kommunaler Gesellschaften fanden an beiden Orten statt, aber die Herrschaftsmodalitäten und ihre diskursive Filterung unterschieden sich dramatisch. Das US-amerikanische Rechtssystem behandelte indigene Gemeinschaften als ›Fremde‹ und ›domestic dependent nations‹ innerhalb einer Ordnung, die nur sehr begrenzte Souveränität gewährte, während das brasilianische Rechtssystem sich weigerte, jegliche indigene Souveränität anzuerkennen, und statt dessen die ›Indianer_innen‹ als rechtliche ›Waisen‹ adoptierte. Obgleich sich also die diskursiven, ideologischen und politischen Konstruktionen in den zwei Ländern klar unterschieden, war ihr Ergebnis – die indigene Enteignung – ähnlich.

Die Vereinigten Staaten und Brasilien entwickelten sich zu den zwei größten Sklav_innengesellschaften der Neuzeit, bis die Sklaverei in den Vereinigten Staaten mit der Emanzipations-Proklamation von 1863 und in Brasilien mit dem ›Goldenen Gesetz‹ von 1888 abgeschafft wurde. Beide Länder empfingen ähnliche Immigrationswellen aus der ganzen Welt und bildeten letztlich ›multiethnisch‹ koloniale Gesellschaften mit beträchtlichen indigenen, afrikanischen, italienischen, deutschen, japanischen, slavischen, syro-libanesischen und jüdischen (aschkenasischen und sephardischen) Bevölkerungen und Kulturen. Trotz der viel beschworenen kulturellen Kontraste bilden die zwei Nationen ›Cousins‹ mit ähnlichen historischen und ›ethnischen‹ Ausprägungen, wobei eine hierarchisch strukturierte Verwandtschaft allerdings durch nationalistische und imperialistische Anschauungen verschleiert wurde. Alle drei Zonen sind Teil eines Kontinuums des atlantischen Republikanismus. Die französische und die US-amerikanische Republik wurden ›*soeurs*‹ (Schwestern) genannt, während die brasilianische republikanische Verfassung von sowohl dem französischen als auch dem US-amerikanischen Modell inspiriert wurde. Derzeit sind alle drei Länder konstitutionelle Republiken. Anders als die Vereinigten Staaten, die dieselbe Verfassung seit 1787 behalten haben, hat Frankreich fünf Republiken und fünf Verfassungen durchlebt. Während die amerikanische Revolution eine nationale Revolte gegen ein Kolonialimperium und gegen die Gründung eines neuen darstellte, war die französische Revolution ein sozialer Umsturz des alten Regimes und die Fortführung eines Imperiums.

Während Frankreich und die Vereinigten Staaten Ergebnisse gewaltsamer Revolutionen sind, errang Brasilien seine Unabhängigkeit ohne Blutvergießen, als nämlich der Sohn des portugiesischen Königs beschloss, in Brasilien zu bleiben. Frankreich war bei diesen Ereignissen jedoch kein neutraler Außenstehender, da es die napoleonische Eroberung Iberias war, die die Verlagerung des portugiesischen Hofs nach Brasilien auslöste. Die imperiale Verfassung Brasiliens von 1824 entlieh und übersetzte sogar wörtlich Teile der französischen Menschen- und Bürgerrechtserklärung von 1789.[82] Brasilien verfolgte den republikanischen Kurs erst relativ spät, da es zunächst eine Kolonie war, dann eine Monarchie und ein Imperium und schließlich eine Republik, die 1889 gegründet wurde und bis 1930 dauerte. Die Verfasser der brasilianischen Verfassung, die sich der US-amerikanischen und französischen Beispiele sehr bewusst waren, knüpften an den Föderalismus, das Präsidentenamt, die Zweikammernlegislative und die Trennung von Kirche und Staat in den USA an, während sie gleichzeitig die ausdrückliche Erwähnung der Prinzipien universeller Gleichheit, wie sie in sowohl der französischen als auch der US-amerikanischen Verfassung dargelegt sind, vermieden.

Viele der zentralen Konflikte in der Geschichte der drei Nationalstaaten drehen sich um das zwiespältige Erbe des Aufklärungsrepublikanismus. Alle drei betonten die Unantastbarkeit der Locke'schen Triade aus Leben, Freiheit und Eigentum. Aber das unschuldig klingende Wort ›Eigentum‹ besaß furchtbare Tragweite für Schwarze –, für die es ihre Herabsetzung auf den Status von beweglichem Sachgut bedeutete – und für Rote –, für die es die Vorstellung kommunalen Eigentums außer Kraft setzte. Nichts offenbart diese Wider-

82 Vgl. James Holston, *Insurgent Citizenship: Disjunctions of Democracy and Modernity in Brazil* (Princeton: Princeton University Press, 2008), 27.

sprüche deutlicher als die Art, wie die drei Nationalstaaten mit der Sklaverei umgingen. In den Vereinigten Staaten forderten einige der Delegierten zum Verfassungskonvent die Abschaffung der Sklaverei, akzeptierten sie aber letzten Endes als Teil eines Kompromisses, der eine stärkere Bundesregierung bevorzugte. Brasilien schaffte die Sklaverei 1888 ab, tat aber wenig, um die frisch befreiten Schwarzen zu entschädigen oder einzustellen, lud stattdessen europäische Immigrant_innen als ›ethnisch‹ genehme Arbeitskräfte ein. Frankreich wiederum schaffte die Sklaverei während der Revolution ab, führte sie in den Kolonien dann aber wieder ein und beendete sie erst 1848.

Im Kern unserer Erzählung von den drei Republiken liegt der Widerspruch zwischen liberalen Aufklärungsprinzipien von politischer Demokratie sowie sozialer Gleichheit und dem unliberalen Vermächtnis einer unstimmigen Staatsbürger_innenschaft. James Holston hat die drei Variationen von Staatsbürger_innenschaft sehr brauchbar wie folgt schematisiert: Brasilien war demnach ›inklusiv nicht-egalitär‹ (d.h., jede_r gehört zur Nation, aber auf ungleiche Weise); die Vereinigten Staaten waren ›restriktiv egalitär‹ (d.h., die Prinzipien waren egalitär, aber ganze Gruppen wurden von den Vorteilen dieser Prinzipien ausgeschlossen); und Frankreich war ›inklusiv egalitär‹ (d.h., alle Bürger_innen gehörten zu der Nation, und deren Prinzipien waren egalitär).[83] Es gab, so würden wir hinzufügen, Ausnahmen zu Frankreichs ›inklusivem Egalitarismus‹: Jüd_innen wurde zwar die Staatsbürger_innenschaft gewährt, aber gleichzeitig wurden sie in einer ›restriktiv egalitären‹ Praxis diskriminiert. Gleichzeitig gehörten People of Color (PoC) in den französischen Kolonien angesichts ihres Status als koloniale Untertan_innen zur ›inklusiv nicht-egalitären‹ Kategorie.

Für Brasilien und die Vereinigten Staaten waren Kolonisation, Sklaverei und Rassifizierung für die neu erfundene Nation konstituierend und ›innerlich‹, für das hexagonale Frankreich wurden sie im Gegensatz dazu als ›äußerlich‹ gesehen, dass heißt., sie verlangten keine Veränderung in der Vorstellung von der Nation. Die Veräußerlichung von *race* entkoppelte das aufgeklärte Frankreich von seinen ›überseeischen‹ Erweiterungen. Dennoch ist die französische Geschichte nicht frei von institutionellem und ideologischem Rassismus. Der Philosoph und Politikwissenschaftler Achille Mbembe spricht von fünf Epochen des französischen Rassismus: (1) der langen Zeit des Ancien Régime, die den Sklav_innenhandel, den *Code Noir* und den Antisemitismus umfasst; (2) der Kolonialzeit des *Régime de l'indigénat* und der auf Assimilation abzielenden ›selektiven Inklusion‹; (3) dem Nachkriegsrassismus der Ausnahmegesetze für afrikanische Immigrant_innen in Frankreich; und (4)

83 Ebd., 41.

der globalisierten Epoche des ›Fremden‹ als eines Phantomfeindes und Auslösers für das *ressentiment* der angeblich schweigenden Mehrheit, die das eigentliche Frankreich (*la France profonde*) ausmachte.[84]

Während heutige US-Konservative die Sklaverei als ›bloß damals‹ existierend abtun, haben französische Konservative Kolonialismus und Sklaverei auf klassische Weise nicht nur als ›damalig‹ heruntergespielt, sondern auch als ›weit weg‹ und ›dort drüben‹. Doch der Kolonialkrieg des zwanzigsten Jahrhunderts in Algerien war weder zeitlich noch räumlich entfernt: er fand vor kurzem statt und wurde aufs Engste in Frankreich selbst spürbar, weil Algerien als Verbund dreier Verwaltungsgebieten untrennbar mit Frankreich verbunden war. Dennoch wurden algerische Muslim_innen durch den ›*Code de l'indigénat*‹ entrechtet, in Frankreich selbst waren sie Ausgangssperren und Polizeibrutalität ausgesetzt und einer getrennten Existenz in *bidonvilles* unterworfen. In gewissem Sinne bildete Algerien das französische Gegenstück zum amerikanischen Süden. Azouz Begag, Frankreichs erstes Kabinettsmitglied nordafrikanischer Herkunft, stellt fest, dass Frankreich in Algerien »Formen institutionellen Rassismus ausgeübt hat, die im Geist der Segregation im amerikanischen Süden ähnelten.«[85]

Die vermeintlich ›rassenblinde‹ *République* schrieb trotz ihres erklärten Universalismus eine normative (weiße) Identität ein. Die französische Verfassung erklärte sich zum Produkt eines bestimmten ›Volkes‹: »Das französische Volk hat festgelegt [...], Das französische Volk erklärt feierlich [...],« und so weiter. Die von der Verfassung vorgegebene französische Staatsbürger_innenschaft beinhaltet den Eintritt in eine ursprünglich vereinte Gemeinschaft, so als wäre ›das französische Volk‹ eine homogene ›ethnische‹ Gruppe, welche kollektiv entschieden hätte, demokratische Prinzipen zu befolgen.[86] Im Gegensatz dazu und trotz der vorherrschenden kolonial/rassistisch hierarchischen Realität definierten sich die Vereinigten Staaten nicht offiziell in linguistischer oder gar ›ethnisch‹ spezifischer Hinsicht. Auf diese Weise war eine gewisse theoretische Flexibilität gemeinsam mit einer hohen Neigung zu antistaatlichem, liberalem Individualismus im Entwurf der Republik angelegt. Ein Ergebnis davon ist eine unterschiedliche Beziehung zum Konzept des Nationalstaates selbst. In Frank-

---

84 Vgl. Achille Mbembe, »Figures of Multiplicity: Can France Reinvent Its Identity?,« in der Übersetzung von Jane Marie Todd, in Charles Tshimanga, Didier Gondola und Peter J. Bloom, Hrsg., *Frenchness and the African Diaspora: Identity and Uprising in Contemporary France* (Bloomington: Indiana University Press, 2009).

85 Azouz Begag, *Ethnicity and Equality: France in the Balance*, übersetzt von Alec G. Hargreaves (Lincoln, NE: Bison Books, 2007), xxvi.

86 Für eine Diskussion dieser Themen, vgl. Daniel Gordon, »Democracy and the Deferral of Justice in France and the United States,« in Ralph Sarkonak, Hrsg., *France/USA: The Cultural Wars*, Yale French Studies 100 (New Haven: Yale University Press, 2001).

reich schuf die schon bestehende Nation – das französische ›Volk‹ – den neuen Staat, während in den Vereinigten Staaten der neue Staat die Nation schuf, und zwar indem ein sehr heterogenes ›Volk‹ (die Amerikaner_innen) seine formalrechtlichen Bindungen an ein anderes ›Volk‹ (die Brit_innen) löste.

Gleichzeitig, und anders als die französische Verfassung, schrieb die US-Verfassung *race* durch bestimmte, die Versklavung von Schwarzen und die Enteignung der Native Americans stillschweigend voraussetzende Gesetze ein. Zudem verweisen allein schon die Namen der Vereinigten Staaten und Brasiliens indirekt auf ›Ethnizität‹. ›Amerika‹ gibt einem indigenen Kontinent einen europäischen Aufdruck, der dem italienischen Erkunder Amerigo Vespucci huldigt, während ›Brasilien‹ angeblich den Namen einer mythischen Insel (in der Nähe von Irland) aufgreift, der in der Folge mit dem von europäischen Kolonialist_innen gesuchten ›Brasilholz‹ verbunden wurde. Wie die Elfenbeinküste wurde Brasilien nach einem Exportgut benannt, womit seine langfristige Rolle als Rohstofflieferant innerhalb der für die Weltwirtschaft typischen rassifizierten/geschlechtsspezifischen Arbeitsteilung schon vorweggenommen wurde.

Alle drei Länder haben eine besondere Beziehung zum ›Universellen‹. Als »die zwei Imperialismen des Universellen,« wie sie Bourdieu nennt, haben sich die französische und die US-amerikanische Republik historisch als Vorbilder für alle Bevölkerungen angeboten. Andererseits ist auch Brasilien schon als ein universelles Vorbild betrachtet worden, jedoch in zwei unterschiedlichen Verständnissen des Wortes ›universell‹. In den späten 1940er und 1950er Jahren, im Gefolge des Nationalsozialismus und der Shoah, wurde Brasilien als ein positiv universelles Vorbild der ›Rassentoleranz‹ und als Alternative zum faschistischen Rassismus und der Apartheid in Südafrika und den Vereinigten Staaten wahrgenommen. In den folgenden Jahrzehnten begann man jedoch, Brasilien als ein negatives universelles Modell zu interpretieren, was sich in dem Begriff ›Brasilianisierung‹ niederschlug, der Assoziationen ökonomischer Ungleichheit, sozialer Segregation, drogenbezogener Gewalt und prekärer Arbeitsbeziehungen beschwor. Während Brasilien in den 1950er Jahren als ein universelles Patentrezept gesehen wurde, betrachtete man es in den 1990er Jahren als den Vorboten einer universellen Bedrohung, als die furchteinflößende Bestimmung, der möglicherweise die ganze Welt entgegenstrebte. So unterschiedliche Kommentator_innen wie die Amerikaner Michael Lind und Mike Davis, der Franzose Alain Lipietz, der Deutsche Ulrich Beck und der Inder Ravi Sundaram haben alle von der Brasilianisierung als dem unmittelbar bevorstehenden Zustand der ganzen Welt als eines »Planeten von Slums« (Davis) gesprochen.[87] Dieses quasi-orientalistische Hervorheben Brasiliens

87 Mike Davis, *Planet of Slums* (London: Verso, 2006).

vermittelte die unglückliche Schlussfolgerung, dass es im globalen Norden keine Slums gebe, und dass der globale Norden nicht an der Verelendung des globalen Südens beteiligt sei. In Paulo Arantes' Worten suggeriert das Wort ›Brasilianisierung‹ eine ›Kontamination‹ des organischen Kerns des globalen Nordens durch die »neuen Barbaren seiner eigenen inneren Peripherien, [so dass] was den Bruch verbreitet, schließlich gesehen wird als das, was die zu Impulskontrolle Fähigen von denen trennt, die ihre eigenen Impulse nicht kontrollieren können.«[88] So stellt die Trope von der Brasilianisierung gewissermaßen eine aktualisierte, entterritorialisierte Fassung der kolonialistischen Dämonisierung der ›tropischen Zonen‹ dar. Seine negativen Untertöne sind besonders unangemessen zu einer Zeit, in der Brasilien gleichgestellter und demokratischer wird, während die Vereinigten Staaten und Frankreich wohl eher weniger gleichgestellt werden.

Franko-brasilianische Verbindungen

Unsere Diskussion der Debatten um *race*/Kolonialität findet vor dem Hintergrund langjähriger intellektueller Gespräche zwischen den drei Zonen statt. So haben zum Beispiel französische Autor_innen nicht nur die Vereinigten Staaten und Brasilien beeinflusst, sondern wurden auch zu wichtigen Theoretiker_innen deren nationalen Charakters und ihrer Identität. Französische Intellektuelle fanden es gut, beide Länder ›zum Denken zu benutzen‹. Das französische ›Denken‹ über die Vereinigten Staaten geht zurück bis Crèvecoeur im 18. Jahrhundert und, über Tocquevilles *De la Démocratie en Amérique* im 19. Jahrhundert bis zu Jean Baudrillard und Emmanuel Todd im 20. Jahrhundert. Das französische ›Denken‹ zu Brasilien, insbesondere zum indigenen Brasilien, geht andererseits sogar noch weiter zurück – auf Jean de Léry im 16. Jahrhundert – und setzt sich fort über Lévi-Strauss und Pierre Clastres im 20. Jahrhundert zu Jean-Christophe Rufin im 21. Jahrhundert, mit dem Ergebnis eines außerordentlich reichhaltigen Dialogs zwischen französischen Philosoph_innen und brasilianischen Indigen@s.

Interessanterweise waren es frühe französische Versuche, Brasilien zu kolonisieren, welche zu allererst einen brasilianischen Nationalismus beförderten. Während eines Großteils des 16. und 17. Jahrhunderts versuchten französische Kriegsschiffe, den Küstenstreifen von Guayana hinunter bis zur Nordseite des Amazonas zu beherrschen. Sie zogen sich schließlich aber angesichts dessen zurück, was man den proto-brasilianischen Widerstand nennen könnte. Das

88 Paulo Arantes zitiert nach Giuseppe Cocco, *MundoBRaz* (Rio de Janeiro: Record, 2009), 34.

französische militärische Scheitern öffnete allerdings indirekt den Weg für einen starken französischen kulturellen Einfluss, insofern als die Beziehung befreit war von jenem *ressentiment*, welches Brasiliens Beziehung zu Portugal prägte. Die Tatsache, dass Brasilien keine Kolonie Frankreichs war, erleichterte es, Frankreich als revolutionäres Heimatland der Freiheit zu sehen anstatt als imperiale Macht. Als eine freiwillige Kolonie wurde Brasilien nicht mithilfe des bedrohlichen Metalls französischer Waffen oder mittels ökonomischer Erpressung in Beschlag genommen; vielmehr ließ sich die euro-brasilianische Elite vom verführerischen *rayonnement* (der Ausstrahlung) französischer Kultur und Ideen überzeugen.

Der starke politisch/intellektuelle französische Einfluss auf die brasilianische Elite wurde schon im 18. Jahrhundert offensichtlich und besteht bis heute. Die ›Inconfidência Mineira‹, die fehlgeschlagene Revolte von 1789 in Minas Gerais gegen den portugiesischen Kolonialismus, wurde von Brasilianer_innen angeführt, die französische Aufklärungsgedanken in Europa aufgenommen hatten – ob indirekt durch Studien im portugiesischen Coimbra oder direkt im französischen Montpellier. Die brasilianischen Revolutionär_innen hielten ›*la douce France*‹ der literarischen Kultur und *l'égalité* säuberlich von Frankreichs Teilnahme am Sklav_innenhandel sowie seinem Kolonialismus und Imperialismus getrennt. So war es kein Zufall, dass es nicht weiße brasilianische Intellektuelle im 18. und 19. Jahrhundert waren, sondern die direkten Objekte des französischen Imperialismus – haitianische Revolutionär_innen im 18. und 19. Jahrhundert und schwarze frankofone Intellektuelle im 20. Jahrhundert –, die die französischen Heucheleien entlarvten.

Im Bereich der Literatur hatte praktisch jeder französische literarische Trend – Realismus, Naturalismus, Symbolismus, Parnassianismus, Surrealismus – seine brasilianische ›Übersetzung‹. Die romantische ›indianistische‹ Bewegung in Brasilien zum Beispiel war teilweise von Chateaubriand und Ferdinand Denis inspiriert. Einige brasilianische Intellektuelle schrieben sogar auf Französisch. Der Abolitionist Joaquim Nabuco schrieb Gedichte auf Französisch (*Amour et Dieu*, 1874) und ein Schauspiel (*L'Option*) über Elsass-Lothringen. Der Tod des ›Indianisten‹ José Martiniano de Alencar wurde in brasilianischen Zeitungen mit französischen Versen beweint: »Avant l'heure frappé par l'aveugle barbare.«[89] Sogar in der Moderne schrieb Manuel Bandeira seine ersten Gedichte auf Französisch, und brasilianische Eliten konnten bis in die späten 1950er Jahre häufig fließend Französisch sprechen.

---

89 Zitiert in Mary del Priore, »Dans le Apaguer des Lumieres: Francophilia e Lusofobia na Capital do Brasil Oitocentista,« in Carlos Lessa, Hrsg., *Enciclopédia da Brasilidade: Auto-Estima em Verde e Amarelo* (Rio de Janeiro: Casa da Palavra, 2005), 158.

Zu weiteren wichtigen Elementen des französischen Einflusses in Brasilien gehören (1) die Wirkung der französischen künstlerischen ›Missionen‹ des 19. Jahrhunderts in Architektur, Städteplanung und Malerei; (2) der politisch/philosophische Einfluss des ›Positivismus‹ eines Auguste Comte; (3) der künstlerische Einfluss französischer Avantgarde-Bewegungen, wie der des Surrealismus auf den brasilianischen Modernismus der 1920er Jahre; (4) die akademische Wirkung der französischen Vertretung an der Universität von São Paulo in den 1930er Jahren; und (5) die Wirkung französischer intellektueller Trends – von Existentialismus bis Poststrukturalismus – nach dem Zweiten Weltkrieg. Es war genau das Fehlen einer starken politischen bzw. ökonomischen Beziehung sowie das Fehlen einer wesentlichen französischen demografischen Präsenz in Brasilien, das den Weg für phantasmatische Projektion auf beiden Seiten frei machte. Die Faszination der brasilianischen Elite für französische Literatur diente vielen Zwecken. Da sich die westlich orientierte Elite traditionell als eine zivilisierende, die dunkelhäutigen Massen unterweisende Kraft verstand, verband ihre Beziehung zu Frankreich sie mit einer prestigeträchtigen (nicht-iberischen) europäischen kulturellen Tradition. Gleichzeitig übernahm die Elite eine symbolisch indigene Identität innerhalb dessen, was Pierre Rivas »eine phantasmagorische [...] Familienromanze [nennt], in der die Figur des wirklichen Vaters verleugnet und zu einem allgemeinen, generischen Konzept erweitert wird, das mehr kulturell als genetisch ist und indirekt die Figur des französischen Vaters/der französischen Mutter offenbart.«[90]

Einige französische Autor_innen erwiderten die brasilianische Frankophilie mit brasilophilem ›Exotismus‹. Victor Hugo erhöhte Brasilien zu einem Europa im Werden: »Du bist der Frühling / Während ich Winter bin [...] / Du wirst Europa sein, übermorgen.«[91] Comte Arthur de Gobineau beschrieb in seinen Reiseberichten gebildete Brasilianer_innen des 19. Jahrhunderts als » Menschen, die davon träumen, in Paris zu leben.«[92] (Ein Jahrhundert später erzeugte Paulo Emilio Salles Gomes eine Vorstellung von dieser Hamlet-artigen Entfremdung brasilianischer Intellektueller, indem er von der »schmerzlichen Konstruktion von uns selbst innerhalb der verdünnten Dialektik des Nicht-

90 Pierre Rivas, *Diálogos Interculturais* (São Paulo: Hucitec, 2004), 34-35. Obwohl Rivas über Lateinamerika im Allgemeinen schreibt, treffen seine Beobachtungen sehr gut auf Brasilien im Besonderen zu.

91 Victor Hugo »Le Vaste Brésil aux Arbres Semés d'Or,« zitiert in Mario Carelli, Hervé Théry und Alain Zantman, Hrsg., *France-Brésil: Bilan pour une Relance* (Paris: Entente, 1987), 142 (Übersetzung der Autor_innen).

92 Zitiert nach George Raeders, *O Conde de Gobineau no Brasil* (São Paulo: Paz e Terrra, 1997).

Seins und des Ein-Anderer-Seins« sprach.)[93] Französische Kommentare zu Brasilien sind sehr vielfältig und in vieler Hinsicht widersprüchlich gewesen. In ideologischer Hinsicht haben französische Intellektuelle rassistische Gedankenströmungen sowohl befördert als auch angefochten. Gonbineau, Autor des einflussreichen rassistischen Traktats *Essais sur L'inégalité des Races*, verlangte die Europäisierung und das Tünchen Brasiliens als Gegenmittel gegen das, was er »die unliebsamen Elemente in [Brasiliens] ethnischer Zusammensetzung« nannte.[94] In seiner persönlichen Korrespondenz drückte Gobineau eine ästhetische Abscheu vor dieser ›rassisch‹ gemischten brasilianischen Familie, »die es sehr unangenehm mache, sie anzuschauen« aus.[95] Doch für alle rassistischen Ideolog_innen à la Gobineau oder Gustave le Bon können Wissenschaftler_innen Antirassist_innen wie Montaigne (aus einer frühen Epoche) und Roger Bastide und Pierre Clastres (aus späterer Zeit) anführen.

Ein Großteil des doktrinären Rassismus in der intellektuellen Geschichte Brasiliens konzentriert sich auf die Zeit der Ersten Republik und speist sich nicht nur aus französischen, sondern auch aus britischen, nordamerikanischen und abgeleiteten brasilianischen Quellen. Der US-amerikanische Brasilienforscher Thomas Skidmore stellt drei Quellen des rassistischen Denkens in Brasilien fest: (1) die amerikanische ›polygene‹ Schule, welche ›Rassen‹ als klar voneinander getrennte ›Arten‹ betrachtete; (2) die historische Schule Gobineaus, die die ›Rassenvermischung‹ als eine Quelle von ›Degeneriertheit‹ betrachtete; und (3) den Sozialdarwinismus mit seiner von Autor_innen wie Gustave Le Bon und Lapouge verbreiteten Doktrin des Überlebens des Stärksten. Als Teil einer breiteren und internationalen Eugenikströmung, die besonders stark in Großbritannien, den Vereinigten Staaten und Deutschland vertreten wurde, verdammten auch einige französische Denker_innen, genauso wie einige brasilianische, das afrikanische Element in Brasilien als die Quelle der ›Rückständigkeit‹ des Landes.[96]

Wenn einige französische Besucher_innen Brasiliens nie über ein rassistisch gefärbtes Elitedenken hinauskamen, vermochten andere, ihre brasilianische Erfahrung für einen kognitiven Sprung zu nutzen. In der Zeit der französischen Kolonie France Antarctique in Brasilien dachte Montaigne, wie wir bereits festgestellt haben, durch das Prisma der Tupinamba neu über europäische soziale Hierarchien nach, was zu einer tiefgreifenden Kritik der herrschenden Meinungen zu Religion, Macht und sozialer Hierarchie führte.

93 Paulo Emílio Salles gomes, *Cinema: Trajetória no Subdesenvolvimento* (São Paulo: Paz e Terrra, 1997), 90.

94 Gobineau zitiert nach Raeders, *O Conde de Gobineau no Brasil*, 134.

95 Ebd., 137

96 Vgl. Thomas Skidmore, *Black into White* (New York: Oxford, 1974).

Jahrhunderte später nahmen Anthropolog_innen wie Lévi-Strauss und Clastres indigenes Wissen voller Respekt auf, erläuterten es und verbreiteten es in der ganzen Welt. Brasilianer_innen ihrerseits gaben das Kompliment der französischen Faszination zurück, indem sie französische Ideen sozusagen ›indigenisierten‹. Die ›anthropophagen‹ Modernist_innen der 1920er Jahre zum Beispiel verschlangen den französischen Avantgardismus, gingen aber über ihn hinaus. So sprach Oswald de Andrade neckisch vom Surrealismus als der besten ›vor-anthropophagen‹ Bewegung.[97]

In den 1930er Jahren, beschlossen die Gründer_innen der Universität von São Paulo, die intellektuelle Qualität dieser Institution dadurch zu stärken, dass sie namhafte französische Intellektuelle einluden, Schlüsselpositionen einzunehmen. Das Ergebnis war eine Reihe von französischen ›Missionen‹ (1934, 1935 und 1938) – das Wort allein erinnert an den quasi-religiösen *mission civilisatrice* Impetus solcher Projekte –, die darauf abzielten, für eine moderne Bildung in Brasilien zu sorgen. Frankreich festigte so seinen kulturellen Einfluss, und Brasilien modernisierte seine Universität. Einige der eingeladenen Wissenschaftler_innen, wie Lévi-Strauss in der Anthropologie und Fernand Braudel in der Geschichte, standen damals an der Schwelle zur Weltberühmtheit. In *Tristes Tropiques* zeichnete Lévi-Strauss ein liebevolles Bild der Nambiquara und der Bororos und ein ironisches Portrait der europäisierten Elite von São Paulo. Ein Standardwitz unter São Paulos Akademiker_innen war, dass Lévi-Strauss sie, und nicht die ›Indianer‹, als die wahren ›Wilden‹ sah. Als ein anti-eurozentrischer Europäer machte sich Lévi-Strauss über die Leidenschaft der Elite für die neuesten Pariser intellektuellen Moden lustig.[98] Trotz der langen Tradition quasi offizieller ›indianistischer‹ Sentimentalität, war der französische Ethnograf überrascht von der *aversion*, die die brasilianischen Eliten gegen ›os indios‹ hegten. Der brasilianische Botschafter in Paris ›versicherte‹ Lévi-Strauss, dass es keine ›Indianer‹ mehr gebe – dies nur ein Jahrzehnt oder zwei, nachdem (1918) Karten des Staates São Paulo angaben, dass zwei Drittel des Territoriums ausschließlich von ›Indianern‹ bevölkert seien.

Lévi-Strauss stellt einen klaren Fall zirkumatlantischer Verbindungen zwischen Frankreich, den Vereinigten Staaten, Brasilien und dem indigenen Amerika dar. Anschliessend an seine Arbeit in den 1930ern in Brasilien, verbrachte Lévi-Strauss die Jahre des Zweiten Weltkrieges mit Forschungen in der öffent-

97 Vgl. Oswald de Andrade, *Do Pau-Brasil à Antropofagia e às Utopias* (Rio de Janeiro: Civilizacao Brasileira, 1972).

98 Vgl. Patrick Petitjean, »As Missoes Universitárias Francesas na Criacao da Universidade de São Paulo (1934-1940),« in Amélia I. Hamburger, Maria Amélia M. Dantes, Michel Paty und Patrick Petitjean, Hrsg., *A Ciencia nas Relacoes Brasil-Franca (1850-1950)* (São Paulo: USP, 1996).

lichen Bibliothek von New York über die indigenen Kulturen Amerikas. Dort wurde er stark beeinflusst von dem deutsch-jüdischen amerikanischen Anthropologen Franz Boas, den Lévi-Strauss für einen ›Baumeister‹ der modernen Anthropologie und den Urheber der modernen Rassismuskritik hielt.[99] Als ein methodologischer Nonkonformist vereinte er französische Ethnologie mit amerikanischer Soziologie und Anthropologie, während er außerdem von brasilianischen *natives* sozusagen als Expert_innen ihrer selbst lernte. Zusätzlich brachte er die Außenseiter_innenperspektive eines ins Exil gezwungenen Juden ein, für den die Geselligkeit der indigenen Amerikaner_innen eine humane Alternative zu dem bot, was John Murray Cuddihy die »Qual der [europäischen] Zivilisiertheit« nennt.[100]

Der Anthropologe/Soziologe Roger Bastide (1898-1974) ist ein leuchtendes Beispiel des durch seinen brasilianischen *séjour* tief veränderten französischen Intellektuellen. Als Professor der Soziologie an der Universität von São Paulo schuf Bastide schließlich ein beeindruckendes Werk von mehr als 30 Büchern, die ein erstaunlich breites Spektrum an Themen abdeckten, einschließlich der Psychoanalyse (*A Psicanálise do Cafuné*, 1941), der Literatur (*A Poesia Afro-Brasileira,* 1943), des Mystizismus (*Imagems do Nordeste Místico em Branco e Preto,* 1945), der ›Rassenbeziehungen‹ (*Relacoes entre Negros e Brancos em São Paulo,* 1955), der Folklore (*Sociologia do Folclore Brasileiro,*1959) und der afro-brasilianischen Religionen (*As Religoes Africanas no Brasil,* 1971). Als ein Grenzgänger, der an den Grenzen zwischen Anthropologie, Soziologie, Psychologie, Literatur und Geschichte forschte, übertrat Bastide nicht nur die Grenzen zwischen den Disziplinen, sondern auch zwischen ›hohen‹ und ›niedrigen‹ Künsten, zwischen Heiligem und Profanem sowie zwischen den Natur- und den Geisteswissenschaften. Als Komparatist zeigte Bastide die Paradoxien der relativen Toleranz Brasiliens auf. Während ihm zufolge gerade die starre ›Rassen‹-/Sozialstruktur in den Vereinigten Staaten das Entstehen einer schwarzen Lyrik förderte, die das »Genie der Rasse« widerspiegelte, ermunterte die Geschmeidigkeit des brasilianischen Sozialsystems schwarze Intellektuelle und Künstler_innen, sich mit der weißen Elite zu identifizieren, und untergrub so eine spezifisch schwarze kulturelle Kreativität.

Bastide brach mit dem herrschenden Urteil, dass afrikanisch abgeleitete Religionen pathologisch und irrational seien. Indem er die intellektuelle, politische und kulturelle Handlungsfähigkeit afro-diasporischer Schwarzer

---

99 Claude Lévi-Strauss und Didier Eribon, *Conversations with Claude Lévi-Strauss* (Chicago: University of Chicago Press, 1991), 38.

100 Vgl. John Murray Cuddihy, *The Ordeal of Civility: Freud, Marx, Lévi-Strauss, and the Jewish Struggle with Modernity* (Boston: Beacon, 1974).

hervorhob, betrachtete Bastide zum Beispiel religiösen Synkretismus nicht als eine naive Vermischung von nicht zueinander passenden Einheiten, sondern vielmehr als die Ausübung spiritueller/intellektueller, auf vergleichender Übertragung mystischer Äquivalente beruhender Selbstbestimmung.[101] Statt als berechtigte Glaubenssysteme betrachtete dagegen die dominante monotheistische wie auch die europäisch-sekulare Sichtweise solche spirituellen Religionen als Aberglauben. Eine herablassende Wortwahl – ›Animismus‹, ›Fetischismus‹, ›Ahnenverehrung‹, ›Kult‹ und so weiter – verankerte eine übergestülpte Reihe von Hierarchien – geschrieben über mündlich, monotheistisch über polytheistisch, Wissenschaft über Magie, Geist über Körper – und unterminierte damit die Legitimität afrikanischer Religionen. Indem sie als übertrieben körperlich und verspielt (getanzt) anstatt als abstrakt und streng theologisch wahrgenommen wurden, wurden afrikanische Geist-Religionen als wild kollektiv angesehen, als Auflösung der klar umrissenen individuellen Persönlichkeit in den kollektiven und transpersonalen Verschmelzungen von Trance.[102]

Bastides positive Betrachtung afro-brasilianischer spiritueller Werte stellte einen deutlichen Bruch mit den vorherigen Ansichten jener französischen und amerikanischen Besucher_innen dar, die von vornherein geneigt waren, westafrikanische Religionen abzulehnen. Der in den 1950er Jahren schreibende Romancier Henri Troyat vermischte eine ganze Reihe rassistischer Topoi in seiner angeekelten Beschreibung einer Candomblé Priesterin als einer »prähistorischen Kreatur, einem wahrhaften Berg schwarzen Fleisches [,die] trotz ihres Körperumfangs [...] glitt, sprang und Pirouetten mit der Leichtigkeit eines Gummiballons drehte [...] [,deren] nasse Haut mir den Wunsch gab, mich zu übergeben.«[103] Im Gegensatz dazu bestand Bastides Projekt der Rehabilitation darin, zu zeigen, dass diese Religionen »eine Kosmologie, eine Psychologie und eine Gottesauffassung umspannten,« die ein »belesenes und zutiefst kultiviert afrikanisches Denken« widerspiegelten.[104] Candomblé half Bastide, die Begrenztheit des Aufklärungsnationalismus zu sehen. Drei Jahrhunderte Cartesianischer Tradition hatte ihn, wie er zugab, gegenüber der komplexen und feinsinnigen Philosophie der afrikanischen Religion blind gemacht:

---

101 Roger Bastide, *Estudos Afro-Brasileiros* (São Paulo: Perspectiva, 1973), 183.

102 Für mehr zur Kritik der eurozentristichen Deutungsansätze vgl. Robert Stam, *Tropical Multiculturalism: A Comparative History of Race in Brazilian Cinema and Culture* (Durham: Duke University Press, 1997), besonders Kapitel 8.

103 Henri Troyat, »Brésil,« *Les Oeuvres Libres* zitiert nach Régis Tettamanzi, *Les Écrivains Francais et le Brésil* (Paris: Harmattan, 2004), 186.

104 Roger Bastide, *O Candomblé da Bahia* (São Paulo: Companhia Editora Nacional, 1978), 10-11.

»Ich lernte damals, als ich in das Candomblé terreiro eintrat, dass ich mich durchdringen lassen musste von einer Kultur, die nicht meine war. Die wissenschaftliche Forschung verlangte, dass ich selbst das Initiationsritual mitmachen musste. Ich werde bis zum Tage meines Todes jenen Candomblé Priesterinnen wie Joana de Ogum und Jona de Iemanja dankbar sein; sie betrachteten mich als ihr eigenes kleines weißes Kind, verstanden meinen Wunsch nach neuer kultureller ›Nahrung‹ und fühlten mit ihrer überlegenen Einfühlungsgabe, die für sie typisch ist, dass mein Cartesisches Denken diese neuen Elemente nicht bewältigen konnte – nicht in rein wissenschaftlicher Begrifflichkeit, die auf der Oberfläche der Dinge bleibt – sondern dass es sich verwandeln musste in lebendige Erfahrung, die einzige Quelle wahren Verstehens [...]. Danach besaß das Wissen über Afrika für mich immer den Geschmack mütterlicher Liebe, den Duft dieser knetenden schwarzen Hände, diese unendliche Geduld im Geben des Geschenks ihres Wissens [...]. Die Frage ist: Bin ich ihnen treu gewesen?«[105]

Bastides Zugehörigkeitsgefühl ließ ihn tief in das Candomblé Ethos tauchen, so tief, dass er selbst als ein Sohn von Xango initiiert wurde.

Wären Bastides Bücher nicht hauptsächlich auf Portugiesisch veröffentlicht worden, so hätte er eine Schlüsselfigur der ›seismischen Verschiebung‹ in der Wissenschaft werden können. Lange vor den Vertreter_innen einer ›reflexiven Anthropologie‹ entwickelte er eine ›anti-eurozentristische Methode‹, die darauf beruhte, »uns selbst in das, was wir studieren, zu verwandeln [...]. Wie im Liebesakt steigen wir über unsere eigene Persönlichkeit hinaus, um uns mit der Seele dessen, was wir studieren, zu verbinden.«[106] Hier wird die Ethnografie zum Auslöser einer psychischen Transformation, einer Art methodischer Trance, welche an den Austausch von Identitäten erinnert, der buchstäblich beim Candomblé »im Spiel ist«, wo männlich weiblich werden kann, Erwachsene Kinder, und so weiter. In einer Art ekstatischen Erkennens praktizierte Bastide ein kulturelles ›Eintauchen‹, während er gleichzeitig eine gewisse Reflexivität bezüglich seiner eigenen Methoden und Begrenztheiten bewahrte. Er glaubte sowohl an die Identifikation in der Trance selbst als auch an die Exotopie[107] in der danach durchgeführten, distanzierten Analyse.

Jede Religion erschließt gewissermaßen einen spezifischen ästhetischen Bereich, der bestimmte Künste und bestimmte Sinne anderen gegenüber privilegiert. Der für den Judaismus, den Islam, das protestantische Christentum

105 Bastide, *Estudos Afro-Brasileiros,* x-xi.

106 Roger Bastide, »Macunaíma em Paris,« *O Estado de São Paulo* (3. Februar, 1946), zitiert nach Ferrnanda Àreas Peixoto, *Diálogos Brasileiros: Una Análise da Obra de Roger Bastide* (São Paulo: USP, 2000), 16.

107 Exotopie ist ein Michail Bachtin entlehnter Begriff. Mit ihm bezeichnete dieser das ›Mehrwissen‹ eines Autors über seinen Helden, das der Autor trotz seiner ebenfalls nötigen Identifikation mit seinem Helden haben müsse, um ihn ästhetisch als abgeschlossenen Helden gestalten zu können.

und den Neoplatonismus typische bilderstürmende Argwohn gegen das gegenständliche Bild privilegiert zum Beispiel die schriftliche und die auditive Repräsentation gegenüber der sinnlich-visuellen. ›Buchreligionen‹ neigen dazu, in ihrem Kern theologisch zu sein; die Künste erscheinen erst später – als Illustrationen oder Andeutung des heiligen Wortes. Im Fall einer afrobrasilianischen Religion wie dem Candomblé formen die Künste im Gegensatz dazu die energetische Matrix der Religion. Als eine aus mehreren Künsten bestehende Praxis setzt Candomblé Musik, Tanz, Dichtung, Erzählung, Verkleidung und Kochkunst ein, und zwar nicht als dekoratives Beiwerk, sondern als wesentlichen Bestandteil der Religion als eines synästhetischen Glaubenssystems. In einem Glauben, in dem ›die Seele mit ihren Händen klatscht und singt‹, sind die Gläubigen auch Darsteller_innen, vor allem die Medien und die Priester_innen, aber auch die Gemeinschaft als Adressat, für deren Wohl das Ritual aufgeführt wird. Da es wenige abstrakte Doktrinen an sich gibt, übt die Religion ihre Macht über künstlerischen Ausdruck und Darstellung aus. Ohne die Trommeln (oder wenigstens irgendeine Art von Schlagzeug) können die Geister nicht ›herabsteigen‹, und ohne Tanz können die Orishas nicht verkörpert werden.

Es wäre in diesem Zusammenhang spannend, Bastides anthropologische Untersuchung von Trance drei zeitgenössischen Künstler_innen gegenüberzustellen, die antikoloniale linke Politik mit einer tiefen Zuneigung zu westafrikanischen Trance-Religionen verbanden: erstens, Maya Deren, die US-amerikanische Avantgarde Filmemacherin, die an den Ritualen des haitianischen Voodoo teilnahm, diese filmte und einen Klassiker (*The Divine Horsemen*) über das Thema schrieb; zweitens, der französische ethnografische Surrealist Jean Rouch, der nicht nur afrikanische Trance-Religionen filmte, sondern auch den Begriff ›cine-trance‹ prägte; und drittens, der brasilianische Filmemacher Glauber Rocha, der Candomblé-Trance in *Barravento* – der Titel bezieht sich auf den stürmischen Schwindelanfall knapp vor Beginn des Besessenwerdens – filmte und sich auch auf Trance im Titel seines *Terra em Transe* bezog.[108] Für Rouch war das Phänomen der Trance eine wesentliche Triebkraft von sowohl Spiritualität als auch künstlerischem Schaffen. Theaterregisseur_innen wie Julian Beck, Peter Brook und Jerzy Grotowski, so führte er an, hätten alle ethnografische Informationen über Besessenheit in der Ausbildung ihrer Schauspieler_innen verwendet.[109] In *Les Maitres Fous,* filmte Rouch Trancerituale, die metaphorisch als eine kodierte Verspottung britischer Kolonialautoritäten funktionierten. Gleichzeitig evoziert Rouchs Metapher von ›cine-trance‹ ein

108 Bezügl. Rouch, vgl. Steven Feld, Hrsg., *Cine-Ethnography: Jean Rouch* (Minneapolis: University of Minnesota Press, 2003)

109 Vgl. Jean Rouch, *Les Hommes et les Dieux du Fleuve* (Paris: Artcom, 1997).

Gefühl getanzter und kinetischer Übereinstimmung von dem die Kamera tragenden Filmemacher und dem besessenen Subjekt religöser Extase.[110]

Wie diese Künstler_innen und wie James Cliffords ›ethnografische Surrealisten‹ war Bastide außerordentlich empfindsam für die ästhetischen Verästelungen ›afrikanischer‹ Religionen, für ihre dynamische Inszenierung und ihre synästhetische Umarmung der unterschiedlichen Sinne, mittels derer die Religion »durch das Gehör, durch die Nase und den Mund eindringt, den Bauch berührt und seinen Rhythmus auf Körper und Geist überträgt.«[111] Hier war Bastide deutlich vom Franko-Afrikanismus der ethnografischen Surrealisten Michel Leiris und Marcel Griaule beeinflusst. In seinem Werk *O Candomblé* da *Bahia: Rito Nago* (1958) fand Bastide ein Echo dessen, was Griaule bei den Dogon gefunden hatte: »die Dualität der ursprünglichen Gottheit, die Unordnung, die in diese Welt trat aufgrund des Verlustes dieser Dualität und der Unterscheidung der Geschlechter, sowie aufgrund der Bedeutung von Zahlen.«[112] Gleichzeitig, und wiederum wie die ethnografischen Surrealist_innen, war Bastide dem künstlerischen Modernismus verbunden: die brasilianischen Modernist_innen waren seine Freund_innen und er analysierte ihre Arbeit einfühlsam in seinen Texten.

Bastide verkörpert eine polyperspektivische, parallaktische (die eigene Beobachter_innenposition verschiebende) Sicht, die sowohl die französische als auch die brasilianische Kultur erhellt. Statt sich selbst als einen Verbreiter französischer Kultur in Brasilien zu betrachten, sah sich Bastide als Student bzw. Erforscher, der über und von Brasilien lernte. Als Bastide in den 1950ern nach Frankreich zurückkehrte, wurde er eine Art kultureller Botschafter. In seiner Kolumne *Lettres Brésiliennes* für *Mercure de France* kehrte Bastide die Ströme des neokolonialen intellektuellen Austauschs um, indem er französische Leser_innen über das brasilianische literarische Geschehen auf dem Laufenden hielt. Bastide zeigt, dass sich ein Intellektueller der ›Ersten Welt‹ mit Brasiliens marginalisierten Bevölkerungsgruppen identifizieren konnte, und zwar in einem ›Über-Blick‹ welcher Distanz mit Intimität, Exotopie mit Empathie vereinbart. Und während Bastide gewiss das brasilianische intellektuelle Leben beeinflusst hat, so transformierte dieses brasilianische Leben ebenso sein eigenes Denken durch einen gegenseitigen Befruchtungsprozess.

Da Frankreich nie ein in politischer oder ökonomischer Hinsicht entscheidender Partner Brasiliens war, ist seine Beziehung mit Brasilien immer schon

110 Eine ausgezeichnete Untersuchung von Rouch, Rocha und ihrem kreativen Einsatz von Besessenheitsreligionen liefert Mateus Araùjo Silva, »Jean Rouch e Glauberr Rocha, de um Transe a Outro,« *Devires* 6, Nr. 1 (Jaanuar-Juni, 2009).

111 Bastide zitiert nach Peixoto, *Diálogos Berrasileiros*, 117.

112 Bastide, *O Candomblé da Bahia*, 226.

weniger eine materielle, sondern eher eine symbolische gewesen, als Brasiliens Beziehung mit den Vereinigten Staaten. Der französische Einfluss in Brasilien kann jedoch nicht auf eine Begleiterscheinung des kulturellen Neokolonialismus reduziert werden, erstens, weil Brasilien nie eine Kolonie oder auch nur Neokolonie Frankreichs war, und zweitens, weil Frankreich ein kultureller Mentor für einen Großteil der Welt wurde. Gleichzeitig war das Verhältnis zwischen Brasilien und Frankreich auf seine Weise asymmetrisch. »In dieser Liebesgeschichte,« so beschreibt Leyla Perrone-Moisés es, »war Brasilien immer der leidenschaftlicher Verliebte der beiden Partner und stand oft in erstaunter Bewunderung vor der nicht zu leugnenden Überlegenheit des bewunderten Liebesobjekts.«[113] Neben seinen verzückten Zwischenspielen hatte die franko-brasilianische Liebesaffäre auch ihre Momente der Kälte und sogar der Zurückweisung, und zwar innerhalb einer doppelten Bewegung von Anziehung und Abstoßung, die mit Brasiliens Ängsten bezüglich seiner eigenen Identität und den Möglichkeiten alternativer Allianzen und Koalitionen zusammenhing.

Innerhalb eines Systems sich gegenseitig ergänzender Bedürfnisse und Wünsche spielte Frankreich für Brasilien die Rolle des kultivierten intellektuellen Über-Ichs, während Brasilien das Rohmaterial des karnevalesken Es lieferte, eine Sicht, die in de Gaulles (vielleicht apokryphem) Abqualifizieren Brasiliens als »nicht seriösem Land« auf den Punkt gebracht wurde. Brasiliens Historiker Mario Carrelli fasst das Verhältnis wie folgt zusammen: »Für die Französ_innen bewahrt Brasilien ein wenig von Traum und Dionysos-Kult; für Brasilianer_innen bleibt Frankreich mit den Hauptstationen der Konstruktion ihres Landes als einem modernen Staat verbunden.«[114] Während die Französ_innen sich ein relativ ›exotisches‹ Bild von Brasilien machten, sahen die Brasilianer_innen den französischen Einfluss als grundlegend und substantiell. Jedoch versperrt sich das franko-brasilianische Verhältnis eigentlich den Verallgemeinerungen. Wenn einerseits Autor_innen wie Bastide und Clastres Brasilien in Begrifflichkeiten analysierten, die die Brasilianer_innen selbst anregend fanden, sahen andere französische Autor_innen Brasilien durch eine paternalistische Brille. Die Beziehung war oft eine des gegenseitigen liebevollen Konsums, bei dem die *rapports de force* allerdings das mächtigere europäische Land bevorzugten. Jetzt, da Frankreich weniger globalen Einfluss ausübt, während Brasilien ein BRIC-›Schwellenland‹ (BRIC=**B**rasilien, **R**ussland,

113 Vgl. Leyla Perrone-Moisés, »Gallophilie et Galophobie dans la Culture Brésilienne (XIXe et XXe Siècles),« in Katia Queirós Martoso, Idelette Mozart-Fonseca ddos Santos, and Denis Rolland, Hrsg., *Modèles Politiques et Culturels au Brésil: Emprunts, Adaptations, Rejets XIXe et XXe Siècles*, 23-54 (Paris: Presses de l'Université de Paris-Sorbonne, 2003), 23.

114 Mario Carelli, *Culturas Cruzadas* (São Paulo: Papirus, 1994), 254.

Indien, China als Gruppe ähnlich ›fortgeschritten entwickelter‹ Länder) mit einer international bedeutenden Stimme ist, haben sich die früheren Asymmetrien beträchtlich verkleinert. (Diese sich wandelnden geopolitischen und intellektuellen Dynamiken bilden, wie wir sehen werden, den Hintergrund vieler derzeitiger Polemiken.)

Brasilianisch-Amerikanische Begegnungen

Geht der franko-brasilianische intellektuelle Dialog auf das 16. Jahrhundert zurück, so beginnt die brasilianisch-amerikanische Verbindung ein Jahrhundert später in Neu Amsterdam, dem heutigen New York, das damals eine multi-religiöse, ›multi-ethnische‹ und polyglotte Insel war, auf der unterschiedliche indigene, afrikanische und europäische Sprachen gesprochen wurden. Neu Amsterdam nahm Jüd_innen, Muslim_innen und einige versklavte Mdumbu und Menschen aus dem Kongo auf, die von Afrika über Brasilien nach Nordamerika gekommen waren. Das Wort ›Negro‹ kam aus dem Portugiesischen ins Englische, genauso wie ›pickaninny‹ (für ein schwarzes Kind) vom portugiesischen *pequininho*. Einige Afrikaner_innen kamen mit den aus Recife vertriebenen Holländer_innen nach Neu Amsterdam. Die ersten ›Afro-Brasilianer_innen‹, um einen anachronistischen Begriff zu benutzen, trafen in Ketten in der Stadt ein. Ihre Namen – Paulo d'Angola, Simon Congo, Antonio Portugues – zeigten ihre verflochtenen afrikanischen und portugiesischen Ursprünge an. Durch eine Nahrungsmittelknappheit unter Druck gesetzt, befreite Gouverneur Willem Kieft die Sklav_innen und bewilligte ihnen Ackerland in einer Gegend, die heute Washington Square, Soho und die New York University umfassen würde. Das Gelände von *S.O.B.* (Sounds of Brazil), wo afro-brasilianische Musiker_innen wie Gilberto Gil und Jorge Ben Jor gespielt haben, war damals das Farmland von Simon Congo, was auf gut über vier Jahrhunderte afro-brasilianischer Präsenz in dieser Stadt hindeutet.

Ein Jahrhundert später ließen sich die Anführer_innen der *Inconfidência Mineira* Revolte von 1788/89 gegen die portugiesische Herrschaft von sowohl der französischen als auch der amerikanischen Revolution inspirieren. Dem Historiker Kenneth Maxwell zufolge sympathisierte Jefferson mit den brasilianischen Rebell_innen und die Monroe-Doktrin (1823) wurde zuerst in Gesprächen zwischen Jefferson und brasilianischen Vertretern in Washington formuliert. Diese Doktrin stieß im Prinzip, wenn auch keineswegs tatsächlich, ein System der Einflusssphären an, in welchem die zwei größten Nationen der Amerikas in gegenseitiger Abstimmung handeln würden. 1817 war Henry M. Brackenridge der vielleicht erste US-amerikanische Autor, der die Notwendigkeit eines systematischen Vergleichs zwischen den beiden Ländern nahelegte.

Da er sich durchaus bewusst war, dass er einen ›jungen Riesen‹ mit einem ›reifen Zwerg‹ verglich – Brasilien war zu der Zeit eine Kolonie – betonte Brackenridge, dass es notwendig sei, sich auch vorzustellen, was aus den zwei Ländern in Zukunft werden würde:

> »Die einzigen Imperien, die man mit Brasilien in punkto Größe vergleichen kann, sind China, Russland und die Vereinigten Staaten, und obwohl Brasilien heute das kleinste ist, was die Bevölkerungszahl angeht, so wird doch der Tag kommen, an dem es das größte sein wird [...]. Obwohl es zur jetzigen Zeit voreilig erscheinen mag, Brasilien und die Vereinigten Staaten zu vergleichen, so wird doch der Augenblick kommen, da ein solcher Vergleich natürlich, ja sogar unvermeidbar erscheinen wird.«[115]

Indem er der stürmischen Uneinigkeit der spanischsprachigen Nationen in Lateinamerika »die geeinte und unteilbare« brasilianische Nation gegenüberstellt, schlussfolgert Brackenridge, dass man »angesichts der riesigen Kapazitäten und Ressourcen Brasiliens [...]kein Visionär sein muss, um vorherzusehen, dass dieses [brasilianische] Imperium dazu bestimmt ist, es mit unserem eigenen aufnehmen zu können.«[116]

Brasilien ist wie eine Art ›postkoloniales‹ Palimpsest von verschiedenen nationalen Kräften geprägt worden, als da sind Portugal als (langsam schwindender) Ahne, Frankreich als herausragender intellektueller Lehrer und Großbritannien und später die Vereinigten Staaten als mächtige Handelspartner_innen. Trotz politischer Spannungen spornten historische Affinitäten Brasilien an, sich als den Vereinigten Staaten gleichwertig wahrzunehmen, wenn auch auf distanzierte, vermittelte und oft nachtragende Weise. Abgesehen von ihrem gemeinsamen Status als abtrünnigen, Sklav_innen haltenden Siedler_innenstaaten, standen die zwei Länder, wie Thomas Skidmore deutlich macht, auf ähnliche Art in Beziehung zu anderen Ländern. Erstens trafen beide an ihren Grenzen auf einen gemeinsamen Rivalen, die Spanier_innen. Zweitens brauchte Brasilien einen starken Bündnispartner, um sich seinen geopolitischen Vorsprung in Südamerika vor allem gegenüber Argentinien zu sichern. Drittens spürten Brasilianer_innen trotz kultureller Unterschiede eine Nähe zu den Vereinigten Staaten, was Gemeinsamkeiten wie kontinentale Größe, reichhaltige Ressourcen sowie eine ›polyethnische‹ und aus Immigrant_innen bestehende Bevölkerung anging.[117] Beide Länder sehen sich als *abencoado por*

---

115 Henry M. Brackenridge, *Voyage to South America, Performed By Order of the* American *Government in the Years 1917 and 1818, in the Frigate Congress,* 2 Bde. (London: John Miller, 1820), I:128-129, zitiert nach Denis Rolland, Hrsg., *Le Brésil et le Monde* (Paris: Harmattan, 1998)

116 Ebd.

117 Vgl. Thomas E. Skidmore, *O Brasil Visto de Fora* (São Paulo: Paz e Terrra, 1994), 34.

Deus (von Gott gesegnet) an, meinen, eine einzigartige geschichtliche Rolle spielen zu müssen, gemäß ihrer jeweils eigenen Version eines nationalen Exzeptionalismus, der ›bewaffneten und gefährlichen‹ US Variante und der ›Exzeptionalismus-lite‹ Variante des ›Gott-ist-Brasilianer‹ in Brasilien.

Die zumindest im 19. Jahrhundert sowohl in Brasilien als auch in den Vereinigten Staaten gestellte Frage war, wie unter ›ungünstigen‹ Bedingungen eine nationale Kultur mit und gegen ein oft arrogantes Europa, das seine eigenen Abkömmlinge als illegitime Brut verschmähte, zu erschaffen sei. Die Frage, ob amerikanische Länder überhaupt ernstzunehmende Kunst schaffen können, war selbst ein Symptom einer kulturellen Kolonisierung, die diese Länder als durch Mangel gekennzeichnet betrachtete: in den Vereinigten Staaten, das Fehlen einer Aristokratie, und in Brasilien, die konkrete Abwesenheit tragfähiger kultureller Institutionen und einer gebildeten Öffentlichkeit. Die literarische Geschichte beider Länder wurde durch parallele Kämpfe um kulturelle Unabhängigkeit von Europa charakterisiert. Emersons ›American Scholar‹-Rede von 1836, welche Oliver Wendell Holmes »unsere intellektuelle Unabhängigkeitserklärung« nannte, kam ein Jahr nach einer ähnlichen Erklärung durch den brasilianischen Dichter Gonçalves de Magalhães. Die Beziehungen zwischen den beiden Ländern verschlechterten sich mit der Monroe-Doktrin, der Eroberung Mexikos durch die USA, ihrer Einmischung im Amazonasgebiet und später durch Teddy Roosevelts ›Kanonenboot-Diplomatie‹; alles Teile einer imperialistischen Politik, die Lateinamerika als ihren verachteten ›Hinterhof‹ und ›Einflussbereich‹ betrachtete. Die gut nachbarschaftliche Politik der 1930er und frühen 40er Jahre versuchte etwas von dem durch diese Arroganz angerichteten Schaden wettzumachen und ebnete damit den Weg für das, was in der Nachkriegszeit eine wahrhafte Explosion kulturellen Austauschs zwischen Brasilien und den Vereinigten Staaten werden sollte. Aufgrund der Verbreitung US-amerikanischer Pop-Kultur wurden die Brasilianer_innen allgemein vertrauter mit den Vereinigten Staaten, wobei dieser Prozess schon im 19. Jahrhundert angefangen hatte. Eine allmähliche Abwendung von der Orientierung an Paris brachte einige brasilianische kulturelle Eliteinstitutionen dazu, sich an US-Institutionen auszurichten. Brasiliens Museum moderner Kunst zum Beispiel wurde nach dem Vorbild des *Museum of Modern Art* in New York gestaltet.

Es war in der Nachkriegszeit, dass viele renommierte brasilianische Autor_innen/Gelehrte – Schriftsteller_innen (Erico Verissimo und Clarice Lispector), Anthropolog_innen (Gilberto Freyre), Historiker_innen (Sérgio Buarque de Holanda), Aktions-Dramatiker_innen (Abdias do Nascimento), Soziolog_innen (Fernando Henrique Cardoso) und literarische Intellektuelle (Antônio Cândido Silviano Santiago, Heroldo de Campos, Augusto de Campos Massaud Moisés, Milton Hatoum, Márcio Souza, Walnice Nogueira Galvão, Roberto Schwarz und unzählige mehr) – in renommierten amerikanischen Universitäten lehrten. In derselben Zeit begannen US-amerikanische Historiker_innen, aus einer vergleichenden, mit Brasilien sympathisierenden Perspektive über Sklaverei und *race* in Brasilien zu schreiben. An Gilberto Freyre anknüpfend, argumentierte Frank Tannenbaum in *Slave and Citizen* (1947), dass in der lateinamerikanischen Sklaverei, anders als in der nordamerikanischen, die moralische und spirituelle Persönlichkeit der Sklav_innen anerkannt und bloß als zeitweilig niedriger statt als grundsätzlich und für alle Zeiten entseelt eingestuft wurde. Mehr als ein Jahrzehnt später behauptete Stanley Elkins in *Slavery: A Problem in American Institutional Life* (1959), dass die Sklaverei in Lateinamerika durch religiöse Institutionen, die die Herabwürdigung der Schwarzen zu bloßer Ware verhinderten, gezügelt wurde. Andere Forscher_innen bestritten solche Theorien. Eugene Genovese bemerkte, dass das vermeintlich wohlwollende katholische Modell der Sklaverei keineswegs gewaltsame Revolutionen wie in Haiti oder Sklavenaufstände wie in Brasilien verhinderte, während Marvin Harris in *Patterns of Race in the Americas* (1964) sich über den »Mythos des freundlichen Gebieters« lustig machte. Er machte deutlich, dass die brasilianische Sklavenhalterklasse nur deshalb eine Zwischengruppe ›gemischtrassiger‹ Soldaten und Sklav_innentreiber schuf, weil Weiße für diese Dienste nicht zur Verfügung standen.[118]

US-amerikanische Wissenschaftler_innen wie Franklin Frazier, Lorenzo Turner, Ruth Landes, Donald Pierson, Charles Wagley und Carl Degler untersuchten brasilianische *race relations* und fanden vieles an der brasilianischen Kultur bewundernswert. Mit indirekter Kritik an den heterosexistischen und sexualfeindlichen Einstellungen im Norden lobte Landes die sexuelle Freiheit der Liebe zwischen den ›Rassen‹ und die fehlende Phobie hinsichtlich gleichgeschlechtlicher Beziehungen innerhalb der afro-brasilianischen Religionen. Manchmal schienen die Wissenschaftler_innen mit größerer Naivität von brasilianischen Sozialbeziehungen begeistert (ein Geisteszustand, den Brasilianer_innen *deslumbrado* oder überwältigend verzaubert nennen) als die Brasilianer_innen selbst. Obgleich Austausch auf institutioneller Ebene größtenteils von Norden nach Süden stattfand, gab es gelegentliche Gesten in Richtung eines ausgeglicheneren Austauschs vor allen in den Künsten. Wie die Kulturhistorikerin Isabel Lustosa hervorhebt, teilt die dominante US-Kultur mit der brasilianischen Kultur trotz ihres ›Ethno‹zentrismus eine Durchlässigkeit, die sie »permeabel [macht] für von außen Kommendes [...] aber immer das von

118 Vgl. Stanley M. Elkins, *Slavery: A Problem in American Institutional Life* (Chicago: University of Chicago Press, 1959); and Marvin Harris, *Patterns of Race in the Americas* (Westport, CT: Greenwood, 1980).

außen Kommende zu etwas Eigenem verändert, mit einem amerikanischen Gesicht.«[119] Der fantastische Erfolg Carmen Mirandas in Hollywood, die als eine karikative Ikone der *Latinidad* vermarktet wurde, bietet ein herausstechendes Beispiel dieses höchst zwiespältigen Aneignungsprozesses. In den frühen 1960ern lieferte unterdessen der Bossa Nova, selbst eine Mischung von Samba und Cool Jazz, einen akustischen Eindruck von Weltläufigkeit und bereicherte Jazz (Sarah Vaughan, Stan Getz, McCoy Tyner, Pat Metheney) und US-amerikanische populäre Musik allgemein (Burt Bacharach). Hier finden wir das nordamerikanische Gegenstück zu Brasiliens anthropophager Indigenisierung fremder Kultur, jetzt aber in der Form superalterner Anthropophagie, also einer ›Kannibalisierung‹ von oben, wobei aber beide Pop-Kulturen durch eine gemeinsame afro-diasporischen Quelle angeregt wurden.

Diasporische Sehnsüchte

Alle drei nationalen Räume waren innerhalb der afro-diasporischen Vorstellungswelt Projektionen von utopischen Geografien. Innerhalb der sich vielfältig kreuzenden transatlantischen Blicke wurden verschiedene Orte zu Objekten der Sehnsucht. Innerhalb dieses Spiels der Wünsche nahmen viele diasporische Intellektuelle Teil an der Suche nach einem *ailleurs* (Anderswo): Frantz Fanon sah das revolutionäre Algerien als eine Alternative zu einem sich anpassenden Martinique; afrikanische Amerikaner_innen blickten sowohl nach Frankreich als auch nach Brasilien als Räumen des geselligen Zusammenlebens; und eher gelegentlich blickten schwarze Brasilianer_innen auf Afro-Amerikaner_innen als Vorbilder für Stolz und Aktivismus. Patricia Pinho zufolge verwiesen US-Gegner_innen der Sklav_innenhaltung schon in der Mitte des 19. Jahrhunderts auf Brasiliens relativ friedliche ›*racial relations*‹.[120] Dennoch mahnte die schwarze Zeitschrift *O Alfinete* 1918 schwarze Mitbürger_innen zu »sehen, ob wir die nordamerikanischen Schwarzen imitieren können oder nicht.«[121] 1933 pries ein anderer schwarzer brasilianischer Autor wiederum den »zuversichtlichen und selbstbewussten« Afro-amerikaner, der »sein Haupt erhebt«, und führte aus, dass das brasilianische Modell für Schwarze noch verheerender

---

119 Isabel Lustosa, »Nos, os Americanos e America«, in Lesa, *Enciclopédia da Brasilidade*, 170.

120 Patricia de Santana Pinho, *Mama Africa: Reinventing Blackness in Bahia* (Durham: Duke University Press, 2010), 18.

121 A. Oliveira, »Aos Nossos Leitores,« *O Alfinete* (3. September, 1918), zitiert nach Micol Seigel, *The Point of Comparison: Transnational Racial Construction: Brazil and the United States, 1918-1933* (Ph.D. Dissertation, New York University, Graduate School of Arts and Sciencee, 2001), 162.

sei als das brutale US-Modell: »Die Amerikaner lynchen 50 Neger [sic!] im Jahr. Wir töten die ganze brasilianische Negerrasse [sic!].«[122]

Afro-Amerikaner_innen wiederum schauten auf Brasilien als Fluchtmöglichkeit, wenn auch nur in der Phantasie, vor den Gräueln der US-amerikanischen Segregation. Ihre Überlegungen sind in David J. Hellwigs umfassender Anthologie *African-American Reflections on Brazil's Racial Paradise* gesammelt.[123] Hellwig zeichnet eine Zeitkurve nach, die von Hoffnung zu Ernüchterung verläuft, was in den Titeln der drei Hauptabteilungen seines Buches schematisch erfasst wird: *Der Mythos des rassischen Paradieses (1900-1940), Der debattierte Mythos (1940-1965)* und *Der zurückgewiesene Mythos (1965-).* Im ersten Stadium wird Brasilien im Großen und Ganzen als eine farbenblinde Utopie angesehen. Vorurteile, so berichtete E.R. James 1920, »existieren nicht. Sie existieren nicht sozial, sie existieren nicht ökonomisch, sie existieren nicht politisch. Sie existieren überhaupt nicht.«[124] In Hellwigs zweiter historischer Phase wurden US-amerikanische Schwarze skeptischer. Nachdem ihm der Zugang zu elf brasilianischen Hotels verwehrt worden war, schlussfolgerte Ollie Stewart 1940, dass er die »US-Segregation gegen die brasilianische Hinhaltetaktik« eingetauscht habe. Als er einen jungen schwarzen Brasilianer trifft, der sich danach sehnte am Tuskegee Institute zu studieren, kommentiert Stewart: »Wenn es nicht so tragisch gewesen wäre, hätte ich lachen können.«[125] In einer Art spiegelbildlicher Fantasie stellt sich wenigstens ein brasilianischer schwarzer Mensch ein ›Rassenparadies‹ in den idealisierten Vereinigten Staaten vor. Stewart unterstreicht die Ironie: »Hier ist er in Brasilien und brennt darauf, nach Alabama zu gelangen, um der furchtbaren Hölle der Rassenschranke zu entkommen, [...] und nichts hätte mich [als ich in Tuskegee war] mehr beglückt, als nach Südamerika zu kommen, wo ich ein freier Mensch sein könnte.«[126] In Hellwigs dritter Phase, in der Epoche von *Black Power*, wurden schwarze US-Amerikaner_innen dann ziemlich desillusioniert. Die amerikanische Anthropologin Angela Gilliam, die viele Jahre in Brasilien verbrachte, wo sie oft für eine brasilianische *mulata* gehalten wurde, kam zu dem Schluss, dass US-amerikanische Schwarze in Brasilien besser behandelt würden, weil sie als Amerikaner_innen gesehen würden.[127] Mit

122 José Correia Leite, »O Grande Problema National,« *Evolução* (13. Mai, 1933), zitiert nach Seigel, *The Point of Comparison*, 171.

123 David J. Hellwig, *African-American Reflections on Brazil's Racial Paradise* (Philadelphia: Temple University Press, 1992).

124 zitiert nach ebd., 49.

125 zitiert nach ebd., 95.

126 zitiert nach ebd., 96.

127 ebd., 95.

anderen Worten: Das diasporische Schwarzsein gerät ebenfalls in die Fänge globaler Nord-Süd Machtbeziehungen.

Im Schlepptau früherer afro-amerikanischer Gelehrter (beispielsweise Franklin Frazier und, sehr viel später, Michael Turner) beschäftigten sich einige afro-amerikanische Forscher_innen mit dem Thema *race* in Brasilien und thematisierten dabei manchmal ihre eigene Identität als Teil der Methodenfrage. Die Soziologin France Winddance Twine bietet eine afro-amerikanische Sicht Brasiliens in ihrem Buch *Racism in Racial Democracy: The Maintenance of White Supremacy in Brazil*. Bei ihrer extensiven Feldforschung und ihren vielen biografischen Interviews mit schwarzen und weißen Brasilianer_innen überraschte Twine die Feindseligkeit, die ihr als einer »schwarzen feministischen Forscherin in Brasilien« nicht nur von brasilianischen Weißen sondern auch von vielen Schwarzen entgegengebracht wurde. »In einem Zusammenhang, in dem ich jeden Tag hochgradigem Rassismus ausgesetzt war, sagte mir meine Adoptivfamilie dauernd, dass ich irgend jemandes Äußerungen ›fehlinterpretiert‹ hätte [...]. Mir wurde bei vielen Anlässen auch gesagt, dass es für mich unangemessen sei, dieses Thema aufzubringen, vor allem in Gegenwart von Kindern.«[128] Die selben Leute, die so eifrig behaupteten, dass »wir alle rassisch gemischt sind,« so bemerkt Twine, haben dennoch nur selten eine tatsächliche afrikanische Abstammung für sich reklamiert. Twines Forschung wirft Licht auf (1) den Grad sozialer Selbst-Segregation, den einige schwarze Brasilianer_innen praktizieren (»Ich bestehe nicht darauf irgendwo hinzugehen, wo ich nicht hingehöre«) und (2) den Grad zu dem brasilianische Schwarze manchmal Selbstzensur bezüglich der von ihnen selbst erlebten Diskriminierung ausüben.[129]

Kia Lilly Caldwell wiederum rückt in *Negras in Brazil* nicht das falsche Bewusstsein in den Mittelpunkt, sondern die widerständige Subjektivität schwarzer Aktivist_innen. Diese geht zurück auf die frühen schwarzen feministischen Vorkämpfer_innen wie Leila Gonzalez, Sueli Carneiro und Thereza Santos und kulminiert in der anschwellenden Welle von Aktivist_innen neuerer Zeit. Indem sie sich mit der Abwertung von Michael Hanchard durch Bourdieu/Wacquant wegen dessen afro-amerikanischer Identität kritisch auseinandersetzt, thematisiert Caldwell die Rolle ihrer eigenen Identität innerhalb ihrer diasporischen Forschung. Wo »die Einwirkung lokaler und globaler rassenbezogener Gewohnheiten noch durch rassifizierte Geschlechts-

128 France Winddance Twine, *Racism in Racial Democracy: The Maintenance of White Supremacy in Brazil* (New Brunswick: Rutgers University Press, 1998), 140.

129 Mit einem anderen methodischen Ansatz zieht die Anthropologin Robin E. Sheriff ähnliche Schlüsse in ihrem Buch *Dreaming Equality: Color, Race, and Racism in Urban Brazil* (New Brunswick: Rutgers University Press), xviii.

konstruktionen verstärkt«[130] wird, wird der Körper selbst zum Instrument des Wissens. Da Feldforschung kulturelles Eintauchen beinhaltet, ist die diasporische Anthropologin »vielen derselben rassifizierten und Geschlechtsdiskursen und -praktiken ausgesetzt, die wir zu untersuchen uns vorgenommen haben.«[131] In Caldwells Fall bedeutete Eintauchen, als Prostituierte in Copacabana und als Dienstmädchen in gehobenen Wohnhäusern angesprochen und gelegentlich zur Benutzung des Lastenaufzugs aufgefordert zu werden. Auf diese Weise gewann sie » Wissen aus erster Hand über die von vielen afro-brasilianischen Frauen täglich erlebten sozialen Demütigungen.«[132] Statt Brasilien oder die Vereinigten Staaten als besser oder schlechter zu definieren, plädiert Caldwell dafür, die Existenz »vielfältiger, kulturell und geschichtlich spezifischer Formen des Rassismus« wahrzunehmen.[133] Ihr Ziel, genauso wie unseres, ist es, »die kulturellen und geschichtlichen Besonderheiten des brasilianischen Rassismus in einen Dialog zu setzen mit globalen Praktiken rassischer Vorherrschaft.«[134]

Patricia de Santana Pinho, eine brasilianische Professorin an der State University of New York – Albany führt dagegen an, dass einige afro-amerikanische Kommentator_innen wie Twine fälschlicherweise den Versuch schwarzer Brasilianer_innen, das inhärente Versprechen einer ›Rassendemokratie‹ zu verwirklichen, für ein Ausweichen vor der Konfrontation halten.[135] In ihrem Buch *Mama Africa: Reinventing Blackness in Bahia* hebt Pinho die Rolle des als das ›Schwarze Rom‹ und ›Mekka der Négritude‹ gefeierten Salvador Bahia hervor als eines Magneten für Afro-Amerikaner_innen auf der Suche nach afrikanischen Wurzeln und der Kultur des Candomblé.[136] In einem intensiven, durch Veröffentlichungen, Reiseagenturen, Candomblé-Zentren, Universitäten, *Afroblocos* und Blogs vermittelten, kulturellen Austausch bilden afro-amerikanische Reisen nach Brasilien Teil einer umfassenderen Reiseroute, die nicht nur Afrika selbst, sondern auch die Afro-Karibik einbezieht und eine ›Karte des Afrikanisch-Seins‹ abbildet, auf der Ägypten den Ort monumentalen Stolzes

130 Kia Lilly Caldwell, *Negras in Brazil: Re-envisioning Black Women, Citizenship, and the Politics of Identity* (New Brunswick: Rutgers University Press, 2006), xviii.

131 Ebd., xxii.

132 Ebd., xix.

133 Ebd. 9.

134 Ebd.

135 Vgl. Pinho, *Mama Africa*, 20. Merkwürdigerweise scheint es hier darum zu gehen, ob schwarze Brasilianer_innen ihre eigene Unterdrückung falsch wahrnehmen (das ist die Sicht von Twine) oder ob Afro-Amerikaner_innen schwarze Brasilianer_innen fälschlicherweise als unterdrückt ansehen.

136 Ebd.

darstellt, Westafrika den Platz des kulturellen Ursprungs und Brasilien noch einen weiteren Punkt im atlantischen Spektrum. Alles sind Orte, an denen Afro-Amerikaner_innen ›hätten geboren sein können‹. Pinho zitiert den Rapper M-1 von *Dead Prez* als Überbringer einer unter Afro-Amerikaner_innen geteilten Wahrnehmung, dass »schwarze Brasilianer enger mit Afrika verbunden geblieben sind, [was] einen Schritt in Richtung Widerstand gegen koloniale Beherrschung [darstellt], eine Strategie gegen die Art der Gehirnwäsche, die in den Vereinigten Staaten stattfand.«[137] In einer komplexen Analyse zeichnet Pinho das Kreuzen der Blicke zwischen Afro-Brasilianer_innen und Afro-Amerikaner_innen nach, bei dem beide ihre Wünsche und Utopien und zuzeiten einen ethnozentrischen, US-zentrierten kulturellen Rahmen projizieren.

Afro-Ameapokryphrikaner_innen schauten in Zeiten der Verzweiflung auch nach Frankreich als einer Quelle der Hoffnung. Anders als die Liebe zu Brasilien war die Liebe zu Frankreich Teil einer in den Vereinigten Staaten weit verbreiteten Frankophilie, die in der Erinnerung an die zwei ›Schwesterrepubliken‹ und Jeffersons Maxime, dass »jeder Mensch zwei Länder hat, sein eigenes und Frankreich,« auf den Punkt gebracht worden war. Tatsächlich begann die Beziehung zwischen Frankreich und den Vereinigten Staaten als leidenschaftliche Romanze. In einer gegenseitigen Ideenbewegung inspirierten französische Denker_innen der Aufklärung die amerikanischen Revolutionär_innen, wie auch die amerikanische Revolution französische Denker_innen inspirierte. Die Liebesaffäre wurde sozusagen vollzogen in der öffentlichen Umarmung von Jefferson und Voltaire auf einem Pariser Platz. In der Folge verfassten Thomas Paine, Henry Wadsworth Longfellow, Ralph Waldo Emerson, Nathaniel Hawthorne, Frederick Douglass, Henry Adams und Edith Wharton alle liebevolle Reisememoiren über Frankreich. Für die Vereinigten Staaten wie auch für Brasilien lieferte Frankreich ein gegenüber den offensichtlicheren Vaterfiguren aus der alten Welt – Großbritannien bzw. Portugal – alternatives kulturelles Modell.

Trotz Frankreichs historischer Beteiligung an Sklaverei und Imperialismus basiert sein relativ guter Ruf bezüglich *race* auf bestimmten geschichtlichen Faktoren – den häufigen Bündnissen zwischen den Französ_innen und indigenen Gemeinschaften in den Amerikas, der Bereitschaft, mit indigenen amerikanischen Frauen intime Beziehungen einzugehen (im Gegensatz zu der Abscheu der Puritaner_innen vor ›Rassenmischung‹), dem herzlichen Empfang für schwarze amerikanische Soldat_innen und Künstler_innen in Frankreich und auf Frankreichs Ruf als ein *terre d'asile*. In Frankreich waren religiöse Vorurteile – gegen Jüd_innen und Protestant_innen – geschichtlich immer virulenter

137 Interview in *Revista Rap International* (2001), zitiert in Patricia de Santana Pinho, *Reinvençôes da África na Bahia* (São Paulo: Annablume, 2004), 48.

als rassistische Vorurteile. Die ersten Afro-Amerikaner_innen, von denen man weiß, dass sie nach Frankreich kamen, waren wahrscheinlich Thomas Jeffersons Sklav_innen, von denen eine, Sally Hemmings, Mutter mindestens eines seiner Kinder wurde. Während Afro-Amerikaner_innen an einem allgemeinen amerikanischen Hingezogensein zu Frankreich teilhatten, besaßen sie außerdem eine eigene, durch eine wahrgenommene Abwesenheit von Rassismus begründete Perspektive. Frederick Douglass drückte seine Überraschung während eines Besuchs im Jahre 1887 folgendermaßen aus: »Ich bin überall in diesem Land [...] mit Anstand, Höflichkeit und Freundlichkeit aufgenommen worden.«[138]

Nur Jahrzehnte später bewegte sich eine erhebliche Anzahl von Afro-Amerikaner_innen nach Frankreich. Von 1917 an dienten ungefähr 160.000 Afro-Amerikaner_innen in den Streitkräften Frankreichs und bekamen dort allgemein einen warmen Empfang bereitet. Viele schwarze Musiker_innen gingen nach Paris: Sidney Bechet traf 1919 ein, und Josephine Baker und *La Revue Nègre* eröffneten unter Beifall der Surrealist_innen im Jahr 1925. Die afro-amerikanische Anbetung von Paris stellte, wie Tyler Stovall ausführt, einen indirekten Kommentar zum traurigen Zustand der ›Rassenbeziehungen‹ in den Vereinigten Staaten dar: »Afro-Amerikaner_innen teilten die überraschende Erfahrung, dass französische Weiße sie mit Zuneigung und Respekt behandeln konnten, dass eine farbenblinde Gesellschaft immerhin vielleicht doch möglich sein könnte.«[139] Voller Euphorie in Paris fühlte sich James Weldon Johnson plötzlich von Angst und Intoleranz befreit:

> »Von dem Tag an, an dem ich Frankreich betrat, wurde mir bewusst, dass in mir ein Wunder wirkte [...]. Ich war plötzlich frei; frei von einem Gefühl unmittelbar bevorstehender Unannehmlichkeit, Unsicherheit, Gefahr; frei von dem Konflikt innerhalb des Mensch-Neger Dualismus und den unzähligen Gedanken- und Verhaltensmanövern zu denen er einen zwingt; frei von außergewöhnlicher Verachtung, außergewöhnlicher Toleranz, außergewöhnlicher Herablassung, außergewöhnlichem Mitleid; frei bloß ein Mensch zu sein.«[140]

Dass Afro-Amerikaner_innen eine derartig dramatische Erleichterung von der ›Rassenlast‹ spüren konnten, nur indem sie in Frankreich landeten, stellt dem sie in den Vereinigten Staaten zu der Zeit umgebenden Rassismus ein vernichtendes Zeugnis aus.

Im Fahrwasser der *negrophilie* der 1920er Jahre wurde das Paris der 1950er und 60er zu dem, was Stovell die »literarische Hauptstadt des schwarzen Ame-

---

138 Frederick Douglass, »Letter from Paris,« in Adam Gopnik, ed., *Americans in Paris: A Literary Anthology* (New York: Library of America, 2004), 166.

139 Tyler Stovall, *Paris Noir: African Americans in the City of Light* (New York. Houghton Mifflin, 1996), xii.

140 James Weldon Johnson, »Along This Way,« in Gopnik, *Americans in Paris,* 199.

rika« nennt,[141] belebt von Schriftsteller_innen wie Richard Wright, Chester Himes, James Baldwin und Melvin Van Peebles. Mit den 50er Jahren war der ›exotische Primitivismus‹ der 20er verblichen und aus der Mode gekommen, und Afro-Amerikaner_innen spielten eine wichtige Rolle in der ernsten populären französischen Kultur. Während das weiße französische Publikum der 20er und 30er Jahre Afro-Amerikaner_innen manchmal durch ein primitivistisches Raster als ›Ersatz-Afrikaner_innen‹ wahrnahm – verkörpert durch Josephine Baker, wenn sie die ›Dschungel‹-Afrikanerin auf der Bühne spielte oder die Maghreb Beduinin in *Princesse Tam Tam* – sah es sie in den 50ern eher als schwarze Amerikaner_innen oder als die deutlichsten Opfer des weißen Amerika oder einfach als begabte Künstler_innen. Eartha Kitt spielte in einer 1950er Fassung des *Faust* unter der Regie von Orson Welles, und Jazzmusiker_innen wie Dizzy Gillespie, Miles Davis und Thelonious Monk traten in den Weinkellern des Quartier Latin auf, während sie gleichzeitig die Filmmusik für Filme der Nouvelle Vague wie *Les Liaisons Dangereuses* und *Ascenseur pour L'échafaud* komponierten. Melvin Van Peebles schrieb in den frühen 60ern Romane auf Französisch und war Regisseur des der Nouvelle Vague ähnlichen Films *Story of a Three-Day Pass* über einen afro-amerikanischen Soldaten, der in Frankreich auf amerikanischen Rassismus (und gelegentlichen französischen Paternalismus) trifft.

Für afro-amerikanische Intellektuelle und Künstler_innen war es eine besondere Genugtuung, in Paris geehrt zu werden. Wie der von Bourdieu beeinflusste Literaturwissenschaftler Pascale Casanova ausführt, war Paris »die Hauptstadt jener Republik ohne Grenzen, des universellen Heimatlandes ohne jeden engen Patriotismus, […] eines transnationalen Ortes, dessen einzige Imperative die der Kunst und Literatur sind – der universellen Republik des Geistes.«[142] In Frankreich konnten afro-amerikanische Künstler_innen dem systemischen US-Rassismus ausweichen und Achtung in einer Kulturmetropole erfahren, die auch von weißen Intellektuellen respektiert wurde. Afro-Amerikaner_innen vermittelten schließlich in der komplexen Beziehung zwischen schwarz geprägter US-amerikanischer Pop-Kultur und der Pariser Intelligenz. Wenn französische Menschen in Paris schwarze Amerikaner_innen entdecken konnten, so konnten schwarze Amerikaner_innen in Paris nicht nur Frankreich, sondern auch Französisch-Afrika und die Karibischen Inseln entdecken.

Die sehr unterschiedlichen Reaktionen diverser afro-diasporischer Intellektueller auf das Nachkriegs-Frankreich stellen jedoch eine auffällige Anomalie dar; sie bilden eine Art diasporisches Rätsel. Warum fanden franko-

141 Stovall, *Paris Noir*, 132

142 Pascale Casanova, *La République Mondiale des Lettres* (Paris: Seuil, 1999), 49.

fone karibische Intellektuelle wie Aimé Césaire und Frantz Fanon Frankreich schrecklich rassistisch, während Afro-Amerikaner_innen es zur gleichen Zeit wunderbar nicht-rassistisch finden konnten? Zur gleichen Zeit, als Afro-Amerikaner_innen neu entdeckte Gefühle von Freiheit erlebten, entdeckte Fanon das Schwarzsein in Frankreich als Bewusstsein seiner »durch Tom Toms, Kannibalismus, intellektuelle Unzulänglichkeit, Fetischismus, rassische Defekte und Sklavenschiffe böse zugerichteten ethnischen Merkmale.«[143] In Frankreich sah Fanon seinen Identitätssinn zerschlagen: »unter weißen Augen seziert, den einzig realen Augen, bin ich fixiert [...] bin ich entblößt.«[144] Wieso erlebten Afro-Amerikaner_innen dann ein nahezu entgegengesetztes Gefühl von Freiheit? Zunächst war der von ihnen erlebte Unterschied real und das Gefühl von Freiheit nicht bloß ein anderes Wort für eine kollektive Halluzination, was schon die vielen Begebenheiten zeigen, bei denen französische Menschen weiße Amerikaner_innen dafür rügten, dass sie ihre rassistischen Einstellungen sogar nach Frankreich brachten.[145] Memoiren und Reiseberichte von schwarzen Amerikaner_innen, die in Frankreich waren, legen nahe, das sie Frankreich tatsächlich als weniger rassistisch erlebten. Trotz eines weit verbreiteten ideologischen Rassismus brachten Alltagsbegegnungen nicht unbedingt rassistische Handlungen oder Gewalttätigkeiten gegen schwarze Amerikaner_innen mit sich. (Die Kolonien waren eine andere Geschichte.) Da der französische Rassismus eher die Form eines exotisierenden Paternalismus und einer Rollenstereotypisierung statt von bösartigem Hass annahm, atmeten Afro-Amerikaner_innen in Paris besonders in der Nachkriegszeit wirklich relativ frei, befreit von den üblen Bräuchen der Apartheid nach US-Zuschnitt.

Eine Reihe anderer Faktoren hilft, den Unterschied zwischen der afroamerikanischen und der karibischen Reaktion zu erklären. Erstens, ist sie ein Zeugnis der Schrecken der US-amerikanischen Segregation nach dem Krieg, die beinahe jede andere Situation als Verbesserung wirken ließen. Zweitens zogen afro-karibische Intellektuelle wie Césaire und Fanon aus einem halbkolonisierten aber mehrheitlich schwarzen Land (Martinique), wo Schwarzsein der normale Zustand war, nach Frankreich, wo Schwarze eine Minderheit waren und Schwarzsein ein ›Problem‹. Viele karibische Schwarze ›entdeckten‹ in diesem Sinne ihr Schwarzsein erst in Frankreich oder in kolonialen

143 Frantz Fanon, *Schwarze Haut, weiße Masken* (Frankfurt: Suhrkamp, 1985), 112.

144 Ebd., 116.

145 Stovall, *Paris Noir*, 48. Schon 1923 hatten ein paar amerikanische Tourist_innen den Besitzer eines Cabarets auf Montmartre überredet, den aus Dahomé stammenden Kojo Tavalou aus dem Klub zu werfen, was zu Protesten im französischen Parlament und zu Sanktionen gegen alle Cabaretbesiter_innen führte, die »nicht Menschen von Farbe neben Weißen akzeptierten.«

Armeen. (David Macey zufolge war für Fanon die Freie Französische Armee »um eine ethnische Hierarchie herum geordnet, mit weißen Europäern an der Spitze.«)[146] Afro-Amerikaner_innen kamen im Gegensatz dazu aus einem Land mit schwarzer Minderheit (den USA) in ein anderes Land mit schwarzer Minderheit (Frankreich), aber eines, das weniger gekennzeichnet war von weißer Vorherrschaft und einer Sklaverei, die Sklav_innen wie bewegliches Gut behandelte, wo Schwarze weniger Narben der Erinnerung an Segregation trugen, und wo Weiße sich weniger schuldig und phobisch gegenüber schwarzen Menschen fühlten. Afro-Amerikaner_innen brauchten ihr Schwarzsein in Frankreich nicht zu ›entdecken‹; ihre amerikanische Erfahrung hatte sie diese schon schmerzlich gelehrt. Drittens wurden Afro-Amerikaner_innen von französischer Seite zuallererst als Amerikaner_innen gesehen und dann erst als Schwarze. Wie Stovall in Bezug auf eine spätere Zeit schreibt: »Wenn in Los Angeles der beste Schutz gegen Polizeibrutalität eine Videokamera ist, so ist es in Paris ein amerikanischer Pass.«[147] Viertens entgingen Afro-Amerikaner_innen, wie den meisten nicht fließend Französisch spechenden Amerikaner_innen, einige Nuancen im sozialen Umgang. Ein Großteil von Fanons rhetorischer Schärfe in *Schwarze Haut, weiße Masken* richtet sich gegen die unterschwellig paternalistischen Diskurse und Tonlagen von Weißen, die behaupten, dass es »hier keinen Rassismus gibt«. Fünftens profitierten schwarze Künstler_innen und Intellektuelle von dem Ansehen, das Künstler_innen und Intellektuellen in Frankreich gewohnheitsmäßig zuteil wird. Sechstens war das positive französische Bekenntnis zu Schwarzen zweideutig und ›überdeterminiert‹. Während der herzliche Empfang für Afro-Amerikaner_innen zweifellos aufrichtig war, so lieferte die gute Behandlung der US-amerikanischen Schwarzen den französischen Weißen einen narzisstischen Ausgleich: Sie konnten gleichzeitig das relative Fehlen eines eigenen Rassismus demonstrieren und außerdem Schwarze als Mittel benutzen, um ihre Verärgerung über die US-Machtausübung in Europa auszudrücken.

Heutige Wissenschaftler_innen, wie Robert Stepto, Michel Fabre, Melvon Dixon, Benetta Jules-Rosette, Petrine Archer-Straw und Brent Hayes Edwards, betonen alle die zutiefst transnationale Natur diasporischer schwarzer Bewegungen in Bezug auf Frankreich. Edwards untersucht die verschiedenen afro-diasporischen Zeitschriften in den Vereinigten Staaten (*Negro World, Messenger, Crisis, Voice of the Negro*) und in Frankreich und Afrika (*La Voix des Nègres, La Race Nègre, L'Étudiant Noir, La Revue du Monde Noir, Le Périscope Africain, La Voix du Dahomey)*, um die unterschiedlichen, sich

146 David Macey, *Frantz Fanon: A Life* (London: Granta, 2000), 93.

147 Stovall, *Paris Noir*, 297.

zwischen Frankreich, Afrika, Afro-Amerika und der Karibik hin und her bewegenden Ströme (die Harlem Renaissance, die *Négritude*) herauszuarbeiten. Wie Edwards vermerkt, ist schwarzer Internationalismus kein ›Anhängsel‹ national bezogenen schwarzen Denkens, vielmehr bilde er den innersten Kern des Kampfes um Emanzipation gegen Rassismus, gegen Kolonialismus und gegen Imperialismus.[148]

Afro-diasporische Begegnungen wirkten sich auch auf die von den *Négritude*-Autor_innen entwickelten Konzepte aus. Wenn für anglofone Schwarze Paris ein zentraler Schauplatz war, wurde New York zu gewissen Zeiten ein Ableger Afrikas für frankofone Schriftsteller_innen. Léopold Senghors Besuch in New York City trug Emmanuel Chukwudi Eze zufolge zum Auslösen der Polarität ›Europa ist Vernunft, Afrika ist Emotion‹ bei. Senghor sah New York City polarisiert in das weiße Downtown europäischer Kultur und in das Uptown der schwarzen Kultur von Harlem. Wie er in *To New York* schrieb, , kannte das weiße Manhattan »keine Mutterbrust, [...] kein liebevolles Wort und keine Lippen, nur künstliche, mit kaltem Bargeld bezahlte Herzen,« während Harlem »das Leben von jeher, [...] Hüften, die wie Seide wogen, und spitze Brüste, Wasserlilienballette und fabelhafte Masken, sowie Mangos und Liebe, die von den niedrigen Häusern rollen« darstellte. Für Senghor ist die weiße Denkart abgehoben, analytisch und unbeteiligt, während die schwarze Denkart integrativ, empathisch und teilnehmend ist. Doch wäre eine Ehe zwischen den beiden nur möglich, wenn »schwarzes Blut« in »[amerikanische] Stahlgelenke« eindringen und das »Öl des Lebens« zum Fließen bringen könnte.[149] Mit dieser beiläufig formulierten essentialistischen, quasi metaphysischen Vision drehte Senghor die Kultur-Natur Hierarchie um – diesmal zum Vorteil von Harlem und Afrika.

Als ein entscheidender Ort des Austauschs über *race*, war das metropole Frankreich der Platz, an dem Afro-Amerikaner_innen weiße französische Bürger_innen, aber auch andere afro-diasporische Menschen trafen, einige davon Soldat_innen im Dienste des französischen Imperiums. Stovall beschreibt die Rolle von Paris als

> »sowohl faszinierend als auch zutiefst ironisch. Immerhin war die Stadt der Sitz einer der größten Kolonialmächte der Welt, ein Ort, an dem anonyme französische Beamte die Unterwerfung von Millionen schwarzer Afrikaner_innen beauf-

148 Brent Hayes Edwards, *The Practice of Diaspora: Literature, Translation, and the Rise of Black Internationalism* (Cambridge: Harvard University Press, 2003), 243.

149 Léopold Senghoor, »To New York,« in *The Collected Poetry* (Charlottesville: University of Virginia Press, 1991), zitiert und analysiert in Emmanuel Chukwudi Eze, *Achieving Our Humanity: the Idea of the Postracial Future* (New York: Routledge, 2001), 125-127.

sichtigten, ... [doch] mehr als in den Vereinigten Staaten oder sogar New York empfanden Afro-Amerikaner_innen, dass in Paris das abstrakte Ideal einer weltweiten schwarzen Einheit und Kultur zur greifbaren Realität wurde ... Französischer Kolonialismus und Primitivismus verbanden sich so paradoxerweise, um eine Vision pan-afrikanischer Einheit zu nähren.«[150]

Paris hatte für schwarze amerikanische Exilant_innen seit 1919 und W.E.B. Du Bois' erstem pan-afrikanischen Kongress im Epizentrum der politischen Diskussion gestanden. Fast vier Jahrzehnte später, im Jahre 1956, organisierte Richard Wright zusammen mit Césaire und Senghor den Kongress schwarzer Künstler_innen und Autor_innen. Die verschiedenen auf *race* bezogenen Bewegungen besaßen alle ihre lokalen Eigenheiten, während sie gleichzeitig einen grenzübergreifenden, dialogischen Blick teilten. In einer in viele Richtungen gehenden Identifikationsbewegung erkannten sich Afro-Amerikaner_innen in Befreiungskämpfen in Afrika oder blickten nach Brasilien und Frankreich als Modellen nicht-rassistischer Gesellschaften, genauso wie umgekehrt Afrikaner_innen sich mit den Freiheitskämpfen in den ›inneren Kolonien‹ der Diaspora identifizierten.

Während afro-diasporische Kultur in Frankreich nicht so im Zentrum stand wie in den Vereinigten Staaten oder Brasilien, war sie dennoch oft eine katalytische Quelle künstlerischer Vitalität und sozialer Kritik in der französischen populären und gehobenen Kultur. Eine tiefergehende Analyse könnte sich insofern dem schwarzen Einfluss in der französischen Kunstkultur widmen, und zwar mit Blick auf: das Vorhandensein von People of Color Autor_innen wie Alexandre Dumas, schwarze Protagonist_innen in der französischen Literatur, das Anprangern der Sklaverei durch Dichter wie Victor Hugo, den Einfluss afrikanischer Ästhetik auf Maler_innen wie Picasso und Braque, negrophile Romane wie Philippe Soupaults *Le Nègre*, die Rolle des Jazz in Romanen wie Sartres *La Nausée* und in der Musik von Erik Satie (*Ragtime du Pacquebot*) und Francis Pulenc (*Rapsodie Nègre*), den Dialog mit Afrika und mit Afrikaner_innen in den Filmen von Jean Rouch (*Les Maîtres Fous*), die Rolle von Schwarzen in Genets Stücken (*Les Nègres*) und Filmen (*Un Chant d'Amour*) und den intellektuellen Polylog unter Beteiligung Frantz Fanon, Richard Wright, Simone de Beauvoir und Jean-Paul Sartre.[151]

150 Stovall, *Paris Noir*, 90.

151 Von dieser Arbeit ist schon vieles geleistet worden, allerdings ist hier nicht der Raum für eine umfassende Bibliografie. Erwähnt sei aber beispielsweise Christopher L. Millers *The French Atlantic Triangle: Literature and Culture of the Slave Trade* (Durham: Duke University Press, 2008), eine ausführliche Untersuchung des französischen atlantischen Sklavenhandels, wie er in Literatur und Film dargestellt ist.

Von *Orfeu negro* zu Barack Obama

Ein kürzlich veröffentlichtes Buch des Brasilianers Fernando Jorge mit einem Titel, der übersetzt *Hätte es nicht Brasilien gegeben, wäre Barack Obama nicht geboren worden* lautet, gewährt einen Einblick in die sich überkreuzenden Blicke, die so typisch sind für das, was man ›transatlantisch aussehende Beziehungen‹ nennen könnte. Die These des Buches basiert auf Obamas Bericht (in *Ein amerikanischer Traum: Die Geschichte meiner Familie*) von einem Besuchs des Films *Orfeu negro* mit seiner Mutter: »Der Film, in gewisser Weise wegen seiner hauptsächlich schwarzen, brasilianischen Besetzung ein Wegbereiter, [behandelte] den in die Favelas von Rio während des Karnevals verlegten Mythos der unglückseligen Liebenden Orpheus und Euridike. Im Glanz von Technicolor, gegen den Hintergrund malerischer grüner Hügel, sangen und tanzten und spielten schwarze und braune Brasilianer_innen auf ihren Gitarren wie sorgenfreie Vögel in farbenprächtigem Gefieder.«[152] Fernando Jorge zufolge waren es Ann Dunhams Erleben des Films *Orfeu Negro*, den sie »das Schönste, was sie je gesehen hat,« nannte, und die Ähnlichkeit zwischen dem schwarzen männlichen Star des Films (Breno Mello) und Dunhams späterem kenianischen Ehemann, die zu ihrer Heirat und so zu Obamas Geburt führten.[153] Die These des Buches ist natürlich grob vereinfachend; sicherlich könnte eine komplexere Konstellation von Faktoren (die Bürger_innenrechtsbewegung, Boas antirassistische Anthropologie, die herausragende Intelligenz von Obamas zukünftigem Vater, Dunhams kulturell offene Persönlichkeit) Dunhams Wahl des Ehepartners genauer erklären helfen. Dennoch können die Behauptung des Buches und der Film *Orfeu Negro* selbst dazu dienen, einer Reihe der Fragen über rassistisch geprägte Blicke, die das Thema dieses Buches bilden, nachzugehen.

Erstens vermittelt *Orfeu Negro* innerhalb dieser transatlantischen Schichtung der Blicke eine französische Sicht von brasilianischem Karneval und brasilianischer Kultur. Der französische Titel des Films, *Orphée Noir*, rückt das Schwarzsein in den Vordergrund (und ist ein Echo von Sartres Vorwort zu Léopold Senghors Gedichtsammlung),[154] während der brasilianische Titel

152 Barack Obama, *Ein amerikanischer Traum: Die Geschichte meiner Familie* (München: Deutscher Taschenbuch Verlag, 2009), hier zitiert nach der amerikanischen Originalausgabe, *Dreams from My Father: A Story of Race and Inheritance* (New York: Canongate, 2007), 123.

153 Fernando Jorge, *Se Não Fosse Brasil, Jamais Barrack Obama Teria Nascido* (Rio de Janeiro: Novo Seculo, 2009).

154 Jean-Paul Sartre, »Orphée Noir« (1948), Vorwort zu Léopold Sédar Senghor, *Anthologie de la Nouvelle Poésie Nègre et Malgache de Langue Française* (Paris: Presses Universitaires de France, 1977).

des dem Film als Vorlage dienenden Theaterstücks, *Orfeu da Conceição*, den Schauplatz einer imaginären Favela in Rio hervorhebt. Der französische Regisseur Marcel Camus sah Brasilien durch die Brille einer bereits bestehenden französischen und franko-amerikanischen Intertextualität, welche folgendes umfasste: (1) französische und amerikanische Neufassungen klassischer Texte (O'Neills *Trauer muss Elektra tragen*, Sartres *Die Fliegen*); (2) ›Orphische‹ Dichtung aus Frankreich und anderen Ländern; (3) amerikanische, nur von Schwarzen aufgeführte Fassungen der Klassiker wie Orson Welles *Voodoo Macbeth* von 1936; (4) die durch *La Revue Nègre* und Josephine Baker, der Afro-Amerikanerin, die eine französische Berühmtheit und Heldin wurde, ausgelöste Negrophilie der französischen Avantgarde; und (5) die Hollywood Tradition von nur von Schwarzen gespielten Musicals wie *Hallelujah* und *Cabin in the Sky*. Sie alle wurden in der pulsierenden Aufführung des Karnevals von Rio weitergereicht.

Die brasilianische Theatervorlage ihrerseits übermittelte den spezifisch weiß elitären Blick von Vinicius de Moraes, dem Dichter, Diplomat und späteren beliebten Liedermacher, der sich selbst als den »schwärzesten Weißen Brasiliens« bezeichnete und ›Afro-Sambas‹ mit dem Gitarristen Baden Powell schrieb, einem nach dem britischen Begründer der Pfadfinder benannten schwarzen Musiker. Als mehrsprachiger Kosmopolit, lebte Moraes lange Zeit in Paris und in Los Angeles, wo er mit Orson Welles verkehrte und Louis Armstrong sowie Billie Holliday traf. Gleichzeitig war es so, dass nicht alle schwarzen Brasilianer_innen Moraes Sicht der Favelas guthießen, noch waren Brasilianer_innen unbedingt von dem französischen Film begeistert; viele nannten ihn eine exotisierende ›Macumba für Tourist_innen‹. Abdias do Nascimento, Gründer der Black Theatre Group, aus der sich viele der Schauspieler_innen für *Orfeu Negro* rekrutierten, äußerte sich bissig zu dem Film und ähnlichen Produkten:

> »Weiße Schauspieler_innen mit schwarzem Gesicht, schwarzer Christus, schwarzer Orpheus: letztendlich verschworen sie sich alle zu der historischen Vergewaltigung unserer Leute. Afrikanische religiöse Kultur ist reichhaltig und in unseren über Brasilien verbreiteten *Communities* lebendig. Wir müssen nicht das alte Griechenland oder die Bibel beschwören, um den Status unserer Mythologie aufzuwerten. Andererseits schulden Griechenland und Europa Afrika viel von dem, was sie ›die westliche Zivilisation‹ nennen.«[155]

Interessanterweise wurde der Entwurf des Stücks auch von zwei von Moraes' US-amerikanischen Freund_innen beeinflusst, die sich zufällig in Rio aufhielten, als das Stück entstand: erstens, dem sehr pro Lateinamerika eingestellten

155 Abdias Nascimento und Elisa Larkin Nascimento, *Africans in Brazil: A Pan-African Perspective* (Trenton, NJ: Africa World, 1992), 46.

jüdisch-amerikanischen Literaturkritiker Waldo Frank, der Moraes sagte, dass brasilianische Frauen wie ›Griechinnen‹ aussähen, und der, laut Moraes, ihn selbst mit ›einer anderen brasilianischen Realität‹ bekannt machte, indem er darum bat, die Favelas gezeigt zu bekommen; und zweitens, dem gleichermaßen pro-lateinamerikanischen Orson Welles, der damals in Rio den panamerikanischen und anti-rassistischen Dokumentarfilm *It's All True - Orson Welles auf einer Reise durch Brasilien* machte, eine glühende Feier des Samba, der Favelas und der afro-brasilianischen Kultur. Auf diese Weise überschnitten sich die Perspektiven zweier lateinamerikanisierter Nordamerikaner_innen mit dem Blickwinkel eines amerikanisierten weißen Brasilianers, der gerade selbst dabei war, in die afro-brasilianische Kultur einzutauchen.[156]

Der Film *Orfeu Negro*, der die weltweite Popularität von Samba und Bossa Nova entfachte diesem musikalischen Dreiecksgenre, das afro-brasilianische Samba mit dem Cool Jazz von Miles Davis und Chet Baker sowie den subtilen Harmonien von Ravel und Debusssy verschmolz –, vermischt diese verschiedenen transnationalen Blicke, die in Jorges neuerem Buch über Obama wieder rekapituliert werden. Gleichzeitig ist der filmische Blick differenziert: Es gibt nicht die eine amerikanische oder französische oder brasilianische Perspektive. Tatsächlich stellt Obama selbst den Blick seiner Mutter auf *Orfeu Negro* seinem eigenen gegenüber. Während die Mutter ›mit sehnsuchtsvollem Blick‹ verharrt, möchte der Sohn den Film etwa nach der Hälfte verlassen. Während der Film sie in ein verträumtes Anderswo trägt, macht er ihn skeptisch bezüglich seiner idealisierenden Darstellung und löst melancholische Gedanken über die Last von *race* aus: »Die Gefühle zwischen den *races* können nie rein sein; selbst die Liebe war getrübt von dem Wunsch im Anderen irgend ein Element zu finden, das in uns selbst fehlte [...]. Die andere *race* würde immer genau das bleiben: bedrohlich, fremd und abgesondert.«[157] Unterschiede in *race*, Geschlecht, Alter und Generationszugehörigkeit trennen somit Ann Dunhams Blick auf *Orfeu Negro* von Obamas. Der verzauberte Blick der Mutter auf »das Schönste, was [sie] je sah,« der sich während der Bürger_innenrechtszeit bildete, unterscheidet sich dramatisch von Obamas differenzierterer Reaktion aus der Zeit nach *Black Power*. Jedenfalls beschwört das Buch von Jorge mehrere unserer Themen herauf: den künstlerischen Austausch von französischer, brasilianischer und US-amerikanischer Kultur; das Spiel sozialer Wünsche über den Schwarzen Atlantik hinweg; die Vielfältigkeit differenzierter Blicke innerhalb der einzelnen nationalen Gebilde; und den Wunsch eines brasiliani-

156 Zu Welles, Frank und Vinicius de Moraes vgl. Stam, »The Power of Blackness,« in *Tropical Multiculturalism*.

157 Obama, *Dreams from My Father*, 124.

schen Autors, Brasilien dank des *Orfeu Negro* als Retter der Vereinigten Staaten vor ihrem eigenen Rassismus zu sehen.[158]

Zwischen Angelsachsentum und Latinismus

Dieses Engagement für die Idee der rettenden Rolle Brasiliens zeigt das Ausmaß der immer schon vorhandenen Prägung der *race*/Kolonialitäts-Debatten in den drei Zonen durch die kulturalistische Wasserscheide zwischen den ›Latins‹ und den ›Anglo-Saxons‹, einem binärem System, so mythisch wie Lévi-Strauss' vom *Rohen und Gekochten*. Als diskursives Palimpsest trägt die Dichotomie Anglo/Latin die Spuren vieler historischer Konflikte, von der immerwährenden Rivalität zwischen ›perfidem Albion‹ und seinem ›süßen Feind‹ Frankreich, von militärischen Schlachten, wie der normannischen Invasion, dem Hundertjährigen Krieg (1328-1453) und dem Zweiten Hundertjährigen Krieg (1689-1815), bis zu den zeitgenössischen Spannungen um die Stellung Großbritanniens in der Europäischen Union, um anglofone und frankofone Einflusssphären in Afrika und, kürzlich, um die anglo-amerikanische Invasion Iraks. Als Teil einer umfassenderen interkolonialen Rivalität hat die Dichotomie Anglo/Latin die Art und Weise beeinflusst, wie die Geschichte der kolonialen Eroberung geschrieben wurde. Englische Autor_innen zitierten Bartolomé de las Casas, um in der ›Leyenda negra‹ spanische Massaker gegen indigene Gemeinschaften zu betonen. Die Spanier_innen wiederum bestritten die Legende, während sie gleichzeitig die Engländer_innen noch größerer Gewalt bezichtigten. Dieser frühe interimperiale Streit verschleierte jedoch eine gemeinsame Vergangenheit gewalttätiger Praktiken. Tatsächlich ging die rassifizierte Gewalt beider Gruppen der Eroberung Amerikas voraus. Der englische Historiker Henry Hallam (1777-1859) beispielsweise zog Parallelen zwischen der spanischen *Reconquista* und der englischen Eroberung von Irland, zwischen den Massakern an den Maur_innen und der brutalen Behandlung der Ir_innen.[159]

Im intellektuellen Austausch französischer und lateinamerikanischer Diskussionen wird häufig das Beiwort ›angelsächsisch‹ in implizitem Gegensatz

158 In dem, was man einen internationalen Wettbewerb bezüglich *race* nennen könnte, weist Jorge auch darauf hin, dass Brasilien vor den Vereinigten Staaten einen schwarzen Präsidenten hatte – in Person von Nilo Peçanha, wie Obama Sohn eines schwarzen Vaters und einer weißen Mutter, der das Amt am 14. Juni 1909 übernahm. Doch ist bemerkenswert, dass es der Wahl Obamas bedurfte, damit die Brasilianer_innen von ihrem »ersten schwarzen Präsidenten« endlich Notiz nahmen.

159 Hallam zitiert in Theodore W. Allen, *The Invention of the White Race* (London: Verso, 1954), 29.

zu ›französisch‹ oder ›latin‹ verwendet. In einer verdinglichten Polarität wird die künstliche Solidität ›angelsächsischer Kultur‹ einer gleichermaßen künstlichen Solidität von ›*Latinidad*‹ ›gegenübergestellt‹. Dabei sind beide Begriffe unzutreffende Bezeichnungen. Nordamerika (und Großbritannien) sind nicht ausschließlich angelsächsisch und Frankreich und Lateinamerika nicht ausschließlich *latin*, besonders ›von unten‹ betrachtet nicht. Zu einer Zeit, in der *Cultural Studies* und *Postcolonial Studies* eng gefasste ethno-nationale Paradigmen überwinden, beleben sie die Zwillingsbegriffe ›Latin‹ und ›Angelsächsisch‹ wieder. Als sich gegenseitig spiegelnde Projektionen eines Pan-Ethno-Nationalismus blockiert die Dichotomie Anglo/Latin ein offeneres und transnationales Verständnis des Ideenverkehrs. Die zwei Begriffe müssen deshalb in Beziehung zueinander gedacht (und ungedacht) werden. Als eine Form der ethnokulturellen Einzigartigkeitsbehauptung (Exzeptionalismus) steht der ›Anglo-Saxon*ism*‹ mit Nordeuropa und dessen Expansion nach Amerika und in die ganze Welt in Verbindung. Personen wie Hegel, Max Weber und Samuel Huntington haben diesem Exzeptionalismus Ausdruck verliehen. ›Latin*ism*‹ wiederum steht in Verbindung mit Frankreich und Südeuropa und deren Expansion nach Amerika und dient der lateralen Abgrenzung gegen die ›Angelsächs_innen‹ und der vertikalen Abgrenzung gegen Nicht-Europäer_innen in den Ländern Amerikas.[160] Während ›Anglo-Saxon‹ bis in das vierte Jahrhundert zurückreicht, geht ›Latin‹ sogar noch weiter zurück auf Latein als Sprache des Heiligen Römischen Reiches (im Gegensatz zu seinen verschiedenen Dialekten). Erst später wurde ›latin/latein-‹ zu einer geopolitischen und kulturellen Kategorie (Lateinamerika) und einer ›ethnischen‹ Klassifizierung (Latino) in den US-amerikanischen Kulturkämpfen.

Die Vorstellung von ›*Latinité*‹ wurde in Europa selbst ursprünglich als Antwort auf andere panethnische Bewegungen wie den Pangermanismus und Panslavismus entwickelt. In den Amerikas war es eine Antwort auf die zunehmenden Ambitionen der ›Anglo-Saxons‹. Französische Latinist_innen wie Prosper Vallerange und Paul Adam ahmten so gewissermaßen den Diskurs europäischer Überlegenheit von Hegel und Weber nach, allerdings in seiner mediterranen, seichten Variante. Das Idealbild von deren ›Idealismus‹, ›Kultur‹ und ›Spiritualität‹, wie es die lichte Figur des Ariel in José Enrique Rodós Version von *Der Sturm* verkörpert, wurde durch ›Merkantilismus‹, ›Expansionismus‹ und das ›Ungehobelte‹ des Angelsächsischen vereitelt.[161] Aus einer anderen Perspektive bilden jedoch sowohl ›Latinism‹ als auch ›Anglo-Saxonism‹ nur Spielarten jener transregionalen Selbstverliebtheit, die man Euro-

160 Vgl. Walter D. Mignolo, *The Idea of Latin America* (Oxford, UK: Blackwell, 2005).

161 Vgl. Roberto Fernández Retamar, *Caliban and Other Essays* (Minneapolis: University of Minnesota Press, 1989).

zentrismus nennt. Wir schlagen deshalb vor, nicht von ›Anglo-Saxons‹ und ›Latins‹ als in sich geschlossenen ›ethnokulturellen‹ Gruppen zu sprechen, sondern vielmehr von Anglo-Saxon*ism* und Latin*ism* als historisch verorteten Diskursen.

Als flexibler Begriff ist ›Latinität‹ stark gedehnt worden, um den sich verändernden geopolitischen Bedingungen zu entsprechen. So hat für Prosper Vallerange der Begiff selbst die Engländer_innen *eingeschlossen.* Für Hegel bildeten Frankreich, England und Deutschland das ›Herz Europas‹. Die verschiedenen europäischen Imperien wähnten sich alle selbst innerhalb einer römischen Genealogie und sahen sich als moderne Versionen der *Pax Romana* – daher auch solch symptomatische Begriffe wie *Pax Hispanica, Pax Britannica* und *Pax Americana.* Die Ideolog_innen der amerikanischen Nationalstaaten wiederum feilten an der Vorstellung, ›neue Roms‹ zu gründen, einer Idee, die sich in der geometrischen Monumentalarchitektur vieler Hauptstädte in den Amerikas konkretisierte, unter anderem natürlich in Washington. Sogar der brasilianische Anthropologe Darcy Ribeiro, ein leidenschaftlicher Anwalt für indigene Gemeinschaften, greift auf diesen Euro-Tropos zurück, indem er Brasilien (in *O Povo Brasileiro*) ein »neues Rom« nennt und damit über den Umweg Europa legitimiert.[162] Die Französ_innen andererseits beanspruchten für ihre Kolonialherrschaft in Nordafrika eine römische Erblinie. Da die römische Präsenz dort der der Araber_innen und Muslim_innen vorausging, konnte der französische Kolonialismus in ein Narrativ der ›Rückkehr‹ statt einem der Invasion verpackt werden.[163]

Anglo-Saxonism war immer tief verstrickt mit imperialistischer Fremdenfeindlichkeit, was den Begriff ›Anglo-Saxon‹ praktisch zu einem Synonym für nationalen Chauvinismus und imperialen Rassismus gemacht hat. In den Vereinigten Staaten des 19. Jahrhunderts hielten Imperialist_innen eine überlegene ›Anglo- Saxon race‹ für von Gott autorisiert, zuerst den *Native Americans* und dann den Mexikaner_innen ihr Land wegzunehmen und später überall dort, wo sie es wünschten, zu intervenieren. Josiah Strong verlieh Hegels Worten vom Verschwinden der *natives* »unter dem Atem europäischer Tätigkeit« Widerhall, als er 1885 »das Aussterben der minderwertigen Rassen vor den vordringenden Angelsachsen« lobte und stolz anmerkte, dass Angelsächs_in-

162 Darcy Ribeiro, *O Povo Brasileiro: A Formação e o Sentido do Brasil* (São Paulo: Companhia das Letras, 1995), 239.

163 Es wird manchmal auch vergessen, dass die Nord-Süd Grenze auch durch die euro-latinen Länder selbst verläuft. Spanien, Italien und sogar Frankreich verfügen alle über einen Süden, der ein wenig dunkler, ärmer, arabischer und afrikanischer ist als ihr entsprechender Norden. Südlich des Äquators ist die Situation wie das Klima umgekehrt: Brasiliens Norden, anders als der reiche, weiße Süden, ist ärmer und dunkler.

nen nur »ein Fünfzehntel der Menschheit« ausmache aber »mehr als ein Drittel ihrer Menschen« regiere.[164]

Anglo-Saxonist_innen vergessen gerne, dass der größte Teil Nordamerikas spanisch war, bevor er *anglo* wurde, und indigen, bevor er spanisch war. Für die Spanier_innen hieß die Ostküste des Kontinents Florida; für die Engländer_innen hieß sie Virginia. Die Eroberung des nordamerikanischen Westens fand zunächst auf einer Süd-Nord-Achse statt mit dem Zug der Konquistador_innen nach Norden, von der Karibik nach Florida und von Mexiko nach Texas. Los Angeles begann als ein mehrsprachiges *Pueblo* mit einer Mestiz_innenmehrheit. Das Neue Spanien war bereits fast ein Jahrhundert alt, als Jamestown, die älteste englische Siedlung, gegründet wurde. Aber was als nordamerikanische Bewunderung für den überlegenen Reichtum und die überlegene Macht des spanischen Amerikas begonnen hatte, verwandelte sich allmählich in ein rassistisches Gefühl eigener Überlegenheit. Ein maßgeblich geschlechterbezogenes Verständnis von muskulärer Potenz verband sich mit einer vorgeblich besonderen, angelsächsischen Eignung für Selbstregierung und, davon abgeleitet, für die Beherrschung »geringerer Rassen ohne Gesetz«. 1899, dem Jahr nach dem falsch bezeichneten ›Spanisch-Amerikanischer Krieg‹, behauptete der Journalist William Allen White, dass »nur Angelsachsen wussten, wie man sich selbst regiert,« und dass es ihre »Manifest Destiny« (offensichtliche Bestimmung) sei, als »Welteroberer« vorwärts zu schreiten[165] (Die renommierte Zeitschrift *Foreign Affairs* führt ihren Ursprung zurück auf eine angelsächsische Publikation der Jahrhundertwende namens *Journal of Race Development*).

Während die Anglo-Saxonist_innen von ihrem ›unausweichlichen Marsch nach Westen plapperten, marschierten die Latinist_innen ebenfalls nach Westen, wobei sie ihre ungerechte Behandlung durch die Yankees beklagten. Als Teil dieser innereuropäischen Familienauseinandersetzung führten im 19. Jahrhundert zuerst die Französ_innen den Begriff ›Lateinamerika‹ ein. Im Zusammenhang mit der Kampagne Napoleons des Dritten, die Einheit aller latinen ›Völker‹ zu fördern, bewaffneten sich französische Intellektuelle und Beamte mit *Latinité* als Gegenmittel gegen die wachsende Macht der ›Anglo-Saxons‹.[166] Als die Vereinigten Staaten durch den Bürgerkrieg abgelenkt waren, befahl Napoleon III. 1861 die Invasion Mexikos als Teil einer Strategie der Eindämmung des US-amerikanischen Einflusses. Frankreich richtete eine Monarchie unter Maximilian ein, wurde aber 1867 besiegt, ein Ereignis, das jährlich am Cinco de Mayo gefeiert wird. Jahrhundertelang konkurrierten die

164 Josiah Strong, *Our Country: Its Possible Future and Its Present Crisis* (New York: Baker & Taylor, 1885), 160-177.

165 William Allen White, Leitartikel, *Emporia Gazette* (20. März, 1898).

166 Mignolo, *The Idea of Latin America*, 58-59.

Spanier_innen, die Portugies_innen, die Französ_innen, die Brit_innen, die Holländer_innen und die Amerikaner_innen miteinander um die Vorherrschaft, wobei alle diese Parteien überzeugt waren, dass ihre spezifische Form des Kolonialismus voller guter Absichten und Nutzen war. Als Nebenprodukte der interkolonialen Rivalität kommen die heutigen Debatten oft auf die kleinlichen Feindseligkeiten in jenen interimperialen Kriegen und Debatten zurück. Als Beispiel für Freuds ›Narzissmus kleiner Unterschiede‹ loben nationale Chauvinist_innen eine Form des Imperialismus gegenüber einer anderen und schreiben die Unterschiede einem vorgeblich unveränderlichen kulturellen Charakter zu.[167] Diese Rivalitäten um *race* und Imperium müssen daher innerhalb des größeren Bezugsrahmens einer rassifizierten Interkolonialität gesehen werden, die eine Gruppe von Kolonialist_innen einer anderen vorzieht, ohne die tieferen Gemeinsamkeiten zwischen ihnen zu erkennen. Gleichzeitig haben die späteren ›nördlichen‹ Imperialismen die früheren ›latinen‹ Kolonialismen deutlich verdrängt, geschwächt und überholt.

Trotz ihrer offenkundigen Meinungsverschiedenheiten teilen die hochnäsigen ›Anglo-Saxonist_innen‹ und die stolzen ›Latinist_innen‹ grundlegende Annahmen: erstens, dass die Polarität von Anglo vs. Latin auf einen *realen* substantiellen Kontrast zwischen den ›Völkern‹ verweise, und zweitens, dass Nordamerika im Wesen ›Anglo-Saxon‹ und Lateinamerika im Wesen ›Latin‹ sei. Uneinigkeit besteht nur in Bezug auf die Wertzuschreibung. Außerdem sind sich die zwei dominanten Gruppen einig, wenn auch nur stillschweigend, bezüglich eines europäischen Rechts, die indigenen Gemeinschaften der Amerikas zu enteignen. Walter Mignolo hat die Janusköpfigkeit des Konzepts eines ›Lateinamerika‹ hervorgehoben, das dazu diente, die europäische, südliche, katholische und latine ›Zivilisation‹ in Südamerika wieder einzurichten und gleichzeitig Abwesenheiten (indigene und afro-diasporische) zu schaffen. »Kreoles Bewusstsein,« so drückt es Mignolo aus, »stellte tatsächlich den einzigartigen Fall eines doppelten Bewusstseins dar: des Bewusstseins, nicht die zu sein, die sie sein sollten (Europäer_innen).« Das kritische Bewusstsein von Afro-Kreol_innen und Indigen@s entwickelte sich andererseits nicht aus der Erfahrung, nicht als Europäer_innen angesehen zu werden, sondern aus der Erfahrung, nicht als Mensch angesehen zu werden.[168]

Die Intellektuellen, die die Dichotomie Anglo/Latin aufgegriffen haben, haben jedoch nicht notwendigerweise auch ihre eigene Seite unterstützt; sie

167 Beispielsweise schreibt Emmanuel Todd imperialistische Tendenzen der USA der angelsächsischen Familienstruktur zu, um zu behaupten, dass »die Vereinigten Staaten ein grundlegendes Problem mit Rasse haben. Frankreich nicht.« Emmanuel Todd, *Le Destin des Immigrés* (Paris: Seuil, 1994).

168 Mignolo, *The Idea of Latin America*, 63.

sind nicht wie Fußballfans, die ihre Nationalmannschaft immer anfeuern. Viele lateinamerikanische Intellektuelle sprachen sich für Anglo-Saxonism aus, genauso wie viele anglo-amerikanische Intellektuelle den Latinismus unterstützten. Ein beachtliches Beispiel für letztere war der amerikanische Historiker Richard Morse, dessen Buch *Prospero's Mirror* (1982 in Mexiko veröffentlicht) die warme und gesellige Gemeinschaftlichkeit der iberischen und lateinamerikanischen Kultur der kalten und individualistischen Wettbewerbsorientierung seiner eigenen Anglo-Kultur gegenüberstellte.[169] Mehr pro-Latin als die Latin@s selbst, wurde Morse von einigen Brasilianer_innen dafür kritisiert, dass er einen iberischen Einfluss glorifizierte, der in ihren Augen ein trauriges autoritäres Erbe hinterlassen habe.

Die Dichotomie Anglo/Latin wirkt sich in unseren Augen besonders schädlich aus, wenn sie dazu benutzt wird, prinzipiell politische Fragen zu ›ethnischen‹ zu machen. Obwohl er oft *en toute innocence* als Synonym für *anglo-amerikanisch* verwendet wird, wenn uns zum Beispiel Rubriken in französischen Buchhandlungen auf die ›Littérature Anglo-Saxonne‹ und damit auf Shakespeares Stücke und Toni Morrisons Romane aufmerksam machen, so ist der Begriff ›angelsächsisch‹ in den meisten Fällen nicht mehr angemessen. Er sollte konsequenterweise nur verwendet werden, um erstens auf die zwei germanischen ›Stämme‹, die im vierten Jahrhundert nach England wanderten, zu verweisen, zweitens auf die Literatur (*Beowulf*, *The Seafarer*), die später von den Nachfahr_innen dieser Stämme im achten Jahrhundert geschrieben wurde, und drittens auf die Ideologie der Überlegenheit der ›weißen Rasse‹ aus dem 19. Jahrhundert, die man ›Anglo-Saxonism‹ nannte. Genauso wenig, wie man heutige Französ_innen ›Gallier_innen‹, Italiener_inne ›Etrusker_innen‹, oder Portugies_innen ›Lusitanier_innen‹ nennen würde, sollten heute lebende Menschen ›Angelsächs_innen‹ genannt werden. Tatsächlich haftet dem Vorwurf gegen den ›angelsächsischen Kommunitarismus‹ etwas Paradoxes an, da dieses Urteil selbst ausführt, was es vorwirft. Der Begriff selbst ›kommunitarisiert‹ gewissermaßen eine komplexe Gesellschaft, während er gleichzeitig dieser das von ihm selbst gerade Vollzogene vorwirft, nämlich das Reduzieren einer komplexen und differenzierten Gesellschaft auf eine einzige ›Ethnie‹.

Im Augenblick wird ›angelsächsisch‹ in einer erweiterten Bedeutung verwendet, die auf politische und ökonomische Systeme und Ideologien verweist. Indem sie sich auf den klassischen Gegensatz eines ökonomisch liberalen Großbritanniens gegenüber einem staatlich ›sozialen‹ Frankreich stützen, sprechen einige französische Analyst_innen von ›angelsächsischem Neoliberalismus‹, so als könnte eine Wirtschaftspolitik mit breiten europäisch-globalen Wurzeln an

169 Richard Morse, *El Espejo de Próspero: Un Estudio de la Dialéctica del Nuevo Mundo* (Mexiko: Siglo Veintiuno Editores, 1982).

eine einzige >Ethnie< gebunden werden. Wie durch den verbleibenden Teil des Buches deutlich werden sollte, sind wir gegenüber >ethnischen<, religiösen, kulturalistischen Erklärungen von Sozialsystemen skeptisch. So entstammt die imperialistische Politik der Vereinigten Staaten nicht der >angelsächsischen< Natur der amerikanischen Bevölkerung – tatsächlich gibt es in den Vereinigten Staaten mehr Menschen afrikanischer als solche englischer Herkunft, und Länder, die überwiegender >anglo< sind, wie Kanada, sind deswegen keineswegs unbedingt imperialistisch –, sondern daher, dass Macht sich in den Vereinigten Staaten historisch so organisiert hat, dass sie die Weißen und Reichen bevorzugte.

Heute werden die Begriffe >Anglo-Saxon< und >Latin< asymmetrisch eingesetzt. Erstens reklamieren lateinamerikanische Intellektuelle den Begriff >Latin< eher für sich als US-Amerikaner_innen oder Brit_innen den Begriff >Anglo-Saxon< für sich reklamieren. Zweitens sind diejenigen, die mit Stolz >angelsächsisch< verwenden, fast immer dem extrem rechten Rand des politischen Spektrums zuzuordnen, während die, die denselben Begriff als Anklage benutzen, gewöhnlich links stehen, so wenn Lateinamerikaner_innen den >angelsächsischen Imperialismus< anprangern. Angesichts dieser politischen Asymmetrie ist es wahrscheinlicher, dass das Wort >Latin< fortschrittliche Projekte bezeichnet, wie zum Beispiel die politisch-wirtschaftliche Solidarität Lateinamerikas als Gegengewicht zum Imperialismus oder die Stärkung der Position der Latin@s in den Vereinigten Staaten, für die es bei der Unterscheidung von >Anglo< und >Latin< um eine Hegemonie geht, die sowohl auf Hautfarbe als auch auf Sprache beruht. >Anglo-Saxon< würde heute im Gegensatz dazu nie mit irgendeinem fortschrittlichen Projekt verknüpft werden. Ein politisches Projekt als >Anglo-Saxon< zu bewerten, heißt daher, es in den Augen der Linken zu entwerten. Der Begriff an sich, ob positiv oder negativ verwendet, ist untrennbar mit rassistischem Essentialismus und nationalem Exzeptionalismus verknüpft.

Heutzutage ist >Anglo-Saxonism<zu neuen Formen mutiert, wie zum Beispiel dem vornehmen Anglo-Protestantismus eines Arthur Schlesinger, Jr. oder dem Kampf-der-Kulturen Essentialismus eines Samuel Huntington, dem weltbekannten >Experten< für die Zivilisationen der Welt, dessen Ameriko-Eurozentrismus verschiedentlich entlang einer Ost-West- und einer Nord-Süd-Achse artikuliert wurde. Angelsächsische Fremdenfeindlichkeit drückt sich im Augenblick in der >English Only<-Bewegung, in der Militarisierung der US-Grenze nach Mexiko und in den Schikanen gegen >illegale Einwanderer_innen<, d.h. gegen ausländische Arbeiter_innen ohne Arbeitserlaubnis, aus. Der >Anglo-Saxonism< taucht heute wieder in der Gestalt des Verfassungsexperten der Tea Party, W. Cleon Skousen, auf. In seinem Buch *The Five Thousand Year Leap* von 1981 vertrat Skousen die These, dass die >Gründerväter< den europäischen ›Kollektivismus‹ zugunsten der für angelsächsische Oberhäupter des fünften Jahrhunderts typischen Begrenzung der Regierungsmacht abgelehnt hätten. Die Heiligung christlicher Prinzipen des freien Marktes in der Verfassung ermöglichte Skousen den Gedankensprung, der die ›Anglo-Saxons‹ an die Spitze der Menschheit setzte. Es liegt so eine leicht sublimierte Form weiß vorherrschaftlichen angelsächsischen Denkens dem Geschichtsverständnis zumindest einiger Mitglieder der Tea Party zugrunde.[170]

Während die alten ›Anglo-Saxonists‹ ihre weiße Überlegenheitsideologie stolz proklamierten, behaupten die neuen ›Anglo-Saxonists‹, sie seien *nicht* rassistisch. Lächerlicherweise behaupten sie sogar, Opfer von (schwarzem und latin@) Rassismus zu sein. Derzeit sind nativistische Rechte dabei, Latin@s, Chican@s, Mexikaner_innen und lateinamerikanische Immigrant_innen als eine Bedrohung für das Gemeinwesen zu dämonisieren und beuten diese Minderheiten als Ablenkung vom Versagen eines korrupten, vom Finanzkapital beherrschten Systems aus. Eine demagogische Kampagne schürt die Ängste der mit Macht ausgestatteten Mehrheit vor dem Verschlungenwerden. Dabei verfolgt diese Nativist_innen allerdings ihre unsichere Legitimität; ihre fremdenfeindliche Hysterie drückt nämlich ein politisches Unbewusstes aus, welches von ihrem eigenen dürftigen Anspruch auf Land heimgesucht wird. Aus indigener Sicht waren die ersten illegalen Fremden immerhin die Konquistador_innen (aus dem Süden) und Pionier_innen (aus dem Osten).

Gleichzeitig schreitet die Latinisierung der Vereinigten Staaten im Zuge eines ›magischen Urbanismus‹ (Mike Davis) voran, indem immer mehr amerikanische Städte mehrheitlich nicht-weiß werden sowie über große Latin@-Bevölkerungen verfügen und somit die Grenzlinie Anglo-Latin selbst unterwandern.[171] Starke Bevölkerungswanderungen zehren andererseits an der Bevölkerungssubstanz Lateinamerikas: 11 Prozent der mexikanischen, 18 Prozent der ekuadorianischen und 25 Prozent der salvadorianischen Bevölkerung leben jetzt in den Vereinigten Staaten und haben damit die Anglo-Latin Grenzlinie überwunden und untergraben.[172] Doch während noch Grenzkünstler_innen wie Guillermo Gómez-Peña und Grenztheoretiker_innen wie Gloria Anzaldúa und Cherrie Moraga symbolische Mauern niederrissen, erbaute die US-Regierung einen grotesken Wall zwischen den Vereinigten

170 Vgl. Jeffrey Rosen, »Radical Constitutionalism,« *New York Times Magazine* (28. November 2010).

171 Mike Davis, *Magical Urbanism: Latinos Reinvent the U.S. City* (London: Verso, 2001). Volkszählungsberichte zeigen, dass mehr Amerikaner_innen behaupten afrikanischer als streng englischer Abstammung zu sein.

172 Vgl. Jorge G. Castañeda, *ExMex: From Migrants to Immigrants* (New York: New Press, 2007), xiii.

Staaten und Mexiko, ein Monument des Hasses für *nuestra America* und den globalen Süden. Die Vereinigten Staaten sind in ihren Ausgrenzungsbemühungen jedoch nicht allein. Genauso wie tausende Zentralamerikaner_innen beim Versuch sterben, die Grenze zu überqueren, an der sich in Anzaldúas Worten die »Dritte Welt gegen die erste reibt und blutet,«[173] ertrinken Tausende Immigration erhoffende Afrikaner_innen in den Strömungen des ›Grabens‹, der Afrika vom ›latinen‹ Spanien und der ›Festung Europa‹ trennt.

Die Herausforderung für kritische Intellektuelle besteht unserer Meinung nach darin, *Latinidad* gegen einwandererfeindliche Hysterie zu unterstützen und gleichzeitig die politisch-wirtschaftliche Einheit ›Lateinamerikas‹ als Gegengewicht gegen den neoimperialistischen Unilateralismus der Vereinigten Staaten zu befürworten, beides aber, ohne in die für einige Formen der *Latinidad* typische Vernebelung zu verfallen. Mit unserem Projekt erhoffen wir uns, die ethno-nationalistischen Dichotomien zu demontieren, die die Verkettung von *race* und Kolonialität in den kolonialen Siedler_innenstaaten der Länder Amerikas verdecken. In diesem Sinne wurde die Dichotomie selbst zu sehr mit nationalem und panethnischem Exzeptionalismus verwickelt und ist so zum Hindernis für eine transregionale und transnationale Analyse des Ideenverkehrs geworden.

Ras(s)ende Übersetzung

Die grenzüberschreitende Bewegung von Ideen lässt unweigerlich das Thema der Sprache aufkommen, sei es, dass sie für kulturalistische Zwecke aufgeboten wird oder um die Zwischentöne und Übergänge von Kultur zu erfassen. Im Fall erratischer Debatten ist Übersetzung nicht nur ein Topos; sie ist verwickelt in der konkreten Arena von sprachlichem Konflikt und sprachlicher Dissonanz. Die französische Sprache ist beispielsweise für sowohl den Nationalstolz als auch die ›zivilisierende‹ Mission entscheidend gewesen. »Was nicht klar ist,« so Rivarols berühmte Formulierung, »ist nicht französisch.« Die offizielle Jakobinerideologie hat allgemein eine einheitliche Konzeption von Sprache und ein linguistischer Vielfalt feindliches Bildungssystem bevorzugt. Innerhalb des Sechsecks Frankreichs wurde von Breton_innen und Kors_innen erwartet, dass sie sich an das Standardfranzösisch anpassten, wie auch von den Kolonisierten erwartet wurde, dass sie ihre eigenen Sprachen und das kreolische Patois aufgäben. Zuhause und Übersee konnte nur die normative Variante des Französischen das kartesianische Licht ›klarer und eindeutiger Ideen‹ tragen.

173 Gloria Anzaldúa, *Borderlands: La frontera*, 2. Ausg. (San Francisco: Aunt Lute Books, 1999), 25.

Dabei ist Französisch ebenfalls eine kreolische Sprache, gezeichnet nicht nur von Englisch und Deutsch, sondern auch von brasilianischen indigenen Worten wie dem Tupi-Guarani *toucan* (Papagei, von tucano) und arabischen Worten wie *bled* (Dorf) und *tbib* (Doktor). Englisch seinerseits besteht zur Hälfte aus französischem Vokabular. Einige französische Ausdrücke sind *als* französische kaum zu erkennen: das ›dozy-dooh‹ des cajun-beeinflussten amerikanischen Square Dance vom französischen *dos-à-dos* (Rücken an Rücken), oder die Worte ›promenade‹ und ›aleman‹ (à la main). Hier könnte man auch noch Patois-Ausdrücke wie *petit nègre* erwähnen, einem Erbe aus dem Ersten Weltkrieg, welches definiert ist als »eine vereinfachte, deformierte Form des Französischen, welche das Militär kodifizierte und bewusst afrikanischen Soldaten *beibrachte* [...] als Mittel, sie sowohl zu infantilisieren als auch ihre Kommunikationsweise mit ihren hauptsächlich weißen französischen Offizieren zu kontrollieren.«[174]

Sprache überquert Grenzen und bricht prismengleich den Verkehr der Ideen; terminologische Zusammenstöße lauern im Hintergrund der Kulturkämpfe. Nationalsprachen in postkolonialen Räumen sind besonders synkretistisch und mehrstimmig. Die selben Wörter besitzen aufgrund unterschiedlicher Geschichte verschiedene Bedeutungen und Klangfarben. Ein grundlegender Zusammenstoß hat mit dem Benennen der indigenen Gemeinschaften der Amerikas zu tun. Das Wort ›Amerika‹ als Synonym für die Vereinigten Staaten zum Beispiel hat Einspruch von indigenen Menschen hervorgerufen, da es einem von Natives bewohnten Kontinent einen europäischen Namen (Amerigo Vespucci) gibt, und von nicht-indigenen Lateinamerikaner_innen, weil für sie ›Amerika‹ die gesamte Hemisphäre bezeichnet. Die Bezeichnung ›Indianer_in‹ für die indigenen Gemeinschaften wiederum gibt Kolumbus' verblendeten Glauben wieder, dass er in Asien angekommen sei. Es ist daher eine Frage, ob indigene Gemeinschaften ›erste Völker‹, ›Vierte-Welt Völker‹ oder ›Urvölker‹ genannt werden oder die Bezeichnung ihrer spezifischen Eigennamen, wie ›Dineh‹ oder ›Ikpeng‹, tragen sollten. Sollten wir von den ›Indianer_innen Brasiliens‹ sprechen – mit dem Genitiv nationaler Zugehörigkeit – oder von den ›Indianer_innen *in* Brasilien‹ – was nur den geografischen Ort nicht aber eine Zugehörigkeit anzeigt? In *Manifest Manners* nimmt Gerald Vizenor Anstoß an dem Wort ›Indianer_in‹ als hoffnungslos belastetem. Doch viele indigene Aktivist_innen haben den Begriff als selbstermächtigendes Vehikel für pan-indigene Bewegungen zum Bumerang gewendet.[175]

Die Wahrnehmung von *race* wird ebenfalls durch Sprache gefiltert. Die französische Sprache weist vielfältige Begriffe für Schwarze auf. Sie reichen

174 Edwards, *The Practice of Diaspora*, 52.
175 Gerald Vizenor, *Manifest Manners: Postindian Warriors of Survivance* (Middletown, CT: Wesleyan University Press, 1993).

von dem pseudo-beschreibenden *noir* zu dem offener abschätzigen *nègre* (ein Schimpfwort, das von der *Négritude*-Bewegung in ein Rühmen umkodiert wurde), zu dem aus dem Englischen geborgten ›black‹ und schließlich zu dem integrativeren *personnes de couleur* (PoC). Der Dichter und Staatsmann Léopold Senghor wies darauf hin, dass eigentlich jeder Mensch in der Welt eine PoC ist.[176] In Brasilien bezog sich *preto* (schwarz) ursprünglich auf afrikanische Schwarze, während *crioulo* sich auf in Brasilien geborene Schwarze bezog. Aber jetzt ist *negro* zu einem Ausdruck des Stolzes geworden. In den Vereinigten Staaten beschwört ›Negro‹ die angebliche Onkel-Tom-artige Passivität der Zeit vor der Bürgerrechtsbewegung herauf, während ›black‹ und ›African American‹ ›Rassenstolz‹ konnotieren. Der brasilianische Begriff *Afrodescendente* (von afrikanischer Herkunft) betont sowohl die afrikanische Vorfahr_innenschaft als auch eine gemeinsame diasporische Erfahrung. Viele Brasilianer_innen benutzen *nego* (ein Slangausdruck für schwarzer Mann) und *nega* (schwarze Frau) als Ausdruck der Zuneigung zu bestimmten Menschen allgemein. Obwohl Brasilianer_innen oft behaupten, »Wir sind alle Mestizen,« ändert sich die Bedeutung dieses Satzes je nach Sprecher_in und Umständen der Kommunikation und übermittelt dann manchmal die Idee, dass »wir alle Mestizen, aber nicht schwarz sind,« und manchmal, dass »wir alle zu einem Teil schwarz sind.« Angesichts hegemonialer Zuschreibungsmuster definieren sich ähnliche ›ethnische‹ Gruppen in Nord- und Südamerika unterschiedlich: Nachkommen von sizilianischen Immigrant_innen könnten sich in Brasilien ›mestizo‹ nennen, dagegen ist es schwer vorstellbar, dass sich sizilianische US-Amerikaner_innen auf die gleiche Weise beschreiben würden.

Brasilien besitzt einen riesigen Katalog ›rasse‹-bezogener Begriffe, die eine rassistisch gemischte Heterogenität markieren, in der Farbe Teil eines abgestuften Spektrums bildet – daher solche Begriffe wie *mameluco* (weiß und rot), *caboclo* (schwarz und rot) und *pardo* (dunkel). Etymologisch verwandte Wörter bringen ihren je eigenen Klang und ihre eigene Bewertung mit sich. ›Mischehe‹ trägt in den Vereinigten Staaten einen geschichtlich negativen Beigeschmack, riecht nach Gesetzen gegen ›Rassenvermischung‹, während *métissage* im Französischen und *miscigenação* im Portugiesischen als Produkte assimilationistischer Gesellschaften positive Bedeutung gewonnen haben. Die gleiche ›Rassenhybridität‹, die einst von vielen brasilianischen Philosoph_innen des 19. Jahrhunderts verteufelt wurde, wird jetzt als eine Quelle nationalen Stolzes gepriesen. (Antonio Risério unterscheidet zwischen portugiesischem *miscigenação* als einfacher biologischer Vermischung und *mestiçagem* als einem Mix von Biologie und Kultur, also einer Versprachlichung von

176 Senghor zitiert in Edwards, *The Practice of Diaspora*, 32.

Mischung.)[177] Man könnte auch die ›Vermischung von oben‹, wie sie von den *bandeirantes* und *mamelucos* als Teil eines demografischen Imperativs territorialer Beherrschung umgesetzt wurde, der horizontalen Vermischung zwischen versklavten Afrikaner_innen, Indianer_innen und armen Weißen entgegenhalten, wie sie im 17. Jahrhundert in Palmares praktiziert wurde und in neuen Formen bis heute stattfindet. Der vorherrschende Diskurs über brasilianische Vermischung schrumpft diese sehr unterschiedlichen Phänomene auf eines ein.

Das Wort ›Immigration‹ erzeugt an verschiedenen Orten ebenfalls verschiedene Resonanzen. In den Vereinigten Staaten ruft es Bilder hervor von Ellis Island und dem ›amerikanischen Traum‹ als Bestandteilen eines offiziellen Diskurses einer sich als ›Immigrantengesellschaft‹ definierenden Nation. Eine häufig verwendete brasilianische Formulierung beschreibt Brasilien als Nation, die ›Immigrant_innen gut empfängt‹, was einen schon vor der Immigration bestehenden gemischten Bevölkerungskern voraussetzt. Die US-amerikanische Nation wurde von Anfang an als ein Amalgam aus verschiedenen Einwanderungswellen europäischer Siedler_innen definiert, aus dem ›Amerika‹ als Raum paneuropäischer Verschmelzung hervorgehen würde. Die Kritik an diesem Diskurs wirft dagegen ein kritisches Licht auf die Ausschließungspraxis, die die Grundlage dieser ›Immigrant_innennation‹ darstellt. Während das heutige Frankreich ebenfalls von Immigration geprägt ist, hat sein offizieller Diskurs diese Geschichte kleingeredet, zum Teil, weil die französischen Gründungsmythen schon längst vor Beginn der Massenimmigration gefestigt waren.[178] Während der offizielle US-amerikanische Diskurs die Immigration schon immer als ›Wesen‹ der Nation betrachtet hat (aber gleichzeitig PoC an die äußeren Grenzen des Gemeinwesens verwies), sieht Frankreich Immigration als spätere Pfropfung auf einen bereits existierenden weiß-europäischen Kern. Dennoch unterscheiden amerikanische wie französische Konservative gerne zwischen authentischen Staatsangehörigen (›real Americans‹, ›Français de souche‹) und den nicht ganz echten Neuankömmlingen.

Die durch die linguistische Begegnung von Europäer_innen und Indigen@s in der ›Kontaktzone‹ der Eroberung (Mary Louise Pratt) hervorgerufenen Transformationen finden sich auch im Kern der durch Sprache übertragenen geschichtlichen Spannungen wieder. Während der ›rosa Morgenröte‹ des Kolonialismus tappten beide Seiten sozusagen noch im Dunkeln. Da Übersetzung oft transkosmologisch war, gab es Zonen der ›Undurchsichtigkeit‹

177 Vgl. Antonio Risério, *A Utopia Brasileira e os Movimentos Negros* (São Paulo: Editora 34, 2007), 34.

178 Vgl. Gerard Noiriel, *The French Melting Pot* (Minneapolis: University of Minnesota Press, 1996).

(Édouard Glissant) und ›Unübersetzbarkeit‹ (Emily Apter).[179] Der Kolonialismus erzeugte interkulturelle Mehrdeutigkeit oder das, was wir »ein Zusammenstoßen teils miteinander unvereinbarer Vokabularien«[180] genannt haben. Katholische Priester in Brasilien verteufelten indigene Religionen dadurch, dass sie die Gottheit Tupa (bzw. die Yoruba Gottheit Orixá Exu) als ›Teufel‹ übersetzten. Die koloniale Hermeneutik interpretierte so kulturelle Phänomene mittels einer grundsätzlich christlichen Matrix. Die koloniale Machtdynamik hat so unweigerlich die Übersetzung verbogen, wobei jede Seite in bestimmte Verstehensweisen investiert hat. Europäische Erober_innen und Siedler_innen ›hörten‹ nur, was sie hören wollten, nämlich, dass die *Natives* erpicht darauf seien, bekehrt zu werden, dass Gold auf der anderen Seite des nächsten Hügels zu finden sei, dass Europäer_innen für Götter gehalten würden, und so weiter.

Doch haben wir gerade mal die Oberfläche der Komplexität ›ras(s)ender‹ Übersetzung zu kratzen begonnen. Denn die Diskussion geht nicht bloß darum, Vokabeln und Vorstellungen zwischen Portugiesisch, Englisch und Französisch abzugleichen. Postkoloniale und diasporische Autor_innen haben Unruhe in etablierte linguistische Hierarchien gebracht. Glissant lobt ›das Kreolische‹ und ›Antillische‹ als kreative Dezentrierung des hexagonalen Hochfranzösisch. Glissant definiert dabei »Kreolisierung« als »das Treffen, die Interferenz, den Schock, die Harmonien und Disharmonien zwischen den Kulturen der Welt [...]. [Sie] besitzt folgende Eigenschaften: die Blitzgeschwindigkeit der Interaktion unter ihren Elementen; das ›Bewusstsein des [so in uns erzeugten] Bewusstseins‹; die Neubewertung der verschiedenen miteinander in Berührung gebrachten Elemente [...] mit unvorhersehbaren Folgen.«[181] Auf Deleuze/Guattari aufbauend stellt sich Glissant eine Beziehungspoetik vor, in der die Idee der ›Dritten Welt‹ durch die von der ›Ganzen Welt‹ eines dialogischen und reziproken planetarischen Bewusstseins ersetzt wird.[182] Als eine Stelle der kulturellen gelungenen oder auch misslungenen Begegnung ist Übersetzung (Translation) sowohl innerhalb als auch zwischen den Sprachen somit der Schlüssel zu unserer Diskussion. Eine Möglichkeit,

---

179 Bezüglich Apters reich ausgearbeiteter Diskussion translationaler/transnationaler Themen, vgl. *The Translation Zone: A New Comparative Literature* (Princeton: Princeton University Press, 2006), 6. Vgl. auch Mona Bakers *Translation and Conflict: A Narrative Account* (New York: Routledge, 2006).

180 Vgl. Shohat/Stam, *Unthinking Eurocentrism: Multiculturalism and the Media* (New York: Routledge, 1994).

181 Édouard Glissant, »Le Divers du Monde Est Imprévisible,« zitiert in Walterr Mignolo, *Local Histories/Global Designs: Coloniality, Subaltern Knowledges, and Border Thinking* (Princeton: Princeton University Press, 2000), 41.

182 Vgl. Édouard Glissant, *Poétique de la Relation* (Paris: Gallimard, 1990).

die Fetischisierung ›ethno‹-kutureller Wesenszüge ihre Ontologisierung, zu vermeiden, besteht darin, die sich verzweigenden Unterschiede im Sprachaustausch ins Blickfeld zu rücken, anstatt weiterhin versteinerte Vorstellungen von Nationalcharakter zu pflegen.

3 Die seismische Verschiebung und die Dekolonisierung des Wissens

Zentrale Ereignisse des 20. Jahrhunderts – der Zweite Weltkrieg, der jüdische Holocaust und die Befreiungskämpfe der ›Dritten Welt‹ – haben den Westen alle gleichermaßen als axiomatisches Referenzzentrum delegitimiert und die Rechte nichteuropäischer Bevölkerungen bekräftigt, die sich vom Joch des Kolonialismus befreiten. Obgleich Widerstand gegen den Kolonialismus seit dessen ersten Anfängen existierte, erreichte der Widerstand erst nach dem Zweiten Weltkrieg ein kritisches Ausmaß. Nach Jahrhunderten der Kämpfe erfuhr die Dekolonisierung mit der indischen Unabhängigkeit von 1947, der chinesischen Revolution von 1949, der algerischen Unabhängigkeit von 1962 und schließlich der Unabhängigkeit von Mosambik und Angola in der Mitte der 1970er Jahre ihren Höhepunkt. Wenn also der Nationalsozialismus, der Faschismus und der Holocaust die ›interne‹ Krankheit Europas als eines Ortes des Rassismus und Totalitarismus in all ihren Schrecken offenbarte, so offenbarten die Befreiungskämpfe im Trikont die ›externe‹ Revolte gegen westliche Herrschaft und provozierten damit eine Krise im für selbstverständlich erachteten Narrativ des von Europa angeführten Fortschritts. Was wir ›seismische Verschiebung‹ nennen, bezieht sich auf den intellektuellen/diskursiven Fallout dieser für eine breit angelegte Dekolonisierung des Wissens und der akademischen Kultur als katalytisch anzusehenden Ereignisse. Aber um den Boden für unsere Kritik in den späteren Kapiteln zu bereiten, müssen wir zunächst umreißen, wogegen sich diese Verschiebung wandte.

Die Protokolle des Eurozentrismus

Unserem Versuch eine Genealogie für die Kulturkämpfe zu erstellen ist ein für unsere Kritik maßgebliches Konzept eingebettet, das des Eurozentrismus. Wie wir in dem Buch *Unthinking Eurocentrism* darlegten, ist der Eurozentrismus die diskursiv- ideologische Ausfällung der Kolonialherrschaft. Der Eurozentrismus heiligt und naturalisiert die vom Kolonialismus geerbten hierarchischen Gliederungen und lässt sie als unvermeidlich und sogar als ›fortschrittlich‹ erscheinen. Obgleich er als Teil des Kolonisierungsprozesses geschmiedet wurde, sind die Verbindungen des Eurozentrismus zu diesem Prozess durch eine vergrabene Epistemologie verschleiert. Der Eurozentrismus bezieht sich nicht auf Europa in seinem Wortsinn, d.h. als einem Kontinent oder einer geopolitischen Einheit, sondern vielmehr auf die Wahrnehmung Europas (und seiner Nebenstellen rund um die Welt) als normativ. In diesem Sinne wäre es vielleicht besser von ›Eurohegemonialismus‹ oder der ›okzidentalen Weltanschauung‹ oder von ›Kolonialität‹ (Anibal Quijano) oder ›europäischem planetaren Bewusstsein‹ (Mary Louise Pratt) zu reden.[183] Eurozentrismus hat wenig mit positiven Gefühlen für Europa zu tun, sondern vielmehr mit Annahmen bezüglich der Beziehung zwischen dem Westen und dem Nicht-Westen. Es ist daher nicht eurozentrisch Shakespeare zu lieben oder Proust. Dagegen ist es eurozentrisch diese Kulturträger als ›Beweis‹ einer angeborenen europäischen Überlegenheit zu benutzen.

Der von uns geprägte Begriff ›Eurotropismus‹ lenkt andererseits die Aufmerksamkeit auf eine Orientierung, auf eine Tendenz, sich dem Westen als einer idealen platonischen Sonne zuzuwenden, so wie phototrope Pflanzen sich für ihren Erhalt der Sonne zuwenden. Tatsächlich entwickelt Hegel in den *Vorlesungen über die Philosophie der Geschichte* genau diese solare Metapher: »Es ist im Westen, dass diese innere Sonne des Selbstbewusstseins aufgeht und einen höheren Glanz verbreitet.«[184] Tropen von Licht (Aufklärung, *enlightenment, rayonnement*) stellen Demokratie, Wissenschaft und Progress als sich von einer leuchtend strahlenden europäischen Quelle nach außen ausbreitend dar. Statt eine systematische Philosophie zu sein, besteht der Eurozentrismus aus einem ineinandergreifenden Netzwerk verborgener Vorannahmen, eingebetteter Narrative und untergetauchter Tropen, die eine weithin geteilte Epistemologie bilden. Eurozentrismus ist gewöhnlich nicht eine bewusste politische Haltung, sondern eher eine implizite Stellungnahme und eine herrschende ›Alltagseinstellung‹ bzw. *Monokultur des Geistes* (Vandana Shiva).[185] Weit davon entfernt ein europäisches Monopol zu sein, wird der Eurozentrismus oft auch von Nicht-Europäer_innen geteilt. Wie Michael Dash deutlich macht, idealisierten sogar die Initiator_innen der ersten schwarzen Republik in Haiti Europa und werteten ein Afrika ab, das zu verachten sie gelehrt worden waren.[186]

Einige der grundlegenden Prinzipien des Eurohegemonialismus können in erstaunlich expliziter Form in den Schriften einiger der gefeiertesten Auf-

183 Anibal Quijano, »Coloniality of Power, Eurocentrism, and Latin America,« *Nepantla* 1, Nr. 3 (2000), 533-580; Mary Louise Pratt, *Imperial Eyes: Travel Writing and Transculturation* (New York: routledge, 1992). Vgl. auch Ella Shobat und Robert Stam, *Unthinking Eurocentrism: Multiculturalism and the Media* (New York: Routledge, 1994).

184 G.W.F. Hegel, *Vorlesungen über die Philosophie der Geschichte* (Stuttgart: reclam, 1961), 140.

185 Vandana Shiva, *Monocultures of the Mind: Perspectives on Biodiversity and Biotechnology* (London: Zed Books, 1993).

186 Vgl. Michael Dash, *Haiti and the United States: National Stereotypes and the Literary Imagination* (London: Macmillan, 1988),

klärungsdenker entdeckt werden. Hegel, oft betrachtet als der fortschrittliche Johannes der Täufer, der Marx den Weg bereitete, ist hierfür ein eindrucksvolles Beispiel. Einerseits erzeugte der Hegel der *Phänomenologie des Geistes* die fortschrittliche Erblinie, die zu Marx, Jojève, Sartre, Jameson und Butler führt. Andererseits führt der Hegel der *Philosophie der Geschichte* zu Francis Fukuyama und Samuel Huntington. Für letzteren Hegel »reist [die Weltgeschichte] von Ost nach West, denn Europa ist absolut das Ende der Geschichte.« Asien stellt für Hegel die »Kindheit der Menschheit« dar, während Jüd_innen, Afrikaner_innen und indigene Amerikaner_innen sich »außerhalb von Geschichte« befinden. Manchmal kommen Hegels Schilderungen menschlichen Leidens eiskalt als sachlich daher. Das indigene Amerika, So sagt er: »Physisch und geistig ohnmächtig hat sich Amerika immer gezeigt und zeigt sich noch so. Denn die Eingeborenen sind, nachdem die Europäer in Amerika landeten, allmählich an dem Hauche der europäischen Tätigkeit untergegangen.«[187] In dieser Biologisierung des Ethnozids verschwinden die Indigen@s einfach, nicht aufgrund kolonialer Kanonen, Massakern und Mikroben, sondern bloß wegen eines übernatürlich mächtigen europäischen ›Atems‹ oder ›Geistes.‹

Hegel stellt in seiner *Enzyklopädie* die kühne Behauptung auf, dass »gegen dies sein [des Europäers] absolutes Recht, Träger der gegenwärtigen Stufe des Weltgeistes zu sein, sind die Geister der anderen Völker rechtlos«.[188] Mit einer Formulierung, die an die Behauptung der *Dred Scott-Entscheidung* erinnert[189], dass »der Neger keine Rechte hat, die der weiße Mann respektieren muss«, argumentiert Hegel in seiner *Philosophie des Rechts*, dass Europa wusste, dass »zivilisierte Nationen andere ... als Barbaren mit dem Bewusstsein eines ungleichen Rechts und deren Selbständigkeit als etwas Formelles betrachten und behandeln.«[190] Indem er Schwarze für »der Entwicklung oder Kultur unfähig« erklärt, scheint Hegel in seiner *Philosophie der Geschichte* sogar die Existenz einer schwarzen Subjektivität in Abrede zu stellen:

> »Bei den Negern ist nämlich das Charakteristische gerade, dass ihr Bewusstsein noch nicht zur Anschauung irgenddeiner festen Objektivität gekommen ist, wie zum Beispiel Gott, Gesetz, bei welcher der Mensch mit seinem Willen wäre und darin die Anschauung seines Wesens hätte [...]. Der Neger [...] stellt den natürli-

---

187 Hegel, *Vorlesungen über die Philosophie der Geschichte* (Frankfurt: Suhrkamp Verlag, 1986), 140.

188 Hegel, *Werke in 20 Bönden, Band 7: Grundllinien der Philosophie des Rechts* (Frankfurt: Suhrkamp, 2004), § 347.

189 Dred Scott (* etwa 1799; gest. 17. September 1858) war ein US-amerikanischer Sklave, der erstmals 1846 und letzlich 1857 im berühmten *Dred Scott v. Sandford*-Prozess erfolglos für seine Freiheit klagte.

190 Ebd., §351.

chen Menschen in seiner Wildheit und Unbändigkeit dar [...]. Es ist nichts an das Menschliche Anklingende in diesem Charakter zu finden.«[191]

Anders als jene, die die Fähigkeit der Schwarzen zur Kritik wahrnahmen, sieht Hegel ein generisches intellektuelles und moralisches Hindernis:

> »Bei den Negern sind aber die sittlichen Empfindungen volllkommen schwach oder, besser gesagt, gar nicht vorhanden. Die Eltern verkaufen ihre Kinder und umgekehrt ebenso diese jene, je nachdem man einander habhaft werden kann. Durch das Durchgreifende der Sklaverei sind alle diese Bande sittlicher Achtung, die wir voreinander haben, geschwunden und es fällt den Negern nicht ein, sich zuzumuten, was wir voneinander fordern dürfen.«[192]

In einem besonders unerhörten Fall dessen, was Foucault die »Beleidigung des für andere Sprechens« nannte, portraitiert Hegel die Versklavten aber nicht die Versklavenden als diejenigen, denen ein Moralgefühl fehle. Ohne Afrikaner_innen zu kennen und ohne den Kontinent je bereist zu haben, maßt sich Hegel das hoheitliche Recht an, über die intimen Empfindungen von Millionen von Afrikanern allgemeine Feststellungen zu machen und stützt seine Urteile vermutlich auf sekundäre Quellen wie Reiseliteratur. Wir möchten natürlich nicht behaupten, dass Hegel ›nichts als ein Rassist‹ war, oder dass es keine fortschrittlichen Aspekte in seiner Arbeit als Theoretiker der Freiheit gab. Das Problem ist jedoch, dass die von ihm theoretisierte Freiheit gewöhnlich nur für die Europäer_innen gedacht war, und dass Hegels provinzielle Vorurteile gewandert sind und sich in unterschiedlichen Regionen des Denkens ›angesiedelt‹ haben. Wir hören ein etwas euphorisches hegelianisches Echo in Fukuyamas *End of History* und dessen Idee des unvermeidlichen planetaren Sieges der neoliberalen Demokratie.[193] Und obgleich George W. Bush ganz offensichtlich niemals Hegel gelesen hat, entlarvt ihn sein Bekenntnis, dass »die Freiheit Gottes Geschenk an die Welt ist«, ihn als einen unwissentlichen (und unartikulierten) Vulgärhegelianer.

Hegels Philosophie der Geschichte kann mittels des Konzepts des Philosophen Charles Mills vom *Racial Contract* verstanden werden, den er definiert als

> »die Menge formeller oder informeller Abmachungen oder Meta-Abmachungen (Verträge einer höheren Ebene über Verträge, Verträge also, die die Grenzen der Geltung der anderen Verträge bestimmen) zwischen den Mitgliedern einer Untermenge von Menschen, die von jetzt an durch (sich verändernde) ›rassische‹ (phänotypische/genealogische/kulturelle) Kriterien [...] als ›weiß‹ und deckungsgleich (mit entsprechender Berücksichtigung von Geschlechtsunter-

191 Hegel, *Vorlesungen über die Philosophie der Geschichte*, 155.

192 Ebd., 158.

193 Francis Fukuyama, *The End of History and the Last Man* (New York: Free Press, 1992).

> schieden) mit der Klasse vollwertiger Personen bezeichnet werden, um die verbleibende Untermenge von Menschen als ›nicht weiß‹ und von anderem und niedrigerem moralischen Rang einzustufen, so dass diese eine untergeordnete zivile Stellung in den weißen oder von Weißen regierten Gesellschaften, die die Weißen entweder schon bewohnen oder einrichten, haben.«[194]

Weiße Vorherrschaft ist für Mills das »ungenannte politische System, das die moderne Welt zu dem, was sie heute ist, gemacht hat.«[195] Obgleich sie nicht mehr explizit rassi[sti]sch erscheinen, sind alle diese Formen der Vorherrschaft immer noch von der *color line* (der Farbgrenze) geprägt. Paul Gilroy spricht von »hemisphärischen Ordnung rassi[sti]scher Herrschaft«, während Mills von der »metaphysischen Infrastruktur globaler weißer Vorherrschaft« spricht.[196] Afrikanische und afro-amerikanische Philosophen wie Mills haben so die Aufmerksamkeit nicht nur auf die eurozentrischen blinden Flecken gelenkt, die Hegels Ansichten über Afrika innewohnen, sondern auch auf sein ethnozentrisches Konzept von Freiheit.

Der Marxismus wiederum, obgleich in vieler Hinsicht fortschrittlich, mischt ebenfalls Eurozentrismus in seine Kritik. Zwar ist er wirtschaftlich und politisch egalitär, privilegiert aber dennoch die historische Handlungsmacht Europas und der Europäer_innen. Für viele Marxist_innen eröffnete ein an sich europäischer Kapitalismus trotz seiner von Marx selbst so klar beschriebenen Grausamkeit den Weg zur globalen Befreiung der Produktivkräfte. Die Unterordnung Asiens, Afrikas und der Länder Amerikas diente letzten Endes dazu, den menschlichen Fortschritt voranzubringen. Auch Kevin B. Anderson liefert, teils auf der Grundlage von vorher unübersetzten Texten, starke Argumente dafür, dass Marx eine enge Verbindung zwischen Kapitalismus und Sklaverei postulierte. In auf Französisch geschriebenen Artikeln argumentierte Marx, dass die Sklaverei »eine ökonomische Kategorie außerordentlicher Bedeutung« sei, da die Sklaverei »in Surinam, in Brasilien, in den südlichen Regionen Nordamerikas der Dreh- und Angelpunkt [sei], um den sich unser heutiger Industrialismus dreht ... Ohne Sklaverei gäbe es keine Baumwolle, ohne Baumwolle gäbe es keine moderne Industrie. Es ist die Sklaverei, die den Kolonien Wert gegeben hat, es sind die Kolonien, die den Welthandel geschaffen haben.«[197] Die »verschleierte Sklaverei der Lohnarbeiter in Europa« bildete

---

194 Charles W. Mills, *The Racial Contract* (Ithaca: Cornell University Press, 1997), 11.

195 Ebd., 1.

196 Paul Gilroy, *The Black Atlantic: Modernity and Double Consciousness* London: Verso, 1993), 27; Charles W. Mills, *Blackness Visible: Essays on Philosophy and Race* (Ithaca; Cornell University Press, 1998), 113.

197 Marx an Pavel Annenkov, 1846, zitiert nach Kevin B. Anderson, *Marx at the Margins* (Chicago: University of Chicago Press, 2010), 83.

für Marx den ›Sockel‹ für »die ungelernte Sklavenarbeit der Neuen Welt.«[198] Marx warf sich in den Kampf gegen die Sklaverei und betrachtete diesen als entscheidend für das Schaffen einer starken Arbeiter_innenbewegung in den Vereinigten Staaten. W.E.B. du Bois, C.L.R. James, Eric Williams, Angela Davis, Cedric Robinson und Robin Kelley sind diejenigen unter den schwarzen Marxist_innen, die diese Richtung innerhalb des marxistischen Denkens weiter verfolgt haben.

Obgleich die eurozentrische Geschichtsschreibung die klassische Demokratie Athens als den einzigen und ursprünglichen Quell der europäischen Demokratie beschwört, erwähnt Jack Goody parallele Formen demokratischer Repräsentation in Phönizien und Karthago, wo jährlich die Magistraten gewählt wurden. Der Wunsch nach irgendeiner Art Repräsentation sei, so schlägt er vor, »der menschlichen Situation zutiefst zueigen.«[199] Amartya Sen spricht ähnlich von den ›globalen‹ anstatt den ausschließlich europäischen Wurzeln von Demokratie. Statt Demokratie als gleichbedeutend mit formalen Wahlen und repräsentativer Regierung zu sehen, richtet Sen den Blick auf kulturellen Pluralismus, Minderheitenrechte und die vielfältigen Formen der ›öffentlichen Vernunft.‹ Er zitiert Nelson Mandelas *Long Walk to Freedom* bezüglich des Themas indigener afrikanischer Formen von öffentlicher Vernunft und nach Beratung erzielten Konsenses. Mandela beschreibt die örtlichen, im Haus des Regenten in Mqhekesini abgehaltenen Treffen als »Demokratie in ihrer reinsten Form. Trotz einer Hierarchie unter den Sprecher_innen nach ihrer Bedeutung wurde jede_r gehört, Anführer_in und Untergebene_r, Krieger und Medizinmann, Geschäftsinhaber_in und Bauer, Landbesitzer und Arbeiter_in [...]. Alle waren frei, ihre Meinungen zu äußern und gleich in ihrem Wert als Bürger_innen.«[200] Bewährte Traditionen von öffentlicher Vernunft und Pluralismus, so meint Sen, können in Indien, China, Japan, Korea, im Iran, in der Türkei, der arabischen Welt und in vielen Teilen Afrikas gefunden werden.[201]

Im 20. Jahrhundert finden wir eurozentristische Formulierungen selbst in den Schriften eines Philosophen wie Edmund Husserl, hier eine Passage aus *Die Krise des europäischen Menschentums und die Philosophie*: »Wir erspüren das gerade an unserem Europa. Es liegt darin etwas Einzigartiges, das auch alle anderen Menschheitsgruppen an uns empfindlich ist als etwas, das, abgesehen von allen Erwägungen der Nützlichkeit, ein Motiv für sie wird, sich ... immer zu europäisieren, während wir, wenn wir uns recht verstehen, uns zum Beispiel

198 zitiert nach ebd., 187.

199 Jack Goody, *The Theft of History* (Cambridge; Cambridge University Press, 2006), 54.

200 Mandela zitiert nach Amartya Sen, »Democracy and its Global Roots,« *New Republic* (6. Oktober 2003), 30.

201 ebd., 31.

nie indianisieren werden.«[202] Husserl äußert hier das, was oft für selbstverständlich erachtet wird: dass Europäer_innen eine einzigartige geistige Lebendigkeit und Zielgerichtetheit aufweisen, dass Europa die wesentliche Quelle neuer Ideen ist, und dass sowohl Europäer_innen als auch Nichteuropäer_innen darin übereinstimmen, dass dies die normale und richtige Ordnung der Dinge darstellt. Wie Emmanuel Eze deutlich macht, hat Husserl die Machtauswirkungen des Kolonialismus innerhalb der Begrifflichkeit transzendentaler Philosophie biologisiert und als ›Rassen‹überlegenheit wiedergegeben.[203] Es ist genau diese Verallgemeinerung eines provinziellen Mengensatzes kultureller Werte, der die Notwendigkeit herausfordert, Europa zu ›dezentrieren‹.

Der Eurozentrismus ist jedoch nicht gleichzusetzen mit den durchgehend geäußerten Überzeugungen von Individuen oder einer Gruppe, noch treten alle seine Elemente zur gleichen Zeit auf. Vielmehr ist der Eurozentrismus ein analytisches Konstrukt, welches auf eine strukturierte Menge an Protokollen oder diskursiven Tendenzen verweist, die rund um den Globus verstreut sind. »Die augenblicklichen Dimensionen von Zeit und Raum«, so drückt es Jack Goody aus, »wurden vom Westen festgelegt [...], weil die Expansion rund um die Welt Zeitmessung und Karten erforderte, die den Rahmen für sowohl die Geschichte als auch die Geografie lieferten.«[204] Derzeit, während des jähen Niedergangs der Vereinigten Staaten und des Aufstiegs von Asien und Lateinamerika, besitzt der Eurozentrismus eine verkümmerte, anachronistische Qualität, doch übt er immer noch starke diskursive und mediale Macht aus. Obwohl der Eurozentrismus ein komplexes, widersprüchliches und historisch spezifisches Phänomen ist, kann eine zusammengesetzte Darstellung von ihm als einem Denktypus eine Anzahl sich gegenseitig verstärkender Vorgänge deutlich machen.

Wenn wir unsere sehr kurze Analyse in *Unthinking Eurocentrism* weiter ausbreiten, so könnte ein ›ideales Portrait‹ folgende Grundmuster postulieren: (1) Das Narrativ des Eurozentrismus ist diffusionistisch; es nimmt an, dass Europa Ideen erzeugt, die sich dann dank ihnen innewohnender Überzeugungskraft über die ganze Welt ausbreiten. Der Eurozentrismus gründet die vorgebliche Überlegenheit Europas auf angeborene Eigenschaften wie Rationalität und Neugier, die ein fiktives Gefühl der Überlegenheit und des Anrechts auslösen. Der kantischen Vorstellung nach geben die aufgeklärten Nationen die Gesetze vor, die irgendwann ›die Anderen‹ erreichen. (2) Der eurozentristische zeitbezogene Diskurs entwickelt ein evolutionäres Narrativ, innerhalb dessen der

---

202 Edmund Husserl, »Die Krise des europäischen Menschentums und die Philosophie« (Hamburg: CEP Europäische Verlagsanstalt), 26.

203 Emmanuel Chukwudi Eze, *Achieving Our Humanity: The Idea of the Postracial Future* (New York: Routledge, 2001), 187.

204 Goody, *The Theft of History*, 14.

Westen als ›fortschrittlich‹ und seine Anderen als ›zurückgeblieben‹ erscheinen. In dieser Meta-Erzählung vom Fortschritt betrachtet eine lineare (›von Plato zur Nato‹) Teleologie Fortschritt als einen Schnellzug, der sich unweigerlich nach Nord bis Nordwest bewegt, vom klassischen Griechenland zum imperialen Rom und weiter zu den Hauptstädten der Metropolen Europa und USA. Eine ›präsentistische‹ Geschichtsschreibung schreibt die Geschichte rückwärts, so dass Europa immer als dem Fortschrittlichen und Innovativen zugewandt gesehen wird, während die Peripherie immer Gefahr läuft, zum rückständig und statisch zu erscheinen. (3) Der Eurozentrismus funktioniert durch einen bildlichen Unterbau aus eingebetteten Metaphern und allegorischen Motiven, die die westliche Überlegenheit durch ineinandergreifende Polaritäten wie Zentrum-Peripherie, Ordnung-Chaos, Tiefe-Obefläche, Licht-Dunkelheit, Reife-Unreife, Aktivität-Passivität und Selbstreflexivität-Blindheit kodiert. (4) Der eurozentrische Diskurs leugnet die politische, religiöse, rechtliche und kulturelle Selbstvertretung kolonisierter Völker und behandelt beispielsweise die indigene Bevölkerung Amerikas wegen der Produktion von ›nichts‹ als durch einen ursprünglichen Mangel gekennzeichnet und erklärt deshalb ihr Land zur *terra nullius* und die indigene Kultur zur *cultura nullius.* (5) Der eurozentristische Diskurs schreibt dem Westen einen natürlichen Drang zu demokratischen Institutionen zu. Die Inquisition, König Leopold II, Mussolini, Hitler, Pétain, Franco, Salazar und andere europäische Despoten sind innerhalb dieses Narrativs bloße ›Ausreißer‹, die man um der selektiven Legitimation willen wegredigieren kann im Rahmen einer Logik des Vergessens. Die antidemokratischen Praktiken – Kolonialismus, Sklav_innenhandel, Imperialismus – des Westens werden als zufällige ›Unfälle‹ statt als Beweis für geschichtliche Grundmuster der Unterdrückung gesehen. (6) Als Parallelerscheinung zur Formel ›Europa –ist –gleich –Demokratie‹ unterschlägt der eurozentristische Diskurs die demokratischen Traditionen nicht-westlicher Bevölkerungen und verschleiert gleichzeitig die manipulativen Grenzen westlicher formaler Demokratien und die häufige Beteiligung des Westens am Sturz von Demokratien im globalen Süden (oft im Zusammenspiel mit örtlichen Kleptokraten). Nicht-westliche Sozialsysteme werden als übertrieben (orientales Despotentum) oder als defizitär (als Gesellschaften ohne Staat) gesehen. (7) Die eurozentristische Ethik wiederum beruht nicht auf Gegenseitigkeit. Sie verlangt von anderen, was sie selbst nicht leistet. Sie stellt den Westen als moralischen Schiedsrichter dar, predigt nukleare Nichtverbreitung, ökologische Verantwortung, korruptionsfreie Wahlen und andere Werte, die der Westen selbst allenfalls zeitweilig umsetzt.

Der eurozentristische literarische Diskurs (8) bettet die Literaturgeschichte als sich aus dem biblischen Hebräischen und dem klassischen Hellenismus entwickelnde ein, wobei beide rückwirkend als ›westlich‹ projiziert werden, obgleich die Bibel ihre Wurzeln in Mesopotamien, Kanaan und Ägypten hatte und das antike Griechenland von semitischen, phönizischen, ägyptischen und äthiopischen Kulturen geprägt war. Ein provinzielles Narrativ lässt den Roman in Europa beginnen – oft werden *Don Quixote* und *Robinson Crusoe* als Ursprungswerke behauptet – obgleich man genauso gut vom als Fiktion in Prosa definierten Roman sagen könnte, dass er außerhalb Europas entstand und sich dann erst nach Europa ausbreitete. (9) Das eurozentristische Narrativ von der Moderne in der bildenden Kunst stellt auf ähnliche Weise den Westen dar als den Schöpfer von Kunstformen, wie dem Kubismus und der Collage, die sich dann in den ›Rest der Welt‹ ausgebreitet hätten. Das Nicht-westliche liefert die unsignierten Rohstoffe, die von namentlich bekannten westlichen Künstlern ›raffiniert‹ werden müssen, während westliche Museen sich die Macht bewahren, nicht nur nicht-westliche Kunstwerke zu besitzen, sondern auch noch zu definieren, was als ›Kunst‹ in Frage kommt. (10) Eine ›ästhetische Entsprechung‹ der weißen ›Rassen‹überheblichkeit gewährt Weißen ein Schönheitsmonopol, während sie People of Color (PoC) mit Dunkelheit und moralischer Hässlichkeit verbindet. (11) Der eurozentristische Diskurs führt philosophisches Denken auf das ›griechische Wunder‹ zurück und sieht die Geschichte der Philosophie als Ausarbeitung der seit den Vorsokratikern bis heute aufgeworfenen Fragestellungen. Er pflegt den Mythos von der selbstkritischen Reflexivität als einem westlichen Monopol – daher auch die sich selbst beweihräuchernde Behauptung, nur der Westen habe die Reflexionsfähigkeit gehabt, seine eigenen Praktiken zu kritisieren. Der eurozentristische philosophische Diskurs schreibt westliches Denken als universell fest, und nicht-westliches Denken als partikular. Westliche Denker_innen behandeln universelle Themen, nichtwestliche nur ihre ›partikularen‹ Anliegen. (12) Der eurozentristische religiöse Diskurs bestimmt, dass die ganze Welt nach der christlichen Zeiteinteilung (v. Chr./n.Chr.) und dem christlichen Kalender lebt. Die Aufklärung verherrlicht einen Säkularismus, der unterschwellig christlich bleibt, indem er die göttliche Vorsehung zu Fortschritt und die Sünde zu Unvernunft umkodiert. Während der Eurozentrismus das Christentum an die Spitze stellt, verknüpft er dieses aber auch mit dem Bindestrich-Judaismus (judäo-christlich). Diesen lässt er allerdings weg, wenn es um die dritte auf Abraham zurückgehende ›Buchreligion‹ (den judäo-muslimen Islam) geht, die dadurch marginalisiert wird. (13) Eurozentristische Narrative des Nationalismus stellen den älteren, reifen, bürgerlichen und umfassenden Formen des westlichen Nationalismus die jungen, unverantwortlichen und ausschließenden Formen des nicht-westlichen Nationalismus entgegen. Dabei vergessen sie die Tendenz des Nationalstaates per Definition legitime Gewalt (Weber) zu monopolisieren, nach außen gegen zu ›Anderen‹ gemachte indigene Bevölkerungen sowie im Inneren gegen Minderheiten. Der Eurozentrismus projiziert seine eigene Gewalt auf die ›neuen‹ Nationalismen und sieht sie als beispiellos gewalttätig.[205] (14) Eurozentristische diskursive und mediale Praktiken werten nichtwestliches und nicht-weißes Leben in einer mediengesättigten Welt ab, in der weiße, westliche Leben als kostbarer angesehen werden als die Leben von PoC. Innerhalb der Rechenregeln menschlicher Bewertung müssen massenhaft PoC sterben, bevor die westlichen Medien davon Notiz nehmen.

(15) Die eurozentrischen Wirtschaftswissenschaften schreiben den spektakulären Erfolg Europas seinem Unternehmensgeist zu und vergessen dabei, dass die europäischen Vorteile weitgehend dem ungeheueren Reichtum entsprangen, der aus Amerika und anderen kolonisierten Regionen nach Europa floss. Eine eurozentrische politische Ökonomie entwickelt in ihren verschiedenen Ausformungen (Freihandels-Imperialismus, Rostows Take-Off-Modell der Modernisierung und neoliberalem Globalisierungsdiskurs) eine diffusionistische Trickle-down-Theorie in globalem Maßstab. So wie der Reichtum vermeintlich von den Reichen zu den Armen innerhalb westlicher Nationalstaaten ›tropft‹, so fällt etwas vom Reichtum des globalen Nordens für den globalen Süden ab. Der Eurozentrismus erkennt nicht an, dass dieses Einbahnstraßen-Narrativ umgekehrt werden kann, dass nämlich der Westen selbst nur dank der kostbaren Metalle, des fruchtbaren Landes und der versklavten und schuldabhängigen Arbeit des Nicht-Westens seinen jetzigen Entwicklungsstand erreichte. Stattdessen wird der europäische Fortschritt als aus sich selbst erzeugt, autonom und von der Aneignung von Reichtum und Ideen aus den Kolonien unabhängig erachtet. Nachdem ›der Norden‹ im eigenen Interesse eine protektionistische Politik verfolgte, sucht er jetzt eine solche Politik im globalen Süden zu verhindern. Ökonomische Krisen im Süden werden nur ernst genommen, wenn sie den Norden mit betreffen. Umgekehrt exportierte die Wall Street in der Krise von 2008 nicht Wohlstand, sondern vielmehr das, was mit dem Oxymoron ›giftige Wertpapiere‹ bezeichnet wird. Zusammengefasst wertet eine eurozentristische Perspektive eine Seite des zivilisatorischen Kontos systematisch auf und die andere systematisch ab. Voller Überheblichkeit manipuliert sie die geschichtliche Bilanz, indem sie die westliche Geschichte reinwäscht und die nicht-westliche und nicht-weiße von oben herab betrachtet oder gar dämonisiert. Über den Nicht-Westen denkt sie in Kategorien seiner Mängel, ob real oder erfunden, über sich selbst denkt sie dagegen in Kategorien seiner nobelsten Errungenschaften – Wissenschaft, Fortschritt, Humanismus – und vergisst dabei hinzuzufügen, dass ›Wissenschaft oft ras-

205 Max Weber, »Politics as a Vocation,« in *Essays on Sociology*, Hrsg. H.H. Garth und C, Wright Mills (New York: Macmillan, 1946), 26-45.

sistische Wissenschaft war, dass ›Fortschritt‹ völkermordend und der Humanismus eine Maske für Barbarei sein konnte. All dies will nicht besagen, dass der Eurozentrismus der einzige ›-ismus‹ ist, der die Welt heimsucht, oder dass typische soziale Missstände nicht auch in anderen Kulturräumen gefunden werden können, oder dass nicht irgendein anderer ›-zentrismus‹ schon hinter der nächsten Ecke lauert. Wir glauben nicht an den umgekehrten Narzissmus, der Europa als die Quelle allen Übels postuliert und nicht-westliche patriarchalische Eliten von aller Verantwortung freispricht. Unsere Übertragung der Debatten in ein Narrativ betont nicht die ›Tugend‹ nicht-europäischer Völker, sondern ihre kulturelle und intellektuelle Selbstbestimmung in Bezug auf geschichtlich entstandene Machtverhältnisse. Es geht nicht darum, Europa zu dämonisieren, sondern Europa zu relativieren und im weiteren Sinne als eine (Multi-) Kultur neben anderen (Multi-) Kulturen und mit ihnen interagierend in Beziehung zu setzen. Es geht nicht darum, westliche Perspektiven an sich zu entwerten, sondern die Blickweisen zu vermehren und die Machtbeziehungen, die sie bestimmen, zu analysieren. (Diese Anliegen bilden den Hintergrund unserer später ausgeführten Kritik an solchen Autoren wie Bourdieu/Wacquant, Slavoj Žižek und Walter Benn Michaels.)

Der Nachkriegsbruch

Was wir die seismische Verschiebung nach dem Krieg nennen, erschütterte viele der soeben umrissenen eurozentristischen Axiome bis in ihre Fundamente, und doch halten sie sich bei den Rechten und manchmal auch, wie wir sehen werden, bei den Linken. Während antikoloniale Bewegungen die Beziehungen *zwischen* den Nationen zu verändern begannen, begannen Befreiungsbewegungen von Minderheiten die Beziehungen *innerhalb* der Nationen zu verändern. Ebenso wie sich nun unabhängige ›Dritte-Welt-Länder‹ von kolonialer Unterdrückung zu befreien versuchten, forderten Erste-Welt-Minderheiten die Protokolle weißer Überlegenheit in ihren Gesellschaften heraus.

Die seismische Verschiebung hob die Spannungen an die Oberfläche, die sich in den Jahrhunderten tatsächlicher und im Diskurs ausgetragener Kämpfe gebildet hatten. Hunderte, wenn nicht Tausende Schriftsteller_innen und Aktivist_innen nahmen in den frühen Jahren nach dem Krieg an dieser Veränderung teil. Tatsächlich sah die Philosophin Simone Weil diese Verschiebung schon während des Zweiten Weltkriegs voraus. Im Jahre 1943, kurz vor ihrem Tod, schrieb sie über den kommenden Sturm und warnte mit erschreckender Vorahnung, dass Frankreich »zu wählen hat zwischen Festhalten an seinem Imperium und der Notwendigkeit noch einmal eine Seele zu haben [...].Wenn es die falsche Wahl trifft, [...] wird es weder das eine noch das andere haben, sondern einfach die schrecklichste Heimsuchung, [...] und alle, die sprechen oder eine Feder führen können, werden ewig verantwortlich für ein Verbrechen sein.«[206] Eine weitere frühe Warnung vor der Verschiebung kam 1948 mit Sartres aufwiegelnder Einleitung *Orphée Noir* zu Senghors *Anthologie de la Nouvelle Poesie Nègre et Malgache de Langue Française*: »Was erwartet Ihr zu hören, wenn der Knebel, der die Stimmen schwarzer Menschen zum Schweigen gebracht hat, entfernt wird? Dass sie Euer Lob herausdonnern werden? [...] Erwartet Ihr Bewunderung in ihren Augen zu lesen?«[207] Hier wurde das kollektive Selbstbild von Europäer_innn durch das sich verändernde Selbstbild der Kolonisierten in Frage gestellt und hinterließ sowohl eine ernsthafte narzisstische Wunde als auch manchmal eine neue Offenheit für die nicht-europäischen ›Anderen‹. In seiner Schilderung der Wirkung der Dekolonisierung schreibt Jean-François Lyotard im Zusammenhang mit Sartres Beschreibung der Rückkehr des kolonialen Blicks vom psychischen Fallout der Dekolonisierung: »Man kann die Qual der Europäer angesichts des algerischen Widerstands nicht verstehen, ohne sie in den Zusammenhang mit dem selbstbeschwichtigenden Paternalismus, in dem die Kolonialisten zu leben versuchten, zu stellen [...]. Stellen sie sich die Benommenheit wohlhabender Franzosen vor! Ihre Welt wurde nicht einmal mehr bloß in Frage gestellt, ihre Welt wurde – genau – umgedreht.«[208]

Elisabeth Young-Bruehl zufolge überwogen in der unmittelbaren Nachkriegszeit drei antirassistische öffentliche Diskurse: (1) die kritische Analyse des Antisemitismus; (2) die Diskussionen um die Unterdrückung der kolonisierten Bevölkerungen und den Rassismus gegen Afro-Amerikaner; und (3) die Kritik des Sexismus.[209] Die letztere Kritik geht auf Simone de Beauvoirs *Das andere Geschlecht* und auf die Frauenbefreiungsbewegung zurück. Manchmal gab es diskursive Überkreuzungen, so in Beauvoirs Beobachtungen über

> »die tiefen Ähnlichkeiten zwischen der Situation der Frau und der des Negers. Beide sind heute dabei sich von einem gleichen Paternalismus zu befreien, und die ehemalige Herrenklasse will ›sie an ihrem Platz halten.‹ ... Die ehemaligen Herren ergehen sich verschwenderisch in mehr oder weniger finsteren Lobpreisungen entweder über die Vorzüge des ›guten Negers‹ mit seiner schlummernden, kindlichen, frohen Seele – den fügsamen Neger – oder über die Verdienste der Frau,

206 Simone Weil, *Simone Weil on Colonialism: An Ethic of the Other*, hrsg. und übers. von J.P. Little (Lanham, MD. Rowman and Littleffield, 2003), 124.

207 Jean-Paul Sartre, *Orphée Nègre*, übers. von S.W. Allen (Paris: Présence Africaine, 1963), 7.

208 Jean-François Lyotard, »The Social Content of the Algerian Struggle« (1959), zitiert in Phyllis Taouas wunderbarem *Forms of Protest* (Portsmouth, NH: Heinemann, 2002), 189.

209 Elisabeth Young-Bruehl, *The Anatomy of Prejudices* (Cambridge: Harvard University Press, 1996).

die ›wahrhaft feminin‹ ist, d.h., frivol, infantil, unverantwortlich – die fügsame Frau. In beiden Fällen beruft sich die herrschende Klasse dabei auf einen Stand der Dinge, den sie selbst geschaffen hat.«[210]

Diese Streitbeiträge greifen unweigerlich die Aufklärungsdebatten wieder auf. Waren Menschenrechte universell oder auf einige wenige Privilegierte beschränkt? Waren die Sklaverei oder ihre neuzeitlichen Varianten, wie z.B. die Diskriminierung, in ›bestimmten Klimazonen‹ berechtigt oder überall zu verurteilen? Waren Frauen wirklich den Männern gleichberechtigt? Koexistierte Schwesternschaft mit Bruderschaft? Galt der Gesellschaftsvertrag auch in Bezug auf *race* und Sexualität?

Während sie auf den fortschrittlichen Flügel der Aufklärung bauten und auf die ihnen vorausgegangenen antikolonialen Denker_innen und Aktivist_innen, begannen Persönlichkeiten wie Ho Chi Minh, Che Guevara, Juliuus Nyerere, Kwame Nkrumah, Sékou Touré, Amícar Cabral, Malcolm X, Patrice Lumumba, Martin Luther King, Jr. und Aimé Césaire die für selbstverständlich gehaltenen ›Rassen‹hierarchien und die Kolonialarchitektur der Welt auseinanderzunehmen. Césaires *Discours sur le colonialisme*, erschienen 1950, deckte zum Beispiel die rassistischen Untertöne innerhalb des in Frankreich herrschenden Diskurses auf und führte dabei vielfältige Beispiele von Politiker_innen, Geograf_innen, Theolog_innen, Psycholog_innen und Romanciers an.[211]

Den Hintergrund der US-Kulturkämpfe bildeten inzwischen die ersten Bürgerrechtsmärsche und massiven Demonstrationen gegen den Krieg. Nachdem sie geholfen hatten, den Nationalsozialismus in Europa zu besiegen, traten afroamerikanische Veteran_innen dem apartheidlichen Rassismus in den Vereinigten Staaten selbst entgegen. 1954 erklärte der oberste Gerichtshof das Gesetz, welches »getrennte aber gleiche« Schulen vorschrieb für ungültig, weil ›getrennt‹ niemals ›gleich‹ sein könnte. Rosa Parks weigerte sich im hinteren Teil des Busses zu sitzen, *freedom riders* verwandelten Greyhound-Busse in Protestfahrzeuge und viele Schwarze (und einige weiße Unterstützer_innen) wurden von weißen Rassist_innen ermordet. In Birmingham, Alabama, traten 1963 Tausende Demonstant_innen Polizeiknüppeln, -hunden und Wasserwerfern entgegen. Martin Luther King, Jr. griff in seinem Kampf gegen die Segregation auf die Pfahlwurzel zweier grundlegender amerikanischer Rhetoriktraditionen zurück, erstens, der biblischen Sprache von Gerechtigkeit, Exodus und dem ›Land der Verheißung‹, und zweitens, der Sprache der Aufklärung der *Bill of Rights* und der Unabhängigkeitserklärung, um einer breiteren Öffentlichkeit die »more perfect union« (den vollkommeneren Bund) der Präambel nahezubringen.

210 Simone de Beauvoir, *Das andere Geschlecht* (Reinbek bei Hamburg: Rowohlt, 1951), zitiert nach der amerikanischen Ausgabe *The Second Sex* (New York: Penguin, 1972), xxvii.
211 Aimé Césaire, *Discours sur le Colonialisme* (Paris: Réclame, 1950).

Als die Nachkriegsjahre Zeuge des nur noch von Großbritannien übertroffenen Niedergangs des französischen Imperiums wurden, erhielt Frankreich eine Schlüsselstellung in der Verschiebung des Denkens über *race* und Kolonialismus. Zunächst bestand die französische Regierung in der Zeit unmittelbar nach dem Krieg weiterhin auf einer unnachgiebig kolonialen Haltung, zuerst in Südostasien, wo die Französ_innen die vietnamesische Unabhängigkeit bis zur Niederlage der französischen Armee 1954 in Điện Biên Phủ unterdrückten –sie wurden durch US ›Ratgeber‹ ersetzt – und dann in Algerien, wo der Kolonialismus nach bitteren politischen Kämpfen in Frankreich selbst 1962 endete,. Vieles von dem französischen Beitrag zur intellektuellen Verschiebung nach dem Krieg war Teil dieser Kämpfe, in denen antikoloniale Schriftsteller wie Césaire und Fanon von Martinique, Algerier wie Gisèle Halimi und der Tunesier Albert Memmi zusammen mit afro-amerikanischen Exilanten wie Richard Wright weiße französische Verbündete in Leuten wie Henri Alleg, Jean-Paul Sartre, Simone de Beauvoir, Edgar Morin, Francis Jeanson und François Maspero fanden. Gleichzeitig führte das ökonomische Wachstum Frankreichs zum Anwerben von Bürger_innen aus den Kolonien als Arbeiter_innen. Zunächst von der Mehrheit der Bevölkerung als Gäste auf Zeit angesehen, sollten die Immigrant_innen nach einem kurzen Arbeitseinsatz in der Fabrik wieder nach Hause zurückkehren. Doch die Anziehungskraft des Nachkriegswohlstands der *Trente Glorieuses* führte zusammen mit der Instabilität in Algerien nach der Unabhängigkeit zu beträchtlichen Bevölkerungsumschichtungen. Am Ende der 1960er Jahre gab es in Frankreich neben 600.000 Algerier_innen, 140.000 Marokkaner_innen und 90.000 Tunesier_innen weitere Tausende westindische und westafrikanische Französ_innen.

Sowohl Frankreich, Brasilien und die Vereinigten Staaten hatten jeweils ihre antiimperialistischen, antikapitalistischen, antirassistischen, antisexistischen, antiheterosexistischen und antiautoritären Bewegungen. Ihre Projekte waren nicht nur metaphorisch, sondern auch konkret in transnationalen Aktivist_innennetzwerken miteinander verknüpft. Die Bewegungen wichen in ihren Schwerpunktsetzungen jedoch voneinander ab, je nachdem, ob sie im früher imperialen und jetzt autoritären Frankreich de Gaulles agierten oder in einem neu kolonisierten Brasilien, das durch eine US-gestützte Diktatur unterdrückt wurde oder in dem, was José Martí den »Bauch der Bestie« (die Vereinigten Staaten) nannte. In Frankreich unterstützte die Bewegung vom Mai 68 lautstark ›Dritte Welt‹-Revolutionen (in China, Vietnam Kuba, Algerien) und US-amerikanische ›innerkoloniale‹ Minderheitenbewegungen (Black Panthers, American Indian Movement, Young Lords), die sie in Teilen als Modell für Erste-Welt-Revolutionär_innen ansahen. Eine ›trikontinentale‹ vereinte Front verband einen linksgefärbten Revolutionismus mit einem glühenden Antikolonialismus.

Die Nachkriegsverschiebung in Brasilien wiederum nahm Formen an, die denen in Frankreich und in den Vereinigten Staaten sowohl ähnelten als auch von ihnen abwichen. Da Brasilien, anders als die Verreinigten Staaten und Frankreich, keine imperialistische Macht war, gab es keinen Anlass für eine Bewegung gegen ›brasilianischen Imperialismus‹, sondern gegen den der USA. Und da Brasilien keine gesetzlich gestützte Ausgrenzung betrieb, gab es keine Notwendigkeit für gewaltige Bürgerrechtsmärsche gegen de jure Segregation. Anders als in Frankreich waren ›Rassen‹unterschiede schon immer Thema bei den Debatten um nationale Identität gewesen, ob in der Form romantischer ›indianistischer‹ Diskurse oder rassistischer Theorien von ›Degeneriertheit‹ oder ›rassendemokratischer‹ Diskurse. Politisch war die Zeit nach dem Zweiten Weltkrieg seit dem Sturz von Getúlio Vargas' autoritärem Neuen Staat eine Zeit relativer Demokratisierung. Der rechtsextreme ›Integralismus‹ war in der Defensive, und demokratische Bewegungen waren im Aufschwung. Viele linke brasilianische Intellektuelle sympathisierten mit antikolonialen Bewegungen einschließlich jenen in den portugiesischen Kolonien (Angola, Mozambique, Guinea-Bissau und São Tomé). In dieser Epoche begannen brasilianische von der Dependenztheorie beeinflusste Intellektuelle, von Brasilien als einer ›abhängigen‹, ›peripheren‹ und ›neokolonisierten‹ Nation zu sprechen.

Hier richten wir unser Augenmerk kurz auf Frantz Fanon als exemplarischer, die seismische Verschiebung verkörpernde Figur, die in allen drei Zonen einen tiefen Eindruck auf das intellektuelle Leben und den Aktivismus hinterließ. Fanon dient hier sowohl als Metonym als auch als Metapher für einen von vielen Denker_innen erzeugten Paradigmenwechsel. Fanon, dessen Arbeit auf Césaires Ruf nach einer ›kopernikanischen Revolution‹ im Denken aufbaut, wurde bekannt als eloquenter Kritiker kolonialer Unterdrückung und als scharfsinniger Diagnostiker der Zwillingspathologien von Weiß- und Schwarzsein. Indem er zur Verbindung zwischen Kolonialismus und Rassismus arbeitete, machte Fanon in *Schwarze Haut, weiße Masken* aufmerksam auf die ›Rassen‹spannungen in den Metropolen und in *Die Verdammten dieser Erde* auf die Revolutionen in der ›Dritten Welt‹. Fanon inspirierte das schwarze Befreiungsdenken überall in der Diaspora, während er selbst wiederum von der algerischen Revolution inspiriert war.

Eine Art posthumen Ringens um Fanons Erbe hat das Interesse an seinem Werk wiederbelebt – mit heißen Debatten über die von Geschlecht geprägte Politik des Schleiers, über Fanons ›therapeutische‹ Theorie der Gewalt und über die relativen Vorzüge des psychoanalytisch orientierten Buches *Schwarze Haut, weiße Masken* gegenüber dem revolutionären Sozialismus von *Die Ver-*

dammten dieser Erde.[212] Zeitgenössische Forscher_innen haben dabei die heutzutage archaisch und rückwärtsgewandt scheinenden Teile in Fanons Werk von den vorweggreifenden und vorausschauenden Teilen entflochten. Eine ›postnationalistische‹ Epoche ist sich Fanons Grenzen bewusster geworden, sprich, seiner gelegentlichen Romantisierung von Gewalt, seiner Idealisierung der Bäuer_innenschaft, seiner schmalen Kenntnis arabischer/muslimischer Kultur, seiner blinden Flecken bezüglich in Geschlecht und Sexualität wurzelnder Unterdrückung. Gleichzeitig hat die Gegenreaktion ihn manchmal karikiert als (1) einen Befürworter von Gewalt um ihrer selbst willen, (2) als einen krypto-totalitären Komplizen des ›Dritte-Welt-Gulags‹ und (3) als manichäischen Partisan platter Dichotomien von Kolonisierer_innen und Kolonisierten. Fanons Anprangern des binären Charakters der kolonialen Situation – beispielsweise, dass Algerien durch Kontrollpunkte und Ghettoisierung entzweigerissen wurde – ist gelegentlich dazu benutzt worden, um Fanon selbst den Vorwurf des binären Denkens zu machen. Eine andere Denkrichtung macht aus Fanon einen proto-poststrukturalistischen Analytiker der gewundenen postkolonialen Hybriditäten.

Doch wenn man heute Fanon erneut liest, so offenbart sich seine außergewöhnliche Weitsichtigkeit als Vorläufer mehrerer intellektueller Bewegungen. In seinen lapidaren Sätzen finden wir den Keim vieler radikaler theoretischer Entwicklungen, die heute in verschiedenen Bereichen relevant geworden sind. Fanons antikoloniales Dezentrieren Europas in *Die Verdammten dieser Erde* (1961) kann jetzt als das Werk gesehen werden, das Derridas in *Die Struktur, das Zeichen und das Spiel im Diskurs der Humanwissenschaften* (1966) geäußerte Behauptung sowohl herausgefordert als auch vorweggenommen hat, nämlich, dass die europäische Kultur »ausgerenkt« ist, d.h., gezwungen damit aufzuhören, sich als die alleingültige »Referenzkultur« zu gerieren.[213] Was Fanon ›Sozialtherapie‹ nannte, nahm auf ähnliche Weise die ›Antipsychiatrie‹ solcher Autoren wie David Cooper, R.D. Laing und Felix Guattari vorweg. Mit seinen Fragen ging Fanon die eurozentrischen Grenzen der Psychoanalyse an. Wie kann Freuds ›Sprechkur‹, so fragte er, in einer Situation, in der soziale Unterdrückung ›außergewöhnliches Unglücklichsein‹ erzeugt, ei-

212 Um nur einen winzigen Teil der betreffenden Forschungsarbeiten zu zitieren, denken wir dabei an die Arbeit von Homi Bhabha, Diana Fuss, Henry Louis Gates, Jr., Louis Gordon, Neil Lazarus, David Macey, Anne McClintock, Christopher Miller, Benita Parry, Kristin Ross, Edward Said, Françoise Vergès und Robert Young.

213 Jacques Derrida, »Structure, Sign, and Play in the Discourse of the Human Sciences«, inRichard Macksey and Eugenio Donato, Hrsg., *The Languages of Criticism and the Sciences of Man: The Structuralist Controversy,* (Baltimore: John Hopkins University Press, 1970) 245–267.

nen Übergang zu ›gewöhnlichem Unglücklichsein‹ befördern? Wie kann die Psychoanalyse den Patient_innen dazu verhelfen ›sich anzupassen‹, wenn der Kolonialismus unendliche Unangepasstheit heraufbeschwört? Wie können Patient_innen sich in ihrer Umwelt ›zu Hause‹ fühlen, wenn der Kolonialismus die Kolonisierten zu Fremden in ihrem eigenen Land macht?[214]

In diesem Sinne kritisierte Fanon auch den Psychoanalytiker Octave Mannoni, der in seinem Buch *Prospero and Caliban: The Psychology of Colonization* argumentierte, dass kolonisierte Bevölkerungen unter einem ›Abhängigkeitskomplex‹ litten, welcher sie dazu verleite, sich mit den Kolonialist_innen als Vaterfigur zu identifizieren. Für Fanon identifizierten sich die Kolonisierten jedoch nicht mit Skakespeares kolonisierendem Prospero, sondern vielmehr mit dem zornigen und rebellischen Caliban. Tatsächlich verfolgte Fanons Landsmann aus Martinique und Mentor Césaire dieselbe Identifikationslogik in seiner veränderten Fassung von *Der Sturm*, in der Caliban zum Caliban X wird, dem militanten Schwarzen, der Prospero dafür anprangert, dass er ihn gelehrt habe, seine Sprache gerade gut genug zu plappern, um Befehlen zu folgen, aber nicht gut genug, um zu studieren. In diesem Sinn ergänzen sich die antirassistische Psychologie von *Schwarze Haut, weiße Masken* und die revolutionäre Soziologie von *Die Verdammten dieser Erde* gegenseitig in der Tiefe. Obgleich Fanon gelegentlich, wie David Macey nachweist, Lacan zitiert, war er kein Lacanianer Während Lacan sich gegen die ›Ich-Psychologie‹ wandte, betonte Fanon die Notwendigkeit, das Ich der Kolonisierten zu stärken.[215] Gleichzeitig trug Fanon selbst sowohl durch seine Analyse des Rassismus der Metropolen als auch durch seine scharfe Kritik am Nationalismus (im Kapitel über »Die Fallen des Nationalbewusstseins« in *Die Verdammten dieser Erde*) dazu bei, einen von der Psychoanalyse entlehnten Diskurs zu entwickeln, und zwar das akademische Feld des ›postkolonialen Diskurses.‹[216]

Obgleich Fanon nie von ›orientalistischem Diskurs‹ gesprochen hat, nimmt seine Kritik an der kolonialen Bildsprache vorweg, was später »antiorientalistische Kritik« à la Edward Said genannt wurde. Wenn Fanon vorbringt, dass die Kolonialist_innen von den Kolonisierten nicht sprechen könnten, ohne das Bestiarium zu beschwören, so richtete er die Aufmerksamkeit auf die Tierbezüge, mit denen die kolonisierende Bildsprache die Kolonisierten zu Bestien und Tieren machte. Fanons Darstellung des dynamischen Siedlers, der vor dem Hintergrund stumpfsinniger, im Sumpf der Tradition steckender Kre-

214 Frantz Fanon, *Les damnés de la terre* (Paris: Maspero, 1961)

215 Octave Mannoni, *Prospero and Caliban: The Psychology of Colonization* (Ann Arbor: University of Michigan Press, 1991). Vgl. David Macey, *Frantz Fanon: A Biography* (New York: Picador, 2000), 323.

216 Frantz Fanon, *Die Verdammten dieser Erde.*

aturen Geschichte macht, nahm Johannes Fabians Kritik an der Projektion in der klassischen Anthropologie vorweg, die die Kolonisierten als ›allochron‹ im Sumpf einer vermeintlich trägen ›Tradition‹ Steckende behandelte, die sie als Antithese zur Moderne begriff.[217] Für Fanon wie auch für Fabian sind Kolonialist_in und Kolonisierte kontemporär und stehen auf gleicher Zeitstufe. Indem er das ›fortschrittliche‹, eurozentrische Zwei-Geschwindigkeits-Paradigma des Fortschritts zurückweist, besteht Frantz Fanon darauf, dass die Kolonisierten niemanden ›einholen‹ wollen.

Fanon kann auch als Wegbereiter der *Cultural Studies*, der *Critical Race Studies* und sogar der *Whiteness Studies* angesehen werden. Obgleich die *Cultural Studies* sich als Projekt noch nicht gebildet hatten, praktizierte Fanon auf jeden Fall schon eine Version dessen, was später so genannt wurde. Schon in den 1950er Jahren griff er alle möglichen Aspekte des kulturellen Lebens – den Schleier, den Tanz, die Sprache, die Trance, das Radio und den Film – als legitime Studienobjekte auf und überdeterminierte Orte sozialer und kultureller Auseinandersetzung. Obgleich Fanon oft zur Karikatur des rassistischen Fanatikers entstellt wurde, nahm er tatsächlich aber die antiessentialistische Kritik am Rassenbegriff vorweg. »Alle Neger unter der Bezeichnung ›Negervolk‹ zusammenzuwerfen,« so schreibt er in *Für eine afrikanische Revolution,* »heißt, sie jeder Möglichkeit individuellen Ausdrucks zu berauben.«[218] Für Fanons auf Beziehungen gerichteten Blick in *Schwarze Haut, weiße Masken* ist der schwarze Mensch nicht nur gezwungen schwarz zu sein, sondern »muss schwarz in Beziehung zum weißen Menschen sein.«[219] Der schwarze Mensch ist, wie Fanon es ausdrückt, »Vergleich.«[220] Noch sei ›Rasse‹ eine vorrangige Kategorie; der Kolonialismus, so erklärt er, »war nur zufällig weiß.«[221] ›Rasse‹ war ein übergestülpter Artefakt, nicht eine Sache intrinsischer Merkmale. Die Wahrnehmung von *race* und Hautfarbe selbst sei sogar durch Sprache gebeugt; »der Schwarze«, so schrieb er in *Schwarze Haut, weiße Masken,* »werde proportional weißer ... in direktem Verhältnis zu seiner Beherrschung der französischen Sprache.«[222] Wie die späteren Poststrukturalist_innen sah Fanon Identität als sprachlich, situativ, konstruiert und projiziert an. »Wenn der Westinder nach Frankreich geht«, so

217 Johannes Fabian, *Time and the Other: How Anthropology Makes Its Object* (New York: Columbia University Press, 1983).

218 Frantz Fanon, Pour la révolution Africaine (Paris: Maspero, 1964) zitiert nach der amerikanischen Ausgabe, *Toward the African Revolution* (New York: Grove, 1988), 17.

219 Frantz Fanon, *Peau Noire, masques blancs* (Paris: Seuil, 1952) zitiert nach der amerikanischen Ausgabe, *Black Skin, White Masks* (New York: Grove, 1994), 110.

220 Ebd., 211.

221 Ebd., 202.

222 Ebd., 18.

schreibt er, »erfährt sein Phänotyp eine Mutation.«[223] (Jean Genet sprach diese Instabilität in seinem Stück *Les Nègres* an, indem er fragt, »Was ist dann ein Schwarzer, und vor allem, was ist die Farbe des Schwarzen?«)[224] Als jemand, der sich seines eigenen Schwarzseins erst in Frankreich äußerst bewusst wurde und der von einigen Algerier_innen als kulturell europäisch wahrgenommen wurde, besaß Fanon ein feines Gespür für den konjunkturellen, veränderbaren Charakter sowohl der ›Rassen‹kategorisierungen als auch der kommunitaristischen Selbstdefinitionen.

In Fanons Arbeit deutet sich auch schon an, was später verschiedentlich ›Abhängigkeitstheorie‹, ›Systemtheorie‹ oder ›Theorie vom Zentrum und der Peripherie‹ genannt wird. Seine in *Schwarze Haut, weiße Maske* aufgestellte Behauptung, dass »Europa im Wortsinn die Schöpfung der Dritten Welt ist«[225], – d.h., dass der Reichtum und Wohlstand eines übersättigten Europas dem Elend und der Verarmung der Dritten Welt geschuldet ist – antizipierte die Argumente späterer Theoretiker_innen wie Andre Gunder Frank und James Petras (für Lateinamerika), Walter Rodney (für Afrika), Manning Marable (für Afro-Amerika) und Samir Amin und Immanuel Wallerstein (für die Welt ganz allgemein). Fanons Anmerkung, dass »Objektivität für das kolonisierte Subjekt immer etwas gegen es Gerichtetes ist«, liefert ein ähnlich geschichtlich frühzeitiges Beispiel der antiimperialistischen und antikapitalistischen Medienkritik, die in den 1960ern und 1970ern und danach so beherrschend wurde.[226]

Fanons Werk wurde in der Folge nicht nur in Frankreich und der frankofonen Welt verbreitet, sondern auch in der arabischen und muslimischen Welt und in großen Teilen Süd-, Mittel- und Nordamerikas, Afrikas sowie Asiens. In Brasilien wurde Fanon zu einer wesentlichen Bezugsperson für die Schwarzenbewegung, wie sie von Charakteren wie Abdias do Nascimento, Clóvis Moura, Lelia Gonzalez, Amauri Mendes Preira und Yedo Ferreiro vertreten wurde.[227] Fanons Arbeit inspirierte die von Paulo Freire entwickelte ›Pädagogik der Unterdrückten‹, das von Augusto Boal aufgeführte und theoretisch begründete ›Theater der Unterdrückten‹ sowie antikolonialistische künstlerische Manifeste, wie die ›Ästhetik des Hungers‹ des Filmemachers Glauber Rochas. In den Vereinigten Staaten wurde Fanons Werk äußerst bekannt, sowohl unter

223 Ebd., 19.

224 Jean Genet, *Les Nègres* (1959), Vorwort, in *Théâtre Complet de Jean Genet* (Paris: Gallimard, 2002).

225 Fanon, *Die Verdammten dieser Erde*, 102.

226 Ebd., 37.

227 Vgl. Antonio Sérgio Alfredo Guimarães, »Recepção de Fanon no Brasil e a Identidade Negra,« *Novos Estudos* 81 (July 2008).

schwarzen Aktivist_innen als auch unter Akademiker_innen, die seine Bücher in vielen Studienzweigen auf die Leselisten setzten. Außerdem lieferte Fanon einen nachhaltig prägenden Text für lateinamerikanische Intellektuelle, die die neokoloniale Dimension ihrer jeweiligen Geschichte beschreiben wollten. Fanons antikoloniale Schlüsselbegriffe strahlten nach außen und beeinflussten den Feminismus (der Fanons Drei-Stufen-Theorie der Ent-Entfremdung gender-theoretisch anpasste), den Situationismus (der die metaphorische ›Kolonisierung‹ des Alltagslebens anprangerte) und den soziologischen Radikalismus (der französische Bäuer_innen als ›Verdammte der Erde‹ betrachtete).

Die Radikalisierung der Disziplinen

In der Fortsetzung des Erbes der antikolonialen Denker_innen haben zahllose Intellektuelle an allen drei Orten daran gearbeitet, die Wissensproduktion zu dekolonialisieren. Die frühen ›Dritte-Welt‹-Studien und die späteren multikulturellen, ethnischen und *Critical Race Studies* sowie postkoloniale Projekte bilden gewissermaßen den wissenschaftlich akademischen Flügel der seismischen Verschiebung und dienen sowohl der Unterstützung als auch der theoretischen Unterfütterung sozialer Bewegungen. In der akademischen Welt der USA förderten einige institutionelle und demografische Veränderungen diese Dekolonisierungsentwicklung. Das Ende der de jure Segregationund der Aufstieg einer schwarzen Mittelschicht erleichterte Schwarzen den Zugang zu Bildung. Veränderungen der Immigrationsgesetze (besonders das Hart-Cellar Immigrationsgesetz von 1965) erleichterten andererseits Asiat_innen, Afrikaner_innen und Lateinamerikaner_innen den Erwerb der Staatsbürgerschaft, was zu Druck aus den communities auf die Universitäten führte, diese Bevölkerungsgruppen sowohl als Studierende als auch als Professor_innen einzubinden. Indigen amerikanische, afro-amerikanische, mexikanisch-amerikanische, asiatisch-amerikanische und euro-amerikanische Radikale übernahmen Positionen als akademisch Lehrende, was wiederum zu neuen Programmen und Kursen führte, die die Geschichte, Theorien und Perspektiven von Menschen einbezogen, die traditionell von den patriarchalischen und eurozentristischen Eliten marginalisiert worden waren. Professor_innen begannen, Themen zu *race*, Klasse, Geschlechte, Nation, Sexualität und Imperialismus in ihre Pädagogik und Forschung zu integrieren, was zu heftigen ideologischen Auseinandersetzungen sowohl in als auch außerhalb der Universitäten führte.

Ebenso fingen viele Wissenschaftler_innen an, ihre Fachbereiche in Hinblick auf die durch die Dekolonisierung und Minderheitenkämpfe ausgelösten globalen Veränderungen zu überdenken. Fachbereiche, in denen der Westen als sowohl sprechendes Subjekt als auch als Objekt der Forschung für selbstverständlich erachtet wurde, wurden jetzt der Kritik unterzogen. Das Infragestellen der Protokolle des Eurozentrismus hatte deutliche Auswirkungen auf die meisten akademischen Fachbereiche, wenn auch zu verschiedenen Zeiten und auf unterschiedliche Weise. Kritische und sogar aufrührerische Studienvorschläge wurden in rekombinierten Wortschöpfungen wie ›revisionistische Geschichte‹, ›kritisches Recht‹, ›radikale Philosophie‹, ›reflexive Anthropologie‹ und ›kritische Pädagogik‹ ausgedrückt – wobei die Adjektive eine Neufassung eines kanonischen akademischen Fachs von der Peripherie und von unten her andeuteten. Die Stoßrichtung bedeutete eine doppelte Kritik – erstens an der *Anwesenheit* eurozentristischer Perspektiven und zweitens an der *Abwesenheit* von nichteuropäischen und nicht-weißen Professor_innen, Studierenden und kulturellen Themen. Dekolonisierende Projekte verlangten umfassendere Bildungssysteme, kulturell vielfältigere politische Repräsentation, ›ethnisch‹ fairere Rechtssysteme und größere Rechte für Indigene, Immigrant_innen, Schwule und Frauen. Das Ziel war es, egalitäre soziale Verhältnisse zu schaffen, bei denen der Staat nicht von einer einzigen ›Ethnie‹ beherrscht würde, sondern die Gesamtheit seiner Bürger_innen repräsentierte, die alle ein gleiches Anrecht auf sowohl Anerkennung als auch Umverteilung hätten. Dies bedeutete unweigerlich, dass die geschichtlichen Praktiken, die die strukturellen Ungleichheiten überhaupt erst erzeugt hatten, mit in Betracht gezogen wurden.

Im Folgenden skizzieren wir einige wenige Beispiele direkter Kampfansagen, wie sie sowohl aus dem Innern der Fachbereiche als auch interdisziplinär entstanden, gegen die Protokolle der eurozentristischen Wissensproduktion. Ein dekolonisierendes Wirtschaftswissenschaftsfach zum Beispiel setzte sich ab von den Standardtheorien der Modernisierung und einer von freier Marktwirtschaft getragenen Entwicklung, denen zufolge westliche Finanzinvestitionen den Wohlstand in der ›Dritten Welt‹ antreiben würden. Die Abhängigkeitstheorie lehnte den Diskurs von ›Entwicklung‹ ab, der sich einen Prometheusgleichen Westen als Katalysator eines ökonomischen ›Abhebens‹ vorstellte, das nur die geschichtliche Abfolge der Entwicklung des Westens rekapitulierte. Für Abhängigkeitstheoretiker_innen nimmt eine solche Betrachtung fälschlich an, dass die Ressourcen der Welt der ›Dritten Welt‹ genauso zur Verfügung standen wie den Kolonialmächten während dessen, was Marx als die »Morgenröte der kapitalistischen Produktionsära« bezeichnete.[228] Als Mischung von radikalen Ideen einer internationalen Gruppe von Denker_innen, wie Raúl Prebisch, Fernando Henrique Cardoso, Celso Furtado, Andre Gundder Frank, James Petras und Paulo Singer, betrachtete die Abhängigkeits-

228 Karl Marx, *Das Kapital*, Bd. 1, Hrsg. Friedrich Engels (Berlin: Karl Dietz Verlag, 1947, 1962), 779.

theorie die Armut in der Welt und ihren Reichtum als dialektisch mit einander verflochten. Dasselbe hierarchische Weltsystem, das von den kapitalistischen Ländern und Konzernen der Metropole kontrolliert wurde, erzeugte gleichzeitig sowohl den Reichtum der Ersten Welt als auch die Armut der Dritten Welt als die zwei Seiten derselben Medaille. Reichtum impliziert Armut, so wie der Norden einen Süden beinhaltet.

Die Abhängigkeitstheorie kritisierte den Marxismus sowohl als sie ihn auch erweiterte, indem sie die Analyse von Klassen innerhalb von Nationen auf die ökonomischen Beziehungen zwischen den als untergeordnet bzw. übergeordnet eingestuften Klassen von Nationen übertrug. Auf diese Weise ging sie über den Klassenkampf als ausschließlichem Fokus hinaus und betrachtete untergeordnete Nationen als Protagonisten des weltgeschichtlichen fortschrittlichen Wandels.

Die ursprünglich mit Lateinamerika verknüpfte Abhängigkeitstheorie wurde für Afrika in Walter Rodneys *Afrika - Die Geschichte einer Unterentwicklung (How Europe Underdeveloped Africa)* und für Afro-Amerika in Manning Marables *How Capitalism Underdeveloped Black America* umgesetzt. Die Theorie wurde auch in einem weltweit verbreiteten Buch des uruguayischen Journalisten Eduardo Galeano popularisiert, dessen Titel – *Die offenen Adern Lateinamerikas* – metaphorisch die Kerntendenz der Abhängigkeitstheorie in einer Erzählung vampirartiger Ausbeutung und an Christus gemahnenden Leids zusammenfasst, in der Zentrum und Peripherie in einem Kampf auf Leben und Tod ineinander verbissen sind.

Die Abhängigkeitstheorie wurde in der Folge wegen ihres ›Metrozentrismus‹ kritisiert sowie wegen ihrer Unfähigkeit, das Wechselspiel zwischen Lokalem und Globalem zu erfassen und wegen ihrer Blindheit gegenüber der modernisierenden Kraft sogar reaktionärer Regime. Obgleich ihre Stoßrichtung eindeutig antiimperialistisch war, verlieh die Abhängigkeitstheorie manchmal einer unbewussten prometheischen Botschaft Ausdruck, die die ›Dritte Welt‹ immer noch als das passive Opfer einer allmächtigen ›Ersten Welt‹ definierte. Der spätere brasilianische Präsident Fernando Henrique Cardoso forderte daher eine differenziertere Theorie, die die vielfältigen ›Situationen‹ von Abhängigkeit mit einbeziehen würde.[229] In jedem Fall erfordert eine gründliche Analyse der Beziehungen zwischen Norden und Süden einen zumindest teilweisen Rückgriff auf eine modernisierte Abhängigkeitstheorie, wie sie dann zur ›Weltsystem-Theorie‹ (Wallerstein) und ›Entkopplungs-‹ und ›Zentrums-Peripherie-Theorie‹ (Samir Amin) gewandelt erschien. Während diese neuen Inkarnationen der Abhängigkeitstheorie diese subtiler und flexibler gestalte-

229 Vgl. Fernando Henrique Cardoso, »The Consumption of Dependency Theory in the United States,« *Latin American Research Review* 3, Nr. 12 (1977): 7–24.

ten, sahen sie immer noch den Kolonialismus und den Neokolonialismus als bestimmende Faktoren für die heutigen ökonomischen Ungleichheiten an.[230] Das Dekolonisierungsprojekt stellte auch die Protokolle der Geschichtsschreibung infrage. Statt der einspurigen Erzählungen mit ihrem einen Rhythmus der Modernisierung, fanden die Historiker_innen bei der Neubetrachtung parallele, aber differenzierte Narrative multipler Modernitäten. In den Vereinigten Staaten richteten sie ihr Augenmerk auf die ›Kehrseite‹ der amerikanischen Geschichte, indem sie auf die für den Aufbau des US-amerikanischen Nationalstaats grundlegende Enteignung aufmerksam machten. Wissenschaftler_innen wie Richard Slotkin, Richard Drinnon und Francis Jennings schrieben die ›Eroberung des Westens‹ um zu einem Exempel des kolonialen Expansionismus. Während sie die selbstbeweihräuchernden Versionen der US-Geschichte zurückwiesen, richteten die Vertreter_innen der ›Sozialgeschichte‹, der ›radikalen Geschichte‹ und der ›von-unten-nach-oben Geschichte‹ die Aufmerksamkeit auf den Genozid, den gegen die Schwarzen gerichteten Rassismus, den Imperialismus, sowie auf die schwarzen und indigenen Aufstände. Afroamerikanische Wissenschaftler_innen wie John Hope Franklin, Darlene Clark Hine, Cedric Robinson, Manning Marable, Thelma Wills Foote, Angela Davis und Robin D.G. Kelley wiederum rückten die zentrale Rolle des Rassismus in der US-amerikanischen Geschichte und den schwarzen Kampf um Freiheit und Gerechtigkeit in den Vordergrund. Gleichzeitig wandten Historiker_innen neue Methoden an, um die subalternen Stimmen der Geschichte hörbar zu machen, indem sie beispielsweise Gerichtsakten ›gegen den Strich‹ lasen, um die geheimen Geschichten des Widerstands auszugraben. (Manches dieser radikalen Arbeit erschien in der Form von populärgeschichtlichen Bestsellern, wie Howard Zinns *Eine Geschichte des amerikanischen Volkes* und James Loewens *Lies My Teacher Told Me*).

Die Neubetrachtung der Geschichtsschreibung hinterfragte US-amerikanische Exzeptionalismusideologien über die ›Frontier‹, diesem Euphemismus für das von europäischen Eindringlingen besetzte indigene Land. Richard Drinnen spürte dem Prozess nach, mittels dessen weiße Feindseligkeit gegenüber den ›Wilden‹ während der gesamten US-Geschichte immer wieder aufgewärmt wurde. Der Prozess begann mit den ›prototypischen Opfern‹, den Pequots, die 1637 massakriert wurden, als die Puritaner 400 von ihnen zu »einem feurigen Ofen« in ihrem Dorf nahe des Mystic Rivers machten und später 300 weitere im Matsch des Fairfield Sumpfes erledigten, ein frühes Beispiel jener ›rechtschaffenen Massaker‹, die einen besonders gewalttätigen Zug in der

230 Vgl. zum Beispiel Immanuel Wallerstein, *The Modern World System: Capitalist Agriculture and the Origins of the European World Economy in the Sixteenth Century* (New York: Academic, 1974).

US-amerikanischen Geschichte gebildet haben.[231] Diese Aggressivität weitete sich später aus über die ›Manifest Destiny‹ (›offensichtliche Bestimmung‹) zur ›Conquest of the West‹ (›Eroberung des Westens‹). Mit der Monroe Doktrin erklärte die US-amerikanische Machtelite dann Lateinamerika zu seiner ›Einflusssphäre‹, ein Konzept das während des »imperialistischen Saufgelages« zur Jahrhundertwende ausgedehnt wurde auf die Philippinen, wo viele US-Generäle das Kommando hatten, die vorher in den Plains und Apachenkriegen gekämpft hatten.[232] Tatsächlich lieferte das Modell der Eroberung des Westens, der ›Frontier‹, das Muster für die Beziehungen zwischen den Vereinigten Staaten und einem Großteil der Welt. Mit dem neokonservativen »Projekt für ein neues amerikanisches Jahrhundert« wurde die ganze Welt zur ›Frontier‹. Es brachte damit einen territorialen und kapitalistischen Expansionismus an einen erschöpften Höhepunkt, dessen Ursprünge auf die ersten Jahre der Bildung des US-Nationalstaates zurückgehen.

Innerhalb der Rechtswissenschaften, stellten wiederum ›kritische Rechts-‹, critical race und feministische Studien die Universalität der herrschenden, männerlastigen Formen weltlicher Rechtstheorie und –praxis in Frage. Repräsentiert durch Rechtswissenschaftler_innen wie, unter anderen, Derrick Bell, Patricia Williams, Richard Delgado, Regina Austin, Roberto Unger Manabeira, Paulette Caldwell, Randall Kennedy und Kimberlé Crenshaw gruben die Bereiche des ›Kritischen Rechts‹ und besonders der *Critical Race Theory* die Klassen-, Geschlechts- und ›Rassen‹protokolle aus, die dem gegen die Armen, die Schwarzen und Frauen manipulierten, gleichzeitig aber die kapitalistischen Regeln des Besitzes als Norm setzenden US-amerikanischen Rechtssystem zugrunde liegen. Vertreter der Critical Race Theory bewiesen mit leidenschaftlicher Präzision und literarischer Kraft, dass der Rassismus in US-amerikanischer Rechtssprechung und Gesellschaft keineswegs anomal, sondern normal und vorherrschend war.

Die Philosophie, lange einer der weißesten, männlichsten und eurozentristischsten Fachbereiche, entging der Kritik ebenfalls nicht. Statt anzunehmen, dass Europa immer der Ideengeber ist, nahmen kritische Philosoph_innen wie Lewis Gordon, Anibal Quijano, Enrique Dussel, Adrian Piper, Lucas Outlaw, Charles Mills und Emmanuel Eze Gegenströmungen in den nicht-europäischen Kritiken westlicher Philosophie wahr. Statt den Mythos der Einzigartigkeit westlicher Selbstreflexivität zu akzeptieren, empfahlen kritische Philosoph_innen dem Westen selbst reflexiver gegenüber seiner eigenen Reflexivität

231 Richard Drinnon, *Facing West: The Metaphysics of Indian-Hating and Empire-Building* (New York: Schocken Books, 1980).

232 Richard Slotkin, *Gunfighter Nation: The Myth of the Frontier in Twentieth-Century America* (New York: Atheneum, 1992), 110.

zu sein. Statt den Westen als universell und den Nicht-Westen als partikulär festzuschreiben, schlugen kritische Philosoph_innen vor, dass das Universelle von jedem Ort aus gedacht und angesprochen werden kann. Afro-diasporische Philosoph_innen machten auf die rassistische und kolonialistische Dimension des Denkens der Aufklärung aufmerksam. Die deutlich rassistischen ethnologischen Schriften eines Kants oder eines Hegels, so argumentierten sie, könnten nicht länger säuberlich von ihrer Philosophie getrennt gehalten werden. Kritische Philosoph_innen begannen, von ›Gegenaufklärungen‹ und ›Para-Aufklärungen‹ zu sprechen. Schwarze und Chicana-Feminist_innen ihrerseits betonten eine Politik des Ortes, während die feministisch gefärbte Standpunkttheorie anregte, dass *race* und Geschlecht unausweichlich ihren Einfluss auf den vermeintlich neutralen philosophischen und wissenschaftlichen Blick ausübten.

Auf dem Gebiet der Erziehung, stellten die Vertreter_innen der radikalen Pädagogik, den ideologischen Konservatismus der Bildungssysteme in den Ländern Amerikas in Frage, zum Teil beeinflusst von den Theorien des *conscientização* (der Bewusstseinsbildung) des brasilianischen Philosophen und Pädagogen Paulo Freire . In den Händen solcher Autor_innen wie Ivan Illich, Chandra T. Mohanty, Peter MacLaren und Henry Giroux wurde die Pädagogik zu einem subversiven Projekt. In vielen Bereichen begannen Wissenschaftler_innen die in ihren Fächern regierenden positivistischen, objektivistischen und wissenschaftsgläubigen Annahmen zu hinterfragen, beispielsweise die Vorstellung einer objektiven und leidenschaftslosen Geschichtswissenschaft, die vermeintlich von Identität und Erfahrung der betreffenden Historiker_innen oder von politischen und ideologischen Zeitströmungen unbeeindruckt bliebe. Ähnlich wurde das Gebiet der Anthropologie, einst eine Domäne des kolonialen Geflechts von Macht und Wissen, von Personen wie Talal Assad, Johannes Fabian, Renato Rosaldo, Angela Gilliam, Mick Taussig, Ann Laura Stoler, Terence Turner und Faye Ginsburg der Kritik unterzogen. Indem sie sich gegen den Strom der kolonialistischen Tradition wandten, kamen Anthropolog_innen in allen drei Zonen dazu, von ›geteilter Anthropologie‹, ›reflexiver Anthropologie‹, ›symmetrischer Anthropologie‹, ›umgekehrter Anthropologie‹ und ›dialogischer Anthropologie‹ zu sprechen. Der brasilianische Anthropologe Eduardo Viveiros de Castro definierte in diesem Geiste den Auftrag der Anthropologie zur »permanenten und nicht endenden Dekolonisierung des Denkens« um. Im Zusammenspiel mit ähnlichen Schritten anderswo (beispielsweise der »Provinzialisierung Europas« und der »Verdrittweltlichung zu Hause«) spricht Viveiros de Castro vom »Anthropologisieren des Zentrums«, bei der Anthropolog_innen bloß noch »Interpretationen zu einander in Beziehung setzen« und das Ziel nicht Objektivierung sondern Subjektivierung sei.[233]

Abgesehen davon, dass die seismische Verschiebung eine heilsame Krise innerhalb der traditionellen Fachdisziplinen entfachte, erzeugte sie auch neue ›Interdisziplinen‹ und ›Transdisziplinen‹. In Nordamerika nahmen diese transdisziplinären Trends eine institutionalisierte Form in den sogenannten *Ethnic Studies* an, einem Überbegriff, der schließlich Programme und Institute zu indigenen, afro-amerikanischen, asiatisch-amerikanischen, und Latino (beispielsweise Chicano im Südwesten und Puerto-Ricanischen im Osten) Forschungsbereichen umfasste. Manning Marable zufolge gab es im Jahr 1996 in den USA bereits fast 100 Institute für *Ethnic Studies*, darunter ungefähr 45 Institute für *Black Studies*, 17 für *Chicano/Puerto Rican Studies* und acht für *Asian Studies*.[234] Die *Ethnic Studies* schufen neue institutionelle Räume für dekolonisierte Wissenformen und öffneten den Weg für neue Kurse, Texte und Wissensstandards.

Die mit den verschiedenen sozialen Identitäten verknüpften politischen/akademischen Umwandlungen waren das Ergebnis von Umwälzungskräften von unten nach oben und von oben nach unten, die unterschiedliche Hegemonie- bzw. Widerstandskoeffizienten aufwiesen. *Ethnic Studies* Programme und Institute entstanden als Antwort auf den Aktivismus in den Kommunen. Sie wurden nun auch unterstützt von gemeinnützigen Stiftungen. Teils als Antwort auf die städtischen Rebellionen der 1960er Jahre ließ die Ford Stiftung ab 1968 Gelder in Programme und Institute afro-amerikanischer Studien fließen. Zwischen der Gründung des Student *Non-Violent Coordinating Committee* (SNCC, studentisches gewaltfreies Koordinationskomitee) und den lautstarken Forderungen nach *Black Studies* »torkelte das Land«, so Noliwe Rooks, »in einer Atmosphäre von Attentaten, Lynchmorden, Krieg, städtischen Aufständen, Universitätsunruhen und Polizeiausschreitungen auf einen Anschein von Rassengleichheit zu.«[235] *Black Studies* Programme wurden zum Austragungsort des Konflikts zwischen radikalem örtlichen Aktivismus und denjenigen, die diesen Aktivismus ›kontrollieren‹ wollten. Während Verfechter der *Black Power* diese Programme als »eine breite revolutionäre Bewegung betrachteten, die fähig wäre die bestehende Ordnung umzustürzen«, betrachteten Liberale sie gewöhnlich »als ein Mittel der Rassenintegration und des Zugangs zu größeren Chancen.«[236] Jene, die verächtlich von selbstgefälligen

233 Vgl. die Sammlung von Interviews in *Eduardo Viveiros de Castro*, Hrsg., Renato Sztutman (Rio de Janeiro: Azougue, 2008), 79.

234 Vgl. Manning Marable, *Dispatches from the Ebony Tower: Intellectuals Confront the African American Experience* (New York: Columbia University Press, 2000), 243–264.

235 Noliwe M. Rooks, *Black Money/White Power* (Boston: Beacon, 2006), 16.

236 Ebd., 22.

›Campus-Streitigkeiten‹ sprechen, vergessen oft die politisch folgenschweren Zusammenstöße zu Beginn dieser Debatten. Die institutionelle Herausforderung für *Ethnic Studies* bestand darin, eine synergetische Koalition zu bilden statt in einen Wettbewerb zu geraten, in dem ›Bindestrich-Amerikaner‹ um die Krümel vom Tisch der Herrschaften kämpften. Die intellektuelle Herausforderung bestand darin, ein laterales Gespräch unter den Marginalisierten hervorzubringen statt eines Korsos von Subalternen of Color, die sich innerhalb der Grenzen der USA um ein weißes Zentrum drehen würden.

Während *Ethnic Studies* sich institutionell als Teil der Kämpfe der 1960er und 70er Jahre herausbildeten, kamen die etablierteren Fachbereiche in den 80ern und 90ern unter multikulturellen und *affirmative action* Druck. Die Debatte um den Bildungskanon in Literaturabteilungen setzte auf einer Ebene die Anstrengung der *Ethnic Studies*, Minderheitenperspektiven aufzunehmen, fort und erweiterte diese sogar, aber tat dies jetzt innerhalb der anerkannten Disziplinen selbst. Parallel dazu begannen akademische Standesorganisationen wie die *Modern Language Association* (MLA) und die *Society for Cinema Studies* (SCS) den Kanon multikultureller zu gestalten und ihre Mitgliederschaft zu diversifizieren, was zu beträchtlichen Streitigkeiten führte, und zwar nicht nur zwischen der multikulturellen Linken und der monokulturellen Rechten, sondern auch innerhalb der Linken in Bezug auf die relative Bedeutung von Klasse, *race*, Geschlecht und Sexualität und in Bezug auf die sich wandelnden Beziehungen zwischen den unterschiedlichen theoretischen Ansätzen wie Marxismus, Feminismus und Poststrukturalismus.

Unter der Einwirkung der *Ethnic Studies* nahmen in den 1980er Jahren auch die *American Studies* eine multikulturelle Wende. Wissenschaftler_innen stellten die amerikanische Anglo-Normativität infrage, die das Fach mit ihrem exzeptionalistischen Bestehen auf Einzigartigkeit beherrscht hatte und richteten die Aufmerksamkeit auf aus den USA kommende Literatur, die in anderen Sprachen als dem Englischen geschrieben waren. Außerdem enthüllten sie die imperialistischen Unterströmungen in der Literatur des bisherigen Kanons. Gleichzeitig hob die multikulturelle Wende die antiimperialistische Richtung der Schriften solcher Autor_innen wie Melville, Thoreau, Twain und DuBois hervor. In einer darauf folgenden Wende, die von transnationalen, feministischen, durch Wissenschaftler_innen wie Caren Kaplan, Inderpal Grewal, Chandra Mohanty, Minoo Moallem und Jacqui Alexander repräsentierte Studienprojekten geprägt wurde, hat das Fachgebiet der *Transnational Studies* die Ströme an Menschen und kultureller Information über alle Länder Amerikas hinweg betont, um gleichzeitig immer noch die hierarchische Natur der ›Kanäle‹ dieser Ströme einzuräumen. In dem Maße wie Wissenschaftler_innen in anderen Bereichen die Erkenntnisse der *Ethnic Studies* zitierten und einbezogen, wurden Aspekte von ›Rasse‹, Kolonialismus und Multikulturalität schließlich als für alle Forschungsbereiche und alle Gemeinden relevant erachtet, selbst wenn diese Aspekte auf ungleiche Weise erlebt wurden.

Eine weitere Gruppe interdisziplinärer Forschungsbereiche, die sich auf geografische Regionen beziehen, wurde mit dem Begriff *Area Studies* (Regionsstudien) bezeichnet. Diese bestehen aus Lateinamerikanisch-Karribischen Studien, Asiatisch-Pazifischen Studien, Afrikanischen Studien und Nah-Ost Studien. (Es war symptomatisch, dass Westeuropa und die Vereinigten Staaten keine solche Region darstellten; stattdessen bildeten sie stillschweigend die normativen Hauptquartiere, von denen alle anderen Regionen strategisch kartiert wurden.) Obgleich die Ursprünge dieser *Area Studies* auf die imperiale Kartierung des 19. Jahrhunderts zurückgingen, entwickelte sich dieser Forschungsbereich mit Beginn des Kalten Krieges zu voller Blüte. Zwischen *Ethnic Studies* und *Area Studies* gab es gegenseitig eine deutliche thematische Überschneidung. US-Minderheiten ›hier‹ standen eindeutig in Verbindung mit Mehrheiten ›dort drüben‹: Afro-Amerikaner_innen mit Afrika, Latin@s mit Lateinamerika und so weiter. Aber wenn sich die Themen der zwei Studiengebiete auch überschnitten, so waren ihre Entstehungsgeschichten und ihre politische Ausrichtung doch deutlich verschieden. Während *Ethnic Studies* aus dem Aktivismus ›rassisch‹ definierter Gemeinden entstanden, wurden *Area Studies* durch die US-Regierung von oben verordnet und spiegelten den Hunger nach Fachkenntnis bezüglich der verschiedenen Regionen wieder, in denen die US-Hegemonie durch nationalistische und kommunistische Aufstände herausgefordert worden war.

Unterschiedliche unerwartete Wendungen in diesem Prozess führten jedoch zu einer partiellen Überschneidung zwischen progressiven Wissenschaftler_innen aus den zwei interdisziplinären Fachgebieten. Auch, wenn die Lateinamerikanischen Studien als ein von der Regierung unterstütztes Unternehmen begannen, so waren viele der akademischen Nutznießer_innen von Regierungsfördermitteln, vor allem in den 1960er und 70er Jahren, überhaupt nicht geneigt, mit dem Programm konform zu gehen; viele wurden offene Kritiker_innen der Politik der US-Regierung. Der Historiker Warren Dean hielt fest, dass die US-Regierung ihre Fördermittel für Lateinamerikanist_innen reduzierte, weil »95% der Begünstigten gegen die Diktaturen waren.«[237] Der Brasilianist Robert Levine beschreibt die Situation in den 1970er Jahren wie folgt:

> »Die jüngeren Akademiker_innen [in den Vereinigten Staaten], von denen viele in der Bürger_innenrechtsbewegung gekämpft oder im Peace Corps gedient oder gegen den Vietnamkrieg demonstriert hatten, sympathisierten mit den Zielen der

237 Warren Dean zitiert nach José Carlos Sebe Bom Meihy, *A Colônia Brasilianista: História Oral de Vida Acadêmica* (São Paulo: Nova Stella, 1990).

kubanischen Revolution und standen der Außenpolitik der Vereinigten Staaten kritisch gegenüber ... Mit der zunehmenden Repression in Brasilien nach 1968 zeigten die meisten der jungen ausländischen Wissenschaftler_innen in Brasilien ihre Solidarität mit den Gegner_innen des Regimes.«[238]

Der Historiker James Green zeichnet diesen Prozess aufschlussreich und detailliert in seinem Buch *We Cannot Remain Silent: Opposition to the Brazilian Military Dictatorship in the United States* nach.[239] In einem Gespräch aus dem Jahre 2001 erinnert sich die Historikerin Barbara Weinstein der Gefühle aus jener Zeit:

> »Zu jener Zeit glaubte ich leidenschaftlich, dass eine weltweite sozialistische Umwandlung eine historische Möglichkeit sei. Und ich fühlte, dass Lateinamerika in der Vorfront dieses globalen revolutionären Prozesses stehen würde. Ich hielt meine Kommiliton_innen, die sich entschieden US-politische Geschichte oder europäische Geistesgeschichte zu studieren, für elitär oder engstirnig. Im Gegensatz dazu verdeutlichte meine Wahl Lateinamerikas meine politische Identifikation mit der Dritten Welt gegenüber der Ersten.«[240]

Weinsteins Erinnerungen rücken eine Asymmetrie zwischen Nord und Süd ins Bewusstsein, die den politischen Rollen linker Intellektueller, die dem Druck nationalstaatlicher Mentalität ausgesetzt sind, innewohnte. Die Bedeutung von ›links‹ selbst verändert ihre Valenz und ihren Gefühlsinhalt. Für Lateinamerikaner_innen aus dem globalen Süden bedeutet ›links‹ zu sein nationalistisch und antiimperialistisch zu sein, also teilzunehmen am Kampf der eigenen Nation, um ihren rechtmäßigen Platz im Konzert der Nationen zu sichern. Antagonistische Wissenschaft wird hier Teil einer ›nationalen Allegorie‹ (Jameson, Xavier), in der die Wissenschaftler_innen die Nation innerhalb eines Narrativ des Widerstands (be-)schreibt. Für Nordamerikaner_innen, die im Gegensatz dazu aus einem imperialistischen Land kommen, heißt ›links‹ sein ein Dissident und in einem gewissen Sinn *anti*-US-nationalistisch sowie antiimperialistisch zu sein und teilzunehmen an den Bemühungen den Amerikozentrismus zu *bekämpfen* und die Macht Amerikas in der Welt einzudämmen.[241]

---

238 Levine zitiert nach Rubens Barbosa, *O Brasil dos Brasilianistas* (São Paulo: Paz e Terra, 2002), 62.

239 James N. Green, We Cannot Remain Silent: Opposition to the Brazilian Military Dictatorship in the United States (Durham: Duke University Press, 2010).

240 Barbara Weinstein, »Buddy, Can You Spare a Paradigm?,« *Americas* 4, no. 57 (2001): 453–466.

241 Wir untersuchen dieses Thema in Shohat/Stam, *Flagging Patriotism: Crises of Narcissism and Anti-Americanism* (New York: Routledge, 2007).

Multikulturalismus und der dekolonisierende Korpus

Was in den Polemiken der Kulturkämpfe oft verloren geht, ist das eigentliche wissenschaftliche Werk – das, was man etwas schwerfällig den ›dekolonisierenden Korpus‹ nennen könnte – das durch die seismische Verschiebung erzeugt wurde. Breitgefasst enthält dieser Korpus die unter unterschiedlichen Namen und Rubriken geleistete und von Hunderten von Wissenschaftler_innen in vielen Ländern ausgeführte Arbeit. Zum heutigen Zeitpunkt umfasst der Korpus solche unterschiedlichen Denkströmungen wie die Theorie von der Dritten Welt als eigentlichem historischen Handlungssubjekt (*Third Worldism*), das Modernitäts-Kolonialitäts-Projekt, antiimperialistische Medienstudien, die *Critical Race Studies, Critical Whiteness Studies*, lateinamerikanische *Subaltern Studies, (Multi-) Cultural Studies, Asian Studies*, den transnationalen Feminismus, feministische und als ›Nebenfach‹ angebotene frankofone Studien, *Latino Studies, Asian Studies*, das Studium visueller Kultur, die Analyse sozialer Bewegungen, eine *race* und Nationalstaatsgrenzen überschreitende Literaturgeschichte, eine *race und queere* Aspekte beachtende Gendertheorie, die kritische Wissenschaftstheorie, radikale Pädagogik, reflexive und experimentelle Anthropologie, postmoderne Stadtforschung und Geografie, Gegenaufklärungsphilosophie, Grenztheorie, alternative Globalisierungstheorie sowie die *Postcolonial Studies*, um nur einige wenige der vielen Gegenströmungen und Einrichtungen zu nennen. Tatsächlich erschließt jede dieser Kategorien weitere, so dass wir die Liste leicht mit mehr Teilgebieten anfüllen könnten.[242]

---

242 Eine sehr begrenzte Liste von mit dieser Konstellation von Forschungsgebieten verknüpften Namen würde die folgenden enthalten: Norma Alarcón, M. Jacqui Alexander, Paula Gunn Alien, Sonia Alvarez, Gloria Anzaldúa, Joel Zito Araújo, Talal Assad, Pat Aufderheide, Houston Baker, Derrick Bell, Sophie Bessis, Homi Bhabha, J. M. Blaut, Julianne Burton, Dipesh Chakravarty, Ward Churchill, James Clifford, Kimberlé Crenshaw, Carol Boyce Davies, Angela Davis, Richard Delgado, Vine Deloria, Manthia Diawara, Arif Dirlik, Anne Donadey, Ariel Dorfman, Richard Drinnon, Lisa Duggan, Enrique Dussel, Michael Eric Dyson, Arturo Escobar, Emmanuel Chukwudi Eze, Ruth Fankenberg, Robert Fisher, Shelley Fishkin, Juan Flores, Rosa Linda Fregoso, Coco Fusco, Diana Fuss, Teshome Gabriel, Paul Gilroy, Faye Ginsburg, Henry Giroux, Louis Gordon, Herman Gray, Inderpal Grewal, Donald Grinde, Ed Guerrero, Lani Guinier, Michael Hanchard, Donna Haraway, Sandra Harding, Paget Henry, bell hooks, Noel Ignatiev, Annette Jaimes, Francis Jennings, Caren Kaplan, Robin Kelley, Elaine Kim, Agostin Laó, Arturo Lindsay, Françoise Lionnet, George Lipschitz, James Loewen, Tommy Lott, Wahneema Lubiano, Oren Lyons, Peter Maclaren, George Marcus, Armand Mattelart, Walter Mignolo, Toby Miller, Trin T. Minh Ha, Nick Mirzoeff, Chandra Mohanty, Cherríe Moraga, Toni Morrison, Fred Motin, José Muñoz, Abdias do Nascimento, Elisa Larkin Nascimento, Vidal-Naquet, Lucius Outlaw, Charles Payne, Gary Peller, Gyan Prakash, Mary Louise Pratt, Laura Pulido, Vincent Raphael, Cedric Robinson, David Roediger, Renato Rosaldo, Andrew Ross, Joef Rufino, Vicki Ruiz, Edward Said, Jenny Sharpe, Edward Soja, Hortense Spillers, Gayatri Spivak, Benjamin Stora,

Obgleich die von uns verwendeten Rubriken schematisch sind, und obgleich es Spannungen zwischen und sogar innerhalb der unterschiedlichen Arten der Kritik gibt, haben alle diese heterogenen Forschungsfelder eines gemeinsam – eine kritische Auseinandersetzung mit dem historischen Erbe kolonialer und rassistischer Unterdrückung.

In den 80er und 90er Jahren des letzten Jahrhunderts kristallisierten schließlich zwei Schlüsselwörter diese Trends – ›Multikulturalismus‹ und ›Identitätspolitik‹. So wie sich die US-amerikanische Rechte in den 1960er Jahren gegen *Third Worldism* und *Civil Rights* gestellt hatte, so war sie in den 1980ern gegen den Multikulturalismus und die Identitätspolitik. Was die Verwünschungsflüche der Rechten zu dieser Zeit auslöste, war nicht die unbestreitbare Tatsache der scheckigen Vielfalt der Kulturen der Welt, also das, was wir mit Multikulturalität verbinden, sondern das größere Dekolonisierungsprojekt. Als eine der akademischen Facetten des Dekolonisierungsprojekts des ausgehenden 20. Jahrhunderts wurde der ›Multikulturalismus‹ zu einem Kürzel für ein breites Spektrum an Initiativen. Für jene Linken, für die der Begriff eine Hoffnung ausdrückte, zielte ›der Multikulturalismus genannte Wunsch‹ darauf ab, die Art und Weise, wie Wissen produziert und kulturelle Ressourcen verteilt wurden, umzustrukturieren. Indem sie aus dem Niedergang des allzu euphorischen ›Dritte Welt‹-Diskurses hervorgingen, der eine unmittelbare trikontinentale Revolution ausmalte, die gerade um die nächste Ecke der Dialektik in Wartestellung lag, forderten die radikalen Varianten des multikulturellen Projektes die Machtverhältnisse weniger direkt heraus. Der radikale Keim in einigen Varianten des Multikulturalismus ging zumindest in den Vereinigten Staaten auf die lange Tradition antikolonialer, antirassistischer und antikapitalistischer Bewegungen unter Linken of Color und ihren weißen Bündnisgenoss_innen zurück, die zusammen eine Koalition formten, die Cynthia A. Young die »US Dritte Welt Linke« nennt.[243]

Obgleich Multikulturalität jedwede Situation definiert, in der verschiedene ›ethnische‹ Kulturen miteinander innerhalb eines Nationalstaates interagieren, feierte der Multukultural*ismus* genau die Kulturen und Perspektiven, die von der herrschenden Kultur unterdrückt und stigmatisiert worden waren. In diesem Sinne bot er einen Schutzschirm für unterschiedliche Projekte und Bezugsgruppen und übersetzte die seismische Verschiebung in eine Sprache, die während der abnehmenden Popularität des *Third Worldism* angemessener schien. Vor allem

---

Her- bert Schiller, Richard Slotkin, Doris Sommers, Eric Sundquist, Clyde Taylor, Kendal Thomas, Robert Farris Thompson, Alice Walker, Cornel West, Patricia Williams, Sylvia Winter, Robert Young, George Yúdice, and Howard Zinn.

243 Vgl. Cynthia A. Young, *Soul Power: Culture, Radicalism, and the Making of a U.S. Third World Left* (Durham: Duke University Press, 2006).

war der multikulturelle Diskurs vielgestaltig, pluralistisch, kontingent und existierte in sich wandelnder Beziehung zu verschiedenen Institutionen, Diskursen, Fachbereichen, *Communities* und Nationalstaaten. Trotz der Ablehnung seitens der Rechten wie auch einiger Linker, ist es nützlich, die damaligen Vorteile des Begriffs ins Gedächtnis zurückzurufen: (1) Gerade seine Einschließlichkeit war einer breiten progressiven Koalition förderlich, was man von Begriffen wie ›Latino-Befreiung‹, die sich nur auf einen Strang im radikalen Spektrum anwenden ließen, nicht behaupten konnte; (2) seine strategische Unschärfe machte es möglich, kulturelle Institutionen wie Museen und Universitäten dazu zu bewegen, mehr Minderheiten zu beschäftigen und ihre Programme und Lehrpläne vielfältiger zu gestalten; (3) die Mehrdeutigkeit seiner Teilbegriffe umfasste einerseits das ›multi-‹, welches eine grundlegende Heterogenität auf der Basis multipler Identifikationsachsen evozierte, und andererseits den Begriff der ›Kultur‹, der einen stillschweigenden Tadel an die der zentralen Bedeutung von Kultur und *race* (neben der von Klasse) gegenüber blinden reduktionistischen Marxist_innen sowie an die der Bedeutung von *race* (neben der von Geschlecht) gegenüber blinden Feminist_innen richtete. Der Begriff enthielt bereits in sich selbst die Bewegung von einer nicht zu leugnenden demografischen Realität hin zu einem Bruch mit dem institutionellen Status Quo.

Die ›Kultur‹ im Begriff des Multikulturalismus machte den Weg frei für ein Feiern der vielen lebendigen kulturellen Ausdrucksformen, die aus den Zwischenräumen der Unterdrückung hervorkommen. Ökonomistischen Bestandsaufnahmen, die die Kultur als bloßen Überbau behandelten, fehlte diese Dimension oft. Kritik und Feier werden einerseits durch Worte wie ›Kolonialismus‹ und ›*Race*‹, die eine Dystopie der Unterdrückung beschwören, inszeniert , und andererseits durch Worte wie ›Multikulturalismus‹, ›Interkulturalismus‹, ›alternative Globalisierung‹, ›Vielzahl‹ und ›Allmende‹, die Utopien von Gerechtigkeit und Konvivialität beschwören. Während Geschichte als »dasjenige, was wehtut« (Jameson) unbestreitbar schmerzlich ist, bringen Kunst und Populärkultur es manchmal fertig, geschichtlichen Schmerz durch ihre unvergleichliche Kreativität umzuwandeln, was zum Beispiel in afro-diasporischer Musik geschieht.[244] Außerdem bewahrte der Begriff ›Multikulturalismus‹ die Erinnerung an zwei historisch zusammenhängende Herkunftsbewegungen, die dekolonisierenden Unabhängigkeitsbewegungen in der ›Dritten Welt‹ und die Minderheitenkämpfe in der ›Ersten Welt‹. Die linguistische Operation, ›multi-‹ und ›kulturell‹ zusammenzuschweißen, setzte andrerseits eine Koalitionsstrategie verbal um, die das Binäre im Diskurs über ›Rassenbeziehungen‹ transzendierte.

---

244 Fredric Jameson, *The Political Unconscious: Narrative as a Socially Symbolic Act* (Ithaca: Cornell University Press, 1981).

Mit der Zeit wurde das Konzept des ›Multikulturalismus‹ eine entsinnlichte Matrix oder ein Code, um Jamesons Sprache zu verwenden, innerhalb derer unterschiedliche Diskurse um Hegemonie wetteiferten. Da, wie Raymond Williams schon lange vorher in *Keywords* aufgezeigt hatte, das Wort ›Kultur‹ an sich schon eine Vielfalt von Bedeutungszuschreibungen umfasste – von Arnolds elitärer des »Besten, was je gedacht und geschrieben wurde« bis zur anthropologischen Bedeutung einer mit anderen geteilten Lebensweise – konnte das hinzugefügte ›multi-‹ diese anfängliche Mehrdeutigkeit nur noch zu einer wahrhaften Kakofonie der Bedeutungen steigern.[245] Als Begriff, der ein soziales und intellektuelles Projekt benannte, das an der Schnittstelle kritischer Wissenschaften entstand, war ›Multikulturalismus‹ für verschiedene Interpretationen offen und verschiedenen politischen Kräftefeldern ausgesetzt; er wurde ein changierender Begriff, auf den diverse Gruppen ihre Hoffnungen und Ängste projizierten. Gerade seine Offenheit machte ihn empfänglich, wie wir sehen werden, für sowohl die Idealisierung als auch die Dämonisierung durch die Linke wie auch die Rechte.

Als transnationale Aussage änderte ›Multikulturalismus‹ seine Richtung und Wertigkeit entsprechend unterschiedlichen Situationen.[246] In den Vereinigten Staaten trat er vor dem Hintergrund von Minderheitskämpfen, der Bürger_innenrechtsbewegung und dem US-amerikanischen Neoimperialismus hervor, in Kanada vor dem Hintergrund des anglo-französischen Bikulturalismus und der Rechte der *Native Canadians*, in Australien vor dem Hintergrund der Enteignung der Aborigines und der Einwanderung aus Asien und dem Mittelmeerraum, in Mexiko vor dem ideologischen Hintergrund von *la raza cósmica* und *mestizaje* und der demografischen Realität quasi-autonomer Indigenengruppe wie den Maya und den Zapotec. In Brasilien fand er in ein diskursives Feld Einzug, in dem die Schlüsselworte ›Rassenmischung‹, ›Rassendemokratie‹ und ›sozialer Ausschluss‹ gewesen waren. Das englische Wort *multiculturalism* wanderte inzwischen nach Holland und Deutschland, wo ›Multi-Kulti‹ gegen normative ›Leitkultur‹ anging. Anders als in Frankreich, wo die Spannungen sich um postkoloniale Immigration drehten, hatten die Spannungen in Deutschland mit einer türkisch-kurdischen *Gastarbeiter*minderheit ohne Verbindung zu früherer deutscher Kolonialgeschichte zu tun, die aber wegen Blut-und-Boden Definitionen nationaler Identität trotzdem

245 Raymond Williams, *Keywords: A Vocabulary of Culture and Society* (New York: Oxford University Press, 1976).

246 Für einen umfassenden Überblick über die sich ändernden Bedeutungen von »Multikulturalismus,« besonders in der anglofonen Welt, vgl. Sneja Gunew, »Postcolonialism and Multiculturalism: Between Race and Ethnicity,« *Yearbook of English Studies* 27 (1997): 22–39.

marginalisiert wurde. Auf der internationalen Bühne wiederum postulierte ein UN-Bericht von 2003 über »kulturelle Freiheit in der heutigen vielfältigen Welt« die ›multikulturelle Demokratie‹ als eine Alternative zu zwei Fehlrichtungen, (1) dem ›ethnischen‹ Separatismus und (2) der Assimilation.[247] Die UN-Formulierung war bedeutsam, weil Kritiker_innen den Multikulturalismus oft aus gegensätzlichen Richtungen als entweder zu separatistisch oder zu assimilationistisch abgelehnt hatten, während der UN-Bericht ihn als Ablehnung dieser beiden Zuschreibungen definiert, was andeutet, dass es selbst über die Kernbedeutung des Wortes keinen Konsens gab.[248]

Während Multikulturalismus in Australien und Kanada quasi offizielle Politik wurde, war er in den Vereinigten Staaten Teil einer oppositionellen Politik. Trotzdem sahen einige Afro-Amerikaner_innen ihn als Verwässerung schwarzer Besonderheit in einer faden Minestrone, anstatt dass eine würzige afro-diasporische Gumbo aufgetragen würde. Einigen *Native Americans* wiederum widerstrebte es, bloß als eine weitere unterdrückte ›Minderheit‹ gesehen zu werden statt als die Erben souveräner Nationen, die zu einer vorher bestehenden panindigenen kontinentalen Mehrheit gehörten. *Native Americans*und Afro-Amerikaner_innen artikulierten daher sich leicht von einander unterscheidende Kritiken. Afro-Amerikaner_innen befürchteten, dass, wenn die besondere Art der ihnen zugefügten Unterdrückung durch den Begriff Multikulturalismus verloren ging, dies die Begründung für Maßnahmen zur Kompensation von Sklaverei und Diskriminierung untergraben würde, während *Native Americans* befürchteten, dass ihre auf der Tatsache gründende Besonderheit, die einzigen ursprünglichen Souveräne des Landes zu sein, durch den Begriff abgesprochen bekämen.

247 Vgl. das United Nations Entwicklungsprogramm, *Cultural Liberty in Today's Diverse World*, Human Development Report 2004.

248 Wir zitieren den Bericht nur, um auf die vorherigen Kritiker_innen aufmerksam zu machen, die Multikulturalismus auf entgegengesetzte Weise dargestellt haben. Unsere eigenen Vorbehalte gegenüber dem UN-Bericht sind die, dass er (1) zu sehr gekennzeichnet ist vom liberalen »Anerkennungs-« und »kulturellen Rechte«-Diskurs, (2) idealistisch ist in seiner Vernachlässigung der materiellen Geschichte (vor allem in Hinblick auf die Rolle von Kolonialismus und Imperialismus beim Errichten langlebiger – aber ihre Gestalt ändernder – Strukturen der Ungleichheit und politischen Ökonomie, z.B. der Trägheit einer auf der Basis von *race* vorgenommenen Aufteilung von Arbeit und Profit in und zwischen Ländern, selbst in »postkolonialer« Zeit) und (3) apolitisch ist, indem er Lösungen vorschlägt, die institutionell und psychologisch sind (was beides wichtig ist, aber nicht ausreicht), ohne tiefere, historisch abgelagerte strukturelle Machtbeziehungen zu untersuchen, wie zum Beispiel die Rolle, die eine konzerngesteuerte Globalisierung und das US-militärisch-industriellen Infotainment dabei spielen, fortschrittliche Veränderung extrem zu erschweren.

Die radikaleren Varianten dieser Projekte weckten den Zorn der Rechten, weil sie forderten, dass die Geschichte der Welt und das heutige soziale Leben aus einer dekolonisierenden Perspektive gesehen werden sollten. Aber auch bei Linken riefen diese Projekte Angst hervor, indem mehr vereinnahmende Varianten eines ›Multikulturalismus light‹ einen von Konzernen gemanagten *United Colors of Benetton*-Pluralismus beschworen, bei dem die etablierte Macht Differenz für kommerzielle Zwecke ausbeutete. Ein unterschwelliger Ethnozentrismus resultierte in dem, was wir einen ›Sterne-und-Streifen-Multikulturalismus‹ oder ›Nationalismus mit Sonnenbräune‹ genannt haben. Bildungsinstitutionen betrachteten die Themen manchmal durch eine exzeptionalistische Brille, die Differenz zwar pries, aber weder Klassenhierarchien noch nationalistische Paradigmen dekonstruierte. Das Feiern multikultureller Vielfalt verlor jedoch jede Bedeutung, wenn es nicht einherging mit einer Kritik der politischen Ökonomie, des Rassismus und Imperialismus und mit politischen Projekten für Gerechtigkeit, Ermächtigung und Umverteilung. Ohne solche Inhalte riskierte der Multikulturalismus zu dem Gutfühl-Vielfaltsgedusel zu werden, das einige Linke verhöhnten.

Postcolonial Studies und ihre Stellung

Ein Großteil der dekolonisierenden Arbeit der vergangenen zwei Jahrzehnte ist unter der Rubrik *Postcolonial Studies* geleistet worden. Definiert als eine interdisziplinäre Forschungsdomäne, die unter anderen Fächer wie Literatur, Geografie, Geschichte und Medienforschung umfasst und synthetisiert, erforschen *Postcolonial Studies* das koloniale Archiv und die postkoloniale Identität – oft in vom Poststrukturalismus deklinierter Arbeitsweise. Das postkoloniale Forschungsfeld bietet, nach Brett Christophers' kurzer Zusammenfassung, eine »weitreichende Kritik der politökonomischen Bedingungen und Denk-, Seh- und Repräsentationsweisen, die das Imperium einflößte und die [...] auf die eine oder andere Weise heute, nach dem formalen Imperiumsabbau, immer noch weiter bestehen.«[249] Während die Hauptachsen der Dekolonisierungs-Diskussion das Imperium und die Nation gewesen waren, so fächerte der Postkolonialismus die Achsen um *race*, Geschlecht, Klasse, Region, Religion, Sexualität und ›Ethnie‹ auf, ohne dass Nation und Imperium je aus dem Blick gerieten. Der Aufstieg des ›Postkolonialismus‹ fiel zeitlich überein mit dem teilweisen Niedergang des ›Dritte-Welt‹-revolutionären Paradigmas. Die Genealogie des postkolonialen Feldes geht zurück bis zu den eigentlichen antiko-

249 Brett Christophers, »Ships in the Night: Journeys in Cultural Imperialism and Postcolonialism,« *International Journal of Cultural Studies* 10, no. 3 (September 2007): 285.

lonialen Kämpfen und zu den sie begleitenden Debatten um Politikausrichtungen und Theorien nach dem Gewinn der Unabhängigkeit. Das Postkoloniale war im Keim im Antikolonialen angelegt. Das während der Dämmerung des französischen Kolonialismus in Algerien geschriebene Kapitel in Fanons *Die Verdammten dieser Erde* (1961) über die »Missgeschicke des nationalen Bewusstseins« stellte eine vorwegnehmende Geste in Richtung des postkolonialen Feldes dar. Fanon rief dabei die zu seiner Zeit verfügbaren theoretischen Idiome auf (Phänomenologie, Psychoanalyse, Marxismus und so weiter), während der Postkolonialismus die zu seiner Zeit verfügbaren theoretischen Idiome (also hauptsächlich poststrukturalistische) verwendete. Innerhalb der akademischen Welt wird als Gründungstext der *Postcolonial Studies* gewöhnlich Edward Saids Buch *Orientalism* (1978) betrachtet, da es Gramscis Idee der Hegemonie und Foucaults Ideen über den Diskurs und den Macht-Wissens-Komplex benutzt, um die Wege zu untersuchen, auf denen westliche imperiale Macht in Verbindung mit kolonisierenden Institutionen einen stereotypen ›Orient‹ konstruierte.[250] Obgleich teilweise von Fanon und Anouar Abdul Malek vorweggenommen, beleuchtete Saids Methode Fragen der Repräsentation auf eine poststrukturalistische Art. Der Postkolonialismus bringt so ein neues Idiom an Bord, in welchem ›Diskurs‹, der ›Macht-Wissens-Nexus‹ und ›Hegemonie‹ eine wichtige Rolle spielen.

Während ›Multikulturalismus‹ und *critical race* möglicherweise (aber nicht idealerweise) auf einen einzelnen Nationalstaat zutreffen, schreibt sich Postkolonialität notwendigerweise in ein Beziehungsverhältnis zwischen mindestens zwei nationalen Geografien ein, der kolonisierenden Metropole und der kolonisierten Nation. Gleichzeitig hängen die *race*-/Kolonialitätsdebatten mit größeren globalen Mustern zusammen und gehen damit sogar über binationale analytische Kategorien hinaus. Tatsächlich sprechen *Postcolonial Studies* oft viel umfassendere Beziehungsverhältnisse, die über eine einzelne Metropole und Kolonie hinausgehen, an, als da wären, jene zwischen den unterschiedlichen Metropolen im Allgemeinen (dem globalen Norden) und den kolonisierten oder früher kolonisierten oder an die Peripherie gedrängten Ländern im Allgemeinen (dem globalen Süden). Während *Critical Race Studies* und *(Multi)Cultural Studies* eine mittelbare Beziehung zu antikolonialen Kämpfen haben, bezieht sich der Postkolonialismus direkt auf sie, sogar wenn er einen Schritt über antikoloniale Politik und antikolonialen Diskurs hinaus propagiert.

Der postkoloniale theoretische Diskurs verwendet oft eine Rhetorik des Destabilisierens. Innerhalb dieser Mutation des Diskurses, verwandeln sich

250 Edward Said, *Orientalism* (New York: Vintage, 1979).

Tropen von ›roots‹ zu Metaphern der ›Routen‹ und ›Passsagen‹ und ›Rhizome‹. Eine Rhetorik unbefleckter Reinheit weicht Tropen des Vermischens, ob im Religiösen (Synkretismus), Genetischen (›Miscegenation‹), Linguistischen (Kreolisierung), Botanischen (Hybridität) oder Kulinarischen (Masala, Bouillabaisse, Gumbo, Feijoada). Die sichtbaren Kontrollposten der *Schlacht von Algier* entsprechen den unsichtbaren Barrieren zwischen Banlieue und Stadtzentrum in dem Frankreich von *La Haine*. Statt auf die vermeintlich binären Gegensätze des Antikolonialismus richtet die postkoloniale Theorie ihren Blick auf übergangslose Spektren. Vorstellungen einer ontologisch eindeutig bezogenen Identität verwandeln sich in ein facettenreiches Spiel von Identifikationen. Rigide Paradigmen kollabieren zu gleitenden Metonymien. Aufrechte, militante Haltungen weichen einem geschmeidigen Spiel ineinander verschachtelter Positionierungen. Revolution mit einem großen *R* transmutiert zu klein geschriebener *resistance*. Teleologische Narrative eines linearen Fortschritts werden ersetzt durch die sich im Zickzack bewegende Abfrage des Wandels. Vorstellungen progressiver, inszenierter Entwicklung weichen Tropen der Gleichzeitigkeit und des Kontrapunktes. Die Nation, die ihre einheitliche Form verliert, wird jetzt als Art Palimpsest gesehen, das mehrere Zeiten, Rhythmen und Perspektiven verkörpert. Die in biologischen Metaphern von Wachstum und Evolution ausgedrückte Idee der originären Nation wird ersetzt durch die Nation als etwas Imaginiertem, Erzähltem, Gestaltetem, Konstruiertem, Tropiertem.

Das Aufblühen der *Postcolonila Studies* in den späten 1980ern leitet sich zum Teil vom Eintritt Intellektueller aus früher kolonisierten Ländern in die anglofone akademische Welt ab, sowie von der stärkeren Sichtbarkeit von Bevölkerungen mit Immigrationshintergrund in den Vereinigten Staaten und Europa. Obgleich frankofone Denker_innen wie Césaire und Fanon den Keim legten für postkoloniales Denken, haben sich viele französische Intellektuelle aus Gründen, denen wir in einem späteren Kapitel nachgehen, bis vor kurzem zurückgehaltend dem Projekt gegenüber verhalten. Lateinamerikanische Intellektuelle wiederum sind etwas ambivalent gewesen und haben faktisch gesagt, dass der Postkolonialismus eine ›alte Neuigkeit‹ sei. Wenn Lateinamerika in gewisser Weise ›hinter‹ Europa zurück war – zum Beispiel in Bezug auf Technologie und Industrialisierung – so war es in anderer Weise kulturell europäischem Denken ›voraus‹, indem es die ›Vorteile ihrer Nachteile‹ hatte, das heißt, das doppelte, parallaktische Sehen, das daher rührt, dass man sowohl das Zentrum als auch die Peripherie kennt.

Die anglo-amerikanisch-indische Orientierung eines Großteils der *Postcolonial Studies* hat andererseits lateinamerikanische Intellektuelle oft in den theoretischen Hintergrund gedrängt. Gleichzeitig haben lateinamerikanische und Latino Wissenschaftler_innen (unter anderen, Enrique Dussel, Fernando Coronil, Walter Mignolo, Arturo Escobar, Anibal Quijano, Nelson Maldonado-Torres und Ramón Grosfoguel) das ›Kolonialitäts-/Modernitätsprojekt‹ formuliert. welches die von Indigen@s und lateinamerikanischen Antiimperialisten entwickelten Kritikansätze als grundlegend für jedes gründliche postkoloniale Projekt erachtet.[251]

Die postkoloniale Theorie ist kritisiert worden wegen (1) ihres Weglassens von Klasse (was manchmal beleidigend mit dem Oberschichtstatus einiger ihrer Hauptvertreter_innen in Zusammenhang gebracht wird); (2) ihrer Tendenz umfangreiche politische Auseinandersetzungen durch Reduktion auf intrapsychische Spannungen zu subjektivieren; (3) ihres Vermeidens politischer Ökonomie in einem globalisierten Zeitalter, in dem eine neoliberale Wirtschaft viele der von der postkolonialen Theorie wahrgenommenen kulturellen Veränderungen vorantreibt; (4) ihres obsessiven Antibinarismus, welcher das unauflösbar Binäre der kolonialen Situation selbst ignoriert; (5) ihrer herablassenden Einstellung gegenüber ›*Ethnic*‹ *Studies* aufgrund deren fehlender Theorie-Aura, obwohl sie aber dank ihrer Verbindungen zu potentiell aufständischen *Communities* oft eine direktere Herausforderung etablierter Macht bildeten; (6) ihrer Tendenz sich auf verblichene europäische Imperien zu konzentrieren und den aktuell existierenden amerikanischen Neoimperialismus zu vergessen; (7) ihrer Art eines Commonwealth-Zentrismus, der die britisch-indische Beziehung als Paradigma für Kolonialismus im Allgemeinen privilegiert; (8) ihrer ungenügenden Theoretisierung der Bedingungen ihrer eigenen Entstehung; (9) ihrer Übernahme eines hoch theoretischen Idioms, welches die Leser_innen in die exklusive Atmosphäre schwindelerregenden Changierens wirft und wenig Gefühl genauer Zeit oder eines präzisen Ortes vermittelt, außer, wenn der theoretische Hubschrauber auf einem willkürlichen geschichtlichen Beispiel oder literarischem Zitat ›landet‹; und (10) ihres Überprivilegierens der Themen Hybridität, Diaspora und Kosmopolitismus zuungunsten der Analyse der Machtdynamiken, die an sich in kolonialer und neokolonialer Gewalt stecken. Einige mit Lateinamerika verbundene Theoretiker_innen ziehen einen ›dekolonialen‹ und ›kolonialen Differenz-‹ Ansatz vor, der die vielfältigen kolonialen und postkolonialen Zusammenhänge betont, in dem Versuch, eine »epistemische Diversität der dekolonialen Interventionen in der Welt« in den Vordergrund zu rücken.[252] Selbstverständlich trifft vieles von der

251 Das Kolonialitäts-/Modernitätsprojekt ähnelt in gewisser Weise dem von uns in *Unthinking Eurocentrism: Multiculturalism and the Media* (New York: Routledge, 1994) vorgestellten.

252 Vgl. Ramón Grosfoguel, Vorwort zu *From Postcolonial Studies to Decolonial Studies: Decolonizing Postcolonial Studies*, Spezialheft von *Review* 29, no. 2 (2006): 141–143.

Kritik an der postkolonialen Theorie nicht auf alle Varianten der *Postcolonial Studies* zu, und es könnte gesagt werden, dass die Kritik selbst ein wesentlicher Teil des Faches ist. Tatsächlich ist das postkoloniale Feld Schauplatz unaufhörlicher Selbsthinterfragung und sich verzweigender Selbstkritik, wo jedes neue Buch oder Essay eine von früheren Wissenschaftler_innen begangene Sünde oder Auslassung zu korrigieren scheint. Der Zweck heute, wie er in dem Aufruf nach Beiträgen zur Konferenz 2010 an der York University mit dem Titel »Was postkoloniale Theorie nicht sagt« formuliert wird, besteht nicht darin, dem Postkolonialismus das unvermeidlich von ihm Übergangene anzukreiden, sondern das enorme kulturelle und institutionelle Kapital des Feldes für fortschrittliche Ziele zu mobilisieren.

Die postkoloniale Privilegierung von ›Hybridität‹ hat für indigene Gemeinschaften ganz besondere Implikationen. Tatsächlich stellt die indigene Situation einige der bevorzugten Topoi des postkolonialen Diskurses und der *Cultural Studies* in Frage. Erstens sehen indigene Denker_innen ihre Situation oft als eher kolonial als postkolonial an, oder als gleichzeitig beides. Während eine gewisse postkoloniale Theorie das Kosmopolitische preist, schätzt der indigene Diskurs oft eine *verwurzelte* statt einer kosmopolitischen Existenz. Und während *Postcolonial* und *Cultural Studies* sich am ›Verwischen der Grenzen‹ ergötzen, suchen indigene Gemeinschaften oft Grenzen zu *bekräftigen*, indem sie ihr Land gegen eindringende illegale Siedler_innen, Schürfer_innen, Konzerne und Nationalstaaten abgrenzen. Während der Poststrukturalismus, der zur Bildung des Postkolonialismus beigetragen hat, Nationen als erfunden betont und innerhalb eines Idioms, welches die ›Natur‹ mit schützenden Angstzitaten umgibt, ›das Natürliche denaturalisiert‹, haben indigene Denker_innen auf der Liebe zu einem von ihnen als ›heilig‹ betrachteten Land bestanden, wobei ›heilig‹ ein weiteres Wort ist, das in den post-soundso Diskursen kaum geschätzt wird. Was Eduardo Viveiros de Castro indigenen ›Multikulturalismus‹ nennt[253], fordert so nicht nur den rhetorischen Antinaturalismus der ›Post-ismen‹ heraus, sondern auch was man den Ur-Orientalismus nennen könnte, der die Natur von der Kultur trennte und Tiere von den Menschen.

›Hybridität‹ wird oft auch im Zusammenhang mit den Wanderungen der diasporischen Eliten gesehen und als wenig Raum lassend für die viel riskanteren Routen verzweifelter Flüchtlinge, einschließlich der in ihrem eigenen Land Exilierten auf ihren Tränenpfaden. Für die Indigen@s ist ›Hybridität‹ besonders zweischneidig. Einerseits tauschten sich indigene Nationen lange vor Kolumbus untereinander aus, als Objekte, Ideen und Bevölkerungen in den

253 Eduardo Batalha Viveiros de Castro, »Exchanging Perspectives: The Transformation of Objects into Subjects in Amerindian Ontologies,« *Common Knowledge* 10, no. 3 (Fall 2004): 463–484.

Teilen Amerikas herumreisten, eine Praxis, die durch die Eroberung nur noch intensiviert wurde. Die Aneignung europäischer Technik durch Indigene nach Kolumbus begann schon 1503, als der französische Kapitän Paulmier de Gonneville den jungen Essmoricq von Brasilien nach Frankreich brachte, damit er Munitionstechnologie studiere, um den Carijó in ihren Kämpfen zuhause zu helfen.[254] Andrerseits ist ›Hybridität‹ genauso häufig als Waffe gegen indigene Bevölkerungen gemischter Herkunft benutzt worden, die sowohl in Brasilien als auch den Vereinigten Staaten als nicht ›echte Indianer‹ abgetan wurden, weshalb sie auch keine der ›Indianern‹ zukommenden Rechte verdienten.

Der britische Imperiums-/Commonwealth-Blick der postkolonialen Theorie unterdessen hat dazu geführt, dass die lange existierenden Vorläufer des Hybriditätsdiskurses in den Arbeiten lateinamerikanischer und karibischer Intellektueller übersehen wurden. Ein 1971 veröffentlichter Essay des brasilianischen Romanciers und Literaturkritikers Silviano Santiago zum Beispiel, welcher auf das »dazwischen Stehen der lateinamerikanischen Kultur« hinwies, nahm ganz deutlich Homi Bhabhas Formulierungen über das ›Zwischenräumige‹, das ›Dazwischen‹ und den ›dritten Ort von Verhandlung‹ vorweg.[255] Während die weite Verbreitung von postkolonialer Arbeit zu *race* zum Teil der globalen Rolle der englischen Sprache und der anglo-amerikanischen Machtstellung in der akademischen Welt geschuldet ist, wäre es irreführend, eine gerade Linie zu ziehen, derzufolge diese Bewegungen vom ›Ursprung‹ in Anglo-Amerika ›irgendwo anders hingereist‹ seien.

Eroberung, Kolonialismus, Sklaverei, US-imperialistische Politik, militärische Interventionen, Vertreibungen, Immigration und der ›brain drain‹ brachten ein translokales und hybridisiertes Menschen- und Ideengemisch mit sich, welches die verschiedenen fortschrittlichen Projekte gestalten half. In Kategorien des Diskurses wurden diese Projekte geprägt vom antikolonialen Diskurs, von der mit Frankreich aber auch mit dem Nordafrikaner Jacques Derrida verbundenen poststrukturalistischen Theorie, von den mit dem Vereinigten Königreich verbundenen schwarzbritischen *Cultural Studies*, von den mit Indien aber auch mit postkolonialen Diasporas verbundenen *Subaltern Studies*, von der mit Gramsci und Italien verbundenen Hegemonietheorie, von der mit Lateinamerika verbundenen Abhängigkeitstheorie und von der mit vielen verschiedenen Orten verbundenen Zentrums-Peripherie- und Weltsystem-Theorie.

---

254 Jack D. Forbes führt sogar Gründe dafür an, dass die Bewohner_innen Amerikas vor Kolumbus nach Europa gefahren sein könnten. Vgl. Jack D. Forbes, *The American Discovery of Europe* (Urbana: University of Illinois Press, 2007).

255 Vgl. Silviano Santiago, »O Entre-Lugar Cal Cultura Latino-America,« in *Uma Literatura nos Trópicos* (São Paulo: Perspectiva, 1978), 11–28; Homi Bhabha, *The Location of Culture* (New York: Routledge, 1994).

Walter Mignolo und andere haben die zugrunde liegende philosophisch-historische Tendenz postkolonialer Projekte sehr zweckmäßig als das kritische Zusammendenken von Kolonialität und Modernität zusammengefasst, die beide als untrennbare und sich gegenseitig formende Konzepte angesehen werden. Indem er wie wir auf der intellektuellen Selbstvertretung der Opfer des Kolonialismus besteht, borgt Mignolo Valentin Mudimbes Wortschöpfung ›Grenz-Gnosis‹, um auf ein »Wissen aus einer subalternen Perspektive« zu verweisen, »... das von den Außengrenzen des modernen/kolonialen Weltsystems her erfasst wurde«, und benutzt ›Grenz-Gnoseologie‹, um auf einen Diskurs über den Kolonialismus zu verweisen, »der aus der konflikthaften Begegnung mit dem aus der Perspektive moderner Kolonialismen erzeugten Wissen heraus entwickelt wurde.«[256] Diese Wissensformen werden von akademischen Institutionen oft nicht anerkannt, ob aus schierer Ignoranz oder weil sie in Verbindung gebracht werden mit stigmatisierten Bevölkerungen, von denen man annimmt, dass sie ›verschwunden‹ sind oder dass ihnen kulturelle Selbstbestimmung fehle.

Parallel zu unter anderen Rubriken geleisteter Arbeit hebt die weitgehend von lateinamerikanischen und Latino Denker_innen gebildete Modernitäts-Kolonialitätsgruppe die Vernetzung von Modernität und Kolonialität sowie von Postmodernität und Postkolonialität hervor. Arturo Escobar hebt folgende das Modernitäts-Kolonialitäts-Forschungsprojekt leitenden Axiome hervor: (1) Es gibt keine Modernität ohne Kolonialität; Kolonialität ist für die Moderne grundlegend; (2) die moderne/koloniale Welt und die koloniale Machtmatrix haben ihre Ursprünge im 16. Jahrhundert und zwei fast entgegengesetzte ›Gesichter‹ – auf der einen Seite die Enteignung indigener Gemeinschaften und die Versklavung von Afrikaner_innen und auf der anderen Seite die Renaissance und die Aufklärung; (3) die Aufklärung und die industrielle Revolution sind abgeleitete Bewegungen, die diese koloniale Matrix weiter verändern; (4) Die Kolonialität, als die dunkle Seite der Modernität, ist einfach ein anderer Name für Europas ›Fortschritt‹ zur Welthegemonie, (5) der Kapitalismus ist wesentlich für sowohl den Fortschritt als auch die Kolonialität; und (6) die Kolonialität/Modernität durchlief eine weitere Verwandlung, als die Vereinigten Staaten die Führungsrolle in globalen imperialen Prozessen übernahmen.[257]

Als eine Mutation im globalen Kapitalismus verschließt die Globalisierung politische Möglichkeiten sowohl als sie sie auch eröffnet. Das Weltso-

256 Walter Mignolo, *Local Histories/Global Designs: Coloniality, Subaltern Knowledges, and Border Thinking* (Princeton: Princeton University Press, 2000), 11.

257 Arturo Escobar, »World and Knowledges Otherwise: The Latin American Modernity/Coloniality Research Program,« *Cuadernos del CEDLA* 16 (2004): 31–67.

zialforum, der Aktivist_innenkongress über Alternativen zur Globalisierung, war zuerst ein franko-brasilianisches Projekt, das von den Pariser Herausgeber_innen von *Le Monde Diplomatique* erdacht, aber zuerst in Porto Alegre in Brasilien durchgeführt wurde. Entworfen, um Davos als der Konferenz der Finanzeliten etwas entgegen zu stellen, wurde das Sozialforum die diskursive Vermittlungsstelle für die gewaltige Antiglobalisierungs->Bewegung der Bewegungen<, die riesige Proteste in Seattle, Genua, Davos, New York, Cancún, Miami und andernorts hervorrief. Obgleich radikale Forschung kein spezifischer Schwerpunkt in den Forumsdokumenten ist, bietet das Forum viele Parallelen zu der wissenschaftlichen Arbeit. Die Charta der Prinzipien (zitiert von Cassen) erklärt, dass das Forum »offen ist für die Pluralität von Geschlecht, Ethnien, Kulturen [und] Generationen [und] eine wahrhaft demokratische und partizipatorische Praxis [sucht], die von egalitären und friedlichen Beziehungen der Solidarität zwischen Personen, Rassen, Geschlechtern und Völkern gekennzeichnet ist.« *Race*, Kolonialismus und Sklaverei sind ebenfalls Anliegen. Im *Appell für zukünftige Mobilisierungen* (Januar 2001) verurteilen die Autor_innen die zur Vertiefung des Rassismus beitragende Rolle des Neoliberalismus, »in Fortsetzung des Genozids, der verursacht wurde durch Jahrhunderte der Sklaverei und des Kolonialismus, die die Grundlagen der schwarzen Zivilisationen und Gesellschaften Afrikas zerstörten.« Indigenität hinterlässt ebenfalls ihre Spuren, denn das Dokument ruft auf zur Solidarität mit »indigenen Völkern in ihrem historischen Kampf gegen Genozid und Ethnozid und in Verteidigung ihrer Rechte, ihrer natürlichen Ressourcen, ihrer Kultur, ihrer Autonomie, ihres Landes und ihres Territoriums.«[258]

Mit einem wachsamen Auge für die Möglichkeiten eines dialektischen Jiujitsu innerhalb einer Situation globalisierter Herrschaft weist der portugiesische Gelehrte Boaventura de Sousa Santos, ein zutiefst mit den portugiesischen, französischen, brasilianischen und anglo-amerikanischen akademischen Szenen vertrauter Intellektueller, auf fünf >Felder< hin, in denen eine gegenhegemoniale Globalisierung tragfähige Chancen schafft. Diese wären (1) die partizipatorische Demokratie, (2) alternative Produktionssysteme, (3) multikulturelle Gerechtigkeit und Staatsbürger_innenschaft, (4) Biodiversität und Gemeinschaftswissen gegenüber von Konzernen privatisierten intellektuellen Eigentumsrechten und (5) ein neuer Transnationalismus der Arbeiter_innenklasse. Während sie einerseits neue Formen des transnationalen Rassismus auslöst, kann die Globalisierung andererseits auch neue Bedingungen für das Entstehen transnationalen Widerstands schaffen. Die Globalisierung kann daher repressiv oder widerständig, konservativ oder emanzipatorisch sein. Un-

258 Zitiert nach Bernard Cassen, *Tout a Commencé à Porto Alegre ...* (Paris: Mille et Une Nuits, 2004).

serer Meinung nach überlappen sich alle diese fünf Punkte mit den Themen von *race*, Multikulturalität und Kolonialität. So ist die ›partizipatorische Demokratie‹ eine Antwort auf die ›Herrenrassendemokratie‹, die Biodiversität mit der kulturellen Diversität und intellektuellen Sebstbestimmung indigener Bevölkerungen verknüpft, eine transnationale Arbeiter_innenklassensolidarität abhängig davon, Fremdenfeindlichkeit und Rassismus zu überwinden, und so weiter.[259]

Viel Energie ist für die Suche nach terminologischen Allheilmitteln aufgewendet worden, als ob das richtige Etikett allein schon eine Lösung brächte. Konzepte wie ›Multikulturalismus‹ und ›Postkolonialität‹ können unserer Ansicht nach nicht alleine stehen, sie müssen zusammen mit Begleitkonzepten wie ›Eurozentrismus‹, ›weiße Vorherrschaft‹, ›Kolonialismus‹, ›Kapitalismus‹, ›Herrenrassendemokratie‹, ›Grenz-Gnosis‹ und ›Modernität/Kolonialität‹ artikuliert werden. Jeder dieser Begriffe richtet das Licht auf einen anderen Aspekt der Thematik: ›Kolonialismus‹ bezieht sich auf die tatsächlichen historischen Praktiken der Herrschaft; ›Modernität/Kolonialität‹ bezieht sich auf die sich gegenseitig bedingenden Prozesse westlicher Hegemonie und nichtwestlicher Anderssetzung; ›weiße Vorherrschaft‹ hebt den Hautfarbenaspekt dieser Herrschaft hervor; ›Kapitalismus‹ bezieht sich auf das zuerst vom Kolonialismus und später vom Neokolonialismus und der Globalisierung verbreitete System; ›Grenz-Gnosis‹ und das Nahuatl-Wort *neplanta* beziehen sich auf die Grenzerfahrung zwischen Welten, zwischen Realitäten, zwischen Wissenssystemen«;[260] ›Herrenrassendemokratie‹ betont die rassistisch gefärbte Unterdrückung, die manchmal sogar scheinbar demokratische politische und soziale Institutionen und Praktiken plagt; und ›Eurozentrismus‹ richtet die Aufmerksamkeit auf die unausgesprochenen, für selbstverständlich erachteten Doxa okzidentalen Machtanspruchs. Andere Begriffe - ›Polyzentrismus‹, ›Para-Aufklärung‹, ›alternative Globalisierung‹ – weisen auf alternative Diskurse und Utopien.

Kein einzelner Begriff kann gleichzeitig so verschiedenartige Felder wie ›revisionistische Geschichte‹, *Critical Race Studies, Critical Whiteness*, ›postkoloniale Diskurstheorie‹, ›*Subaltern Studies*‹, ›Grenztheorie‹, ›transnationalen Feminismus‹ und das ›Kolonialitäts-Modernitäts-Projekt‹ evozieren. Die meisten Begriffe haben Vor- und Nachteile. In den 1990ern konstruierten ei-

---

259 Vgl. Boaventura de Sousa Santos, Hrsg., *Semear Outras Soluçôes: Os Caminhos de Biodiversidades e dos Conhecimentos Rivais* (Rio de Janeiro: Civilização Brasileira, 2005).

260 Andrea A. Lunsford, »Toward a Mestiza Rhetoric: Gloria Anzaldúa on Composition, Postcoloniality, and Spirituality« (1996) in A.A. Lunsford und L. Ouzgane, Hrsg., *Crossing Borderlands*, 33-66 (Pittsburgh: University of Pittsburgh Press, 2004), 54.

nige Denker_innen eine Art adjektivischen *cordon sanitaire* um den Multikulturalismus und die Identitätspolitik mithilfe von prophylaktischen Einschränkungen wie ›kritisch‹, ›radikal‹, ›gegenhegemonial‹ und ›polyzentrisch‹ als Schutz gegen potentielle Einverleibung. (Solche Prophylaxe funktioniert auch andersrum, wenn Kritiker_innen Multikulturalismus a priori als ›neoliberal‹ definieren.) Manuela Boatcâ und Sérgio Costa schlagen als eine Möglichkeit "Interkulturalität" vor, die, besonders wie sie von indigenen Bewegungen in Lateinamerika definiert und umgesetzt wird, ein tieferes Hinterfragen und Umwandeln hegemonialer Machtmodelle zur Folge habe.[261] Konträre Worte wie ›antirassistisch‹ und ›antikolonial‹ bringen andererseits viel von der Richtung der Arbeit rüber, bleiben aber zu reaktiv genau den Paradigmen verhaftet, die sie in Frage stellen. *Postcolonial Studies* bezeichnet ein wichtiges Forschungsfeld, bleibt aber mit zu großer Ausschließlichkeit akademisch, dazu mit allen Problemen eines ›post-‹ behaftet, das noch nicht wirklich ›vorbei‹ ist. *Critical Race Studies* nimmt Bezug auf ein außerordentlich innovatives und folgenreiches Feld, aber eines, das sehr eng mit dem Rechtswesen eines einzelnen nationalen Kontexts verknüpft ist. ›*Transnational Studies*‹ ist ein brauchbarer und einleuchtender Begriff, der aber wiederum belastet ist durch die Verbindung mit ›transnationalen‹ Konzernen und durch das ihm eigene Risiko, nationale und infranationale Unterdrückungsformen zu übersehen. Eine Art ›Krieg der Vorsilben‹ bildet ebenfalls einen Teil dieser Diskussion – wobei die konventionelle Abfolge von ›multi-‹ und ›inter-‹ über ›post-‹ zu ›trans-‹ geht – und auch der Nachsilben, bei denen die programmatisch ideologische Stoßrichtung des ›-ismus‹ einer distanzierteren und abstrakteren ›-ität‹ Platz macht. Der ›-ismus‹ von ›Multikulturalismus‹ wiederum erhebt einen zu hohen Anspruch, wenn er sich in das selbe Paradigma wie andere ›-ismen‹ einschiebt, die sich auf systematische Erklärungsmodelle (Marxismus), historische Epochen (Postmodernismus), Produktionssysteme (Kapitalismus) und Ideologien (Sozialismus) beziehen.

Alle diese sich stark vermehrenden neubewertenden (Inter)disziplinen teilen miteinander eine starke antikoloniale und egalitäre Stoßrichtung, unabhängig von ihrer jeweiligen Eigenart. Sie entlarven die hegemonialen Diskurse des Rassismus, Kolonialismus, Orientalismus und Eurozentrismus, während sie gleichzeitig das Mantra von *race*, Nation, Geschlecht, Klasse und Sexualität bemühen. Was am Schluss zählt, ist nicht das spezifische Etikett, sonder vielmehr die dekolonisierende Stoßrichtung der Arbeit selbst, nicht die genaue Rubrik, sondern die Tiefe der Auseinandersetzung mit Fragen der Kolonialität. Es ist

261 Vgl. Encarnación Gutiérrez Rodríguez, Manuela Boatcâ und Sérgio Costa, Hrsg., *Decolonizing European Sociology: Transdisciplinary Approaches* (Burlington, VT: Ashgate, 2010), 15.

sowieso kein Begriff rein oder unproblematisch, jeder ist von den Winden der Geschichte gebeutelt worden, weshalb Analytiker_innen auch zwischen einverleibenden ›von oben herunter‹ und radikalen ›von unten nach oben‹ Varianten des Multikulturellen, Postkolonialen oder Transnationalen unterscheiden. Obwohl die Begriffe problematisch sind, werfen sie doch alle etwas Licht auf ein sehr komplexes Thema. Es ist daher äußerst wichtig, ihre Einbettung in Beziehungen, ihre syntagmatische Verwendung und ihre soziale/historische Stellung zu untersuchen und sie in einer differentiellen, bedingten und beziehungseingebetteten Art einzusetzen. Es ist nicht so, dass ein Begriff ›falsch‹ und der andere ›richtig‹ ist, sondern vielmehr so, dass jeder Begriff die Themen nur teilweise erhellt. Statt sie als einfach richtig oder unrichtig anzusehen, kann man sie als produktiv oder unproduktiv, als unter spezifischen geschichtlichen Umständen befreiende Energien und Konzepte erzeugende oder nicht erzeugende Begriffe sehen. Letztlich ist es unmöglich für einen einzelnen Begriff solch facettenreiche Arbeit zu repräsentieren. Es ist daher irreführend, einzelne Begriffe wie ›Multikulturalismus‹ oder ›Identitätspolitik‹ zu benutzen, um eine breites Spektrum von Bereichen zu benennen – wie es Kritiker_innen wie Bourdieu/Wacquant und Žižek tun. Wir können alle diese Begriffe verwenden, aber unter ihrer teilweisen Auflösung und als Teile einer beweglicheren Menge von Rastern, einer flexibleren Menge von disziplinären und interkulturellen Linsen, die den komplexen politischen Bedingungen des gegenwärtigen Ortes gerecht werden und gleichzeitig Möglichkeiten für Selbstbestimmung und Widerstand offen lassen.

Wie vorherzusehen, waren Konservative in vielen Ländern nicht begeistert von der ›seismischen Verschiebung‹, wie sie sich in diesen dekolonisierenden Projekten zeigte. In den Vereinigten Staaten beschuldigte die Rechte die multikulturelle ›Identitätspolitik‹, eine rassistische ›Balkanisierung‹ und ›ethnischen Separatismus‹ herbeizuführen. In einer verdreht populistischen Attacke, die von elitären Kreisen in der Republikanischen Partei gelenkt wurde, verhöhnte die Rechte diese Projekte als politisch korrekte Neuauflage der alten kommunistischen Bedrohung. Rechte Polemiker_innen machten sich lustig über die, die sie als überempfindliche Weltverbesserer_innen sahen, die die freie Rede im Namen von gefühlsduseliger Sympathie für Minderheiten unterdrücken wollten. In einer Analogie, die die turbulenten 1960er in eine Reihe mit der französischen Revolution stellte und die politisch korrekten 1990er mit der Schreckensherrschaft Robbespierres vergleicht, beschuldigte der Journalist Richard Bernstein die multikulturellen Linken eine »Diktatur der Tugend« einrichten zu wollen.[262] Indem sie die Rhetorik des Kalten Krieges wiederverwerteten, verurteilten Konservative, wie Allan Bloom, William Bennett, Dinesh D'Souza und Lynne Cheney, zusammen mit Liberalen, wie dem Historiker Arthur M. Schlesinger, Jr., jede identitätsbasierte Kritik von Ungleichheit als unamerikanisch. So prangerte George H.W. Bush im Mai 1991 die »politischen Extremisten [...], die Bürger gegeneinander auf der Grundlage ihrer Klasse oder Rasse aufstacheln«, öffentlich an. Eigentlich rüstete die Rechte ihre alte ›Klassenkriegs‹-Rhetorik – d.h. die Vorstellung, dass auf Klassenungleichheit aufmerksam zu machen dem Führen eines ›Klassenkrieges‹ gleichkomme – auf das Thema *race* um. Von ›Rassenungleichheit‹ zu sprechen war per Analogie gleich dem Führen eines ›Rassenkrieges‹, genauso wie von geschlechtsspezifischen Ungleichheiten zu sprechen, dem Führen eines ›Genderkrieges‹ gleichkam.

Die Schärfe dieser Attacken offenbarte eine Furcht nicht nur vor größerer ökonomischer, politischer und ›Rassengleichheit‹, sondern auch vor nicht-exzeptionalistischen geschichtlichen Narrativen. So machte sich Schlesinger über ›Underdog-‹, ›kompensatorische‹ und ›es-gibt-immer-einen-schwarzen-Menschen-ganz-unten-‹ Ansätze der Geschichtsschreibung lustig, deren einzige Funktion darin bestünde, »soziale und psychologische Therapie« zu gewähren und »das Selbstwertgefühl von Kindern aus Minderheitsgruppen

262 Richard Bernstein, *Dictatorship of Virtue: How the Battle over Multiculturalism Is Reshaping Our Schools, Our Country, and Our Lives* (New York: Vintage, 1995).

anzuheben.«[263] Da aber Minderheiten durch ihre Erfahrungen in den herrschenden Bildungsinstitutionen wahrlich traumatisiert worden sind, ist ›Therapie‹ dem ›Trauma‹ doch vorzuziehen. Warum sollte allein die dominante euro-amerikanische Gemeinschaft in ihrem Narzissmus durch die offizielle Geschichte bestärkt werden, während andere die schweren Schläge von Stereotypisierung und Marginalisierung abbekommen? Überhaupt war die Forderung, die geschichtliche Pädagogik zu dekolonisieren eigentlich weder eine Frage des Selbstwertgefühls, noch war es eine Frage einer nichtssagenden ›Ich bin OK, Du bist OK‹-Geschichte oder eines ›beide Seiten zu Wort kommen Lassens‹. Ganz abgesehen von der Tatsache, dass historische Debatten unzählige ›Seiten‹ haben, würde eine polyzentrische, antikolonialistische Geschichte per Definition von abweichenden Meinungen profitieren, die von der offiziellen Geschichte bislang ausgeschlossen waren. Auch ist es keine Frage des wahllosen ›Hinzufügens‹ von Stimmen, sondern eine des an Bord Nehmens von Stimmen, die die herrschende, von-oben-nach-unten Version der Geschichte anfechten. Ebenso wenig ging es um das ›Senken von Standards‹, sondern vielmehr um ihr Anheben dadurch, dass ein Wissen über mehr Kulturen, mehr Sprachen, mehr Perspektiven verlangt wurde.

In Bezug auf die Literatur wurden die Partisan_innen der multikulturellen Politik von der Rechten entsprechend so dargestellt, als wollten sie alle großen Schriftsteller_innen – die berüchtigten ›toten weißen Männer‹ – aus dem Literaturkanon streichen. William Phillips zufolge, »verwarfen politisch korrekte »[Lehrer_innen] die Traditionen und Werte des Westens [... und ersetzten sie durch] afrikanische und asiatische Traditionen und Werte«[264] Die *race*-bewusste Linke wurde beschrieben als begierig, die großen Schriftsteller_innen quasi in einem literarisch-pädagogischen Coup d'État gegen mittelmäßige Autor_innen auszutauschen, deren einzige Qualifikation ihr Geschlecht oder ihre Hautfarbe wären. Alice Walker ersetzte Shakespeare! Dabei bestand das Ziel nie darin, Shakespeare rauszuschmeißen, sondern vielmehr den Kanon zu erweitern und sogar die Multikulturalität von Shakespeares komplexer Bühnenwelt zu erforschen, die nicht nur europäische Kultur in ihrer üppigen Vielfalt umfasste, sonderrn auch die ›ethnische‹ Beziehungsgeschichte von Maure und Venezianerin in *Othello*, von Ägypterin und Römer in *Antonius und Kleopatra*, von Europäer und Afrikaner/indigenem Amerikaner in *Der Sturm* und von Jude und Nichtjude in *Der Kaufmann von Venedig*. Tatsächlich hat die Konfrontation zwischen Prospero und Caliban in *Der Sturm* einen umfangreichen antikolonialen Posttext hervorgebracht. Es ist die darin enthaltene Mul-

---

263 Arthur M. Schlesinger, Jr., *The Disuniting of America: Reflections on a Multicultural Society* (Knoxville, TN: Whittle Direct Books, 1991), 35.

264 William Phillips, »Comment,« *Partisan Review* 59, no. 1 (1992): 12.

tikulturalität, die es möglich macht, *Der Sturm* so wie Aimé Césaire, Roberto Fernández Retamar und Jean Franco als antikolonialistisch neu zu lesen oder *Der Kaufmann von Venedig* als mit Shylock sympathisierend oder *Romeo und Julia* in den Barrios von New York (*West Side Story*) oder den Favelas von Rio de Janeiro (*Maré*) anzusiedeln.

Der am häufigsten wiederholte Vorwurf hingegen war der des ›Separatismus‹, der sich in fortwährenden Rückgriffen auf Metaphern wie ›Balkanisierung‹, ›Libanonisierung‹ und ›Tribalismus‹ äußerte. Für Charles Krauthammer »stellt [die multikulturelle Identitätspolitik] eine Bedrohung dar, die kein fremder Agent in dieser postsowjetischen Zeit erreichen kann – das Aufwiegeln einer ethnischen Bevölkerungsgruppe gegen eine andere, das Zerspalten nicht nur der amerikanischen Gesellschaft, sondern der amerikanischen Idee«.[265] Die extremste Anschuldigung bestand darin, von ›ethnischer‹ Säuberung als einem logischen Endresultat des Multikulturalismus zu sprechen, als beispielsweise P.J. O'Rourke Multikulturalismus als das definierte, »was heute im früheren Jugoslawien verübt wird«.[266] Auf diese Weise vermittelte die Rechte den Eindruck, dass Serb_innen, Bosnier_innen und Kroat_innen, kurz nachdem sie Cornel West und bell hooks (Künstlername der Feministin, Aktivistin und Autorin Gloria Jean Watkins) gelesen hatten, sich gegenseitig unter dem Schwenken des Banners der ›Identitätspolitik‹ abschlachteten. Arthur Schlesinger war der lautstärkste Vertreter dieser Ansicht, dass die Identitätspolitik ›spalte‹, und daher nicht zufällig ein leidenschaftlicher Gegner des für New Yorker Schulen entworfenen ›Regenbogen-Lehrplans‹. Formulierungen, die, wie Schlesingers, eine ›gemeinsame Kultur‹ als durch ›ethnische‹ Differenz bedroht darstellen, geraten in die Nähe davon, dem Opfer die Schuld zu zuweisen, indem sie unterstellen, dass kulturelle Differenz von sich aus schon sozialen Konflikt verursache, während in Wirklichkeit es immer die ungleiche Verteilung von Macht gewesen ist, die Spaltung und Spannung erzeugte. Die Kritiker_innen waren im übrigen und allgemeinen nicht in der Lage irgendwelche aktuellen multikulturellen Autor_innen zu nennen, die sich für einen Separatismus einsetzten, und zwar aus dem einfachen Grund, das diese ›Separatist_innen‹ nicht existierten; vielmehr sind sie Phantasiegestalten, ideologische Ungeheuer, erfunden, um den Uninformierten Angst einzujagen. Tatsächlich wurden viele der Multikulturalist_innen direkt oder indirekt vom Kampf gegen die Segregation geprägt. Dennoch wurde der Vorwurf des Sepa-

265 Vgl. Charles Krauthammer, »An Insidious Rejuvenation of the Old Left,« *Los Angeles Times* (December 24, 1990), B5.

266 O'Rourke zitiert nach dem brasilianischen Nachrichtenmagazin *Isto É* (February 1, 1995), 61.

ratismus so oft wiederholt, dass er Teil einer allgemein akzeptierten Auffassung geworden ist, sogar, wie wir sehen werden, unter einigen Linken.

Die Rechte charakterisierte linke Identitätspolitik darüber hinaus durch ein Oxymoron als gleichzeitig puritanisch und hedonistisch. Einer der PR-Erfolge bestand darin, die Linke mit negativen Charaktereigenschaften wie Selbstgerechtigkeit in Verbindung zu bringen, um von dem abzulenken, was eigentlich eine Auseinandersetzung um sozialen Wandel und politische Macht war. So wurde das Etikett der ›political correctness‹ nur jenen angeheftet, die egalitärere Beziehungen zwischen *race*, Gender, ›Ethnie‹ und sexueller Orientierung forderten. In einer neuen Wendung der Kalten-Kriegs-Metaphorik wurde die multikulturelle Linke als düster, mürrisch, trist, kurz, als neo-stalinistisch dargestellt. In einer geschichtlichen Buchstabenverdrehung wurde aus der CP (Communist Party) PC (Political Correctness). Die bereits existierende Verknüpfung von Kommunismus mit unbeugsamer Härte wurde von der Rechten noch verstärkt, indem sie die ganze politisierte Kritik als neurotischen Ausfluss einer verklemmten Subkultur mit ihren krankhaften Schuldreflexen darstellte.[267] Gleichzeitig zeichnete die Rechte die kulturelle Linke paradoxerweise als Erb_innen der freizügigen 1960er Jahre. Ein widersinniges Portrait präsentierte die selben Leute als gleichzeitig verklemmte Puritaner_innen und zügellose Vertreter_innen des Mach-Dein-eigenes-Ding. Der Widerspruch entsprang dem Vermischen der Portraits zweier sehr verschiedener historischer Linken, (1) der stalinistischen Linken der kommunistischen Partei der 1930er bis einschließlich der 1950er Jahre und (2) der spielerischeren ›Neuen Linken‹ der 1960er und 70er.

Auf jeden Fall erzeugte das ›PC‹-Etikett seine eigene Ontologie, entwickelte letzten Endes ein Eigenleben und breitete sich aufgrund der Reichweite der US-Medien in andere Regionen wie Europa und Lateinamerika aus. Die vielfältigen Dekolonisierungsprojekte entfesselten erbitterte Polemiken, nicht weil sie separatistisch waren, sondern weil sie eine entscheidende Veränderung forderten in der Art und Weise, wie Geschichte geschrieben, Literatur unterrichtet, Kunst kuratiert, Filme gezeigt, kulturelle Ressourcen aufgeteilt und

---

267 Diese Darstellung diente als Lockvogel, um die Aufmerksamkeit von den tiefen, untergründigen Zügen des moralistischen Puritanismus innerhalb der Rechten selbst abzulenken, was sich an ihrer Obsession, die Körper der Frauen und die sexuellen Vorlieben der Erwachsenen kontrollieren zu wollen, zeigt. Es war immerhin die Rechte, die zu HIV/AIDS das Narrativ von der göttlichen Rache gegen Homosexuelle schuf, sich gegen die die Körperöffnungen stopfende Performancekunst von Karen Finley empörte und die homoerotischen Photografien von Robert Mapplethorpe und Filme von Marlon Riggs zensierte. Nach den 1990ern und den Anklagen gegen Bill Clinton wurde die Heuchelei der Rechten mehr als deutlich, als viele der Figuren, die Clinton beschimpften, in der Folge bei ihren eigenen sexuellen Spielchen erwischt wurden.

politische Repräsentation gestaltet wurden. Sie stellten die in Erziehung und den Medien bis in die 1960er Jahre herrschenden Doxa (Grundsätze) in Frage. Während die Linke den Eliten die Kontrolle des Politischen entwinden wollte, wollte die Rechte das Politische zurück in die Hände der Elite geben. Was von der Rechten ungesagt blieb, war die von ihr vorausgesetzte Erwünschtheit des Status Quo Ante. Zumindest implizit forderte die Rechte eine Rückkehr zu dem Standardzustand vor den 1960ern, d.h. der Zeit der normativen weißen, männlichen, heterosexuellen Hegemonie, als es an den Universitäten praktisch keine schwarzen Studierenden und relativ wenig Frauen gab, als historische Texte bezüglich der Sklaverei und Segregation sehr vage waren, und als indigene Amerikaner_innen, Afro-Amerikaner_innen, Latin@s und andere Minderheiten zusammen mit Frauen, Schwulen, Lesben und Transsexuellen kaum gehört wurden. Was für die Rechte ein Objekt der Nostalgie war, war für Minderheiten eine schmerzhafte Erinnerung an ein Trauma.

Die Sündenbockpolitik

Wenn die Rechte gegenüber der Identitätspolitik feindselig eingestellt war, so waren Liberale und einige aus der Linken ebenfalls kritisch. Einige Feminist_innen, wie zum Beispiel Susan Moller Okin, bezeichneten den Multikulturalismus als »schlecht für Frauen«.[268] Einige Liberale beklagten den Angriff auf den westlichen Kanon. Andererseits machten einige Marxist_innen die Identitätspolitik für ›die Spaltung der Linken‹ verantwortlich, weil sie einen kulturellen Umweg beschreite, der von den ›wirklichen‹ Kämpfen um Klasse und Macht ablenke. Diejenigen, die kritische ›Rassen‹themen verfolgten, waren gefangen zwischen dem Vorwurf der Rechten, ›Amerika zu spalten‹, dem Vorwurf der Linken, die ›Linke zu spalten‹ und dem Vorwurf von (gewöhnlich weißen) liberalen Feminist_innen, ›die feministische Bewegung zu spalten‹. Während einige Linke die multikulturelle Identitätspolitik als bloßen Liberalismus zurückwiesen, warfen Rechte sie in einen Topf mit Afrozentrismus, ›ethnischem‹ Separatismus, Marxismus und islamistischem Faschismus. Jüngstes Beispiel für diese partielle Konvergenz von links und rechts bezüglich dieser Themen finden wir in zwei Angriffen vom Februar 2011 gegen den ›Multikulturalismus‹. Der eine kam vom konservativen britischen Premierminister David Cameron, der andere vom radikalen Linken Slavoj Žižek. Ersterer behauptete in einer Rede, dass der Multikulturalismus fehlgeschlagen sei, dass die Toleranz zum islamischen Radikalismus geführt habe, und dass, was jetzt erforderlich sei,

268 Susan Moller Okins Antwort auf ihre titelgebende Frage, *Is Multiculturalism Bad for Women?* Hrsg. Joshua Cohen, Matthew Howard, and Martha C. Nussbaum (Princeton: Princeton University Press, 1999).

ein ›robuster Liberalismus‹, eine Rückkehr zu westlichen Werten und dem Stolz auf die britische Identität wären. Für Cameron (und andere konservative Führer_innen wie Sarkozy und Merkel) ist es der Multikulturalismus – und nicht die Diskriminierung –, der die Gesellschaft geteilt hat; auf diese Weise machen sie die Vertreter_innen einer Lösung des Problems für das Problem selbst verantwortlich. Demgegenüber verurteilte Žižek am 1. Februar 2011 in einem Interview zur Demokratiebewegung in Ägypten auf Al Jazeera die Multikulturalist_innen, die vermeintlich glaubten, dass »Ägypten eine separate Kultur besitzt und die Demokratie nicht braucht«. Während Cameron den Liberalismus als Antwort auf den Radikalismus sieht, hat Žižek schon lange die Meinung vertreten, dass der Multikulturalismus nicht das Gegenteil des Neoliberalismus sei, sondern vielmehr seine ideale Erscheinungsform. Sowohl Cameron als auch Žižek sprachen sich für westliche Aufklärungswerte aus, obgleich Cameron dies Adam Smith bemühte, während Žižek es mit Hegel und Marx versuchte.[269] In dem Interview vermengt Žižek berechtigte politische Kritik – in diesem Fall an der US-amerikanischen und israelischen Politik im Nahen Osten – mit einer Tirade gegen einen imaginären Buhmann, die Multikulturalist_innen, die nämlich die Freiheit und Demokratie im Namen eines kulturalistischen Separatismus ablehnten. (Wir haben keine Ahnung, wo Žižek ›Multikulturalist_innen‹ findet, die behaupten, dass »Ägypten keine Freiheit bräuchte, weil es eine separate Kultur besitze«. Es gibt natürlich Leute, die solche Dinge sagen; die nennen wir ›Kolonialist_innen‹, ›Rassist_innen‹, ›Orientalist_innen‹ und ›Samuel Huntington‹.)

Gegenwärtig haben sich einige Schlüsselbegriffe offensichtlich schon erschöpft. ›Multikulturalismus‹ zum Beispiel hat in dieser Hinsicht ein ähnliches Schicksal erlitten, wie vorher ›Sozialismus‹, bei dem das Bestreben, die politische Demokratie mit ökonomischer Gleichheit zu vereinen, von einigen

---

269 Auf Al Jazeera, brachte Žižek tatsächlich das Schlagwort vom ›Kampf der Kulturen‹ in Verbindung mit den Multikulturalisten, also mit genau jenen, die Huntingtons Idee am meisten bekämpfen. Žižek erklärte dem Publikum von Al Jazeera auf paternalisierende Weise, was sie schon wissen – dass »Ägypten wie jeder sonst die Demokratie verdient«. Man könnte ja meinen, dass für Ägypten die Relevanz des Multikulturalismus darin bestehe, auf die phantastische Multikulturalität des Landes hinzuweisen, sich für ein glaubenstolerantes Ägypten einzusetzen, das Gleichheit zum Beispiel zwischen Muslim_innen und Kopt_innen aufweist, und ägyptische Geschichte an westlichen Schulen zu unterrichten. Žižek sprach auch darüber, dass er in einem Museum in Katar eine »wunderbare Tafel« entdeckt habe, auf der ein Satz eines iranischen Philosophen mit dem Inhalt eingeschrieben war, dass »nur der Narr das Schicksal als Ausrede anführt«, was Žižek als Beweis dafür nahm, dass ›sogar‹ die islamische Welt aufgeklärt sein kann. Wir werden erinnert an die ironische Antwort eines tunesischen Freundes (Moncef Cheikhrouhou) auf die ›beruhigende‹ Zusicherung einer europäischen Gesprächspartnerin, dass sie glaube, »Araber seien auch Menschen.« Sie lautete: »Danke!«

Linken als zu mild und vereinnehmbar gesehen wurde, während Rechte ihn bloß als eine andere Form des ›totalitären Kommunismus‹ verurteilten. In den nächsten drei Kapiteln verweisen wir oft auf ›Multikulturalismus‹ und ›Identitätspolitik‹ und zwar nicht, weil sie für uns die idealen Stichworte für die vielfältige, bereits erwähnte kritische Arbeit darstellen, sondern vielmehr weil diese Schlüsselworte zu beliebten Zielen für rechte sowie einige linke Kritiker_innen geworden sind, zu einer Art Ersatz für eine ganze Reihe komplex miteinander verwandter Gebiete. Die tieferen Aspekte von *race*/Kolonialität gingen in den oberflächlich polemischen Auseinandersetzungen verloren. Während eines Großteils der 1990er Jahre haben Personen, die entgegengesetzte Pole im politischen Spektrum besetzten, etwas, was sie ›Multikulturalismus‹ nannten, mit Schmähungen überhäuft. Lynne Cheney und Slavoj Žižek, Samuel Huntington und Pierrre Bourdieu, Dinesh D'Souza und Tzvetan Todorov sind merkwürdigerweise alle dem Multikulturalismus feindlich gesonnen. Dieses Kapitel untersucht, was hinter dieser teilweisen Konvergenz dieser ideologischen Gegner_innen liegen mag.

Was dabei überrascht, ist nicht die Feindseligkeit der Rechten gegenüber der Identitätspolitik, sondern vielmehr die einiger Linker. Nach dem Abbilden der allgemeinen Richtung der linken Argumente werden wir die spezifischen Einwände von Walter Benn Michaels, Pierre Bourdieu/Loic Wacquant und Slavoj Žižek besprechen. Einige linke Kritiker_innen drückten ihre Sorge darüber aus, was sie als die Überbewertung der Kultur über die politische Ökonomie ansahen. Bei dieser Kritik ging es weniger um das ›Multi-‹ als vielmehr um die ›Kultur‹, die als eine irrelevante Ablenkung von der Ökonomie als der entscheidenden Kraft, die alle andern Bereiche prägt, gesehen wurde. Doch während die politische Ökonomie für jede substantielle linke Kritik absolut wesentlich ist, ist es auch wichtig, die Kultur und die Ökonomie zusammen zu erfassen, sie als ineinander und durch einander existierend zu begreifen. In der post-fordistischen Epoche der Globalisierung ist die Kultur zum privilegierten Ort für die Artikulierung (und manchmal auch die Aufhebung) der Reproduktion kapitalistischer Sozialbeziehungen geworden. Für Lisa Lowe und David Lloyd wird Kultur politisch wirksam, wenn sie in Widerspruch zu politischen oder ökonomischen Logiken der Ausbeutung und Herrschaft gerät.[270] Es geht nicht darum, eine Utopie reinen Widerstandes zu suchen, sondern darum, wahrzunehmen, welche Elemente historisch in Differenz oder Bezug zum Kapitalismus auftauchen. In dieser Hinsicht haben viele Leute Ausprägungen des Marxismus hinterfragt, die den Klassenkampf verherrlichen und gleichzeitig Kämpfe, die sich um andere Erscheinungsformen der sozialen Ungleichheit

270 Lisa Lowe and David Lloyd, *The Politics of Culture in the Shadow of Capital* (Durham: Duke University Press, 1997).

drehen, klein machen. Feministische Theorie, Postkoloniale Theorie, Subalterne Studien, Queer Theory, Kolonialitäts-/Modernitätstheorie, Critical Whiteness Studies und Theorie des Indigenen liefern alle für die vielfältigen historisch sedimentierten Formen der Ungleichheit relevante konzeptionelle Instrumente. Statt den Klassenkampf zu ersetzen, verleihen diese Projekte ihm größere Komplexität, indem sie erkennen, dass multiaxiale Formen der Unterdrückung ähnlich multiaxiale Formen des Widerstandes und Kampfes erzeugen, die neue soziale Akteure, neue Vokabulare und neue Strategien hervorbringen.

Eine weitere linke Kritik behauptet, die multikulturelle Identitätspolitik selbst sei ethnozentrisch und nur auf einen wohlhabenden und liberalen globalen Norden zugeschnitten, der seine Konzepte einem widerwilligen Süden aufzwinge. Dieser Ansicht zufolge entpuppen sich ›nördliche‹ oder ›Erste-Welt‹ multikulturelle Ideen letztlich als eine neue, nur scheinbar progressive Fassade für westliche kulturelle Vorherrschaft. Wir jedoch würden argumentieren, dass multikulturelle linke Politik zum Teil auch aus dem globalen Süden und aus ›ethnischen‹ Gemeinden im globalen Norden mit Verbindungen zum globalen Süden kam und eine Kritik hervorbrachte, die für alle kolonialen Siedler_innenstaaten in den Ländern Amerikas und für den Schwarzen und Roten Atlantik gilt.[271] Wie wir im Falle von Brasilien sehen werden, bilden die meisten Länder Amerikas ähnliche rassifizierte Sedimentschichten aus der Kolonialgeschichte ab, und zwar nicht nur der Geschichte des Genozids an den Indigenen (wie es für die Länder Amerikas zutrifft), der Sklaverei (ebenfalls) und der Diskriminierung, sondern auch der Immigration (aus Europa und darüber hinaus) zusammen mit kulturellen Synkretismen jeder Art. Historische Kräfte erzeugen unterschiedliche und doch in gewisser Weise analoge Ausformungen in den verschiedenen Siedler_innenstaaten, was zu sozialen Mustern führt, die nicht so sehr identisch als überaus vergleichbar und in Beziehung zu einander zu setzen sind. Die Demografie mag variieren, doch die Themen indigener Souveränität, multikultureller Pädagogik, von Affirmative Action und Reparationen betreffen die ganze Hemisphäre. Der globale Süden und der globale Norden, Zentrum und Peripherie, sind miteinander verwickelt, verbunden auf vielgestaltige aber uneinheitliche Art und Weise. Die in Durban abgehaltene Konferenz über Rassismus und Xenophobie aus dem Jahr 2001

271 Es ist jedoch symptomatisch, dass die Erklärung der Rechte indigener Völker von fast der ganzen Welt unterzeichnet wurde, nur nicht von den Vereinigten Staaten, Kanada, Neuseeland und Australien (das kürzlich seine Meinung geändert hat), d.h., von anglodominierten Siedlergesellschaften. Allerdings befürwortete Präsident Obama das Anrecht indigener Amerikaner_innen auf das Land, was dann Anschuldigungen seitens der Rechten auslöste, dass er »das Land den Indianern zurückgeben wolle.«

brachte Vertreter_innen, nicht nur aus der Welt des Schwarzen und Roten Atlantik – Afrikaner_innen, indigene Gemeinschaften, Afro-Amerikaner_innen und schwarze Brasilianer_innen –, sondern auch aus der übrigen Welt (zum Beispiel Dalit aus Indien), dazu, die vorherrschenden Mächte (einschließlich einiger Nationalstaaten des Südens) der Komplizenschaft mit dem kolonialistischen Rassismus anzuklagen und sie zum Adressat von Forderungen nach Entschädigungsmaßnahmen zu machen. Diese Themen gehen daher, kurz gesagt, keineswegs nur den wohlhabenden Norden etwas an.

Die Vorstellung, dass der ›Norden‹ sich einseitig dem Süden aufzwinge, nimmt außerdem an, dass der Süden keine eigene intellektuelle Handlungsfähigkeit habe, während tatsächlich solche multikulturellen Projekte teilweise ›von dort‹ kommen. Norden und Süden sind intellektuell miteinander in einem transnationalen diskursiven Raum verwoben. Viele der Ursprungstheorien – der Antikolonialismus, die Dependenztheorie, die Kritik des Humanismus der Aufklärung – werden gleichermaßen mit dem Süden wie mit dem Norden in Verbindung gebracht. Die Einwände gegen nördliches Sich-Aufdrängen haben oft weniger mit dem Inhalt der multikulturellen Veröffentlichungen zu tun als mit der institutionellen Örtlichkeit der Produktion und Verteilung einiger dieser Arbeiten, die bestimmte Staaten (die Vereinigten Staaten und das Vereinigte Königreich), bestimmte Sprachen (besonders Englisch), bestimmte anglo-amerikanische Institutionen und einen weitgehend europäischen und euro-amerikanischen Korpus an Arbeiten und Theorie privilegiert. Aber die Nord-Süd Kluft, wiewohl sie heuristisch und politisch dazu dienen mag, tief verwurzelte Machtgefälle aufzuzeigen, setzt gleichzeitig zu starke Trennungen voraus, die in Wirklichkeit viel durchlässiger sind.

Todd Gitlin schiebt die Schuld für den Niedergang der Linken in seinem 1995 erschienenen Buch *The Twilight of Common Dreams* auf die ›Identitätspolitik‹, wie sie von Gruppen ausgedrückt wird, »die zu sehr damit beschäftigt sind, das zu beschützen und in Reinform zu erhalten, was sie sich als ihre Identität vorstellen«. Die Linke gab Gitlin zufolge das, was er als den eigentlichen Kampf ansieht, für eine narzisstische Suche nach einer chimärenhaften Identität auf.[272] In seiner Darstellung fehlen die vielfältigen Ursachen des linken Niedergangs: die Attacken der Rechten gegen das Erbe der 1960er, die mörderische Unterdrückung der Black Panthers, die konservative Propaganda reich ausgestatteter Denkfabriken, ein gezinktes Zweiparteiensystem, eine Winner-Take-All Politik, eine Ökonomie des Laissez-faire, eine Verfassung, die konservative ländliche Staaten bevorzugt, die Korruption des Kongresses durch Konzerne, die Taktik der Republican Party, bestimmte Themen als Keil

272 Todd Gitlin, *The Twilight of Common Dreams: Why America Is Wracked by Culture Wars* (New York: Holt, 1995).

zu benutzen, und die ideologische Unentschlossenheit einer immer mehr von Konzernen beherrschten Democratic Party. Eine Analyse, die die multikulturelle Identitätspolitik zum Sündenbock für den linken Niedergang erklärt, liefert eine platte Version eines komplexen historischen Narrativs und vergisst die globalen und lokalen Faktoren, die die Linke ganz allgemein als übergreifendes progressives Projekt untergraben haben: als da global wären, das Ende eines real existierenden Sozialismus, das *embourgeoisement* (die Verbürgerlichung) der Befreiungsbewegungen in der Dritten Welt und, vor Ort, die Schwächung der Gewerkschaften und der Arbeiter_innenbewegung.

Die Sündenbock-Analyse vergisst, dass (1) die Linke in der Geschichte oft gespalten war, und zwar aus Gründen, die wenig mit ›Identitätspolitik‹ zu tun hatten – man muss nur an die Selbstkannibalisierung der Linken auf Grund der stalinistisch-trotzkistisch-marxistisch-leninistisch-anarchistisch-sozialistisch-spartakistischen Spaltungen denken, die die Linke während eines Großteils des 20. Jahrhunderts plagten; (2) die Debatten von alter Linker gegen neuer Linker mehr um ideologische Vision, Spannungen unter den Generationen und politische Taktiken als um Identitätspolitik gingen; (3) die marxistische Linke in großen Teilen der Welt als Folge des Zusammenbruchs des real existierenden Sozialismus schwächer geworden ist, oft in Situationen, in denen die Identitätspolitik eine geringe Rolle gespielt hat; (4) es Ängste rund um die Themen *race*, Klasse, Geschlecht und Sexualität in US-amerikanischer linker Politik lange vor dem Erscheinen von ›Identitätspolitik‹ gab (deutlich, zum Beispiel, in der Ernüchterung über die amerikanische kommunistische Partei (CP) in den 1930er Jahren); (5) die Teilnahme an von ›Rassenfragen‹ geprägter linker Politik keinesfalls die Teilnahme an anderen Formen linker Politik ausschließt; und, (6) die wichtigste Ausnahme zum linken Niedergang in der Welt – Lateinamerika und neuerdings der Arabische Frühling – oft sogar kulturelle Identitäts- und soziale Bewegungen als wesentlichen Bestandteil einer Koalitionen bildenden Politik verstanden haben. Sicherlich ist es wahr, dass die multikulturelle Linke wirkungsvoller darin war, das Recht auf Differenz zu verteidigen als politisch-ökonomische Gleichheit zu garantieren, was jedoch nicht bedeutet, dass die Linke nicht auch politisch-ökonomische Gleichheit *aufgrund* ihrer multikulturellen Errungenschaften erreicht hat.

Ganz abgesehen von der Identitätspolitik, haben auf *race*, Klasse und Geschlecht beruhende Aufspaltungen die amerikanische Geschichte von Anfang an geprägt. So haben besitzende, sklavenhaltende, weiße Männer traditionell *race* dazu benutzt, um Klasse zu kaschieren, indem sie das kulturelle Kapital des Weißseins auf besitzlose Weiße ›übertrugen‹: Auf subtile Weise kennzeichnete die Hautfarbentrennlinie sogar linke Organisationen, von der Kommunistischen Partei bis zu den Gewerkschaften, die Weiße gegenüber People of Color (PoC) aus der Arbeiter_innenklasse trotz einer Gleichheitsideologie privilegierten. Der Identitätspolitik die Schuld für linke Aufsplitterung zu geben, ist daher eine Form horizontaler Sündenbock-Erklärung. Gitlins höhnische Bezugnahme auf »Gruppen, die zu sehr damit bescchäftigt sind, das zu beschützen und in Reinform zu erhalten, was sie sich als ihre Identität vorstellen«, ist ein besonderer Tiefschlag. Sie offenbart einen privilegierten, pseudoobjektiven Standpunkt, der sich in der Lage wähnt, beurteilen zu können, welche Identitäten authentisch sind und welche bloß in der Vorstellung existieren, als ob Girlin die ›wahre‹ Identität von PoC besser kennen würde als die PoC selbst. Soziale Identitäten sind weder ein Luxus noch existieren sie bloß in der Vorstellung; sie sind historisch geprägt und haben Konsequenzen dafür, wer Jobs bekommt, wer Häuser besitzt, wer rassistischen Kontrollen ausgesetzt ist, und so weiter. Statt eine Investition in eine bloß eingebildete Zugehörigkeit zu sein, haben Identitäten mit einer unterschiedlichen Beziehung zu Macht, wie sie in der Welt gelebt wird, zu tun, mit von der Norm abweichenden Erfahrungen mit Justiz, mit medizinischer Versorgung, mit Ökonomie und mit sozialem Austausch im Alltag. Soziale Identitäten sind keine vorgefertigten Wesensgehalte; sie treten aus einer fließenden Reihe unterschiedlicher Erfahrungen hervor, innerhalb sich überlappender Kreise der Zugehörigkeit. Es sind diese sich überlappenden Kreise von Identität und Identifikation, die transkommunale Koalitionen möglich machen, die auf sich aus der Geschichte ergebenden Affinitäten beruhen. Ängste bezüglich der Identität sind asymmetrisch. Während die Entmachteten ein heikel errungenes Recht zu bestätigen suchen, fühlen sich die traditionell Ermächtigten durch die Konkurrenz mit bisher ungehörten Stimmen relativiert. Was bei dem ganzen Argument der Spaltung der Linken fehlt, ist die Einsicht, dass ›Teilung‹ in einem koalitionären Raum auch ein ›Zugewinn‹ bedeuten kann. Zerteilung und Neusetzung können Hand in Hand gehen.

Die Debatten um Identität weisen ein komplexes Spektrum an Positionen auf, welches von Essentialismus bis zu sozialem Konstruktivismus reicht. Wenn der Angriff der Rechten auf ›Identitätspolitik‹ sich nationalistischer Begrifflichkeiten bediente, wurde die Kritik der Linken entweder in politische Terminologie oder in philosophisch poststrukturalistische oder skeptisch postmoderne gefasst. Für viele Wissenschaftler_innen bestand das Ziel deshalb darin, sowohl essentialistische als auch anti-essentialistische Fallen zu vermeiden, daher auch der Begriff des ›strategischen Essentialismus‹ (Spivak).[273] Die Tatsache, dass Identitäten soziale Konstrukte sind, bedeutet nicht, dass sie nicht existieren und keine Konsequenzen im wirklichen Leben haben. Der von sol-

273 Gayatri Spivak, *In Other Worlds: Essays in Cultural Politics* (London: Taylor and Francis, 1987).

chen Denker_innen wie Linda Martin Alcoff, Satya P. Mohanty und Chandra Mohanty vorgebrachte postpositivistische, ›realistische‹ Ansatz bietet in diesem Sinne eine alternative Konzeptionalisierung zu der postmodernen, skeptischen Auffassung von Identitäten als bloß fiktiven Konstrukten.[274] Für Befürworter_innen dieses Ansatzes sind Identitäten Anzeiger von Geschichte, sozialem Ort und Positionalität, Brillen, durch die wir die Welt sehen. Statt ethno-charakterologische Esssenzen, sind Identitäten chronotopische Positionierungen innerhalb des sozialen Raums und der geschichtlichen Zeit. Sie sind die Stelle, von der aus man spricht und die Welt erfährt. Das auf Klassen bezogene Argument gegen die Identitätspolitik ignoriert den Unterschied, den *race* macht, und ebenso, wie die Weigerung, über ›Rassengrenzen‹ hinweg, Koalitionen einzugehen, der Linken selbst geschadet hat. Einer Analysenachse (Klasse) wird applaudiert, während andere (Rasserace, GenderGeschlecht, Sexualität) verspottet werden. Wie George Lipsitz nahegelegt hat, maskiert dabei dieder Gegnerschaft Widerstand gegenüber den ›besonderen‹ Forderungen von ethnischen Minderheiten oftmals die versteckte ›Identitätspolitik‹ der dominanten Gruppe und ihrer Besitz behauptenden Investition Beteiligung ain weißes weißem Europäer_innentum.[275] Obgleich eine auf Identitätspolitik angewandte ›Salamitaktik‹ Identität zu einer Art kulturellem Kapital in einem Konkurrenzkampf um Status machen kann, kann andererseits ein Anprangern der ›Identitätspolitik‹ auch auf subtile Weise die dominante Identität zur Norm erheben.

Besorgniserregende Vielfalt

Die verschiedenen linken Kritiker_innen multikultureller Identitätspolitik teilen bestimmte Motive, aber schlagen auch jeweils eigene Töne an. Eine Klasse-über-race-Hierarchie beherrscht Walter Benn Michaels' Buch *The Trouble with Diversity*.[276] Sein Argument lautet, einfach wiedergegeben, dass »wir race und Identität lieben, weil wir Klasse nicht lieben«.[277] Der größte Teil des Buches besteht aus formelhaften Permutationen der selben grammatikalischen Grundstruktur sich gegenseitig ausschließender Paradigmen, entlang dem Muster von »Wir lieben es, über A (race, Diversität) zu sprechen, weil wir uns weigern über B (Klasse, Ökonomie, Kapitalismus) zu sprechen.« Mit einem Nullsummen-

---

274 Vgl. zum Beispiel Linda Martin Alcoff, *Visible Identities: Race, Gender, and the Self* (New York: Oxford University Press, 2006).

275 George Lipsitz, *The Possessive Investment in Whiteness: How White People Benefit from Identity Politics* (Philadelphia: Temple University Press, 1998), vii.

276 Walter Benn Michaels, *The Trouble with Diversity* (New York: Holt, 2006).

277 Ebd., 7.

Ansatz bedeutet jedwedes Ansprechen von *race* eine Verleugnung von Klasse. Innerhalb einer Grammatik, die nur zwei Verknüpfungen – ›entweder/oder‹ – kennt, werden wir aufgefordert, zwischen »einer Vision von unserer Gesellschaft als in races« oder »in ökonomische Klassen unterteilt« zu wählen.[278] Satz auf Satz basiert auf einer Rhetorik ausgeprägter Dichotomie – »Wir würden viel lieber den Rassismus los werden als die Armut«[279] – oder unfairen Vergleichs: »Uns gefällt die Idee kultureller Gleichheit besser als die Idee ökonomischer Gleichheit.«[280]

Wir können nicht genug betonen, dass wir Michaels' Kritik an der Löschung des Klassenbegriffs, vor allem in den Vereinigten Staaten, beipflichten. Unglücklicherweise ersetzt er nur eine Löschung (von Klasse) durch andere Löschungen (von *race*, Kultur, Identität). Obgleich Michaels' vage sozialistische Politik sich scharf von der eines Dinesh D'Souza absetzt, teilt er mit D'Souza die Einbildung, dass Rassismus eigentlich in den 1960ern geächtet und beseitigt wurde. Indem er ein stillschweigend weißes liberales ›wir‹ verwendet, schreibt er, dass »wir Programme wie Affirmative Action mögen, weil sie uns sagen, dass der Rassismus das zu lösende Problem darstellt, und dass, um es zu lösen, wir unsere Vorurteile aufgeben müssen.«[281] Diese Art es zu formulieren ist jedoch insofern unglücklich, als (1) Affirmative Action heute unter Dauerbeschuss, einschließlich dem durch den Obersten Gerichtshof, steht, (2) sogar ihre Unterstützer_innen Affirmative Action nicht sehr energisch verteidigen (Obama scheint, einen William Julius Wilson-artigen Klassen-über-race-Ansatz zu bevorzugen) und (3) Affirmative Action konkrete legale/praktische Themen betraf, wie zum Beispiel das Einstellen von Minderheiten und die Wiedergutmachung vergangener Ungerechtigkeit, und nicht ein breiiges und unrealisierbares ›Aufgeben von Vorurteilen‹.

Michaels' sonniges Porträt eines »in Vielfalt verliebten« Amerika übersieht außerdem viele verhängnisvolle Wolken. Obgleich Universitätsbroschüren das Wort ›Vielfalt‹ herausstellen und stolz Fotografien chromatisch vielfältiger Studierender und Lehrender ausstellen, ist dies noch lange nicht dasselbe wie die Verwirklichung substantieller sozialer Gleichheit. Es scheint hier einen race-abhängigen Wahrnehmungsunterschied zu geben. Während Michaels Universitätscampusse als »in Vielfalt verliebt« beschreibt, nennen viele schwarze und Latino Student_innen sowie solche aus dem Nahen Osten amerikanische Campusse, einschließlich selbst so vielfaltsfreundlicher wie UC Berkeley, »feindliche Umwelten.« Eine Umfrage an der Universität von

278 Ebd., 3.
279 Ebd., 12.
280 Ebd., 17.
281 Ebd., 89.

Virginia beispielsweise ergab, dass 40 Prozent der schwarzen Student_innen Objekt einer direkten rassistischen Verunglimpfung gewesen waren, während 91 Prozent einen Akt rassistischer Diskriminierung oder Intoleranz entweder selbst erlebt oder mitbekommen hatten.[282] Mittlerweile sind schwarze Student_innen allerdings dabei, von US-Campussen zu verschwinden, da sich die *race*- und Klassentrennungen unter dem Angriff der Finanzkrise, der von unten nach oben umverteilenden Ökonomie, der teuer gewordenen Bildung sowie der Attacke auf Affirmative Action verschlimmern.

Als Beweis der amerikanischen ›Liebe für Vielfalt‹ führt Michaels das Fehlen von ›Pro-Hass-Kundgebungen‹ an.[283] Aber damit legt er einen allzu niedrigen Maßstab an. Der Ku-Klux-Klan und die weißen Bürgerwehren nennen zwar ihre Demonstration nicht ›Hass-Kundgebung‹, aber de facto sind sie das. Immerhin nannte sogar Hitler die Aufmärsche in Nürnberg nicht ›Hassaufmärsche‹ und trotzdem kann man doch mutmaßen, dass Jüd_innen und Kommunist_innen, Schwule und Roma die Botschaft verstanden haben. Indem sie auf eine lange Tradition paranoider, einwanderungsfeindlicher politischer Diktion bauen, führen boshafte Berühmtheiten wie Ann Coulter und Glenn Beck mediale Gegenstücke zu Hass-Kundgebungen auf, mit einem Publikum, das viel größer ist als das bei irgendeinem Parteitagsspektakel in Nürnberg. Das äußerst unangenehme Erlebnis, TV-Shows wie *Lou Dobbs Tonight* und *The O'Reilly Factor* zu sehen oder dem Hassradio von Michael Savage oder Rush Limbaugh zuzuhören, offenbart zumindest eine tiefe Ambivalenz bezüglich ›Vielfalt‹. Und während die Wahl Obamas einen Beweis für ein anderes Amerika lieferte, welches tatsächlich ›Vielfalt‹ liebt, sind rechtsextreme Stimmen, die keine Vielfalt wollen, seit seiner Wahl sogar noch schriller geworden. Statt zu zeigen, dass die Amerikaner_innen ›postrassistisch‹ geworden sind, hat die irrationale Feindseligkeit gegenüber Obama genau bewiesen, wie viele Amerikaner_innen immer noch an dem ›Racial Contract‹ festhalten. Der Zweifel an der Echtheit von Obamas amerikanischer Geburt ist allegorisch als eine Beleidigung gegen alle US-amerikanischen PoC gerichtet und wird von diesen auch so aufgenommen.

Race als eine analytische Kategorie ist so entscheidend, weil der Rassismus sozialen Vorteil strukturiert. Jede ökonomische Krise, die Weiße heimsucht – zum Beispiel die US-Immobilien- oder Subprimekrise – trifft rassifizierte Kommunen noch viel dramatischer. Wenn das weiße Amerika niest, bekommt das schwarze Amerika die Grippe. Die große Depression, so drückt es ein bitterer schwarzer Witz aus, war eine Zeit, in der weiße Amerikaner_innen so

---

282 Die Umfrage wird zitiert in Tim J. Wise, *Speaking Treason Fluently: Anti-racist Reflections from an Angry White Male* (Berkeley, CA: Soft Skull, 2008), 71.
283 Michaels, *The Trouble with Diversity*, 72.

leben mussten, wie Schwarze schon immer gelebt hatten. Die Reichtumskluft ist mittlerweile sogar noch größer als die Einkommenskluft. »Für jeden Dollar, den die durchschnittliche weiße Familie in den USA besitzt, hat die durchschnittliche Familie of Color weniger als zehn Cent.«[284] Für Schwarze sind Mel King zufolge »white men of means« [weiße vermögende Männer] deckungsgleich mit »white mean men« [weiße ›gemeine‹ Männer].[285] *Race* und Klasse müssen daher als ineinander verwoben betrachtet werden, da, wie David Roediger schreibt, sie so vollständig »im Bewusstsein der Amerikaner_innen der Arbeiterklasse miteinander verflochten sind, dass wir Klasse nicht kapieren, wenn wir *race* nicht kapieren.« Tatsächlich kann die Weigerung, die Komplexitäten von *race* zu berücksichtigen, genauso zum »Rückzug von der Kategorie der Klasse« führen wie »eine reduktionistische Zwangsbeschäftigung mit *race* als einer ahistorischen, essentialistischen Kategorie«.[286] Ein Teil der Linken möchte sich ›über *race* hinweg‹ bewegen, aber, wie Roediger darlegt, wird ein Rückzug von der Kategorie *race* das Problem der Verleugnung von Klasse nicht lösen, sondern uns letztendlich »eher dazu bringen, dass wir keine der beiden Kategorien angehen«.[287] Obgleich Michaels denkt, ›wir‹ seien ›übereifrig‹ dabei, *race* in den Mittelpunkt zu stellen, bilden *race* und Klasse (und Geschlecht und Sexualität) Brennpunkt und Kern US-amerikanischer Politik. Marx unterstrich die symbiotische Beziehung zwischen *race* und Klasse, wenn er die Sklaverei als das Podest beschrieb, auf dem die Lohnsklaverei basierte. Du Bois sprach von »dem Lohn des Weißseins«.[288] Später fragte Martin Luther King, Jr.: »Was nützt es einem Menschen, an einer integrierten Mittagstischtheke essen zu können, wenn er nicht genug Geld verdient, um einen Hamburger und eine Tasse Kaffee zu kaufen?«[289] Henry Louis Taylor, Jr. stellte fest, dass, was »für die Schwarzen die Einkommensdecke, für die Wei-

---

284 Meizhu Lui, Bárbara J. Robles, Betsy Leondar-Wright, Rose M. Brewer, and Rebecca Adamson, *The Color of Wealth: The Story behind the U.S. Racial Wealth Divide* (New York: New Press, 2006), 1.

285 Mel King zitiert nach ebd., 268.

286 David Roediger, *Towards the Abolition of Whiteness* (London: Verso, 1994), ix.

287 David Roediger, »The Retreat from Race and Class«, *Monthly Review* 58, no. 3 (2006), 51.

288 W.E.B. Du Bois, *Black Reconstruction in America, 1860–1880* (1935; Nachdr., New York: Free Press, 1995), 700–701. (»Man muss sich erinnern, dass die weißen Arbeiter_innen, während sie auch einen niedrigen Lohn erhielten, zum Teil kompensiert wurden durch einen öffentlichen und psychologischen Lohn. Ihnen wurde öffentlicher Respekt und Anrecht auf Höflichkeit erwiesen, weil sie weiß waren. Sie wurden mit allen Klassen weißer Menschen zu öffentlichen Funktionen, öffentlichen Parks und den besten Schulen zugelassen.«)

289 Martin Luther King, Jr., »All Labor Has Dignity« (1968), in *All Labor Has Dignity*, Hrsg., Michael Honey (Boston: Beacon, 2011).

ßen die Chancensohle ist«.[290] Schwarzer Marxismus sagte uns, dass *race* und Klasse miteinander verwoben sind, während schwarzer Feminismus uns erinnerte, dass *race*, Klasse und Geschlecht sich überschnitten.

Während eines Großteils des 20. Jahrhunderts beschäftigte sich die schwarze Befreiungsbewegung mit der Debatte über die Stärken und Schwächen des Marxismus in Bezug auf seine Fähigkeit, die Unterdrückung der Schwarzen zu erklären und zu beheben. Die *Critical Race Theory* verweist zum Beispiel auf die politischen Grenzen sowohl des Liberalismus als auch des Marxismus. Während der Liberalismus Rassismus auf Einstellungsbigotterie reduziert, reduziert der Marxismus Rassismus auf eineine Begleiterscheinung des Klassenwiderspruchs. Obgleich der Marxismus eine überzeugende Theorie der Dialektik sozialer Unterdrückung geliefert hat, haben die geschichtlichen Kräfte, die den Marxismus als eine Theorie hervorgerufen haben, laut Charles Mills »jetzt andere Perspektiven, andere Visionen, erhellende Aspekte der strukturierten Dunkelheiten der Gesellschaft aufgeworfen, die Marx zu sehen versäumte.«[291] Obgleich Michaels für sich in Anspruch nimmt, unsere Aufmerksamkeit von individuellem Vorurteil auf das soziale System zu lenken, schafft er einen falschen Gegensatz zwischen Individuum und Gesellschaft, wenn er behauptet, dass, selbst wenn ›wir‹ als Individuen »rassistisch sind, die Gesellschaft, mit der wir verbunden sind, es nicht ist«.[292] Indem sie die ganzen Forschungsergebnisse der *Critical Race Studies* über institutionellen, systemischen und sogar epistemischen Rassismus übergeht, wurzelt seine Behauptung gesellschaftlicher Unschuld letzten Endes auf einem US-amerikanischen exzeptionalistischen Diskurs.

Ein sich herausschälender linker Konsens nimmt an, dass (1) *race* keine biologische Realität hat – Menschen teilen eine zu 99,9 Prozent identische DNA, und die ganze Menschheit teilt einen gemeinsamen Vorfahren in Afrika; (2) das Thema nicht *race* ist, sondern Rassismus und Rassifizierung; und (3) *race* als ein soziales Konstrukt und Rassismus als eine soziale Praxis die gegenwärtige Welt dadurch prägen, dass sie die Verteilung von Macht und Ressourcen in Schieflage bringen. Statt sich gedanklich von *race* zu Diskriminierung hin zu bewegen, ist es in gewisser Weise nützlicher, in die entgegengesetzte Richtung zu denken, also von der durch Statistik nachgewiesenen Diskriminierung (zum Beispiel die unverhältnismäßige Inhaftierung von schwarzen Menschen) hin zu den Kategorien, die die Diskriminierung erklären, egal ob sie mit *race*, Hautfarbe, nationaler Herkunft, Religion, Akzent oder irgend einer anderen sicht-

290 Taylor zitiert nach Charles W. Mills, *Blackness Visible: Essays on Philosophy and Race* (Ithaca: Cornell University Press, 1998), 135. 30. Ibid., 39.

291 Ebd., 39.

292 Michaels, *The Trouble with Diversity*, 82.

oder hörbaren Differenz zu tun haben. Außerdem hat sich allein schon die Vorstellung von ›*race*‹ geschichtlich verändert. Heutzutage ist Du Bois' ›color line‹ neu gezogen und dabei verwischt worden. Solch prominente amerikanische Schwarze wie Colin Powell und Condoleezza Rice können ›entrassifiziert‹ werden, um der weißen Seite beizutreten. Antimuslimischer Rassismus und der Krieg gegen den Terror haben andererseits eine Religion rassifiziert (den Islam), die Menschen vieler Hautfarben umfasst, und haben deren Anhänger_innen Verdacht und Profiling ausgesetzt.[293] Heute betrifft die Farblinie nicht nur das, was sichtbar ist – die Farbe – sondern auch die weniger sichtbaren sozialen Grenzlinien, die Religion, Kleidung, Körpersprache, Sprechverhalten, Etikette, kulturelles Kapital und Europäischsein betreffen. Doch dienen ›*race*‹ und ›Rassismus‹ weiterhin und trotz der mangelnden wissenschaftlichen Substanz des Konzepts von ›*race*‹ dazu, das Weiterbestehen ausgeprägter, mit ›*race*‹ zusammenhängender Ungleichheiten zu benennen.

Michaels macht sich über eine Politik lustig, die »darin besteht, schlimme Dinge, die vor langer Zeit geschahen, zu missbilligen.« Er vergisst dabei, (1) dass die radikal rekonstruierte Geschichtsschreibung darauf abzielt, einer herrschenden Geschichtsschreibung, die jene ›schlimmen Dinge‹ ignoriert bzw. sogar als ›gute Dinge‹ abbildet, etwas entgegenzustellen und (2), dass jene ›schlimmen Dinge‹ immer noch die Gegenwart prägen und erklären. Michaels ahmt damit die konservative Karikatur von Identitätspolitik nach, derzufolge diese es darauf anlege, »die Unterschiede zwischen Schwarzen und Weißen und indigenen Amerikaner_innen und Jüd_innen und wem immer«[294] zu bewahren. Aber es geht nicht darum, Differenz um der Differenz willen zu bewahren – eine Vorstellung, die stark an die Rettungsanthropologie gegenüber ›Stämmen am Rande der Ausrottung‹ erinnert – sondern vielmehr darum, Unterschiede in der geschichtlichen Erfahrung anzuerkennen. Wie einige französische Intellektuelle, beispielsweise Alain Finkielkraut, setzt Michaels Berichte über die Viktimisierung von Gemeinden rassifizierter Minderheiten herab als eine Form narrativen Neids gegenüber den Jüd_innen, ein Vorwurf, der schon gegen Saids Fassung eines palästinensischen Gegennarrativs in den späten 1980ern erhoben wurde. Michaels zitiert Leslie Marmon Silkos Erwähnung der 60 Millionen indigener Amerikaner_innen, die von den Europäer_innen ausgelöscht wurden, um dann zu antworten: »Sie betreiben nicht nur eine gewisse Anstrengung, anderen in Bezug auf Opferrolle voraus zu sein. Sie versuchen nicht, die Jüd_innen zu ersetzen, sie versuchen, ihnen

293 Das Problem des Zu-*race*-Machens des Islams [of ›racing Islam‹] ist von Kritiker_innen wie Rabab Abdulhadi, Evelyn Alsutany, Moustafa Bayoumi, Nadine Naber, and Sherene Razack angesprochen worden.

294 Michaels, *The Trouble with Diversity*, 74

beizutreten.«[295] Dieser Darstellung eines Wettbewerbs um ethisches und narratives Kapital zufolge ist es, als versuchten die indigenen Amerikaner_innen, die den Genozid seit 1492 beklagen (und bekämpfen), auf dem Trittbrett des Prestiges des Holocaust zu fahren.

Die ethnozentrischen Grenzen der von Michaels vorgenommenen Dichotomisierung von Klasse versus *race* und Kultur versus Ökonomie offenbaren sich in seiner Analyse des lateinamerikanischen Aktivismus. Er schreibt, »Es gibt einen großen Unterschied dazwischen, mit Indigenen zu tun zu haben, die ihre Kultur schützen wollen, oder mit Sozialist_innen, die ihre Industrie verstaatlichen wollen [...]. Wenn Evo Morales davon spricht, ›die Industrie zu verstaatlichen,‹ spricht er als ein Sozialist; wenn er davon spricht, den Traum ›unserer Vorfahren‹ zu erfüllen, spricht er als ein Indianer.«[296] In seiner Einvernahme des Sozialisten Morales gegen den ›Indianer‹ Morales übersieht Michaels nicht nur Morales' Charakterisierung von sich selbst als sowohl Sozialist als auch ›Indianer‹ (und insbesondere als Aymara), sondern auch die gegenseitige Verwobenheit von Kultur und politischer Ökonomie im heutigen Bolivien. Indem er Morales *nur* als Sozialisten preist, ignoriert er die öffentliche Wahrnehmung von Morales als ›*Indio*‹ sowie die kulturelle Politik, die ihm den Wahlsieg brachte. Der Sieg von Morales und *MAS* (Movimiento al Socialismo), der in den Wahlen vom Dezember 2009 erneut bestätigt wurde, bildet einen historischen Wendepunkt in einem Land, das geprägt ist vom Rassismus der Oligarchie gegenüber der Quechua- und Aymara-Mehrheit. Die neue Verfassung erkennt ausdrücklich den ›multinationalen‹ Charakter der Nation an. Wie Morales selbst oft dargelegt hat, durften ›Indianer_innen‹ während eines Großteils der bolivianischen Geschichte nicht einmal den Bürgersteig mit den *criollos* teilen. Die Feind_innen von Morales lassen sich ihrerseits nicht nur als Kapitalist_innen definieren, sondern auch als bolivianische ›Weiße‹. Daher lag es zu einem großen Teil daran, dass sie als ›Indianer_innen sprachen‹, dass die indigene Bewegung zu einer mächtigen Kraft zusammenwachsen konnte, die die transnationalen Konzerne und die bolivianische Oligarchie herauszufordern in der Lage war.

Jede Analyse, die wie Michaels' auf der Stigmatisierung einer abstrakten ›Identität‹ beruht, wird mit großer Wahrscheinlichkeit eine Reihe theoretischer Probleme schaffen. Erstens ist die Stigmatisierung von Identität gewöhnlich asymmetrisch, d.h. sie weist bestimmte Identitäten zurück, aber gewöhnlich nicht die der Analyst_innen, die zwar vorausgesetzt, aber nicht ausgesprochen wird. Zweitens macht gerade die Abstraktion des Begriffes es

295 Ebd., 60.
296 Ebd., 143.

leicht, die unterschiedlichen ›Identitätsvertreter_innen‹ in einen Sack zu stecken und zu verurteilen. So vergleicht Michaels zum Beispiel die Aymara in Bolivien mit Samuel Huntington, und zwar auf der Grundlage dessen, dass sowohl Huntington als auch die Aymara Identitäten bewahren wollen. Solch ein Vergleich übersieht völlig die Frage der Macht und ist damit so etwas wie das Gleichsetzen der Politik von David Duke mit der von Cornel West, da beide ihre Identitäten (die ›arische‹ bzw. die schwarze) zu bewahren versuchten. Michaels vermischt mit seinem Vergleich die Situation eines gut vernetzten geopolitischen Strategen (Huntington), der eine dominante Sprache spricht, mit der der Aymara, die Opfer einer fünf Jahrhunderte dauernden Belagerung sind. Michaels nennt das Verschwinden von Sprachen wie dem Aymara ganz im linguistischen Geist der Conquista ein »opferloses Verbrechen«.[297] Wie alle wissen, die Situationen erlebt haben, in denen sie keine Sprache für Kommunikation zur Verfügung hatten, stellt Sprache eine Form von Macht dar; seine Sprache zu verlieren, heißt entmachtet zu werden. Es ist überaus merkwürdig jemanden, dessen Identität und Lebensunterhalt sich aus der Beherrschung einer hegemonialen Sprache ergibt, so arrogant über Sprache reden zu hören. Aber vielleicht ist das gerade der Grund für Michaels' Hochmut: Er weiß, dass *seine* Sprache nicht so schnell verschwinden wird.

Es gibt in der Linken eine wachsende Einsicht, dass die sozialen Bewegungen in Lateinamerika, vom Zapatismo bis zu den indigenen Bewegungen in Bolivien, Peru und Ecuador, im Kampf um sozialen Wandel heute an vorderster Stelle stehen. In der Folge von indigenem Aktivismus und der UN Erklärung indigener Rechte, haben Ecuador und Bolivien begonnen, indigene Rechte und sogar das ›Recht der Natur, nicht verletzt zu werden,‹ in ihre Verfassungen geschrieben. Bolivien hat heute außerdem ein ›Ministerium für Dekolonialisierung‹. Die Ära des Neoliberalismus und des geschwächten Nationalstaats hat mehr und direktere Konfrontationen mit sich gebracht, die transnationale Konzerne gegen indigene, ihre Rechte verteidigende Gruppen in einer neuen ›Kontaktzone‹ (Pratt) in Stellung bringen, wo Land, Biodiversität und geistiges Eigentum allesamt auf dem Spiel stehen.

Während der klassische Marxismus zwar antikapitalistisch ist, jedoch letzten Endes produktionsorientiert bleibt, sind die Bewegungen in den Andenländern oft radikaler antikapitalistisch in ihrer Betonung, dass ›Mutter Erde‹ nicht zur Ware gemacht werden dürfe. Diese kulturell verwurzelte Verweigerung, allem einen Warencharakter zuzuschreiben, war die schlagende Idee, die die bolivianischen Bewegung antrieb und sie in die Lage versetzte, die Privatisierung von Wasser und ›sogar dem Regen‹ durch Konzerne zu ver-

297 Ebd., 65.

hindern. Aktivist_innen sprechen von kommunalen Politikformen und von dem, was Arturo Escobar »die politische Aktivierung von Beziehungsontologien nennt«. Escobars Analyse zufolge fordern die Aktivist_innen (1) eine substantielle, statt einer bloß formalen Demokratie, (2) eine ›biozentrische‹ nachhaltige Entwicklung und (3) Interkulturalität in polyethnischen Gesellschaften. Das Ziel sei es, sich über Kapitalismus, Liberalismus, Staatsgläubigkeit, Monokulturalismus, Produktivismus, Puritanismus und die Ideologie des ›Wachstums‹ hinaus zu bewegen.[298]

Für viele indigene Gemeinschaften und Gesellschaften beinhaltet ›Kultur‹ eine Norm egalitärer ökonomischer Regelungen, eines ökologischen Gleichgewichts und eines Regierens per Konsens. Daher konfrontiert indigene Kultur die ökonomische Globalisierung in sehr realen Kämpfen, die im Namen von ›Biodiversität‹, gemeinschaftlichem ›geistigem Eigentum‹ und von der Nichtverwertung der Natur als Ware ausgefochten werden.[299] Kultur und Ökonomie sind, zusammengefasst, in den Anden tief verwoben mit von den Vorfahren geerbten Traditionen kommunalen Besitzes und kollektiver Entscheidungsfindung und einer Weigerung, eine instrumentelle, produktivistische Einstellung gegenüber der Natur einzunehmen. Indigener Widerstand läuft daher über die Kultur. Die bolivianische Linke errang Siege gegen die transnationalen Konzerne, indem sie die kulturelle Erinnerung an die *ayllus*[300] bzw. an die chronotopische Raumzeit indigener Souveränität mobilisierte . Sie gewann, indem sie *keine Wahl traf* zwischen Sozialismus und Kultur, sondern stattdessen eine sozialistische Kultur und einen kulturell angeglichenen Sozialismus konstruierte.

Die Bourdieu/Wacquant Polemik

Zwei der am weitesten verbreiteten linken Angriffe auf die multikulturelle Identitätspolitik erschienen in Form zweier von Pierre Bourdieu und Loïc Wacquant gemeinsam verfasster Essays. Das erste handelt vom Neoliberalismus und dem, was sie den ›amerikanischen Multikulturalismus‹ nennen,

298 Arturo Escobar, »Latin America at a Crossroads: Between Alternative Modernizations, Postliberalism, and Postdevelopment«, Vorlesung am *Center for Latin American and Caribbean Studies,* New York University, October 29, 2009.

299 Im Laufe der Geschichte sind Kultur und Ökonomie in den Vereinigten Staaten ebenfalls Hand in Hand gegangen, zum Beispiel im Fall von Konflikten zwischen der Regierung und indigenen Amerikaner_innen. Das Ethos des Privatbesitzes und die den Indigen@s aufgezwungenen Landzuteilungen an Individuen durch den Dawes Act bedeuteten nichts anderes als den sozialen Tod der indigenen Kultur als gelebter Praxis.

300 *Ayllu* ist die Form der traditionellen Gemeinschaft in den Anden, die schon vor den Eroberungen durch die Inkas oder die Spanier_innen existierte und diese überlebt hat.

das zweite von Globalisierung, *race* und Brasilien. Die Essays passen hierher, weil sie erstens die politischen Leidenschaften bloßlegen, die sogar im frühen 21. Jahrhundert noch in die Kulturkämpfe investiert werden, und weil sie zweitens als französischer Kommentar zu diesem Themenkreis die transnationale/translationale Dimension der Debatten offenbaren. In diesem Kapitel konzentrieren wir uns auf das erste Essay; das zweite besprechen wir in einem späteren Kapitel.

Das in einigen Kreisen als bahnbrechende Gegenschrift gepriesene erste Essay Bourdieu/Wacquants vermischt eine völlig legitime Kritik der mystifizierenden Thesen neoliberaler Globalisierung mit einem misslungenen Angriff auf die multikulturelle Identitätspolitik. Unserer Ansicht nach ist ihr sehr kurzer Kommentar eine bemerkenswerte Zusammenfassung, wie man die Themen *race*, Nation, Multikultur und transnationalen intellektuellen Austausch *nicht* behandeln sollte. Ihr statisches und monolithisches theoretisches Modell wird hier hoffentlich als produktiver Hintergrund für den dynamischeren, polyzentrischen und multidirektionalen Ansatz, den wir vorschlagen, dienen. Tatsächlich scheinen die Argumente beider Essays sogar im Widerspruch mit Bourdieus ansonsten angewandter Methode zu stehen, so als würde seine gewöhnlich sorgfältige Argumentation schrill werden, wenn Fehlinformation und eine unterschwellige nationale Agenda die Analyse beeinflussten. Obgleich sie kaum bedeutende Interventionen in den ›Kulturkampf‹-Debatten sind, erlangten beide Essays eine hohe Aufmerksamkeit und können daher als Muster einer unproduktiven Herangehensweise gelten, die von nationalstaatlichen und Klasse-vor-race Annahmen ausgeht.

Obgleich sich einige Leser_innen fragen könnten, warum wir uns die Mühe machen, eine Schmähschrift, die jeder Fachkenntnis entbehrt, von Intellektuellen, mit denen wir normalerweise auf einer Linie liegen würden, zu widerlegen, erscheint uns eine Antwort Erwiderung aus mehreren verschiedenen Gründen wichtig. Erstens sind die starken heftigen und widersprüchlichen Reaktionen auf das erste Essay ein sicheres Zeichen dafür, dass etwas Vorrangiges Bedeutendes auf dem Spiel stand. Das Essay wurde, da es unter einem angesehenen Namen auf einer machtvollen wirkmächtigen Plattform (Le Monde Diplomatique) verkündet und weit, vielfach übersetzt und verbreitet worden war, von vielen Leser_innen in der ganzen Welt als maßgebend rezipiertaufgenommen. Gleichzeitig kann uns eine ›Kritik der Kritik‹ helfen, andere und umfangreichere, ihrem Ansatz anhaftende theoretische, methodologische und politische Probleme zu klären und umfangreichere weitreichendere Ängste an die Oberfläche zu bringen, die weit über diese spezifische Polemik hinausweisenhinausgehen.

Unser Ziel ist es nicht, Bourdieus Werk im Allgemeinen zu kritisieren. Es hatte die heilsame Wirkung, die Sozialwissenschaften sowie die Geisteswissenschaften zu repolitisieren. Wir zollen Bourdieus Kritik des Neoliberalismus Beifall wie auch seinem Hervorheben der Rolle symbolischer Herrschaft beim Vertuschen und Verstärken sozialer Ungleichheit. Für die von Bourdieu abgelehnte positivistische US-amerikanische Soziologie haben wir ebenfalls nichts übrig. Wie Robert Blauner in seinem Buch *Racial Oppression in America* schreibt, »sind fast alle neuen Erkenntnisse bezüglich des Rassismus und des Erlebens der Unterdrückten von Schriftsteller_innen gewonnen worden, deren Leben und Denken von [amerikanischer] soziologischer Theorie unbelastet war«.[301] Zudem stehen wir Linken wie Bourdieu/Wacquant weit näher als ›pro-amerikanischen‹ französischen Intellektuellen wie Jean-Claude Milner, Alain Finkielkraut und Pascal Bruckner. Nicht nur zitieren und verwenden wir in positiver Weise Bourdieus Konzepte und die vieler von Bourdieu beeinflusster Wissenschaftler_innen wie François Cusset und Pascale Casanova, wir finden viele andere Aspekte seines Lebens und seiner Arbeit ebenfalls gut – seine frühe Solidarität mit dem algerischen Unabhängigkeitskampf, seine in Zusammenarbeit mit Abdelmalek Sayad entwickelte Kritik des Kolonialismus; sein Zerlegen der Strukturen von Privilegien im französischen Bildungssystem in *Die Illusion der Chancengleichheit* (mit Jean-Claude Passeron); seine Analyse der sozialen Schichtenbildung bezüglich Geschmacks in *Die feinen Unterschiede*; und seinen aktiven Einsatz für marginalisierte soziale Gruppen in Frankreich (die Obdachlosen, die Arbeitslosen, streikende Arbeiter_innen, illegale Immigrant_innen, Schwule und Lesben) wie auch sein Eingreifen von 1995 auf der Seite der streikenden Studierenden und Arbeiter_innen. Bourdieus Kritik der neoliberalen Globalisierung und des Eindringens von Marktwerten in den intellektuellen Bereich wie auch seine ›neue internationalistische‹ Kampagne gegen die katastrophalen Auswirkungen neoliberaler Wirtschaftspolitik stellen unverzichtbare Beiträge zu progressiver Politik dar.

Desweiteren pflichten wir der Kritik der Autor_innen am US-amerikanischen Sozial-, Politik-, Rechts- und Gefängnissystem und an der US-Außenpolitik bei. Bourdieus Konzepte ›Habitus‹, ›soziales Feld‹ und ›kulturelles Kapital‹ können außerdem Prozesse kultureller Herrschaft erhellen. Bourdieus konzeptuelle Kategorien können paradoxerweise sogar produktiv zum Dekonstruieren einiger von Bourdieus (und Wacquants) eigenen Einschätzungen beitragen. Tatsächlich haben eine Reihe von Wissenschaftler_innen Bourdieus Konzepte dadurch erweitert, dass sie sie mit ›*race*‹ verknüpft haben, was zu Ideen wie ›rassifiziertem Kapital‹, ›rassifiziertem Habitus‹ und ›rassifizierten Doxa‹ geführt hat. Wacquant seinerseits hat wertvolle Arbeit über Gefängnisse in den Vereinigten Staaten und Frankreich geleistet und zur breiteren

---

301 Robert Blauner, *Racial Oppression in America* (New York: Harper & Row, 1972), 5.

Rezeption von Bourdieus Werk beigetragen. Alles in allem setzen wir uns nicht mit ihrem Werk als ganzem auseinander, sondern mit ihrer engen Ansicht zu einem komplexen intellektuellen Bereich.

Obgleich Bourdieu/Wacquant in ihrem ersten Essay nur einige wenige kurze Abschnitte der multikulturellen Identitätspolitik widmeten, stellen diese eine bemerkenswert dichte Konzentration historischer Auslassungen und methodisch blinder Flecken dar. Um eine Überzeichnung zu vermeiden, präsentieren wir das Meiste von dem, was Bourdieu/Wacquant selbst zu diesen Themen in ihrem Essay äußern:

> »In allen fortgeschrittenen Ländern beginnen CEOs, und Regierungsvertreter_innen, Medienintellektuelle und hochtrabende Journalist_innen eine merkwürdige neue Sprache zu sprechen [...] ›Globalisierung‹, ›Flexibilität‹, ›Governance‹, ›Vermittlungsfähigkeit‹, ›Unterschicht‹, und ›Exklusion‹, ›neue Ökonomie‹ und ›Null Toleranz‹, ›Kommunitarismus‹, ›Multikulturalismus‹ und ihre Cousinen ›Postmodernität‹, ›Ethnizität‹, ›Minderheit‹, ›Identität‹. [...] Amerikanischer ›Multikulturalismus‹ ist kein Konzept, noch ist er eine Theorie, noch eine soziale oder politische Bewegung, während er vorgibt, alle diese Dinge gleichzeitig zu sein. Es ist ein Tarndiskurs, dessen intellektueller Status aus einer gigantischen Anstrengung nationaler und internationaler Allodoxia [Verwechslungen einer Sache mit einer anderen] resultiert, die jene, die daran teilhaben, genauso täuscht wie die, die nicht daran teilhaben. Obgleich er sich als universell gibt, ist er ein amerikanischer Diskurs insofern, als er die spezifischen Widersprüche von Akademiker_innen ausdrückt, die, abgeschnitten von jedem Zugang zur öffentlichen Sphäre und einer starken Nischenbildung in ihrem professionellen Milieu unterworfen, keinen anderen Ort für ihre politische Libido finden, als sie in zu konzeptuellen Epen hochstilisierten Campus-Streitereien zu investieren.«[302]

Hier rechnen Bourdieu/Wacquant einige wenige zutreffende Einsichten hoch zu einer holzschnittartigen Karikatur. Die Einsichten haben erstens mit der verheerenden Auswirkung der kapitalistischen Globalisierung und der Verbreitung neoliberaler Thesen in der ganzen Welt zu tun, zweitens mit der Tatsache, dass US-amerikanische exzeptionalistische Diskurse sich selbst fälschlicherweise als universell darstellen, und drittens damit, dass viele US-amerikanische Akademiker_innen wirklich von der öffentlichen Sphäre abgeschnitten – obgleich gewöhnlich nicht aufgrund eigener Wahl – und Karrierezwängen sowie einer ›starken Nischenbildung‹ ausgesetzt sind. Es gibt deshalb eine Trennung zwischen universitärem Radikalismus und dem stetigen Abdriften der US-amerikanischen Gesellschaft als ganzer in Richtung der Rechten. In diesem Sinn teilt der amerikanische *homo academicus* neben ein paar lokalen

---

302 Pierre Bourdieu and Loïc Wacquant, »La Nouvelle Vulgate Planétaire«, *Le Monde Diplomatique* (May 2000): 6–7. Nachfolgende Zitate im Text sind dieser Version des Essays entnommen.

Besonderheiten einige der Eigenschaften des *homo academicus universalis* im Allgemeinen.[303]

Die von Walter Benn Michaels und Bourdieu/Wacquant vorgebrachten Argumente decken sich nur teilweise. Während sie die Prämisse der größeren Bedeutung von Klasse gegenüber *race* teilen, beschäftigen sich Bourdieu und Wacquant stärker mit dem amerikanischen Imperialismus und dem globalen Kapitalismus. Doch ist Bourdieu/Wacquants Essay wie das Buch von Michaels durchsetzt von falschen Dichotomien: Akademiker_innen müssten entweder wirkliche Politik machen oder Multikulturalismus; bei der Unterdrückung der Schwarzen in den Vereinigten Staaten gehe es entweder um Teilhabe oder um Anerkennung; und so weiter. Obwohl das Essay die multikulturelle Identitätspolitik als völlig von der öffentlichen Sphäre losgelöst abbildet, deutete die feindselige Reaktion der amerikanischen Rechten genau die entgegengesetzte Angst an, dass nämlich solche Projekte *zu viel* Einfluss auf die öffentliche Sphäre hätten. Wo Bourdieu/Wacquant eine Wand zwischen akademischer und öffentlicher Sphäre erkennen, sehen wir überdies eine permeable Membran. Ironischerweise sah die US-amerikanische Rechte, besonders in der Bush-Cheney-Ära, den akademischen Multikulturalismus keineswegs als apolitisch an, sondern vielmehr als ›die Universität politisierend‹. Rechtsextreme Stiftungen wie die *John M. Olin Stiftung*, die *Heritage Foundation*, das *Cato Institut*, das *American Enterprise Institute* und die *Scaife Stiftung* gaben alle Millionen von Dollars aus, um solche Projekte zu bekämpfen. Lynne Cheney, die Frau des früheren Vizepräsidenten blockierte während ihrer Amtszeit als Vorsitzende der *National Endowment for the Humanities* [Nationale Stiftung für die Geisteswissenschaften] alle Projekte, die sich mit revisionistischer Geschichte, Rassismus, Multikulturalismus, Imperialismus und Genozid befassten. War es die halluzinatorische Kraft des Multikulturalismus, »jene, die daran teilhaben, genauso zu täuschen wie die, die nicht daran teilhaben«, die Lynne Cheney veranlasste, das als anti-amerikanisch und subversiv falsch zu verstehen, was die zwei Soziologen als neoliberal und pro-amerikanisch betrachten?

Bourdieu/Wacquant verbinden eine Teilerkenntnis – die der relativen Isolation von ›Campus-Streitereien‹ – mit einer falschen Schlussfolgerung, dass diese belanglos seien. Der von Bourdieu beeinflusste Historiker François Cus-

303 Während die multikulturelle Linke zum allgemein bemerkten Rückgang des Rassismus unter jungen Amerikaner_innen und damit zur Wahl von Barack Obama beigetragen hat, hatte die multikulturelle Linke wie auch die Linke im Allgemeinen bis jetzt keinen Erfolg damit, Obama nach links zu bewegen, weder bezüglich der Kriege in Irak und Afghanistan, noch in Bezug auf Guantánamo, noch in Bezug auf das Single Payer Modell der Krankenversicherung und auch nicht in Bezug auf die Beherrschung des politischen Systems durch die Konzerne.

set liefert eine komplexere Schilderung in seinem Buch *French Theory: How Foucault, Derrida, Deleuze, & Co. Transformed the Intellectual Life of the United States*:

> »Trotz [ihrer] Isolation [...] ist die Universität in den Vereinigten Staaten ein Brennpunkt nationalen Interesses und oft der Resonanzkörper oder der dramatische Verhandlungsort für die dringendsten Fragen der amerikanischen Gesellschaft. Um Gramscis Unterscheidung zu verwenden, könnte man sagen, dass die Universität, obwohl sie von der *Zivilgesellschaft* abgetrennt ist, trotzdem eine enge Verbindung mit der *politischen Gesellschaft* unterhält, und zwar in ihrer Rolle als einem ideologischen Kreuzungspunkt und in ihrer Rolle für die Formung der Eliten. Daher das weitreichende Echo der von dort ausgehenden Polemiken, das deutlich über die ländlichen Campusse hinaus widerhallt.«[304]

Kritische Projekte haben in den Vereinigten Staaten außerdem schon häufig die Aufmerksamkeit auf die sozial entscheidenden Bereiche der Pädagogik und des Geschichtsunterrichts gelenkt. Die hitzige Debatte Mitte der 1990er Jahre über ›nationale Geschichtsstandards‹ spielte zum Beispiel die Befürworter_innen einer kritischen, mehrstimmigen ›Geschichte von unten‹ gegen die Vertreter_innen des US-amerikanischen Exzeptionalismus und seiner Geschichtsschilderung aus.[305] Da, wie Bourdieus eigenes Werk darlegt, der Bildungsbereich für sowohl die Reproduktion als auch die Entmystifizierung herrschender Ideologien entscheidend ist, besitzt der Geschichtsunterricht außerordentliche soziale Bedeutung für die Formung der Bürger_innen und die Inhalte der gesellschaftlichen Debatten. Die radikaleren Varianten des multikulturellen Projekts haben US-amerikanische Unschuldsmythen in Frage gestellt. Die radikale Pädagogik zum Beispiel lehnt die herrschenden rassistischen und imperialistischen Narrative ab. Es ist fragwürdig, die amerikanische Provinzialität zu beklagen und gleichzeitig gegen die aus den USA kommenden Kampfansagen an den US-amerikanischen exzeptionalistischen Diskurs zu sein.

Wie Bourdieu/Wacquant würden wir es vorziehen, wenn kritische Intellektuelle sich größeren Zugangs zu der sogenannten öffentlichen Sphäre erfreuten, aber wo beginnt die ›öffentliche Sphäre‹, und wo endet sie? Müssen sich die Konturen aller öffentlichen Sphären gegenseitig ähneln? Seit der Aufklärung und insbesondere seit der Dreyfus-Affäre erfreuen sich französische Intellektuelle eines Sonderstatus. Als er in den 1960ern aufgefordert wurde, Sartre zu verhaften, wandte De Gaulle mit seinem berühmten Einspruch ein, dass »man

---

304 François Cusset, *French Theory: How Foucault, Derrida, Deleuze, & Co. Transformed the Intellectual Life of the United States*, übers. von Jeff Fort (Minneapolis: University of Minnesota Press, 2008), 38–39.

305 Bezüglich dieser Debatten, vgl. Gary B. Nash, Charlotte Crabtree und Ross E. Dunn, *History on Trial: Culture Wars and the Teaching of the Past* (New York: Knopf, 1997).

Voltaire nicht verhafte.« Persönlichkeiten wie Sartre, Beauvoir, Foucault und später Bourdieu werden in Frankreich (und anderswo) als auserwählte Sprecher_innen für das Universelle betrachtet, selbst wenn sie selber nach bescheideneren ›spezifischen Intellektuellen‹ rufen. Bourdieu wurde weithin als derjenige betrachte, der den durch Foucaults Tod frei gewordenen Platz eingenommen hat. Aber wessen Interessen ist mit einem hierarchischen Modell des *maître à penser* gedient mit seiner einzigen Lehrautoritätsfigur an der Spitze, selbst wenn die betreffende Person politisch progressiv ist? Bourdieu/Wacquant messen die Wirksamkeit von Intellektuellen trotz der Tatsache, dass das französische Modell der universellen Intellektuellen die von Foucault hervorgehobenen Probleme des ›für andere Sprechens‹ mit sich bringt, mit einem französischen Maß. Zusätzlich riskieren es die Formulierungen von Bourdieu/Wacquant, eine Spaltung nach Geschlecht zwischen ›harter‹ männlicher öffentlicher Politk und ›weicher‹ weiblicher privater Kultur zu reproduzieren, während tatsächlich beide Sphären engstens miteinander verbunden sind und sich gegenseitig in einem komplexen Austausch spiegeln.

In einer unfreiwillig paradoxen Schilderung beschreiben Bourdieu/Wacquant Multikulturalist_innen als innenpolitisch machtlos aber als global allmächtig. Auf ›Campus-Streitereien‹ beschränkt und daher auf nationaler Ebene machtlos, würden sie aufgrund ihrer undurchsichtigen Allianz mit globalisierenden Konzernen international gesehen allmächtig. Von der öffentlichen Sphäre isoliert, seien die Multikulturalist_innen dennoch Teil der übermächtigen Hegemonie, die mit List den Globus beherrscht. Gleich den US-amerikanischen Rechtsextremen sehen Bourdieu/Wacquant den Multikulturalismus mit mächtigen Kräften verbündet. Aber die US-amerikanische Rechte schreibt diese Macht einem listigen Kommunismus zu, während Bourdieu/Wacquant sie einem listigen Imperialismus zuschreiben. Für US-amerikanische Rechtsextreme wie Paul Weyrich hält der Multikulturalismus den Staatskörper, die Kirche, die akademische Gemeinde und die Unterhaltungsindustrie im ›Würgegriff‹ und droht, jeden Aspekt unseres Lebens zu kontrollieren.[306] (Ironischerweise behauptete Weyrich dies in einem historischen Augenblick, in dem die Rechte alle drei Staatsgewalten, einen Großteil der Medien und sogar Teile der demokratischen Partei dominierte.)[307] Während Bourdieu/Wacquant die ›Campus-Streitereien‹ spöttisch belächeln, hält Weyrich den Multikulturalismus für eine machtvolle Form des »kulturellen Marxismus«, der von einer »fremdartigen, [...] westlicher Kultur aufs Bitterste

---

306 Weyrich zitiert nach Jodi Dean in der Einleitung zu Dean, Hrsg., *Cultural Studies and Political Theory* (Ithaca: Cornell University Press, 2000), 7.

307 Sogar einige der ›Neuen Demokraten‹ wie Joseph Lieberman (wie in dem Manifest *Warum unsere Universitäten versagen, und was wir dagegen tun können*) versuchten die »verbeamteten Radikalen« der kritischen Universität zu verweisen und zu stigmatisieren.

feindlichen Ideologie« beherrscht werde.[308] Beide Schilderungen sind, so würden wir nahelegen, voreingenommen und sogar paranoid, obgleich die Paranoia sich aus entgegengesetzten politischen Quellen speist.

Der paranoide Antikommunismus der US-amerikanischen Rechten hat eine lange Ahnentafel, die zurückgeht bis zur Panikmache vor der roten Gefahr und der Verfolgung der anarcho-syndikalistischen Immigrant_innen in den 1920er Jahren, zur Unterdrückung des schwarz-linken Bündnisses in den 30ern und zum FBI, das kommunistische ›Agitator_innen von außen‹ ins Visier nahm, die vermeintlich die Bürgerrechtsproteste in den 50er und 60er Jahren geschürt hätten. In einer Neuauflage der alten rechten Einordnung, die die Bürgerrechtsbewegung fälschlicherweise als ›kommunistisch‹ bezeichnete, sieht Frank Ellis die »heutige ›political correctness‹ als den direkten Abkömmling kommunistischer »Hirnwäsche«. Und, falls »der Zermürbungskrieg« gegen den Multikulturalismus fehlschlagen sollte, so warnt er unheilverheißend, »ist der Multikulturalismus etwas, mit dem weiße Amerikaner_innen leben werden müssen«.[309] Was in der Schilderung von Bourdieu/Wacquant fehlt, ist die Tatsache, dass sowohl Frankreich als auch die Vereinigten Staaten ähnlich orchestrierte Angriffe auf das radikale Erbe von 1968 erlebt haben, ob sie nun von Politiker_innen wie George W. Bush und Sarkozy oder von Intellektuellen wie David Horowitz und Alain Finkielkraut angeführt wurden. In dieser Hinsicht erinnern Ellis' Argumente an die Gleichsetzung von ›Dritte Welt Politik‹ und Totalitarismus durch die französischen *nouveaux philosophes.*

Für Bourdieu/Wacqant verdeckt der ›Multikulturalismus‹ die soziale Krise, indem er einen Kampf entpolitisiert, »der nicht wirklich ethnisch oder rassisch ist, sondern um den Zugang zu den Produktions- und Reproduktionsinstrumenten geht«. Diese Formulierung schafft einen falschen Gegensatz, da *race* teilweise bestimmt, wer »Zugang zu den Produktions- und Reproduktionsinstrumenten« hat. Wenn der Kampf auf einer Ebene auch um Teilhabe geht, so geht er nicht nur um Teilhabe. Und statt einen festen, vorbestimmten Status zu haben, ist Klasse eine durch *race*, Geschlecht und Sexualität vermittelte und umgeformte Verhandlungsarena, also genau das, was Diskurse der ›Relationalität‹ und der ›Intersektionalität‹ erfordert. In den Vereinigten Staaten ist aus historischen Gründen der Kampf um Gerechtigkeit – der Kampf um Anrechte, die Öffnung der Linken für die verschiedenen Bewegungen, ob grün, pro-Immigrant_innen, oder gegen Krieg und Globalisierung – ausnahmslos ›durch‹ sowohl Klasse als auch *race* gegangen. Auch können wir Kultur und Ökonomie in einer Zeit, in der die beiden sich mehr und mehr ver-

308 Zitiert nach Dean, Einführung zu *Cultural Studies and Political Theory*, 7.

309 Frank Ellis, »Multiculturalism and Marxism: An Englishman Looks at the Soviet Origins of Political Correctness«, *American Renaissance* 10, no. 11 (November 1999).

mischen, nicht mehr trennen. Jack Langs berühmter Ausspruch, »Ökonomie und Kultur – derselbe Kampf« trifft nicht nur auf Frankreich zu.

Nur ein dichotomes Denken würde uns auffordern, zwischen dem Analysieren von ›Herrschaftsstrukturen und –mechanismen‹ und dem ›Feiern der Kultur der Beherrschten und ihrer Betrachtungsweise‹ zu wählen. Schließlich sind es genau die Herrschaftsstrukturen, die das Feiern der Kultur der Beherrschten nötig machen, da einer der Herrschaftsmechanismen darin besteht, die Kultur der Beherrschten abzuwerten und die Kultur der Herrschenden zur Norm zu erheben. Nur jemand, dessen ›Standpunkt‹ gewohnheitsmäßig ermächtigt wird, könnte die ›Kultur der Beherrschten‹ so abtun und Anstrengungen, Räume für den ›Standpunkt‹ der Beherrschten aufzubrechen, dermaßen verächtlich kommentieren. Für jene, die zu *critical race* und Kolonialität arbeiten, ist ein ›Standpunkt‹ nicht ein bloß subjektives Thema der Psychologie, sondern ein sozialer/methodologischer Blickwinkel innerhalb des sozialen Raumes und der geschichtlichen Zeit.

Interessanterweise bietet Bourdieu selbst scharfsinnige und sehr persönliche Einsichten in die soziale Dimension von Standpunkten an. In *Esquisse pour une auto-analyse* (Entwurf für eine Selbstanalyse, Suhrkamp 2002) erklärt Bourdieu, wie er intellektuell von den sozialen Hierarchien seines ländlichen Ursprungsmilieus auf eine Weise geprägt wurde, die ihm erlaubte die klassenbasierte Natur von Prestige im »Zentrum« von Paris zu »sehen«.[310] Er beschwört sozusagen den epistemologischen Vorteil, den ein untergeordneter sozialer Standpunkt bietet, in diesem Fall einer, der durch Klasse und Region geprägt ist. Vergeschlechtlichte und rassifizierte Menschen haben in dieser Hinsicht potentiell einen ähnlichen epistemologischen Vorteil aufgrund ihrer multiperspektivischen Sicht, die sich aus ihrer innigen Bekanntschaft mit den Alltagsgewohnheiten repressiver Systeme und aus der konkreten, fürs Überleben notwendigen Fähigkeit, ›Codes zu wechseln‹, ergibt. Gloria Anzaldúa, die Chicana Exponentin von ›Grenztheorie‹, spricht von *la facultad* oder den Bewältigungsfähigkeiten, die von Menschen entwickelt werden, die sich unterschiedlichen Formen der Unterdrückung in den neoimperialen Grenzgebieten gegenüber sehen.[311] Strukturen der Unterdrückung und Standpunkt sind vollständig verwoben. Für Fanon war die Psychoanalyse des kolonisierten Standpunkts in *Schwarze Haut, weiße Masken* eng verbunden mit der Sozioanalyse der Strukturen kolonialer Herrschaft in *Die Verdammten dieser Erde*. Bourdieu/Wacquant versäumen es somit sogar, eine hauptsächliche von *Critical Race Studies* und *Postcolonial Studies* geleistete Intervention zu be-

310 Pierre Bourdieu, *Esquisse pour une auto-analyse* (Éditions Raisons d'Agir, 2004).

311 Gloria Anzaldúa., *Borderlands: La Frontera*, 2nd ed. (San Fransciso: Aunt Lute Books, 1999), 60.

rücksichtigen, nämlich die historisch bedeutsame Artikulierung subalterner Subjektivität.

Bourdieu/Wacquant prangern die Thesen des Neoliberalismus beredt an und weisen ein Modell der ›Modernisierung‹ und ›Globalisierung‹ zurück, das den sozialen Wohlfahrtsstaat im Namen des ›Marktes‹ zerstören würde. Sie machen allerdings einen metonymischen (allodoxen?) Schlenker von ihrer legitimen Kritik des Neoliberalismus zu einer uninformierten Kritik der multikulturellen Identitätspolitik. Sie unterscheiden nicht zwischen spezifischen, vereinnehmbaren Formen und fortschrittlicheren Formen, sondern verdammen vielmehr die gesamte Menge der Projekte en bloc. Die Autoren bewerkstelligen die Verschmelzung von Globalisierung und Multikulturalismus nicht nur dadurch, dass sie die kaleidoskopartige Vielfalt der gegenwärtigen Arbeiten nicht beachten, sondern auch mittels einer Reihe von abstrakt rhetorischen Verknüpfungen von der Wirksamkeit der Märkte und der Anerkennung von Identitäten. Für beide Autoren umfassen die neuen globalen Doxa Begriffe wie ›Globalisierung‹, ›Rassenminderheiten‹ und ›Multikulturalismus‹, welche allen Gesellschaften spezifisch US-amerikanische Anliegen und Ansichten aufzwingen und eine spezifische geschichtliche Erfahrung zum Modell für die Menschheit im Allgemeinen ›naturalisieren‹ würden. Als quasi eine Neuauflage der »chinesischen Enzyklopädie« von Borges zwingt dieses Lexikon der neuen Vulgata sehr gegensätzliche Begriffe mit jeweils sehr verschiedenartiger Genealogie und Anwendungsgeschichte in denselben diskursiven Sack und präsentiert sie als Teil eines kohärenten und einheitlichen reaktionären Diskurses. Dabei stammen ›Globalisierung‹, ›Märkte‹ und ›Flexibilität‹ tatsächlich eindeutig der ideologischen Welt des »Washingtoner Konsens«, aber ›Multikulturalismus‹, ›Identität‹ und ›Minderheit‹ genauso eindeutig nicht dieser Welt.

Ein ›amerikanischer‹ Diskurs?

Während Bourdieu/Wacquant die multikulturelle Identitätspolitik als durch und durch US-amerikanisch ansehen, betrachtet die US-amerikanische Rechte genau dasselbe Projekt als anti-amerikanisch und, ironischerweise, manchmal sogar als zu ›französisch‹. In dieser Hinsicht zeigt das Essay von Bourdieu/Wacquant die Fallen nationalstaatlicher Denkrahmen. Da die Autoren von Anfang an den ›amerikanischen Multikulturalismus‹ als ein politisch kompromittiertes Werkzeug des globalen Kapitalismus betrachten, benutzen sie nicht einmal das Wort ›Vereinnehmbarkeit‹, um wenigstens die Möglichkeit eines komplexeren Narrativs offen zu lassen, demnach ein eigentlich progressives Projekt als in der Folge ›vereinnahmt‹ zu sehen wäre. Jedoch selbst der vereinnahmte Multikulturalismus hat etwas vereinnahmt, nämlich das, was einmal begann als politisch/kulturelle Mobilisierung rassifizierter Minderheitsgemeinden in den Vereinigten Staaten in Parallele zu den Entkolonisierungsbewegungen in der ›Dritten Welt‹. Erst später, in den 1990er Jahren, wurde das multikulturelle Thema (jedoch nicht das Projekt) von der bloß oberflächlichen Diversität der Werbung in Beschlag genommen. Transnationale Konzerne haben manchmal ihr Image ›multi-ethnisiert‹, um Produkte durch das oberflächliche zur Schau Stellen eines Hautfarbenexotismus zu verkaufen. Gleichzeitig haben sie ihre marginalisierten Arbeitskräfte (meistens Frauen of Color), die ihnen ihre Gewinnquote zu erzielen halfen, missbraucht. Die Konzerne haben jedoch nie ›Multikulturalismus‹ als ein soziopolitisches Projekt ins Feld geführt, sondern nichtssagendere Begriffe wie ›Diversität‹ und ›kulturelle Sensibilität‹ vorgezogen, Begriffe, die leichter für die Geschäfte auf einem globalen Markt zu instrumentalisieren sind. Bourdieu/ Wacquant unterscheiden nicht zwischen Bewegungen und Diskursen von unten und der Instrumentalisierung dieser Diskurse von oben. Und so real die Gefahren des Nationalismus sind, er kann auch in der *Ablehnung* des Multikulturalismus verschlüsselt sein.

Den Multikulturalismus als immer schon in Komplizenschaft mit dem Neoliberalismus der Konzerne zu definieren, lädt die ganze Verantwortung für linke Lauterkeit auf gerade mal ein Projekt innerhalb eines breiten Spektrums progressiver Bewegungen. Dieses eine Projekt für den Zerfall der linken Einheit verantwortlich zu machen, ist grob vereinfachend. In den Vereinigten Staaten traten die multikulturellen linken Projekte in eine Welt ein, die bereits von der vollendeten brutalen Zerschlagung der radikalen Black Power, der Young Lords und der American Indian Bewegungen durch das FBI und die gleichzeitigen Schikanen gegen die weiße radikale Linke geprägt war. Außerdem könnte der Vorwurf einer allgemeinen Entpolitisierung ohne weiteres auch auf das akademische Leben in vielen anderen Ländern erweitert werden, die Zeugen eines massiven Rückzugs vom historischen Materialismus, von ›Dritte Welt Revolutionen‹ und radikaler Politik wurden. Dieser weltweite Rückzug von radikalen Positionen – hier bilden der indigene, der lateinamerikanische, der nahöstliche und der Aktivismus für eine alternative Globalisierung leuchtende Ausnahmen dieser Regel – ist je nach dem als Postmodernismus, als Auslöschen von Utopien und als Ende der Metanarrative bezeichnet worden. Von einem neoliberalen Standpunkt aus gesehen, war es die Rückkehr zur kapitalistischen Normalität, einem Zustand homöostatischer Selbstgefälligkeit, der sich mit dem Platzen der verschiedenen Finanzblasen 2008 als illusionär erwies. Die kapitalistische Euphorie, die dem Fall der Berliner Mauer folgte, wich den Ängsten vor Rissen in einer anderen Mauer: Wall Street. Selbst wenn die hegemonialen Vereinigten Staaten die führende reaktionäre westliche Macht seit der Auflösung der europäischen Imperien gewesen ist, und selbst wenn die herrschenden politischen Debatten in den Vereinigten Staaten sich oft weit rechts von verwandten Debatten in Europa und in Lateinamerika bewegen, so kann man eine allgemeine Entpolitisierung dennoch nicht einem einzigen nationalen Ort oder einem einzigen Projekt zuschreiben.

Bourdieu/Wacquant, feinsinnige Analysten ihrer eigenen ›nationalen Felder‹, begehen einen Akt symbolischer Gewalt, wenn sie dem, was sie fälschlicherweise ›amerikanischen Multikulturalismus‹ nennen, jede konzeptuelle oder theoretische Gültigkeit absprechen. Für sie ist der Multikulturalismus ein spezifisch amerikanischer Diskurs, der »sich als universell präsentiert«. Die rechtsextremen Polemiker_innen in den Vereinigten Staaten stufen dagegen den Multikulturalismus gewöhnlich als ›kulturell relativistische‹ Weigerung, universelle Werte anzurufen ein. In welchem Sinn behaupten multikulturelle Veröffentlichungen Universalität? Hier übersehen die zwei Soziologen die radikale Verortung der Forschung. Sicherlich meinen Bourdieu/Wacquant nicht, dass revisionistische amerikanische Historiker_innen glauben, ihre ortsgebundene Kritik der exzeptionalistischen US-amerikanischen Geschichtsschreibung könne ohne weiteres leihweise auf Polen und Thailand übertragen werden, oder die dekonstruktivistische Lesart der US-Verfassung durch *Critical Race*-Theoretiker_innen solle wörtlich auf die Rechtsdokumente Frankreichs, Senegals und Chinas zutreffen?[312] Da radikale Varianten des multikulturellen Projekts den ›falschen Universalismus‹ der Aufklärungsmodernität kritisierten, ist es nicht klar, weshalb die Autoren diese Kritik nicht als mit ihrer eigenen verbündet sehen.

Wir können Bourdieus Abrechnung mit dem »falschen Universalismus des Westens [... und] dem Imperialismus des Universellen« in seinem Buch *Gegenfeuer 1. Wortmeldungen im Dienste des Widerstandes gegen die neoliberale Invasion* [313] nur zustimmen. Tatsächlich haben aber gerade viele multikulturelle, feministische und postkoloniale Intellektuelle den ›falschen Universalismus‹ sowohl der amerikanischen als auch der französischen Revolution, deren Befreiungsdiskurs nicht die Versklavung der Schwarzen oder die Entmachtung der Frauen verhinderte, in Frage gestellt. Die Kritik der falschen Universalisierungen geht jedoch nicht weit genug, denn es geht nicht darum, nur eine nationale Form des falschen Universalismus zu kritisieren,

312 Andererseits sind Formulierungen der *Critical Race Studies* zum US-amerikanischen Recht, wie wir gesehen haben, oft durchaus relevant für die Verfassungen und Rechtssystem anderer kolonialer Siedlerstaaten Amerikas, wie zum Beispiel für Brasilien.

313 Pierre Bourdieu, *Contre-feux, propos pour servir à la résistance contre l'invasion Néolibérale* zitiert nach der amerikanischen Ausgabe, *Acts of Resistance: Against the Tyranny of the Market* (New York: New Press, 1999), 19.

als vielmehr darum, die Prämissen zu hinterfragen, auf deren Grundlage der Westen allgemein das ›Universelle‹ konstruiert hat und von ihm konstruiert wurde. Wer darf im Namen des Universellen sprechen? Wer sind dessen Verwalter und Aufsicht? Wer wird zum bloß ›Partikularen‹ abgeschoben? Was sind die Verbindungsstellen zwischen dem Partikularen und dem Universellen, dem Lokalen und dem Globalen? Immerhin war es der Kolonialismus als globales Unternehmen, der überhaupt die Vorstellung vom ›Universellen‹ im Weltmaßstab projiziert hat. Die US-amerikanischen falschen Universalismen von dieser breiteren kolonialen Genealogie abzutrennen, ist kurzsichtig, ethnozentrisch und versteckt nationalistisch.

Außerdem ist zu fragen, ob der Multikulturalismus auf einen ›amerikanischen‹ Diskurs reduziert werden kann. Der sich selbst »liberalen Multikulturalist« nennende kanadische Intellektuelle Will Kymlicka argumentiert, dass »die spezifischen von IOs (internationalen Organisationen) vorgetragenen Modelle von Multikulturalismus und Minderheitenrechten [...] nicht primär von der amerikanischen Erfahrung abgeleitet sind [...]. Ebenso werden auch die internationalen Debatten um die Rechte von 'indigenen Völkern' nicht von amerikanischen Modellen oder Forscher_innen beherrscht«.[314] Zu einem geschichtlichen Zeitpunkt, in dem kritische Wissenschaftler_innen Probleme mit homogenen Vorstellungen nationaler Zugehörigkeit haben, klären Bourdieu/Wacquant nie die Bedeutung des Begriffs ›amerikanisch‹. In ihrem Essay trägt er einen starken Ruch von Negativität. Während die Vereinigten Staaten ihren unappetitlichen Ruf als kriminelle Verletzer von Menschenrechten und internationalem Recht reichlich verdienen, wird ›amerikanisch‹ in Bourdieu/Wacquants Prosa zu einer festgelegten, essentialistischen Form der Ablehnung. Widerständige Wissenschaft ist auf diese Weise allein schon aufgrund ihrer Herkunft beschädigt. So kann selbst eine imperialistische Nation als Sündenbock oder Lockvogel dienen. Es hängt die Sündenbockfunktion nämlich nicht von der *Unschuld* des Sündenbocks ab, sondern von dem trügerischen Gebrauch, der von dem Sündenbock gemacht wird.

Die Bedeutung von ›amerikanisch‹ rutscht also von nationalstaatlicher Verortung zu Urteilen über intellektuelle Substanz ab. Ein Teil der in Nordamerika produzierten kritischen Arbeiten – viele davon von Forscher_innen geleistet, die nicht von Geburt oder Abstammung US-amerikanisch sind – könnte besser ›kontradiktorisch‹ oder ›gegenhegemonial‹ genannt werden, insofern diese Forschung die herrschenden nationalistischen, im Mythos von ›Amerika‹ selbst eingebetteten Doxa in Frage stellt. Gleichzeitig hinterfragt diese Forschung die legalen/moralischen Grundlagen der Vereinigten Staaten als die eines siedler-

314 Will Kymlicka, *Multicultural Odysseys* (Oxford: Oxford University Press, 2007), 258–259.

kolonialen Staates, der in Genozid und Sklaverei wurzelt. Wenn revisionistische Historiker_innen wie Francis Jennings die amerikanischen Gründungsfiktionen wie die des ›Entdeckerrechtes‹ und des ›Manifest Destiny‹ auseinandernimmt, so ist seine Arbeit eine gründliche Entmystifizierung des US-amerikanischen Exzeptionalismus. Wenn indigene amerikanische Kritiker_innen wie Oren Lyons, John Mohawk, Jack Forbes, Annette Jaimes Guerrero, Ward Churchill und Andrea Smith die anti-ökologische und produktionsorientierte Basis dekonstruieren, die von kapitalistischen und marxistischen Philosoph_innen geteilt wird, oder wenn Theoretiker_innen der *Critical Race Theory* die US-Verfassung kritisch zwischen den Zeilen lesen, um die Gespenster von Klasse, *race*, Geschlecht, die in den Zwischenräumen des Rechts lauern, bloßzustellen, so ist ihr Diskurs eindeutig nicht auf ein nationalstaatliches Etikett zu reduzieren.

Bourdieu/Wacquant teilen mit vielen linken Kritiker_innen einen grundlegenden Mangel an Vertrautheit mit dem dekolonisierenden Forschungskorpus. So gibt die Bibliografie ihres späteren Essays über die »imperiale List« nur zwei neokonservative Kritiker_innen des Multikulturalismus (Allan Bloom und Dinesh D'Souza) als Quelle an. Man sucht vergeblich einen Quellennachweis für die vielen linken Intellektuellen, die *race* und Klasse, Ökonomie und Kultur behandeln.[315] Im französischen Kontext spricht der Soziologe Michel Wieviorka von dem ›doppelmoralischen‹ Aspekt eines gewissen linken Anti-Amerikanismus: »Die USA werden beispielsweise wegen ihres Rassismus kritisiert, aber auch für ihre Versuche den Rassismus zu bekämpfen«. Statt als komplexe Gesellschaft, die von mit einander konkurrierenden Denkarten geprägt ist, werden die Vereinigten Staaten als ein Monolith abgebildet, der auf sichere Distanz gehalten werden muss, damit »Frankreich [nicht] Gefahr läuft, seine Identität, seine Seele, seine kulturelle Persönlichkeit zu verlieren«. Wieviorka argumentiert, dass der Anti-Amerikanismus eine Ideologie wird, wenn er »die Prämisse und nicht die Schlussfolgerung eines Argumentes ist«.[316]

Der von Bourdieu/Wacquant gemachte Punkt scheint auf einem unausgesprochenen Syllogismus zu beruhen: Die Vereinigten Staaten sind imperialistisch; der US-amerikanische Diskurs ist imperialistisch; der Multikulturalismus ist ein US-amerikanischer Diskurs; ergo ist der Multikulturalismus imperialistisch. Doch ein strikt nationaler Bezugsrahmen gibt ein nur sehr stumpfes

315 Wir denken hierbei an Autor_innen wie Howard Zinn, Cedric Robinson, Angela Davis, Kimberlé Crenshaw, Howard Winant, Ruth Gilmore, Herman Grey, Wahneema Lubiano, Manning Marable, Robin D.G. Kelly, Lisa Lowe, David Lloyd, Ramón Salvídar, Ramón Grosfoguel, David Roediger, George Lipsitz, Juan Flores, Avery Gordon, und unzählige andere.

316 Vgl. Michel Wieviorka, Hrsg., *Une Société Fragmentée? Le Multiculturalisme en Débat* (Paris: La Découverte, 1996).

Werkzeug her, um über transnationale intellektuelle Strömungen nachzudenken. Das multikulturelle Projekt trat in mehreren Nationalstaaten aufgrund konkreter historischer Bedingungen auf. Diese bestanden insbesondere in der Bildung und Auflösung der kolonialen Imperien sowie in den Überlagerungen mehrerer zur Diaspora gemachter Kulturen, die innerhalb von Nationalstaaten in Beziehungen von Unterwerfung und Dominanz existierten. Eine weitere Bedingung war die gleichzeitige Anwesenheit von Akademiker_innen, die sich mit diesen Kulturen auskannten und in institutionellen Räumen arbeiteten, in denen es möglich war, diese Themen zu artikulieren. Aus komplexen historischen Gründen, die die Bürgerrechtsbewegung, den Aktivismus von ›Minderheiten‹, Änderungen in der Einwanderungsgesetzgebung, den ›Brain-drain‹ von Süden nach Norden und andere Migrationsgegenströme sowie die Thatcherisierung von Großbritannien umfassen, spielte die US-amerikanische akademische Welt die Gastgeberin für eine bunte Mischung diasporischer postkolonialer Intellektueller und wurde ein Magnet für das, was George Yúdice »zentripetale und zentrifugale akademische Wünsche« nennt, was dann in der »Entterritorialisierung und Entnationalisierung der akademischen Debatten« resultierte.[317] Postkoloniale Theorie zum Beispiel gewann teilweise ihre Stärke in der US-amerikanischen akademischen Welt, als eine Reihe diasporischer Intellektueller in die Vereinigten Staaten zogen. Sie hätte aber keinen Erfolg gehabt, hätten nicht *Ethnic Studies*, *Area Studies* und *Third World Studies* schon einen gastfreundlichen Raum für solche Theorie geschaffen. Gleichzeitig trugen US-amerikanische Interventionen und die neoliberale Globalisierung dazu bei, dass politische Flüchtlinge und ökonomische Immigrant_innen in die Vereinigten Staaten kamen – ein Prozess, der sich in der postkolonialen Maxime »Wir sind hier, weil ihr dort wart!« zusammenfassen lässt. Eine in vieler Hinsicht rassistische, imperialistische und oft fremdenfeindliche Nation wurde paradoxerweise Zufluchtsort für antirassistisches und antiimperialistisches Denken, ganz ähnlich wie Frankreich in den 1930er Jahren, um eine teilweise Parallele aufzurufen, gleichzeitig Sitz eines rassistischen Imperiums und Schutzraum für antikoloniales Denken war.

Indem sie die multikulturelle Identitätspolitik als typisch für drei »Laster« des »amerikanischen nationalen Denkens« beschreiben, als diese wären: »die Neigung zur Gruppenbildung«, »Populismus« und »Moralismus«, greifen Bourdieu/Wacquant auf ein völkisches Vokabular zurück, das sowohl dem Marxismus als auch dem französischen Republikanismus fremd ist. Ein Diskurs der ›Nationaleigenschaften‹ ist sicherlich nicht hilfreich auf dem Gebiet des transnationalen intellektuellen Austauschs. Behaftet mit der Erinnerung an die

317 George Yúdice, »A Globalização e a Difusão da Teoria Pós-Colonial,« in *Cânones e Contextos: 5o Congresso ABRALIC–Anais* (Rio de Janeiro: Abralic, 1997).

Pseudowissenschaften des neunzehnten Jahrhunderts, wie der Phrenologie und dem Mesmerismus, scheint die Rede von ›nationalen Lastern‹ unpassend für Texte linker Sozialwissenschaftler_innen. Auf einer Linie mit postnationalistischen Theorien von »vorgestellten Gemeinschaften« (Benedict Anderson) und »erfundenen Traditionen« (Eric Hobsbawm) würden wir Analysen in Frage stellen, die auf kulturell-essentialistischen Erklärungsansätzen basieren.[318] Obgleich Nationalstaaten charakteristische Interessen und politische Einstellungen haben, und obwohl ›Völker‹ einen beherrschenden kulturellen Stil haben mögen, gibt es nicht den einen nationalen Geist oder Ethos, der das ›nationale Denken‹ irgend einer Nation regulieren würde, geschweige denn das Denken der bunten ›Multinationen‹ des Schwarzen Atlantik. Außerdem besitzt jedwede Nation ihre ›zur Gruppenbildung Neigenden‹, ihre ›Populist_innen‹ und ihre ›Moralist_innen‹. Ironischerweise steht das Wort ›Laster‹ allein schon für genau jenen Moralismus, der anderen zugeschrieben wird.

Das Etikett ›amerikanisch‹ macht aus einer komplexen Menge von Entwürfen eine Monokultur, indem sie diese durch ein homogenisierendes Raster betrachtet, das das stabilisiert, was die radikaleren Arbeiten zu destabilisieren versucht hatten. Wer sind denn dann die wahren ›Identitätsapostel‹? Die sehr unterschiedlichen Teilnehmer_innen am transnationalen Projekt oder jene, die diese Bewegung in einer Art *répli identitaire* auf einen Kern fremder Nationalität reduzieren? Identitätsdenken funktioniert ja nicht nur in Bezug auf die eigene Gruppe, sondern auch in Bezug auf die projizierten Identitäten anderer Gruppen. Zudem übersehen Bourdieu/Wacquant die französischen und frankofonen Dimensionen dieses vermeintlich ›amerikanischen‹ Diskurses. Wenn ein von nicht-französischen Wissenschaftler_innen geschriebener Text Spuren französischer und frankofoner Diskurse trägt, wird dieser Text zumindest in seiner *écriture* hybrid, transnational, dazwischen. Weit entfernt davon französische Theorie zu entpolitisieren, so könnte man argumentieren, drängten in den USA lebende Vertreter_innen der *race*/Kolonialitätstheorie die französische Theorie in eine politisch engagierte Richtung, indem sie Derrida'sche Ideale auf den von François Cusset so genannten »Kriegsschauplatz der Identitätsdiskurse« trugen und damit »Meister der Subversion« wurden.[319]

Schließlich ist das Abtun des Multikulturalismus als ›keine Theorie‹ ein Ablenkungsmanöver. Denn statt eine ›Großtheorie‹ zu sein, ist der Multikulturalismus einer von vielen übergreifenden Begriffen, die einer ganzen Gruppe von kritischen Diskursen Schutz gewähren. Auf einer anderen Ebene jedoch

318 Vgl. Benedict Anderson, *Imagined Communities: Reflections on the Origin and Spread of Nationalism* (London: Verso, 1991); und Eric Hobsbawm and Terence Ranger, *The Invention of Tradition* (Cambridge: Cambridge University Press, 1983).

319 Cusset, *French Theory*, 83.

erbte und transformierte der multikulturelle Diskurs in seiner radikalsten Form auch tatsächlich eine Reihe theoretischer Ansätze, wie die diversen Theorien, Methoden und Perspektiven, die Teil der ›Dekolonisierung des Wissens‹ bilden und Marxismus, Feminismus, Dependenztheorie, Poststrukturalismus, Standpunkt-Theorie, das Kolonialitäts-/Modernitätsprojekt, etc. umfassen. Zu behaupten, dass der Multikulturalismus keine politische Bewegung sei, ist gleichermaßen eine Genreverwechslung, da er keine organisierte politische Bewegung an sich ist, sondern vielmehr eine diskursive Formation, die potentiell mit einer Reihe sozialer Bewegungen als Teil einer lockeren Koalition für Gerechtigkeit und Gleichheit verbündet ist. Diese Koalition hat sich außerdem in der realen Welt in Bezug auf die Veränderung der demografischen Besetzung von Institutionen, auf die Diversifizierung des Lehrkörpers und der Studierendenschaft und auf das Ent-eurozentrieren des Lehrkanons als wirksam erwiesen. Wie jede komplexe kritische Formation verwenden solche Projekte nicht einen einzelnen Diskurs, sondern begründen eine vielsprachige Arena miteinander konkurrierender und manchmal sich widersprechender Strömungen, die nicht einfach auf eine nationale Identität reduziert werden können. Die Vereinigten Staaten sind nur *ein* Netzanschluss in einem transnationalen Netz von Ideen und keineswegs ein Ursprungspunkt oder eine Endstation.

Žižek und das universelle Imaginäre

Eine andere energische Stimme gegen die multikulturelle Identitätspolitik ist die des Theoretikers Slavoj Žižek. Bei ihm würden wir wiederum unterscheiden zwischen dem Gastkolumnisten Žižek der politischen Stellungnahmen, mit dem wir gewöhnlich konform gehen, und dem eurozentrischen Žižek, der *race* und Kolonialität analysiert, mit dem wir nicht übereinstimmen. Žižek ist ein äußerst agiler und einnehmender Schriftsteller und in vieler Hinsicht ein progressiver Theoretiker. Wir spenden nicht nur seinen provokanten Filmkritiken Beifall, sondern auch seiner Kritik des globalen Kapitalismus, des rechtsextremen Populismus und nationalistischer Ideologien. Seine liberalismuskritischen, in *Le Monde Diplomatique* veröffentlichten Aufsätze sind durchdringend und genau. Seine Ideen überzeugen zum Teil dadurch, wie sein Interpret Jode Dean es ausdrückt, dass »sie aufmachen und beleben, was festgefahren und schal geworden ist«.[320] Das Problem taucht auf, wenn Žižek über Dinge doziert, über die er schlecht informiert ist.

In *Multikulturalismus oder die kulturelle Logik des multinationalen Kapitalismus* nennt Žižek den Multikulturalismus »die ideale ideologische Form

---

320 Jodi Dean, *Žižek's Politics* (London: Routledge, 2006), xii.

des globalen Kapitalismus«. Indem er die marxistische Kritik an der bloß formalen Demokratie eines Interessengruppenliberalismus als Maske für kapitalistische Beherrschung überträgt, stellt Žižek nützlicherweise die liberale Ansicht vom amerikanischen Staat als »einem einfachen formalen Rahmen für die Koexistenz ethnischer, religiöser oder life-style Gemeinschaften« in Frage.[321] Aber zwei Ausrutscher operieren in Žižeks Schriften. Einer führt von den »Vereinigten Staaten als einer multikulturellen Gesellschaft« zum Multikulturalismus als ein Projekt, der zweite von Multikulturalität zum globalen Kapitalismus, eine Verschmelzung, die jene zahllosen multikulturellen Stimmen, die die Rolle des globalen Kapitalismus als im Kolonialismus und Imperialismus wurzelnd anklagen, unterschlägt. Heutige transnationale Konzerne sind die Erben der in Jahrhunderten kolonialer/imperialer Herrschaft weitergereichten ungleichen Strukturen und tendenziösen Ideologien. Während einige liberale Formen des Multikulturalismus schon vergleichbar mit gewissen Formen des globalen Kapitalismus sein können, ist nicht nachvollziehbar, warum der Multikulturalismus seine »ideale ideologische Form« sein soll, wo doch die neoliberale Ideologie des Marktfundamentalismus – welcher *race* oder Multikulturalismus kaum erwähnt – zumindest bis zur weltökonomischen Kernschmelze sehr wohl als »die ideale Form der globalen kapitalistischen Ideologie« gedient hat.

Natürlich zollen wir Žižeks Kritik des globalen Kapitalismus Beifall. Matt Taibbis Beschreibung der Wall Street Investitionsbank Goldman Sachs als »einer großen, um das Antlitz der Menschheit geschlungene Vampirkrake, die ihren Bluttrichter in alles hineinzwängt, was nach Geld riecht«, könnte leicht auf den globalen Kapitalismus ganz allgemein ausgedehnt werden.[322] Zu sagen, dass der wahre Kampf sich gegen den globalen Kapitalismus richtet, hat seinen unmittelbaren Reiz. Fast alles, was mit der heutigen Welt nicht in Ordnung ist, kann auf die Privatisierung von praktisch allem – Land, natürlichen Ressourcen, öffentlichen Versorgungsbetrieben, Gesundheitswesen und sogar Krieg – durch den globalen Kapitalismus zurückgeführt werden. Es gibt kaum ein US-amerikanisches soziales Problem – Militarismus, Waffenbesitz, medizinische Versorgung –, das nicht Unternehmensgier als sein Markenzeichen trägt. Wenn wir den globalen Kapitalismus besiegen könnten, bräuchten wir uns, so scheint es, keine Sorgen mehr über Trivialitäten wie *race* machen. Wären die Vereinigten Staaten wahrhaft sozialistisch, wäre dann *race* nicht bedeutungslos? Vielleicht. Aber der Fall Kubas legt nahe, dass selbst sozialistische Gesellschaften noch mit Rassismus zu kämpfen haben. Eine Perspektive, die gegenüber

321 Slavoj Žižek, »Multiculturalism, or, the Cultural Logic of Multinational Capitalism«, *New Left Review* 225 (1997): 42.

322 Matt Taibbi, *Griftopia* (New York: Spiegel and Grau, 2010), 209.

race, Geschlecht und Kolonialität aufmerksamer wäre, würde zusätzlich eine umfassendere Darstellung der Genealogie des globalen Kapitalismus als selbst auf rassistischer Eroberung, Sklaverei und der Unterdrückung von Frauen gegründet liefern. Die ›Vampirkrake‹ ist nämlich in dieser Hinsicht weitgehend weiß und männlich und eine Brut aus dem globalen Norden gewesen, während das ›Antlitz der Menschheit‹ weitgehend braun und weiblich und im globalen Süden beheimatet ist. Und während der Kapitalismus herrscht, welches Mittel bieten wir gegen den existierenden Rassismus, die Diskriminierung und den antimuslimischen Rassismus an? Die Fahne der ›Universalität‹ zu schwenken und Sankt Paulus reichen einfach nicht.

Manchmal setzt Žižek Multikulturalismus mit ›Toleranz‹ als einer apolitischen Kategorie, die die Machtbeziehungen unangetastet lässt, gleich. Aber das Konzept der ›Toleranz‹, welches mindestens zurückreicht bis zum jüdischen *ve-ahavata le-re'kha kamokha* (liebe Deinen Freund/Nachbarn wie Dich selbst) oder zum ›wirf nicht den ersten Stein‹ von Jesus oder zum *Ahel al-Kitab* (Volk des Buches) in der islamischen Welt, ist für viele multikulturelle Projekte keineswegs zentral. Tatsächlich lehnen die radikaleren dieser Projekte den in diesem Verständnis von Toleranz steckenden Paternalismus ab und kritisieren noch allgemeiner alle psychologisierenden und moralisierenden Betrachtungsweisen des Rassismus. ›Toleranz‹ setzt eine vorher feststehende Normativität voraus, eine Grundannahme von Haupt- und Nebenelementen einer Gesellschaft. Selbst die Toleranz innerhalb der auf Abraham zurückgeführten ›Buchreligionen‹ grenzt jene aus, die an anderen, nichtmonotheistischen Religionen oder Nicht-Schriftreligionen festhalten oder es vorziehen, überhaupt keine Religion zu haben. Toleranz kodiert auch Klassenüberlegenheit, indem sie vergisst, dass die Machtlosen sich ebenfalls ›in Toleranz‹ üben können, ohne dass sie es von ihren ›Respektspersonen‹ gelernt haben müssen.

Žižeks Kritik des Multikulturalismus vermischt die Klasse über *race* stellende Rhetorik Walter Benn Michaels' mit den Argumenten Bourdieu/Wacquants, die den Multikulturalismus der Globalisierung gleichsetzen. Sein Bild des Multikulturalismus als »idealer ideologischer Form« unterstellt, dass der ökonomische Neoliberalismus kein Problem hat, *race*, Geschlecht, Sexualität und Multikulturalismus zu integrieren, und dass allein eine sozioökonomische Analyse eine sinnvolle Herausforderung des globalen Kapitalismus darstellt. Es stimmt tatsächlich, dass der transnationale Kapitalismus und seine ideologischen Formen unvermeidlich alle gegenwärtigen politischen Projekte unter Druck setzt und bearbeitet. Der globale Kapitalismus hat sich als höchst kreativ darin erwiesen, Oppositionsbewegungen und –diskurse zu absorbieren und einzudämmen. Der Kampf gegen die neoliberale Globalisierung bedeutet jedoch, wie der gegen den Kolonialismus und Neokolonialismus vorher, unweigerlich auch gegen die auf *race* und Geschlecht gründende und funktionierende internationale Arbeitsteilung zu kämpfen, wenn auch nur, weil der globale Kapitalismus insbesondere Frauen of Color ausbeutet.

Linke Kritiker_innen wie Žižek versäumen es, zwischen vereinnehmenden Formen des Multikulturalismus und eher gegenhegemonialen Formationen wie dem Kolonialitäts-/Modernitätsprojekt, dem schwarzen Radikalismus, dem indigenen Aktivismus, dem transnationalen Feminismus, und so weiter, zu unterscheiden. Solche Kritiker_innen setzen eine karikaturhafte Version von ›Multikulturalismus‹ metonymisch ein für das *gesamte* Spektrum auf *race* bezogener antikolonialer Oppositionsprojekte, die dann unter der Kategorie von hegemonialen Kräften subsumiert werden. Dadurch, dass diese in Verbindung gebracht werden mit Begriffen wie ›globales Kapital‹, erhält eine an sich oberflächliche Kritik einen marxistischen Anstrich. In seinen häufigen Verurteilungen des Multikulturalismus bezieht Žižek seine Beispiele willkürlich von einer Fernsehshow, einem in einer Bar gehörten Witz, einem Kommentar auf einer Party und ignoriert die intellektuelle Arbeit, die in die Projekte einfloss, die er karikiert. Typischerweise bezieht sich Žižek selten auf Arbeiten, die unter dem postkolonialen Banner erstellt wurden und deren theoretische Koordinaten seinen eigenen in vielem viel näher sind. Für Žižek wird ›multikulturell‹ ein willkürlich an Wörter wie ›Spätkapitalismus‹, ›Toleranz‹ und ›Postmodernismus‹ anzuheftendes Adjektiv. In diesem diskursiven Zusammenschluss diskreditiert das Adjektiv das Nomen oder umgekehrt das Nomen das Adjektiv. Allein die Leichtfertigkeit, mit der Žižek solche Dinge betreibt, deutet das Fehlen eines ernsthafteren Engagements an.

Žižek setzt Kolonialismus nicht als eine grundlegende analytische Kategorie ein, sondern nur als einen rhetorischen Knüppel, mit dem er auf den Multikulturalismus einschlägt – wie in seiner Behauptung, der Multikulturalismus behandle »lokale Kulturen so wie Kolonialist_innen kolonisierte Menschen behandelten«, nämlich als »Eingeborene, deren Bräuche studiert und respektiert werden sollten«.[323] Aber genau dieser koloniale Paternalismus ist Gegenstand der Kritik in einem Großteil des dekolonisierenden Korpus, einschließlich seiner multikulturellen Variante. Žižeks Kritik ist daher nicht ganz aufrichtig. Wenn Žižek multikulturelle Argumente und solche der *Critical Race Theory* wiedergibt, als wären sie seine eigenen, nur um solche Projekte abzuwerten, maskiert er sein Wildern in diesen Gefilden noch als Kritik. Tatsächlich scheint seine Kritik nur in dem Maße überzeugend, als solche Projekte den Boden bereitet haben dafür, dass seine Kritik akzeptiert wird. In anderen Worten, es sind genau die Gefilde, die Žižek ablehnt, die das diskursive Umfeld geformt haben, welches sein Argument zwingend erscheinen lässt.

323 Žižek, »Multiculturalism«, 44.

Für Žižek agiert der Multikulturalismus von einem unsichtbaren, für universell gehaltenen Standpunkt aus, von dem er andere Kulturen schätzen oder abwerten kann: »Der multikulturalistische Respekt für die Einzigartigkeit des ›Anderen‹ ist genau die Form, in der die eigene Überlegenheit zur Geltung gebracht wird«.[324] Wiederum bezieht Žižek hier praktisch jeden Begriff und jedes Argument von dem Korpus dekolonisierenden Denkens. Es ist, als ob jemand marxistische Konzepte benutzte, um Marx selbst des ›Warenfetischismus‹ anzuklagen, ohne Marx als den Urheber des Konzepts anzuerkennen. Die Kritik des arroganten, aber unmarkierten westlichen Standpunkts ist schon lange ein Teil des größeren ›rassenkritischen‹-/kolonialen Forschungsfeldes. Die Analyse des normativen Weißseins als einem ›unmarkiertem‹ kann zum Beispiel in der Arbeit von Toni Morrison, David Roediger, Vron Ware, Ruth Frankenberg, Caren Kaplan, George Lipsitz und weiteren Wissenschaftler_innen gefunden werden. Mary Louise Pratt sprich in ihrem Buch *Imperial Eyes* von dem Topos des »Monarchen all dessen, was ich überblicke« innerhalb kolonialistischer Reiseliteratur.[325] Wir selbst haben in *Unthinking Eurocentrism* die Art und Weise analysiert, in der die Fernsehnachrichten Zuschauer_innenidentifikation mit imperialem Militarismus verwebt.[326] Tatsächlich sind mittlerweile Vorstellungen von ›*Writing back*‹, von ›imperialem Blick‹ und von ›den Blick zurückgeben‹ innerhalb multikultureller und postkolonialer Kritik selbstverständliche Konzepte.[327] Noch stellt solche Arbeit, wie Žižek meint, eine putzige Befürwortung folkloristischer Bräuche dar; vielmehr dekonstruiert sie die Dichotomie, die ›Folklore‹ als einen unzeitgemässen Überrest aus der Vergangenheit sieht, statt als eine Form kultureller Produktivität der Gegenwart.

In einer Strategie gleichzeitiger Externalisierung und Einverleibung, schreibt Žižek dem multikulturellen Projekt genau die Begriffe und Vorgehensweisen zu, die radikale Versionen dieses Projekts zurückgewiesen haben. Žižeks räumliches Sozialschema weist dem Multikulturalismus den zur Instanz werdenden panoptischen Blick vom beobachtenden Turm des Privilegs zu. Vom gesamten Projekt wird angenommen, dass es von den Höhen der Macht kommt, wenn

---

324 Ebd., 44.

325 Mary Louise Pratt, *Imperial Eyes: Travel Writing and Transculturation* (New York: Routledge, 1992), 197

326 Vgl. auch unsere Diskussion vom Weißsein in der Utopie des Musicals. Ella Shohat and Robert Stam, *Unthinking Eurocentrism* (New York: Routledge, 1994).

327 Wir selbst haben den ›imperialen Blick‹ und die normative Sicht auf die ›Dritte Welt‹, wie sie in Fernsehnachrichten, in Hollywood Western und in in der ›Dritten Welt‹ spielenden Filmen der ›Ersten Welt‹ operieren, untersucht. Vgl. unser *Unthinking Eurocentrism.*

sich in Wahrheit die multikulturelle Identitätspolitik aus sehr unterschiedlichen Kontexten an unterschiedlichen Orten und gewöhnlich in Zusammenarbeit mit Gemeinden Marginalisierter entwickelte. Dieses auf Koalitionen beruhende Projekt gewann für die sozial Marginalisierten ein institutionelles ›Blickfeld‹, von dem aus sie die hegemoniale soziale Ordnung betrachten konnten. Daher funktioniert Žižeks Text als doppelter Taschenspielertrick: Er gibt nicht zu, dass die multikulturelle Linke viele derselben Ideen vorgebracht hat, die er selbst vorbringt, während er gleichzeitig den Multikulturalist_innen Ideen unterstellt, die sie gar nicht behaupten.

In einer ziemlich grob gestrickten Klassenanalyse nimmt Žižek durchgehend an, dass der Multikulturalismus oder das, was er wie die Rechte »das politisch Korrekte« nennt, einen »engen elitären Zirkel der oberen Mittelschicht [bildet], der sich deutlich gegen die Mehrheit der gewöhnlichen Leute stellt«.[328] Es ist schwer zu wissen, auf welcher statistischen Information oder welchen soziologischen Analysen er sein Urteil gründet, aber eindeutig hat er die sich überkreuzenden, im multikulturellen Aktivismus von unten nach oben und von oben nach unten wirksamen Strömungen übersehen, die das Ergebnis einer Koalition aus mannigfachen Gemeinden of Color und progressiven Weißen ist. In welcher Hinsicht waren intellektuelle multikulturelle Held_innen wie Audre Lorde und Gloria Anzaldúa ›obere Mittelschicht‹? Gehören die schwarzen Aktivist_innen der Arbeiterklasse in Brasilien, die eine ›multikulturelle Pädagogik‹ fordern, oder die indigenen Aktivist_innen gegen die Konzerne, die ein ›multikulturelles Bolivien‹ fordern, alle zur oberen Mittelschicht? Außerdem würde nur eine klassenreduktionistische Betrachtungsweise leugnen, dass Leute ›ganz oben‹ mit Leuten ›ganz unten‹ zusammenarbeiten können, um die sozialen/›rassistischen‹ Hierarchien zu untergraben. Die sozial ›unten‹ Stehenden stellen außerdem ein theoretisches und praktisches Wissen her, welches dann wiederum in pädagogische Projekte einfließt.

Die Tatsache, dass die multikulturelle Identitätspolitik dazu neigte, an US-amerikanischen Universitäten stark zu sein, heißt nicht, dass die Bewegung ›nur akademisch‹ oder, was das angeht, ›nur amerikanisch‹ war. Dass indigene Amerikaner_innen, Afro-Amerikaner_innen, asiatische Amerikaner_innen und Latin@s jetzt immerhin eine begrenzte Stimme an den Universitäten haben, ist das Ergebnis von Kämpfen, die in den Straßen, Vierteln und an den Universitäten stattfanden. Obgleich Žižek den Multikulturalismus als elitär darstellt, waren es tatsächlich die radikalen Bewegungen der 1960er Jahre, die die Universität weniger elitär gemacht haben, insofern sie den Zugang für mar-

328 Žižek, »Multiculturalism«, 47.

ginalisierte Gruppen erleichterten. Žižeks anti-elitäre Einstellung riskiert es hier, sich mit dem rechtsextremen Populismus zu verbünden, der seine Feindseligkeit nicht gegen die Elite der Konzerne, des Militärs und der Politik richtet, sondern nur gegen die ›verbeamteten Radikalen‹ der Campus-Linken. Der performative Akt, andere Akademiker_innen dafür fertig zu machen, dass sie Akademiker_innen sind – wie in Woody Allens Witz, dass Intellektuelle wie Mafiosi nur ihre eigenen Leute umbringen –, legt die Notwendigkeit eines größeren Maßes von kritischer Selbstreflexion nahe. Die tatsächlichen Verbindungen zwischen Progressiven in den Universitäten und Gemeinden, die Widerstand leisten, verlangen eine differenziertere Darstellung. Die parallelen Kämpfe, um die Wissensproduktion zu dekolonisieren und die Demografie der Universitäten zu ändern, können nicht so dargestellt werden, als hätten sie ausschließlich mit Gesprächen an den exklusiven Tischen der Elite-Universitäten begonnen. Žižeks übertüncht den Kampf die Universität umzugestalten und spricht damit PoC, die einen wesentlichen Teil einer größeren Koalition gebildet haben, ihre intellektuelle Handlungsfähigkeit ab.

Das gleiche, Klasse gegenüber *race* hervorhebende Prisma wird sichtbar in Žižeks an anderer Stelle vorgenommener, lockerer Zurückweisung der Forderung von Schwarzen nach Reparationen. Nachdem er seine Information nicht von Reparationsverfechter_innen, sondern aus den Medien entnommen hat – in diesem Fall einem Pressebericht vom 17. August 2002 mit dem Titel »Kundgebung für Sklavenreparationen« - fragt Žižek sarkastisch, »ob die Arbeiterklasse Kompensation für den von den Kapitalisten im Laufe der Geschichte angeeigneten Mehrwert bekommen sollte«. Hier verpasst Žižek die ›Nuancen‹, dass nämlich (1) die weiße Arbeiter_innenklasse nicht gewaltsam von einem anderen Kontinent gekidnappt wurde und (2) die Arbeit der Arbeiter_innenklasse anders als Sklav_innenarbeit im Prinzip freiwillig und bezahlt ist! Für Marx wurde eine metaphorische ›Lohnsklaverei‹ auf dem Podest wörtlicher Sklaverei errichtet. Žižek schreitet dann fort zu einer reductio ad absurdum, die das ganze Reparationsprojekt diskreditieren soll, indem er sich fragt, ob wir nicht »von Gott selbst eine Bezahlung dafür, dass er den Job der Schöpfung so verhunzt hat, fordern« sollten.[329] Žižeks Ton und Argument erinnern an die Konservativen, die die ›Beschwerdekultur‹ in den Vereinigten Staaten bzw. den ›Reuekult‹ in Frankreich beklagen.

Hinter Žižeks spöttischer Einstellung liegt ein Mangel an geschichtlicher Vorstellungskraft, eine Unfähigkeit, sich auch nur vorzustellen, warum unterdrückte Gemeinschaften die Dringlichkeit und Gerechtigkeit von Reparationen fühlen könnten. Während die ›wahre Aufgabe‹ zugegebenermaßen ›nicht‹

329 Slavoj Žižek and Glyn Daly, *Conversations with Žižek* (Malden, MA: Polity), 134.

die ist, »Kompensation von den Verantwortlichen zu bekommen, sondern ihnen die Position, die sie verantwortlich macht, zu nehmen«,[330] erscheint es uns, dass beträchtliche Reichtumsübertragungen von den Ausbeuter_innen auf ihre Opfer durchaus dazu beitragen könnten, die Machtbeziehungen umzustrukturieren und auf diese Weise, »den Verantwortlichen [...] die Position, die sie verantwortlich macht, zu nehmen.« Hier ist ›das Beste‹ – das Ziel, den globalen Kapitalismus zu überwinden – zum Feind ›des Guten‹ geworden. An einer Stelle behauptet Žižek, dass er »nicht gegen den Multikulturalismus an sich ist«, sondern nur gegen die Idee, dass »er den grundlegenden Kampf von heute ausmacht«.[331] Aber das ist ein Scheinargument, da die meisten Multikulturalist_innen so eine Behauptung gar nicht aufstellen. Wir würden vorsichtiger sagen, dass antikoloniale und radikale ›Rassen‹kritik einen legitimen und sogar unverzichtbaren Teil des breiteren Kampfes für Gleichheit und Gerechtigkeit in einer globalisierten Welt bilden.

Žižek verwertet das weitverbreitete Klischee wieder, dass allein europäische Ideen die Auflehnung gegen den Kolonialismus inspiriert hätten. Die Kongresspartei in Indien, so erinnert er uns, sei von Inder_innen, die in Eton, Cambridge und Oxford ausgebildet worden seien, gegründet worden; ihr kollektives Bestreben, den englischen Kolonialismus zu beenden war daher tatsächlich »streng genommen ein Produkt des englischen Kolonialismus«.[332] Hier finden wir eine Bestätigung für William David Harts Beobachtung, dass in Žižeks Schriften der Westen »dynamisch, historisch, revolutionär und universell [ist], während der Osten das nicht ist«.[333] Hinter solchem in Abrede stellen intellektueller Handlungsfähigkeit nicht-westlicher Menschen liegt der ganze Ballast einer bestimmten Aufklärung: Hobbes' Ansicht, dass Wilde in einem gemeinen und brutalen ›Zustand der Natur‹ lebten, Humes und Kants Verneinung der Möglichkeit schwarzer Intelligenz, Hegels Ansicht von der primitiven Welt als einer Kulisse für die Entfaltung des Weltgeistes. In dieser Hinsicht liefert Žižek die linke Version der konservativen Geschichtsschreibung eines Historikers wie Hugh Trevor-Roper, der noch 1965 die nicht-europäische Geschichte auf die »unergiebigen Kreisbewegungen barbarischer Stämme in malerischen bedeutungslosen Ecken der Welt« reduzierte. Žižeks Ansicht über die Dekolonisierung weist Ähnlichkeit auf zu Trevor-Ropers

330 Ebd.

331 Ebd., 144

332 Vgl. J. Ayerza, »Hidden Prohibitions and the Pleasure Principle« (interview with Žižek, 1992), zitiert in Ian Parker, *Slavoj Žižek: A Critical Introduction* (London: Pluto, 2004).

333 William David Hart, »Slavoj Žižek and the Imperial/Colonial Model of Religion«, *Nepantla* 3, no. 3 (2002): 568.

Behauptung, dass »es europäische Techniken, europäische Beispiele, europäische Ideen sind, welche die nicht-europäische Welt aus ihrer Vergangenheit gerüttelt hat – aus der Barbarei in Afrika, aus einer weit älteren, langsameren, majestätischeren Zivilisation in Asien; und die Geschichte der Welt während der letzten fünf Jahrhunderte, insofern als sie bedeutungsvoll war, europäische Geschichte gewesen ist. Ich denke nicht, dass wir uns dafür entschuldigen müssen, dass unser Geschichtsstudium Europa-zentrisch ist«.[334]

Während es wahr ist, dass viele antikoloniale Intellektuelle tatsächlich teilweise im Westen studierten und mit westlicher politischer Ausdrucksweise vertraut waren, waren sie nicht »mimic men« (Bhabha), die die Trends der Metropolen nachäfften.[335] Statt Demokratie etwa einfach nachzuahmen, nahmen ›Dritte Welt‹ Revolutionär_innen allmählich die Heuchelei in den demokratischen Anmaßungen Europas wahr. Wie Caliban erlernten sie Prosperos Sprache, um zu fluchen. Es ist allein schon deswegen absurd vorzuschlagen, dass die Kolonisierten ihren Antikolonialismus in Europa erlernten, weil der Antikolonialismus eine dermaßen schwache und bedrängte Strömung in Europa war. Die Koloniale Ausstellung von 1931 zum Beispiel wurde von ungefähr 30 Millionen Menschen besucht, und die Surrealist_innen waren praktisch die einzigen, die sie verurteilten. Kritiker_innen wie Žižek tun so, als ob Antikolonialist_innen zu ihrem radikalen Bewusstsein immer in Europa gekommen wären, während sie tatsächlich oft vor ihrer Ankunft dort antikolonialistisch waren. Die Antikolonialist_innen brauchten die herrschenden europäischen Sprachen und Diskurse, um, wie Chinua Achebe es ausdrückt, »unsere Angelegenheiten zu erledigen, einschließlich des Anliegens, den Kolonialismus selbst zu stürzen«.[336] In Europa erkannten die Menschen aus der ›Dritten Welt‹ die rassistisch definierten *Grenzen* des europäischen Humanismus. Umgekehrt diskreditierte auch das Verhalten von Französ_innen in Übersee manchmal die Ideale der Metropolen. Frankreich, so Ho Chi Minh, »beherbergt bewundernswerte Ideen, aber wenn Französ_innen reisen, bringen sie diese Ideen nicht mit sich mit«.[337] Als der französische Staat Stipendien anbot, um koloniale Intellektuelle zu assimilieren, ging die Einladung nach hinten los, da afrikanische Akademiker_innen antikoloniale Organisationen bildeten und Zeitschriften wie *Légitime Défense* gründeten.

---

334 Hugh Trevor-Roper, *The Rise of Christian Europe* (New York: Harcourt Brace Jovanovich, 1965), 9–11.

335 Homi Bhabha, »Of Mimicry and Man: The Ambivalence of Colonial Discourse«, in *The Location of Culture* (London and New York: Routledge, 1994), 85–92.

336 Chinua Achebe, *The Education of a British-Protected Child* (New York: Knopf, 2009), 120.

337 Ho Chi Minh zitiert nach Phyllis Taoua, *Forms of Protest* (Portsmouth, NH: Heinemann, 2002), 51.

Fanons in *Die Verdammten dieser Erde* zum Ausdruck gebrachte Desillusionierung bezüglich des falschen Humanismus der europäischen Linken und sein Ruf nach einem »wahrhaft universellen Humanismus« muss in diesem Zusammenhang gesehen werden. Antikolonialistische Denker_innen absorbierten nicht einfach europäische Ideen; sie veränderten diese Ideen auch. So adoptiert und kritisiert Fanon eine ganze Reihe intellektueller Trends, die Sartresche Phänomenologie, die Lacansche Psychoanalyse und den westlichen Marxismus. Žižeks Argumentation ist diesbezüglich gekennzeichnet von einem Element der Jarryschen »ohne Polen gäbe es keine Pol_innen« Tautologie. Denn es läuft auf die Feststellung hinaus, dass »es ohne britischen Kolonialismus keinen Antikolonialismus gegeben hätte.« Dies wiederum ist eine Behauptung, die nicht so anders ist als die des Neokonservativen David Horowitz, dass es ohne die Sklaverei keine Abolitionist_innen gegeben hätte. Man muss den retrospektiven Optimismus à la Pangloss bewundern, der hinter jeder erdrückenden Wolke einen Silberstreifen am Horizont findet, und wonach der Kolonialismus den Antikolonialismus erzeugt, die Sklaverei den Abolitionismus, und so weiter – alles für das Beste in der besten aller möglichen Welten.

Wir sagen nicht, dass Antikolonialist_innen nicht vom Westen lernten, sondern nur, dass die Bewegung der Ideen ambivalent und in viele Richtungen verlief. Wie wir schon vorher dargelegt haben, erfuhren europäische Denker_innen selbst von Freiheit und Gleichheit teilweise durch Indigene Amerikas oder durch von indigenem politischen Denken beeinflusste Autor_innen wie Montaigne, Diderot, Tom Paine und Engels und Marx. Die indigenen Gemeinschaften Amerikas haben zudem von Anfang an der europäischen Invasion Widerstand geleistet – ohne den Genuss einer europäischen Erziehung. Indigene Anführer_innen im spanischen Amerika mussten nicht in Salamanca studieren, um gegen die spanische Eroberung zu sein, genausowenig wie Indigene Nordamerikas in Oxford oder an der Sorbonne studieren mussten, um gegen die Französ_innen oder die Brit_innen zu sein. Der Anführer der Tupinamba aus dem 16. Jahrhundert, Cunhambebe, Kopf der Konföderation der Tamoios in dem, was heute Brasilien ist, erlernte ebenfalls nicht in Lissabon, wie man die Portugies_innen bekämpft. Versklavte Afrikaner_innen mussten nicht Hegel über die Dialektik von Herrschaft und Knechtschaft lesen, bevor sie ihre Herr_innen schlugen oder ihre Flucht planten. Die beste ›Schule‹ für die Indigenen war die Eroberung selbst, so wie die beste Schule für Ho Chi Minh, Lumumba und Mongo Beti die unmittelbare Erfahrung der kolonialen Unterdrückung war. Žižeks Diffusionsnarrativ lässt Befreiungsideen immer schon aus dem Westen kommen, obwohl in Wahrheit die Quellen egalitärer Sozialphilosophien nicht ausschließlich westliche sind und der Westen selbst von nichtwestlichen Formen sozialer Praxis und Theorie beeinflusst wurde.

Žižek ist sehr offen, was seine Hinwendung zu dem angeht, was er selbst »radikalen Eurozentrismus« nennt. Sein Werk bearbeitet viele der abgedroschenen eurozentrischen Leitmotive wieder aufs Neue: den Gedanken der deutschen Romantik und Heideggers vom ›griechischen Durchbruch‹, das Abtun der Wertschätzung indigener Kultur als eine Form der Romantisierung sowie eine Vorliebe für eine paradoxerweise atheistische Variante des Christentums. Indem er die Behauptung des Apostel Paulus beschwört, dass es im Christentum »keine Männer oder Frauen, keine Juden oder Griechen gibt«, verurteilt Žižek Identitätspolitik als den Ort disharmonischer Differenzen. Dabei hat doch die Aufforderung des heiligen Paulus die Unterordnung innerhalb des Christentums von Frauen unter Männer, von Juden unter Christen und von Schwarzen unter Weiße nicht verhindert. Die meisten christlichen Gesellschaften förderten antisemitische Ideen, ob in der plumpen katholischen Form des Vorwurfs ›Christus getötet zu haben‹ oder in der sublimierteren Form des protestantischen Glaubens, dass das Neue Testament das alte ersetzt habe. In Žižeks Prosa wird der Apostel Paulus zusammen mit säkularen Heiligen wie Hegel, Marx und Lacan kanonisiert. (Tatsächlich sind die meisten der Helden Žižeks entweder wie Hegel ausdrücklich oder, wie Lacan mit seiner Doktrin des psychischen ›Falls‹ ins Symbolische, insgeheim christlich.) In seinem Buch *The Fragile Absolute, or, Why Is the Christian Legacy Worth Fighting For?* (2000) stellt Žižek den Marxismus als Ergebnis jüdisch-christlicher Tradition auf die Seite des Christentums gegen die ›neuheidnische‹ multikulturelle Menge.[338] Indem er den Begriff ›heidnisch‹ als Entwertung wieder einführt, lässt Žižek genau jene Dichotomie von christlich und heidnisch auferstehen, die vom christlichen Europa bemüht wurde, um indigene und afrikanische Gemeinschaften zu enteignen.

Wir müssen nicht bei Žižeks »linkem Plädoyer für den Eurozentrismus« (in *Critical Inquiry*, 1998) verweilen, außer um auf ein grundlegendes Missverständnis hinzuweisen, welches schon im ersten Abschnitt offensichtlich wird: »Wenn man Eurozentrismus sagt, zeigt jeder anständige postmoderne linke Intellektuelle eine genauso heftige Reaktion, wie Joseph Goebbels sie gegenüber Kultur zeigte – greift nach einem Gewehr und wirft mit Beschuldigungen von wegen protofaschistischem eurozentrischem Kulturimperialismus um sich. Es ist jedoch möglich, sich eine linke Aneignung des europäischen politischen Erbes vorzustellen.«[339] Ganz von der skurrilen Gleichsetzung von Gegner_innen des Eurozentrismus mit einem massenmörderischen Nazi-Propagandisten

338 s.a. Slavoj Žižek, *The Fragile Absolute, or, Why Is the Christian Legacy Worth Fighting For?* (London: Verso, 2000).

339 Slavoj Žižek, »A Leftist Plea for ›Eurocentrism‹«, *Critical Inquiry* 24, no. 4 (Summer 1998): 988.

abgesehen, zeigt dieser Abschnitt eine doppelte Verwirrung. Erstens bezieht sich der Begriff ›eurozentrisch‹ nicht auf Europa als geografischer Örtlichkeit, Identität oder Kultur, sondern auf eine hegemoniale Epistemologie, die den Westen als universelles Paradigma behauptet. Die Kritik am Eurozentrismus richtet sich nicht gegen die aus Europa stammenden Menschen oder Kulturen, sondern gegen die ökonomisch/politisch/diskursive Macht von Eurohegemonie. Innerhalb dieser Perspektive ist ›Europa‹ ein Tropus, also im Wortsinn des griechischen Ursprungswortes, eine ›Hinwendung‹, weshalb wir auch den Begriff ›Eurotropismus‹ geprägt haben. In diesem Sinn kann nichts logischer sein als das, was Žižek »eine linke Aneignung des europäischen politischen Erbes« nennt. Es ist nicht einmal eine Frage, sich eine solche vorzustellen, da diese Aneignung fortwährend stattgefunden hat, weshalb Vertreter_innen der *Critical Race Theory*, des Multikulturalismus und des Postkolonialismus wie wir sich dauernd auf europäische und euro-amerikanische Denker_innen und Kritiker_innen beziehen. Dass Žižek überhaupt denkt, es sei eine Frage, ob wir das ›europäische politische Erbe‹ uns zu Nutze machen können, offenbart eine grundlegende Fehldeutung dessen, was auf dem Spiel steht.

Obgleich Žižek den Anti-Eurozentrismus für ein von ›postmodernen linken Intellektuellen‹ für selbstverständlich erachtetes Prinzip hält, entfalten die Veröffentlichungen von Autor_innen of Color eine andere Geschichte der frustrierenden Begegnung zwischen *Critical Race*-Wissenschaftler_innen und ihren diversen progressiven Kolleg_innen, die so reagieren, als würde die ganze westliche Zivilisation einschließlich des Marxismus über Bord geworfen. Die Kritik am Eurozentrismus löst manchmal eine Abwehr aus, welche sich dann in solchen Fragen ausdrückt wie: »Bist Du nicht, indem Du den Eurozentrismus angreifst, selbst eurozentrisch?« – einer Frage, die so albern ist, wie zu fragen: »Bist Du nicht, indem du den Faschismus angreifst, selbst faschistisch?« Dieser Abwehrreflex äußert sich auch in den häufigen Vorwürfen der ›Romantisierung‹, ›Idealisierung‹ und des ›utopischen Denkens‹, die als Allzweckwaffen zur Abwehr jedweder Behauptung, dass demokratische oder egalitäre Ideen auch nicht-europäischen Ursprungs sein könnten, eingesetzt werden. Jede positive Erwähnung indigener Gesellschaften ruft zum Beispiel den Vorwurf der ›Romantisierung‹ hervor, und zwar gewöhnlich genau von jenen, die absolut keine Ahnung von indigenem Denken und seinem Einfluss auf das europäische Denken haben. Man ist versucht zu antworten: »Vielleicht seid Ihr es ja, die Europa, die Modernität, den Fortschritt und die Aufklärung romantisiert.«

Viele der Kritiker_innen der Identitätspolitik beißen sich an einem Aspekt der Aufklärungs-Antinomie von »Universellem« und »Partikularem« fest, indem sie sich nur für das Universelle entscheiden, anstatt zu sehen, dass die beiden Kategorien sich gegenseitig überlappen. Unserer Meinung nach verteidigte ein Philosoph wie Diderot einerseits eine rationale Universalität, sah aber andererseits auch, dass viele Bevölkerungen – er erwähnt Tahitianer_innen, Hottentott_innen und ›Indianer_innen‹ – *als Gruppen* unterdrückt waren. Für Žižek setzt wahre Politik »Universalität in seiner ausgesprochen politischen Dimension« voraus – im Gegensatz zum »Identifizieren der spezifischen Probleme jeder Gruppe und Untergruppe, nicht nur Homosexueller, sondern afro-amerikanischer Lesben, afro-amerikanischer lesbischer Mütter, afro-amerikanischer alleinstehender, arbeitsloser lesbischer Mütter und so weiter«.[340] Aber was macht bestimmte Kämpfe partikulär und andere universell? In Bezug auf die politischen Bewegungen im früheren Jugoslawien befürwortet Žižek deren Aufrufen von spezifischen Forderungen, die gleichzeitig eine Idee von Universalität anklingen ließen. Die »Ausprägungen« anderer Aktivist_innen, zufällig jene von PoC, werden dagegen sofort niedergeschlagen mit dem Polizeiknüppel des Universellen. Es ist ein Isomorphismus zwischen der Hierarchie sozialer Herrschaft in der wirklichen Welt und der Hierarchie des Universellen/Partikularen, der in Žižeks Schriften verfochten wird. Arbeitslose schwarze lesbische alleinstehende Mütter, eine der am schlimmsten geschmähten Bevölkerungsgruppen, ist zufällig auch die am meisten geschmähte in Žižeks Prosa. Ihre Mühsal erscheint innerhalb Žižeks Sicht der politisch/emotionalen Ökonomie einfach nicht – sie sind die Zielscheibe seines Spotts.

In dieser Hinsicht verkörpert Žižek das, was Adrienne Rich den »weißen Solipsismus« genannt hat, das heißt, den »Tunnelblick, der nicht-weißes Erleben oder nicht-weiße Existenz einfach nicht als kostbar oder bedeutsam wahrnimmt«.[341] Seine Blindheit ähnelt der des Republikanischen US-Senators, der der Behauptung des zukünftigen Richters des Obersten Gerichts, Samuel Alito, dass sein italienischer Immigrationshintergrund einen positiven Einfluss auf seine Rolle als Berufungsrichter gehabt habe, Beifall spendete aber schnell die entsprechende Behauptung der Richterin Sonia Sotomayor, dass die Tatsache, dass ihr Latina-Sein sie zu einer besseren Richterin mache, als rassistisch anprangerte. Man erwartet solche Verhöhnung sozial verursachten menschlichen Schmerzes von der sozialdarwinistischen Rechten aber nicht von einem Linken wie Žižek. Tatsächlich kann nämlich die Lage arbeitsloser

340 Ebd., 1008, 1001.

341 Adrienne Rich, *On Lies, Secrets, and Silence* (New York: Norton, 1979), 306.

schwarzer lesbischer alleinstehender Mütter als Verdichtung einer Reihe sozio-ökonomischer Benachteiligungen betrachtet werden, als da wären die der Afro-Amerikaner_innen, die von Frauen, die der Arbeitslosen, Lesben und der alleinstehenden Mütter, denen die von arbeitenden (männlichen) Partner gewährleistete finanzielle Sicherheit fehlt. Personen, die in mehrfacher Hinsicht am Rande leben und Opfer mehrfacher - sexistischer, rassistischer und homosexistischer – Vorurteile sind, könnten, so würde man meinen, den epistemologischen Vorteil besitzen, sich der repressiven Aspekte vieler Grenzen bewusst zu sein. Mehrfache Subalternisierungen hinsichtlich Klasse (als Arbeitslose), *race* (als Schwarze), Sexualität (als Lesben) und Ehestand (als Single) würden, so könnte man meinen, dieser sozialen Kategorie mehr statt weniger Anspruch aufs Universelle gewähren, vorausgesetzt das Universelle wird nicht als ein abstraktes, neoplatonisches Ideal, sondern vielmehr als eine bunt gesprenkelte Fülle sich überschneidender Partikularitäten verstanden. Und dabei geht es nicht nur um die Addition übereinander geschichteter Formen der Unterdrückung; es geht auch um die soziale Kreativität verschiedener widerständiger Wissensformen und von Überlebensstrategien, die Normwechsel möglich machen.

Žižek kommt wieder auf die Aufklärungsdebatten zurück, indem er Hegel, für den Afrika die Dimension der Universalität vermissen ließ, wiederbelebt und die multikulturelle Identitätspolitik genau der selben Sache bezichtigt. Er stellt eine anspruchsvollere Variante der vom Liberalen Schlesinger in *Disuniting America* gemachten Anklage vor. Obgleich Schlesinger und Žižek fast nichts miteinander gemein haben, teilen sie (1) das Unvermögen den Korpus dekolonisierender Arbeiten anzuerkennen; (2) die falsche Sicherheit, dass, wie es die komisch-surrealistische Aufzählung Žižeks von wuchernden sozialen Identitätsunterschieden impliziert, der Multikulturalismus spaltend und separatistisch wirkt; und (3) eine eurozentrische Epistemologie, die Universalität nur einigen wenigen gesegneten zugesteht. Für Žižek ist der Gedanke, dass arbeitslose schwarze lesbische alleinstehende Mütter intellektuelle Ansprüche oder politische Forderungen mit einer universellen Dimension stellen könnten, einfach nur lächerlich. Gewerkschaftsaktivist_innen beurteilt er andererseits völlig anders. Aber warum soll man annehmen, dass solche Frauen nicht auch in Gewerkschaften aktiv oder Kritiker_innen des globalen Kapitalismus sind? Žižek reproduziert auf diese Weise nicht nur das klassische, Klasse gegenüber *race* privilegierende marxistische Paradigma, sondern auch das der Privilegierung von Klasse gegenüber Gender/Sexualität sowie die Hierarchien von Weiß über Schwarz, heterosexuellen Männern über lesbische Frauen und dem Westen über den Nicht-Westen.

Žižek lässt auch den rechstextremen Vorwurf anklingen, dass Identitätspolitk »separate« Identitäten fordere, fügt aber eine linke Note hinzu. »Die postmoderne Identitätspolitik partikulärer (ethnischer, sexueller, und so weiter) Lebensstile«, so schreibt er, »passt perfekt zu der entpolitisierten Vorstellung von Gesellschaft, in der jede partikuläre Gruppe berücksichtigt wird und ihren besonderen Status (als Opfer) mittels Affirmative Action oder anderer Maßnahmen anerkannt bekommt«.[342] Als Schiedsrichter hinsichtlich politischer Legitimität entpolitisiert Žižek auf Gender und ›ethnischer‹ Zugehörigkeit basierende Bewegungen, indem er sie bloße »Lebensstile« nennt, lastet ihnen dann aber an, zu entpolitisieren. Žižek tut Feminismus, Multikulturalismus und Affirmative Action als bloße Ablenkungen von wahrer Politik in die Sackgasse von Identität ab, obwohl alle diese Projekte als integraler Bestandteil einer progressiven linken, koalitionsoffenen Politik betrachtet werden könnten. Was möglicherweise hinter dieser Ablehnung steckt, sind die Überbleibsel eines Basis/Überbau-Modells in Verbindung mit dem Echo einer von Gender geprägten Tropologie, die wahre, harte Politik weichen Kulturangelegenheiten vorzieht, und in der eine postmarxistische Kulturpolitik nicht in Erscheinung tritt. Auch erkennt Žižek nicht, dass Gender und Sexualität auch eine ökonomische Dimension haben, nämlich hinsichtlich gläserner Decken, ungleicher Bezahlung und steuerlicher Benachteiligung schwuler Paare. Überträgt man die gleiche abwertende Logik auf den Aktivismus der Arbeiterklasse, so könnte man genauso gut Arbeiter_innen dafür verurteilen, dass sie die »Politik des Partikularen« verfolgen, wenn sie über den Verlust ihrer Pensionen und Gesundheitsleistungen klagen.

Žižek definiert den eigentlichen politischen Kampf sehr brauchbar als »den Kampf darum, der eigenen Stimme Gehör zu verschaffen und selbst als legitimer Partner anerkannt zu werden«. Wenn jene, die ausgeschlossen werden, gegen die herrschende Elite protestieren, so führt er aus, »dann stehen nicht nur ihre ausdrücklichen Forderungen auf dem Spiel, sondern ihr Recht an sich, gehört und als gleichberechtigter Teilnehmer in der Debatte anerkannt zu werden«.[343] Žižeks Formulierungen klingen wie unzählige ähnliche Formulierungen von Vertreter_innenn genau jener Projekte, die er so leichtfertig abtut. Seine Erkenntnis, dass universelle Forderungen als in konkrete lokale Forderungen eingebettet erschlossen werden können, kann zudem auf alle jene Gruppen ausgedehnt werden, die sich um soziale und kulturelle Gerechtigkeit und Gleichheit kümmern. So aufmerksam er die Untertöne des Universellen in einigen Protesten registriert, so taub wird Žižek gegenüber dem Universellen in den Kampfrufen der »arbeitslosen schwarzen lesbischen alleinstehenden Mütter«, die er auf eine amüsante Partikularität reduziert. Einige Identitäten

342 Žižek, *A Leftist Plea for Eurocentrism*, 2006.
343 Ebd., 989.

bleiben in den Einzelzellen ihrer Besonderheit eingeschlossen, während andere sich dem strahlenden Himmel des Universellen »öffnen«. Indem sie die ehrwürdige hegelianische Polarität von historischen und unhistorischen ›Völkern‹, von europäischem Universellen und nicht-europäischem »Lokalem« übernimmt, erweist sich Žižeks Formulierung paradoxerweise als nicht-universell, nämlich darin, dass sie sich weigert, ihren Bezugsrahmen zu erweitern.

Žižek privilegiert ganz offen die Kategorie der Klasse gegenüber allen anderen Achsen sozialer Herrschaft: »Ich stimme mit dem postmodernen Mantra – Gender, ethnischer Kampf, was auch immer, und dann Klasse – nicht überein. Klasse ist nicht bloß eins in einer Reihe.« (Das adoleszent schulterzuckende „was auch immer" wertet Gender und ›ethnischen‹ Kampf hier ab.) In einem Schritt, der an Althussers Ausspruch: »In letzter Instanz die Ökonomie!« erinnert, schreibt Žižek der Ökonomie einen »prototranszendenten Status« zu.[344] Und während politische Ökonomie absolut wesentlich ist, bedeutet dies nicht, dass wir einfach zu ausschließlich auf Klasse beruhenden Analysen »zurückkehren« können. Ein Verstehen des Kapitalismus muss zudem »über« Kolonialismus, Imperium, Sklaverei und *race* vollzogen werden. Aus einer intersektionellen Perspektive wirken alle Gliederungsachsen zusammen und beeinflussen sich gegenseitig. Es ist deshalb nicht klar, warum Angela Davis' Arbeiten über Klasse, *race*, Gender und Sexualität innerhalb eines gesamtmarxistischen und -feministischen Rasters weniger universell sein sollen als Žižeks eigenes Werk. Man könnte leicht das genaue Gegenteil behaupten, dass nämlich ihre vielfältig intersektionellen Prismen ein umfassenderes Universelles erzeugen, eines, das reich an konfliktreichen Partikularitäten ist, ein Universelles im konkreten Sinn Shakespeares statt eines abstrakten Universellen à la Racine, das von allen vulgären Materialitäten des Lebens gereinigt ist.[345] Žižeks 2009 erschienenes Buch *First as Tragedy, Then as Farce* erforscht unterdessen die Nachwirkungen von zwei Katastrophen des 21. Jahrhunderts, den 11. September 2001 und die Finanzkrise von 2008. Wir stimmen mit Žižeks teilweise Thomas Frank wiederholendem Argument überein, dass der »Kulturkampf ein Klassenkampf in verschobener Erscheinungsform ist«.[346] Für Žižek schreit der Populismus: »Ich weiß nicht was da passiert, aber ich habe eine Scheiß-Wut und mir reicht's!« Aber selbst hier übersieht Žižek die Schlüsselrolle, die Rassismus als ein inniger Bestandteil des Klassenkampfes und der populistischen Empörung spielt. Ein klarer Ausdruck des rechtsex-

344 Žižek and Daly, *Conversations with Žižek*, 147

345 Wir beziehen uns hier auf Erich Auerbachs berühmten Vergleich von Racine und Shakespeare in *Mimesis: Dargestellte Wirklichkeit in der abendländischen Literatur* (Tübingen und Basel: A. Francke Verlag, 1946).

346 Slavoj Žižek, *First as Tragedy, Then as Farce* (New York: Verso, 2009), 33.

tremen Einsetzens von »Rasse« zur Verschleierung und Verschiebung von Klasse, ist im rechtsextremen Mantra zu finden, das jede Umverteilung von Reichtum mit Reparationen für Schwarze gleichsetzt. Die Strategie dahinter ist die, Weiße, die die Hauptopfer der ökonomischen Umverteilung von unten nach oben sind, zu verwirren, indem man ihre Feindseligkeit gegenüber Schwarzen, Latin@s und PoC im Allgemeinen schürt. Schlagworte wie »Die Gesundheitsreform ist eine versteckte Reparation!« sollen weiße Feindschaft gegen die allgemeine Gesundheitsversorgung katalysieren – oder genauer, gegen ihr erbärmlich unzureichendes Abbild – indem sie suggerieren, dass eine allgemeine Gesundheitsversorgung eigentlich eine Gefälligkeit den Schwarzen gegenüber ist. Rassistisches Ressentiment wird also als Trumpfkarte benutzt, um das Klasseninteresse an erschwinglicher Gesundheitsversorgung auszustechen. Im europäischen Zusammenhang macht Žižek berechtigterweise auf die materielle Kraft von Ideologie aufmerksam. Aber seine Analyse lässt die Tatsache außer Acht, dass die Strategie, Minderheiten zu Sündenböcken zu machen – ein Ausdruck dessen, was Appadurai die »Angst vor Minderheiten« nennt – der Schlüssel für viele rechte Siege in Europa gewesen ist, indem zumindest ein Teil der abgegebenen Stimmen von weißem *petits blancs ressentiment* [Unterschichten-Ressentiment] gegen die aus dem globalen Süden ankommenden ›Fremden‹ motiviert war.[347] (Zu seiner Ehrenrettung sei gesagt, dass Žižek die Befürwortung eines »vernünftigen« Rassismus gegenüber Immigrant_innen durch die europäische sozialdemokratische Linke deutlich verurteilt.)

Zwar verbindet der neue Žižek von *First as Tragedy* bereits eine Kritik des globalen Kapitalismus mit einer Kritik der »postkolonialen Abhängigkeit«. Sein eurozentrischer Blickwinkel blockiert jedoch eine materialistische Sicht kolonialer Geschichte in ihrer Beziehung zur gegenwärtigen Globalisierung. Žižek umreißt vier Hauptwidersprüche der Gegenwart, (1) die Gefahr einer ökologischen Katastrophe, (2) die unangebrachte Übertragung der Vorstellung von Privateigentum auf »geistiges Eigentum«, (3) die ethische Problematik der Biogenetik und (4) die Entstehung neuer Formen von Apartheid. Was jedoch fehlt, ist der Hinweis, dass *race*, Kolonialismus, Multikulturalität und Indigenität an all diesen Widerspruchspunkten anknüpfen, weil (1) die Bevölkerungen des globalen Südens die Hauptopfer der von Union Carbide in Indien oder Chevron in Peru erzeugten Umweltkatastrophen sind, (2) indigene Menschen die vorrangigen Opfer des »geistigen Eigentums« sind, wenn transnationale Konzerne indigenes Wissen patentieren lassen und gemeinschaftlich geteilte Biodiversität zu einer Ware machen, (3) es indigene Menschen sind, die am weitesten darin gegangen sind, Privatisierung zugunsten kommunalen

347 Arjun Appadurai, *Fear of Small Numbers: An Essay on the Geography of Anger* (Durham: Duke University Press, 2006).

Besitzes von Land und Wasser und so weiter zurückzuweisen, (4) indigene Völker an vorderster Front im Kampf gegen transnationale Konzerne stehen und (5) People of Color, ob Latin@s in den Vereinigten Staaten, Algerier_innen in Frankreich oder Marokkaner_innen in Spanien, die hauptsächlichen Objekte der neuen Formen von Apartheid sind.

Žižek entdeckt verspätet die politischen Tugenden indigener Bewegungen im globalen Süden. Der neue Žižek würdigt, dass die Politik der Regierung von Evo Morales in Bolivien »die Speerspitze im gegenwärtigen fortschrittlichen Kampf bildet«.[348] Er lobt den radikalen Populisten Hugo Chávez dafür, dass er eine Politik verfolgt, die nicht »die Ausgeschlossenen einbezieht«, sondern die ausgeschlossenen Slumbewohner_innen »als seine Basis [nimmt] und dann den politischen Raum und die politischen Organisationsformen so umgestaltet, dass diese [zu den Ausgeschlossenen] passen« und sich so von einer »bürgerlichen Demokratie« in Richtung »Diktatur des Proletariat« bewegen würden.[349] Während wir Žižeks Wortwahl bei der Beschreibung sowohl der Politik von Chávez als auch der Slumbewohner_innen nicht gutheißen, schätzen wir schon seine Beschwörung der »Commons« (Gemeingutes), eines Begriffes also, der auf der Linken zunehmend benutzt wird, um den geteilten, nicht warenförmigen Zugang zu Natur, die Open-Source Zusammenarbeit sowie Initiativen wie *Copyleft* und *Creative Commons* ins Blickfeld zu rücken. Definiert als »die Theorie, die alles Eigentum der Gemeinschaft überträgt und Arbeit für den gemeinsamen Nutzen aller organisiert«,[350] hat die Idee der »Commons« die Arbeit solch unterschiedlicher Autoren wie Peter Linebaugh, Naomi Klein, Arundhati Roy, Giuseppe Cocco, Vandana Shiva, Arturo Escobar, David Graeber sowie Michael Hardt und Antonio Negri belebt. Um den Kreis zu schließen, würden wir auf die weitere Verbindung zwischen dem Gemeingut, wie es die indigenen Kulturen des Roten Atlantik (einschließlich Evo Morales) verstehen, und der das Gemeingut betreffenden Theorie und Praxis im Westen (die bis zurück zum Abschnitt »Charta des Waldes« der Magna Charta geht) hinweisen. Alles ist Teil eines vielgesichtigen Kampfes gegen alle Formen des »Eingrenzens« einschließlich desjenigen der »geistigen Commons«.

Während der neue Žižek nun auch die haitianische Revolution entdeckt, »skandiert« ihm diese Revolution gleichermaßen, nicht dank C.R.L. James oder Trouillot, sondern vielmehr dank Susan Buck-Morss' Essay *Hegel und Haiti*, welches auf die haitianische Revolution als den »stillen – und deswegen um so effektiveren – Bezugspunkt (oder fehlenden Auslöser) der Dialektik Hegels

348 Slavoj Žižek, *First as Tragedy, Then as Farce*, 97.

349 Ebd., 102.

350 Bezüglich Arbeiten zu »commons«, vgl. Peter Linebaugh, *The Magna Carta Manifesto* (Berkeley: University of California Press, 2009), 6.

von Herr und Knecht« aufmerksam macht.[351] In dieser recht großzügigen Rückgewinnung von Hegels Arbeit – man fragt sich, warum Hegel seine Quelle »still« halten musste und warum dies »effektiver« gewesen sein soll und für wen – scheint die eigentliche Überwältigung der Macht der Herren durch die haitianischen Sklav_innen in ihrer Bedeutung gegenüber der Tatsache zu verblassen, dass ihre Taten eine listige Bezugnahme zwischen den Zeilen im Werk des großen Philosophen inspiriert haben.[352] Während er den haitianischen Revolutionär_innen Anerkennung zollt, porträtiert Žižek sie als französischer als die Französ_innen, indem sie revolutionäre Ideologie besser umsetzten als die Französ_innenselbst. Diese Darstellung setzt Žižeks Beschreibung der Revolutionär_innen der ›Dritten Welt‹ als gedankliche »mimic men« fort.[353] Die von ihm nicht gestellte Frage bleibt, warum es insbesonderere schwarze Haitianer_innen waren, die die Fähigkeit besaßen, (1) die Grenzen derUmsetzung der revolutionären Ideologien zu erkennen und (2) entschieden entlang dieser Erkenntnis zu handeln. Wiederum bleibt die intellektuelle Selbstvertretung bei Europa. »Der Westen«, erinnert uns Žižek, »lieferte genau die Maßstäbe, an denen er (und seine Kritiker_innen) seine eigene kriminelle Vergangenheit messen«.[354] Doch aus einem anderen Blickwinkel fragt man sich, warum genau wir Hegel brauchen, um haitianische Revolutionär_innen zu schätzen, den Philosophen, der dachte, dass Schwarze weder moralische Empfindungen noch intellektuelle Nachdenklichkeit hätten. Wiesen solche Revolutionär_innen nicht durch ihr Handeln die rassistischen Hierarchien zurück, wie sie in der *Philosophie der Geschichte* dargelegt wurden, in welcher Schwarzen jedes kritische Bewusstsein abgesprochen, und in der sie neben den Indigen@s Amerikas (die Haiti sogar den Namen gaben) auf den untersten zivilisatorischen Rängen eingeordnet wurden? Müssen alle Revolutionen über den Westen laufen?

First as Tragedy trägt auch noch verräterische Züge des alten Žižek, des Feindes der »Indentitätspolitik«. In dem seiner Lobpreisung auf die haitianischen Revolutionär_innen unmittelbar folgenden Abschnitt pflichtet er Pascal Bruckners Spott – den wir im nächsten Kapitel wiederum selber verspotten – über die europäische »Selbstkasteiung« wegen des Kolonialismus und der Sklaverei bei. Dann lässt Žižek das alte eurozentristische Axiom von kritischer Reflexion als europäischem Monopol wieder auferstehen: »Die wahre Ursache dafür, dass einige in der Dritten Welt den Westen hassen und ablehnen, liegt nicht in der kolonisierenden Vergangenheit und deren andauernden Aus-

351 Žižek, *First as Tragedy*, 111.

352 Susan Buck-Morss, »Hegel and Haiti«, *Critical Inquiry* 26, no. 4 (Summer 2000): 821–865.

353 Žižek, *First as Tragedy*, 113.

354 Ebd., 114.

wirkungen begründet, sondern in dem selbstkritischen Geist, den der Westen durch seine Abkehr von dieser Vergangenheit offenbart hat, mit seiner impliziten Aufforderung an andere, sich der gleichen Selbstkritik zu befleißigen«.[355] Žižeks Sicht deckt sich hier praktisch mit der Behauptung des konservativen Allan Bloom in seinem Buch *The Closing of the American Mind*, dass »es nur in westlichen Nationen, d.h., jenen, die von der griechischen Philosophie beeinflusst sind, eine gewisse Bereitschaft gibt, die Identifikation des Guten mit dem eigenen Weg anzuzweifeln«.[356] Diese provinzielle Inanspruchnahme des Unprovinziellen für sich selbst und diese unkritische Behauptung einer einzigartigen selbstkritischen Befähigung ersetzt das »Sie hassen uns für unsere Freiheit« der Rechten durch den Hegelianisch-Žižekschen Satz »Sie hassen uns für unsere Reflexivität.«

Die widersprüchlichen Kritiken des *race*-/Kolonialitätsdiskurses von Links und Rechts bringen uns zurück zur Domäne, in der blinde Männer einen Elefanten beschreiben. Das selbe Projekt wird je nachdem beschrieben als: fälschlich universalistisch (der Vorwurf von Žižek und Bourdieu/Wacquant) oder als partikularistisch und antifranzösisch republikanisch (wie wir es bei Alain Finkielkraut sehen werden) oder als gleichzeitig dogmatisch und relativistisch (so der widersprüchliche Vorwurf der US-amerikanischen extremen Rechten) oder als relativistisch und patriarchalisch (ein Vorwurf weißer Feminist_innen) oder als dogmatisch revolutionär (der Vorwurf der extremen Rechten) oder als neoliberal (nochmals Žižek) oder als die Linke spaltend (der Vorwurf Todd Gitlins) oder als die Nation spaltend (der Schlesinger Vorwurf) oder als proamerikanisch (wie viele französische Intellektuelle annehmen) oder als anti-amerikanisch (der Vorwurf der US-amerikanischen Rechten, der von französischen Verbündeten wie Finkielkraut wiederholt wird). Im folgenden Kapitel untersuchen wir, wie diese Debatten auf ihren Reisen hin und her zwischen den französischen und den amerikanischen intellektuellen Zonen neu aufgegriffen werden.

---

355 Ebd., 115.

356 Allan Bloom, *The Closing of the American Mind* (New York: Simon and Schuster, 1987), 36.

5 Frankreich, die Vereinigten Staaten und die Kulturkämpfe

Wie wir in Kapitel 3 vermerkt haben, stellten Frankreich und die frankofonen Zonen entscheidende Schauplätze des Nachkriegsparadigmenwechsels im Denken über *race* und Kolonialismus dar, wobei der Mai 1968 den Höhepunkt des revolutionären ›Dritte Welt Denkens‹ bildete. Während de Gaulle seinen unabhängigen Kurs zwischen den Vereinigten Staaten und der Sowjetunion verfolgte, veranstaltete die Linke massive Demonstrationen mitsamt einer umfangreichen intellektuellen Produktion, die sich auf die Seite ›Dritter Welt Revolutionen‹ und der Widerstandsbewegungen in den Vereinigten Staaten stellte. Die Nachkriegszeit wurde auch Zeugin des Aufkeimens einer schwarzen Bewegung in Folge der Ankunft einer neuen Generation afrikanischer und westindischer Student_innen in Frankreich – dank eines Stipendiensystems, welches zu einer bemerkenswert starken intellektuellen Gemeinschaft führte. Diese Gruppe erreichte mit der Gründung von FESNF (Föderation von Student_innen aus Schwarzafrika in Frankreich) und ihrer offiziellen Zeitschrift *L'Étudiant d'Afrique Noire* im Jahre 1950 eine kritische Masse und verlieh den von Autor_innen wie Césaire, Memmi und Fanon theoretisierten Dekolonisierungskämpfen Kontinuität.

Frankreich und insbesondere Paris dienten als ein Hauptknotenpunkt im Netzwerk des ›Dritte Welt Denkens‹ und trugen zu einer Nachkriegskritik der herrschenden Tendenzen in den Human- und Sozialwissenschaften als Wiederspiegelungen des ökonomischen und kulturellen Imperialismus der europäischen Kolonialmächte bei. In den 1970er Jahren verband zum Beispiel das *Labor für Dritte Welt und afrikanische Studien an* der Universität von Paris VII afrikanische mit asiatischen sowie lateinamerikanischen Studien. Dass *Postcolonial Studies* zunächst wenig Anklang in der französischen intellektuellen Szene fand, war so teilweise der Tatsache geschuldet, dass das postkoloniale Gebiet als bereits von antikolonialer und antiimperialistischer Arbeit besetzt wahrgenommen wurde und deshalb trotz der neuen theoretischen Falten als ›Déja Vu‹ erschien. Heutige in Frankreich vorgenommene *Postcolonial Studies* können deswegen nicht als bloß epigonale oder verspätete Kopie von außerhalb Frankreichs geleisteter Forschungsarbeit gesehen werden; vielmehr müssen sie intertextuell in Beziehung zu dem von jenen früheren Autor_innen verfassten antikolonialen Werk gesetzt werden.

Was ›proto-postkoloniale‹ Arbeit genannt werden könnte, wurde auch von arabischen Intellektuellen in Frankreich geleistet, und zwar an einem scheinbar überraschenden Ort: der französischen Orientalistik. Französisch sprechende arabische Intellektuelle bildeten Teil eines linguistischen, kulturellen und akademischen Kontinuums. Als Eingeweihte/Außenstehende ähnelten sie den britisch erzogenen ›white but not quite‹ (weißen aber nicht ganz weißen) kolonialen Eliten oder den im Rahmen von Nahost-Studien in den Vereinigten Staaten forschenden arabischen Wissenschaftler_innen. Mit Beginn der 1950er Jahre begannen Orientalistikabteilungen in Frankreich, die Unabhängigkeitskämpfe in der arabischen Welt zu erkennen und gleichzeitig einige wenige arabische Intellektuelle in ihre Riege aufzunehmen.[357] 1963, anderthalb Jahrzehnte vor Edward Said, veröffentlichte Anouar Abdel-Malek »Orientalism in Crisis« in der Zeitschrift *Diogenes*. Für Abdel-Malek wirkten die Unabhängigkeitskämpfe der ›Dritten Welt‹ auf die Orientalistik dadurch ein, dass sie jene, die ›Studienobjekt‹ gewesen waren, zu souveränen Subjekten machten. »Die Vormachtrolle besitzender Minderheiten, die von Marx und Engels aufgedeckt wurde, und der Anthropozentrismus, der von Freud demontiert wurde, waren auf dem Gebiet der Geistes- und Sozialwissenschaften, speziell in den in direkter Beziehung zu nichteuropäischen Gemeinschaften stehenden, von Eurozentrismus flankiert worden.«[358] Ein Jahrzehnt später verurteilte Abdalla Larouis Buch *La Crise des Intellectuels Arabes* (1974) die Neigung der Orientalist_innen »für [arabische] Andere zu sprechen« und griff die Orientalist_innen als eine bürokratische Kaste an.[359]

Französische Linke sahen sich als Verbündete der Minderheiten- und linken Bewegungen in den Vereinigten Staaten, genauso wie US-amerikanische (und brasilianische) Linke sich vom Mai '68 inspirieren ließen. Die Situationist_innen betrachteten die Proteste in Berkeley von 1964 als Inspiration für ihre eigenen Universitätsbewegungen. Jean-Luc Godards *Wladimir und Rosa* machte aus dem Prozess der *Chicago Eight*[360] eine Filmgeschichte, während Agnès Varda die schwarze Befreiungsbewegung in ihrem Film *Black Panthers* pries. Die Black Power Bewegung war besonders richtunggebend für die *Groupe d'infirmation sur les prisons*, die 1971 von Michel Foucault und Daniel Defert gegründet wurde. Foucault hatte in den späten 1960er Jahren die politischen Schriften der Black Panther gelesen, die vielleicht seine späteren Theorien des ›Rassenstaates‹ beeinflussten. Der Schriftsteller Jean Genet reiste zur Unter-

357 Vgl. Thomas Brisson, *Les Intellectuels Arabes en France* (Paris: La Dispute, 2008).

358 Anouar Abdel-Malek, "Orientalism in Crisis," in *Diogenes* 11 (44), Nr. 4 (Winter 1963): 103-140.

359 Vgl. Abdallah Laroui, La Crise des Intellectuels Arabes: Traditionalisme ou Historicisme? (Paris: François Maspero, 1974).

360 Besser bekannt als Chicago Seven. Hierbei handelt es sich um einen Prozess gegen acht, später nur noch sieben Aktivist_innen, die 1968 wegen Aufhetzung, Verschwörung sowie Demonstrationen angeklagt wurden.

stützung der Panther als Verfechter einer »roten Ideologie in einer schwarzen Haut«[361] 1970 durch die Vereinigten Staaten. Richard Wolin zufolge war es Genets Unterstützung für die Panther, die zu Huey Newtons Unterstützung für die Gay Liberation (Schwulenbewegung) führte.[362]

Nach der Niederlage der Linken von 1968 bildeten die 1970er Jahre in Frankreich eine Phase des Konflikts zwischen dem revolutionären ›Dritte-Welt-Paradigma‹ und der sich herausschälenden konservativeren Position. Auf Seiten der Linken setzte Defätismus ein und die ›Dritte-Welt-Bewegung‹ machte dem Antikommunismus der *nouveaux philosophes* Platz. In der Katerstimmung nach '68 rückte im Schlepptau von Solschenizyns Anprangern des sowjetischen Gulag der Antikommunismus ins Zentrum der Diskussion, und Camus ersetzte Sartre als intellektuelles Vorbild. Die gleichzeitige Entwertung des Marxismus und des Dritte-Welt-Paradigmas öffnete in der Folge das Feld weit für den Neoliberalismus und ethno-nationalen Chauvinismus. Ein Anti-Dritte-Welt-Denken kristallisierte sich 1978 in einer Polemik auf den Seiten des *Nouvel Observateur*, die später als *Le Tiers Monde et la Gauche* veröffentlicht wurde. Kristin Ross' Bericht zufolge schrieben ehemalige '68er Linke die Geschichte einschließlich ihrer eigenen neu als die von Linken, die sich hatten täuschen lassen, im Kolonialismus den Feind zu sehen, während doch der wahre Feind der Kommunismus sei.[363] ›Dritter-Welt-Sozialismus‹, so argumentierten einige ehemalige Linke, könne nur zur ›Gulagisierung‹ Afrikas, Asiens und Lateinamerikas führen. ›Verschwunden‹ waren in dieser Schilderung die Schrecken von Vietnam (die zuerst von den Französ_innen und dann den US-Streitkräften angerichtet wurden), die französischen Massaker und Folterungen in Algerien (und sogar in Frankreich selbst), die US-amerikanische militärische und ökonomische Beherrschung Lateinamerikas und die allgemeine Hegemonie des Nordens. Die neue Anti-Dritte-Welt-Einstellung trug unheimlich ähnliche Züge zu der der Kolonialist_innen, die die ›zivilisierende Mission‹ des Westens priesen und sich gleichzeitig spöttisch über die Möglichkeit demokratischer Herrschaft nach der Unabhängigkeit äußerten. In sowohl den Vereinigten Staaten als auch Frankreich wurde der Antikommunismus zunehmend in Verbindung mit Anti-Dritte-Welt-Einstellungen (und später mit Anti-Multikulturalismus) formuliert.[364]

---

361 Genet zitiert in Edmund White, *Jean Genet: A Biography* (New York: Vintage, 1994), 522.

362 Vgl. Richard Wolin, *The Wind from the East* (Princeton: Princeton University Press, 2010), 321.

363 Vgl. Kristin Ross, *May '68 and Its Afterlives* (Chicago: University of Chicago Press, 2002), 158–169.

364 In den Vereinigten Staaten sprachen Intellektuelle von einer durch eine Umkehr der Buchstaben vorgenommenen Überblendung von einer Dämonisierung der CP (Commu-

Das Schluchzen des weißen Mannes

Ein wichtiger Text dieser Gegenreaktion gegen das ›Dritte-Welt-Denken‹ war Pascal Bruckners 1983 erschienenes Buch *Le Sanglot de l'Homme Blanc* (*Das Schluchzen des weißen Mannes*).[365] Ein heutiges Lesen des Textes von Bruckner im Lichte der ›Kampf der Kulturen‹ offenbart, wie sehr Bruckner den weinerlichen Ton hysterischer Opferhaltung seitens der Rechten, wie er ein Jahrzehnt später in den Vereinigten Staaten und Frankreich auftrat, vorwegnahm. Sicherlich listet Bruckner einige berechtigte Punkte auf. So macht er richtigerweise auf eine gewisse religiöse (hauptsächlich christliche) Grundströmung in einem Teil des linken Denkens aufmerksam. (Unglücklicherweise – für seine Argumentation – trifft dieser Punkt gleichermaßen, wenn nicht sogar deutlicher, für rechtsextremes Denken zu.) Er punktet auch, wenn er die Neigung mancher westlicher Linker beschreibt, sich selbst in idealisierte Revolutionär_innen der ›Dritten Welt‹ hineinzuprojizieren oder Regime zu romantisieren, über die sie praktisch nichts wissen. Dieser Vorwurf ist ganz bestimmt in Bezug auf französische und amerikanische Maoist_innen berechtigt, die China zu einem Schauplatz romantischer Projektion, einem revolutionären *Nimmerland*, machten und dabei Maos Megalomanie und die Verheerungen durch die Kulturrevolution übersahen. Aber Bruckner bedenkt die allzu großzügige Einschätzung revolutionärer Bewegungen in der ›Dritten Welt‹ seitens der Linken mit einer unnötig hinterhältigen Interpretation, wenn er sie als Teil eines totalitären Projekts liest, während in Wahrheit diese manchmal naiven Projektionen oft auf Desillusionierung beruhten, gemäß der binären Logik, dass, »wenn der Westen so imperialistisch und rassistisch ist, der Osten das Gegenteil sein muss.« Doch war in anderen Fällen die Unterstützung der ›Ersten Welt‹ für anti-imperialistische Kämpfe, wie zum Beispiel dem in Vietnam, fundierter. Obgleich Bruckner ebenfalls richtigerweise die Heucheleien der europäischen ›Dritte-Welt‹-Anhänger_innen ankreidet, wenn sie den US-Imperialismus ablehnen, gleichzeitig aber nicht die gemeinsamen Ursprünge von europäischem Kolonialismus und US-amerikanischem Imperialismus erfassen.

Als eine Art Camera Obscura Abbild von Fanon liefert Bruckner des weißen Mannes Umkehrung von Fanons *Schwarze Haut, Weiße Masken*. Während Fanon von den kolonialistischen und rassistischen Mechanismen spricht, die bei den Kolonisierten zu Selbsthass führte, spricht Bruckner von der Art und Weise, wie das ›Dritte-Welt-Denken‹ weiße Europäer_innen mit irra-

---

nist Party, d.h. Linken) hin zu einer Dämonisierung der PC (political correctness).

365 Pascal Bruckner, *Le Sanglot de L'Homme Blanc: Tiers-Monde, Culpabilité, Haine de Soi* (Paris: Seuil, 1983).

tionalen Schuldgefühlen und mit Unsicherheit durchtränkt habe. Indem er Fanons »lächerliches« Plädoyer dafür, »über Europa hinauszugehen«, ablehnt, mahnt Bruckner, dass die Gemeinschaften der ›Dritten Welt‹, um sie selbst zu werden, »westlicher werden müssen«, da es »unmöglich sei ›über die Demokratie hinauszugehen‹«.[366] Die Gleichsetzung von Europa mit Demokratie ist natürlich Standardbestandteil des eurozentrischen Diskurses. Bruckner macht seine Gleichsetzung nur vier Jahrzehnte nach dem Auftreten der faschistischen Regime Mussolinis, Francos, Hitlers und Pétains im Herzen Europas und nur drei Jahrzehnte nach einer Zeit, in der muslimische Algerier_innen unter dem französischen Kolonialismus nach Ausnahmeregeln lebten, die sie ihrer rechtmäßigen Stimme beraubten. Fanon hatte ein ›über Europa Hinausgehen‹ genau deshalb gefordert, weil Europa selbst nicht wirklich demokratisch gewesen war und die Demokratie in seinem kolonialen Einflussbereich auch nicht vorangebracht hatte.

Die Rolle Maurice Papons in Vorfällen, die nur zwei Jahrzehnte vor der Veröffentlichung von Bruckners Buch herauskamen, veranschaulicht die Grenzen der Brucknerschen Darstellung eines demokratischen Nachkriegseuropas sehr plastisch. Papon, der während seiner Beschäftigung als Polizeichef von Bordeaux zu Zeiten der Vichy-Regierung Deportationen von Jüd_innen in die Konzentrationslager organisiert hatte, diente in den 1950er Jahren in der französischen Kolonialverwaltung.[367] Am 17. Oktober 1961 war Papon in seiner Funktion als Pariser Polizeichef für ein furchtbares Massaker mitverantwortlich. Nach einem friedlichen Protestmarsch von Tausenden von Algerier_innen feuerte die Polizei mit Maschinengewehren in die Menge und knüppelte Demonstrant_innen buchstäblich in die Seine, wo etliche ertranken. 6.000 Algerier_innen wurden in eine Sportarena getrieben, wo viele in der Obhut der Polizei starben. Von über 200 Menschen wusste man, dass sie gestorben waren, Hunderte wurden vermisst gemeldet, und Leichen tauchten überall entlang der Seine auf.[368] Die offizielle, von der Polizei angeführte und von der Presse weitergegebene Vertuschungsversion behauptete, dass die Algerier_innen das Feuer eröffnet hätten und die Polizei verpflichtet gewesen sei, ›Recht und Ordnung‹ wieder herzustellen. Trotz Papons mörderischer Vergangenheit sowohl Jüd_innen als auch Muslim_innen gegenüber stieg er zu den höchsten Rängen

366 Ebd., 156.

367 Michael Rothberg nennt Papon die »materielle Verkörperung der Verbindungslinien zwischen Holocaust und der Gewalt des Kolonialismus.« Rothberg, *Multidirectional Memory: Remembering the Holocaust in the Age of Decolonization* (Stanford: Stanford University Press, 2009), 235.

368 Die Ausgabe von *Les Temps Modernes*, die Sartres Essay zu diesem ›Progrom‹ enthielt, wurde von Papon konfisziert.

der französischen Regierung auf, bevor er 1998 vor Gericht gestellt und für seine Rolle bei der Deportation von Jüd_innen zu Gefängnis verurteilt wurde. Nachdem das Massaker lange verdrängt worden war, wurde die Erinnerung daran vor kurzem in Büchern (Einaudis *La Bataille de Paris*), Fernsehdramen (*La Nuit Noire*) und Spielfilmen (Hanekes symptomatisch *Caché* betitelter Film und Bouchare*bs Outside the Law*) neu geweckt.

Trotz solcher Verbrechen benutzt Bruckner die Sprache des Antikolonialismus in einer auf den Kopf gestellten Manier, um den Westen als das eigentliche Opfer darzustellen:

> »Tatsächlich lastet auf jedem Menschen im Westen eine apriorische Schuldannahme. Wir Europäer_innen sind aufgezogen worden, uns zu hassen im sicheren Bewusstsein, dass es im Kern unserer Welt ein grundlegendes Übel gab, welches ohne irgend eine Hoffnung auf Vergebung nach Vergeltung verlangte [...]. Wir sind angeleitet worden, unsere eigene Zivilisation als die schlimmste zu betrachten, nachdem unsere Eltern sie für die beste hielten. Nach dem Zweiten Weltkrieg geboren zu sein hieß, sicher zu sein, dass man zum Abschaum der Menschheit gehörte, zu einem abscheulichen Milieu, welches jahrhundertelang im Namen eines angeblich geistigen Abenteuers die Gesamtheit des Globus erstickt hatte.«[369]

Arme Europäer_innen! Arme Weiße! Machtlos, verfolgt und überall in der Welt ohne einen Cent, überall eingeschränkt durch die Farbschranke, rassistischem Hohn ausgesetzt, unverhältnismäßig stark in Gefängnissen vertreten, von der Polizei schikaniert, ihre Sprachen verboten, ihr Land weggenommen, als faul und kriminell stereotypisiert, ihre Kultur unterdrückt, wegen ihrer *race* in Armut lebend, wegen nichts anderem als ihrer weißen Hautfarbe ›gemaßregelt und verachtet‹! Bruckner macht das ›Schluchzen des weißen Mannes‹ in Wahrheit nichts aus, solange diese Schluchzer für ihn selbst sind. Bruckner nimmt den angeschlagenen Ton der US-amerikanischen Rechten, die angeblich die Schutzwälle einer bedrohten westlichen Zivilisation verteidigen, vorweg, wenn er bequemerweise vergisst, dass der Westen seit jeher mit überwältigender militärischer, ökonomischer, kultureller, politischer und medialer Macht ausgestattet ist. Es ist, als habe Bruckner die seismische Verschiebung und Dekolonisierung der Kultur als ein Trauma persönlicher und kollektiver Relativierung erlebt, als trauere er einer verlorenen moralischen Größe nach. Statt aber eine selbstreflexive Analyse solcher Verlustgefühle zu leisten, krönt Bruckner den Westen erneut und erniedrigt den Rest, was einer Rückkehr zum eurozentristischen Status quo ante gleichkommt.

Wie US-amerikanische Rechte belebt Bruckner kolonialistische Glaubenssätze wieder, als wären sie mutige Vorstöße im Darlegen der Wahrheit. Er lässt

---

369 Bruckner, *Le Sanglot de L'Homme Blanc*, 12.

die uralte Ente wieder auferstehen, dass allein der Westen der Selbstkritik und des »Blicks auf sich selbst durch die Augen anderer« fähig sei.[370] Bruckner proklamiert Europas Bereitschaft, sich selbst zu kritisieren ironischerweise genau im selben Augenblick, in dem er seine eigene Überempfindlichkeit gegenüber Kritik am Westen offenbart. Der Untertitel von Bruckners Buch – »Die Dritte Welt, Schuld und Selbsthass« – spiegelt die psychologische Betonung eines ›krankhaften Masochismus‹ und unnötiger, westlichen Weißen angeblich aufgezwungener Schuldgefühle wieder. Das Thema ist letztlich nicht so sehr eines der Schuldgefühle wegen vergangener und heutiger Handlungen des Westens – obgleich Schuldgefühle auf einer bestimmten Ebene eine völlig normale Reaktion auf die zusammengezählten Geschichten des Antisemitismus, der Sklaverei und des Kolonialismus wären – sondern eines der Einsicht und Verantwortlichkeit, um sicherzustellen, dass solche Übel sich nicht noch mal ereignen, und dass ihr Gedächtnis bewahrt bleibt.

Das herrschende Gefühl unter ›Dritte-Welt‹-Denker_innen in den 1960ern, ob in Paris, Rio oder Berkeley, war, wie Kristin Ross deutlich macht, nicht eins von Schuld sondern von Wut:

> »Weit entfernt davon, masochistisch oder in seiner Aufmerksamkeit gegenüber der Ungleichheit und dem Ungleichgewicht zwischen reichen und armen Nationen voller Selbsthass zu sein, war der Dritte-Welt-Diskurs eine aggressive neue Art, das kapitalistische System (multinationale Firmen, Entwicklungshilfeprogramme der Vereinigten Staaten oder Westeuropas) anzuklagen, den ganzen neoimperialistischen Apparat, wie er in Vietnam kulminierte. Dritte-Welt-Denker_innen fühlten sich nicht, wie Bruckner behauptet, ›persönlich‹ verantwortlich für das Elend in der Dritten Welt; vielmehr zeigten sie aktiv mit dem Finger auf jene – das Militär, die Staatsführer_innen, die Konzerne – die sie für tatsächlich verantwortlich hielten.«[371]

Meint Bruckner wirklich, so fragt Ross, dass die Vereinigten Staaten gut daran taten, mehr Bomben auf Vietnam zu werfen als im gesamten Zweiten Weltkrieg von den Alliierten abgeworfen worden waren? Oder, dass das französische Imperium in Vietnam und Algerien um jeden Preis hätte aufrechterhalten werden sollen? Bruckner entwickelt einen lächerlichen Diskurs des Opfer Seins, als sei der Westen am Rande der Ausrottung, während er tatsächlich so beherrschend

370 Ebd., 156. Es ist nicht klar, wie Bruckner zu solch pauschalen Urteilen darüber, wie große kulturelle Komplexe sich gegenseitig ›gesehen‹ haben, kommen kann. Solche Behauptungen setzten nicht nur die grundsätzliche transhistorische Stabilität von Kulturen voraus, sondern auch eine allwissende europäische Fähigkeit, sich in andere Kulturen hineinzuversetzen, sie dann durch ihre kollektiven Augen sehen zu können, dann zu der eigenen Menge kollektiver Augen zurückzukehren, um dann zu schließen, dass nur die eigene Gruppe fähig ist »sich selbst durch die Augen anderer zu sehen.«

371 Ross, *May '68 and Its Afterlives*, 163.

wie eh und je ist, ob in seiner US-amerikanischen Rolle als ›böser Bulle‹ (Irak, Guantánamo, usw.) oder der europäischen des ›guten Bullen‹.[372]

Minderheiten und das Gespenst der Identität

Das großstädtische Frankreich erfuhr in der Nachkriegszeit enorme demografische Veränderungen, da es ehemalige koloniale Bürger_innen aufnahm, die Jobs, Bildung oder politisches Asyl suchten. Der attraktive ›Sog‹ des französischen Nachkriegswohlstands, verbunden mit dem durch Nachunabhängigkeitsprobleme in Nordafrika selbst ausgelösten ›Schub‹, der noch von neuen französischen, die Familienzusammenführung erleichternden Gesetzen verstärkt wurde, führte zu einer Situation, in der Hunderttausende Algerier_innen, Marokkaner_innen und Tunesier_innne zusammen mit Tausenden westindischer Französ_innen und Subsahara-Westafrikaner_innen in Frankreich ›sichtbare Minderheiten‹ bildeten. In den 1970er und frühen 80er Jahren erhoben sich Mitglieder dieser Minderheiten – und besonders die Kinder in zweiter Generation der zum größten Teil nordafrikanischen Wanderarbeiter_innen, die es in den 1950er und 60er Jahren in die koloniale Metropole verschlagen hatte – in Protestbewegungen für Minderheits- und Immigrantenrechte. Der Höhepunkt war der Marsch für Gleichheit gegen Rassismus von 1983, der in den Medien als ›Marche des Beurs‹[373] bezeichnet wurde und sich an der von Martin Luther King, Jr., in Washington, D.C., zwei Jahrzehnte vorher angeführten Demonstration orientierte. Die Aktivist_innen von *SOS Racisme* und anderen anti-rassistischen Organisationen betteten Fragen der Identität in die von der Sozialistischen Partei bevorzugte Assimilationsbegrifflichkeit ein.

Während Mitterrand in den frühen 1980ern einen Multikulturalismus light befürwortet hatte, der als *le droit à la différence* (das Recht auf Unterschiedlichkeit) firmierte, zog sich die Linke in der Folge von diesem Projekt zurück, als sie sich mit der *Lepenisation des esprits* [einem massiven Rechtsruck] konfrontiert sah. Die Freude über ein unterschiedsfreundliches Frankreich währte nur kurz. Sie wurde beendet, als die Sozialist_innen mit einer unwirksamen Vermeidungsstrategie Zuflucht in einer abstrakten Rhetorik der Menschenrechte und des Republikanismus suchten. Das Ergebnis war, was einige

---

372 Ein gutes Beispiel europäischer Machtausübung in der Rolle des ›guten Bullen‹ ist die GAP oder Gemeinsame Agrarpolitik genannte EU Politik, bei der (ähnlich entsprechender US-Praxis) Subventionen und Zölle europäische Bäuer_innen (d.h., die Agrarindustrie) reichlich belohnen, während sie gleichzeitig die Weltnahrungspreise nach unten treiben und afrikanische Exporte unterbieten und so Afrika noch ärmer machen.

373 *Beurs* ist die Bezeichnung für in Frankreich geborene oder dorthin nachgezogene Abkömmlinge von nordafrikanischen Immigrant_innen

einen ›neorassistischen Konsens‹ nannten, der von der extremen Rechten (Le Pen) und Mitte-Links geteilt wurde. Azouz Begag ist schonungslos in seiner Bewertung dieses historischen Fehlers: »Die Linke trägt eine schwere historische Verantwortung für dies [den neorassistischen Konsens ...]. Sie instrumentalisierte die Frage der Banlieues in ihrer politischen Auseinandersetzung mit der Rechten und erstickte den Wunsch der Beurs nach politischer Emanzipation, indem sie SOS Racisme unterstütze, die 1985 den politischen Schwung den Händen der jungen Aktivist_innen entriss.«[374] Die Rückkehr des rechten Flügels des politischen Spektrums an die Macht hat im Jahre 1986 die harschen ›Pasqua Gesetze‹ mit sich gebracht sowie das im Fernsehen übertragene Debakel der Zwangsverfrachtung von 101 Malier_innen in ein Charterflugzeug am Flughafen Orly. Die sozialistische Linke wurde vorsichtig, wohl wissend, dass, selbst wenn nur eine Minderheit tatsächlich für Jean-Marie Le Pen stimmen würde, eine viel größere Gruppe mit seiner fremdenfeindlichen Haltung sympathisierte. 1993 wurde das Nationalitätengesetz dahingehend abgeändert, dass Immigrant_innenkinder im Alter von 18 Jahren eine Erklärung abgeben mussten, dass sie französisch sein wollten. Die Zielgruppe dieses Gesetzes verurteilte es als Stigmatisierung der Nachkommen früherer postkolonialer Migrant_innen. Ein Jahrzehnt später offenbarte die Wahl von 2002 ein schockierend starkes Ergebnis für die extreme Rechte, mit Le Pen an zweiter Stelle und dem letztendlichen Sieg für den mitte-rechten Jacques Chirac. (Wie Žižek korrekt ausführt, wurde Le Pen zum Sündenbock dafür gemacht, dass er einem allgemeineren rassistischen Konsens die Maske heruntergerissen hatte.)[375]

Die sich entfaltende Minderheitenbewegung stieß auf das, was David Blatt eine »wieder aufkommende populäre und politische Fremdenfeindlichkeit« nennt, die in den Auseinandersetzungen um die Dekolonisierung wurzelt und bestärkt wird durch aktuelle soziale und politische Entwicklungen.[376] Postkoloniale Immigrant_innen und ihre Nachkommen wurden »ein Blitzableiter für Ängste vor sich verschlechternden sozio-ökonomischen Bedingungen, dem Zusammenbruch der öffentlichen Ordnung in den Städten und der Erosion nationaler Identität und Kultur«.[377] Nativist_innen wie Le Pen gingen so weit, Zwangsrückführungen von Maghrebiner_innen nach Nordafrika zu fordern. In dem Maße, wie die Anti-Immigrationsagenda des *Front National* an Boden gewann, machte eine neue Generation von Immigrant_innenkindern

---

374 Azouz Begag, *Ethnicity and Equality: France in the Balance*, übers. von Alec G. Hargreaves (Lincoln, NE: Bison Books, 2007), 88.

375 Slavoj Žižek and Glyn Daly, *Conversations with Žižek* (Malden, MA: Polity), 129.

376 David Blatt, »Immigrant Politics in a Republican Nation«, in Alec G. Hargreaves and Mark McKinney, Hrsg., *Post-colonial Cultures in France* (London: Routledge, 1997), 40.

377 Ebd.

das durch, was Begag als eine »dreistufige Desintegration« identifizierte, »die von Gleichgültigkeit zu Frustration zu *la haine* (Hass, Wut) überging«.[378] Es war in diesem Zusammenhang, dass ein politisch vielfältiges Spektrum von Intellektuellen, wie Julia Kristeva, Tzvetan Todorov, Pierre-André Taguieff, Régis Debray und Alain Finkielkraut, während sie den Rassismus der extremen Rechten kritisierten, auch Vorbehalte bezüglich dessen ausdrückten, was sie als die amerikanische ›differentialistische‹ Herangehensweise an *race* betrachteten.

In vielen Fällen war es die Absicht der Linken, soziale Solidarität zu beschützen und zu vermeiden, was viele in Frankreich als eine für den US-amerikanischen Pluralismusstil typische Fragmentierung betrachten. Die Überreaktion der Linken war in mancher Weise das Resultat eines zwischen politischen Kräften der Rechten und der Linken geschmiedeten Konsenses mit dem Ziel, den *Front National* an den Rand zu drängen . Jim Cohen erklärt dies folgendermaßen:

> »Einem damals weitverbreiteten Argument zufolge konnten Rassismus und Fremdenfeindlichkeit nur im Namen einer universellen Vorstellung von Staatsbürgerschaft bekämpft werden, nicht im Namen irgendwelcher partikularer Gruppeninteressen wie denen von ›Minderheiten‹ (allein der Begriff wurde schon ein Tabu). Sonst, so wurde behauptet, würden zwei schlimme Konsequenzen folgen: (1) Die Minderheitsgruppen selbst [...] würden versucht sein, sich entlang ›Gemeinschafts‹-Linien zu organisieren und so zum Aufstieg des ›Kommunitarismus‹ beitragen, was auch ein Tabu darstellte; und (2) als Resultat dieser (vermeintlichen) Gefahr partikularistischer Äußerung seitens ethnischer, von Rassist_innen stigmatisierter Gruppen würden die Rassist_innen wiederum einen guten Vorwand dafür geliefert bekommen, die herrschende Ordnung der ›Bevorzugung‹ der Immigrant_innen und der Vernachlässigung ›echter‹ französischer Menschen anzuprangern – was vermutlich zu einem Hochschießen des Stimmenanteils des *Front National* führen würde. Indem es den Bereich der nationalen Staatsbürgerschaft besetzte und sie als eine nicht-rassistische, nicht partikulare, universelle Form der kollektiven Zugehörigkeit definierte, wurde das republikanische Modell als ein Arm im Kampf gegen die extreme Rechte aufgefasst.«[379]

Der Versuch, Le Pen dadurch an den Rand zu drängen, dass republikanische Ideale beschworen wurden, ging letztendlich nach hinten los. Der *Front National* kidnappte den Gedanken des ›Rechts auf Unterschiedlichkeit‹ dahingehend, dass sie sagten: »Ja, sie sind anders, und lass sie ihre Unterschiedlichkeit in ihren Ursprungsländern bewahren.« Wie Herman Lebovics betont, »wandelte [Le Pen] den Aufruf zu einer neuen demokratischen Pluralismusvision geschickt um in eine Formel für kulturellen und rassi[sti]schen Ausschluss.«[380]

---

378 Begag, *Ethnicity and Equality*, 17.

379 Jim Cohen, »Postcolonial Colonialism?«, *Situations: Project of the Radical Imagination* 2, no. 1 (2007).

380 Herman Lebovics, *Bringing the Empire Back Home* (Durham: Duke University Press, 2004), 132.

In diesem größeren Zusammenhang wurde die multikulturelle Identitätspolitik als bösartiger amerikanischer Import gesehen. Während eines Großteils der 1990er Jahre verurteilte ein breiter Streifen des französischen politischen Spektrums den Multikulturalismus als ein Symptom des überdrehten amerikanischen Identitätsfundamentalismus. Journalist_innen sprachen von »une Amérique qui fait peur« (ein Amerika, das Angst macht). Die Worte ›Identitätspolitik‹ und ›Multikulturalismus‹ wurden eingesetzt, um all die mit US-amerikanischen ›Rassenbeziehungen‹ in Verbindung gebrachten Probleme zu beschwören, die Frankreich angeblich nicht habe und nicht wolle. Diese vereinte Front führte zu bizarren Allianzen und merkwürdigen Verbündeten. Indem sie an die auch von der US-amerikanischen Rechten verwendeten Tropen von bevorstehender ›Balkanisierung‹ und ›Libanonisierung‹ appellierte, porträtierte die französische Linke, wie sie in *Les Temps Modernes, Esprit* und *Libération* verkörpert war, den Multikulturalismus als an sich spaltend. Einige stellten sogar eine Verbindung zwischen dem ›Kult der Unterschiedlichkeit‹ und dem Faschismus her, sehr ähnlich Rush Limbaugh, wenn er von »femiNazis« und totalitärer »Gedankenkontrolle« redete. Politisch sehr unterschiedliche Personen trafen sich in ihrer Ablehnung. Touraine, Bourdieu, Todorov, Jospin, Le Pen, Chirac und Finkielkraut hatten politisch nicht viel gemein, doch teilten sie alle eine gemeinsame Feindseligkeit gegenüber dem Multikulturalismus. Aus sehr komplexen Gründen war die vorherrschende französische Linie nicht so weit weg von der eines Schlesinger in den Vereinigten Staaten, obwohl ihre geschichtlichen Quellen und die politische Richtung ziemlich voneinander abwichen und obwohl die französischen Kritiker_innen sonst wenig gemein hatten.

Die Sprache der französischen Linken überlappte sich schließlich auf einer Diskurs- und Rhetorikebene mit den Ansichten der US-amerikanischen Rechten bezüglich *race* und den auf Identität beruhenden Bewegungen. Die selben französischen Intellektuellen, die normalerweise George H.W. Bush abgelehnt hätten, übernahmen seine Haltung gegenüber ›*political correctness*‹. Es war immerhin Bush Sr., der den Ausdruck der *political correctness*, der zunächst eine selbstspöttische Wortschöpfung der Linken gewesen war, zur Waffe gegen linke Uni-bewegungen ummünzte. Das Ziel der Rechten war es, ›das Vietnam-Syndrom‹ zu beerdigen und alle aus den 1960er Jahren stammenden egalitären, ›Dritte-Welt‹ und antirassistische Formen von Aktivismus in die Defensive zu drängen. Aber dieser Zusammenhang wurde von der französischen Linken oft übersehen, obgleich Frankreich selbst von einer ähnlichen Welle konservativer Dämonisierung des '68er Erbes heimgesucht wurde. Gerade als die US-amerikanische universitäre Linke die poststrukturalistischen Ideen von Foucault, Derrida und Deleuze aufnahm (und dabei abwandelte), stellte die französische Linke die US-amerikanischen Bewegungen als in essentialistischen Vorstellungen von ›Identität‹ verhaftet dar. Tatsächlich kulminierte dieser transatlantische Kurzschluss in einem Krampf, als die ursprünglich ›linke‹ (später der politischen ›Mitte‹ zugewandte) Zeitung *Libération* sich für eine Analyse der Identitätspolitik an niemand anderen wandte als Dinesh D'Souza, den Neokonservativen, dessen Buch *The End of Racism*, um es grob zu sagen, räsoniert, dass die Sklaverei nicht so schlimm gewesen sei (und außerdem die Afrikaner_innen sie ebenfalls betrieben hätten), dass die Segregation voller guter Absicht gewesen sei, und dass die Rassendiskriminierung »vernünftig« sein könnte.[381]

Die 1990er Jahre brachten also eine Flut von französischen Angriffen auf den ›amerikanischen Multikulturalismus‹ mit sich. Ein Sonderheft von *Esprit* aus dem Jahr 1995 widmete sich dem, was verräterischerweise das ›Gespenst‹ des Multikulturalismus genannt wurde. Die Feindseligkeit wurde manchmal sogar in französischen Wörterbüchern und Enzyklopädien festgeschrieben. Der Eintrag im *Dictionnaire des Politiques Culturelles* unter dem Begriff ›Multikulturalismus‹ kontrastiert den US-Multikulturalismus, von dem behauptet wird, dass er die bloße ›Koexistenz‹ an sich ›getrennter Kulturen‹ favorisiere, mit dem französischen ›Interkulturalismus‹, der die Prozesse des Austauschs betone (auch, wenn in Wahrheit beide Begriffe benutzt worden sind, um Austausch und Interaktion zu betonen). Das *Dictionnaire* erwähnt Schwarze und Frauen als konstituierende Mitglieder der Koalition, unterschlägt aber so wichtige Gruppen wie indigene Amerikaner_innen, Latin@s und asiatische Amerikaner_innen. Dafür fügt es der Liste aber mit spöttischem Unterton die »Behinderten, Homosexuellen, Kriminellen, Nichtraucher_innen und Fahrradfahrer_innen« hinzu. Diese der Lächerlichmachung dienende Art der surrealen Aufzählung ist ein Topos bei sowohl linken (Žižek) als auch rechten (D'Souza) Angriffen auf die Identitätspolitik. Im Kielwasser des rechtsextremen US-Diskurses, betont der Eintrag im Wörterbuch den vermeintlichen Hang zum euphemistischen Sprachgebrauch (der von ›vertikal herausgefordert‹ statt von ›groß‹ spricht) und wiederholt die (weitgehend zweifelhaften) rechtsextremen Anekdoten über angebliche Säuberungen von Bibliografien,

---

381 Auf sein früheres Argument, dass Afro-Amerikaner_innen wieder die »Barbarei« in die Mitte der westlichen Zivilisation eingeführt hätten, setzte D'Souza vor kurzem drauf, dass Obama den Antikolonialismus seines kenianischen Vaters ›kanalisiere‹, so dass »die USA gemäß den Träumen eines Luo Stammesmitglieds der '50er Jahre regiert würden.« Vgl. Dinesh D'Souza, »Obama's Problems with Business«, *Forbes* (September 27, 2010): 94. Die Fähigkeit der Rechten, selbst den außergewöhnlich ruhigen Obama in das Schema vom ›wütenden schwarzen Mann‹ zu zwängen, spiegelt sich in dem Titel von D'Souzas kommendem Buch: *The Roots of Obama's Rage* (Die Wurzeln von Obamas Wut), wieder.

über das Feuern >inkorrekter< Professor_innen und über lächerliche gerichtliche Anklagen wegen sexueller Belästigung.[382] Dieses karikierende Porträt einer strengen multikulturellen Linken fand paradoxerweise zu einem historischen Zeitpunkt statt, an dem die US-amerikanische Rechte die Linke zensierte, während sie gleichzeitig geschäftig dabei war, Regierungsinstitutionen in eine konzernfreundliche und militaristische Richtung umzugestalten.

Ein Essay Tzvetan Todorovs, »Der Kult der Differenz und die Sakralisierung des Opfers« liefert eine ähnliche Karikatur. Moderate progressive Denker_innen wie Todorov machen sich ebenfalls über den Multikulturalismus in einer Begrifflichkeit lustig, die an die US-amerikanische Rechte erinnert. Wenn er den Multikulturalismus als symptomatisch für eine Art Wettbewerb um den Status als Opfer betrachtet, wenn er meint, Schwarzen würden durch den Multikulturalismus >Sonderrechte< eingeräumt, und so weiter, stimmt er einige der Lieblingsmelodien aus dem neokonservativen Gesangbuch an. So fragt Todorov seine Leser_innen, ob »sie von einem Arzt operiert werden wollten, der sein Diplom dank Affirmative Action bekommen hat«, als wäre Affirmative Action dafür eingerichtet worden, Inkompetenten Diplome zu gewähren. Todorov ignoriert Jahrhunderte körperlicher Misshandlung und ästhetischer Gehirnwäsche, die das Weißsein zur Norm erhoben und Schwarzsein unerwünscht machten, wenn er die Parole >black is beautiful< (>Schwarz ist schön<) für rassistisch erklärt, da sein politisches Äquivalent (>Schwarz ist gerecht<) nie akzeptiert werden würde. Indem er schwarze Konservative wie Shelby Steele beifällig zitiert, übernimmt Todorov ein Argument des >umgekehrten Rassismus<, das meint, Schwarze würden Sonderrechte fordern, da »das frühere Opfer jetzt nicht bloß wie alle anderen, sondern besser als die anderen behandelt werden soll«.[383] (Ein Jahrzehnt später gab Todorov bei einer Konferenz der Columbia University der »dysfunktionalen Sexualität muslimischer Jugendlicher« die Schuld für die Revolte von 2005 in den Banlieues.)[384]

In den 1990er Jahren verband sich die Feindseligkeit gegenüber multikultureller Identitätspolitik in Frankreich, genauso wie in den Vereinigten Staaten und Brasilien, mit einer Ablehnung der >Exzesse< des Feminismus. Indem er in die gewohnte Litanei über die Verfolgung männlicher Professoren aufgrund

---

382 Die Parodie der extremen US-Rechten zur PC, *The Official Politically Correct Dictionary and Handbook*, wurde 1992 ins Französische übersetzt und allem Anschein nach von einigen französischen Leser_innen nicht als zynische Parodie, sondern als ein Werk des Zolaschen Naturalismus aufgenommen.

383 Tzvetan Todorov, »Du Culte de la Différence à la Sacralisation de la Victime«, *Esprit* 212 (1995): 98.

384 Todorov zitiert in Bashir Ebrahim-Khan, »Is Islamophobia in Europe Leading to Another Holocaust?«, *Muslim News* 201 (27. Januar 2006), http://www.muslimnews.co.uk/paper/index.php?article=2274.

erlogener Vorwürfe von sexueller Belästigung ableitet, beklagt Todorov, dass, während »Männer und Weiße früher privilegiert waren, es jetzt Frauen und Schwarze sind«.[385] Man fragt sich, was es mit männlichen Intellektuellen (unterschiedlichster nationaler Herkunft) auf sich hat, dass sie übersensibel auf etwas statistisch so seltenes wie ›erlogene Vorwürfe‹ von Belästigung reagieren, wenn sexuelle Belästigung gar nicht das zur Debatte stehende Thema ist. Was als paranoide Besessenheit von sexueller Belästigung betrachtet wird, wird im französischen antimultikulturellen Diskurs – zu Zeiten sogar von erklärten Feminist_innen – manchmal mit dem Stereotyp ›puritanischer‹ und ›hysterischer‹ angelsächsischer Frauen in Verbindung gebracht.[386] So beispielsweise, wenn die Journalistin Françoise Giroud den amerikanischen Feminismus wiederholt als eine anti-männliche Bewegung mit kastrierenden Tendenzen lächerlich macht. Giroud erklärte dazu oft, dass, anders als amerikanische Frauen, »französische Frauen Männer lieben«.[387]

Ein gemeinsamer tief verwurzelter Antrieb nährte die Feindseligkeit gegenüber sowohl dem Feminismus als auch der multikulturellen Identitätspolitik. Da sie nicht als ›egalitär‹ verurteilt werden konnten – angesichts der Tatsache, dass ›Gleichheit‹ Teil des französischen Glaubenskanons ist – wurden sie als ›identitär‹, ›separatistisch‹ und ›kommunitär‹ verurteilt. Während US-amerikanische (und französische) Feminist_innen überzeugt waren, dass das Patriarchat das Universelle für das männliche Geschlecht in Beschlag genommen habe, lehnten Autor_innen wie Mona Ozouf jeden Bezug auf Gender als ›identitaire‹ ab. Im Bereich der Politik jedoch setzte Frankreich tatsächlich eine auf Identität beruhende Maßnahme um, nämlich die Gender-›Parität‹ für politische Kandidat_innen. Die Kritiker_innen der Parität verwendeten, wie Joan Wallach Scott in ihrer nuancierten Schilderung feststellt, internationale Vergleiche, um die neue Politikmaßnahme zu denunzieren: »Parität wurde mit der amerikanischen Affirmative Action verglichen – per Definition ein fehlgeschlagener Versuch, Diskriminierung zurückzuschrauben [...]. Die komplexen Umstände der amerikanischen Erfahrung spielten in diesen Argumenten keine Rolle: Es war das Bild Amerikas als einem durch sich streitende ethnische, religiöse und ›rassische‹ Gemeinschaften zutiefst gespaltenen Land, das als Antithese zur erwünschten Einheit Frankreichs diente.«[388] Der französische

385 Vgl. Todorov, »Du Culte de la Différence à la Sacralisation de la Victime.«

386 Wie Feminist_innen schon lange aufgezeigt haben, verweist das Wort ›Hysterie‹ etymologisch auf das griechische Wort für ›Gebärmutter‹ und gibt so den Frauen selbst die Schuld für ihr Problem.

387 Françoise Giroud, *Le Nouvel Observateur* (März 1999).

388 Joan Wallach Scott, *Parité! Sexual Equality and the Crisis of French Universalism* (Chicago: University of Chicago Press, 2005), 71.

Soziologe Michel Wieviorka fasst die allgemeine Einstellung hinter diesen Argumenten so zusammen:

> »[Die multikulturelle Debatte] ist in Frankreich fast unmöglich und offenbart eine tief verwurzelte politische Kultur, die keine Opposition oder Diskussion duldet. Die Debatte rührt an ein Postulat, das für selbstverständlich erachtet wird: [Der Multikulturalismus] stellt vermeintlich eine Gefahr für die Demokratie und die nationale Gemeinschaft dar, weil er die Anerkennung kultureller Partikularismen innerhalb der Institutionen und des politischen Lebens in Erwägung zieht, wo dies nur schädliche Wirkung haben könnte. Diese Partikularismen sollten sich nicht außerhalb des öffentlichen Bereiches entwickeln, und jeder identitäre oder kommunitäre Druck innerhalb der öffentlichen Sphäre sollte zurückgewiesen und unterdrückt werden [...]. Die Republik ist der beste Schutzwall gegen Spannungen zwischen Gemeinden, gegen Gewalt, gegen politische und kulturelle Fragmentierung und gegen die Zerstörung des demokratischen öffentlichen Raumes.«[389]

Der Multikulturalismus wurde in anderen Worten ein Schreckgespenst, ein obskures Objekt projektiver Feindseligkeit. Die pauschale Ablehnung des Multikulturalismus ging einher mit einerseits der Idealisierung des eigenen republikanischen Modells und andererseits einer karikaturhaften Überzeichnung eines ›fremden‹ Projektes . Die wiederholten Appelle an den Republikanismus hatten am Ende eine intellektuell repressive Funktion. Die Karikatur einer fremden Bewegung brachte narzisstische Vorteile, indem sie französischen Leser_innen damit schmeichelte, dass sie den absurden Fanatismus der Vereinigten Staaten vermieden hätten. Gleichzeitig diente die Karikatur dazu, Ängste vor dem Entstehen ähnlicher Bewegungen in Frankreich abzuwehren. Was Clarisse Fabre und Éric Fassin (in ihrem Buch *Liberté, Égalité, Sexualités*) das ›amerikanische Schreckgespenst‹ nennen, wurde als Bestandteil einer demagogischen Rhetorik eingesetzt, die einen vernünftigen, universalistischen französischen Republikanismus gegen den außer Kontrolle geratenen Partikularismus der ›political correctness‹ stellte.[390]

Die Ängste hinter einem Antagonismus

Aber welcher kulturelle Intertext, welches historisch Unbewusste und welche Wahrnehmungskategorien formten diesen Antagonismus? Was erklärt die spezifischen Formen dieser Ängste gegenüber *race*, Identität und Multikulturalität? Es war eine Anzahl von Faktoren, die dazu beitrug. Erstens gab es das

389 Michel Wieviorka, Einführung zu Wieviorka, Hrsg., *Une Société Fragmentée? Le Multiculturalisme en Débat* (Paris: La Découverte, 1996), 5–6.

390 Clarisse Fabre and Éric Fassin, *Liberté, Égalité, Sexualités: Actualité Politique des Questions Sexuelles* (Paris: Belfond, 2004).

Problem der Sprache, das der Beziehung zwischen zwei ähnlichen und doch je eigenen politischen Kulturen entsprang und in einem sich aus einer teilweisen *Nichtübereinstimmung* der Vokabulare ergebenden Übersetzungsproblem resultierte. Viele der sowohl dem Französischen als auch dem US-amerikanischen gemeinsamen Begriffe haben ähnliche Bedeutungen, aber andere sind ›falsche Freunde‹. Während in den Vereinigten Staaten ›Republikaner_innen‹ und ›Demokrat_innen‹ sich auf die zwei politischen Parteien beziehen, bezieht sich in Frankreich *républicain* auf die *République* und deren Ideen von Staatsbürger_innenschaft, während *démocrate* sich oft auf eine aus ›Gemeinschaften‹ zusammengesetzte Gesellschaft bezieht. Tatsächlich wird die Idee von *multiculturalisme* manchmal mit *communautarisme* (›ethnischem‹ Separatismus oder Kommunitarismus) übersetzt, der wiederum als bedauerlicher Abstieg von der hohen Abstraktion der republikanischen Idee des Staatsbürger_innentums in die Niederungen real existierender Identitäten und Gemeinschaften erachtet wird. Für viele französische Intellektuelle weckt Kommunitarismus außenpolitische Erinnerungen an ein fetischisiertes *Deutsches Volk* und innenpolitische an jene regionalen monarchistischen Bewegungen, die die frühe Republik bedrohten. Deshalb warnen französische Kritiker_innen des Multikulturalismus vor *l'engrenage communautaire*, was grob mit gefährlicher Abwärtsspirale in den Kommunitarismus zu übersetzen wäre. Der oft mit dem Islam in Verbindung gebrachte ›*communautarisme*‹ signalisiert im Französischen eine Bedrohung der säkularen *laïcité* und neigt daher dazu, eine reflexhafte Antipathie auszulösen.

Sogar dasselbe Wort kann seine Bedeutung in einem neuen ideologischen Umfeld verändern. Während in den Vereinigten Staaten ›identity‹ und ›difference‹ als kritische Begriffe auftauchten, um an unterdrückte ›Minderheiten‹ zu denken, lassen *identité* und *identitarisme* im französischen linken Diskurs mit gleicher Wahrscheinlichkeit an gegen Immigrant_innen eingestellte Rechte und islamische Fundamentalist_innen, die als Spiegelbilder eines und desselben Impulses gesehen werden, denken. Ein Teil der französischen Feindseligkeit rückt deshalb Begriffe wie ›Identitätspolitik‹, ›Affirmative Action‹ und sogar *race*, die als unangemessene fremde Zumutungen betrachtet werden, in den Blickpunkt. ›Affirmative Action‹ wird in Frankreich oft mit *discrimination positive* übersetzt, einer Übersetzung also, die Feindseligkeit einschreibt, indem sie das Konzept als eine Teilmenge der größeren Kategorie ›Diskriminierung‹ fasst und so dem Argument einer ›umgekehrten Diskriminierung‹ Nahrung gibt. Besonders der Begriff *race* wird als Impfen eines mutmaßlich ›rassenblinden‹ Frankreichs mit US-amerikanischer ›Rassenbesessenheit‹ betrachtet. (Und tatsächlich beinhaltet der Diskurs von den ›Rassenbeziehungen‹ unglücklicherweise ja auch, dass objektiv unterscheidbare ›Rassen‹ existieren und aufeinander bezogen werden, und unterschlägt dabei im Grunde die asymmetrischen Gemeinsamkeiten.)

Zweitens ist die Angst in den langen Intertext französischer Kommentare über die Vereinigten Staaten eingebettet. Den US-amerikanischen Kommentator_innen Frankreichs nicht unähnlich, verallgemeinern französische Kommentator_innen der Vereinigten Staaten oft bezüglich ›Amerika‹ ohne das Verdienst irgendeiner tieferen Kenntnis. Wie Jean-Philippe Mathy erläutert, dient die französische »Rhetorik von Amerika« lokalen politischen Zwecken; von Frankreich über die Vereinigten Staaten gefällte Urteile müssen als Diskurse über Frankreich gelesen werden.[391] Und während der Multikulturalismus in den Vereinigten Staaten von sowohl seinen Vertreter_innen als auch seinen Gegner_innen als eine Herausforderung der Anglo-Hegemonie betrachtet wurde, wurde er paradoxerweise in Frankreich als Verkörperung genau dieser Anglo-Hegemonie gesehen. Der sozialistische Präsident Lionel Jospin lehnte zum Beispiel das, was er »das angelsächsische Modell der Gemeinschaften« nannte, in aller Öffentlichkeit ab. Es muss dabei gesagt werden, dass dieses ›Modell‹ hauptsächlich ein französisch-latinistisches theoretisches Konstrukt darstellt, da es von den Intellektuellen in den betreffenden Nationen nie als ein Modell formuliert worden ist. Es ist aber in jedem Fall festzuhalten, dass die Kritiker_innen auf beiden Seiten des Atlantiks die eurozentristische und weiß-normative Annahme zu teilen scheinen, dass die US-amerikanische Gesellschaft eine unvermeidlich angelsächsische Färbung habe.

Drittens korreliert die Feindseligkeit gegenüber ›angelsächsischem Differentialismus‹ mit der verbreiteten Ansicht von der französischen Gesellschaft selbst als einer zumindest prinzipiell einheitlichen. Indem sie nationale Einheit und Uniformität über Diversität stellen, weisen die Verfassungen der ersten, vierten und fünften Republik Frankreich alle als ›Republik, eins und unteilbar‹ aus, mit einer legislativen Instanz, einer Zentralverwaltung und, implizit, einer (jakobinischen) Ideologie. Jedes Hinterfragen dieser grundlegenden Einheit wurde traditionell als eine Form der Komplizenschaft mit dem *ancien régime* oder mit äußeren Feind_innen erachtet. Dezentralisierende Vertreter_innen eines Föderalismus wurden oft berechtigterweise als mit konterrevolutionären Kräften verbündet gesehen. Gerade die Ungewissheit der Einheit erzeugte angesichts von Vielfalt eine Panik, auf die mit dem Bedürfnis, zentrifugale Auflösung durch eine gewaltige zentrale Organisation zu überwinden, reagiert wurde. Die wahrgenommene Bedrohung bestand in einem durch vermeintlich ›nicht zu assimilierende‹ Unterschiede ausgelösten Anbindungsverlust. Der französische nationale Diskurs wirft, wie Mathy aufzeigt, häufig jene in einen

391 Vgl. Jean-Philippe Mathy, *Extrême-Occident: French Intellectuals and America* (Chicago: University of Chicago Press, 1993), 7.

Topf, gegen die sich die Französ_innen traditionell definiert haben, sprich, die Deutschen, die Engländer_innen und später die Amerikaner_innen, kurz gesagt, die ›Angelsächs_innen.‹[392] Französischer Antidifferentialismus kann somit in einer spezifischen Geschichte verortet werden, die sowohl das innere jakobinische Modell umfasst als auch das nach außen gerichtete assimilatorische, durch das nicht französisch sprechende ›Provinzler_innen‹, ehemalige Kolonisierte sowie nichtkolonisierte Immigrant_innen alle die Spuren ihrer dialektischen Identitäten unterdrücken und sich der *langue* eines schwer erreichbaren ›Französischseins‹ anpassen sollten. Jedes Verständnis von mehrstämmiger, konflikthafter oder polyfoner Identität wurde ausgeschlossen.

Viertens hat die Angst mit der Annahme zu tun, dass Nationen einheitliche politische Modelle ausdrückten. Herman Lebovics führt den Ausschließlichkeitsgedanken eines ›wahren Frankreichs‹ zurück auf einen allgemein geteilten, aus einer Mischung »von gallischem Katholizismus, Absolutismus, der Aufklärung und des Jakobinismus« bestehenden französischen Universalismus.[393] Als Resultat streiten sich in Frankreich die Rechte und die Linke oft darum, welches *das* Modell für die französische Identität und Gesellschaft sein soll. Dabei grenzen sie sich beide von einem in ihrer Vorstellung existierenden einheitlichen US-Modell ab. Dieses wird gleichzeitig des Individualismus – eines sich zusammenbrauenden Hobbesschen Krieges von ›jedem gegen jeden‹ – verdächtigt und als übermäßig kommunitär, nämlich als auf separaten, ›ethnisch‹ definierten Gruppen statt den universellen Rechten der *citoyens* beruhend wahrgenommen. Der französische Republikanismus bringt dabei einige nicht zu leugnende soziale Vorteile mit sich. Frankreich hat viele der für das US-amerikanische Gemeinwesen typischen Probleme zumindest im Mutterland selbst vermieden. Die französischen Verfassungen haben, anders als die US-Verfassung, nie indirekt Sklaverei oder Rassismus befürwortet. Es gibt kein französisches Gegenstück zur ›federal ratio‹ (dem in der Verfassungskonvention von 1787 erzielten Kompromiss zwischen Nord- und Südstaaten, demzufolge Sklav_innen zur Bestimmung der einem Staat zustehenden Anzahl von Sitzen im Repräsentantenhaus nicht, wie der Norden verlangte, ungezählt bleiben, sondern zu drei Fünfteln ihrer Anzahl berücksichtigt werden sollten), oder zum *Dred Scott* Urteil, wonach Sklav_innen in der ganzen Nation, also auch in den Staaten, in denen die Sklaverei illegal war, im Besitz ihrer Eigentümer_innen aus dem Süden blieben, oder zu der Behauptung, dass Schwarze »keine Rechte hätten, die der weiße Mann zu respektieren gehalten war«. Das antisemitische Vichy-Regime fühlte sich bezeichnenderweise genötigt, die

392 Ebd.

393 Herman Lebovics, *True France: The Wars over Cultural Identity, 1900–1945* (Ithaca: Cornell University Press, 1992), xiii.

republikanische Triade von ›Freiheit, Gleichheit, Brüderlichkeit‹ zu verwerfen und durch ›Arbeit, Familie und Tradition‹ zu ersetzen. Statt einer rigiden Orthodoxie bietet der Republikanismus eine breitgefächerte Matrix für Debatten. Die wirkliche Debatte findet einigen Analysten zufolge *innerhalb* des republikanischen Modells statt, nämlich zwischen linksgerichteten und neoliberalen Varianten des Modells bzw. zwischen Differenz bejahenden und Differenz tilgenden Modellen. Es gibt nichts im republikanischen Modell an sich, was das Verbot religiöser Zeichen in Schulen verlangen würde oder eine tatsächliche Multikulturalität verböte. Für Jim Cohen ergibt sich das wirkliche Problem erst, wenn eine »dogmatische Version« des normativen republikanischen Diskurses und das Ideal universeller Gleichheit »zu einer ›wahrhaft existierenden‹ Chancengleichheit erhoben wird«.[394]

Fünftens hat die Angst mit der jakobinischen Vorstellung der *citoyen_nes* als universell, irgendwie ›jenseits‹ und ›über‹ *race* und Geschlecht stehend zu tun. Wenn das US-System individualistisch ist, so ist das französische System gleichzeitig kollektiv und atomistisch, insofern es Bürger_innen als ersetzbare Einheit begreift, über die nur der Staat und nicht irgendwelche Zwischeninstanzen, wie zum Beispiel ›Gemeinschaften‹, irgend ein Sagen hat. Im französischen republikanischen Gegenstück zur ›farbenblinden‹ Ideologie stellt von *race* zu sprechen eine Beschmutzung des republikanischen Ideals dar. Eine weitverbreitete Ansicht besteht darin, der ›rassenbesessenen‹ ›germanisch-völkischen‹ Idee von Nation die traditionelle französische Idee von Nation als einer freien Vereinigung übereinstimmender Individuen entgegenzusetzen, die an einem gemeinsamen politischen, in einem ›täglichen Pebliszit‹ nationaler Zugehörigkeit bestätigten Projekt festhalten. Aus diesem Blickwinkel bilden der Rassismus Le Pens und der ›separatistische‹ Multikulturalismus zwei Zersetzungsarten der republikanischen Einheit. Die Regeln des republikanischen Modells, wie sie von einer kleinen Elite ausgeführt werden, dienen dazu, wie Blatt es ausdrückt, »den Ausschluss von auf Identität beruhenden Gruppen zu legitimieren und zu kaschieren und die Tätigkeiten von Minderheiten, die versuchen entweder kollektiv oder individuell eine Rolle im politischen Prozess zu gewinnen, zu erschweren«.[395]

Sechstens hat die Angst mit einer weitverbreiteten Ablehnung von *race* als einem von der Erinnerung an ›wissenschaftlichen‹ Rassismus und den Antisemitismus des Vichy-Regimes überschatteten Begriff zu tun. Schmerzlich der katastrophalen Ergebnisse der Nazi ›Rassentheorie‹ bewusst, hofften progressive Intellektuelle, dass das Beseitigen des bösartigen Vokabulars von ›Rasse‹

394 Jim Cohen, »Postcolonial Colonialism?«

395 David Blatt, »Immigrant Politics in a Republican Nation«, in Hargreaves and McKinney, *Post-colonial Cultures in France*, 40.

auch die Übel des Rassismus beseitigen könnte. Von jeder Anerkennung ›ethnischer‹ Besonderheit wird deshalb aus dieser Sicht angenommen, dass sie die Kraft des transzendentalen Prinzips der ›Gleichheit vor dem Gesetz‹ verwässern könnte.[396] Doch schwächt das Leugnen der Existenz von *race* kaum die Realität des Rassismus ab. Und französische intellektuelle Geschichte ist selbst kaum von *race* zu trennen, da französische Denker_innen eine Rolle bei drei der hauptsächlichen Formen des in Europa aufgetretenen Rassismus spielten: dem Antisemitismus, dem antimuslimischen Rassismus und dem Vorurteil gegen People of Color.[397]

Siebtens hat die Angst mit der Projektion zu tun, dass kulturelle Bewegungen separatistisch seien. In einigen französischen Darstellungen (‚die Darstellungen der US-amerikanischen Rechten wiederspiegeln und sich manchmal ihrer bedienen,) ruft die multikulturelle Identitätspolitik zu einer Welt auf, in der Gesellschaften in autonome Gemeinschaften aufgeteilt werden sollen. Diese Karikatur funktioniert im Gespann mit einer Sicht der US-amerikanischen Gesellschaft als einer ›ethnisch‹ gettoisierten. Obgleich es in den Vereinigten Staaten in mehrerer Hinsicht Segregation gibt (besonders, was das Wohnen anbelangt), so ist dieses Muster doch nicht aktiv von Multikulturalist_innen geschaffen worden, die nach *race* getrennte Gettos anstrebten, sondern durch schon lange existierende diskriminierende politische Maßnahmen. Wenn der Vorwurf des Separatismus auch nicht zutrifft, so hilft er uns doch, die Furcht zu benennen, die hinter der faktisch einstimmigen Ablehnung des Multikulturalismus durch bekannte französische Intellektuelle in den 1990er Jahren lauerte.

Achtens hat eine weitere Angst unter den literarisch Interessierten mit der kritischen Untersuchung des ›Kanons‹ zu tun. Dieser bürstet die traditionelle französische Investition (in jedem Sinn dieses Wortes) in hohe literarische Kultur und die Künste als »dem kanonischen Ausdruck dessen, um was es bei der *mission civilisatrice* ging«,[398] gegen den Strich. Wie die Republik, so wurde

---

396 Herrick Chapman und Laura Frader fassen die hinter der heutigen Weglassung von Rasse stehenden historisch-ideologischen logischen Gründe wie folgt zusammen: (1) die Stärke des Gründungsmythos der Republik als einer einheitlichen und inklusiven, die wenig Raum für Gruppenunterschiede lässt; (2) die Tradition jakobinischer Feindseligkeit gegenüber der Kirche als einer Autorität in der öffentlichen Sphäre und die konsequente Verweisung der Dinge des Glaubens in den Privatbereich, (3) das Erbe der Dreyfuss-Geschichte, den Antisemitismus durch einen gegen Rasse und Religion blinden Universalismus zu bekämpfen. Vgl. Herrick Chapman and Laura L. Frader, Einführung zu Chapman und Frader, Hrsg., *Race in France: Interdisciplinary Perspectives on the Politics of Difference* (New York: Berghahn Books, 2004), 4.

397 Ebd.

398 Jean-Philippe Mathy, *French Resistance: The French-American Culture Wars* (Minneapolis: University of Minnesota Press, 2000), 15.

der Kanon ebenfalls als durch den Partikularismus bedroht angesehen. Es wurde dabei übersehen, dass das Überdenken des Kanons in der englischsprachigen Welt diesen auch für frankofone und französische Schriftsteller_innen of Color geöffnet hat, was zu einer neuen Welle der Übersetzungen und zu einer Umbildung der Französischinstitute dahingehend führte, dass sie nordafrikanische, westafrikanische und französisch-karibische Autor_innen mit einbezogen.

Schließlich wurzeln die Ängste in zeitgenössischen Ängsten vor einer doppelten Überwältigung in der Ära der Globalisierung. Die französische Nation scheint jetzt für einige Menschen in ihrem Wesen durch *infra*nationale Kräfte (Le Pen und der rechte Flügel), *trans*nationale Kräfte (die Europäische Union, eine neu geordnete NATO, die von den USA angeführte Globalisierung) und *post*nationale Kräfte (Immigration aus den ehemaligen Kolonien) herausgefordert. Der Angriff auf multikulturelle Projekte allegorisiert eine verwundbare Durchsetzungsfähigkeit und *l'exception française* und sagt auf seine Art, dass wir Französ_innen mit diesen Herausforderungen nach unseren eigenen Vorstellungen umgehen. Aber neben diesem legitimen Streben nach Souveränität lauert ein Missverständnis, welches Multikulturalismus und Globalisierung, wie Mathy es ausdrückt, »als miteinander in Beziehung stehende Erscheinungsformen des transnationalen Kapitalismus sieht, die sich zusammengetan haben, um die nationale Idee zu untergraben, die eine von innen und die andere von außen«.[399]

Das so heftig abgelehnte Projekt war in vielen Fällen nicht einmal dasselbe Projekt. Für Bourdieu/Wacquant war Multikulturalismus einfach Neoliberalismus und Imperialismus unter einem anderen Namen; für Alain Finkielkraut dagegen war er eine neue Ausgabe des Revolutionsgedankens vom Mai '68. Als ein Ergebnis dieser zusätzlichen Ängste kam es zumindest in den 1990er Jahren dazu, dass die transatlantische Diskussion ein aneinander Vorbeireden war. Das ›Rauschen‹ verschiedener Netze, Vokabularien und Prismen bedeutete, dass viel in der Übersetzung verloren ging (›lost in translation‹) aufgrund der nicht synchronisierten Verstehensrepertoires. Viele französische Intellektuelle wurden durch das ›nationale kulturelle Feld‹ darauf konditioniert, unter dem Begriff ›Multikulturalismus‹ etwas zu verstehen, was ›amerikanisch‹, ›angelsächsisch‹, ›separatistisch‹, was ›Globalisierung‹ und ›Bedrohung der Republik‹ bedeutete, während ›Identität‹ das Bild französischer Le Pen Anhänger_innen oder muslimischer Fundamentalist_innen heraufbeschwor.

399 Ebd., 14.

Kultur und Politik verlaufen nicht immer synchron. Gerade als die Gegnerschaft zur multikulturellen Identitätspolitik ihren Höhepunkt erreicht hatte, durchlief Frankreich selbst ebenfalls einen radikalen und unumkehrbaren Prozess der Multikulturalisierung, der sich besonders in den Künsten und der Popkultur zeigte. In dem ironisch betitelten Bild *Paris Est Propre* (Paris ist sauber) portraitiert der aus Zaire stammende Maler Chéri Samba in schein-naiven Pop-Art Bildern ›Dritte-Welt-Arbeiter_innen‹, die die Straßen kehren und Hundekot vor dem Trocadéro aufheben. In den späten 1980er und den 1990er Jahren wurde Paris allmählich eine Hauptstadt afrikanischer Mode, angeregt durch Menschen wie den Malier Lamine Badian Kouyaté, jenen Designer, der *Xuly Bët* mit Boutiquen in Paris und New York gegründet hat, und Alphadi, den Schöpfer des Festivals afrikanischer Mode. Die Stadt des Lichts war auch das hauptsächliche globale Zentrum für die Verbreitung afrikanischer und arabischer ›Welt‹-Musik geworden sowie eine Hauptverteilerin von Rai-Musik, von Salif Keita, Cheb Khaled, Papa Wemba, Youssou N'Dour, Cesária Évora und Nusrat Fateh Ali Khan. Die Namen populärer Gruppen wie *Les Négresses Vertes*, *Mano Negra* und *Raffik* klangen nach ›Dritter Welt‹ und afro-diasporischer Kultur. 1998 verlieh die Académie Française seine Grande Médaille de la Chanson an den Rapper MC Solaar. Die ›Beur‹- oder ›Banlieue‹-Filme wie *Bye-Bye* und *L'Hexagone* lieferten unterdessen eine Dreiecks-Bouillabaisse aus nordafrikanischer, französischer und afro-amerikanischer Kultur. Die Verschmelzung nahm auch linguistische Gestalt an, im *verlan*[400] der Vorstädte, das sich arabischer und afrikanischer Sprachen, des schwarzen amerikanischen Slang und des französischen Gangster-Jargons bediente.

Als ein globales Phänomen veranschaulicht Hip-Hop die transozeanischen Überquerungen der diasporischen Kulturen. Als eine internationale Lingua Franca wird der Rap nicht nur auf Französisch und Portugiesisch, sondern auch auf Hindi, Chinesisch, Arabisch, Aymarisch und Yoruba gespielt. Die US-amerikanische Bewegung, die in den 1970ern in der Bronx begann, wurde durch Musiker_innen wie *Afrika Bambaataa* und *Zulu Nation*, die Popkultur, hohe Kunst, karibische und brasilianische Einflüsse mischten (*capoeira*), energetisiert. Die französische Variante war ebenfalls gleichzeitig musikalisch (Rap), grafisch (Graffiti) und choreografisch (Break Dance). Als er in den frühen 1980er Jahren auf die öffentliche Bühne trat, wurde Hip-Hop die bevorzugte Ausdrucksform dessen, was je nachdem *la banlieue*, *la cité* oder *les quartiers sensibles* genannt wurde. Von DJs wie Sydney und Dee Nasty ver-

400 Französische Jugendsprache, in der die Wortsilben in umgekehrter Reihenfolge gesprochen werden

breitet, zog Hip-Hop Tausende Fans aus den Immigrant_innenvierteln an und bot jungen Menschen, für die weder die offizielle französische Kultur noch die Heimatkultur des Maghreb und der Subsahara so richtig passten, eine kulturelle Alternative.[401]

In Frankreich, wie auch anderswo, drehte der Rap soziale Stigmata zu Ehrenzeichen um. Und wie die Rapper_innen in den Vereinigten Staaten und Brasilien, haben französische Rapgruppen wie *Assassin* und *La Rumeur* alle die Polizeischikanen gegen junge Männer of Color angeprangert. Die Gruppe *Nique Ta Mère* (wörtlich: »Fick deine Mutter«, wobei *niquer* ein dem Arabischen entliehenes Wort ist), die sich teilweise an der Gangster-Rap Gruppe NWA orientiert, nahm sich Polizeibrutalität und Racial Profiling vor. *Nique Ta Mère* wurden wegen ihrer Polizistenermordungsphantasien wie dem 1993 erschienenen »J'appuie sur la gâchette« (»Ich drücke ab«) angegriffen. Im Juli 2002 erhob der damalige Innenminister Sarkozy gegen den Rapper Mohamed Bourokba (a.k.a. Hamé) von *La Rumeur* wegen Beleidigung der nationalen Polizei Anklage. Als sowohl kommerzielle Ware als auch Transportmittel sozialer Wünsche fand Hip-Hop in Frankreich auch Resonanz, weil er ein offenes, vielgestaltiges Medium für die Thematisierung sozialer Anliegen bot, die dem Schwarzen Atlantik gemeinsam sind. Für Mehdi Belhaj Kacem blühte die Rapkultur in Frankreich und in den Vereinigten Staaten auf, weil beide Gesellschaften »im Wesenskern auf der Kombination der Idee des Universellen und einer Kultur der Immigration und Vermischung gegründet sind«.[402]

Französische Rapper_innen ›imitieren‹ jedoch afro-amerikanische Rapper_innen nicht einfach bloß, sondern vielmehr nehmen sie sich teilweise analoger Situationen mittels eigener künstlerischer Ausdrucksmittel an, und zwar innerhalb der sich dauernd verändernden afro-diasporischen Transtextualität des Sampelns und des *Cut 'n' Mix*. Die Rapper_innen schmiedeten ihre eigenen geschichteten Stilkonstellationen, indem sie US-amerikanischen Hip-Hop mit afrikanischem Tanz, islamischem *majdoub*, japanischem *butoh* und französischen Avantgarde Elementen verbanden. Die Stile reichen von *Nique Ta Mères* krassen Provokationen zu den Alexandrinern MC Solaars, einem afro-französischen Bewunderer von Ronsard und Baudelaire. Indem sie auf Godards Film »Masculin – Feminin oder: Die Kinder von Marx und

---

401 Merzak Allouaches Film *Salut Cousin!* liefert ein eindrucksvolles Beispiel dieses nicht richtigen Passens, wenn der angehende Rapper Mok in einem Fall danebengehenden Synkretismus einen Song rappt, der auf La Fontaines Fabeln beruht – ironischerweise der einen (»Die Feldmaus und die Hausmaus«), die sein eigenes Verhältnis zu seinem Cousin vom Lande wiederspiegelt – bis er schließlich unter Rufen von »on n'est pas à l'école!« (»Wir sind nicht in der Schule!«) von der Bühne gebuht wird.

402 Mehdi Belhaj Kacem, *La Psychose Française* (Paris: Gallimard, 2006), 15.

Coca Cola« anspielt, nennt Elsa Vigoureux Rapper_innen die »Kinder von Hip-Hop und Derrida«, die allerdings nicht nur an Derrida, sondern auch an Deleuze, Said, Fanon und Bourdieu anknüpfen.[403] Genauso wie brasilianische Rapper_innen dauernd James Brown ihre Begeisterung für James Brown herausrufen, zitieren französische Rapper_innen häufig schwarzamerikanische Musik, so wenn IAM Stevie Wonders »Past Time Paradise« sampelt, um über die Sklaverei und die *Middle Passage* (den Sklav_innen-Handelsweg auf das nordamerikanische Festland) zu sprechen. Während Brasilien die gefühlvolle *Phat Family* bietet, gibt uns Frankreich die *Fonky Family*. Während afro-amerikanische Rapper_innen auf ein monumentales Ägypten als einen Ort symbolischen Stolzes verweisen, und während brasilianische Rapper_innen liebevoll die spirituellen, auf Afrika zurückgehenden Heimgewächse Candomblé und Xango anrufen, tragen französische Rapper_innen ein genetisches Bindeglied zu Afrika in sich, da viele selbst direkt aus Afrika stammen – MC Solaar ist aus dem Tschad/Senegal, Hamed Dayes Eltern sind aus Mali, El Tunisianos (wie sein Name schon sagt) aus Tunesien, und so weiter. Als Praktiker_innen von Bakhtins ›Polyglossia‹ wechseln einige Rapper_innen vom Französichen ins Wolof und Arabische und wieder zurück.[404]

Manchmal führen französische Rapper_innen eine perkussive Form dessen, was im akademischen Kontext postkoloniale Kritik genannt würde, auf. Vielleicht von Louis Sala-Molins inspiriert, gab der Rapper Fabe einem seiner Lieder den Titel »Code Noir«. MC Solaar verbindet in gleicher Weise vergangene koloniale und heutige Ausbeutung in »Les Colonies«, während *Liste Noire* (Schwarze Liste) ihr erstes Album zu Ehren von Fanon *Les Damnés de la Terre* (Die Verdammten dieser Erde) nannten. La Brigades Song »Partir Ailleurs« erinnert ihr Publikum an die Rolle der Afrikaner_innen in den französischen Kolonialarmeen. Französische Rapper_innen prangern, wie auch ihre Kolleg_innen in den Vereinigten Staaten und Brasilien, Racial Profiling, die korrupten Politiker_innen und das Fehlen politischer Repräsentation an, manchmal in einer geschlechtssensiblen, manchmal in einer maskulin-betonten Sprache.[405] Ein Rap von Monsieur R. mit dem provokanten Titel »FranSSe«

---

403 Vgl. Elsa Vigoureux, »Enfants du Hip-Hop et de Derrida: Les Intellos du Rap«, *Le Nouvel Observateur* (May 18, 2006).

404 Mikhail Bakhtin, »The Prehistory of Novelistic Discourse« (1940), in *The Dialogic Imagination: Four Essays*, Hrsg. Michael Holquist, in der Übersetzung von Caryl Emerson and Michael Holquist (Austin: University of Texas Press, 1981).

405 Wir verdanken diese Informationen Veronique Helenon's ausgezeichneter Übersicht über die französische Rap-Szene in ihrem Beitrag »Africa on Their Mind: Rap, Blackness, and Citizenship in France«, in Dipannita Basu and Sidney J. Lemelle, Hrsg., *The Vinyl Ain't Final: Hip-Hop and the Globalization of Black Popular Culture*, 151–166 (London: Pluto, 2006).

beginnt mit der Beschreibung eines Zustands institutionalisierter Gewalt und ruft dann zu gewaltsamer Opposition auf:

> »Frankreich macht uns fertig / bis wir unserem Nachbarn nicht mehr traun / die Gesetze sind erdacht, um uns zu töten / mit unseren Brüdern hinter Gittern müssen wir jetzt drauf bauen / die Minister und die Faschisten wegzuschaffen
> denn heute ist es sinnlos zu schreien, es ist wie gegen die Wand zu reden / die einzige Art gehört zu werden, ist Autos anzuzünden [...]
> Frankreich ist eine Hure und wir wurden betrogen / es ist das System was uns hassen macht / und Wut, die uns vulgär sprechen lässt
> Deshalb ficken wir Frankreich mit unserer Musik / und verspotten ihre Unterdrückung / und geben nichts auf die Republik / und ihre Freiheit sich auszudrücken.«

Aber das Lied endet mit einem Ruf nach politischer Repräsentation:

> »Wir müssen die Gesetze ändern, damit endlich Araber und Schwarze in die Elyséen kommen.«

Französische Hip-Hopper_innen identifizieren sich (wie ihre brasilianischen Kolleg_innen) in anderen Worten nicht nur mit der perkussiven Kinetik schwarzamerikanischer Musik, sondern auch mit der sozialen Ausrichtung der Texte, die Polizeibrutalität, Racial Profiling, Medienstereotype und politischen Ausschluss anprangern.[406]

Trotz der (oft legitimen) Gegnerschaft in Frankreich gegenüber der Idee von *race* ist der Alltag in Frankreich sehr stark rassistisch geprägt. Trotz verschiedener geschichtlicher Pfade und trotz eines gut geschmierten Wohlfahrtsstaates, der dem Schmerz der Diskriminierung etwas von seiner Schärfe nimmt, ähneln die französischen sozialen Probleme denen Brasiliens und der Vereinigten Staaten. In Brasilien könnten die Opfer die armen ›gemischtrassigen‹ Menschen aus den Favelas der *City of God* sein, in den Vereinigten Staaten Schwarze und Latin@s aus Brooklyn in dem Film *Do the Right Thing*, und in Frankreich die Kinder von Afrikaner_innen aus dem Maghreb oder der Subsahara wie in der Banlieue des Films *La Haine*. Doch trotz der Unterschiede zeichnet die betreffenden sozialen Situationen eine Verwandtschft aus. Die Schilderungen gewisser Aspekte des Alltagslebens in den Innenstädten, in den Banlieues und in den Favelas scheinen oft mehr oder weniger austauschbar. Hier ist Azouz Begags Schilderung des täglichen Lebens der marginalisierten Immigrantenkinder im Banlieue:

406 Zu französischem Rap, vgl. Charles Tshimanga, »Let the Music Play«, in Charles Tshimanga, Didier Gondola, and Peter J. Bloom, Hrsg., *Frenchness and the African Diaspora: Identity and Uprising in Contemporary France* (Bloomington: Indiana University Press, 2009).

»Der aus dem Verwechseln von persönlichem Erfolg mit finanziellem Gewinn erwachsende Schaden geht über die Banlieues und Jugendlichen mit Migrationshintergrund weit hinaus. Die Wertfrage, die hier auf dem Spiel steht, könnte wie folgt auf den Begriff gebracht werden: ›Wenn wir junge Leute, die in Armut leben und gesehen haben, wie ihre Väter als billige Arbeitskräfte ausgebeutet und dann auf den Schrotthaufen der Arbeitslosigkeit geworfen wurden, die keine Kultur besitzen [sic], vollständig entpolitisiert und dauerndem Rassismus ausgesetzt sind und sich nur durch Gewalt ausdrücken können, wie können wir von ihnen erwarten, dass sie einen befristeten Job für 1.000 Euros pro Monat annehmen, wenn sie dasselbe in einem oder zwei Tagen in der Parallelwirtschaft verdienen können?«[407]

Eine soziale Variante dessen, was Linguist_innen einen ›Kommutationstest‹ nennen, würde zeigen, dass dieser Text mit kleinen Veränderungen – das Ersetzen von ›Euros‹ durch ›Dollar‹ oder ›Reais‹ und von ›Banlieue‹ durch ›Favela‹ oder ›Sozialer Brennpunkt‹ – das Leben eines Drogenhändlers in einem US-amerikanischen Problemviertel oder eines *falcão* in einer brasilianischen Favela beschreiben könnte. Aber auf andere Weise sind die Dynamik und Geschichte jeweils einzigartig und teilweise unübersetzbar. Antimuslimischer Rassismus und nordafrikanische Immigration, zum Beispiel durch die bittere Erinnerung an den algerischen Krieg gefiltert, spielen eine größere Rolle in der französischen Nachkriegsgeschichte. Wenn sie antimuslimische Diskriminierung in Frankreich ansprechen, reden Kritiker_innen von der ›Rassifizierung von Religion‹ und der ›Religionisierung von Rasse.‹ Marie Le Pen vom *Front National* hat in den französischen Straßen betende Muslim_innen mit der Nazi-Besatzung von Paris verglichen. Sarkozy hat als Wahlkampagnenstrategie die Dämonisierung der ›Anderen‹ betrieben und ein stetes Trommelfeuer antimuslimischer Rhetorik aufrechterhalten, die islamischen Schleier für ›in Frankreich nicht willkommen‹ erklärt und Debatten über die ›nationale Identität‹ und über den ›Islam in Frankreich‹ gefordert. Seine Fokussierung auf die Burka verbindet Ängste vor der ›Islamisierung Frankreichs‹ mit der Beschwörung der Taliban, des Terrorismus und der Unterdrückung von Frauen nach dem 11. September 2001. Es wird oft festgestellt, dass es in Frankreich schlimmer ist nordafrikanisch zu sein als schwarz. Gleichzeitig legt die augenblickliche Welle von antimuslimischen Rassismus in den Vereinigten Staaten und die Hysterie um Moscheen nahe, dass die Vereinigten Staaten weit davon entfernt sind, immun gegen Ansteckung zu sein.

Die atlantische Welt ist nicht nur rot, schwarz und weiß, sie ist auch braun, indem sie arabisch, muslimisch und in Hinsicht auf die iberischen Wurzeln eines Großteils Amerikas sogar maurisch/sephardisch ist. Seit dem 11. September 2001 und dem ›Krieg gegen den Terror‹ haben sich der antiarabische und der

407 Begag, *Ethnicity and Equality*, 44.

antimuslimische Rassismus jedoch vermischt und sind sowohl in Frankreich als auch in den Vereinigten Staaten virulent geworden. Historisch gesehen sind Orientalismus und antimuslimischer Rassismus in eine lange intertextuelle Kette eingegliedert, in anti-islamische Kreuzzugserzählungen, orientalistische Narrative, antisemitische Protokolle, imperiale Abenteuerromane und -filme. Die Arten historischen Zusammentreffens und die diskursiven Genealogien zeigen natürlich ihre je eigenen nationalen Schattierungen. Während Frankreich sich seit der Schlacht von Poitiers von 732 gegen die islamische Welt definiert, beginnt die US-amerikanische Feindseligkeit gegenüber Araber_innen und Muslim_innen ein Jahrtausend später mit den US-amerikanischen Interventionen gegen die Berber-Piraten. US-amerikanischer Araberhass ›borgt‹ auch von vorhergehenden, gegen Jüd_innen, indigene Amerikaner_innen, Afro-Amerikaner_innen und Latin@s ausgeübten Rassismen. Im 20. Jahrhundert wurden geopolitischen Spannungen im Nahen Osten bereits existierende Vorurteile übergestülpt.

Was ihre Genealogien auch seien, der antimuslimische Rassismus wütet im Augenblick jedenfalls in Frankreich und den Vereinigten Staaten. In beiden Ländern nutzen Politiker_innen auf race geschobene Unterschiede – ›wedge issues‹ (Keilthemen) in den Vereinigten Staaten, ›*politique de clivage*‹ (Spaltpolitik) in Frankreich – als Hebel für den Machtgewinn aus. Ein breites Spektrum an Phänomenen – Schändungen, Ausweisung, Gewalt und sogar Mord, zusammen mit rassistischen Diskursen und Tropen – bekunden und fördern den Unmut der Mehrheit der Bevölkerung. Azouz inventarisiert die diskursiven Vorurteilsmechanismen (von denen viele ihr Gegenstück in den Vereinigten Staaten haben) wie folgt: Erstens gibt es die rhetorische Dämonisierung des ›Multikulturalismus‹ und ›Kommunitarismus‹ als Code für Feindseligkeit gegenüber Muslimen, zweitens einen Diskurs seitens der Mehrheit, die für sich fälschlich eine Opferrolle reklamiert, indem sie sich einer ›Invasion‹ oder ›Besetzung‹ durch eine fremde Macht ausgesetzt sieht; drittens gibt es die Definition vom Islam (wie vorher des Judaismus) als einem ›Problem‹, viertens die mediale Verknüpfung junger Männer of Color mit Verbrechen und Illegalität, fünftens die Monologisierung von ›nationaler Identität‹ als einer Masche, ein normatives Französischsein wieder herzustellen, und schließlich die dauernde Darstellung französischer Bürger_innen nordafrikanischen Hintergrunds als Andersartige, die, selbst wenn sie in Frankreich geboren wurden und in Distanz zu Nordafrika leben, aufgefordert werden, »dorthin zurückzukehren, wo sie herkamen.«[408] Der Angriff auf den Schleier, so würden wir hinzufügen, bereitet die koloniale Sicht, nach der weiße europäische Männer (und manchmal

408 Vgl. Azouz Begag, »C'est Quand il y en a Beaucoup…« (Paris: Belin, 2011).

Frauen) braune muslimische Frauen vor ihren braunen Machthabern schützen müssen, wieder auf. So drücken französische Kommentator_innen ihre Feindschaft gegenüber islamischer Kleidung wie dem Schleier oder der Burka paradoxerweise so aus, dass sie diese zugleich als *ostentatoire* (betont auffällig) und selbstverleugnend bezeichnen. Muslimische Frauen werden dafür verurteilt, dass sie in einer Art sichtbarer Unsichtbarkeit dadurch Aufmerksamkeit auf sich lenken, dass sie sich verstecken. Eine kulturelle Kodierung von Kleiderwahl löst moralische Panik und irrationalen Hass aus.

Die amerikanische Rechte hält unterdessen ›wahre Amerikaner_innen‹ dazu an, sich das Land ›zurückzunehmen‹ – vermutlich von Schwarzen, Latin@s und Araber_innen. Wie in Frankreich fachen Politiker_innen die Flammen der Fremdenfeindlichkeit aus wahltaktischen Gründen an. Wellen der Empörung gegen Moscheen und Minaretten werden sorgfältig so geplant, dass sie zeitlich mit Wahlkampagnen übereinstimmen. Protestantische Pastor_innen verbrennen den Koran, während rechte Politiker_innen absurderweise vor der unmittelbar bevorstehenden Einführung der Scharia im amerikanischen Kernland warnen. Ausschüsse des Kongress wiederum untersuchen die ›Radikalisierung‹ arabischer Wohnviertel, die als Brutstätten des Terrorismus betrachtet werden. Ein ganzes Arsenal marginalisierender rhetorischer Mittel – ausschließende Definitionen dessen, was ›amerikanisch‹ ist, rassistische Sticheleien wie ›Kamelreiter‹ sowie die Charakterisierung des Islams als einer ›bösartigen Religion‹ – dienen dazu, Araber_innen und Muslim_innem zu Andersartigen zu erklären. Die Grobschlächtigkeit rechtsextremen antimuslimischen Rassismus fasst Ann Coulters atavistischer Ruf nach einem neuen Kreuzzug treffend zusammen – »Wir sollten in ihre Länder einfallen, ihre Führer töten und sie zum Christentum bekehren« – was ja im Zeitalter der Kriege im Irak und in Afghanistan kaum eine leere Drohung darstellt.[409] Weit davon entfernt Randerscheinungen zu sein, haben sich Anti-Arabertum und antimuslimscher Rassismus in der Mitte der neokonservativen Bewegung und der Republikanischen Partei eingenistet. Ein wichtiger Unterschied trennt die französische jedoch von der US-amerikanischen Variante der Fremdenfeindlichkeit. Anders als die US-amerikanische Rechte hasst die französische Rechte nicht den Wohlfahrtsstaat. Sie will einfach nur seine Vorteile nicht mit Immigrant_innen of Color teilen.

Trotz unterschiedlicher Sozialsysteme ähneln die Beschwerden der People of Color in Frankreich denen ihrer diasporischen Verwandten in den Vereinigten Staaten. Sie betreffen Demütigungen im Alltag, Jobdiskriminierung, argwöhnisches Verkaufspersonal, Racial Profiling und Schikanen seitens der

409 Ann Coulter, »This Is War: We Should Invade Their Countries«, *National Review Online* (September 13, 2001), http://old.nationalreview.com/coulter/coulter.shtml.

Türsteher in den Diskotheken. Einer Sofres/Cran Meinungsumfrage unter 581 französischen Schwarzen zufolge sagten 67 Prozent, dass sie Opfer von Diskriminierung gewesen seien, 37 Prozent, dass sie verächtlich oder respektlos behandelt worden seien, 64 Prozent, dass sie im öffentlichen Raum und öffentlichen Verkehrsmitteln gelitten hätten.[410] Drei Viertel der Interviewten sahen Diskriminierung im Wohnungswesen, und 65 Prozent sahen sie im Bereich von Beschäftigung.[411] Wie in den Vereinigten Staaten benutzen Sozialforscher_innen ›Testing‹ (das englische Wort wird benutzt), indem sie Schwarze und Weiße sich für die gleiche Stelle bewerben lassen. Die Tests offenbaren eine mehrstufige Diskriminierung: (1) anfänglich werden Bewerber_innen bezüglich der Verfügbarkeit der Stelle belogen, (2) werden an PoC im Vergleich zu weißen Menschen zusätzliche Anforderungen gestellt, und (3) werden bei Einstellung schlechtere Bedingungen vereinbart.[412] (Die Fernsehserie *Living in a Black Skin* setzte diese Arten von Diskriminierung in Szene.) Die Weigerung, ›rassenbasierte‹ Statistiken zu sammeln hat die praktische Auswirkung, dass es sehr schwer ist, das soziale Befinden oder die materielle Benachteiligung diskriminierter Bevölkerungen einzuschätzen.

Die Medien wiederum beginnen jetzt erst damit, PoC auf den Fernsehbildschirmen proportional zu ihrer Anzahl zu repräsentieren. Wie François Dupaire feststellt, bedurfte es eines der schlimmsten Flugzeugunglücke in der Geschichte – dem Absturz vom 16. August 2005, der zum Tod von 152 Bürger_innen von Martinique führte – damit diese Gruppe endlich im französischen Fernsehen erschien.[413] Neue Moderator_innen sind in Frankreich selten schwarz oder nordafrikanisch, und die beherrschende Perspektive, die von den Nachrichtenreportagen vermittelt wird, ist gewöhnlich ›franko-französisch.‹ (Die Situation im französichen Kabelfernsehen ist entschieden besser.) Schwarze Gesichter erschienen im französischen Fernsehen eher durch

410 Zitiert in Jean Michel Blier and Solemn de Royer, *Discriminations Raciales, pour en Finir* (Paris: Jacob-Duvernet, 2001), 19.

411 Ebd., 82-83.

412 Anti-Immigrant_innen und rassistische Einstellungen werden in französischen Umfragen deutlich festgestellt. Eine Studie der Nationalen Menschenrechtskommission vom 15. März 2000 offenbarte, dass 70 Prozent der Französ_innen sich selbst für rassistisch halten. Umfragen zeigen auch das Ausmaß, in dem eine größere Öffentlichkeit die gegen Immigrant_innen gerichteten Diskurse der Rechten übernommen haben.. Während viele französische Weiße Le Pen ablehnen, stimmen 48 Prozent von ihnen der Äußerung zu, dass »man sich wegen der Immigrant_innen nicht mehr in Frankreich zuhause fühlt,« während 63 Prozent finden, dass »es zu viele Immigrant_innen in Frankreich gibt.« Forschung des TNS-Sofres Instituts, die von *Le Monde* und RTL durchgeführt wurde und zitiert wird in Durpaire, *France Blanche, Colère Noire*, 23.

413 Durpaire, *France Blanche, Colère Noire*, 184.

US-Fernsehprogramme. Das Medienbild Frankreichs ähnelt, kurz gesagt, nicht dem Frankreich der Straße. Fernsehfilme bieten schon ein paar farbige Stars auf – Mouss Diouf, den Polizisten in *Julie Lescaut*, Jacques Martial in *Navarro*, Sonia Rolland in *Léa Parker* – aber sie sind die Ausnahme. Schauspieler_innen of Color weisen wie ihre Kolleg_innen in Brasilien und den Vereinigten Staaten daraufhin, dass, um berücksichtigt zu werden, Rollen für sie als ›schwarze‹ Rollen besonders gekennzeichnet sein müssen, das heißt, als Standard werden Weiße gecastet. Französische PoC, wiederum wie ihre Kolleg_innen anderswo, haben Organisationen wie *Collectif Égalité* gegründet, um gegen Diskriminierung zu protestieren und Boykotte zu organisieren, und sie haben schwarze Zeitschriften wie *Amina* (für afrikanische Frauen), *Cité Black*, *Miss Ébène* und *Couleur Métisse* (die sich an die Hip-Hop Szene wendet) sowie *Pilibo* (für Menschen aus Westindien) aus der Taufe gehoben. Sie sind eindeutige Gegenstücke zu *Essence*, *Jet* und *Ebony* in den Vereinigten Staaten und zu *Raça* in Brasilien.[414]

Trotz des eingefleischten Rassismus der US-Medien waren einige französische Besucher_innen von der Sichtbarkeit der Minderheiten in den US-Medien beeindruckt. Yazid und Yacine Sabeg zufolge sind Mitglieder französischer Minderheiten, die die Vereinigten Staaten besuchen, oft erstaunt »über das Schauspiel auf amerikanischen Straßen und in den amerikanischen Medien: Man sieht schwarze Journalist_innen, Rechtsanwält_innen, Banker_innen, schwarze und asiatische Nachrichtensprecher_innen und Reporter_innen zur besten Sendezeit, Regierungsmitglieder, Wirtschaftsführer_innen, hochrangige Militärs, schwarze und asiatische Außenminister_innen«.[415] Azouz Begag liefert eine ähnliche Schilderung seines Aufenthalts als Gastprofessor an der Cornell University in den späten 1980ern: »Ich war von dem meisten, was ich im Fernsehen sah, tief beeindruckt. Journalist_innen jeder Hautfarbe unter der Sonne nahmen frontrangige Positionen zu Hauptsendezeiten ein [...]. Und je mehr sie nach ethnischem Hintergrund und Geschlecht gemischt waren, desto weniger Aufmerksamkeit verlieh man ihrer Herkunft, und desto mehr hörte man dem zu, was sie zu sagen hatten und weswegen sie da waren – den Nachrichten!«[416] Dieser mittlerweile für selbstverständlich erachtete repräsentative Charakter stellt in einem Zeitalter der Massenmedien, in dem kulturelle Macht durch mediale Sichtbarkeit garantiert wird, schon an sich eine Ermächtigung dar. Gleichzeitig macht all diese ›Farbe‹ die Berichterstattung

---

414 Vgl. Isabelle Rigoni, Hrsg., *Qui a Peur de la Télévision en Couleurs?* (Paris: Aux Lieux d'Être, 2007).

415 Yazid Sabeg and Yacine Sabeg, *Discrimination Positive: Pourquoi la France Ne Peut Y Échapper* (Paris: Calmann-Levy, 2004), 110.

416 Begag, Ethnicity and Equality, 110.

deswegen nicht progressiver oder weniger pro-Konzerne. Tatsächlich privilegieren politische Fernseh-Talkshows oft die soziale Anomalie des schwarzen Konservativen, von denen einige (wie Armstrong Williams) buchstäblich von der Rechten bezahlt werden und andere als Alibi für die Republikanische Partei dienen.

Ein den Vereinigten Staaten, Brasilien und Frankreich gemeinsames Phänomen ist die dauernde Schikane junger Männer of Color durch die Polizei. In den Vereinigten Staaten haben (gewöhnlich weiße) Polizist_innen Hunderte wehrloser Schwarzer und Latin@s umgebracht, oft durch Halluzinationen eingebildeter Waffen dazu verleitet, bei denen schon ein Handy oder ein Portemonnaie, wenn es sich in schwarzen Händen befindet, als eine Waffe wahrgenommen wird.[417] In Brasilien haben Polizei und (manchmal aus dienstfreien Polizist_innen bestehende) Todesschwadrone Tausende von ›Marginalisierten‹ umgebracht, die meisten davon schwarz oder ›gemischt‹. In Frankreich wird den jungen Kindern von Immigrant_innen das *délit de faciès* – das Verbrechen, ein bestimmtes Gesicht zu haben – unterstellt. In anderer Hinsicht sind die Situationen natürlich schon anders. Striktere Waffengesetze machen zum Beispiel die Situation in Frankreich weniger tödlich als in Brasilien und den Vereinigten Staaten. Die geschichtlichen Hintergründe unterscheiden sich ebenfalls. In kolonialen Siedlerstaaten wie Brasilien und den Vereinigten Staaten stammt die heutige Diskriminierung aus Jahrhunderten der Unterwerfung und Sklaverei, während sie sich in Frankreich zumindest zum Teil aus einem ›Außen‹ des Kolonialismus herausgebildet hat. Gleichzeitig spiegelt sie die geschichtlichen Überbleibsel früherer Diskriminierungen sowohl im kolonisierten Maghreb selbst als auch in den heruntergekommenen Elendsvierteln Frankreichs wieder.

Die beredte Schilderung des französischen Philosophen Alain Badiou von einem Zwischenfall, an dem sein 16 Jahre alter adoptierter Sohn beteiligt war, bezeugt die für die ›mehrrassigen‹ Metropolen des Schwarzen Atlantik allzu typischen Schikanen. In einem Essay mit dem Titel »Tägliche Demütigung« erläutert Badiou, dass sein Sohn in 18 Monaten sechs Mal verhaftet wurde. Er hatte überhaupt nichts gemacht, außer als Schwarzer zu existieren, woraufhin er verhört, beleidigt und stundenlang mit Handschellen an eine Bank gefesselt wurde, manchmal einen oder zwei Tage lang. Badiou schildert einen Fall im Detail, bei dem der türkische Freund seines Sohnes ein Fahrrad kaufte, nur

---

417 Ein Fernsehsketch von Michael Moore demonstrierte die ›Magie‹, mittels derer ein Objekt (ein Portemonnaie, ein Piepser, ein Handy), welches bei Weißen als harmlos angesehen wurde, in den Händen von Schwarzen zu etwas Bedrohlichem wurde, zumindest in der verqueren Sicht der Polizei. Michael Moore, »Don't Shoot, It's Only a Wallet!« *The Awful Truth*, Season 2, Episode 2, Bravo (May 24, 2000).

um zu entdecken, dass es gestohlen worden war. Ehrenvollerweise beschließen sie, das Fahrrad seinen rechtmäßigen Besitzern zurückzugeben, obwohl sie auf diese Weise das in den Kauf investierte Geld verlieren würden. Badiou beschreibt, was als Nächstes geschah:

> »Genau in diesem Moment fährt ein Polizeiauto mit kreischenden Bremsen an den Bürgersteig heran. Zwei seiner Insassen springen heraus und stürzen sich auf Gerard und Kemal und zwingen sie auf den Boden; sie legen dann hinter ihrem Rücken Handschellen an ihre Hände an und stellen sie nebeneinander an die Wand. Beleidigungen und Drohungen: ›Idioten! Arschlöcher!‹ Unsere zwei Helden fragen, was sie getan haben. ›Das wisst Ihr genau. Dreht Euch um.‹ Noch immer in Handschellen müssen sie sich den auf der Straße Vorübergehenden zeigen: ›Alle sollen sehen, wer Ihr seid und was Ihr getan habt.‹ Ein Wiedereinführen des mittelalterlichen Prangers (sie werden so mehr als eine halbe Stunde lang ausgestellt) aber mit einer Neuerung: Es findet statt vor irgendeinem Urteil, vor irgendeiner Anklage ... An eine Bank mit Handschellen festgekettet, jedes Mal wenn ein Polizist vorbeikommt, gegen das Schienbein getreten bekommen, Beleidigungen, besonders an Gerard gerichtet: ›Fettes Schwein.‹ ›Dreck.‹ Dies währt eineinhalb Stunden lang, ohne dass sie wissen, wessen sie angeklagt sind [...]. Zu Hause erwarte ich meinen Sohn. Zweieinhalb Stunden später klingelt das Telefon: ›Ihr Sohn ist in Untersuchungshaft weil er wahrscheinlich an einem Gangüberfall beteiligt war.‹« [418]

Es stellt sich heraus, dass Badious Sohn von einem Schulaufseher falsch identifiziert worden war, und dass die Polizei Fotos und Schulunterlagen von allen schwarzen Schülern an der Schule seines Sohnes anforderten und erhielten. Badiou schlussfolgert beißend: »Wir kriegen die Unruhen, die wir verdienen. Ein Staat, in dem das, was öffentliche Ordnung genannt wird, nur eine Verkoppelung des Schutzes privaten Reichtums einerseits und auf Kinder arbeitender und ursprünglich ausländischer Menschen losgelassener Hunde andererseits darstellt, ist schlicht und einfach abscheulich.«[419]

Allegorische Überkreuzungen: Schwarze, Jüd_innen, Muslime

Seit der seismischen Verschiebung nach dem Krieg haben rassistische Zuschreibungen viele Drehungen und Wendungen durchlaufen, während derer einige Minderheiten allmählich schon, wenn auch niemals gänzlich, als weiß angesehen wurden.[420] Während Jüd_innen durch den antisemitischen Diskurs rassifiziert wurden, hat der US-Zensus bis heute ›Jüd_innen‹ noch nie eine nicht-

418 Alain Badiou, *Polemics* (London: Verso, 2006), 112–113.

419 Ebd.

420 Jonathan Schorsch verfolgt die zwiespältige Beziehung der Jüd_innen zum Weißsein bis ins 17. Jahrhundert zurück. Vgl. *Jews and Blacks in the Early Modern World* (Cambridge: Cambridge University Press, 2004), 166.

weiße Schublade angeboten, und auch ›Araber_innen‹ oder ›Nahostler_innen‹ nicht. Der Status von Jüd_innen ist in Bezug auf normative Vorstellung von Weißsein zweideutig und in der Schwebe. Die schwarz-jüdische Beziehung unterdessen ist von Solidarität und Spannung geprägt. In den späten 1960er Jahren behauptete James Baldwin, dass Schwarze sich mit Jüd_innen identifizierten, weil beide Gruppen eine gemeinsame Geschichte der im Christentum wurzelnden Unterdrückung erlebt hätten: »Die Krise, die im Wort und in den Köpfen und Herzen schwarzer Menschen überall stattfindet, wird nicht vom Davidsstern erzeugt, sondern von dem alten, groben Kreuz, an der der Christenheit berühmtester Jude ermordet wurde. Und nicht von Jüd_innen.«[421] Gleichzeitig schrieb Baldwin den Antisemitismus unter Schwarzen einer Mischung von Ärger und Neid gegenüber Jüd_innen zu, die sich der weißen Mehrheit assimiliert hatten. Von jüdischer Seite wiederum erklärten zahllose Intellektuelle ihre Sympathien für die Schwarzen. So stellte Hannah Arendt zum Beispiel fest: »Als eine Jüdin setze ich meine Sympathie für die Sache der Neger [sic], wie für alle unterdrückten oder unterprivilegierten Menschen, als selbstverständlich voraus.«[422]

Viele Autor_innen verfolgen eine gewisse Solidarität zwischen den zwei Minderheiten bis zur jüdischen und schwarzen Teilnahme in der US-amerikanischen kommunistischen Partei und in der Arbeiterbewegung der 1930er Jahre zurück sowie der anschließenden jüdischen Unterstützung der Bürgerrechtsbewegung in den 1960ern, die vielleicht ihren Höhepunkt erlebte, als Martin Luther King, Jr., kurz vor seiner Rede vor der Rabbinischen Versammlung der Konservativen Bewegung von 1.000 Rabbiner_innen begrüßt wurde, die »We Shall Overcome« auf Hebräisch sangen. In einem Narrativ der Beziehung zwischen den Gemeinden wurde diese anfängliche Kameradschaft ab den späten 1960ern von auseinandergehenden Einstellungen zur lokalen Bürgerkontrolle der Schulen, von Affirmative Action, dem israelisch-palästinensischen Konflikt, und so weiter, untergraben. Während der 1980er Jahre verkamen die öffentlichen Kontroversen im schlimmsten Fall manchmal zu schwarzen Vorwürfen einer vermeintlich jüdischen Beherrschung des Sklavenhandels (z.B. von Leonard Jeffries) und jüdischen Behauptungen einer genetischen Minderwertigkeit der Schwarzen (von Michael Levin). Übertriebene Bekenntnisse zu Einheit und Allianz in der Vergangenheit haben manchmal genauso übertriebenen Behauptungen unverblümter Feindschaft in der Gegenwart Platz gemacht. Der israelisch-palästinensische Konflikt wiederum wurde

---

421 James Baldwin, »Negroes Are Anti- Semitic Because They're Anti-White«, in Paul Berman, Hrsg., *Blacks and Jews: Alliances and Arguments* (New York: Delacorte, 1967), 41.

422 Hannah Arendt, »Reflections on Little Rock«, *Dissent* 6, no. 1 (1959).

fälschlich als in uralten Feindschaften zweier in einem ›Kampf der Kulturen‹ verwickelter ›Völker‹ begründet dargestellt, wobei dieser Krieg eine unüberbrückbare Trennung zwischen Araber_innen und Jüd_innen oder Muslim_innen und Jüd_innen zur Folge habe.

Unserer Meinung nach müssen schwarz-jüdische und jüdisch-muslimische Beziehungen genauso wie die untereinander verflochtenen Fragen des Antisemitismus, des antimuslimischen Rassismus und des gegen die Schwarzen gerichteten Rassismus aus einem größeren Blickwinkel erfasst werden, der überlappende wie auch einzelne Geschichten auf lange Sicht betont,. Oft wird in der Diskussion vergessen, dass einige Jüd_innen schwarz und einige Schwarze jüdisch sind, und dass, während Jüd_innen per Definition nicht muslimisch sind, sie dennoch Araber_innen sein können.[423] Aber selbst von diesen hybriden Formen abgesehen, sind die Schicksale von Jüd_innen, Araber_innen, Muslim_innen und Schwarzen über Jahrhunderte hinweg miteinander verwoben gewesen. Diese verbundenen Pfade und abgetauchten Analogien können, wie wir schon anderswo begründet haben, auf Ereignisse zurückgeführt werden, die mit dem umwälzenden Augenblick in Verbindung stehen, den man mit dem Begriff der ›zwei 1492‹ zusammenfassen könnte, dem Augenblick also, als die Eroberung der ›neuen‹ Welt mit der Vertreibung der Muslim_innen und Jüd_innen aus Spanien zusammenfiel. Zu jener Zeit wurde der Boden für den kolonialistischen Rassismus durch die *limpieza de sangre* [Blutreinheitsstatuten] der Inquisition bereitet, sowie durch die Ausweisungsedikte gegen Jüd_innen und Muslim_innen, durch die portugiesische Expansion an der Westküste Afrikas und durch den transatlantischen Sklav_innenhandel. Das Spanien des 15. Jahrhunderts lieferte eine Schablone für ethno-religiöse Säuberung und die Schaffung anderer rassistisch definierter Staaten. Die Kreuzzüge gegen muslimische ›Ungläubige‹ außerhalb Europas fielen mit antisemitischen Pogromen in Europa selbst zusammen. Obgleich die *limpieza de sangre* religiös formuliert wurde – jüdisch oder muslimisch Sein konnte durch Konvertierung ›behoben‹ werden – ebnete die Metapher von der Reinheit des ›Blutes‹ den Weg für den biologischen und ›wissenschaftlichen‹ Rassismus folgender Jahrhunderte.

Es war somit die christliche Dämonisierung der Muslim_innen und Jüd_innen, die den Ton angab für den rassifizierten Kolonialismus, und die die

423 Jüd_innen haben eine sehr lange Geschichte in Afrika. Abgesehen von äthiopischen Jüd_innen und den Jüd_innen Nordafrikas, entdeckten Genetiker_innen in den frühen 1990ern, dass 9 Prozent der Männer der Lemba-Bevölkerung Südafrikas eine DNA Signatur haben, die typisch für die Kohanim ist, die als direkte Nachfahren des biblischen Aaron und hohepriesterliche Kaste gelten. Vgl. Richard Hull, *Jews and Judaism in African History* (Princeton, NJ: Marcus Weiner, 2009), 173.

Konquistador_innen mit einem vorgefertigten konzeptuellen Apparat ausrüstete, der auf alle Teile Amerikas ausgedehnt werden sollte. Amerigo Vespuccis Reiseberichte bedienten sich des abgedroschenen Vorrats antijüdischer und antimuslimischer Sprachbilder, um die indigenen Gemeinschaften als Ungläubige und Teufelsanbeter_innen zu charakterisieren.[424] Die Unterwerfung der ›Indianer_innen‹ im Westen verlängerte dem spanischen Historiker des 16. Jahrhunderts Francisco López de Gómara zufolge den Kampf gegen die muslimischen Ungläubigen im Osten.[425] Die Hieronymitenmönche ihrerseits sprachen von den Einwohner_innen der Insel Hispaniola als ›Maur_innen.‹[426] Shakespeares Caliban in *The Tempest* wiederum vermischte die Züge afrikanischer Maur_innen mit denen indigener Amerikaner_innen. Innerhalb eines transozeanischen Fließens der Tropen landete die furchterregende, zuerst in Bezug auf die Kalina und die Tupi Amerikas ausgearbeitete Figur des Kannibalen dann quasi als Treibholz in Afrika und wurde dort auf Afrikaner_innen übertragen. Eine teilweise Übereinstimmung verbindet die phantasierende Bildsprache, die sowohl auf den inneren nicht-christlichen ›Feind‹ als auch auf die äußeren, indigenen amerikanischen und afrikanischen ›Wilden‹ projiziert wurde, die allesamt als ›Blutsauger‹, ›Kannibalen‹ und ›Hexer‹ beschrieben wurden. Westafrikanische Orishas (wie Exu) und indigene Gottheiten (zum Beispiel die Tupi-Göttin Tupan) wurden wiederum verteufelt, damit sie in ein normativ manichäisches Schema passten.

Das iberische Ringen mit dem Erbe des ›Orients‹, das mit Afrika und dem Süden verknüpft ist, und des mit Europa und dem Norden verbundenen ›Okzidents‹ dauerte in den Amerikas an. In dieser Version fungierte der Begriff des ›Orientalismus‹ als Synonym für die negative Sicht auf die maurisch-muslimische und sephardisch-jüdische ›Orientalisierung‹ Iberiens und folglich auch auf die neuen Territorien in den Amerikas.[427] In diesem sich erweiternden atlantischen Raum wurde das rituelle Erbe des Kampfes zwischen Christ_innen und Ungläubigen, wie zum Beispiel die Reiterkämpfe zwischen Spaniern und Mauren, fortwährend wieder aufgeführt, zum Beispiel in Brasilien in Form von an Ostersonntagen stattfindenden Straßenfestivals. »Die Christen waren« in

424 Vgl. Jan Carew, *Fulcrums of Change* (Trenton, NJ: Africa World, 1988).

425 Barbara Fuchs, Mimesis and Empire: *The New World, Islam, and European Identities* (Cambridge: Cambridge University Press, 2001).

426 Anouar Majid, *We Are All Moors* (Minneapolis: University of Minnesota Press, 2009), 10. Für eine aufschlussreiche Diskussion desselben Aspekts von Andalusien und dem Maurischen in den Ländern Amerikas, vgl. Hishaam Aidi, »The Interface of al-Andalous: Spain, Islam, and the West«, *Social Text* 87, vol. 24, no. 2 (summer 2006).

427 Barbara Fuchs, *Mimesis and Empire: The New World, Islam, and European Identities* (Cambridge: Cambridge University Press, 2001).

den Worten von Gilberto Freyre »immer siegreich und die Mauren geschlagen und bestraft. Und Ostersamstag endete oder begann mit der Puppe von Judas, die durch die Straßen getragen und von den Gassenkindern in einer offensichtlich volkstümlichen Aufführung des religiösen Hasses der Katholiken gegen die Juden verbrannt wurde«.[428] Jüd_innen wurden in den Worten Freyres als die »Geheimagenten des Orientalismus« betrachtet.[429] Vor der gegenwärtigen eurozentrischen Löschung des Bindestrichs in ›judäo-islamisch‹ und der Einfügung des Bindestrichs in ›judäo-christlich‹ wurden ›Jüd_innen‹ und ›Muslim_innen‹, oder ›Sephard_innen‹ und ›Maur_innen‹, oder ›Morisc@‹ und ›Convers@‹ innerhalb desselben konzeptuellen Raums als allegorische Einheit artikuliert. Als eine Form der iberischen Angst vor ihrer Arabisierung/Judäisierung wurde der ›Orientalismus‹ in die Amerikas getragen, wo er Teil hatte an der Ausformung aufkommender regionaler und nationaler Identitäten.

Wenn Iberien Jahrhunderte einer Ideologie durchlebte, die die Säuberung von der ›orientalisierten‹ maurisch/sephardischen Vergangenheit rechtfertigte, so hat Lateinamerika, als komplexer Ort globaler kultureller Begegnungen und einer ambivalenten Einstellung gegenüber der kolonialen Metropole, unter anderem auch eine gewissen Nostalgie für genau jene ›orientale‹ Vergangenheit durchlebt. Das tropische Imaginäre ist teilweise von dem geformt worden, was man ›das maurische Unbewusste‹ Lateinamerikas nennen könnte, in welchem Verleugnung jenes vergessenen Ursprungs und die Sehnsucht nach ihm nebeneinander koexistierten. Der ganz diesseitige Stolz einiger Familien auf ihre maurische Morisco- oder sephardische *converso*-Abstammungslinie ist in volkstümlichen Erzählungen ausgedrückt und in der Arbeit verschiedener Schriftsteller_innen aufgegriffen worden. Von José Martís Ermahnung: »Seamos Moros!“ [Lasst uns Mauren sein!] bis zu Carlos Fuentes' Feiern des ›beerdigten Spiegels‹ Mexikos hat die Frage des Mauren nie aufgehört in der lateinamerikanischen Vorstellungswelt herumzuspuken, selbst wenn dies nur an den Rändern geschah.[430] In seiner Theorie brasilianischer Identität legt Freyre großes Gewicht auf die maurisch/sephardische Kulturgeschichte Portugals und ihre aktive Prägung brasilianischer Bräuche. In der frühen Kolonialzeit behielten brasilianische Menschen die Vorliebe mit gekreuzten Beinen auf Teppichen zu sitzen bei, sowie die Verwendung maurischer architektonischer Strukturen und künstlerischen Designs einschließlich glasierter Kacheln, klei-

428 Freyre, *The Mansions and the Shanties*, 297.

429 Ebd.

430 José Martí, »España en Melilla«, in *Cuba: Letras*, vol. 2 (Havana: Edicion Tropico, 1938); Carlos Fuentes, *The Buried Mirror* (New York: First Mariner Books, 1999).

ner rechteckiger Fensterscheiben, und so weiter.[431] Aber die programmatische Übernahme okzidental-europäischer Bräuche, die mit der Unabhängigkeit Brasiliens 1822 institutionalisiert wurde, bewirkte eine Loslösung vom maurisch/sephardischen Erbe.[432]

Als Teil einer gemeinsamen kulturellen Landschaft wurden Muslim_innen und Jüd_innen von iberischen und ibero-amerikanischen Regierungen als fremde Wucherungen betrachtet, die radikal aus dem vorgeblich reinen Staatskörper zu entfernen seien. Obgleich man über das Ausmaß oder die Tiefe der religiösen *convivencia* [Art des Zusammenlebens] von Al-Andalus streiten kann, so lebten Muslim_innen und Jüd_innen doch eindeutig in einer eng verwobenen kulturellen Vertrautheit, in der die wirksamere Trennung nicht zwischen Muslim_innen und Jüd_innen verlief, sondern zwischen Christ_innen auf der einen Seite und Muslim_innen und Jüd_innen auf der anderen.[433] Die Forschung dokumentiert zunehmend die lange Geschichte kultureller Kontinuität und politischer Allianz zwischen Muslim_innen und Jüd_innen.[434] Entscheidende philosophische, literarische, grammatikalische und medizinische Texte innerhalb des Judaismus wurden auf Arabisch geschrieben und in Auseinandersetzung mit islamischen Schriften, während sephardische (und sogar einige aschkenasische) Synagogen im maurischen Stil gebaut wurden. Das Hexagramm des Davidsterns (auch als das Siegel Salomons bekannt) verzierte die Fassaden einiger Moscheen, wie die der Grossen Moschee im tunesischen Testour, sowie marokkanische Münzen und die marokkanische Flagge. Muslim_innen und Jüd_innen verehrten auch einige gemeinsame Heilige, wie Sidi Abu-Hasira, deren Gräber Wallfahrtsorte für beide Glaubensrichtungen wurden.

Ähnliche Zonen muslimisch-jüdischer, in eine breitere judäo-islamische Kulturgeografie eingebetteter Affinität kennzeichnen selbst die moderne Zeit. Obgleich ›Araber_innen‹ und ›Jüd_innen‹ in Folge des israelisch-pa-

---

431 Vgl. Freyre, *The Masters and the Slaves*, besonders das Kapitel »The Portuguese Colonizer.«

432 Vgl. ebd., Kapitel 9. Für mehr über die Idee des maurisch/sephardischen Atlantik und der Frage des Orientalismus, vgl. Ella Shohat, »The Moorish Atlantic«, in Evelyn Alsultany und Ella Shohat, Hrsg., *The Cultural Politics of the Middle East in the Americas* (Ann Arbor: University of Michigan Press, 2012).

433 Bezüglich des Bindestrichs in ›judeo-muslimisch‹ und ›arabisch-jüdisch‹ vgl. Ella Shohat, »Rethinking Jews and Muslims« *MERIP* 178 (1992): 25–29; und Ella Shohat, »Taboo Memories, Diasporic Visions: Columbus, Palestine and Arab-Jews«, in May Joseph und Jennifer Fink, Hrsg., *Performing Hybridity*, 131–156 (Minneapolis: University of Minnesota Press, 1999).

434 Vgl. zum Beispiel Allan Harris Cutler und Helen Elmquist Cutler, *The Jew as Ally of the Muslim* (Notre Dame: University of Notre Dame Press, 1986); Ammiel Alcalay, *After Jews and Arabs* (Minneapolis: University of Minnesota Press, 1993); and Majid, *We Are All Moors.*

lästinensischen Konflikts mittlerweile als Antonyme angesehen werden, ist dieser Gegensatz neueren Ursprungs. Im orientalistischen Diskurs sah man Araber_innen und Jüd_innen als zwei Gruppen, die nicht nur ähnliche semitische Sprachen sprechen, sondern auch aktiv verbündet sind und ähnliche Ursprünge teilen. »Die jüdische Frage«, so sagt es Gil Anidjar, »war nie etwas anderes als die arabische Frage [...]. Islamophobie und Judeophobie waren immer die zwei Gesichter ein und derselben Frage«.[435] Mit der Emanzipation der europäischen Jüd_innen wurde die orientalistische Figur der einen jüdisch-muslimischen Semit_in in zwei Teile aufgespalten, die assimilierten europäischen Jüd_innen und die rückständigen muslimischen Araber_innen. Die arabischen Jüd_innen nahmen dabei eine ambivalente Position zwischen diesen beiden ein.[436] Domenico Losurdo verweist auf die Kontinuitäten zwischen Judäophobie und antimuslimischem Rassismus, wenn er sich derselben Frage in Hinblick auf eine spätere Zeit in der Geschichte annähert. Die selben Vorwürfe, die einst gegen Jüd_innen vorgebracht wurden – Stammeswesen, Ablehnung der Moderne, geteilte Loyalität, die Weigerung sich zu integrieren – werden jetzt gegen Araber_innen/Muslim_innen erhoben. Die diabolische Figur der islamo-faschistischen Terrorist_in hat die alte der jüdischen Anarchist_in ersetzt.[437]

Für unsere Herangehensweise grundlegend ist ein Eingehen auf die grundsätzliche Relationalität des Intra-europäischen und des Extra-europäischen, was allein schon die Unterscheidung zwischen Innerem und Äußerem an sich problematisch macht. Wenn die Ausrottungspolitik der Nazis in einer Hinsicht aus der tausendjährigen ›inneren‹ Tradition des Antisemitismus erwuchs, so erwuchs sie in anderer Hinsicht aus dem Kolonialismus von ›außen.‹ Die Shoah und der Kolonialismus waren sowohl metaphorisch als auch metonymisch miteinander verbunden; metaphorisch waren sie in ihren Dämonisierungen innerer und äußerer ›Anderer‹ vergleichbar, aber sie waren auch metonymisch auf historische und diskursive Weise verknüpft. Als Hitler anfing,

---

435 Gil Anidjar, »Postface: Reflexions sur la Question«, in Esther Benbassa and Jean-Christophe Attias, *Juifs et Musulmans: Une Histoire Partagée, un Dialogue à Construire* (Paris: La Découverte, 2006), 130.

436 Vgl. Said's *Orientalism* (New York: Vintage, 1979) zu der Aufspaltung von Jüd_innen und Araber_innen; und zu dem Platz der arabischen Jüd_innen als einem Teil der Aufspaltung, vgl. Ella Shohat's *Israeli Cinema: East/West and the Politics of Representation* (Austin: University of Texas Press, 1989); und Ella Shohat, »Columbus, Palestine, and Arab Jews: Toward a Relational Approach to Community Identity«, in Keith Ansell-Pearson, Benita Parry, und Judith Squires, Hrsg., *Cultural Readings of Imperialism* (London: Lawrence & Wishart in association with New Formations, 1997).

437 Vgl. Domenico Losurdo, *A Linguagem do Império*, in der Übersetzung von Jaime A. Clasen (São Paulo: Boitempo, 2010).

die Endlösung zu formulieren, verwies er auf den Präzedenzfall der kolonialen Genozide. Schon in einer Rede von 1932 pries Hitler die spanische Eroberung Zentralamerikas und die britische Kolonisierung Indiens als Zeichen der absoluten Überlegenheit der weißen Rasse. Die Massenmorde an indigenen Amerikaner_innen, Tasmanier_innen und Armenier_innen zeigten, wie es Hitler in *Mein Kampf* deutlich macht, dass ganze Bevölkerungen ungestraft ausgerottet werden konnten, vorausgesetzt die betroffenen Menschen waren machtlos und wurden als jenseits der menschlichen Rasse definiert. Hitler selbst zitierte die nordamerikanische Ausrottung der ›roten Wilden‹ als ein nachahmenswertes Beispiel. Um die Jahrhundertwende hatten deutsche Kolonisten zwei südwestafrikanische ›Völker‹ (die Herrero und die Nama) praktisch ausgelöscht in einer Aktion, die rückblickend wie ein Probelauf für den späteren Versuch die Jüd_innen, Roma, Homosexuellen und andere ›pathologische‹ Gruppen auszulöschen, wirkt.

In diesem Sinne können sowohl antisemitische Pogrome in Europa als auch koloniale Vernichtungskampagnen außerhalb Europas als Vorübungen für den Nazi-Genozid an den Jüd-innen betrachtet werden. Während der Holocaust, als das Musterbeispiel für einen auf Vernichtung bedachten Rassismus, seine eigene furchtbare Einmaligkeit besitzt, existiert er aber auch in einer historischen Kontinuität mit anderen Formen von kolonialem Rassismus. Sogar die Experimente, die die Nazis an Jüd_innen vorgenommen haben, können in einer Kontinuität gesehen werden, und zwar mit dem ›wissenschaftlichen‹ Rassismus, der über die Körper von Afrikaner_innen und indigenen Amerikaner_innen zum Experimentieren und Sezieren verfügte. Shoah und koloniale Sklaverei als völlig unzusammenhängend zu betrachten, oder gar als in eine groteske Rivalität um das ethische Kapital von Opferstatus verwickelt, oder, schlimmer noch, durch Leugnung einer dieser beiden geschichtlichen Realitäten in einen Antisemitismus oder anti-schwarzen Rassismus zu verfallen, heißt, die von betroffenen Intellektuellen selber so wahrgenommene Bedeutung der Gemeinsamkeiten herunterzuspielen. Unterschiedliche Geschichten von Viktimisierung in Bezug zu einander zu setzen, heißt nicht, sie in eine obszöne Rangfolge einzustufen, sondern vielmehr sie gegenseitig zu beleuchten als teils analoge aber auch teils einzigartige Formen rassifizierter Degradierung. Für Césare in seinem Essay *Über den Kolonialismus* stellte der Holocaust die »krönende Barbarei« in einer langen Geschichte von Massakern in Afrika, Asien und Lateinamerika dar.[438] Césare sah den Holocaust als einen Rückfall oder *choc en retour* des kolonialistischen Rassismus. Ganz ähnlich betrachtete Hanna Arendt in ihrem Werk *Elemente und Ursprünge totaler Herrschaft* die

438 Vgl. Aimé Césaire, *Discourse on Colonialism* (New York: Monthly Review Press, 1972), 14–15.

Ausbildung rassistischer Gesellschaften innerhalb des Imperialismus als einen entscheidenden Schritt in Richtung rassistischer Ausrottungspolitik in Europa selbst.[439] Wenn man Shoah und koloniale Völkermorde auseinanderdefiniert, verkennt man Zonen geschichtlicher Verwandtschaft und damit auch potentielle Koalitions- und Identifikationsmöglichkeiten.

In der Folge des Krieges und der Shoah spielten jüdische Intellektuelle sowohl in den Vereinigten Staaten als auch in Frankreich eine kühn progressive Rolle und leisteten oft Hauptbeiträge zur seismischen Verschiebung. Jüdische Historiker_innen wie Herbert Aptheker, Lawrence Levine, Howard Zinn und Stanley Elkins gruben die vergrabenen Geschichten schwarzen Widerstands durch empathische Geschichtsforschung über die Sklav_innenaufstände aus. Sowohl durch die Bürgerrechtskämpfe als auch die lebendige Tradition jüdischen Radikalismus geprägt, wurden viele Jüd_innen zu Katalysatoren in den radikalen Bewegungen der 1960er Jahre. Herbert Marcuse, I.F. Stone, George Mosse, Studs Terkel, Jerry Rubin, Abby Hoffman, Mark Rudd, Paul Wellstone, Bettina Aptheker, Michael Lerner und Todd Gitlin wurden besonders auffällige Persönlichkeiten der radikalen Linken. Tatsächlich sind jüdische Intellektuelle wie Noam Chomsky, Bernie Sanders, Zilla Eisenstein, Seymour Hirsch, Joel Kovel, Amy Goodman, Melanie Kaye/Kantrowitz, Alissa Solomon, Tony Kushner, Naomi Klein and viele, viele mehr ein unentbehrlicher Teil der linken und antirassistischen Bewegungen geworden. (Schon allein eine Liste solcher Personen zu erstellen, riskiert, eine unmögliche Vollständigkeit als möglich erscheinen zu lassen.)

In Frankreich standen ganz ähnlich jüdische Autor_innen wie Claude Lévi-Strauss, Henri Alleg, Léon Poliakov, Maxime Rodinson, Pierre Vidal-Naquet und Benny Lévy in vorderster Front des Kampfes gegen Rassismus, Antisemitismus und Kolonialismus. Der Kommunist Alleg, der den algerischen antikolonialen Kampf unterstützte, wurde von den Französ_innen in Algerien inhaftiert und gefoltert (einschließlich Elektroschock, Waterboarding, und Injektionen eines ›Wahrheitsserums‹). Sein 1958 veröffentlichtes Buch über diese Erfahrung (*Die Folter*) löste einen Feuersturm von Kontroversen aus. Ein weiterer Unterstützer der algerischen Unabhängigkeit, der tunesische Jude Albert Memmi, betonte in seinen Büchern *Der Kolonisator und der Kolonisierte: zwei Porträts* (1957) und *L'Homme Dominé* (1968) die Verwandtschaft unterdrückter Menschen und bezog dabei Jüd_innen ausdrücklich mit ein. In Frankreich wurde das gegenseitig respektvolle Gefühl zwischen Jüd_innen und Muslim_innen in der Reaktion prominenter Jüd_innen auf das Polizeimassaker an Algerier_innen vom 17. Oktober 1961 deutlich. Vertreter_innen der jüdi-

439 Hannah Arendt, *The Origins of Totalitarianism* (1951; im Nachdruck, New York: Harcourt, 1973).

schen Gemeinschaft drückten ihre Solidarität mit der algerischen muslimischen Gemeinschaft auf der Basis eines gemeinsamen Gedenkens an Unterdrückung aus. Ein weitgehend von Claude Lanzmann verfasster aber von Persönlichkeiten wie Laurent Schwartz und Pierre Vidal-Naquet unterzeichneter Text verurteilte das, was man als ein anti-arabisches Progrom bezeichnen könnte:

> »Wenn wir nicht reagieren, werden wir Französ_innen zu Kompliz_innen der rassistischen Raserei, für die Paris die Bühne bot, und welche uns zurück in die dunkelsten Tage der Nazi-Besatzung wirft. Wir weigern uns, zwischen den im Sportpalast zusammengepferchten, auf ihre Abschiebung wartenden Algerier_innen und den in Drancy auf ihre Deportation wartenden Jüd_innen zu unterscheiden [...]. Die Unterzeichnenden verlangen, dass alle Parteien, Gewerkschaften und demokratischen Organisationen nicht nur das Ende dieser schrecklichen Maßnahmen verlangen, sondern auch ihre Solidarität mit den algerischen Arbeiter_innen dadurch bekunden, dass sie ihre Mitglieder dazu einladen, gegen jede Neuauflage solcher Gewalt Widerstand zu leisten.«[440]

Französische Jüd_innen und Araber_innen aus dem Maghreb waren in diesem Fall Waffengeschwister. Aber dies war bei weitem nicht der einzige Fall solcher Solidarität. In der Zeit nach dem Zweiten Weltkrieg gibt es beachtliche Zeugnisse für Bündnisse zwischen Jüd_innen und anderen stigmatisierten Gruppen wie Schwarzen und Araber_innen/Muslim_innen. Viele der jüdischen Teilnehmer_innen an der Bewegung vom Mai '68 – insbesondere Daniel Cohn-Bendit. Alain Geismar, Alain Krivine, Benny Lévy, Henri Weber, Serge July, Edgar Morin, Benjamin Stora, Ilan Halevi und Sophie Bessis, um nur einige zu nennen – entwickelten eine Rhetorik der Solidarität und Allianz unter den Opfern des Rassismus, der Xenophobie und des Antisemitismus. (Umgekehrt schützte die Pariser Moschee während der Vichy-Zeit Jüd_innen.)

Gleichzeitig verliehen viele schwarze antikolonialistische Denker_innen ihrer Identifikation mit Jüd_innen als Leidensgenoss_innen Ausdruck. Im heutigen Kontext, in dem Jüd_innen und Araber_innen sowie Jüd_innen und Schwarze oft als getrennt und sogar gegensätzlich diskutiert werden, ist es nützlich noch einmal Fanon zu lesen, der in einer früheren geschichtlichen Situation schrieb, als progressive Denker_innen noch jüdische und schwarze Unterdrückung zusammen sahen. Fanon zitiert seinen westindischen Philosophieprofessor, der ihn warnte: »Wann immer Du jemanden die Juden beleidigen hörst, pass auf, denn er spricht von Dir [...]. Ein Antisemit ist unweigerlich anti-schwarz.«[441]

Fanons Erinnerung an die Worte seines Professors ist in Einklang mit der umfassenderen Tradition gegenseitiger diasporischer kultureller Identifikatio-

440 Zitiert nach Jean-Luc Einaudi, *La Bataille de Paris*, 17 Octobre 1961 (Paris: Seuil, 1991), 225.

441 Fanon, *Black Skin, White Masks*, 122.

nen, wie sie zum Beispiel in der schwarzen Allegorisierung der Bibelgeschichten von jüdischer Sklaverei, dem Exodus und dem Gelobten Land zu finden sind. Es ist dieser lange historische Zeitraum, der den Hintergrund für die folgende Aussage Fanons liefert: »Da ich unzufrieden darüber war, rassifiziert zu werden, wurde ich durch eine glückliche Schicksalswendung humanisiert. Ich tat mich zusammen mit dem Juden, meinen Leidensbruder«.[442] Fanon erinnert an Sartres Argument, dass Jüd_innen Geschöpfe des antisemitischen fixierenden Blicks seien, wenn er Parallelen zwischen Antisemit_innen und Rassist_innen zieht. So wie für Sartre »es der Antisemit ist, der den Juden erzeugt«, sind es für Fanon daher Weiße, die die Schwarzen erzeugen.[443] Das emotionale Leben beider ist »zwiegespalten«, insofern sie »einen Traum universeller Brüderlichkeit in einer Welt, die [sie] zurückweist«, verfolgen.[444] Die Versuche der Jüd_innen oder der Schwarzen, sich in eine unterdrückende Gesellschaft einzupassen, führen für Sartre bzw. für Fanon nur zu den Pathologien des Selbsthasses und des Gefühls der Minderwertigkeit.

›Jüd_innen‹ und ›Schwarze‹ bieten nicht nur Anlass zu gegenseitiger Identifikation, sondern auch die Möglichkeit einer vergleichenden Rassismusanalyse. Indem er Sartres Dialektik der Identität in *Anti-Semite and Jew* erweitert, zeichnet Fanon die je eigenen psychischen Mechanismen nach, die Jüd_innen und Schwarzen innerhalb der rassistischen Vorstellungswelt ihre Rolle zuweisen. Assimilierte Schwarze bleiben, anders als assimilierte (europäische) Jüd_innen, überdeterminiert durch die Sichtbarkeit ihrer schwarzen Körper. Jüd_innen dagegen sind auch » Weiße [...]. Sie können manchmal unbemerkt vorüber gehen, ... [während] ich nicht Sklave der Idee bin, die andere von mir haben, sondern meines Aussehens«.[445] Antisemitische und anti-schwarze Bildsprachen unterscheiden sich in wesentlichen Punkten, die genau die Körperlichkeit betreffen. »Der Neger«, schreibt Fanon, »symbolisiert die biologische Gefahr; der Jude die intellektuelle.«[446] Während Jüd_innen wegen ihrer mutmaßlichen »Kontrolle über alles« gefürchtet sind, werden Schwarze wegen ihrer legendären »enormen sexuellen Kräfte« gefürchtet.[447] Indem sie als im Besitz von Selbstkontrolle und der Macht, andere auf subtile, ja sogar unsichtbare Weise kontrollieren zu können, gesehen werden, erfüllen Jüd_innen die Funktion des Über-Ichs, während Schwarze als Es projiziert werden,

442 Ebd.

443 Jean-Paul Sartre, *Anti-Semite and Jew: An Exploration of the Etiology of Hate* (1948; im Nachdruck, New York: Schocken Books, 1995), 108.

444 Fanon, *Black Skin, White Masks*, 10.

445 Ebd., 93.

446 Ebd., 165.

447 Ebd., 157.

denen die Selbstkontrolle fehlt, was unmittelbar bevorstehendes Chaos signalisiert. Genau in diesem Zusammenhang begann Fanon die differentiellen Überschneidungen, die Mengen-Diagramme des Rassismus, zu erforschen.[448] Fanon vergleicht die Gewalt gegen Jüd_innen und Schwarze und schreibt:

> »Kein Antisemit würde daran denken [...]den Juden zu kastrieren. Er wird ermordet oder sterilisiert ... Der Jude wird in seiner religiösen Identität, seiner Geschichte, seiner Rasse, seinen Beziehungen mit seinen Vorfahren und mit seinen Nachkommen angegriffen; wenn man einen Juden sterilisiert, schneidet man die Quelle ab; jedes Mal wenn ein Jude verfolgt wird, ist es die ganze Rasse, die in seiner Person verfolgt wird. Der Neger aber wird in seiner Leiblichkeit angegriffen. Er wird als eine konkrete Persönlichkeit gelyncht. Er ist in seiner unmittelbaren Existenz eine Bedrohung. Die jüdische Gefahr wird ausgetauscht gegen die Angst vor der sexuellen Potenz des Negers.«[449]

Fanons vergleichender Bezugsrahmen verschmelzt nicht die Erfahrungen von Jüd_innen und Schwarzen zu einer, sondern setzt sie zueinander in produktive Beziehung.

Ähnlichkeit in der Viktimisierung garantiert jedoch nicht die gegenseitige Identifikation mit einander. Sie kann sogar eine Reihe missgünstiger Übertragungen zum Ergebnis haben. Während unterschiedliche Formen der Opfererfahrung sich im Idealfall gegenseitig beleuchten sollten, haben sie sich allzu oft gegenseitig überschattet.[450] Fanon hat in diesem Sinne die Frage berührt, wie Jüd_innen Schwarze sehen. Über Michel Salomon schreibt er: »Er ist ein Jude, hat eine ›Jahrhunderte alte Erfahrung des Antisemitismus‹ und ist dennoch rassistisch«[451]. Fanons Beschäftigung mit einem ›rassistischen Juden‹ so kurz nach dem jüdischen Holocaust dient als Vorbote der späteren Risse im schwarz-jüdischen Bündnis. Fanon lädt uns ein, über die parallelen und die voneinander abweichenden Formen des Rassismus unter den Minderheiten im Vergleich zum ›normalen‹ weiß-christlichen Rassismus nachzudenken. Fanons Text nimmt den allmählichen Einzug der Jüd_innen – wie unsicher und widersprüchlich dieser auch war – in den weißen Teil der Gesellschaft, vor allem in den Vereinigten Staaten, in der Zeit nach dem Zweiten Weltkrieg

---

448 Für ein komplexes und genaues Kartieren der Ähnlichkeiten und Unterschiede unter verschiedenen Rassismen, Sexismen und Heterosexismen, vgl. Elisabeth Young-Bruehl, *The Anatomy of Prejudices* (Cambridge: Harvard University Press, 1996).

449 Fanon, *Black Skin, White Masks*, 162–163.

450 Michael Rothberg widerspricht diesem Nullsummen-Ansatz vehement und bevorzugt das, was er »multidirektionales Gedächtnis« nennt. Bei diesem werden die Erfahrungen von Unterdrückung der verschiedenen Gruppen innerhalb eines »gestaltbaren diskursiven Raumes«, in dem Positonen »durch ihre Interaktionen mit anderen entstehen,« durch Austauch mit einander formuliert. Rothberg, *Multidirectional Memory*, 5.

451 Fanon, *Black Skin, White Masks*, 201.

vorweg. In Fanons Text findet man den Keim der im 7. Kapitel besprochenen Weißseinsstudien und besonders der Untersuchung des Weißwerdens der Jüd_innen in der allgemeinen Vorstellung und sogar in der sozialen Psyche einiger Jüd_innen.

Obgleich Fanon Räume schwarzer Identität in Abgrenzung von Jüdischem und Arabischem herausgearbeitet hat, und obgleich er sowohl den Antisemitismus als auch den Antiarabismus als integralen Bestandteil der französischen kolonialen Ideologie erkannte, ist die Frage von Palästina und Israel nicht Gegenstand seiner Arbeit. Fanons Leben und Werk entkamen ihr jedoch nicht völlig. Während Fanon mit neuen sozialtherapeutischen Methoden in Tunesien experimentierte, versuchten rivalisierende Kolleg_inneen zu erreichen, dass er entlassen würde, indem sie ihn beschuldigten ein zionistischer Geheimagent zu sein, der arabische Patient_innen auf Geheiß Israels fehlbehandeln würde, eine Beschuldigung die von Ben Salah, dem damaligen tunesischen Gesundheitsminister, uneingeschränkt zurückgewiesen wurde.[452] In der Folge des Krieges von 1967 bestand Fanons französische Witwe Josie, die damals in Algerien lebte, darauf, dass der Verlag Sartres Vorwort bei dem französischen Nachdruck von *Die Verdammten dieser Erde* wegen dessen pro-zionistischer Einstellung weglasse.[453] Sartre und Beauvoir gehörten zu den französischen Linken, die sich am deutlichsten für die algerische Selbstbestimmung eingesetzt hatten. Ihre Zeitschrift *Les Temps Modernes* bot eine entscheidende Plattform für das Anprangern der wild wuchernden Folterungen an Algerier_innen und der vom Kolonialsystem erzeugten täglichen Gewalt. Diejenigen, die ein unabhängiges Algerien unterstützten, erfuhren Vergeltungsmaßnahmen in Form von Terror und ihrem Namen auf schwarzen Listen. Sartre wurde zum ›Staatsfeind Nummer Eins‹ erklärt, und am 19. Juli 1961 explodierte eine Bombe im Eingang zu seiner Wohnung.[454] Doch in der Zeit nach dem Krieg von 1967 waren viele arabische Kritiker_innen der Meinung, Sartre sei zur anderen Seite übergelaufen, da er eine Petition unterzeichnet habe, die Israel als von seinen arabischen Nachbarn bedroht beschrieb.[455] Im Gegensatz zu Sartre unterstützte der französische Schriftsteller Jean Genet die palästinensische Sache, so wie er auch die Black Panthers in den Vereinigten Staaten unterstützte. Rückblickend könnte man an diesem Augenblick nach dem Krieg von 1967 den Anfang einer allmählichen Abwendung von der begeisterten Umarmung Israels durch einige linke französische Intellektuelle festmachen. Es war auch der Augenblick, an dem eine Reihe jüdischer, von der Unterstützung der ›Dritten Welt‹ für Pa-

---

452 Vgl. Peter Geismar, *Frantz Fanon* (New York: Dial, 1971), 139–140.

453 David Macey, *Frantz Fanon: A Biography* (New York: Picador, 2000), 467–468.

454 Simone de Beauvoir, *La Force des Choses*, vol. 2 (Paris: Livre de Poche, 1971), 243.

455 Macey, *Frantz Fanon*, 467–468.

lästina beunruhigter Intellektueller im Westen begannen, sich nach recht zu bewegen.

›Von Mao zu Moses‹: Neokonservative und die *Nouveaux Philosophes*

Vor allem infolge des Kriegs von 1967 und der fortdauernden Besetzung der West Bank und des Gazastreifens begann die jüdisch-schwarze und die jüdische Allianz mit der ›Dritten Welt‹ sich aufzulösen. Anfänglich noch der Linken nahestehend, bewegten sich eine Reihe jüdisch-französischer Intellektueller – insbesondere Claude Lanzmann, Bernard-Henri Lévy, André Glucksmann und Alain Finkielkraut – sowie einige jüdisch-amerikanische – insbesondere Norman Podhoretz, Irving Kristol und David Horowitz – langsam weg von der Solidarität mit Schwarzen, Araber_innen und Anliegen der ›Dritten Welt‹. In Frankreich wurden einige dieser Personen mit den *nouveaux philosophes* in Verbindung gebracht, während in den USA die zu den Neokonservativen zu zählenden sogar noch weiter nach rechts rückten. Eine leidenschaftliche Verteidigung des Staates Israel wurde langsam mit einer anti-Dritte-Welt ›Gefühlstruktur‹ (Williams) zusammengestrickt. Eine Art Nullsummen-Rivalität kam in der Öffentlichkeit an die Oberfläche. Dabei wurde die dem Rassismus gezollte Aufmerksamkeit nicht nur als vom Kampf gegen den Antisemitismus abgezogene wahrgenommen, sondern sogar als dessen Förderung. Obgleich grob vereinfachende Gleichsetzungen von Zionismus und Judaismus vom Antisemitismus her kommen, bestand die Antwort dieser Intellektuellen nicht darin, diese Gleichsetzung zu dekonstruieren oder mit den Dilemmata, die der Zionismus für linke Jüd_innen und sogar für gewisse Prinzipien der Aufklärung darstellt, umzugehen, sondern vielmehr darin, eine neue (alte) Vorhut zur Verteidigung ›des Westens‹ zu schmieden.

Durch einen Tausch von Adjektiv und Nomen entwickelten sich eine Reihe von Linken von ›jüdischen Radikalen‹ zu ›radikalen Jüd_innen.‹ Der Entwicklungspfad von Benny Lévy, dem in Ägypten geborenen Anführer der radikalen Bewegung ›Proletarische Linke‹, zeigt diese Wende einiger jüdischer 1968er Linker nach rechts in komprimierter Form. Ein Vertrauter Sartres, gab Lévy seinen revolutionären *nom de guerre* Pierre Victor Mitte der 70er als Teil einer Odyssee von »Mao zu Moses« auf.[456] Lévy ersetzte den Slogan ›Unter dem Pflaster der Strand‹ durch den eher judäischen ›Unter dem Pflaster der Politik der Strand der Theologie.‹ Im Jahr 2000 zog er nach Jerusalem, wo er zusammen mit Bernard-Henri Lévy und Alain Finkielkraut ein Institut grün-

456 Vgl. Yair Auron, *Les Juifs d'Extrême Gauche en Mai 68* (Paris: Albin Miche, 1998).

dete, das sich der Arbeit des französisch-jüdischen Philosophen Emmanuel Levinas widmete. Der Pfad Albert Memmis personifiziert ebenfalls eine, wenn auch mildere, Rechtswende. Der radikale Antikolonialist von *The Colonizer and the Colonized* (1957) ist mit der Zeit gegenüber der arabisch/muslimischen Welt immer kritischer geworden. In seinem Buch *Decolonization and the Decolonized* äußert Memmi auch Angst vor dem, was er das »Trojanische Pferd« der islamischen Immigration in Europa selbst nennt. Er stigmatisiert die Jugend der Banlieues als gehässige »Zombies«, die die Insignien der Hip-Hop Subkultur als Zeichen der Revolte übernehmen. Obwohl Memmi entschieden säkular bleibt, pathologisiert und essentialisiert er gleichzeitig einen als in sich stimmig und widerspruchsfrei postulierten »arabischen Geist«.[457]

Rückblickend können wir in Pascal Bruckners schon diskutierter Polemik aus dem Jahr 1983, *Les sanglots de l'homme blanc* (*Das Schluchzen des weißen Mannes*), die immer wieder mal jüdische Anliegen mit einer Gegnerschaft zur Dritten-Welt-Politik verbindet, bereits eine Andeutung der Wende der Nach-Achtundsechziger nach rechts entdecken. Manchmal, und besonders in den Fußnoten, hat man das Gefühl, dass in der Zeit nach der in den Vereinten Nationen verbreiteten These ›Zionismus ist Rassismus‹ Israel und Jüd_innen sich für Bruckner im eigentlichen Kern des Westens befinden, dass deswegen für ihn eine Bedrohung des einen eine Bedrohung des anderen darstellt, wie wir an der übertreibenden Sprache des folgenden, sehr aufschlussreichen Satzes sehen: »Keiner hat das Recht, den Westen wegen seiner bloßen Existenz für schuldig zu erklären, als wäre der Westen eine Beleidigung der Schöpfung, eine kosmische Katastrophe, eine Monstrosität, die von der Weltkarte gelöscht werden müsste (und deswegen ist die Frage von Israel so bedeutend: Durch die Nichtanerkennung von Israel ist es die Unrechtmäßigkeit des Westens, die eigentlich auf dem Spiel steht).«[458] Hier wird Israel (und implizit Palästina) zur Allegorie der West-Ost Beziehung ganz allgemein. Bruckner greift so eine grundlegende zionistische Trope wieder auf, die zurückreicht bis zu Herzls Idee eines ›Staates der Jüd_innen‹ als Vorposten westlicher Zivilisation, einer Schweiz im Nahen Osten. Aber anders als der von der Dreyfus-Affäre traumatisierte Herzl überträgt Bruckner ein Jahrhundert später die vom historischen Nachlass jüdischen Schmerzes in Europa abgeleitete moralische Autorität auf den imperialistischen und oft antisemitischen Westen. Und hier finden wir einen Widerspruch zwischen einer der Grundvoraussetzungen des Zionismus – dass Jüd_innen Israel als einzige Zuflucht vor westlichem Antisemitismus brauchen – und der paradoxerweise prowestlichen Ausrichtung des Zionismus

457 Vgl. Albert Memmi, *Decolonization and the Decolonized* (Minneapolis: University of Minnesota Press, 2006).

458 Bruckner, Les Sanglots de L'Homme Blanc, 219.

selbst trotz der Tatsache, dass die für die Gründung der Bewegung ausschlaggebende Annahme die war, dass das Experiment mit jüdischer Sicherheit und Gleichheit in Europa gescheitert sei (und eben nicht die, dass es erfolgreich gewesen wäre).

Sprachlich übertrieben behauptet Bruckner, dass die Feinde des Westens diesen als ›kosmische Katastrophe‹ und ›Monstrosität‹ betrachten, die von der Landkarte ›gelöscht werden‹ müsse. Er bringt Dritte-Welt-Intellektuelle damit in Verbindung mit dem Idiom des Ausrottung propagierenden Antisemitismus. Bruckner bemüht für diese zwei Phänomene eine Homologie: Genauso wie Israels Feinde, die Araber_innen, als vom Wunsch beseelt dargestellt werden, Israel von der Landkarte des Nahen Ostens zu löschen, so werden die Feinde Europas dargestellt als vom Wunsch beseelt, den Westen von der Weltkarte zu löschen. Bruckner offenbart hier ein erstaunlich kurzes historisches Gedächtnis. Nur 40 Jahre nach dem Holocaust in Europa und nur in Europa schreibend, portraitiert Bruckner den Westen als unschuldig. Während Fanon die Figur der Jüd_innen einbringt, um Analogien und Ähnlichkeiten zwischen den unterschiedlichen vom westlichen Rassismus unterdrückten Gruppen festzustellen, benutzt Bruckner dieselbe Figur, um den Westen selbst als unterdrückt abzubilden. Israel ist mittlerweile für Bruckner die Inkarnation westlicher Modernität, während Araber_innen/Muslim_innen den traditionellen Antisemitismus verkörpern. Während sie die Ansicht vertreten, dass der Zionismus ein nationales Befreiungsprojekt für Jüd_innen war, gestehen die Vertreter_innen der Rechtswende nicht die Möglichkeit zu, dass er innerhalb der belasteten Dialektik von ›Unabhängigkeit‹ und ›*nakba*‹ gleichzeitig für die Palästinenser_innen ein nationales Destruktionsprojekt war.

Bruckner überträgt das in Israel so genannte ›Belagerungssyndrom‹ auf den Westen als ganzem, der gezeichnet wird als von Drittwelt–Barbar_innen, die an den Toren Europas kläffen, belagert. Bruckner nimmt die Rhetorik der nordamerikanischen Neokonservativen David Frum und Richard Perle vorweg, die in *An End to Evil* vor einem neuen Holocaust warnen, diesmal einem, der nicht gegen Jüd_innen sondern gegen die Vereinigten Staaten gerichtet sei: »Es gibt keinen Mittelweg für Amerikaner_innen: Es heißt Sieg oder Holocaust.«[459] Die Vereinigten Staaten werden in Analogie zu dem, was den Jüd_innen während der Shoah geschah, als potentielle Opfer eines drohenden – diesmal von fanatischen Araber_innen/Muslim_innen durchgeführten – Endlösungsprojekts gesehen. Die Gleichsetzung von Araber_innen/Muslim_innen mit Nazis hat im zionistischen Diskurs häufig dazu gedient, die Politik des Staates Israel zu rechtfertigen. Sie wurde durch die neokonservative Wortprägung ›Islamo-

---

459 David Frum and Richard Perle, *An End to Evil* (New York: Random House, 2003), 9.

Faschismus‹ nach dem 11. September 2001 aktualisiert und neu gefasst, einen Begriff, der ein weites und vielfältiges kulturell-religiöses Feld über einen totalitären Kamm schert. Zu einer Zeit des Rassismus gegen Immigrant_innen und des Kopftuchstreits in Frankreich verfechten die *nouveaux philosophes* das Metanarrativ von ›dem Westen.‹ Die US-amerikanischen Neokonservativen haben unterdessen eine starke ›judäo-christliche‹ Allianz geschmiedet, die amerikanisch christliche Fundamentalist_innen einschließt, bei der der Bindestrich nicht nur eine starke jüdisch-christliche Allianz kundtut, sondern auch eine christliche Teleologie einführt, nach der das Alte Testament, d.h., die jüdische Bibel einschließlich der Verheißungen für das jüdische Volk, vom Neuen Testament aufgehoben wird. Obgleich der Antisemitismus ein ernstes und hartnäckiges Problem sowohl unter fundamentalistischen Christ_innen als auch unter fundamentalistischen Muslim_innen bleibt, verbindet hier ein Isomorphismus das rechtsextreme israelische mit dem rechtsextremen US-amerikanischen Selbstportrait: In beiden Fällen stellt eine Rhetorik von Belagerung und Einkreisung militärisch und geopolitisch unglaublich mächtige Nationalstaaten als schwach und verwundbar dar.

Bruckner verfolgt diesen Gedankengang in seinem 1995 erschienenen Buch *La Tentation de L'Innocence* (*Die Versuchung der Unschuld*) weiter.[460] Für Bruckner ergibt sich die nahezu universelle (auch durch einige Israelis) Verurteilung konkreter israelischer Handlungen – Siedlungsbau, ›gezielte Tötungen‹ und so weiter – nicht aus den Handlungen selbst, sondern vielmehr aus der Verbitterung darüber, dass die Jüd_innen in diesem Fall nicht dem Stereotyp des jüdischen Opfers entsprechen. Was dieser populär-psychologischen Diagnose fehlt, ist, dass oft die gleiche Sensibilität gegenüber Unrecht, die einige Nicht-Jüd_innen mit Jüd_innen als einer Minderheit und mit Israel als einem Projekt sympathisieren ließ, auch die gegenwärtige Sympathie für die palästinensischen Opfer der israelischen Politik motiviert. Unserer Ansicht nach deckt sich eine anti-israelische Einstellung mit Antisemitismus nur, wenn die antikoloniale Leidenschaft der Kritiker_innen nur Israel gilt, oder wenn die Kritik sich in anti-jüdischen Pathologien und essentialistischen Charakterisierungen von Jüd_innen oder Israelis im Allgemeinen verfängt oder Jüd_innen überall mit Zionismus und der Politik Israels gleichsetzt oder vergisst, dass Politikmaßnahmen Israels denen von kolonialen Siedlerstaaten generell gleichen (mit dem Unterschied, dass Jüd_innen, anders als die Französ_innen in Algerien, kein Mutterland hatten, zu dem sie zurückkehren konnten, und zudem schon lange bestehende kulturell-religiös-historische Bindungen an das Heilige Land hatten). Bruckner verkörpert die ideologische Mutation, durch

460 Pascal Bruckner, *La Tentation de L'Innocence* (Paris: Grasset, 1995).

die einige jüdische Denker_innen – und wir bestehen nochmals auf diesem ›einige‹ – von der antirassistischen Linken zur rechten Mitte des politischen Spektrums, und in Bezug auf Israel sogar zur extremen Rechten, wanderten.[461] Die Neue Rechte konnte auf diese Weise an einem Diskurs teilnehmen, der den israelisch-palästinensischen Konflikt als einen, bei dem es um Antisemitismus gehe, auffasst, und damit einerseits das ganze Gewicht des europäischen Antisemitismus auf den Rücken der Palästinenser_innen abladen, obwohl diese mit der Shoah nichts zu tun hatten, und andererseits die Fragen von Land, Enteignung, ethnischer Säuberung und von Autonomie ignorieren.

Wie die Neokonservativen in den Vereinigten Staaten sind die *nouveaux philosophes* ehemalige Linke, die jetzt alles verachten, was mit dem Begriff ›die Sechziger‹ beschworen wird. In der diskursiven Begegnung zwischen einigen proamerikanischen französischen und einigen frankophoben neokonservativen amerikanischen Kommentator_innen ist die Analogie zwischen Antiamerikanismus und Antisemitismus eine gängige, so als wären Amerikaner-innen zumindest auf symbolischer Ebene die neuen Jüd_innen. Diese Gleichsetzung hat amerikanische rechte Kommentare über Frankreich dermaßen durchdrungen, dass Frankreich in der Folge des französischen Widerstands gegen den Irakkrieg als sowohl antisemitisch als auch antiamerikanisch betrachtet wurde. Man muss »auf Frankreich blicken«, schrieb Charles Krauthammer in »Europe and Those People« in der *Washington Post* (26. April, 2002), um »fortwährenden Antisemitismus« zu finden. Obwohl es wahr ist, dass Frankreich, ganz wie Europa allgemein, tatsächlich Ort einer langen Geschichte antisemitischen Vorurteils und antisemitischer Gewalt gewesen ist, ist es auch wahr, dass Frankreich auch das erste europäische Land war, das die Jüd_innen emanzipierte, und dass viele französische Jüd_innen hohe Stellungen literarischen Ranges (Marcel Proust), ökonomischen Einflusses (die Rothschilds) und politischer Macht (Léon Blum, Pierre Mendès, Simone Weil, Bernard Kouchner) errangen. Wenn man den unverfrorenen Antisemitismus von Le Pen und die Leugnung des Holocaust durch Faurisson beiseite lässt, so bezogen sich die meisten Verurteilungen eines französischen Antisemitismus auf anti-jüdische Angriffe in Frankreich (einige davon von rechtsextremen Antisemit_innen ausgeführt, andere von aufgebrachten Maghreb Jugendlichen, die französische Jüd_innen zu Sündenböcken für Geschehnisse im Nahen Osten machten). Was von den Neokonservativen nicht beachtet wurde, war, dass

461 In Hinblick auf die Innenpolitik der US-amerikanischen Wahlen, sind amerikanische Jüd_innen mit überwältigender Mehrheit liberal geblieben, auch in ihrer Unterstützung von Obama. Vgl. die jährliche Erhebung der amerikanisch-jüdischen Meinung im »2010 Annual Survey of American Jewish Opinion«, die vom American Jewish Committee, Consumer Opinion Panel ›Obama Administration‹ (April 2010) beauftragt wurde.

die Gewalt gegen französische Jüd_innen gewöhnlich von der Regierung und oft auch durch Massenproteste verurteilt wurde, wie zum Beispiel in dem Fall der brutalen Folterung und Ermordung von Ilan Halimi, eines französischen Jüd_innen mit Wurzeln im Maghreb. Die anti-französische Haltung der Neokonservativen muss eben auch in Verbindung mit der Tatsache gesehen werden, dass Frankreich den Irakkrieg nicht unterstützte und die israelische Besatzung kritisch beurteilte, was von amerikanischen Neokonservativen und von einigen der französischen Neuen Rechten als sinnbildlich für eine antisemitische Einstellung gewertet wurde.

Der Name Alain Finkielkraut wird in den französischen Diskussionen von Multikulturalismus, ›Identitätspolitik‹ und Zionismus dauernd zitiert. Als Person mit charismatischer medialer Präsenz, von Sarkozy als der Intellektuelle der Gegenwart gepriesen, bekämpft Finkielkraut linke, antirassistische Identitätspolitik im Namen einer sehr französischen Aufklärung, die die Jüd_innen emanzipiert und das Universelle über das Partikulare gesetzt habe. Mit den Jahren ist er gegenüber People of Color und gegenüber antirassistischen Bewegungen zunehmend feindselig geworden. Wie seine US-amerikanischen Sinnesgenoss_innen baut Finkielkraut eine Reihe von Hierarchien auf, die jüdisch über schwarz stellen. So behauptet er, dass jüdische Immigrant_innen anders als andere es »von sich aus« geschafft hätten, also ohne Hilfe von besonderen Fördermaßnahmen. Indem er die doch sehr unterschiedlichen Bedingungen für Jüd_innen, die aus Osteuropa emigrierten, und für Menschen aus von Frankreich kolonisierten Gebieten ignoriert, übernimmt Finkielkraut einen an einige Vertreter_innen der ›weißen Ethnie‹ in den Vereinigten Staaten erinnernden Diskurs des Ressentiments, indem er seine *eigene* jüdische Gruppe zu einer ›Vorzeige-Minderheit‹ stilisiert. Gleichzeitig kontrastiert er die friedlichen, schwer arbeitenden vietnamesischen Immigrant_innen in einer französischen Variante des Diskurses, der die asiatischen Amerikaner_innen zu einer Vorzeige-Minderheit stilisiert – und damit auf subtile Weise Schwarze als nicht zum Vorzeigen geeignet marginalisiert – mit den rebellischen Nordafrikaner_innen. Anders als die anderen, seien Schwarze und Araber_innen auf »persönlichen Gewinn« aus.[462]

In Finkielkrauts Diskurs geht ethno-nationaler Narzissmus Hand in Hand mit der Darstellung von Araber_innen/Muslim_innen als den ›Andersartigen‹ und der Bekräftigung der *mission civilisatrice.* Finkielkraut bekundet in hochnäsiger Abscheu die Art, wie »sie« französisch sprechen, »ein Französisch, dessen Kehle durchgeschnitten wurde«. Finkielkraut beschwert sich

462 Finkielkraut im Interview mit Dror Mishani and Aurélia Samothraiz, »They Are Not Miserable, They Are Muslims«, *Haaretz* (November 15, 2005). Alle Übersetzungen aus diesem auf Hebräisch geführten Interview sind von uns.

sogar darüber, dass zeitgenössische Schullehrpläne »nicht mehr lehren, dass das koloniale Projekt auch anstrebte, die Wilden zu unterrichten und ihnen Kultur zu bringen«[463] In einem später in *Le Monde* übersetzten Interview vom 15. November 2005 mit der israelischen Zeitung *Haaretz* nach dem Aufstand in den Banlieues griff Finkielkraut auf eine gegen die Immigrant_innen gerichtete Version von »Love it or leave it« [»Lieb das Land oder verlass es!«] zurück: »Sie haben einen französischen Personalausweis, also sind sie französisch. Wenn nicht, haben sie das Recht wegzugehen [...]. Keiner hält sie hier fest.«[464] Indem er ignorierte, dass die Banlieue-Jugend tief erfüllt war von den Bürgerwerten des französischen Republikanismus sich aber von seinen sozialen Wohltaten ausgeschlossen erlebte, hielt Finkielkraut die Banlieue-Aufstände von 2005 für nicht durch Polizeibrutalität, Arbeitslosigkeit oder institutionellen Rassismus ausgelöst, sondern durch die muslimische *Identität* junger Schwarzer und Araber_innen. Wir sehen, die Kritiker_innen der ›Identitätspolitik‹ können durchaus selber Identität als erklärendes Prinzip einsetzen, wenn es einem kulturalistischen Argument gegen ihre Gegner_innen dient.

Während Fanon Berührungspunkte zwischen den Opfern des Rassismus und den Opfern des Antisemitismus wahrnahm, ist Finkielkraut immer mehr dazu übergegangen, Antirassismus sowohl mit Rassismus als auch mit Antisemitismus gleichzusetzen, gewöhnlich in Verbindung mit einer engstirnigen Verehrung der Vereinigten Staaten als viktimisiertem Nationalstaat. Finkielkrauts gefährlichste Idee, die er bis zum Erbrechen in seinen Büchern wiederholt, ist die absurde Vorstellung, dass der Antirassismus der neue Totalitarismus sei. Von der Eleganz seiner eigenen Paradoxa verführt, erachtet Finkielkraut die Gegnerschaft gegen den Rassismus für das Gegenteil dessen, was sie ist. Finkielkraut erachtet auch die Idee eines ›schwarzen Volkes‹ an sich schon für rassistisch und antisemitisch. Diejenigen, die von einer schwarzen Nation oder einem ›schwarzen Volk‹ sprechen, ›erschaffen‹, wie er es in einem Interview mit Radio de la Communauté Juive (RCJ) am 26. Oktober 2005 ausdrückte, »einen schwarzen KuKluxKlan. Und wer ist ihr Hauptfeind? Es sind nicht Weiße, es sind die Jüd_innen, die sowohl Rival_innen als auch Vorbild sind. Es ist das Vorbild des ausgerotteten jüdischen Volkes, welches das Bild des versklavten und kolonisierten schwarzen Volkes ausmacht. Ein Vorbild, welches das schwarze Volk zu bekämpfen, zu diskreditieren, aus dem Wettbewerb zu nehmen versucht, um es zu verdrängen, seinen Thron zu besetzen«.[465] Wo andere historische Nähe und affektive Solidarität sehen, sieht Finkielkraut ein

463 Ebd.

464 Ebd.

465 Eine vollständige Mitschrift dieses Interviews ist unter http://lesogres.org verfügbar.

boshaftes Plagiat oder eine widerrechtliche mimetische Vereinnahmung des jüdischen Narrativs. So wie einige Zionist_innen palästinensische Intellektuelle ›des Neids auf das jüdische Narrativ‹ beschuldigten, beklagt Finkielkraut, dass die Shoah jetzt allen gehöre: »La Shoah pour tous!« Finkielkraut weigert sich »Shoah und Sklaverei auf eine Ebene« zu stellen und geht dabei so weit, dass er abstreitet, dass die Sklaverei ein Verbrechen gegen die Menschlichkeit sei. Statt sich schwarze Geschichte und schwarzen Aktivismus in Kategorien eines Dialogs über die Grenzen der Gemeinden zu vergegenwärtigen, betrachtet Finkielkraut sie als Wildern in jüdischem Revier.

Zu Finkielkrauts Leugnen der Existenz eines schwarzen Volkes kommt entsprechend sein Leugnen der Existenz eines palästinensischen Volkes hinzu. Indem er Sartres „Der Antisemit erzeugte den Juden" mit Golda Meirs „Es gibt kein palästinensisches Volk" kombiniert, kann Finkielkraut die Palästinenser_innen als bloße Begleiterscheinung Israels betrachten. »Ist irgendetwas an palästinensischer Identität dran«, so fragt er in seinem Buch der Dialoge mit Peter Sloterdijk, »außer ihrer Ablehnung von Israel?«[466] Finkielkraut stellt sogar die Behauptung auf, dass Schwarze Israel verabscheuen, weil es kein »*pay métisse*« (›mestizisches‹ Land) sei. Hier bringt sich Finkielkraut selbst in die Klemme, indem er etwas leugnet, was vom offiziellen israelischen Diskurs anerkannt und sogar gefeiert wird, nämlich die Multikulturalität Israels selbst, eines Israels, das seine Menschen „von den vier Enden der Welt eingesammelt" hat, und dessen phänotypisches Spektrum von russischen Blonden zu äthiopischen Schwarzen reicht, und welches eine linguistische Vielfalt aufweist, die zig sowohl europäische als auch nicht-europäische Sprachen umfasst (u.a. Arabisch, Amharisch, Farsi, Kurdisch und Türkisch). Jahrtausende lang haben sich Jüd_innen vermischt und fast per Definition einen Bindestrich erworben, und sogar im ›jüdischen Staat‹ gibt es neue Zelig-artige Vermischungen.

Und wie sieht es mit dem wirklichen Inhalt der ›Westlichkeit‹ Israels aus? Und warum sollte ›Westlichkeit‹ notwendigerweise positiv (oder negativ) sein? Hier sehen wir, dass die Idee ›des Westens‹, ein komplexes, widersprüchliches und teilweise imaginäres Konstrukt, wie auch das ›des Ostens‹ eine Projektionsfläche für sehr unterschiedliche Wünsche werden kann. Finkielkraut okzidentalisiert in dieser Hinsicht den Judaismus. Aber kann der Judaismus, verwurzelt wie er in der Geografie des Ostens ist, einfach als eine westliche Religion definiert werden? Sind Aramäisch, Hebräisch, Arabisch, Farsi, Kurdisch und Türkisch, die alle von Jüd_innen gesprochen werden, ›westliche‹ Sprachen? Wie kam es dazu, dass Jüd_innen angesichts der geschichtlich gut belegten Unterdrückung seines ewigen jüdischen ›Andersseins‹ durch den

---

466 Alain Finkielkraut and Peter Sloterdijk, *Les Battements du Monde* (Paris: Pauvert, 2003), 38.

Westen fester Bestandteil eines Westens wurden, der plötzlich als Synonym von Toleranz betrachtet wird. Und ist in demografischer Hinsicht etwa Israels Mehrheitsbevölkerung palästinensischer Araber_innen und sephardisch/mizrahi/arabischer Jüd_innen ›westlich‹?[467] Sogar Israels Aschkenasi (die *Ost-Jüd_innen*) kamen größtenteils aus dem ›Osten‹ Europas. Israels Westlichkeit ist somit weniger eine demografische/kulturelle Tatsache als eine ideologische Tropologie. Arabische Jüd_innen, das heißt jene aus der arabisch/islamischen Welt, die jüdisch der Religion nach und arabisch der Kultur nach sind, machen saubere Aufteilungen zwischen Ost und West kompliziert. Was ist gemäß der dominanten Einbildung ihre Stellung in Bezug auf die neo-orientalistische Aufspaltung in ›schlechte Semit_innen‹ (die muslimischen Araber_innen) und ›gute Semit_innen‹ (die verwestlichten Jüd_innen)? Ein gewisser Aschkenasizentrismus taucht in Finkielkrauts spöttischen Kommentaren zum gegenwärtigen Lob von Hybridität und Synkretismus auf: »Tatsächlich habe ich noch nie jemanden offen die Hybridisierung von Jüd_innen und Araber_innen proklamieren gehört, obgleich dies eine logische Konsequenz der Grammatik der absoluten Vermischung wäre.«[468] Finkielkrauts Projektion einer für ihn rein hypothetischen Möglichkeit arabisch-jüdischer Hybridisierung – präsentiert als eine ›witzige‹ reductio ad absurdum – macht seinen Manichäismus von Araber_innen-versus-Jüd_innen deutlich. Seine Formulierung unterschlägt eine tausendjährige Geschichte der Hybridisierung zwischen Jüd_innen und Araber_innenn, aus der sich die Existenz arabischer Jüd_innen ergibt, diesem langfristigen Produkt judäo-islamischen Synkretismus. Während er den einen Bindestrich, den von ›judäo-christlich‹ naturalisiert, erklärt er den anderen, von ›judäo-muslimisch‹ für unmöglich.

Finkielkrauts Verteidigung des französischen Universalismus richtet sich gegen ein ganz spezifisches politisches Zielobjekt: die anti-imperialistische und antirassistische Linke als potentielle Bündnisgenossin der Palästinenser_innen, der nordafrikanischen Immigrant_innen und des globalen Südens. Die Feind_innen werden jedoch nicht immer genannt; sie werden manchmal in schlecht gemachten Abstraktionen wie ›Differentialismus‹, ›Postmodernismus‹, ›Relativismus‹ und ›Kommunitarismus‹ angedeutet, die allesamt Tendenzen ver-

---

467 Für weitere Ausführungen hierzu, vgl. die folgenden Arbeiten von Ella Shohat: *Le Sionisme du Point de Vue de ses Victimes Juives: Les Juifs Orientaux en Israël* (Paris: La Fabrique Editions, 2006) und auch das ursprüngliche Essay, Ella Shohat, »Sephardim in Israel: Zionism from the Standpoint of Its Jewish Victims«, *Social Text* 19–20 (Fall 1988); *Israeli Cinema* (1989), sowie dessen neue Ausgabe (London: I.B. Tauris, 2010); »Taboo Memories, Diasporic Visions: Columbus, Palestine and Arab-Jews« (1997) und »Rupture and Return: Zionist Discourse and the Study of Arab-Jews« (2001), beide im Nachdruck in *Taboo Memories, Diasporic Voices* (Durham: Duke University Press, 2006).

468 Finkielkraut and Sloterdijk, *Les Battements du Monde*, 47.

treten, die in Finkielkrauts Augen die Kategorie ›des Universellen‹ als solche aufgeben. (Hier sehen wir eine teilweise Überreinstimmung mit den Ansichten von Linken wie Žižek, allerdings ohne Žižeks Marxismus oder seine kapriziöse Umarmung des paulinischen Christentums.) Trotz der schwerfälligen Eleganz des Stils von Finkielkraut und des Gewichts seines kulturellen Gepäcks, haben seine Argumente eine gewisse Ähnlichkeit mit jenen des viel grobschlächtigeren David Horowitz in den Vereinigten Staaten, wenn auch das nach rechts verschobene politische Spektrum dort Finkielkraut weiter links stehen lässt als seine US-amerikanischen Kolleg_innen.

Eine Reihe progressiver französisch-jüdischer Intellektueller hat die Hinwendung mancher französischer Jüd_innen zum Neokonservatismus beklagt. Französisch-jüdische Intellektuelle sind ideologisch sehr breit gefächert und die Debatten daher viel zu facettenreich und komplex, um hier einen Überblick über sie geben zu können; was wir aber geben können, ist ein grobes Schema der Themen, um die es dabei geht. Eine zwanghafte Verteidigung des Staates Israel hat in den Augen dieser Progressiven zu einer defensiven, fast paranoiden Haltung seitens einiger französischer Jüd_innen geführt. Jean Daniel, Gründer des links der Mitte stehenden *Nouvel Observateur* argumentiert in seinem Buch *La Prison Juive*, dass französische Jüd_innen sich quasi selbst eingekerkert haben und so in einem von ihnen selbst errichteten Ghetto leben.[469] Viele sehen eine Parallele zu den Neokonservativen in den Vereinigten Staaten, allerdings mit dem Unterschied, dass der Neokonservatismus einiger französischer Jüd_innen jetzt nicht durch den amerikanischen Exzeptionalismus der Ideolog_innen des ›New American Century‹ gefiltert ist, sondern vielmehr durch den französischen Republikanismus.

Jean Birnbaum schreibt in seinem Buch *Les Maoccidents*, dass der französische Neokonservative »kein Trotzkist ist, der der Elite beitritt, sondern ein Maoist, der seine Leute bei seiner Wende vom Kult des Roten Ostens hin zur Verteidigung des Westens verloren hat«.[470] Birnbaum verweist auf Gérard Bobillier, André Glucksmann, Guy Lardreau und Jean-Claude Milner als politischen Persönlichkeiten, die von der extremen Linken des *Cause du Peuple* und Maos Kulturrevolution zum mosaischen Judaismus und Zionismus überwechselten. Das Bündnis mit dem französischen Konservatismus wurde besiegelt, als der ehemalige Maoist André Glucksmann von Sarkozy die *légion d'honneur* [französischer Verdienstorden] verliehen bekam. Ivan Segré entwickelt eine ähnliche These in *La Réaction Philosémite*, wenn er eine Reihe Intellektueller (jüdische und nicht-jüdische) kritisiert, für die antiislamischer Ras-

469 Jean Daniel, *La Prison Juive* (Paris: Odile Jacob, 2003).
470 Jean Birnbaum, *Les Maoccidents: Un Néoconservatisme à la Française* (Paris: Stock, 2009).

sismus, Zionismus und eine Wende nach rechts Hand in Hand gingen.[471] Die vollständige Annahme des Zionismus hat dazu geführt, dass Jüd_innen, die den Staat Israel zu kritisieren wagen, wahrhaft exkommuniziert werden: Edgar Morin (ein halbes Jahrhundert für sein prinzipienfestes Linkssein bekannt) wird des Negationismus, d.h., der Leugnung des Holocausts bezichtigt; Eyal Sivan, israelischer Filmemacher, wird aufgrund seines Films (mit Michel Khleifi) *Route 181* der selben Sache bezichtigt; Stéphane Hessel, Diplomatensohn des jüdisch-deutschen Schriftstellers Franz Hessel (der das Modell für Jules im Film *Jules et Jim* und das Vorbild für Walter Benjamins Flaneur abgab und Opfer des Vichy-Antisemitismus wurde), wird von den Tribunalen des BNVAC (dem *Nationalen Büro für Wachsamkeit gegen Antisemitismus*) strafrechtlich verfolgt, weil er ökonomische Sanktionen gegen Israel unterstützte.

Guillaume Weill-Raynal andrerseits hat in mehreren Büchern die Art und Weise angeprangert, in der zionistischer Druck und zionistische Propaganda es schier unmöglich machen, den israelisch-palästinensischen Konflikt rational zu diskutieren. Er spricht von einem »Klima wie unter McCarthy,« das jede Kritik an Israel umgebe. Er kritisiert bekannte Intellektuelle wie Alain Finkielkraut und Pierre-André Taguieff, die, wie er betont, mit Desinformation das Phantasiegebilde eines ›neuen Antisemitismus‹ in Frankreich in die Welt gesetzt hätten. Die Idee eines judäophoben Frankreichs und Europas hat sich in Frankreich, den Vereinigten Staaten und Israel ausgebreitet. In seinem Buch *Une haine imaginaire?: Contre-enquête sur le »nouvel antisémitisme«* argumentiert Weill-Raynal, dass Leute wie Taguieff, Finkielkraut und Jacques Tarnero im Bündnis mit Medieneliten einen ›imaginären Hass‹ aufgebaut hätten. Mit Hilfe dieses Popanzes sei der Kampf gegen den Antisemitismus zur Einschüchterung und Abqualifizierung der Kritiker_innen Israels ›instrumentalisiert‹ worden.[472] Jene diasporischen, »israelischeren [Jüd_innen] als die Israelis« fänden Antisemitismus überall. In seinem Buch *Les nouveaux désinformateurs* spricht Weill-Raynal von einer »Ansammlung von Vorgehensweisen und präzisen Mechanismen, mittels derer Meinung manipuliert werde« in diesem Fall mittels der ›Vermarktung‹ Israels und der Dämonisierung von Araber_innen, Muslim_innenn und der pro-palästinensischen Linken.[473] Ziel dieser Manipulation sei es, selbst die mildeste und indirekteste Kritik an Israel in ein antisemitisches Licht zu rücken. Innerhalb des ›neuen Antisemitismus‹, so werde argumentiert, würde Israel diffamiert, dämonisiert,

471 Ivan Segré, *La Réaction Philosémite, ou, La Trahison des Clercs* (Paris: Lignes, 2009).

472 Vgl. Guillaume Weill-Raynal, *Une haine imaginaire?: Contre-enquête sur le »nouvel antisémitisme«* (Paris: Colin, 2005).

473 Vgl. Guillaume Weill-Raynal, *Les nouveaux désinformateurs* (Paris: Colin, 2007).

nazifiziert. Für Weill-Raynal haben diese Einstellungen zu den schlimmsten Formen des Rassismus und der Islamophobie und zu einer entsprechenden Doppelmoral geführt: Mildeste Äußerungen, ein Kommentar über Jüd_innen und Handel, eine Bemerkung von der ›einige-meiner-besten-Freunde‹ Art, werden, wenn sie von einem Kritiker Israels kommen, schon für anti-jüdisch erachtet und mit Hitler in Verbindung gebracht, während die pro-israelische Seite die ungeheuerlichsten Dinge sagen kann. Weill-Raynal zitiert zahlreiche Beispiele von der Webseite der UPJF, der *Union jüdischer Manager und Selbständiger Frankreichs*, so zum Beispiel Behauptungen, dass es ›zu viele Moscheen in Frankreich‹ gebe, dass es nicht eine ›ökonomische Migration‹ aus den islamischen Ländern gebe, sondern allein eine vierzehn Jahrhunderte alte Verschwörung des Kalifats, Europa zu übernehmen. Die gleiche Art, den Anderen zum ›Ungeziefer‹ zu machen, die gegen Jüd_innen in antisemitischen Vichy-Wochenschauen praktiziert wurde, wird jetzt wiederverwertet in der Darstellung, dass Araber_innen/Muslim_innen sich ›wie Mäuse vermehren.‹ Statt der Verschwörung der ›Protokolle der Älteren Zions‹ haben wir jetzt ein Komplott der ›Älteren des Kalifats.‹

Die Figur der Jüd_innen wird von Intellektuellen in Frankreich auf bemerkenswert vielfältige Weise bemüht. Für Finkielkraut sind Jüd_innen praktisch wesenseins mit dem Westen, sehr ähnlich wie Israel als eine jüdische Schweiz in der Vorstellung des Zionismus existierte. Jüd_innen werden in diesem Diskurs als der bedrohte Teil, der das Ganze repräsentiert, ein Metonym für Europa. Für den tunesisch-französischen Schriftsteller Mehdi Belhaj Kacem andererseits ist die Figur der Jüd_innen beispielhaft für die geschichtliche Rolle als Opfer. Einige könnten den Einspruch erheben, dass diese Gleichung das jüdische Volk gemäß Sartres Ausspruch als ohne jede Geschichte oder Identität außer der vom Antisemitismus verliehenen positioniere, aber dies entspricht nicht wirklich Kacems Absicht. Für ihn sind Jüd_innen zum Sinnbild von Alterität [Andersheit] geworden, mittels dessen alle Unterdrückungen gedacht werden können. Diejenigen, die gegen den Rassismus protestieren, beziehen sich dauernd auf die Analogie zum Judaismus als einer Art von Vorurteils-›Goldstandard‹: »Würden Sie das von Jüd_innen sagen?« Allein diese Frage macht deutlich, dass der Antisemitismus einen geschichtlich-existentiellen Kern in sich trägt, der ihn zu anderen Rassismen analog macht. Historische Umstände, so argumentiert Kacem, haben ein »gerechtes und heilsames Tabu gegen den Antisemitismus« festgelegt, da die Shoah das einzige Mal darstelle, wo der Westen der Erfüllung »seiner morbiden Fantasie, den Anderen auszurotten«, ganz nahe kam. Gleichzeitig warnt Kacem vor der »Instrumentalisierung des Anti-Antisemitismus« als Teil der Errichtung neuer »nachrangiger Zonen« des Rassismus. Für Kacem betrifft Auschwitz die ganze Menschheit; es ist nicht ein ethisches Kapital, das in einem Opferrollen-Wettbewerb ausgebeutet werden darf. Für Kacem kann »Nie wieder!« nicht heißen, »nie wieder« nur für Jüd_innen, sondern muss heißen, für niemanden »jemals wieder«.[474]

Wenn Jüd_innen für Kacem das Paradigma an sich von nicht reduzierbarer Alterität bilden, so sind es für den marokkanischen Amerikaner Anouar Majid in seinem Buch *We Are All Moors* Maur_innen, die zum Sinnbild für Ausgeschlossensein werden, allerdings Maur_innen, die mit Jüd_innen sehr eng verbunden sind, Maur_innen, die in Wirklichkeit sogar Jüd_innen sein können. Wenn für die '68er Unterstützer_innen von Daniel Cohn-Bendit »nous sommes tous des Juifs allemands,« (»wir alle deutsche Jüd_innen sind«) so sind für Majid »nous tous des Maures« (»wir alle Maur_innen«). In der Nachfolge von Victor Frankl, Primo Levi, Giorgio Agamben und Gil Anidjar sieht Majid die Nazi Bezeichnung *Muselmänner* (Muslime) für die hilflosesten und erniedrigsten Jüd_innen als von dem verflochtenen Status beider Gruppen historisch überdeterminiert an – als gemeinsam aus der europäischen Reinheit verstoßbare ›Andere‹. Durch einen Prozess sich überkreuzender Analogien haben Jüd_innen und Muslim_innen manchmal den Platz der jeweiligen anderen eingenommen und sich zu Zeiten miteinander identifiziert. Der vom israelisch-palästinensischen Konflikt erzeugte dichotome Diskurs hat sich unglücklicherweise allzu oft dazu verschworen, die Stimmen von Analogie, Identifikation und Verwandtschaft zu übertönen. In seinem Buch *Derrida, Africa, and the Middle East* meint Christopher Wise, dass Jacques Derrida manchmal messianische Jüd_innen als angemessene Identifikationsfiguren für alle nichteuropäischen Menschen einschließlich afrikanischer Muslim_innen betrachte. Wise zeigt sowohl den Hauptmangel des Denkens von Derrida bezüglich dieses Themas auf – sein nicht in Frage Stellen des Zionismus – als auch die Vorteile, die eine Dekonstruktion bietet, die verstärkt und dafür geöffnet wird, inklusiver zu sein als ihre Formulierung in Derridas eigenen Schriften.[475]

Wie progressive jüdische Intellektuelle in den Vereinigten Staaten, so haben auch viele französische jüdische Intellektuelle differenzierte Meinungen vertreten und das Anprangern von Rassismus und Antisemitismus mit einer Kritik des Zionismus und israelischer Politik sowie mit Solidarität mit rassifizierten Minderheiten in Frankreich kombiniert. Während so Joëlle Marelli den Antisemitismus sowohl Le Pens als auch einiger muslimisch/arabischer Militanter beklagt, schreibt sie gleichzeitig, dass »Jüd_innen mit nicht-europäischen Völkern, und insbesondere kolonisierten, das Schicksal geteilt haben, als zu einer spezifischen ›Rasse‹ gehörig erachtet zu werden, die gegenüber der weißen eu-

474 Kacem, *La Psychose Française*, 52.

475 Christopher Wise, *Derrida, Africa, and the Middle East* (New York: Palgrave, 2009).

ropäischen Rasse als minderwertig gesehen wurde«.[476] Obwohl der Antisemitismus eine besondere Geschichte aufweist, existieren diese Besonderheiten in einem Ganzen mit anderen Rassismusformen. Personen wie Bruckner spalten nach Marellis Ansicht den Antisemitismus von anderen Rassismen ab, was zu einer Hierarchie führt, die andere antirassistische Kämpfe delegitimiert. Im Gegensatz zu der Rechtswende der *nouveau philosophes* betrachten französische jüdische Intellektuelle wie Henri Alleg, Alice Cherki, Maxime Rodinson, Benjamin Stora, Edgar Morin, Eric Hazan, Joëlle Marelli, Ilan Halevi, Emmanuelle Saada, Simone Bitton, Eyal Sivan und Sophie Bessis Jüd_innen nicht als mit dem Westen wesensgleich, sondern vielmehr als auf einigen Ebenen mit des Westens inneren und äußeren ›Anderen‹ verbündet. Die Identifizierung ist bildlich gesprochen eine mit Jüd_innen als den Sklav_innen in Ägypten und nicht, wie bei den neokonservativen Pentagonist_innen, eine mit den modernen ›Pharaonen.‹ Seit den 1980er Jahren hat eine jüdisch-schwarze und jüdisch-muslimische Zusammenarbeit, Bestand, dank solcher Gruppen wie *Perspectives Judeo-Arabes*, des *Black Jewish Friendship Committee* und der *Indigènes de la République,* die diesem koalitionären Impuls politischen Ausdruck verleihen.[477]

Jüd_innen sind schon lange ein wesentlicher Teil der linken Koalition gewesen und haben unverzichtbare Beiträge zum linken antirassistischen Denken geleistet. Es besteht eine lange Tradition jüdischen Engagements für revolutionäre Bestrebungen, und zahllose radikale jüdische Denker_innen haben für Gerechtigkeit und Gleichberechtigung gekämpft, auch wenn sie nicht unbedingt *als* Jüd_innen aufgetreten sind. Die US-amerikanische Gruppe *Jews for Racial and Economic Justice* (JFREJ) bietet ihrerseits als jüdische Gruppe People of Color verlässliche Solidarität und arbeitet auf der Graswurzelebene gegen Diskriminierung, gegen Racial Profiling, gegen Polizeischikanen, und so weiter. Solche Aktivist_innen, die sowohl die jüdischen, durch Weißsein bedingten Vorteile anerkennen als auch die Aschkenasi-Dimension ihres Jüdischseins, beleben auch die mit der New Yorker Yiddishkeit verbundene progressive Geschichte wieder, die mit der Nachkriegsverbürgerlichung und der Wende nach 1967 hin zum Zionismus verblasst war. Wie der Slogan ›Nicht in unserem Na-

---

476 Joëlle Marelli, »Usages et Maléfices du Thème de l'Anti-Sémitisme...,« in Nacira Guénif-Souilamas, Hrsg., *La République Mise à Nu par son Immigration* (Paris: La Fabrique, 2006), 136.

477 Wie wir aus Leila Shahid's *Les Banlieues, le Proche-Orient et Nous* (Paris: Éditions de L'Atelier, 2006) erfahren, besuchten Shahid, frühere Sprecherin für die Palästinensische Autonomiebehörde in Frankreich, Michael Warschawski, französisch-israelischer Begründer des Alternativen Informationszentrums (Jerusalem), und Dominique Vidal, Herausgeber der *Le Monde Diplomatique,* die Banlieues, um das gegenseitige Verständnis zwischen Araber_innen und Jüd_innen zu stärken.

men!‹ deutlich macht, verweigern sich diese Linken der Idee, dass die vorherrschenden zionistischen Organisationen für alle Jüd_innen sprächen. JFREJ macht auf die hybriden Räume des Jüdischseins all derjenigen mit gemischtem Hintergrund aufmerksam wie auch auf die sexuelle Vielfalt in der jüdischen Gemeinde. Das von Deborah Kaufman und Janis Plotkin gegründete San Francisco Jewish Film Festival hat unterdessen gezeigt, was an der kulturellen Front getan werden kann: Das Festival begann in den 1980er Jahren mit dem Ziel, einen filmischen Dialog nicht nur zwischen Jüd_innen und Nicht-Jüd_innen anzuregen, sondern auch einen zwischen Jüd_innen und Muslim_innenn/Araber_innenn und zwischen Israelis und Palästinenser_innen.

Viele jüdische Intellektuelle sind dabei, neue Wege für das Artikulieren diasporischen Jüdischseins zu finden und es vom Zionismus abzukoppeln. In seinem Buch *Destins marranes* argumentiert Daniel Lindenberg, dass der von der spanischen Inquisition hervorgerufene Marranismus, der zu der Philosophie von solchen Helden der Vernunft wie Baruch Spinoza führte, das Muster abgab, nicht nur für jüdische Emanzipation, sondern ganz allgemein für die europäische Emanzipation.[478] In *Figures d'Israël: l'identité juive entre arranisme et sionisme (1648–1998)* spricht Lindenberg vom ›Marranismus‹ von Menasse Ben Israel, Sabbatai Tsvi und Spinoza als Alternativen zu nationalistischen Mythologien.[479] In ihrem Buch *The Jew and the Other* erforschen Esther Benbassa und Jean-Christophe Attias die lange Tradition der Öffnung gegenüber dem ›Anderen‹ in vielen der frühesten Stränge jüdischen Denkens.[480] Melanie Kaye/Kantrowitz ihrerseits spricht von ›radikalem Diasporismus‹ als Antwort auf den Zionismus: »Wo der Zionismus sagt, geh nachhause, sagt der Diasporismus, wir machen uns ein Zuhause dort, wo wir sind. Das Wort *Zionismus* bezieht sich allein auf Jüd_innen; der Diasporismus bezieht ganz bewusst die Vielfalt diasporischen Erlebens ein [...]. Der Diasporismus ist einem nicht endenden paradoxen Tanz zwischen kultureller Integrität und multikulturellen Komplexitäten verpflichtet.«[481] Dieser soziale und kulturelle Aktivismus hat hegemoniale Definitionen des Jüdischseins herausgefordert und Jüdischsein für schwule und lesbische Jüd_innen geöffnet, alles in Zusammenarbeit mit Wissenschaftler_innen des Multikulturellen, der *Critical Race*

---

478 Daniel Lindenberg, *Destins marranes: l'identité juive en question* (Paris: Hachette, 2004).

479 Daniel Lindenberg, Figures d'Israël: L'identité Juive entre Marranisme et Sionisme (1648–1998) (Paris: Hachette, 1997).

480 Esther Benbassa and Jean-Christophe Attias, *The Jew and the Other* (Ithaca: Cornell University Press, 2004).

481 Melanie Kaye/Kantrowitz, *The Colors of Jews: Racial Politics and Radical Diasporism* (Bloomington: Indiana University Press, 2007), 199.

Theories und der *Critical Whiteness Studies*. Das Buch von Kaye/Kantrowitz, *The Colors of Jews: Racial Politics and Radical Diasporism* und Anthologien wie Tony Kushners und Alisa Salomons *Wrestling with Zion* und Adam Shatzens *Prophets Outcast: A Century of Dissident Jewish Writing about Zionism and Israel* haben alternative Bahnen für jüdische Linke kartografiert.[482]

Frankreichs multikulturelle Wende

Obwohl wir uns gegenüber den Einstellungen einiger französischer Intellektueller bezüglich Rasse und Kolonialität sehr kritisch geäußert haben, ist es wichtig, an die Leistungen französischer und frankofoner Intellektueller zu erinnern, wie auch an die vielen Aspekte des französischen Sozialsystems – die Gesundheitsfürsorge, die praktisch gebührenfreie Bildung, die Sozialleistungen für die Arbeiter_innen – die die Lage aller Bürger_innen unabhängig von ihrer Hautfarbe, verbessern. Trotz politischer Korruption und der Herrschaft einer elitären Minderheit macht ein relativ gut geschmierter Wohlfahrtsstaat das Leben in Frankreich weniger angsterfüllt und von mehr Gleichheit geprägt als in den Vereinigten Staaten. Anders als George W. Bushs ›Eigentumsgesellschaft‹, die die hauptsächlich schwarzen Opfer des Hurrikans Katrina ›sich selbst überließ‹, bietet das französische Sozialsystem ein viel sichereres Sicherheitsnetz für die gesamte Bevölkerung. Das kollektive Leben ist dadurch weniger sozialdarwinistisch und in mancherlei Hinsicht gleicher, obgleich diese grobe Gleichheit noch nicht die praktisch ausschließlich weiße politische Klasse in Frankreich (einschließlich der Sozialistischen Partei) erreicht hat. Die Banlieue Aufstände von 2005 beweisen nichtsdestotrotz, dass der Wohlfahrtsstaat einfach nicht genügt. Obwohl die französische Polizei People of Color bei weitem nicht in dem Ausmaß tötet, wie die Polizei in den Vereinigten Staaten oder, noch schlimmer, in Brasilien, sind zig Männer of Color auch von der französischen Polizei getötet worden. Indem er mit dem Wort *banlieue* ein lautmalerisches Wortspiel macht und Banlieue den »Platz der von der Republik Verbannten« nennt, erinnert Mehdi Belhaj Kacem an Agambens Idee des *homo sacer*, der toten Menschen außerhalb des Gesetzes, die dennoch in dem Mechanismus, der sie verbannt, gefangen bleiben und fortwährend in Beziehung zu der Macht, die sie verbannt, verharren müssen. Kacem verknüpft das Wort ›verbannt‹ mit ›Banditen‹, dem also, was Sarkozy als halb menschlichen, halb animalischen ›Abschaum‹ (racaille) bezeichnete. Zum ersten

482 Tony Kushner and Alisa Solomon, Hrsg., *Wrestling with Zion* (New York: Grove, 2003); Adam Shatz, Hrsg., *Prophets Outcast: A Century of Dissident Jewish Writing about Zionism and Israel* (New York: Nation Books, 2004); und Kaye/Kantrowitz, *The Colors of Jews.*

Mal seit dem Krieg in Algerien, so führt Kacem aus, finden wir »Ausnahmezustände«, ethnisch definierte Ausgangssperren und die »Palästinisierung« der Banlieue vor, die ihrerseits wiederum eine Art »Euro-Intafada« erzeugten. Kacem erwartet wenig von einem französischen Parlament, welches männlich, weiß, bürgerlich und heterosexuell ist und »schon lange niemanden mehr repräsentiert hat«.[483]

Die Tirade von Bourdieu/Wacquant gegen den Multikulturalismus wurde ironischerweise gerade in dem Augenblick veröffentlicht, als die französische öffentliche Debatte an der Schwelle einer massiven diskursiven Wende stand. In der ersten Dekade des 21. Jahrhunderts bewegten sich viele Linke von einer breiten Ablehnung rassenbewusster Kritik und des Postkolonialismus hin zu einer teilweisen Bejahung dieser beiden Projekte. Clarisse Fabre und Éric Fassin verweisen in ihrem Buch *Liberté, Égalité, Sexualités* auf einen ironischen Kurvenverlauf in Frankreich, von einer Position, dass »die Kulturkämpfe in den Vereinigten Staaten absolut nichts mit uns zu tun haben«, hin zu einer Position, dass »sie alles mit uns zu tun haben.« Ein 2000 unter dem einfachen Titel *Le Multiculturalisme* erschienenes Buch von Fred Constant liefert Beweismaterial für diese Wende. Das französische Modell, behauptet Constant, privilegiere Einheit *gegen* Vielfalt, während das anglo-amerikanische Modell Einheit *durch* Vielfalt herstelle. Aber Constant lehnt eine verdinglichte Dichotomie von Pluralismus und Assimilationismus, die die beiden Modelle in stärkerem Gegensatz erscheinen lasse, als sie es wirklich sind, ab: »In Frankreich ist der Staat nicht nur immer der für die Definition und Strukturierung der Identitäten Zuständige gewesen, sondern das republikanische Modell hat auch Gruppen und Gemeinden mit eigener Identität viel mehr Platz geboten als allgemein zugegeben.«[484] In einer allgemein uneingestandenen Angleichung »tendiert Pragmatismus dazu, über die Strenge abstrakter Modelle und die Reinheit idealer Typen zu triumphieren«.[485]

Angesichts der neuen Respektabilität der Argumente für Vielfalt sind einige französische Rechte jetzt weniger auf den *amerikanischen* Multikulturalismus fixiert als auf den *französischen*. Die Januar-März Ausgabe von 2005 der konservativen Zeitschrift *Géopolitique* zum Thema des ›*politiquement correct*‹ liefert ein auffälliges Beispiel für diesen Trend. In einem an die US-amerikanische Rechte erinnernden Idiom verknüpft diese Ausgabe *political correctness* mit Zensur, Feminismus, Totalitarismus, Anti-Christentum und paradoxerweise mit sowohl moralischem Relativismus als auch moralischer

483 Kacem, *La Psychose Française*, 52.

484 Fred Constant, *Le Multiculturalisme* (Paris: Flammarion, 2000), 35.

485 Ebd., 37.

Strenge. Aber, wie der französische Konservative Paul Thibaut in seinem Essay »Exception Française!« feststellt, haben diese gefürchteten Trends jetzt die französischen Gestade erreicht. In den 1990er Jahren, so resümiert er, hätten französische Intellektuelle Multikulturalismus und *political correctness* als typisch bizarre Produkte amerikanischer Eigenheit angesehen. Demzufolge konnte der ›amerikanische Puritanismus‹ die ›Aggressivität des Feminismus‹ erklären und die Abwesenheit aristokratischer Tradition die populistische Kritik am Bildungskanon, und so weiter.[486]

Dieser für Thibaut fälschlicherweise beruhigende Diskurs ging davon aus, dass »nichts von diesem Unsinn je nach Frankreich kommen würde«. Doch, so klagt er, ist es jetzt Frankreich, das Geschlechterparität in die Politik eingeführt habe, mit Quotenregelungen und ›positiver Diskriminierung‹ flirte und Gesetze gegen die Leugnung des Holocaust und gegen Rassismus verfasse. Während die Vereinigten Staaten die politische Korrektheitskampagne ›überlebt‹ habe – dank dessen, was Thibaut als die »weitsichtigen Politikentscheidungen von George W. Bush« und die brillanten Analysen von Allan Bloom sieht – hat Frankreich sich als noch anfälliger für »die multikulturelle Epidemie« erwiesen als die Vereinigten Staaten selber. Wie der von einer paradiesischen Zeit »damals, als wir kein Rassenproblem hatten,« sprechende Ronald Reagan, so beschwört Thibau ein idyllisch vereintes Frankreich vor dem Sündenfall, welches danach durch Identitätspolitik aufgesplittert worden sei. Die Situation sei so extrem geworden, so beklagt er, dass Leute jetzt ohne weiteres das Christentum anprangerten und gleichzeitig den Islam für sakrosankt erklärten. Während *political correctness* »in den USA marginal« war, so merkt er an, »ist sie in Frankreich überhaupt nicht marginal«.[487] In einer bemerkenswerten Kehrtwendung ist der einst als eine ›amerikanische Sache‹ verspottete Multikulturalismus, zumindest im Kopf dieses französischen Rechten, jetzt zu einer gründlich ›französischen Sache‹ geworden.

486 Paul Thibaut, »Exception Française!«, *Géopolitique* (January–March 2005).
487 Ebd.

6 Brasilien, die Vereinigten Staaten und die Kulturkämpfe

Nach dem Niedergang des autoritären, 1937 eingerichteten ›Neuen Staates‹ von Vargas, begann 1945, nach dem Zweiten Weltkrieg, in Brasilien eine Zeit relativer Demokratisierung. Weltweit führte die Niederlage des Nazismus zur Diskreditierung des faschistischen Rassismus. Nach 1945 befand sich die chauvinistische, rechte Bewegung des ›Integralismus‹ in der Defensive, und demokratische, gewerkschaftliche und schwarze Bewegungen erlebten einen Aufschwung. Zur selben Zeit unterstützten brasilianische Intellektuelle die Dekolonisierung großer Teile Asiens und Afrikas einschließlich der Regionen, die Brasilien am unmittelbarsten betrafen, d.h., der portugiesischen Kolonien Angola, Mosambik, Guinea-Bissau und São Tomé, die letzten Endes ihre Unabhängigkeit ziemlich spät erreichten, nämlich in den 1970er Jahren. Viele linke brasilianische Intellektuelle sympathisierten mit der 1947 gewonnenen Unabhängigkeit Indiens, mit der kubanischen Revolution von 1959 und mit der algerischen Unabhängigkeit von 1962. Gleichzeitig fingen linke Intellektuelle an Brasiliens Status als geopolitisch ›neokolonisiertes‹, ›abhängiges‹ und ›peripheres‹ Land zu analysieren.

Das stark nationalistische politische Projekt der brasilianischen Linken war auch von »der Ablehnung des europäischen und US-amerikanischen ökonomischen Liberalismus und ihres kulturellen Imperialismus [gekennzeichnet] [...] sowie [von] der Konstruktion eines staatlich regulierten Kapitalismus und einer indigenen nationalen Kultur mit populärer Grundlage.«[488] In dieser Gemengelage, konzentrierten sich brasilianische Intellektuelle auf koloniale Aspekte der brasilianischen Situation. Die Abhängigkeitstheorie, zu der brasilianische Intellektuelle Wesentliches beitrugen, war ein Ergebnis dieses kolonialen Bewusstseins, das einherging mit einer Kritik der US-amerikanischen politischen und ökonomischen Hegemonie. Während linke Soziolog_innen in den Vereinigten Staaten die herrschende ›Soziologie des Feierns‹ angriffen, nahmen marxistische Sozialwissenschaftler_innen wie Florestan Fernandes und Octávio Ianni das ungefähre Äquivalent davon, was die Freyresche ›Anthropologie des Feierns‹ genannt werden könnte, auseinander. Die Herausforderung für Brasilianer_innen jeder Hautfarbe bestand darin, nicht nur der akademischen Abhängigkeit von den vorherrschenden Codes und dem Wortschatz

488 Antonio Sérgio Alfredo Guimarães, »The *Race* Issue in Brazilian Politics (the Last Fifteen Years)«, ein Papier, das auf der Konferenz »Fifteen Years of Democracy in Brazil« präsentiert wurde, University of London, Institute of Latin American Studies, London, February 15–16, 2001.

der US-amerikanischen und europäischen Sozialwissenschaften den Rücken zu kehren, sondern auch der konservativen Tradition Freyres.

›Rassendemokratie‹ und Black Consciousness

Gleichzeitig wurde das Nachkriegsbrasilien Zeuge einer wachsenden Black Consciousness Bewegung. In der Tradition früherer schwarzer Zeitschriften aus den 1920er Jahren, wie *Menelik* und *A Voz Negra*, gründete der afro-brasilianische Schauspieler/Dichter/Dramatiker/Skulpturist/Aktivist Abdias do Nascimento *Quilombo*[489], welche von Dezember 1948 bis Juli 1950 erschien. Die Zeitschrift folgte Nascimentos Gründung des *Black Experimental Theatre* (BET: 1944-1968), einer Einrichtung, deren Ziel es war, schwarze Schauspieler_innen auszubilden und gegen Diskriminierung zu kämpfen. Empört über eine Aufführung von O'Neills *Emperor Jones* in Lima, Peru, mit einem weißen, schwarz geschminkten Schauspieler in der Hauptrolle, beschloss Nascimento Schauspieler_innen of Color aufzuwerten. In einer Zusammenfassung der Ziele der Gruppe schrieb er:

> »Das Black Experimental Theatre ist bestrebt, sowohl in sozialer als auch in künstlerischer Hinsicht den Beitrag von Afrikaner_innen zur Gestaltung Brasiliens wieder herzustellen, aufzuwerten und zu verstärken, sowie die Ideologie des Weißseins zu demaskieren, die eine Situation geschaffen hat, die, wie Sartre es ausdrückt, so aussieht, dass ›sobald er seinen Mund öffnet, der Neger sich selbst anklagt, es sei denn er versucht die vom europäischen Kolonisten und seinem Zivilisierungsprozess vertretene Hierarchie zu stürzen.‹«[490]

Die Ziele des BET bestanden darin, (1) Schwarze in die brasilianische Gesellschaft zu integrieren, (2) die von den vorherrschenden Sozialwissenschaften angepriesene Ideologie des Weißmachens zu kritisieren, (3) den afrikanischen Beitrag zur brasilianischen Kultur aufzuwerten und (4) das Theater als ein privilegiertes Medium für diese Ideen zu fördern. Das BET organisierte auch die Nationale Schwarze Konferenz (1949) und den Ersten Kongress für Schwarze Brasilianer_innen (1950). Das BET hob die theatralischen Seiten afrikanischer und afro-diasporischer Kultur hervor, wie sie von den religiösen Festen des Kontinents, seinen getanzten Liturgien und der uralten Rolle von Schauspiel veranschaulicht werden. Afrikanische Religionen würden Lied und Tanz einsetzen, um »das Göttliche einzufangen und die Gottheiten darzustellen,

489 Zur Zeit der portugiesischen Herrschaft bezeichnete *quilombo* eine Niederlassung geflohener schwarzer Sklav_innen. Das Wort stammt aus den Bantu-Sprachen Kikongo und Kimbundu und bedeutet Wohnsiedlung.

490 Zitiert in Ricardo Gaspar Müller, »O Teatro Experimental do Negro«, in Müller, Hrsg., *Dionysos 28* (1988) (Sonderausgabe über das Black Experimental Theatre).

sie zu vermenschlichen und mit ihnen in mystischer Trance in einen Dialog zu treten.«[491]

Quilimbo nahm von der ersten Ausgabe an eine kompromisslose Haltung gegenüber Rassismus ein: »Nur jemand, der sich durch eine absolut begriffsstutzige Naivität oder durch zynische Böswilligkeit auszeichnet«, so schrieb Nascimento in dem Eröffnungsleitartikel, »könnte das Existieren rassischer Vorurteile in Brasilien abstreiten.«[492] Die führenden Köpfe bei *Quilombo* – Guerreiro Ramos und Nascimento – verschmolzen klassenbewussten Marxismus mit Panafrikanismus. Aber, wie Abdias do Nascimento und Elisa Larkin Nascimento in ihrem Vorwort zur Faksimile-Ausgabe der Zeitschrift feststellen, wurde *Quilombo* zerrissen von den Spannungen zwischen den radikaleren schwarzen Aktivist_innen und Insider_innen und den weitgehend weißen Gastautor_innen und Außenstehenden (einschließlich Gilberto Freyre), von denen einige an den Glaubenssätzen der ›Rassendemokratie‹ festhielten. In dem Eröffnungsleitartikel bildete Nascimento die rekombinierten Rassismusvarianten im Schwarzen Atlantik anatomisch ab. Er schrieb, dass Rassismus in der Form auftreten könne, dass er »indigene Schwarze, wie in Südafrika, politischer und ökonomischer Macht über ihr eigenes Territorium beraube oder sie, wie in den Vereinigten Staaten, unter Gewaltausübung ihrer Rechte beraube, und zwar in einem Land, das sie mit aufgebaut haben, oder sie, wie in Brasilien, listig der psychologischen und geistigen Mittel beraube, mit deren Hilfe sie trotz formaler Gleichberechtigung, das Bewusstsein für ihre wahre Lage erwerben könnten.«[493]

Quilombo veröffentlichte einige der prägnantesten schwarzen brasilianischen Denker_innen zum Thema *race* (Guerreiro Ramos, Solano Trindade und Nascimento selbst) zusammen mit progressiven (weißen) französischen Autor_innen wie Roger Bastide und Jean-Paul Sartre sowie Afro-Amerikaner_innen wie Ralph Bunche und George Schuyler und hat gleichzeitig regelmäßigen Kontakt mit *Présence Africaine*, dem Hausorgan der *Négritude* in Frankreich, gepflegt. *Quilombo*s Themenspektrum spiegelte diesen Afro-Kosmopolitanismus wieder, beispielsweise mit Essays zu den Beziehungen zwischen schwarzen brasilianischen Intellektuellen und *Présence Africaine*, oder zu den besonderen Leistungen von Afro-Amerikaner_innen, wie dem Nobelpreisträger Ralph Bunche, der Opernsängerin Marian Anderson und der Choreografin Katherine Dunham. *Quilombo* veröffentlichte auch Übersetzungen aus dem Französischen (Sartres Vorwort zu »Orphée Noir«) und aus dem Englischen

491 Abdias do Nascimento, Vorwort zu *Sortilegio II* (Rio de Janeiro: Paz e Terra, 1979), 28.
492 Abdias do Nascimento, Leitartikel, *Quilombo* (December 1948).
493 Ebd.

(George Schuylers *Pittsburgh Courier* Artikel, in dem er den Rassismus in den Vereinigten Staaten und in Brasilien miteinander vergleicht).[494]

Abdias do Nascimento personifiziert die panatlantische Dimension des afro-diasporischen Kosmopolitismus, wie er sich in seinen persönlichen Dialogen mit solchen Charakteren wie Aimé Césaire, Leroi Jones (Amiri Baraka), Bobby Seale, Keroapetse Kgositsile und C.L.R. James bewiesen hat. Durch die Diktatur ins Exil gezwungen, unterrichtete Nasciemento an der State Universtity of New York (SUNY) in Buffalo, bevor er nach Brasilien zurückkehrte, um 1978 die Vereinigte Schwarzen Bewegung gegen Rassismus und Rassendiskriminierung und 1980 das Institut für Afro-Brasilianische Forschung und die Gedenkstätte Zumbi zu schaffen. Für Nascimento »läuft die Errichtung einer wahren Demokratie notwendigerweise über Multikulturalismus und die wirksame Einsetzung kompensatorischer Maßnahmen, um für alle diskriminierten Gruppen die vollen Bürgerrechte zu gewährleisten«.[495] Im Jahr 1992, dem Jahr der Anti-Kolumbus Proteste anlässlich der Fünfhundertjahrfeiern, zweifelten Abdias und Elisa Larkin Nascimento die Vorstellung eines ›lateinischen‹ Amerikas an, welche in ihren Augen »nur die Vorherrschaft einer weißen, elitären Minderheit über die Mehrheit der indigenen und afrikanischen Bevölkerung verbreitet, [...] was in einer grotesken Verzerrung der demografischen und soziokulturellen Wirklichkeit der Region resultiert«.[496] Wie Nascimentos Karriere vorführt, bilden afro-brasilianische Intellektuelle einen wesentlichen Teil der weiter verbreiteten ›Praxis von Diaspora‹, deren Anatomie von Brent Hayes Edwards scharfsinnig dargestellt wurde. Tatsächlich verweben Nascimentos Schriften eine palimpsestartige Vielfalt von Strömungen miteinander: ›Dritte Welt‹ Marxismus, Panafrikanismus, schwarzbrasilianischen Nationalismus, westindische *Négritude* und die US-amerikanische Bürgerrechtsbewegung.

Die UNESCO Studien zu *race* aus den 1950er Jahren steuerten einen weiteren entscheidenden Vektor zur Nachkriegsverschiebung, wie sie in Brasilien stattfand, bei. Die UNESCO beauftragte ein internationales Wissenschaftsteam: Florestan Fernandes, Roger Bastide und Oracy Nogueira sollten die ›Rassenbeziehungen‹ in São Paulo untersuchen; Thales de Azevedo und

494 Der Eröffnungsleitartikel und alle hier erwähnten Essays sind zusammen in der Faksimile-Ausgabe von Antonio Sérgio Alfredo Guimarães erschienen. Vgl. *Quilombo: Vida, Problemas, e Aspirações do Negro* (São Paulo: Editora 34, 2003).

495 Abdias do Nascimento und Elisa Larkin Nascimento, »Reflections on the Black Movement in Brazil, 1938–1997«, in Antonio Sérgio Alfredo Guimarães and Lynn Huntley, Hrsg., *Tirando a Máscara: Ensaios sobre o Racismo no Brasil* (São Paulo: Paz e Terra, 2000), 221–222.

496 Ebd., 228-229.

Charles Wagley wurden Bahia zugewiesen; und Darcy Ribeiro sollte die Assimilation indigener Gemeinschaften studieren. In den meisten Fällen deckte die Forschung ein subtiles Netz struktureller Benachteiligung und Vorurteile auf, das schwarze und indigene Menschen gefangen hielt. Nach Peter Frys Zusammenfassung der Arbeit von Marcos Chor Maio brachte die UNESCO Studie drei Ideen hervor, die in der Folge zu akademischen ›Gemeinplätzen‹ wurden: Erstens, dass, um die ›Rassenbeziehungen‹ in Brasilien zu verstehen, man auch die Klassenbeziehungen verstehen muss; zweitens, dass ›Rassentaxonomien‹ in Brasilien äußerst komplex sind; und drittens, dass trotz der ›Rassendemokratie‹ die starke Korrelation zwischen Armut und Hautfarbe ein Vorurteil gegen jene widerspiegelt, die ›dunkler‹ sind.[497]

Indem sie auf der panafrikanischen Arbeit von Nascimento und *Quilombo* aufbauten, sowie auf der marxistisch gefärbten Arbeit der von der UNESCO beauftragten Wissenschaftler_innen, gewann die *Black Consciousness* Bewegung in der Nachkriegszeit an Stärke. Obgleich die Bewegung durch die Feindseligkeit der Diktatur (1964-1984) gegenüber jedweden Erscheinungsformen von ›subversivem‹ afro-brasilianischem Aktivismus zum Teil behindert wurde, waren die 1970er Jahre dennoch eine Zeit zunehmender Militanz. Von einem breiten Spektrum von Bewegungen, den US-amerikanischen Black Power und Bürgerrechtsbewegungen, den Unabhängigkeitsbewegungen in den portugiesischen Kolonien in Afrika, der ›Dritten Welt Bewegung‹ und dem ›Trikontinentalismus‹, der einen Großteil der Welt erfasste, inspiriert, schufen brasilianische schwarze Aktivist_innen zahllose kulturelle Organisationen, was 1978 im Gründen des MNU (*Vereinigte Schwarzen Bewegung*) gipfelte, die selbst eine Koalition verschiedener Gruppen wie São Paulos CECAN (*Zentrum für Schwarze Kunst und Kultur*), Rio de Janeiros *Institut für Forschung über Schwarze Kultur* und unterschiedliche afro-kulturelle Gruppen Bahias war.[498]

In Bahia organisierten die ›Afro-blocos‹ (Gruppen im Straßenkarneval) *Ilé Aiyé* (1974 gegründet) und *Olodum* (1979 gegründet) Schwarze kulturell und politisch.[499] Ebenfalls in den 1970ern begann sich eine Welle des schwarzen Stolzes in Rio und anderen Städten auszubreiten. Die Sambista Candeia gründete 1975 die Quilombo Samba Schule. Die städtische Jugend übernahm

497 Peter Fry, Vorwort zu Yvonne Maggie und Claudia Barcellos Rezende, Hrsg., *Raça como Retórica: A Construção da Diferença.*

498 Howard Winant, der die Forschungsarbeit von Maria Ercilia do Nascimento zitiert, führt die Gruppen in seinem Buch auf: *The World Is a Ghetto: Race and Democracy since World War II* (New York: Basic Books, 2001), 233.

499 Zu den Afoxé-(ein Rhythmusinstrument aus Flaschenkürbis)-Gruppen, vgl. Christopher Dunn, »Afro-Bahian Carnival: A Stage for Protest«, *Afro-Hispanic Review* 11, nos. 1–3 (1992).

vor allem in Rio afro-amerikanische Symbole schwarzen Stolzes, wie die kodierten Handshakes und die Soulmusik, in einem Stil, der zu *bleque pau* (für ›black power‹) ins Portugiesische synchronisiert wurde. Soul und Reggae formten schwarze brasilianische Identität und inspirierten ›schwarzen Rio‹ in Rio, ›schwarzen Samba‹ in São Paulo und ›schwarzen Mineiro‹ in Minas Gerais. Der immer konservativere Gilberto Freyre, der die portugiesische Kolonialregierung in Afrika unterstützte, verurteilte solche Bewegungen als nordamerikanische Exporte, die »glückliche und brüderliche Sambas« durch düstere Auflehnung ersetzen würden.[500]

Viele dieser Kontroversen kamen 1989 anlässlich des einhundertsten Jahres der Abschaffung der Sklaverei auf. Zum ersten Mal »wurden die vielfältigen Formen rassischer [rassistischer] Ungleichbehandlung gegenüber Afro-Brasilianer_innen ein Hauptthema in der nationalen Debatte.«[501] Ein durchgängiges Leitmotiv war die Idee, dass »die Sklaverei noch nicht wirklich beendet« sei. So protestierte Rios Samba Umzug gegen die ›Farce der Abolition‹.[502] Die siegende Sambaschule Vila Isabel mit ihrem »Kizombo: Fest der Rasse« lobte Zumbi[503] als die Kraft hinter der Sklavereiabschaffung: »Zumbi ist es / der starke Ruf von Palmares / der Land und Luft und See überquert / und die Abolition formt.« Für viele Brasilianer_innen symbolisierten die *quilombos* die Macht schwarzen Widerstands. Der 13. Mai, der traditionelle Gedenktag für die von Prinzessin Isabel gewährte Abschaffung der Sklaverei, wurde vom 20. November als dem ›Nationaltag Schwarzen Bewusstseins‹ abgelöst, an dem die Erinnerung an Zumbi gefeiert wurde.

Wie schon vorher angedeutet, nahm die seismische Verschiebung in Brasilien eine andere Form an als in Frankreich oder in den Vereinigten Staaten. Da Brasilien keine imperialistische Macht war, richtete sich der Kampf nicht gegen brasilianischen sondern gegen US-amerikanischen Imperialismus und die US-unterstützte Diktatur, die von 1964 bis 1984 andauerte. Obwohl schwarzer Aktivismus existierte, nahm er nicht die Form von Massenmärschen gegen die ›Rassentrennung‹ an. Trotzdem schufen brasilianische Wissenschaftler_innen während dieser Zeit progressive Arbeiten über den portugiesischen Kolonialismus, den US-Imperialismus, den brasilianischen Rassismus und die afro-brasilianische und indigene Kultur. Dieses Gesamtwerk ist viel zu umfangreich, als dass hier ein Überblick gegeben werden könnte, aber eine kleine Auswahl

500 Freyre zitiert nach Michael Hanchard, *Orpheus and Power* (Princeton: Princeton University Press, 1994), 115.

501 Ebd., 142.

502 Ebd.

503 Zumbi (* 1655; gest. 20. November 1695) war der letzte Anführer der autonomen Republik Palmares von entflohenen und frei geborenen Sklav_innen.

nur der Arbeit über *race* aus den 1980er Jahren würde solche Texte umfassen wie Nacimentos *Quilombismo* von 1980, Lelia Gonzalez' und Carlos Hasenbalgs *The Place of Blacks* von 1982, Clovis Mouras *Brazil: The Roots of Black Protest* und Solange Martins Couceiro de Limas *Blacks on Television in São Paulo*, beide aus dem Jahre 1983, sowie Zila Bernds *The Question of Negritude* und Décio Freigas' *Palmares: The War of the Slaves*, beide von 1984, Oracy Nogueieras *Neither Black nor White* von 1985, João José Reis' *Slave Rebellions in Brazil* von 1986, Clovis Mouras *Qulombos, Reistance to Slavery* von 1987, den von João José Reis herausgegebenen Band *Slavery and the Invention of Freedom* und Clovis Mouras *Soziologie der Schwarzen Brasilianer* von 1988, Manoel de Almeida Cruz' *Alternative for Combating Racism* und Lilia Scharcz' *Portrait in Black and White: Slaves and Citizens in São Paulo in the 19th Century*, beide aus dem Jahre 1989.

Die Anatomie des Skeptizismus

Vor diesem Hintergrund von Redemokratisierung, US-Hegemonie, dem Auftauchen der Schwarzenbewegung und gründlicher Forschung über *race* finden wir in den 1990er Jahren eine partielle Gegenreaktion gegen multikulturelle Identitätspolitik. Während viele brasilianische Intellektuelle das Äquivalent von *race*- bzw. Kolonialforschung betrieben hatten (wenn auch unter anderen Etiketten), lehnten einige Journalist_innen den Multikulturalismus in weitgehend von der US-Rechten geborgter Begrifflichkeit ab, statt die Verbindung zu ähnlicher intellektueller Produktion in Brasilien zu sehen. Einige in den brasilianischen Medien stellten den Multikulturalismus als an sich fehlerhaft und für Brasilien irrelevant, ja sogar gefährlich dar. Die Feindseligkeit kam besonders von Seiten der dominanten Medien- und Verlagshäuser, die manchmal den US-Konservativen ihre Darstellung des Multikulturalismus als separatistisch, puritanisch und ›politisch korrekt‹ abkauften (nicht nur im übertragenen, sondern auch im Wortsinn) und wörtlich übersetzten. Es war wahrscheinlicher, dass wichtige Tageszeitungen und Zeitschriften wie *Folha de São Paulo*, *Veja* und *Isto É* Übersetzungen von Aufsätzen von Kritiker_innen wie Harold Bloom, Camille Paglia und Tom Wolfe veröffentlichten als die Arbeiten der multikulturellen Autor_innen selbst.

Gleichzeitig mit ähnlichen in Frankreich veröffentlichten Artikeln verdeutlicht ein am 1. Februar 1995 im brasilianischen Wochennachrichtenmagazin *Isto É* (grob gesagt ein brasilianischer *Spiegel*) veröffentlichter Artikel mit dem Titel »Die verkehrte Welt« die Modalitäten und die Richtung der Ablehnung. Der Untertitel des Artikels lautet: »In den USA schaffen politisch korrekte Schulen im Namen von Minderheiten neue Vorurteile.« Vom früheren Linken Osmar Freitas Jr. unterzeichnet, macht sich der Artikel lustig über die Vorstellung, dass Kolumbus Amerika nicht ›entdeckt‹ habe, und dass das antike Griechenland nicht die Wiege der universellen Kultur sei, Aussagen, die der Autor, ohne auf die aktuelle Forschung einzugehen, einfach an sich ungeheuerlich findet. Indem er Afrozentrismus und Multikulturalismus über einen Kamm schert, wenn in Wahrheit die zwei Projekte sehr eigenständig und einander gegenüber misstrauisch sind, definiert Freitas den Multikulturalismus ziemlich tendenziös »als einen pompösen Begriff für politisch korrektes, auf Lehren und Lernen, besonders universitäres Lehren und Lernen, bezogenes Verhalten.« Freitas zufolge verlangten Minderheiten in den Vereinigten Staaten eine »neue Rassentrennungspolitik.« Der Artikel zitiert Arthur Schlesingers bekannte Gleichsetzung von Multikulturalismus mit ethnischem Separatismus, ohne jedoch Autor_innen zu zitieren, die tatsächlich einen Separatismus fordern. Aber bis Mitte der 1990er Jahre waren die Vorwürfe von ›ethnischem Separatismus‹ und ›Balkanisierung‹ so oft wiederholt worden, dass sie trotz fehlender Beweise dafür eine diskursive Dichte erreicht hatten, die linke und rechte Diskussionen dieses Themas vergiftete.

Zwei Einträge im von Teixeira Coelho herausgegebenen *Critical Dictionary of Cultural Politics* spiegeln beinahe gegensätzliche Ansichten zum Multikulturalismus wider.[504] Der erste, von Solange Martins Couceiro de Lima, betrachtet den Multikulturalismus in den Vereinigten Staaten als legitimen Erben der radikalen und Bürgerrechtsbewegungen aus den 1960er Jahren. Limas Meinung nach stellt der Multikulturalismus eine Kritik der *Melting-Pot* Assimilationsideologie dar, die der Autor mit der brasilianischen ›Rassendemokratie‹ vergleicht als Ideologie, die Minderheiten auf eine einzige weiß-dominierte nationale Identität zuschreiten sieht. Für Lima ist es die Stärke der assimilationistischen, ›rassendemokratischen‹ Ideologie, die in Brasilien den Multikulturalismus fremdartig erscheinen lässt. Der zweite Eintrag, von Teixeira Coelho selbst, übersetzt im Gegensatz dazu eigentlich nur die Ansicht der US-Konservativen, dass der Multikulturalismus ›diskriminierend‹, ›politisch korrekt‹ und sogar ›totalitär‹ sei, ins Portugiesische. Die ›zwanghafte Beschäftigung‹ mit *race* mache die Bewegung selbst rassistisch und für Coelho zu einem Sinnbild für eine »Kultur des Opferseins«. Wie es auch bei einigen französischen Kritiker_innen geschah, wird diese Argumentationslinie mit angstbesetzten Projektionen bezüglich des Anglo-Feminismus verknüpft. Wie Todorov in Frankreich gleitet Coelho symptomatisch vom ›Multikulturalismus‹ hinüber zu ›sexueller Belästigung‹ und verwertet die anekdotischen Behauptungen der Rechten bezüglich ›tragischer‹ Situationen, in denen vollständig unschuldige

504 S.M.C. Lima, »Multiculturalismo«, in José Teixeira Coelho Netto, Hrsg., *Dicionário Crítico de Política Cultural* (São Paulo: Iluminuras, 1997), 263–265.

(männliche) Professor_innen ihre Jobs aufgrund unfairer Anschuldigungen durch hysterische Frauen verlieren, wieder. Alle gegen die ›Demagogen der Vielfalt‹ geschleuderten beleidigenden Begriffe Coelhos sind dem Wortschatz der US-amerikanischen extremen Rechten entnommen. Die Bibliografie führt überhaupt keine aktuellen Multikulturalist_innen aus, sondern nur zwei der Kritiker_innen dieses Projekts: Richard Berstein mit *Dictatorship of Virtue* (1995) und Harold Bloom mit *The Western Canon* (1995).

In Brasilien wurde der Multikulturalismus manchmal als ein unwillkommener US-amerikanischer Exportartikel dargestellt. Dies geschah manchmal aus denselben Gründen wie in Frankreich, aber meistens doch aus für die brasilianische Kulturpolitik spezifischen Gründen. Anders als in Frankreich war das Thema *race* in Brasilien nicht tabuisiert. Die Idee einer multikulturellen Gesellschaft – auf den Punkt gebracht in der oft wiederholten Geschichte von Brasilien als einer ›Mischung dreier Rassen‹ – war schon lange die normative Meinung gewesen. Die Frage war nicht, ob Brasilien de facto multikulturell war, sondern vielmehr welche Art von rassenbezogenem Projekt angemessen wäre. War Multikulturalismus relevant oder bloß eine weitere ›deplatzierte Idee‹? Für einige Leute war er das nordamerikanische ideologische Gegenstück zur ›Rassendemokratie‹, die in Brasilien in den 1930er Jahren auftauchte. Für Italo Moriconi »ist der Multikulturalismus schon seit Vargas die Staatsideologie gewesen, aber das Problem ist die Kluft zwischen dem offiziellen Diskurs und der alltäglichen Realität rassistischer Gewalt«.[505] Doch die ›Rassendemokratie‹ ist kein deckungsgleiches Gegenstück zum ›Multikulturalismus‹. Während die ›Rassendemokratie‹ als vom brasilianischen Staat im Bündnis mit Intellektuellen des Establishments geschmiedetes Konzept von oben kam, war der Multikulturalismus nie eine offizielle, vom US-amerikanischen politischen Establishment getragene Ideologie. Das Gegenstück zur ›Rassendemokratie‹ wäre in diesem Sinne der Mythos des amerikanischen ›Schmelztiegels‹ und der ›Chancengleichheit‹.

Einige brasilianische Wissenschaftler_innen haben die zwischen Frankreich, den Vereinigten Staaten und Brasilien kreuz und quer gehende Bewegung der Gedanken über die multikulturelle Identitätspolitik untersucht. In *Atlas Literaturas* (1998) bietet Leyla Perrone-Moisés, deren unverzichtbare Arbeit über franko-brasilianische kulturelle Beziehungen wir schon zitiert haben, eine hoch-literarische Version der antimultikulturellen Gegenreaktion. Auf der Grundlage von durch die Fulbright Stiftung unterstützter, in Yale vorgenommener Forschungsarbeit verurteilt ihr Buch die Identitätspolitik in einer Sprache, die weitgehend dem Wortschatz der US-amerikanischen Kon-

505 E-mail Korrespondenz der Autor_innen mit Italo Moriconi.

servativen entlehnt ist. So beklagt sie, dass die »politisch korrekte« Tendenz, Texte in Hinblick auf »race, Geschlecht und Klasse« zu analysieren, das Literaturstudium als autonome Disziplin bedrohe. In einem an den ebenfalls in Yale lehrenden Harold Bloom erinnernden Tonfall bedauert sie, dass »die Ideologie des Westens« als »sexistisch, imperialistisch und bourgeois« abgekanzelt werde. Die Schwadrone der politischen Korrektheit, so berichtet sie, hätten Twain und Melville von den Leselisten gestrichen, Twain wegen seiner Schriften zur Sklaverei und Melville, weil er »anti-ökologisch« sei.[506] Auch sie zitiert niemanden, der tatsächlich Twain oder Melville zensiert hätte, und tatsächlich werden beide Schriftsteller oft als multikulturelle Helden angesehen, Twain (zum Beispiel von Susan Fishkin) dafür, dass er in *Huckleberry Finn* die Sklaverei in Frage stellt und sich außerdem gegen den US-Imperialismus (zum Beispiel auf den Philippinen) wendet, und Melville (von Eric Sundquist) für seine ›multirassische‹ *Pequod* und seine durchdringende Geschichtsaufzeichnung der Sklav_innenrevolten in »Benito Cereno«.[507]

Perrone-Moisés vertritt mit ihrem franko-diffusionistischen Ansatz die Ansicht, dass gute Ideen aus Europa kommen, um dann während ihrer transatlantischen Passage zu degenerieren. Entlang der klassischen Latin/Anglo Trennungslinie, sieht sie gute französische Ideen als in den Vereinigten Staaten »deplatziert« an, aber nicht in Brasilien. Sie schenkt den französischen Poststrukturalist_innen Anerkennung dafür, dass sie »gute Ideen« erzeugt hätten, die die US-amerikanische akademische Welt veränderten. Gleichzeitig unterschlägt sie jedoch erstens, den Beitrag ›Dritter Welt‹ frankofoner Denker_innen wie Césaire und Fanon zur Bildung des ›französischen‹ Poststrukturalismus, zweitens, die Rolle indigener, afro-amerikanischer, latino und progressiver weißer Intellektueller bei der Veränderung der US-amerikanischen akademischen Welt und, drittens, die Rolle nordamerikanischer Wissenschaftler_innen bei der Neubetrachtung und Indigenisierung der französischen Theorie selbst. Indem sie den parsisch-indisch-englischen Homi Bhabha völlig fälschlich als »einen Türken« und als den »Begründer« postkolonialer Studien (etwas, was gewöhnlich Said zugeschrieben wird) identifiziert, erklärt Perrone-Moisés die postkoloniale Theorie als typisch für eine puritanische und manichäische amerikanische Kultur.[508] Tatsächlich sind die betreffenden postkolonialen Intellektuellen höchst kosmopolitische Personen, deren Arbeiten eine tiefe Ab-

506 Leyla Perrone-Moisés, *Atlas Literaturas: Escolha e Valor na Obra Crítica de Escritores Modernos* (São Paulo: Cia das Letras 1998).

507 In *To Wake the Nations: Race and the Making of American Literature* (Cambridge Belknap Press of Harvard University Press, 1993), zeigt Sundquist inwiefern Melville sinnvollerweise als ein ›schwarzer Autor‹ angesehen werden kann.

508 Perrone-Moisés, *Atlas Literaturas.*

scheu vor manichäischen Vorstellungen und eine Zuneigung zu einer nicht fest umrissenen Tropologie des ›Gleitens‹, des ›Hybriden‹ und des ›Dazwischen‹ offenbaren. Indem sie drei diasporische postkoloniale Intellektuelle mit palästinensischem und indischem Hintergrund nur aufgrund ihres *Aufenthalts* in den Vereinigten Staaten in stereotype angelsächsische Puritaner_innen verwandelt, ignoriert Perrone-Moisés die transnationale Komplexität der Kreisläufe von Ideen. (Wir werden in Kapitel 9 zu Perrone-Moisés zurückkehren.)

Angesichts der durch die neokoloniale Hegemonie gebildeten grundlegenden Wissens- und Machtasymmetrien leisteten einige Brasilianer_innen verständlicherweise gegen den Multikulturalismus genau deswegen Widerstand, weil er als ›US-amerikanisch‹ angesehen wurde. Zu einer Zeit, als die für viele Brasilianer_innen einer ›Amerikanisierung‹ gleichzusetzende Globalisierung à la IWF und Weltbank die Ungleichheit sowohl innerhalb als auch zwischen den Nationen verschärfte, weitete sich die Verärgerung unweigerlich auf alles mit den Vereinigten Staaten Verbundene aus. Obgleich sowohl die brasilianischen als auch die französischen Reaktionen auf die multikulturelle Identitätspolitik beide bezüglich des je eigenen nationalen Terrains als defensive Reaktionen betrachtet werden können, waren der Zusammenhang und die eingeschlagenen Pfade sehr unterschiedlich. Zwei Hauptunterschiede setzten die brasilianische Reaktion von der französischen ab.Während viele französische Intellektuelle in den 1990er Jahren den Multikulturalismus als einen gefährlichen antirepublikanischen Import sahen, sprachen brasilianische Intellektuelle keineswegs im Namen der brasilianischen Republik. Eher betrachteten sie Multikulturalismus als ein wesentliches Merkmal Brasiliens, als etwas, das Brasilien schon hatte und für das es zur Benennung Nordamerika nicht brauchte. Wenn für die Französ_innen sich die Frage stellte: »Wie können wir etwas so Fremdes und den Werten der Republik Entgegengesetztes importieren?«, lautete die Frage für die Brasilianer_innen: »Warum etwas importieren, was wir schon haben?« Wie Italo Moriconi darlegt, kam die Kritik im akademischen Brasilien »gewöhnlich als Widerstand gegen ›amerikanischen Imperialismus‹ verpackt daher. Die Idee ist dabei, dass, wenn irgend jemand Brasilianer_innen Lektionen erteilt, es sicherlich nicht die Amerikaner_innen sein sollen.«[509]

Trotz einiger Überlappung mit französischen Einstellungen besaßen die brasilianischen Vorbehalte ihre eigenen Quellen. Für Marxist_innen war es die *Kultur* am Multikulturalismus, die sie beunruhigte, da sie eine ›Überbau‹-Ablenkung von folgenreicheren ›Basis-‹, d.h., politökonomischen und Klassenangelegenheiten signalisierte. Die anti-imperialistische Linke war besorgt, es könnte sich um neue, diesmal durch seine akademischen/künstlerischen Pro-

509 E-mail Korrespondenz der Autor_innen mit Italo Moriconi.

jekte übertragene Formen der Hegemonie seitens des Kolosses im Norden handeln. Für viele Brasilianer_innen würde die Bejahung des (als US-amerikanisch wahrgenommenen) Multikulturalismus bedeuten, das Baby brasilianischer Herzlichkeit mit dem Badewasser des Rassismus auszuschütten. Sie fürchteten, Brasilien würde ein schrofferes, starreres, voreingenommeneres Land werden als das nicht so festgelegte, flexible, gesellige, sinnliche und liebkosende Land, das Brasilianer_innen (und andere) kannten und liebten.

Die gelegentliche Ablehnung des Multikulturalismus und verwandter Projekte durch die brasilianische Linke trug in sich jedoch eine Reihe von Absurditäten. Erstens griffen einige auf der brasilianischen Linken in ihrer Gegnerschaft zu rassenbezogenen/multikulturellen Projekten Argumente auf, die in den Vereinigten Staaten mit der extremen Rechten in Verbindung gebracht werden. Zweitens, während die US-Rechtsextremen solche Projekte als eine Herausforderung der Anglo-Hegemonie ansahen, betrachteten einige Brasilianer_innen sie (wie einige Französ_innen) als selber anglo, wie in dem Oxymoron ›angelsächsischer Multikulturalismus‹. (Wenn eine Bewegung essentiell angelsächsisch ist, kann sie per Definition *nicht* multikulturell sein.) Drittens lehnten linke Brasilianer_innen ein Projekt ab, das eine ›Latinisierung‹ oder ›Brasilianisierung‹ nordamerikanischer Selbstwahrnehmung insofern bedeutete, als es sich aus dem Model binärer ›Rassenbeziehungen‹ ausklinkte, um ein Regenbogenspektrum an ethnischen Identitäten als konstitutiv für die Nation hervorzuheben. Was könnte brasilianischeren Stil verkörpern als sich die Vereinigten Staaten als eine grundlegend gemischte Nation vorzustellen? Caetano Velosos Beschreibung der Vereinigten Staaten als »unweigerlich mestizo« entspricht in dieser Hinsicht Albert Murrays Beschreibung der amerikanischen Kultur (in seinem Buch *The Omni-Americans*) als »unbestreitbar mulattisch«.[510] Viertens lehnten solche Intellektuellen ein Projekt, welches zum Ziel hatte, Räume in den US-amerikanischen Medien und Schulen für lateinamerikanische Lehrpläne, Lehrer und Stipendien zu erschließen, ab als Teil eines Versuches, die asymmetrischen Ströme kulturellen Wissens zwischen Nord und Süd umzukehren.

Sinn und Unsinn von Vergleichen

Der Intertext dieser Debatten liegt teilweise in dem umfangreichen zwischenstaatlichen, sich auf Brasilien und die Vereinigten Staaten konzentrierenden Korpus an vergleichender Literatur. Der bloße Umfang dieses Korpus, der mit

510 Caetano Veloso, *Verdade Tropical* (São Paulo: Companhia das Letras, 1997), 270; Albert Murray, *The Omni-Americans: New Perspectives on Black Experiences and American Culture* (New York: Vintage, 1970), 22.

jedem neuen Jahr wächst, ist bemerkenswert. Natürlich sind diese Vergleiche asymmetrisch und machtgewichtet, da Brasilianer_innen historisch gesehen die Vergleiche von einer Position relativer geopolitischer Schwäche aus vorgenommen haben, während US-Amerikaner_innen sie von einer privilegierten Position selbstverständlicher Macht her machten. Vergleiche von Brasilien mit den Vereinigten Staaten finden in dem größeren ideologischen Rahmen der weit veröffentlichten Vergleiche Hegels und Max Webers von Süd- und Nordamerika statt. In seinen *Vorlesungen über die Philosophie der Geschichte,* kontrastierte Hegel zum Beispiel ein wohlhabendes, geordnetes und vereintes protestantisches Nordamerika mit einem militarisierten, ungeordneten und uneinigen katholischen Südamerika.[511]

Im Fall brasilianischer Denker_innen – von Gilberto Freyre und Sérgio Buarque de Holanda bis zu Vianna Moog und Roberto DaMatta – sind Kontraste zwischen Brasilien und den Vereinigten Staaten manchmal dem Kern der Debatten um *brasilianische* Identität selbst sehr nahe gekommen und waren manchmal sogar ein wesentlicher Bestandteil des Spiegelungsprozesses nationaler Selbstdefinition. Der Soziologe Jessé Souza nimmt einen hartnäckigen Stolz hinter den zwanghaften Vergleichen war: »Der explizite oder implizite Vergleich mit den Vereinigten Staaten bildet den roten Faden in praktisch allen Interpretationen aus dem 20. Jahrhundert von brasilianischer Einzigartigkeit – weil wir erkennen, dass nur die Vereinigten Staaten so groß und einflussreich auf den amerikanischen Kontinenten sind wie wir.«[512] Für viele brasilianische Intellektuelle (und für viele US-amerikanische Brasilienforscher_innen) ist der unvermeidliche historische Vergleich nicht der mit dem Mutterland Portugal oder mit einem anderen europäischen Land wie Frankreich oder selbst mit einem Spanisch sprechenden Nachbarn wie Argentinien, sondern der mit den Vereinigten Staaten. Wegen dieses Überwiegens haben einige entweder Süd-Süd Vergleiche gefordert oder die eurozentrischen Prämissen des vergleichenden Paradigmas selbst in Frage gestellt.[513]

Obwohl interkulturelle Vergleiche oft narzisstisch sind, haben sie im Falle Brasiliens manchmal Ambivalenz und sogar Selbstablehnung mit sich gebracht, ob bezüglich Brasiliens vermeintlich abgeleiteter Kultur oder bezüglich seiner

511 G.W.F. Hegel, *Vorlesungen über die Philosophie der Geschichte.*

512 Jessé Souza, »O Casamento Secreto entre Identidade Nacional e ›Teoria Emocional da Ação‹ ou por que é Tão Difícil o Debate Aberto e Crítico entre Nós«, in Jessé Souza, Hrsg., *A Invisibilidade da Desigualdade Brasileira* (Belo Horizonte, Brazil: UFMG, 2006), 100.

513 Für eine anspruchsvolle Kritik des Vergleiches als einer Methode und des Ethnozentrismus in vergleichenden Brasilien-USA Studien, vgl. Micol Siegel, *Uneven Encounters: Making Race and Nation in Brazil and the United States* (Durham: Duke University Press, 2009).

unzureichenden Institutionen. Tatsächlich ist der Ausspruch des Dramatikers Nelson Rodrigues berühmt, der die Brasilianer_innen »umgedrehte Narzissten« nannte, die auf ihr eigenes Spiegelbild spuckten. Infolge Hegels (und später Webers) Dichotomie eines dynamischen Nordens und eines trägen Südens suchten viele brasilianische Intellektuelle nach kulturellen Erklärungen für Brasiliens angebliches ›Versagen‹ im Vergleich - gewöhnlich zu den Vereinigten Staaten oder Europa. In einer Tierfabel um Minderwertigkeit behauptete der brasilianische Historiker João Capistrano de Abreu, dass das zu Brasilien am besten passende nationale Symbol der faule Jaburuvogel mit seinen traurigen Augen sei.[514] Im Gegensatz zu späteren Stereotypen von Brasilien als einem Land paradiesischer Lebensfreude, malte Paulo Prado in seinem Buch *Retrato do Brasil* (1928) ein Bild von Brasilien als einer melancholischen Mischung von »drei traurigen Rassen«. Prado stellte dem, was er als Brasiliens libidinöse Abgespanntheit sah, die hygienische Dynamik der Vereinigten Staaten gegenüber und machte den portugiesischen Kolonialismus dafür verantwortlich, ein Ethos geschaffen zu haben, in dem auf körperliche Arbeit herabgeblickt wurde, die Kultur ornamental und sekundär war und *malandragem* (die ›schlagfertige Improvisation‹) die kulturelle Norm. Portugal wurde in diesem Diskurs zu einer Art schlechtem Vater in einer postkolonialen Familienromanze, wobei einige Brasilianer_innen es nur zum Teil als Witz meinten, dass die Brasilianer_innen mit einem würdigeren europäischen Erzeuger wie Holland besser dran gewesen wären.

Eduardo Freire antwortete Prado in einem 1931 veröffentlichten Buch, dessen Titel schon alles sagt: *The Brazilian Is Not Sad*. Obwohl Brasilien keine Macht in der übrigen Welt ausübe, so argumentierte Freire, sprühe seine Kultur vor Lebendigkeit und sei umfassend und harmonisch. Zur gleichen Zeit hoben brasilianische Modernist_innen wie Mário de Andrade und Oswald de Andrade ebenfalls Brasiliens positive kulturelle Eigenschaften hervor. Und Jahrzehnte später deutete José Guilherme Merquior das, was als tropische Unzulänglichkeit betrachtet worden war, zu kultureller Stärke um, indem er argumentierte, dass der brasilianische ›Karnevalismus‹ das Land gegen die für den gnadenlos produktivistischen Okzident typische tödliche Rationalisierung und Entzauberung und gegen den Puritanismus impfe.[515]

Im Laufe der Geschichte haben Vergleiche unterschiedlichen, sogar widersprüchlichen Zwecken gedient, manchmal dazu, Brasilien als gesetzlos, korrupt und ineffizient schlechtzumachen, manchmal um es als tolerant, sinnlich

514 João Capistrano de Abreu, Epigraph in Paulo Prados *Retrato do Brasil* (1928; Nachdruck, São Paulo: IBDC, 1981).

515 José Guilherme Merquior, *Saudades do Carnaval* (Rio de Janeiro: Forense, 1972), 117.

und friedfertig zu preisen. Selbst die Phrase ›Rassendemokratie‹ war ihrem Ursprung nach vergleichend und als Gegensatz zu den ›rassisch‹ nicht demokratischen Vereinigten Staaten gedacht. Es ist in diesen vergleichenden Diskursen nicht immer leicht, tatsächliche kulturelle Unterschiede von Klischees bezüglich eines vermeintlich einheitlichen Nationalcharakters zu trennen. Was zählt, ist die zentrale Bedeutung des Vergleichens von Nationen und wie es sich auf die Rezeption der *race*-/kolonialen Debatten ausgewirkt hat. Innerhalb der vorbelasteten Dialektik von anziehend/abstoßend werden selbst starke Betonungen von Differenz – »Wir sind überhaupt nicht so wie Ihr!« - trotz allem an privilegierte Gesprächspartner_innen gerichtet, egal ob diese als imperiale Nemesis oder als Ideal-Ich definiert sind. Während Vergleiche das nationale Selbstverständnis dadurch erhellen können, dass sie Eigenheiten herausarbeiten, können sie auch transnationale Beziehungsnähe zwischen jenen verdecken, die, wie indigene oder afro-diasporische Bevölkerungen, historisch eine ambivalentere Beziehung zu den Nationalstaaten der amerikanischen Kontinente haben und die deshalb weniger in gewisse nationalistische Exzeptionalismen investieren.

Trotz der Grenzen einer Methodologie, die allzu oft in überzogene nationale Kontraste verfällt, haben vergleichende *Race Studies* dennoch einen beachtlichen Beitrag zum Verständnis verschiedenartiger Modalitäten der Sklaverei und voneinander abweichender konzeptueller Vorstellungen von *race* geleistet.[516] Diese Untersuchungen haben viele Gemeinsamkeiten zwischen Brasilien und den Vereinigten Staaten hervorgehoben. In beiden haben das Trägheitsmoment der Geschichte des Kolonialismus und der Sklaverei sowie eine von der weißen herrschenden Klasse gemäß ihren Vorstellungen verhandelte Abolition selbst unter den Bedingungen freier Arbeit zu ethnisch geprägten Hierarchien geführt. In beiden hat die herrschende Elite europäische Immigrant_innen gegenüber Schwarzen bevorzugt, eine Tatsache, die in Brasilien vielleicht offensichtlicher ist, weil dort die europäischen Immigrant_innen in großer Anzahl unmittelbar nach der Sklavenbefreiung ankamen statt erst Jahrzehnte danach, wie in den Vereinigten Staaten. Und in beiden Ländern ›deckten‹ selbstentschuldigende Mythen die Wirklichkeit ethnischer Unterdrückung (zu), in den Vereinigten Staaten die Mythen des ›amerikanischen Traums‹ und der ›Chancengleichheit‹, in Brasilien der Mythos von ›sozialer Harmonie‹ und ›Rassendemokratie‹. Komparatist_innen haben aber auch Gegensätze unterstrichen: (1) Der Rassismus in Brasilien ist weniger bösartig, offen und phobisch gewesen als der in den Vereinigten Staaten; (2) die

516 Für eine umfassende vergleichende Analyse der ethnischen Zusammensetzung in den zwei Ländern, vgl. G. Reginald Daniels *Race and Multiraciality in Brazil and the United States: Converging Paths?* (University Park: Pennsylvania State University Press, 2006).

Geschichte Brasiliens ist nicht gekennzeichnet gewesen von Lynchmorden, ›Rassenunruhen‹ und so weiter; (3) Brasilien hat allgemein eine gesetzliche ›Rassentrennung‹ abgelehnt, obgleich eine inoffizielle ›Rassentrennung‹, die darauf beruhte, dass Schwarze ›wussten, wo sie hingehören‹, manchmal schon existierte; (4) die brasilianische Wirklichkeit ermunterte zu einer paternalistischen Abhängigkeit von weißen Eliten (*padrinhos*) im Gegensatz zur nordamerikanischen ›Rassentrennung‹, die ironischerweise die Entwicklung paralleler Institutionen – schwarzer Colleges, der schwarzen Kirche, einer unabhängigen schwarzen Presse, unabhängiger schwarzer Sportvereine – begünstigte.

Gleichzeitig schlagen nicht alle geschichtlichen Vergleiche für Brasilien vorteilhaft zu Buche. Die brasilianische Sklaverei begann früher als die US-amerikanische und hielt länger an; sie war national statt regional; und die brasilianische Gesellschaft ist strukturell von den Beziehungen zwischen dem Herrenhaus und den Sklavenquartieren so tief geprägt, dass davon heute in der alltäglichen Dynamik des brasilianischen Lebens noch immer Spuren übrig sind. Ebenso wie in den Vereinigten Staaten in einer Art Vexierbild ein kaum verborgener Klassensubtext hinter der ›Rassenungerechtigkeit‹ lauert, so lauert ein kaum verborgener ›Rassensubtext‹ hinter den alltäglichen sozialen Ungerechtigkeiten des brasilianischen Lebens. Das Klischee, dass Schwarze nur benachteiligt werden, weil sie arm sind, vergisst unterdessen, dass die nicht-schwarzen Armen nicht das von der Sklaverei und weißer Vorherrschaftsideologie auferlegte Stigma mit sich herumtragen, und dass die Tatsache, dass das Schwarzsein bereits als Anzeichen von Armut (und deshalb von Ohnmacht) wahrgenommen wird, in einer hierarchisierten Gesellschaft schon an sich eine erdrückende Last darstellt. In diesem Sinne kann Rassismus sowohl als eine Art von in die Wunden der Klassenzugehörigkeit geriebenes Salz betrachtet werden, als auch als selbst eine Wunde.

Ein weiteres Leitmotiv in vergleichenden Betrachtungen ist der Kontrast zwischen dem brasilianischen ethnischen Spektrum und dem US-amerikanischen, auf der ›one-drop rule‹[517] beruhenden Zweifarbensystem. Diese merkwürdige ›Regel‹, nur selten als solche offen verkündet, hat eine zutiefst schädliche Rolle im amerikanischen Leben gespielt. Ursprünglich verlieh sie dem »virulenten Gefühl [Ausdruck], das die weiße Gesellschaft im frühen 20. Jahrhundert durchdrang, [und] bestärkte so die niedrige Meinung, die europäische Amerikaner_innen von Afro-Amerikaner_innen hatten, und das Stigma, das sie an afrikanische Abstammung hefteten«.[518] Erst am Ende des 19. Jahrhunderts offiziell geworden, machte die Regel des einen Tropfens etwas zum

517 Die Regel, nach der jede Person mit Sub-Sahara-Vorfahr_innen (»one drop« afrikanisches Blut) als schwarz zu gelten hat.

518 Ebd., 115.

Gesetz, was zumindest für Weiße schon lange ›rassi[sti]scher‹ Allgemeinplatz war. Die Vorstellung, dass alle Amerikaner_innen auf die eine oder die andere Seite einer imaginären ›Rassengrenze‹ fallen, führt zu Situationen labyrinthischer Inkohärenz, weshalb große Anstrengungen erforderlich waren, um es durchzusetzen. Denn nichts war natürlich oder unvermeidlich an seinem (immer nur teilweisen) Triumph.

In Wirklichkeit begannen die Vereinigten Staaten ähnlich wie Brasilien, wenn auch nicht in dem Ausmaß, als ein ethnisch ziemlich gemischtes Land. Im 17. Jahrhundert war zum Beispiel der Unterschied zwischen weißen Schuldknechten und schwarzen Sklav_innen oft unklar. Die zwei Gruppen teilten ähnliche Arbeitsbedingungen und erwehrten sich manchmal gemeinsam der Knechtschaft durch gemeinsame Flucht. Selbst im 18. Jahrhundert führte die Knappheit an Frauen in beiden Gemeinschaften dazu, dass durch Schulden abhängige oder freie Weiße afrikanische Sklavinnen heirateten, manchmal die einzigen Frauen, die sie kannten, und dass weiße Frauen in Schuldknechtschaft Heiratsangebote von sowohl versklavten als auch freien schwarzen Männern annahmen.[519] Im ›unteren Süden‹ der Vereinigten Staaten, auch als ›lateinisches Nordamerika‹ bekannt, ähnelte die Lage noch mehr dem brasilianischen Modell, auch in Bezug auf Verhältnisse zwischen weißen Männern und indigenen Frauen. Die frühesten Gesetze verbaten ›gemischtrassige‹ Verbindungen noch nicht, und wenn solche Gesetze eingeführt wurden, war es genau deswegen, weil diese Verbindungen so gang und gäbe waren.[520]

Über die Zeit sind die Vereinigten Staaten viel gemischter geworden als dies gewöhnlich bekannt ist. Die größte Minderheit des Landes, die Latin@s, sind fast per Definition gemischt. Die Mehrheit der indigenen Amerikaner_innen hat sich mit anderen ethnischen Gruppen verheiratet. DNA-Tests haben gezeigt, dass ein Drittel der Afro-Amerikaner_innen zum Teil weißer Abstammung sind. Der schwarze, allgemein bekannte Intellektuelle Henry Louis Gates, Jr., entdeckte bei seinen Nachforschungen, dass mehr als 50 Prozent seines genetischen Materials europäisch ist.[521] Aber solche Statistiken sind nicht etwas, auf das man ›stolz‹ sein kann oder dessen man sich ›schämen‹ sollte. Bei Afro-Amerikaner_innen konnte die ›Rassenmischung‹ oft auf eine Vergewaltigung durch einen weißen Machthaber zurückgeführt werden. Obwohl ›Rassenmischung‹ in beiden Ländern existierte, wurde sie in den Vereinigten Staaten jedoch sowohl gesetzlich als auch kulturell heftiger stigmatisiert. Der Unterschied bestand daher nicht in der bloßen Tatsache der Vermischung,

---

519 Ebd., 87.

520 Ebd.

521 Vgl. Eugene Robinson, *Disintegration* (New York: Doubleday, 2010), 10.

sondern vielmehr in, erstens, ihrem Ausmaß und, zweitens, ihrer ideologischen Bewertung und rechtlichen Definition. Zum Beispiel bewerkstelligten Afro-Amerikaner_innen, die zur weißen Seite ›überliefen‹, dies durch Leugnen ihrer gemischten Abstammung. Die brasilianische Art der Vermischung geschah unterdessen früher und in viel größerem Maßstab mit ›Mischehen‹ von Portugies_innen und Indigen@s. In Brasilien trug das Vermischen zur Nation selbst bei, während das Vermischen in den Vereinigten Staaten zumindest bis zum Aufkommen der multiethnischen Bewegungen der letzten Jahrzehnte abgetrennt und offiziell ausgeblendet gestellt wurde. Was wir also vorfinden sind zwei komplementäre Formen der Verneinung, ein US-amerikanisches Rassentrennungsmodell, welches interethnische Vermischung und Intimität herunterspielt, und ein brasilianisches Assimilationsmodell, welches die Hierarchien, die Intimität strukturieren, herunterspielt.

Eine Analyse des Aspekts politischer und ökonomischer Macht ergibt ein Paradoxon. In den Vereinigten Staaten, in denen die Rassentrennung durch die ›one-drop rule‹ und durch inoffiziell getrennte Wohngebiete deutlich stärker ausgeprägt ist, haben Schwarze nichtsdestotrotz erhebliche Macht als Politiker_innen, Manager_innen, hohe Militärs, bildende und Unterhaltungskünstler_innen ausgeübt. Während das anders als die Vereinigten Staaten oder Südafrika ›rassengetrennte‹ Brasilien seine eigenen subtilen Formen der sozialen ›Rassentrennung‹ hat, und zwar in der perversen städtischen Dialektik der Gettoisierten und der in bewachten Wohnanlagen Wohnenden sowie in der Selbstabsonderung der Reichen, die sich hinter »von Mauern umgebene Reichtumsinseln zurückziehen, die von neuen Favela-Siedlungen umringt werden.«[522] Viele Schwarze fühlen sich eingesperrt in was der Sambakomponist und Historiker Nei Lopes »unsichtbare Bantustans« nennt, von denen sie nur dank eines sehr speziellen Passes entkommen können, dem, durch den sie ihre schwarze Identität aufgeben.[523] Die soziale Trennung geschieht nicht nur innerhalb der städtischen Geografie geteilter Städte, sondern auch innerhalb des geteilten Raumes von Wohnblöcken mit ihren zwei Eingängen, zwei Aufzügen und zwei unabhängigen Lüftungssystemen, wo »kontrollierte Trennung das Organisationsprinzip darstellt, um einen nur minimalen informellen Kontakt zwischen der Diener- und der Herrenklasse sicherzustellen.«[524] In Brasilien herrscht in dem Sinne, dass die höheren Ränge des Militärs, des diplomatischen Korps, der gesetzgebenden Organe, der Justiz, der Konzernleitungen und der Universitäten alle sehr weiß sind, ›Rassentrennung‹ auch in Bezug

522 James Holston, *Insurgent Citizenship: Disjunctions of Democracy and Modernity in Brazil* (Princeton: Princeton University Press, 2008), 281.
523 Nei Lopes, *O Racismo: Explicado aos Me US Filhos* (Rio de Janeiro: Agir, 2007), 151.
524 Holston, *Insurgent Citizenship*, 277.

auf Macht. Selbst in Salvador, Bahia, wo afro-brasilianische populäre Kultur sehr lebendig ist, bleibt die politische und die Medienelite vorherrschend weiß. Andrerseits hat die jetzt regierende PT-Partei schwarze Fortschritte mit sich gebracht und eine vorsichtige *affirmative action*. Zudem wies die Präsidentschaftswahl von 2010 mit bemerkenswert kleiner Resonanz in den Medien die erste selbst erklärte schwarze Präsidentschaftskandidatin auf, Marina Silva von der Grünen Partei, die 19 Prozent der Stimmen erhielt.

Ein weiterer geschichtlich bedingter Unterschied besteht darin, dass in Brasilien diejenigen, die People of Color (PoC) unterdrücken, in der Tradition der ›mulattischen Sklavenfänger‹ selber ebenfalls of Color sein können. Einige geschichtliche Meilensteine staatlicher Unterdrückung – die Maroon-Republik von Palmares im 17 Jahrhundert, die Rebellion in Canudos am Ende des 19 Jahrhunderts sowie die der Gefangenen im Carandiru Gefängnis von São Paulo im 20. Jahrhundert – ließen nicht einfach Schwarze und Weiße aufeinander treffen; vielmehr kämpften PoC auf beiden Seiten, selbst wenn eine übergreifende chromatische Hierarchie immer noch das Ganze strukturiert hat. Dieser Unterschied wird offensichtlich, wenn man zwei 1990 insgeheim aufgenommene Videofilme von Polizeibrutalität vergleicht, dem Einschlagen auf Rodney King in den Vereinigten Staaten und zwei in brasilianischen Favelas (Diadema in São Paulo und City of God in Rio) aufgenommene Prügelattacken. Während die meisten der auf Rodney King einschlagenden Polizist_innen weiß waren, waren in Brasilien sowohl die Polizei als auch ihre Opfer ›gemischt‹, und doch spielte *race* in beiden Fällen eine Rolle bei der Brutalität. In Brasilien waren die Polizist_innen zwar schwarz oder ›gemischt‹, doch der Anführer (mit dem Spitznamen ›Rambo‹) war weiß. Die Opfer andererseits waren hauptsächlich Schwarze oder Mestiz_innen, was die Auseinandersetzung zumindest als höchst rassi[sti]sch gefärbt, wenn auch nicht als direkt rassi[isti]sch definierte. Die Prügelattacken waren jedoch in beiden Fällen vollständig willkürlich und der brasilianische Fall wurde zum kaltblütigen Mord an einem völlig unschuldigen Mann. Die Körpersprache der Favela-Bewohner_innen vermittelt dementsprechend ein Gefühl der Resignation, als sei solcher Missbrauch eine für selbstverständlich gehaltene alltägliche Routine.

Die gleichen sozialen Probleme, die die Vereinigten Staaten kennzeichnen – Polizeibrutalität, ein grausames Haftsystem, große Klassenunterschiede – kennzeichnen auch Brasilien. Die brasilianische Polizei ermordet jedes Jahr buchstäblich Tausende von ›Marginalisierten‹, die meisten davon Schwarze oder ›Gemischtrassige‹. Ein *Globo* Leitartikel vom 4. April 2006 wies darauf hin, dass Polizeikräfte (städtische und bundesstaatliche) allein in Rio de Janeiro »mehr Menschen töten als von der Polizei in den ganzen Vereinigten Staaten getötet werden«. Ein *Human Rights Watch* Bericht mit dem Titel »Tödliche Kraft« offenbarte, dass die Polizei in Rio de Janeiro und São Paulo zwischen 2003 und 2009 mehr als 11.000 Menschen tötete und dabei oft summarische Exekutionen mit der Begründung »Widerstand gegen die Verhaftung kaschierte«.[525] Daher finden wir eine Gemeinsamkeit von ethnisch basierter Herrschaft auf unterschiedliche Weise ausgedrückt vor, wobei der Koeffizient von Klasse über *race* und Geschlecht variieren mag, sich aber jede Erscheinungsform im jeweils anderen Land findet.

Gleichzeitig wäre es unrichtig, Brasilien als ein Spiegelbild der Vereinigten Staaten zu sehen, wo genau der gleiche Rassismus nur in verschleierter Form existiere. Viele Komparatist_innen betonen die mit so emotionsbetonten Worten wie ›Herzlichkeit‹ und ›Geselligkeit‹ angesprochene relativ weniger stressige Art, *race* in Brasilien zu leben. Die kalten Statistiken von ›Rassevorteilen‹ vermitteln in dieser Hinsicht nicht solche Unwägbarkeiten wie Zuneigung, Solidarität und emotionale Komfortbereiche. Atmosphärisches schmiert soziale Beziehungen und bildet das tägliche Existenzgefüge, selbst wenn es statistisch nicht nachgewiesen werden kann. Die Tatsache größerer ›Vermischung‹ macht es auch weniger leicht, schwarze Brasilianer_innen zu ›Anderen‹ zu erklären, macht sie eher zu einem selbstverständlichen Teil der sozialen Gesamtheit. So lange man von dem Äußeren der Hautfarbe spricht (»Wir sind alle gemischt«) oder von Atmosphärischem, erscheint die brasilianische Lage ›lebbarer‹ als die amerikanische. Wenn man dagegen die kritische Frage ökonomischer, politischer und kultureller Macht stellt, scheint die Situation weniger ideal.[526]

Wunsch, Verneinung und verknüpfte Analogien

Im letzten halben Jahrhundert hat der Mythos der ›Rassendemokratie‹ ernsthaft gelitten. In jüngster Zeit haben brasilianische Wissenschaftler_innen hervorgehoben, auf welche Weise die unterschiedlichen ethnischen Gruppen in

---

525 Vgl. Alexei Barrionnuevo, »Group Questions Killings by Brazilian Police«, *New York Times* (Dezember 9, 2009): A12.

526 Edward Telles, in *Race in Another America*, verwendet die räumliche Metapher von ›vertikalen‹ und ›horizontalen‹ sozialen Beziehungen, um einige dieser Widersprüche zu klären. In Hinblick auf vertikale Machtbeziehungen ist Brasilien eines der ungleichsten Länder in der Welt, in dem Nichtweiße ganz unten in einer grob verzerrten ökonomischen Pyramide stehen, was den »vertikalen Ausschluss von Mulatt_innen und besonders von Schwarzen […] größer als den vertikalen Ausschluss von Schwarzen in den Vereinigten Staaten macht.« Für Telles sind drei Faktoren – eine Hyperungleichheit, eine diskriminierende gläserne Decke und eine rassistische Kultur – verantwortlich für diese vertikale Ungleichheit. Edward Ellis Telles, *Race in Another America: The Significance of Skin Color in Brazil* (Princeton: Princeton University Press, 2006), 220–224.

Brasilien sich, wie Antonio Guimarães es ausdrückt, »vorsichtig vom Rassendemokratiemodell entfernt haben [...] [wobei] Weiße der Mittelschicht eine zweite Nationalität in Europa oder den Vereinigten Staaten suchten oder eine regionale Fremdenfeindlichkeit im europäisierten Süden schufen; die Schwarzen auf der Suche nach Wurzeln ein imaginäres Afrika konstruierten oder die Vereinigten Staaten als ein afro-amerikanisches Mekka betrachteten, während die fälschlich ›Indianer‹ genannten sich mit ihrer Ursprungsgruppe identifizierten oder mit Indianer_innen allgemein«.[527] Die Neuartikulierung der schwarzen Bewegung, das Aufkommen der feministischen und Schwulenbewegungen sowie das Aufwerten der Hybridität von Immigrant_innen weisen auf das zentrifugale Auseinanderbrechen geschlossener Mythen eines einheitlichen Brasiliens.

Ein kürzlich erschienenes polemisches Buch, Antonio Risérios *A Utopia Brasileira e os Movimentos Negros*, ist bezeichnenderweise geprägt vom Unbehagen des Autors an der schwarzen Bewegung in Brasilien. Risério schreibt als ein durch ›politisch korrekte‹ Kritiker_innen belagerter Mann, wenn er argumentiert:

> »Heute haben wir hier in Brasilien ein ernstes Problem. Die Diskussion und Debatte wird fortwährend fragwürdiger und unmöglicher. Es gibt keinen Platz für Kritik, nur für Zustimmung oder Ablehnung. Fast alle, die von Dialog sprechen, glauben nicht wirklich daran. Wenn ich Feministen_innen kritisiere, bin ich ein Macho. Wenn mir etwas an der populären Kultur nicht gefällt, bin ich elitär [...]. Wenn ich etwas gegen die schwarze Bewegung einwende, bin ich ein Rassist. Und so weiter.«[528]

Die Diskurse von ›Minderheiten‹, fährt Risério fort,

> »sind buchstäblich einverleibt worden. Und so blieben sie, undiskutiert und unhinterfragt. Eine religiöse Grundeinstellung entwickelte sich. Frauen, Schwule, Indianer_innen, Schwarze, Lesben, usw. hatten alle Recht. Sie waren die Gedemütigten und Beleidigten, die Opfer von Unterdrückung und Vorurteil, diejenigen, die über ihren Schmerz und Ärger, ihre Ängste, Projekte und Forderungen sprachen. Die Rolle der anderen, der ›Mehrheit‹, bestand darin, sie anzuhören und ihre Kämpfe zu unterstützen. Als ob die Mehrheit Schuld trüge und eine rassistische und Macho-Vergangenheit sühnen müsste [...]. da in einer Macho-Welt nur Frauen für Frauen sprechen könnten, da nur Schwarze wüssten, was es bedeutet, in einer rassistischen Gesellschaft schwarz zu sein, da nur Menschen aus Minderheiten für Minderheiten sprechen könnten, usw.«[529]

527 Antonio Guimarães zitiert Sérgio Costa, »A Construção Sociológica da Raça no Brasil« (Estudos Afro-Asiáticos 1 [2002]), in Guimarães and Huntley, *Tirando a Máscara*, 28.

528 Antonio Risério, *A Utopia Brasileira e os Movimentos Negros* (São Paulo: Editora 34, 2007), 15.

529 Ebd., 381.

Als brillanter Verfechter und Analyst afro-brasilianischer Kultur und Mitautor (neben Gilberto Gil) eines wichtigen Buches über Sklaverei und Verhandlung teilt Risério mit einigen brasilianischen, französischen und amerikanischen Kritiker_innen der Identitätspolitik ein Gefühl des Verdrängtwerdens und ein Ressentiment bezüglich des vermeintlichen Anfechtens und zum Schweigen Bringens weißer Männer. Schwarze brasilianische Aktivist_innen stecken Risério zufolge zuviel Energie in die Idee, dass die getarnte Form des brasilianischen Rassismus schlimmer sei als der offene US-amerikanische Rassismus, weil sie schwerer zu bekämpfen wäre. Diejenigen, die Risério spöttisch die ›*neo-negros*‹ nennt, hätten das binäre Schwarz-Weiß-Modell der USA für ein gemischtrassiges Brasilien übernommen, wo es einfach nicht passe. Die Identifikation einiger schwarzer Brasilianer_innen mit Schwarzen in den Vereinigten Staaten irritiert Risério, was kaum überrascht, da diasporische Minderheitsbewegungen nationalistische Rahmenvorstellungen in Frage stellen. Risério tut diese für den Schwarzen Atlantik typischen Identifikationen als bloßes Nebenprodukt der Ausbreitung des US-amerikanischen Rassenbeziehungsmodells ab, welche derzeit von US-amerikanischen Stiftungen und einer brasilianischen, von US-amerikanischer Wissenschaft beeinflussten, schwarzen Elite betrieben werde. Seine Einstellung ähnelt der von Bourdieu/Wacquant in ihrer – in Kapitel 9 diskutierten – Kritik von Hanchards *Orpheus and Power* eingenommenen, obwohl Risério unendlich viel kenntnisreicher bezüglich der Debatten und afro-brasilianischer Kultur ist als Bourdieu/Wacquant.

Risérios Text verrät eine intensive Angst bezüglich des Status von Individuen, die sozial den Rang von Weißen innehaben, sich aber mit der afrobrasilianischen Kultur und mit schwarzen Menschen identifizieren, jedoch ein gewisses Unwohlsein empfinden, wenn eine schwarze Bewegung die Machtstruktur *als* weiß bezeichnet. Begriffe wie ›Weiße‹ und ›weiße Machtstruktur‹ bringen, indem sie die Farbe von Macht nennen, selbst sympathisierende und kenntnisreiche Weiße in eine ambivalente Stellung gegenüber schwarzen Mitbürger_innen. Sowohl in den Vereinigten Staaten als auch Brasilien wagten es die schwarzen Bewegungen, über die Frage des Vorurteils hinauszugehen und die Frage rassi[isti]sch kodierter Macht zu stellen. Dadurch wurden Weiße zur *race*, d.h., sie waren nicht mehr universelle, schwebende menschliche Wesen, sondern vielmehr eine Gruppe mit einer bestimmten Beziehung zu einer Machtstruktur. Für nordamerikanische Leser_innen klingt Risérios Klage vertraut. Sie erinnert an die Beschwerden liberal-linker Veteran_innen der Bürgerrechtskämpfe, die sich durch den Aufstieg der Black Power Bewegung und später durch Identitätsbewegungen in den Schatten gestellt fühlten. Klingt Risério auch manchmal wie ein desillusionierter weißer US-amerikanischer Linker, so lässt seine Verbitterung ihn andere Male wie einen US-amerikanischen

Rechtsextremen wirken, wenn er die Forderung nach Reparationen genauso wie Dinesh D'Souza mit dem Hinweis zu diskreditieren versucht, dass einige befreite Sklav_innen selber Sklav_innen erwarben, was zwar nicht völlig falsch ist, aber tendenziös eingesetzt wird.

Wenn Risério afro-diasporische Kultur liebt, so liebt er sie hauptsächlich in ihrer afro-bahianischen ›*Nago*‹-Form. So bedeutet ›afrikanisch‹ für Risério *acarajé* (ein Bohnengericht aus Bahia), Capoiera (Kampfkunst, die während der Kolonialzeit in Brasilien von aus Afrika verschleppten Sklav_innenen praktiziert und weiterentwickelt wurde) und Orishas (Yoruba Gottheiten). Folgten wir der Logik seines Ansatzes, würden sich nicht einmal eine Mehrheit von Afrikaner_innen oder die Tausenden zeitgenössischer Afrikaner_innen, die in die Vereinigten Staaten ausgewandert sind, als wahrhaft ›afrikanisch‹ qualifizieren. In Übereinstimmung mit seinen regionalistischen, nationalistischen und yoruba-zentrischen Grenzziehungen, verunglimpft Risério Afro-Amerikaner_innen als entfremdet und ent-afrikanisiert.[530] Blind gegenüber ihrem nicht endenden Aktivismus, stellt er der schwarz-amerikanischen ›Passivität‹ das Rebellentum schwarz-brasilianischer Maroons entgegen. Und hier begegnen wir seiner provokantesten Behauptung:

> »Aus dem einfachen, starken und tiefgreifenden Grund, dass schwarz-afrikanische Kulturen die Weißen Brasiliens fortschreitend und auf verführerische Weise durchdrungen und genährt und damit allmählich ihre Kodes und symbolischen Ausdrucksmöglichkeiten bestimmt haben [...] fühlen wir uns frei zu sagen, dass brasilianische Weiße zum größten Teil ›schwärzer‹ oder, genauer gesagt, ›afrikanischer‹ sind als schwarze Amerikaner_innen.«[531]

Risério beansprucht hier für sich die verschiedenen Kreditlinien ›kulturellen Kapitals‹ (Bourdieu) und, so würden wir hinzufügen, ›ethnischen Kapitals‹.[532] Einerseits erfreut er sich des kulturellen/ethnischen Kapitals des Weißseins – er räumt ein, nie »in seiner Haut« rassi[isti]sche Ausgrenzung erlitten zu haben – während er andererseits auch das mit der intimen Kenntnis afrikanischer kultureller Kodes verbundene kulturelle Kapital für sich beansprucht. Aus seiner Sicht macht ihn dieses Insiderwissen ›afrikanischer‹ als Afro-Amerikaner_innen, von denen er annimmt, dass sie bezüglich Orishas ignorant sind und ansonsten im seelenabtötenden Sumpf eines protestantischen Pietismus stecken.

---

530 Vom afro-amerikanischen Diskurs könnte man andererseits angesichts der Schlüsselrolle Ghanas im Panafrikanismus sagen, er sei Asante-zentrisch.

531 Risério, *A Utopia Brasileira*, 148.

532 Bezüglich ›kulturellem Kapital‹, vgl. Pierre Bourdieu, »Cultural Reproduction and Social Reproduction«, in R. Brown, Hrsg., *Knowledge, Education, and Social Change: Papers in the Sociology of Education*, 71–112 (London: Tavistock, 1973).

Risérios Sicht basiert auf einer Trennung zwischen Kultur und Geschichte. Wenn man nicht von einem ursprünglichen »im Wesen schwarzen Menschen« (Stuart Hall) ausgeht, erzeugen gewisse Unvergleichbarkeiten des Erlebens, die nicht auf Blut zurückgehen, sondern auf die Erinnerung an Sklaverei und die Erfahrung von Diskriminierung, unweigerlich eine gewisse Kluft, was Perspektiven und Empfindlichkeiten angeht. Es ist für diejenigen, die als Weiße sozial identifiziert sind, eines, die kulturellen Praktiken afro-diasporischer Menschen zu schätzen und sie sogar als praktisch ihre eigenen zu leben und sich mit den Opfern der Sklaverei und Diskriminierung zu identifizieren; es ist etwas ziemlich anderes, im Wortsinn Erb_in dieser Geschichte zu sein und selbst aufgrund der sichtbaren epidermalen Differenz diskriminiert worden zu sein. Selbst eine profunde Kenntnis ›afrikanischer‹ Kultur schließt diese Kluft nicht vollständig.

Obwohl Risério sich für eine Art brasilianischen Exzeptionalismus ausspricht, ist uns während der Recherchen für dieses Buch häufiger aufgefallen, wie eine Behauptung über *ein* Land leicht auf ein *anderes* Land übertragen werden kann, selbst wenn die Autor_innen irgendeine nationale Einzigartigkeit betonen wollen. So liefert Risério zum Beispiel äußerst sinnhafte Beschreibungen brasilianischer kultureller Vielfalt:

> »Brasilien ist ein anthropologisches Mosaik. Eine Welt aus vielen Welten, jede mit ihrer eigenen Physiognomie, ihren einzigartigen Spuren. Dies ist es, was uns erlaubt von einer brasilianischen Realität zu sprechen aber auch von brasilianischen Realitäten, im Singular und im Plural. Weil das, was wir in unserem Teil der Welt errichtet haben, ein Land vieler Blickpunkte oder kultureller Pole oder Räume für die besonderen Ordnungsmuster einer Bevölkerung ist, die aufgrund verschiedenster sozialgeschichtlicher Prozesse und von einander abweichender ökologischer Bedingungen – und in Reaktion darauf – differenziert ist [...]. Unsere Einzigartigkeit besteht aus vielen Einzigartigkeiten, wie sie in den inneren Variationen unserer Kultur sichtbar sind. Aber diese reiche innere Vielfalt führte nicht, wie man angesichts der riesigen territorialen Ausdehnung des Landes denken könnte, zu einem chaotischen Durcheinander oder einer bizarren Collage voneinander entfremdeter und getrennter Elemente.«[533]

Risérios reich strukturiertes Porträt beschreibt das phantastische kulturelle Füllhorn Brasilien auf beredte Weise. Und doch sind viele seiner Formulierungen – ›anthropologisches Mosaik‹, ›Welt aus vielen Welten‹, ›viele Blickpunkte‹, ›innere Variationen‹ – konzeptionell passende Beschreibungen vieler nationaler Kulturen. Die meisten Nationalstaaten in den Amerikas haben als erfundene Kollektivitäten versucht, ein zerbrechliches Ganzes aus einer ›bizarren Collage‹ indigener, europäischer, afrikanischer und asiatischer Völker zu schmieden, zum Teil unter Zuhilfenahme der Durchsetzungskraft des

533 Risério, *A Utopia Brasileira*, 212.

Staates. Das US-amerikanische ›*E Pluribus Unum*‹, die mexikanische ›*Raza Cósmica*‹ und die brasilianische ›Fabel der drei Rassen‹ stellten alle Versuche dar, einen Anschein von Ordnung aus einem ›chaotischen Durcheinander‹ herzustellen. Aber diese gut zusammengebastelten Identitäten bieten nicht nur Anlass zum Jubeln, sie maskieren außerdem auch wirkliche Konflikte. In allen Teilen des amerikanischen Kontinents kollidieren indigene Vorstellungen von Landbesitz zum Beispiel immer noch mit eurozentrischen. Indem man die Einzigartigkeit einzelner Nationalstaaten hervorhebt, blendet man solche alle kolonialen Siedlerstaaten in den Amerikas verbindenden Analogien aus.

Nicht überraschend kommen einige der scharfsichtigsten Kommentare zu vergleichender rassenpolitischer Forschung von Intellektuellen, die mit beiden nationalen Kontexten vertraut sind. Hermano Vianna, Autor sehr aufschlussreicher Bücher über Samba und populäre Kultur, spricht von seiner Begegnung mit multikultureller Identitätspolitik während seiner Forschung für seine Promotion in der stark rassengetrennten Innenstadt Chicagos. Nachdem er sich zunächst wie »ein Ethnologe, der Feldforschung in einem abgelegenen Dorf Neu Guineas betreibt«, gefühlt hatte, wurde Vianna bald bewusst, dass die Diskussion um Identität sehr ernsthaft und grundlegend war. Nach seiner Rückkehr nach Brasilien und »voller Respekt für [seine] amerikanischen Kolleg_innen« berichtet er, dass er »es nicht ertragen konnte, eine dermaßen ernste und emotional aufgeladene Debatte in Brasilien als Witz behandelt zu sehen.« Für Vianna »leisteten« die Vereinigten Staaten »der Menschheit mit diesem ethnologischen Experiment einen Dienst, [der] unseren Respekt, unsere Mitarbeit und konstruktive Kritik verdient«. Während andere brasilianische Analyst_innen den Multikulturalismus als eine für den Export abgepackte Fertigware erachteten, betrachtete Vianna ihn als ein kühnes Experiment:

> »Als ich das durch diese Bewegung ausgelöste Leid sah (sicherlich ein weit weniger ernstes als das durch Jahrhunderte der Diskriminierung und des Rassismus verursachte, aber dennoch ein Leid), fühlte ich mich, das bekenne ich, erleichtert darüber, nicht aus den Vereinigten Staaten zu kommen [...] und wieder weggehen zu können. Denn ich fühlte mich, als würde mir die Luft abgeschnürt (auch weil ich als ›hispanisch‹ klassifiziert wurde, etwas, was ich mir nie vorgestellt hätte, trotz meiner Liebe zu der Kultur der Chican@s und Puerto-Ricaner_innen in Chicago). Aber ich war den Nordamerikaner_innen dankbar dafür, dass sie all diesen Schmerz auf so viel abverlangende und meiner Ansicht nach radikale Weise auf sich nahmen. Wer weiß schon, ob wichtige Lehren für andere Völker herauskommen werden, Lehren, die weltweit übernommen werden könnten, da wir wüssten, was funktioniert und was nicht. Denn es ist selbst für die politisch korrektesten Amerikaner_innen klar, dass Teile dieses Experiments – wie bei jedem anderen Experiment – nicht aufgehen werden.«[534]

534 Hermano Vianna, »Mestiçagem Fora de Lugar«, *Folha de São Paulo* (June 27, 2004).

Viannas Bericht zeigt sowohl Respekt vor dem multikulturellen Projekt als einem mutigen sozialen Experiment (und begreift dabei auch seine Grenzen) als auch eine Wertschätzung der brasilianischen Differenz (und begreift deren Grenzen).

Gleichzeitig ist Viannas Begrifflichkeit vielleicht übertrieben christologisch, als nähmen die Chicagoer Wissenschaftler_innen die ›Rassensünden‹ der Welt auf sich. Während Vianna die ›unerträgliche Schwere‹ dieser Diskussionen wahrnimmt, verkennt er vielleicht ein anderes Element, nämlich eine gewisse Heiterkeit und Freude des frohen Entdeckens, und dies nicht nur in befreienden Ideen, sondern auch in neuen Formen koalitionärer Geselligkeit. Die selektive Betonung des Schmerzes spiegelt die Reaktion eines an eine ›leichtere‹ Herangehensweise gewohnten Brasilianers wider, wobei die ihm vertraute ›Leichtigkeit‹ gleichzeitig ein unbefangener sozialer Kode ist als auch manchmal eine Methode, einer Konfrontation durch Praktiken und Diskurse flexibler Anpassung schlau auszuweichen. In diesem Zusammenhang betont Vianna die soziale Zweckmäßigkeit des brasilianischen Humors und seines Spotts für einige US-amerikanische Bewegungen. Obgleich Vianna dies nicht erwähnt, wurde auch der Feminismus anfänglich mit Hilfe von Witzen abgetan, die darauf zurückgingen, dass eine saisonale Grippe nach Betty Friedan benannt wurde, deren Ankunft in Salvador, Bahia, zufällig zusammenfiel mit dem Beginn der Grippe. Während er einerseits die nordamerikanische Macht ›karnevalisiert‹, kann solcher Humor andererseits auch dazu dienen, Ideen von Gleichheit an den Rand zu drängen.

Schlussendlich plädiert Vianna für eine Forschung, die die Art und Weisen untersucht, wie »unterschiedliche Völker experimentieren und Dinge ausprobieren, so dass sie nachträglich verglichen, ausgetauscht und von anderen vermischt werden können«.[535] Er verteidigt jedoch Brasilien nicht kategorisch als eine ›Rassendemokratie‹. Wie er deutlich macht, kann man die brasilianische Rassenmischung bejahen und dennoch glauben, dass Brasilien nicht unbedingt eine ›Rassendemokratie‹ ist. Gleichzeitig betrachtet er letzten Endes den US-amerikanischen Multikulturalismus als für Brasilien »fehl am Platz«, da er das Risiko berge, Brasilien seine »Trumpfkarte« - die »Vermischung der Unterschiedlichkeiten« - zu kosten.[536] Doch fragt man sich, ob die Vermischung der Unterschiedlichkeiten eine solche ›Trumpfkarte‹ bleibt, wenn sie die Norm in einem Großteil der atlantischen Welt geworden ist. Trotzdem liefert Viannas Lob für den Mut der Amerikaner_innen eine ironische Wendung bezüglich eines aus der Zeit der UNESCO Studie stammenden Themas. In den 1950er Jah-

535 Ebd.

536 Ebd.

ren wurde Brasiliens ›Rassendemokratie‹ als ein Modell für eine gerade aus dem Kampf gegen den Nationalsozialismus kommende Welt gesehen. Aber mittlerweile haben sich die Diskussionsvoraussetzungen dramatisch verändert. Die heutigen Vereinigten Staaten werden nicht wie Brasilien damals als ein ›Rassenparadies‹ betrachtet; vielmehr sind sie der Ort, an dem die ›Rassenhölle‹ offen angegangen wird – in einer Atmosphäre von Schmerz und abgeschnürter Luft. Während in den frühen 1950ern die Gesellschaft Brasiliens an sich als Modell diente, sind es jetzt nicht die Vereinigten Staaten an sich, sondern ist es vielmehr die US-amerikanische Selbstkritik, die das Modell liefert.

Der brasilianische Soziologe Sérgio Costa verhandelt in seinem Buch *The Two Atlantics: Social Theory, Anti-racism, Cosmopolitanism* geschickt zwischen den verschieden Positionen, indem er sich britischer *Cultural Studies* und *Postcolonial Studies* bedient, . Costa weist darauf hin, dass die meisten brasilianischen Intellektuellen die Existenz von Rassismus nicht länger bestreiten, sondern nur über die besten Methoden, mit ihm umzugehen, diskutieren. Für ihn hat sich die brasilianische akademische Debatte in zwei antirassistische Lager polarisiert, das »integrative anti-rassistische Lager« und das »ethnisch definierte anti-rassistische Lager«. Das integrative Lager hege ein übertriebenes Vertrauen in die Kultur und vernachlässige dabei materielle Ungleichheiten, während das rassenbewusste Lager zu sehr an einem spezifischen (afro-amerikanischen) Modell hänge. »Die konkrete geschichtliche Form, die der Kampf, eine gerechte Ordnung in den Vereinigten Staaten zu schaffen, annimmt«, so erinnert er uns, »stellt nur eine Möglichkeit dar ohne Garantie, dass sie überall gute Ergebnisse erzeugen wird.« Beide Gruppen vernachlässigten die »postnationalen und transnationalen Dimensionen« der Debatte, da nationale Grenzen in einer Ära, in der soziale kulturelle und politische Prozesse über solche Grenzen hinweggingen, längst keine angemessene analytische Einheit mehr für soziologische Untersuchungen demarkierten.[537]

Populäre Kultur, Tropicália und der Regenbogenatlantik

Nichts zeigt besser, wie dysfunktional es ist, Kulturen in abgeschlossene nationale Schubladen zu zwingen, als die brasilianische populäre Musik. Als kosmopolitische Orchestrierung von mundartlichen und gehobenen Musikidiomen reflektiert die brasilianische Musik die grundlegende Multikulturalität Brasiliens im doppelten Sinn des Widerspiegelns als auch des darüber Nachdenkens. Als Teil einer unendlichen, kreativen, vielgerichteten Ideenbewegung, die

537 Sérgio Costa, *Dois Atlânticos: Teoria Social, Anti-racismo, Cosmopolitanismo* (Belo Horizonte, Brazil: UFMG, 2006), 216.

rund um den Atlantik hin und her fließt, erzeugt die brasilianische Musik solche hybride Formen wie Jazz-Samba, Samba-Rap, Samba-Reggae, *reforengue* (eine Mischung von Rock, Merengue und forró) und Bauch-Samba (ein Mix von Samba und Bauchtanz). Indem sie eine breite Vielfalt an Musikstilen – das Melisma afro-amerikanischen Gesangs, den südafrikanischen tiefatmigen Chorgesang, die wimmernde Stahlgitarre der Country Musik, den Bums des Funk und den Offbeat des Reggae – in sich zu einem gesamtbrasilianischen Ensemble vereint, offenbart die brasilianische Musik eine anthropophage Fähigkeit, ein weites Spektrum von Einflüssen zu verschlingen. Es ist genau diese Fähigkeit ›anderes‹ aufzunehmen, die paradoxerweise brasilianische Musik brasilianisch macht.

In gewisser Hinsicht ähneln US-amerikanische und brasilianische Musik einander, und zwar nicht nur wegen der gegenseitigen Beeinflussung, sondern auch aufgrund gemeinsamer Wurzeln. So finden wir deutliche Parallelen zwischen *chorinho* und *ragtime*, zwischen Cool Jazz und Bossa Nova, zwischen Funk und *axé*. Als synkretische Produkte der afrikanisch-europäischen Begegnung in der Neuen Welt, verbinden die Musiken von George Gershwin, Aaron Copeland, Duke Ellington, Heitor Villa-Lobos und Antonio Carlos Jobim jeweils das Populäre und das Ernste, das Europäische und das Afro-Diasporische.[538] Während US-amerikanische Jazzmusiker_innen sich nur gelegentlich auf Afrika bezogen haben, zeigt populäre brasilianische Musik eine viel tiefere Vertrautheit mit afro-brasilianischer religiöser Kultur, ob im Einbauen von Candomblé Rhythmen oder in lyrischen Anspielungen auf *iaô* (den Initiierten in westafrikanischen Religionen), *terreiros* (den Candomblé Tempeln), *acarajé* (religiös geweihte Nahrungsmittel) und die *orixás* (Oxum, Iemanjá). Sogar Carmen Mirandas flüssige Art zu tanzen und zu singen erinnert an die Art, in der Oxum, die Göttin der Liebe und des Reichtums, ihre Arme hebt und stolz ihren Schmuck zur Schau trägt.[539] Bezüge zu Afrika beseelten die

538 Brazilianische Musiker_innen und Musikolog_innen haben schon auf diesen gemeinsamen Aspekt der zwei Traditionen hingewiesen. Der Komponist und Literaturkritiker Zé Miguel Wisnik merkt an, dass europäische Intellektuelle manchmal davon überrascht sind, dass »populäre Musik in Brasilien mit ernsten Musiktraditionen in einen Dialog treten und dadurch etwas neues produzieren kann.« Vgl. Santuza Cambraia Naves, Frederico Oliveira Coelho, und Tatiana Bacal, Hrsg., *A MPB em Discussão: Entrevistas* (Belo Horizonte, Brazil: UFMG, 2006). Sogar Chico Buarque, in politischer Hinsicht ein Anti-Amerikaner, erkennt diese Gemeinsamkeit mit den Vereinigten Staaten an: »[Während in Europa] populäre Musik mit wenigen Ausnahmen in eine künstlerische Welt zweiter Klasse abgeschoben wird und als eigentlich industrielles und kommerzielles Produkt und nicht mehr erachtet wird, [...] gibt es in Brasilien eine größere Geschmeidigkeit [...]. In dieser Hinsicht sind [die Amerikaner_innen] uns näher.« Ebd., 166–167.

539 Vgl. Rita Amaral and Vagner Gonçalves da Silva, »Foi Conta para Todo Canto: As Religiões Afro-Brasileiras nas Letras do Repertório Musical Popular Brasileiro«, *Afro-*

›Afro-Sambas‹ von Vinicius de Morases und Baden-Powell in den 1960ern, die Sambas von Clara Nunes und Martinho da Vila in den 1970ern und die Arbeit von Caetano Veloso, Gilberto Gil, Carlinhos Brown und Maria Bethânia während ihrer ganzen Karrieren.

Aber für unsere Zwecke hier ist von größter Bedeutung, wie sehr die brasilianische Musik multikulturelle, diasporische und indigene Belange thematisiert, und zwar nicht nur durch ihre Texte, sondern auch durch Perkussion, Melodie, Harmonien und Ausführung. Vor den 1960er Jahren thematisierte brasilianische populäre Musik Aspekte von *race* und Multikulturalität auf leichte und manchmal vorurteilsbehaftete Weise, wie in *Nega do Cabelo Duro* (Schwarze Frau mit dem widerspenstigen Haar), oder auf eine ernstere patriotische Weise, wie in Ary Barrosos Porträt brasilianischer Kultur als einem multikulturellen Eintopf in *Aquarela do Brasil* (das in den Vereinigten Staaten unter dem Titel *Brazil* bekannt wurde). Viele Sambas beschäftigen sich unmittelbar mit ›Rassenzugehörigkeit‹. Der Karneval von 2009 brachte zum Beispiel Sambahommagen an Barack Obama. Ein Lied spielte auf die Klangverbindung zwischen Obamas Name und den Yoruba Ausdruck *Oba* an (eine Art von *¡Viva!*): »Afrikanische Stimmen, besingt Eure Stärke / Obamala / Jetzt, meine Liebe, ist das Weiße Haus schwarz«. Ein anderes Karnevalslied erklärte: »Es gibt einen schwarzen Typ im Weißen Haus / Die Vorurteile sind nach Bagdad [ein Ausdruck der ›weit weg‹ bedeutet] gegangen / Tschüss, tschüss, Bush.« Einige brasilianische Lieder betonen transethnische Identifikation und Verwandlung, ein Thema, das auch in US-amerikanischer populärer Kultur verbreitet ist.[540]

Ásia 34 (2006): 189–235. Vgl. auch Zeca Ligeiro's New York University Doktorarbeit in Performance Studies: *»Carmen Miranda: An Afro-Brazilian Paradox«*.

540 500 Jahre der Koexistenz von indigenen Gemeinschaften, Afrikaner_innen, Europäer_innen und Asiat_innen in den Amerikas haben auch eine unbegrenzte Vielfalt an Formen kulturellen Synkretismus und kultureller Umwandlung hervorgebracht. Dieses Gemischtsein kennzeichnet beide Hemisphären und hat vielfältigen Ausdruck in der Kunst gefunden, ob in europäisch/indigenen Romanzen wie denen von Diogo Álvares und Paraguaçu im Brasilien des 16. Jahrhunderts oder von Cortés und Malinche im Mexiko des 16. Jahrhunderts, oder von Pocahantas and John Smith (später John Rolfe) im Nordamerika des 17. Jahrhunderts. Brasilianische Filme wie *Caramuru - A Invenção do Brasil* oder *Como Era Gostoso o Meu Francês*, venezuelanische Filme wie *Jericó* und amerikanische Filme wie *Little Big Man* und *Der Mann, den sie Pferd nannten* erzählen Geschichten von ›weißen Indianer_innen‹, die sich der Lebensweise der ursprünglichen Bevölkerung assimilieren. Die erzählenden Künste in den Amerikas sind reich an ›Mutationsfiktionen‹, die auf die Instabilität ethnischer Identität und Identifikation hinweisen. In solchen Fiktionen durchlaufen Protagonist_innen ethnische Metamorphosen, gehen über die Starrheit der Klassifizierung nach *race* hinaus Die chamäleonartigen Charaktere solcher Filme wie *Macunaima* in Brasilien oder *Zelig* in den Vereinigten Staaten verändern ihre Farbe und Kultur. Solche Metamorphosen machen einen Prozess sicht- und begreifbar, der gewöhnlich unsichtbar bleibt – den Prozess der Synkretition, wenn Ethnien sich im

So singt die phänotypisch weiße Sängerin Joyce »I'm a mulata« und Caetano Veloso wortspielerisch »sou mulato nato« (ich bin ein geborener Mulatte), während Moraes Moreira Brasilien à la Freyre allegorisiert als »die drei Grazien Brasiliens«, d.h., die drei weiblichen Figuren, die die Amerindianer_innen, die Afrikaner_innen und die Europäer_innen allegorisch darstellen. (Wissenschaftler_innen haben diese transethnischen Identifizierungen selten auf transnationale Weise untersucht; man könnte zum Beispiel den pro-amerindianischen Symbolismus der ›schwarzen Indianer_innen‹ des Karnevals von New Orleans mit dem der weitgehend schwarzen ›Komanch_innen‹ und ›Apach_innen‹ des Karnevals in Salvador, Bahia, vergleichen.)

Rapper_innen ihrerseits rücken *race* und Widerstand schon allein durch ihre Namen in den Vordergrund. Die jungen Organisator_innen der *»bailes funk«* (Funk Parties) beschwören ›Black Power‹ und ›*Revolução da Mente*‹ gemäß James Browns *»Revolution of the Mind«*. Bahianer_innen nennen sich selbst ›*browns*‹ im Andenken an Brown, und eine Reihe brasilianischer Musiker_innen – insbesondere Carlinhos Brown, Mano Brown und Berimbrown – haben sich sogar selbst nach dem Gottvater des Soul genannt. ›Berimbrown‹ vermischt eine Hommage an Brown mit dem *berimbau*, dem afrikanischen Flaschenkürbis-und-Bogen-Instrument, das in der Capoeira benutzt wird. Ein Lied von Berimbrown liefert einen historischen Kontrapunkt, indem es Jorge Velho, den portugiesischen Militäranführer, der die Maroon-Republik Palmares im 17. Jahrhundert zerstörte, mit der heutigen rassistischen Polizei in Verbindung bringt. Was George Yúdice die ›Funkifizierung‹ Brasiliens genannt hat, findet schon seit Jahrzehnten statt. Dabei sind Funk und Rap und

---

Zusammenhang von Jahrhunderten von asymmetrischem kulturellen Kontakt zwischen Europäer_innen, indigenen Amerikaner_innen und Afrikaner_innen aneinander reiben und gegenseitig aufeinander abfärben. Das Thema ethnischer Umwandlung taucht in vielfältiger Art und Weise in US-amerikanischer populärer Kultur auf, am offensichtlichsten vielleicht im Thema des ›angesehen Werdens‹, egal ob in Melodramen wie *Solange es Menschen gibt* oder zeitgenössischen Romanen wie Philip Roths *Der menschliche Makel*, der Geschichte eines New Yorker Schriftstellers (Anatole Broyard), der als Weißer angesehen wurde. In *Palindromes* spielen Schauspieler_innen verschiedener Hautfarbe die selbe Person, während in *I'm Not There* unterschiedliche Schauspieler_innen, einschließlich eines schwarzen Teenagers und einer Frau, die Rolle von Bob Dylan verkörper. In *Soulman* färbt sich ein weißer Student schwarz, um *affirmative action* auszunutzen. Patrick Swayze bewohnt Whoopi Goldbergs Körper in *Ghost - Nachricht von Sam*. In der Kabelfernsehshow *Zurück in die Vergangenheit*, springen weiße Protagonist_innen in die Körper anderer Menschen. In *Einmal Himmel und zurück* stirbt Chris Rock und kommt als alter weißer Mann wieder. Die afro-amerikanische Unterhaltungskünstlerin Anna Deavere Smith personifiziert eine umfangreiche Ethniengalerie in ihren Soloprogrammen wie *Fires in the Mirror* und *Twilight: Los Angeles*. Der Aspekt von Humor bei diesen verschiedenen ethnischen Begegnungen bildet die Grundlage eines Großteils der Sketch Comedy Richard Pryors, Whoopi Goldbergs, Chris Rocks, Wanda Sykes' und Dave Chappelles.

Jazz ins Blut brasilianischer Musik selbst eingeflossen, so wie auch Bossa Nova einige Jahrzehnte vorher in das Blut US-amerikanischer Musik eingegangen ist. Populäre Musiker_innen wie Ed Motta, Berimbrown und *Phat Family* ihrerseits haben Soul, Funk und Rap brasilianisch gemacht. Die Rapgruppen interagieren dabei wiederum auch mit der Zivilgesellschaft, ob durch Projekte, die Rap in die Schule bringen, oder durch das *batidania*-Konzept der Gruppe *Banda AfroReggae*, dessen Neologismus ungefähr als ›perkussive Staatsbürgerschaft‹ zu übersetzen wäre – dem groben Äquivalent von »*one nation under a groove*«. Das Video *Batidania: Power in the Beat* (1998) zeigt, wie Yúdice es ausdrückt, »dass Musik und Unterhaltung das Wahrnehmen von Staatsbürgerschaft sind« und ein Weg, »öffentliche Räume zu öffnen.«[541]

Critical Race Analyse kann viele generische Formen annehmen: politische Rede, religiöses Klagelied, akademische Forschung und populäre Musik. Rapper_innen in den 1980ger Jahren ließen die wissenschaftliche Ernüchterung bezüglich der Ideologie der ›Rassendemokratie‹ nachklingen. Der Song »High Tech Violence« der Gruppe *Urban Discipline* handelt davon, dass die Polizei »hoch in die Favelas geht / in Dein Haus eindringt / ohne Scham / und wie Du behandelt wirst / hängt ab von der Farbe Deiner Haut«. *Rappa* stellt in dem Lied » Every Police Wagon Is Reminiscent of a Slave Ship« (Jeder Polizeitransporter erinnert an ein Sklavenschiff) Verbindungen zwischen vergangener Versklavung und heutiger Inhaftierung her. »Journal of a Prisoner« (Tagebuch eines Gefangenen) von der von Mano Brown geleiteten Rap-Gruppe *Racionais MC's* gedachte des Massakers aus dem Jahre 1992 an 111 Gefangenen im Carandiru Gefängnis. In dem Stück »Pavillion Number 8« verfassten einige der Gefangenen selbst einen Rap-Text über das Massaker. Rap ist so zu einer musikalischen Aussage geworden, die soziale Unterdrückung bezeugt. Gleichzeitig kommentieren die Klänge des Raps – hart und wie Maschinengewehrfeuer – die gutmütige Freundlichkeit sowohl des Bossa Nova der Mittelschicht als auch des klassischen Sambas der Favelas.

Brasilianische Künstler_innen sind sehr erfinderisch im Prägen innovativer und dezent antikolonialer ästhetischer Stile in Literatur, Malerei oder Musik, wie »Anthropophagie« (Oswald de Andrade), die »Ästhetik des Hungers« (Glauber Rocha) die »Ästhetik des Mülls« (Rogério Sganzerla) und »Tropicália« (Gilberto Gil und Caetano Veloso) gewesen. Viele dieser Ästhetiken werten durch Umkehr auf, was vorher besonders innerhalb des kolonialen Diskurses als negativ angesehen wurde. So wird der ›Kannibalismus‹, der Jahrhunderte lang der Inbegriff des erbärmlichen, wilden ›Anderen‹ war, bei den brasilianischen Modernist_innen ein antikolonialistischer Tropus und ein

541 George Yúdice, *The Expediency of Culture* (Durham: Duke University Press, 2003), 154.

Wertbegriff. Gleichzeitig teilen diese Ästhetiken die Eigenschaft des Jiu-Jitsu, strategische Schwäche in taktische Stärke umzudrehen. Indem sie die postkoloniale und postmoderne Betonung einer *cut 'n' mix* und *sampling* Ästhetik vorwegnahmen, eigneten sich solche Bewegungen die herrschenden Diskurse für ihre eigenen Zwecke an und setzten dabei die Stoßkraft des Herrschenden gegen Herrschaft ein.

Die Tropicália-Bewegung, die 1967 aus der Taufe gehoben und musikalisch von Caetano Veloso und Gilberto Gil angeführt wurde, brachte diese Strömungen in die massenmediale Arena. Die Bewegung aktualisierte die Ideen des Modernisten Oswald de Andrade und bediente sich des bevorzugten modernistischen Tropus der ›Anthropophagie‹ – der Version von ›Intertextualität‹ des globalen Südens, vom Standpunkt neokolonialer Machtbeziehungen aus gesehen. Wie die Modernist_innen kannibalisierten auch die Tropicalist_innen eifrig andere künstlerische Bewegungen. Während die Modernist_innen sich Dada und den Surrealismus einverleibten, verschlangen, wie Caetano es selbst gerne ausdrückte, die Tropicalist_innen Jimi Hendrix und die Beatles in einer ›Sampling‹-Ästhetik, die später als Vorwegnahme des Postmodernismus gilt. Indem sie fremde Einflüsse aus einer Position des nationalen Stolzes heraus kannibalisierten, integrierten die Tropicalist_innen mit Leichtigkeit Rock, Rap Reggae, Country-Music und Salsa zu einer sehr brasilianischen Synthese.

Ein auffallender Aspekt brasilianischer populärer Musik ist ihr offener intellektueller Ehrgeiz. ›Popstar Intellektuelle‹ wie Gilberto Gil, Caetano Veloso, Chico Buarque und Zé Miguel Wisnik schreiben Bücher und komponieren Musik, die die brennenden Fragen ihrer Zeit kommentieren. Als eine Bewegung mehrerer Künste, gestaltete die Tropicália-Bewegung das kulturelle Feld dynamisierend um und mischte sich dabei aktiv in die Debatten um ›Rasse‹ und nationale Identität ein. Wie sehr sich auch ihre manchmal problematischen Stellungnahmen gewandelt haben mögen, so sind Gil und Caetano wichtige Kommentatoren und Theoretiker zum Thema *race* in Brasilien, und zwar sowohl als prägnante Kritiker von Rassismus und als Feiernde brasilianischer Geselligkeit. Sie setzen ihre Theorien in sehr unterschiedlichen Genres und Medien, von Musik, Büchern und Interviews über Happenings bis zur Beteiligung an politischen Entscheidungsprozessen um. Journalistische Kritiker_innen der englischen Übersetzung von Caetanos Memoiren *Tropical Truth* waren überrascht einem Popstar zu begegnen, der kenntnisreich über europäische, US-amerikanische und brasilianische Kultur in einem Text schreiben konnte, in dem Namen wie Ray Charles und James Brown mit großer Leichtigkeit mit Namen wie Stockhausen, Wittgenstein und Deleuze in Berührung gebracht werden. Sowohl Caetano als auch Gil (einstmals Kulturminister in der Lula Regierung) stellen orphische Intellektuelle dar oder, um eine Variation von Gramscis ›organischem Intellektuellen‹ zu prägen, ›orphoganische‹ Intellektuelle: in einem Augenblick schreiben sie Bücher und im nächsten führen sie eine tanzende Menge an. In multimedialer Einmischung tragen sie die kulturellen Debatten in visueller, sinnlicher, schriftlicher, lyrischer, perkussiver und sogar institutionell-politischer Form aus.[542]

Die Tropicália-Bewegung wurde gewissermaßen in einer Art audiovisueller Epiphanie des Afrikanischseins geboren. Den Tropicalist_innen selbst zufolge, war Glauber Rochas 1967 erschienener Film *Terra em Transe* – mit seiner Überlagerung der Musik des Candomblé durch Luftaufnahmen der Atlantikküste – eines der Kunstwerke, die der Bewegung halfen sich herauszukristallisieren. Caetano, der sich einmal als eine Kreuzung von Rocha und João Gilberto beschrieb, skizzierte den Einfluss des Films auf die Bewegung. »Die ganze tropicalistische Sache«, so Caetanos berühmtes Zitat, »wurde mir klar an dem Tag, als ich *Terra em Transe* sah. Mein Herz explodierte während der Anfangssequenz, als zum Klang eines Candomblé Gesangs eine Luftaufnahme des Meeres uns zur Küste Brasiliens bringt.« Ohne diesen »traumatischen Augenblick«, schreibt Caetano, »hätte es nie das gegeben was mittlerweile Tropicalismus genannt wird«.[543] Tropicália wurde daher buchstäblich unter dem Zeichen des Schwarzen Atlantik geboren.

Als ein musikalischer ›Barde‹ dieses selben Schwarzen Atlantik hat Gil sprühende Oden an die afro-brasilianische diasporische Kultur hervorgebracht, ob an die Orishas des Candomblé, wie in *Iemanjá*, oder an die Macumba, wie in *Batmakumba* (ein Wortspiel auf Batman und Macumba) oder an die Umbanda in *Umbanda Um*. Gils musikalische Hommage von 1973 an die bahianische afro-musikalische Gruppe *Filhos de Gandhi* verhalf dieser Gruppe zu neuem Leben. Sein *Chuck Berry Fields Forever* bringt sowohl die Beatles als auch Chuck Berry in Verbindung zu den Zuckerrohrfeldern der Sklaverei, während *Quilombo, the Black Eldorado* der Sklav_innenrepublik gedenkt, die in den Amerikas am längsten Bestand hatte. Ein sehr kosmopolitischer Gil

542 In den letzten Jahrzehnten haben die Tropicalist_innen einen höheren öffentlichen Bekanntheitsgrad errungen, und zwar nicht nur durch ihre Musik, sondern auch durch Gils Ernennung zum Kultusminister der Lula Regierung, durch die Veröffentlichung von Caetanos Memoiren *Tropical Truth* auf Englisch sowie durch verschiedene Grammy Awards und Filmauftritte. Gil wurde in die Debatten um ein digitales Copyrightgesetz verwickelt und, durch *Creative Commons*, in den Kampf gegen Gesetze, die Kreativität durch Vorstellung von ›geistiges Eigentum‹ privatisieren. Wie Gil in einem Lied früher gesagt hatte, dass er Musik schriebe, »die im Radio gehört werden soll«, so ›multikulturalisiert‹ Gil in »Pela Internet« (Über das Internet) die Diskussion des Netzes, indem er sie mit der afro-brasilianischen Kultur der *Oríkì* (Yoruba Epithetgedichte) und *Orishas* verknüpft, die sich gleichfalls mit ›Medien‹ und Kommunikation befasste.

543 Caetano Veloso, *Verdade Tropical* (São Paulo: Companhia das Letras, 1997), 105.

komponierte *A Prayer for Freedom in South Africa* (1985) und schuf den von französischen Rassismusgegner_innen aufgegriffenen Erkennungssong, *Touche Pas à Mon Pote* (Fass meinen Kumpel nicht an!). Obgleich solche Musik vielleicht keine Revolution anzettelt, so kann sie doch den Soundtrack für sozialen Wandel liefern.

Die Tropicália leistete einen sowohl thematischen als auch ästhetischen Beitrag. In ihren kulturellen Anregungen bot sie (1) eine Kritik der konservativen Kulturpolitik der orthodoxen Linken; (2) ein Wertlegen, nicht auf Harmonie und Herzlichkeit, sondern auf nicht in Einklang zu bringende Widersprüche; (3) eine gleichzeitige Offenheit sowohl gegenüber den ›niedrigsten‹ Sphären populärer brasilianischer Kultur als auch gegenüber den höheren Sphären der transnationalen Avantgarde; (4) die parodierende Hinterfragung der grundlegenden Mythen und Ikonen Brasiliens; (5) das kühne Aufgreifen bedeutsamer geschichtlicher Fragestellungen wie der Sklaverei, des Synkretismus und transkultureller Beziehungen; (6) eine transtemporale und kontrapunktische Ästhetik; und (7) eine Ablehnung der Korrektheitsnormen zugunsten einer Umwandlung der Kriterien für Kunstgeschmack an sich. Statt technische Korrektheit anzustreben, zogen es die Tropicalist_innen vor, produktive ›Fehler‹ zu machen und eine neue Reihe revolutionärer Kriterien zu entwickeln, die sowohl in der Avantgarde als auch in populärer Kultur verwurzelt waren.

Während Tropicália einerseits die ganze Welt als ihre Domäne betrachtet, erschafft sie andererseits keine ›Weltmusik‹, jenes fade Gebräu, welches Musik aus dem globalen Süden auf die Märkte des Nordens fließen lässt und dabei Ethnisches leicht streift aber schmerzlichen Themen von Raub und Rassismus ausweicht. In seiner radikalsten Form hegt Tropicália eine ausgeprägte Dissonanz. In dieser Hinsicht greift sie einige der teils ernsten, teils augenzwinkernd geäußerten Prinzipien der ›Postmamboismus‹ (vom Kikongo Wort *imbu* = ›Wort‹, ›Gesetz‹, ›Lied‹ oder ›wichtige Angelegenheit‹) genannten und von Ned Sublette angeführten Bewegung einer »leicht tragbaren Theorie, welche Musik ins Zentrum von Erkenntnis rückt und Musik benutzt, um andere Studienfelder zu befragen« auf und setzt sie um. Der Postmamboismus, wie auch andere Musikarten, »beginnt angesichts der geschichtlich zentralen Rolle für die Musik der Welt und ihrer tiefen Verbindung durch die Sklaverei, die Neosklaverei und die Befreiungskämpfe mit dem Studium afrikanischer und afrodiasporischer Musikformen und weitet seine Thematik aus auf fundamentale Fragen zu Kolonialismus, Kapitalismus und Zivilisation.«[544]

Hier schauen wir uns bestimmte Lieder, die sich mit den diasporischen Strömen rund um den Atlantik befassen, genau an. Die CD Caetanos *Noites*

544 Ned Sublette, »Principles of Postmamboism«, *BoingBoing* (blog), December 15, 2009, http://boingboing.net/2009/12/15/principlesof-postma.html.

do Norte, zum Beispiel, stellt eine musikalische Meditation über die Sklaverei und ihre Nachfolger dar und bewegt sich dabei vom Nigeria des *Two Naira Fifty Kobo* über das Angola des *Congo Benguela Mojolo Cabinda Mina* zum Brasilien der ›Sklavenauktionen‹ und ›sugar cane fields forever‹. Sie enthält auch die Aufforderung zur Revolte mit *Zumbi*, den späteren zwiespältigen Abolitionismus Joaquim Nabucos in *Noites do Norte* und jene Schwarzen, die in dem Stück *13 de Maio* den Jahrestag der Abschaffung der Sklaverei feiern,. Das für jedes Lied jeweils ausgewählte musikalische Genre – ein lebhafter *samba de roda* für *13 de Maio*, ein melancholisch-romantischer ›Lied‹-Stil für die musikalische Umsetzung von Nabucos Betrachtungen über die Sklaverei und stilisierte dissonant-moderrnistische Rapmusik für *Haiti* – vermittelt eine soziale Intonation und Perspektive.[545] Kurz gesagt, reicht die CD zeitlich zurück und räumlich nach außen, um ein veritables musikalisches Essay über die Geschichte der Afro-Diaspora zu komponieren.

Das Lied *Haiti* vermittelt mit seiner Art, das Thema von Polizeibrutalität in poetischer Form zu behandeln, ein Gespür für die Überschneidungen von *race* und Klasse in einem Land wie Brasilien, ein Gespür dafür, wie *race* »die Modalität [wird], in der Klasse gelebt wird« (Stuart Hall).[546] Der Text des Liedes erzählt eine Episode nach, in der Caetano selbst eine Rolle spielte. Gerade in dem Augenblick, als er auf einer Bühne, die einen Blick über Salvadors historischen Pelourinho Platz gewährte, einen ›Bürgerehrenpreis‹ überreicht bekam, sah Caetano, wie eine hauptsächlich schwarze Polizeieinheit eine hauptsächlich aus Schwarzen, Mestizen oder armen Weißen bestehende Menge verprügelte. Das Lied beginnt,

> »Wenn Du eingeladen bist, auf das Dach
> Der Jorge Amado Stiftung zu gehen
> Und von dort oben die Reihe von Soldaten, fast alle von ihnen Schwarze
> Auf den Nackenansatz schlagen siehst
> Von schwarzen Strichern, Mulattendieben und anderen fast Weißen
> Die aber wie Schwarze behandelt werden
> Nur um den anderen fast Schwarzen zu zeigen
> (und sie sind fast alle schwarz)
> und den fast Weißen, aber so armen wie die Schwarzen
> Wie Schwarze, arme Leute und Mulatten behandelt werden«

Caetano fängt an, indem er seine eigene privilegierte Stellung als geehrter Bürger und Beobachter aus der Mittelschicht einräumt – er ist nicht derjenige, der

545 Liv Sovik entwickelt die Assoziation zum ›Lied‹ in *Aqui Ninguém é Branco* (Rio de Janeiro: Aeroplano, 2010) und dazu noch eine tiefgründige Analyse der Kulturpolitik brasilianischer populärer Musik.

546 Stuart Hall, Chas Critcher, Tony Jefferson, John N. Clarke, und Brian Roberts, *Policing the Crisis: Mugging, the State, and Law and Order* (London: Macmillan, 1978), 394.

geschlagen wird. Gleichzeitig verleiht sein Text bauchrednerisch in dem, was Bakhtin den ›doppelstimmigen Diskurs‹ nennen würde, einer rassistischen Stimme zu den Regeln, wie Schwarze ›behandelt werden sollen‹, Ausdruck. Das Lied behandelt *race* auf zusammenbringende und antiessentialistische Weise, da selbst arme und marginalisierte Weiße wie Schwarze behandelt werden können. Jedoch bleibt Schwarzsein der Grundzustand dafür, unterdrückt zu werden, sozusagen das ›Fundament‹ sozialer Deprivation.

Caetanos Musik orchestriert im Allgemeinen Kontrapunkte musikalischer Genres, wobei jedes seine eigenen sozialen Untertöne besitzt. *Haiti* kodiert in diesem Sinne nicht nur durch den Text, sondern auch durch die Melodie, Harmonie und Rhythmus kulturelle Spannungen und Synkretismen zu einer Art ›nationaler Allegorie‹. Der Song inszeniert die Machtbeziehungen zwischen Europa und Afrika, zwischen dem Cello und dem Surdo, zwischen Melodie und Rhythmus, zwischen dem Großen Haus und den Sklav_innenquartieren. Das aus Europa stammende Cello wird auf afrikanisierte Weise eingesetzt, als ein perkussives Instrument, und es jault mit anthropomorphem Schmerz in genau dem Augenblick auf, in dem der Text die Polizeischläge auf den Nackenansatz der Menschen, die geschlagen werden, erwähnt. Die Bühnengestaltung für das Musikvideo, die ein Einzäunen der schwarzen Perkussionisten andeutet, ruft einen milden brasilianischen Separatismus wach.

Das Lied geht weiter:

»Und es spielt keine Rolle, ob die Augen der ganzen Welt
In diesem Moment auf diesen Platz gerichtet sind
Wo Sklav_innen bestraft wurden
Und heute ein Trommeln, ein Trommeln
Mit der Reinheit uniformierter Schulkinder am Tag des Festzugs
und der epischen Großartigkeit eines sich formenden Volkes
Uns anzieht, uns erstaunt und uns anregt
All dies hat keine Bedeutung
Nicht *Lente* Fantástico [s.u.]
Nicht die Paul Simon CD
Niemand, niemand ist Bürger_in
Und wenn Du zu der Party in Pelourinho gehst
Und wenn Du nicht gehst
Denk an Haiti, bete für Haiti
Haiti ist hier, Haiti ist nicht hier.«

Der Refrain des Liedes – »Haiti ist hier, Haiti ist nicht hier« – bezieht sich auf eine berühmte Äußerung des brasilianischen Literaturkritikers Sílvio Romero. Beinahe ein Jahrhundert nach der haitianischen Revolution, am Abend der Abschaffung der Sklaverei, sagte Romero, der noch immer Angst vor dem ›Gespenst‹ der haitianischen Revolution hatte, dass »Brasilien kein Haiti ist und es auch nicht werden sollte« – was hieß, es sollte keine Revolution und kein Ende der Sklaverei geben. Der Text des Liedes verknüpft Brasilien mit Haiti als einem Schauplatz in zweifacher Hinsicht, einmal als dem einer schwarzen revolutionären Vergangenheit und einmal als dem einer neokolonialen Gegenwart, in der schwarze Polizist_innen auf andere schwarze Menschen einschlagen. Der Text erinnert auch an das Erbe der Sklaverei und den Pranger als den Platz, auf dem Disziplinarstrafen vollzogen wurden. *Pelourinho* verweist immerhin auf den Pranger [auf Englisch *pillory*], der als Teil eines Disziplinierungsschauspiels während der Sklaverei benutzt wurde. Aber jetzt ist der Schandpfahl der Masseninhaftierung und dem Morden durch die Polizei gewichen, bei dem »niemand Bürger_in ist«. Hier spielt Caetano mit der doppelten, ja sogar gegensätzlichen Bedeutung, die *cidadão* (Bürger_in) im brasilianischen Portugiesisch hat, einerseits als dem ungeschützten, rechtlosen Individuum und seinem nackten Leben und andererseits als der gesellschaftlich mit Rechten ausgestatteten Person. Gleichzeitig rufen der Text und der rhythmisierte Stil der Musik die Klänge des Widerstandes wach im Trommeln der *Afro-blocos*, wie der Samba-Reggae-Gruppe *Olodum*, deren »epische Großartigkeit uns blendet«. Doch genügt solche kulturalistische Stärke letzten Endes nicht, wenn Bürgerrecht so zerbrechlich und »niemand Bürger_in ist«. Und es spielt keine Rolle, dass *Lente Fantástico* (ein Fernsehprogramm von Globo, dem größten brasilianische Medienkonzern) Salvador besucht, oder dass Paul Simon mit *Olodum* zusammenarbeitet um *The Rhythm of the Saints* zu machen.

Die Musik wird unterbrochen von einer dramatischen, das Massaker an Gefangenen im Carandiru Gefängnis betreffenden Ansage:

> »Und wenn Du das lächelnde Schweigen von São Paulo hörst
> Während des Massakers [...]
> 111 wehrlose Gefangene, aber Gefangene sind fast alle schwarz
> Oder fast schwarz, oder fast weiß fast schwarz weil so arm
> Und arme Leute sind wie verdorbene Leute und jeder weiß wie Schwarze behandelt werden
> Und wenn Du einen Trip rund um die Karibik unternimmst
> Und wenn Du ohne Kondom fickst
> Und Deinen intelligenten Beitrag zum Embargo Cubas leistest
> Denk an Haiti, bete für Haiti
> Haiti ist hier, Haiti ist nicht hier«

Die Wirkung der Pause in der Musik ist die eines Ausbruchs des Wirklichen in einer musikalischen Unterhaltung, wie um zu sagen, »Wir unterbrechen diese Show, um eine Katastrophe zu verkünden.« Die Show must *not* go on [darf *nicht* weitergehen]. Das Lied wird zudem in einer brasilianischen Variante des mit schwarzen Amerikaner_innen verbundenen aber auch mit brasilianischen

Traditionen wie den *embolada, repente* und ›Sprechsambas‹ in Verbindung stehenden Rapstils vorgetragen. In seiner grundsätzlichen Unhöflichkeit ›bricht‹ der Rapstil mit den sanfteren Harmonien des Bossa Nova und den verbindlichen Diskursen der ›Rassendemokratie‹. Die Aggressivität steht sogar im Gegensatz zu dem Netten des Surferliedes Caetanos (*Memino do Rio*), dessen Refrain – »Hawaii, sei hier« – dieses Lied *Haiti* sowohl widerhallen lässt als auch transformiert. Hier sind die Beziehungen nicht mehr herzlich, und die Musik ist nicht mehr nett; stattdessen stoßen wir auf die Politisierung avantgardistischer Dissonanz.

Das Musikvideo des Gilberto Gil Songs *Mão de Limpeza* (Hand der Reinlichkeit) dekonstruiert ebenfalls ethniebezogene Glaubenssätze, diesmal dadurch, dass es den andernfalls und gewöhnlich als hoffnungslos kompromittiert angesehenen Auftritt eines schwarz geschminkten Weißen (*blackface*) umdeutet und karnevalisiert. So wie er von Gil und Chico Buarque aufgeführt wird, stellt der Text des Songs ein rassistisches brasilianisches Sprichwort auf den Kopf:

> »Sie sagen, dass wenn Schwarze keinen Dreck am Eingang machen
> Sie diesen am Ausgang machen
> Stellt Euch vor!
> Aber die Sklavenmutter verbrachte ihr Leben
> Den Dreck, den Weiße machten, zu reinigen
> Stellt Euch vor!
> Was für eine verdammte Lüge!
> Selbst nachdem die Sklaverei abgeschafft war
> Wuschen Schwarze immer noch die Kleidung
> Und schrubbten Böden
> Wie die Schwarzen schufteten und litten!
> Stellt Euch vor!
> Schwarz ist die Hand der Reinlichkeit
> Eines an der Seite des Ofens verbrachten Lebens
> Schwarz ist die Hand, die das Essen auf den Tisch stellt
> Und mit Seife und Wasser putzt
> Schwarz ist die Hand makelloser Reinheit
> Sie sagen, dass wenn Schwarze keinen Dreck am Eingang machen
> Sie diesen am Ausgang machen
> Stellt Euch vor!
> Was für eine verdammte Lüge!
> Schaut Euch diesen schmutzigen weißen Kerl an.«

Gils Lied erzeugt einen Brecht'schen Verfremdungseffekt. Es verfremdet das rassistische Gewohnheitsdenken, indem es uns auffordert, uns vorzustellen, wie irgendjemand je Schwarzsein mit Unreinlichkeit in Verbindung gebracht haben konnte. Wie bei der von Brecht für das epische Theater vorgesehenen

›Trennung der Elemente‹ steht die Fröhlichkeit der Musik in Spannung mit dem Ernst des Themas. Die Bilder des Videos wiederum greifen innerhalb eines anti-illusionistischen chromatischen Schemas, welches mit der Schwarz-Weiß-Dichotomie spielt und sie unterwandert, ein ›unrichtiges‹ Stereotyp wieder auf. Der phänotypisch weiße Sänger Chico Buarque erscheint mit schwarz geschminktem Gesicht und schwarz gekleidet, während der schwarze Gil weiß geschminkt und weiß gekleidet erscheint. Kulturell gesehen, werden dabei Bezüge einerseits zur *boneca de pixe* (Teerpuppen-) Tradition in Brasilien und andererseits zur rassistischen nordamerikanischen Tradition der Minstrel Shows hergestellt. In den Vereinigten Staaten ist die Verwendung von Blackface schon immer sehr belastet gewesen, was sich auch an den verworrenen Reaktionen auf die satirische Verwendung des Blackface in Spike Lees *It's Showtime* gezeigt hat.[547] Das Lied *Mão de Limpeza* ordnet die alte rassistische Darstellungspraxis um, indem es Blackface mit Whiteface kontrapunktiert. Historisch gesehen war Blackface einzigartig – es gab kein Whiteface – und ein weißes Publikum hielt die Darstellung oft für ›authentisch‹. Aber hier in diesem Video kommt die Art der Aufführung nicht von weißen Medienunternehmer_innen, sondern von schwarzen Künstler_innen selbst. In einer listigen brasilianischen Neufassung der kostümierten Umkehrungen in Genets *Les Nègres* stürzt das Lied die rassistische Polarität, die Schwarzsein mit Schmutzigsein gleichsetzt, vom Sockel; Schwarzsein bedeutet jetzt makellose Reinheit, während Weißsein das Schmutzigsein des *branco sujão* (des schmutzigen weißen Kerls) suggeriert. Gleichzeitig beinhaltet die doppelt stilisierte Vorstellung dadurch, wie sie inszeniert wird, ein Transzendieren der Schwarz-Weiß-Polarität: Die zwei Sänger sind ganz offensichtlich Freunde, die sich beim Aufführen einer Art Karneval köstlich amüsieren. Der Rassismus des Sprichworts heißt nicht, dass Weiße und Schwarze nicht zusammen Freund_innen sein oder zusammen gegen Rassismus kämpfen können.

Schon in den 1980er Jahren kommentierte Gil musikalisch die bevorzugten postkolonialen Themen kultureller Hybridität. Gils *From Bob Dylan to Bob Marley: Samba Provocation* befasst sich poetisch mit dem interkulturellen Transit der über den Schwarzen Atlantik pendelnden Ideen, in diesem Fall denen zwischen Brasilien, Jamaika, Nordamerika und Afrika. Der Untertitel des Liedes bezeichnet es als ›Provokationssamba‹, was ein Wortspiel mit den ›Lobpreisungssambas‹ aus der Vargas-Zeit, die brasilianische Helden priesen, ist. Die ›Provokation‹ hier besteht darin, dass nicht der Natio-

547 In Brasilien war Blackface nicht verbreitet. Jedoch gab es einen Fall, in dem die schwarze Gemeinde dagegen protestierte, dass ein weißer Schauspieler in einer brasilianischen Version von *Onkel Toms Hütte* schwarz geschminkt auftrat. Vgl. Joel Zito Araújo's Film *A Negação do Brasil* (2000).

nalstaat gepriesen wird, sondern vielmehr afro-diasporische Hybridität. Der Text lautet wie folgt:

> »Bald nachdem Bob Dylan sich zum Christentum bekehrte
> Machte er ein Reggae-Album als eine Art Wiedergutmachung
> Er verließ das jüdische Volk
> Aber kehrte wieder zu ihm zurück, während er in die falsche Richtung ging [...]
> Als die Völker Afrikas in Brasilien ankamen
> Gab es keine Religionsfreiheit [...]
> Als ein Ergebnis adoptierten Afrikaner_innen in Brasilien unseren Gott von Bomfim
> Ein Akt sowohl des Widerstandes als auch der Kapitulation

Der Refrain lautet dann:

> Bob Marley starb
> Weil er, außer schwarz
> Auch Jude war
> Michael Jackson unterdessen
> Ist noch da
> Aber, außer weiß
> Ist er auch sehr traurig geworden

Das Lied erforscht die ›Wurzeln‹ [roots] und ›Wege‹ [routes] afro-diasporischer Kultur und durchquert dabei in einer musikalischen Variante des magischen Realismus mit großer Leichtigkeit fünf Jahrhunderte und diverse Kontinente, indem es einen kreativen Kontrapunkt zwischen dem frühen 16. Jahrhundert – »als die Völker Afrikas in Brasilien ankamen« – und dem späten 20. Jahrhundert von Bob Dylan, Bob Marley und Michael Jackson orchestriert. Die Anspielung auf ein mutmaßliches Dylan Reggae Album, durch das er wieder zum jüdischen Volk zurückkehrte, weist deutlich den Rastafarianismus als eine afro-diasporische Religion aus, die tief getränkt ist von alttestamentarischer Symbolik (dem ›Löwen Judas‹, ›Babylon‹ und so weiter). Dylan, der das Judentum verließ, kehrte zu ihm zurück durch die heilige Musik Jamaikas. »Als die Völker Afrikas in Brasilien ankamen«, so fährt Gil fort, »gab es keine Religionsfreiheit«. Bemerkenswerterweise spricht Gils Text nicht von ›Schwarzen‹ sondern von den »Völkern Afrikas«. Die verdinglichende Totalisierung von Menschen als ›Schwarzen‹ wird hier selbst als Produkt von Kolonisierung und Sklaverei erkannt. Die Werte religiöser Freiheit und Toleranz, so erinnert uns das Lied, erstreckten sich in den Amerikas nicht auf afrikanische oder indigene Religionen. »Angesichts dieses Mangels an Freiheit adoptierten Afrikaner_innen in Brasilien unseren Gott von Bomfim, ein Akt sowohl des Widerstandes als auch der Kapitulation«. Der Endrefrain kartiert zwei Formen des Synkretismus, zum einen die Musik Bob Marleys und zum anderen die melancholischere und kompromittierte Erscheinung Michael Jacksons: »Bob

Marley starb / Weil er, außer schwarz / Auch Jude war / Michael Jackson unterdessen / Ist noch da / Aber, außer weiß / Ist er auch sehr traurig geworden.« Zusammengefasst betrachtet das Lied allegorisch und auf beziehungsreich heimsuchende, nationale wie epochale Grenzen überschreitende Weise *eine* Zeit- und Raummenge mittels einer *anderen* Zeit- und Raummenge.

Wenn Gils ›Provokationssamba‹ Schwarzsein und Jüdischsein in Beziehung zueinander setzt. setzt Caetanos 1977 erschienenes Lied *Um Índio* die indigene Vergangenheit, Gegenwart und Zukunft in Beziehung zu einander. Es entspricht nicht nur dem prophetischen Genre, sondern erwies sich zudem als wahrhaft prophetisch bezüglich des indigenen Wiederauflebens, welches seit den 1970er Jahren im ganzen Roten Atlantik stattgefunden hat. Der Text des Liedes besagt unter anderem:

> »Von einem leuchtenden farbigen Stern wird ein Indianer herabsteigen
> Von einem Stern, der sich mit umwerfender Geschwindigkeit dreht
> Einem Stern, der im Herzen Amerikas in einem Augenblick der Klarheit wohnen wird
> Ein Indianer, bewahrt in seiner vollständigen körperlichen Präsenz
> In Festem, in Gasförmigem, in Atomen, Worten, Seele, Farbe, in Gesten, in Geruch, in Schatten, in Licht, in großartigem Klang
> Als von Atlantik und Pazifik gleich entfernter Punkt
> Wird der Indianer von prächtigem Objekt herabsteigen
> Und die Sache, von der ich weiß, dass er sie sagen wird, weiß ich nicht direkt zu sagen
> Und was den Menschen in diesem Augenblick offenbart werden soll
> Wird jeden dadurch überraschen, dass es nicht exotisch ist
> Und dass seine Kraft immer verborgen blieb
> Wenn sie in Wahrhaft offensichtlich war.«

Mit unheimlicher Vorausahnung vertont *Um Índio* das Thema des transnationalen Ideenstroms um die Figur des ›Indianers‹ herum. Dadurch, dass das Lied indigene Ideen über Sterne und Astronomie und vor allem die Idee, dass Kulturheld_innen zu Konstellationen werden, aufgreift, kann der ›Indianer‹ in Gestalt eines Besuchers von einem anderen Planeten ankommen, und zwar in einem an Spielbergs *Unheimliche Begegnung der dritten Art* erinnernden Raumschiff. Das Lied stellt eine Kolumbus-artige ›Entdeckung‹ in umgekehrter Form dar, die sowohl indigene Legenden als auch Science-Fiction Filmkassenschlager ins Gedächtnis ruft. Aber diesmal ist der ›aus der Ferne kommende Gott‹ nicht europäisch, sondern indigen und nimmt damit eine Passsage in *Tropical Truth* vorweg, in der Caetano von »einer anderen Entdeckung« spricht, »diesmal einer gegenseitigen, in der das Herz sich mehr zum Indianer als zu Cabral neigt.«[548]

548 Caetano Veloso, *Tropial Truth: A Story of Music and Revolution in Brazil* (New York: Random House, 2002), 7. Für eine aufschlussreiche Analyse von Caetanos Werk

Das Lied mischt mehrere Genres (Prophezeiung, Science-Fiction, indigene Lyrik), während es zur gleichen Zeit das in Raynal und Diderot zu findende Aufklärungstopos des ›Rächers der Neuen Welt‹ wiederbelebt, des ›Indianers‹ oder schwarzen Spartakus, der kommt, um die leidende Bevölkerung zu erlösen. Der Hinweis auf »fortschrittlichste Technologien« unterläuft unterdessen jede primitivistische Nostalgie, indem er nicht nur Oswald de Andrades ›*indio tecnizado*‹ beschwört, sondern auch heutige Indigen@s, die Technologie benutzen, um die Mächtigen zu überlisten, wie zum Beispiel aktivistische Politiker_innen wie Juruna mit seinem Tonbandgerät, mit dem er politische Versprechungen aufnimmt, da »Politiker_innen Indigen@s immer belügen.«

Um Índio führt in diesem Sinne viele unserer Themen zusammen. Die transnationalen Hinweise zehren von der Pfahlwurzel indigener Kultur (dem Lesen des nächtlichen Sternengesichts nach Zeichen und Omen), vom Indianismus des 19. Jahrhunderts (Peri), wie auch vom Modernismus des 20. Jahrhunderts. Immer bereit, Hierarchien umzustürzen, stellt sich Caetano die Erlöserfigur des Roten Rächers in pop-kultureller Form vor, als einen multi-ethnischen Mix aus postmodernen Kulturhelden. Erstens ist dies Muhammed Ali, afro-amerikanischer Boxer und Kriegsdienstverweigerer, der zum Islam konvertierte und dessen transnationale Genealogie zurück nach Afrika führt, dann über einen aufgezwungen europäischen (Sklaven-) Namen – Cassius Clay – schließlich zu einem arabisch/islamischen; Zweitens ist dies Peri, der reine romantische ›Indianer‹ aus Alencars indianistischem Roman *O Guarani*, der hier für seine Leidenschaft und nicht für seine Rolle als Kollaborateur geschätzt wird; Drittens ist dies Bruce Lee, ein asiatischer Meister einer Jahrtausende alten Kampfkunst mit einem anglo-amerikanischen Namen. Und schließlich ist dies *axé* (Yoruba für ›Energie‹) der *afoxé*, der afrikanisierten Karnevalstrommelgruppe, die hauptsächlich aus schwarzen Menschen aus Bahia bestand und sich selbst im Jahr 1948, einem Jahr nach der Unabhängigkeit Indiens, »Söhne Gandhis« nannte – als Hommage einer Karnevalsgruppe, deren Kostüme dem Monumentalfilm *Aufstand in Sidi Hakim* nachgebildet waren, an den pazifistischen indischen Anführer Mahatma Gandhi.

Diese Tropicália Lieder bieten einen auf die Beziehungen untereinander gerichteten Blick auf kulturelle Überquerungen rund um den Schwarzen und Roten Atlantik. Sie legen nahe, dass Musik die sozial vorausschauende Kraft besitzt, Metaphern und Modelle für eine gerechtere Gesellschaft zu liefern. Tropicália zeigt, wie Musik historische Beziehungsverhältnisse dadurch verändern kann, dass sie multikulturelle Konflikte und Verbindungen auf eine Art in Szene setzt, die die Methoden der Geschichtsschreibung und Sozialwissen-

einschließlich dem Lied *Um Índio,* vgl. Guilherme Wisnik, *Caetano Veloso* (São Paulo: PubliFolha, 2005).

schaften ergänzt. Künstler_innen wie Caetano und Gil legen eine chamäleonartige Fähigkeit an den Tag, sich leicht zwischen unterschiedlichen kulturellen Darstellungsmöglichkeiten hin und her zu bewegen, mehrere Welten in einem spielerischen, an Karneval und Candomblé erinnernden, Tanz der Identitäten zu verhandeln. Sie ›inszenieren‹ die kulturellen Debatten in visueller, sinnlicher und perkussiver Form. Künstlerische Praktiken sind hier nicht bloße Spiegel von Identität, sondern vielmehr kommunikative Ereignisse, die neue Formen von Identität und Identifikation bilden, kritisieren und fertigen. Musik und Kunst erschaffen neue Gefühlslagen und neue Formen sozialer Subjektivität. In der Musik der Tropicália hört man nicht nur die musikalische Erinnerung an Schmerz und Diskriminierung, sondern auch vorwegnehmende Töne einer sozialen Utopie, die ein Bauchgefühl und ein Gespür für das Sich-Miteinander-Bewegen vermitteln, wie sich Freiheit und Gleichheit in einer von ihren Unterdrückungsmerkmalen befreiten Gesellschaft anfühlen könnten.

In diesem Licht ist es nützlich, die politische Produktivität populärer Musik als eine Quelle für die Bereitstellung sozial kollaborativer Tropen wie Polyfonie, Polyrhythmen, Call-and-Response und Kontrapunkt zu betrachten. Man könnte sich eine transnationale Orchestrierung einer koalitionären ›Bewegung der Bewegungen‹ vorstellen, das politische Äquivalent einer jazzähnlichen Zusammensetzung – Wynton Marsalis' »Jazzdemokratie« – ein Def Poetry Jam [US-amerikanische Poetry Slam Fernsehserie] starker und vielfältiger Stimmen oder ein Karneval von *blocos* und Sambaschulen. Die Norm einer einzigen Nation oder Kultur bedeutet die Marginalisierung anderer Subnationen oder Parallelnationen innerhalb des ›multinationalen Staats‹. Aber in musikalischer Polyfonie ›siegt‹ die Querflöte nicht über die Gitarre, und auch die Trompete nicht über den Bass, und nicht die Melodie über den Rhythmus. Tropicália zeigt in dieser Hinsicht die Fähigkeit von Musik, dem sozialen Wunsch lustvolle, bewegte Form zu geben, Gefühl in einer massenwirksamen Form zu mobilisieren. Hinsichtlich unserer unmittelbareren Zwecke in diesem Buch verkörpert sie eine künstlerische Form des Denkens, die über feste und monolithische Vorstellungen von Kultur hinausgeht, um die miteinander verwobenen Analogien der Kulturen des Regenbogenatlantik zu erforschen.

Wissenschaftliche Forschung und die Beständigkeit von *race*

Race Studies, (multi) *Cultural Studies* und zu einem gewissen Grad *Postcolonial Studies* sind in Brasilien ein viel stärker akzeptierter Teil der Wissenschaften als in Frankreich. Die wissenschaftliche Forschung in Brasilien nimmt zum Beispiel fortwährend das Mantra von *race*, Klasse, Geschlecht, Sexualität und Imperium in Anspruch. Auf der 2000er Konferenz des brasilianischen Ge-

genstücks zur Modern Language Association, *ABRALIC*, in Salvador, Bahia, traten vier häufig zitierte Vertreter_innen der *Race* und *Postcolonial Studies* auf: Stuart Hall, Gayatri Spivak, Paul Gilroy und Robert Young. Die meisten jungen brasilianischen Akademiker_innen in den Geisteswissenschaften fühlen sich wohl – manche Kritiker_innen würden sagen, zu wohl – mit *estudos culturais*, während sie ein wenig ambivalenter gegenüber dem Multikulturalismus eingestellt sind, sowohl wegen der Anmaßung des ›-ismus‹ als auch wegen seiner als solche wahrgenommenen Herkunft aus Nordamerika.

Es wäre unrichtig, das Aufblühen dieser Forschung als Epiphänomen des anglo-amerikanischen Einflusses zu betrachten. Erstens sind (multi) *Cultural Studies* eine weltweite Strömung, die viele Herkunftsorte kennt und Teil einer breiteren Demokratisierung der Kultur ist, die sich von Arnoldschen elitären Vorstellungen von Kultur als dem »Besten, was je gedacht und geschrieben wurde« weg und hin zu anthropologischen Vorstellungen von Kultur als der Art und Weise, wie Menschen im Alltag leben und denken, bewegt. Zweitens bauen brasilianische (multi) *Cultural Studies* auf brasilianischen intellektuellen Traditionen auf – dem Modernismus der 1920er Jahre mit seinem Interesse an populärer Kultur als Quelle für Kunst; der Freyreschen Untersuchung der 30er Jahre von solch breit gefächerten Phänomenen wie dem Kochen, der Folklore und der Sexualität; und Tropicália und Cinema Novo in den 60er Jahren, mit ihrer Ablehnung der Hierarchie von hoher Kunst gegenüber niedriger Kunst. Viele der künstlerischen Bewegungen hatten eine gemeinsame Ästhetik, die auf einer reflektierten Neubearbeitung populärer Stoffe wie dem Samba und der *Literatura de Cordel* beruhte sowie auf der Indigenisierung von Ideen aus anderen Orten. Der Boden für *Cultural Studies* war in Brasilien somit gründlich vorbereitet gewesen; der neue Ausdruck lieferte nur noch eine Schublade für Energien und Bewegungen, die in den sich bewegenden Tiefen der Kultur schon längst unterwegs gewesen waren.

In jüngeren Jahren hat sich ein bemerkenswerter Zuwachs an brasilianischer Forschung zu *race* und Rassismus ergeben, der solche Buchtitel hervorbrachte wie *Rassismus in Brasilien*; *Rassismen and Antirassismen in Brasilien: Ethnischer Pluralismus und Multikulturalismus*; *Die Maske entfernen: Essays zum Rassismus in Brasilien*; *Medien and Rassismus*; *Medien und Ethnizität in Brasilien und den USA.*; *Négritude, Cinema, und Bildung*; *Multikulturalismus: Die tausend und ein Gesichter der Bildung*; *Die Sozialpsychologie des Rassismus*; *›Rasse‹ als Rhetorik*; *Die Beständigkeit von race*; und *Rassismus: Meinen Kindern erklärt.* Die von dem Brasilianer Antonio Sérgio Alfredo Guimarães und der Amerikanerin Lynn Huntley herausgegebene Sammlung *Tirando A Masccara; Ensalos Sobre O Racismo No Brasil* [Die Maske entfernen: Essays zum Rassismus in Brasilien] privilegiert vergleichende, diasporische und transnationale Perspektiven. Der Tropus der ›Maske‹ im Titel ist schon selbst afro-diasporisch, weckt gleichzeitig Assoziationen zu Du Bois, Fanon und Paul Lawrence Dunbar, dessen Gedicht *we use the mask that laughs and lies* [wir benutzen die Maske, die lacht und lügt] dem Sammelband als Epigraf dient. Als Teil der *Vergleichenden Humanbeziehungsinitiative*, die mit verschiedenen brasilianischen Institutionen sowie mit der *Southern Education Foundation* in Atlanta, Georgia, und dem *Institute for the Development of South Africa* verbunden ist, schlägt dieser Band eine komparatistische Studie von *race* in den Vereinigten Staaten, Brasilien und Südafrika vor. Trotz Nuancen des Unterschieds (mehr oder weniger Mischung, mehr oder weniger Spannung) haben die drei Länder wesentliche Punkte gemein – historische Erblasten des Kolonialismus und der Sklaverei, ethnisch vielfältige Bevölkerungen, Diskriminierung von Schwarzen und Rechtfertigungen der Ungleichheit.

Helio Santos spricht in seinem Essay von verschiedenen Aspekten ethnischer Unterdrückung in Brasilien, wie der Abwesenheit von Schwarzen in Werbung und Fernsehreklamesendungen, den Polizeiübergriffen gegenüber »nichtweißen Bürgern zweiter Klasse,« der Leugnung schwarzer geschichtlicher Selbstbestimmung in der konventionellen Pädagogik und dem Abwerten seitens der Linken von *race* als weniger dringendem Thema als Klasse. Er begrüßt die vielfältigen Erscheinungsformen von schwarzem Aktivismus in Brasilien, als da sind, die *Palamares Kulturstiftung*, die schwarze Bewegung innerhalb der katholischen Kirche, die Nicht-Regierungs-Organisation *Geledes* (Institut der schwarzen Frau), die *Afro-blocos* in Salvador, Bahia, das *Schwarze Kultur-Forschungsinstitut* und so weiter. In »*Reflections on the Black Movement in Brazil, 1938-1997*« verfolgen Abdias do Nascimento und Elisa Larkin Nascimento die Geschichte des schwarzen Aktivismus im 20. Jahrhundert zurück bis zur ›Peitschenrevolte‹ von 1910 (dem vom ›schwarzen Admiral‹ João Cândido angeführten Kampf gegen körperliche Strafen in der Marine). Die Autor_innen zitieren verschiedene Fälle von Diskriminierung gegen afro-amerikanische Prominente (wie die Anthropologin Irene Diggs, die Choreografin Katherine Dunham, die Sängerin Anderson) sowie den Fall eines von der UNESCO und der brasilianischen Regierung gesponserten »International Seminar on African Culture«, zu der keine Schwarzen eingeladen waren.

Eine weitere, von Yvonne Maggie und Claudia Barcellos Rezende herausgegebene Sammlung aus dem Jahre 2002, mit dem Titel *Raça como Retórica: A Construção Da Diferença* [›Rasse‹ als Rhetorik: Die Konstruktion von Unterschied], hat als Mitwirkende brasilianische, US-amerikanische, belgische, südafrikanische, britische und italienische Wissenschaftler_innen. Im Vorwort argumentiert Peter Fry, dass ›Rassendemokratie‹ nicht eine ›Maske‹ für Rassismus sei, sondern vielmehr eine »utopische Projektion».[549] Die Anthropologin Olívia Maria Gomes da Cunha unterdessen legt die ›Rassenpolitik‹ des angeblich demokratischen öffentlichen Raumes der berühmten Strände Rios offen. Sie richtet ihre Aufmerksamkeit dabei auf die Mediendarstellung des *Arrastão* (Ringfahndung) vom Oktober 1992, als Hunderte von jungen *favelados* und *suburbanos* (Bewohner_innen der ärmeren nördlichen Zone Rios) die gewöhnlich vorherrschenden Mittelschichtsweißen aus Ipanema verängstigten. »Die Ankunft des Sommers warf«, so Gomes da Cunha, »ihren Schatten von Chaos und Gewalt mit der explosiven Mischung aus jungen ›Suburbanos‹, Diebstahl, Musik und Wirrwarr auf den brennend heißen Sand eines vollen Strands von Ipanema.«[550] Gomes da Cunha zufolge stellten die Medien den Zwischenfall als »ein Bespiel für die Gefahr dar, die durch die außer Kontrolle geratene, ungehemmt gegen die feinen Grenzen der *Carioca* Geselligkeit verstoßende Horde droht«.[551] Während ein von ›Rassenbezügen‹ befreites Vokabular die Teilnehmer_innen als ›Vandalen‹, ›Randgruppen‹ und ›Banden‹ beschrieb, konnten alle Fernsehzuschauer_innen ohne weiteres sehen, dass die meisten Teilnehmer_innen nicht weiß waren. »Der Aspekt von Hautfarbe war allgegenwärtig, aber in Form einer Verleugnung.«[552] Im folgenden Kapitel werden wir das Thema der Verleugnung im Zusammenhang mit Reparationen, *affirmative action* und Weißseinsstudien weiter verfolgen.

549 Fry, Vorwort zu *Raça como Retórica*, 8.

550 Olívia Maria Gomes da Cunha, »Bonde do Mal: Notas sobre Territórios, Cor, Violência, e Juventude numa Favela do Subúrbio Carioca«, in Maggie and Rezende, *Raça como Retórica*, 86.

551 Ebd.

552 Ebd.

7 Von *affirmative action* zum Hinterfragen von Weißsein

Dieses Kapitel widmet sich innerhalb eines größeren atlantischen Zusammenhangs zwei Themenfeldern, die auf den ersten Blick nur sehr vage mit einander zu tun haben, *affirmative action* und Weißseinsforschung. Während erstere konkrete Ausgleichsmaßnahmen beinhaltet, ist letztere Teil eines innovativen akademischen Trends. Doch sind die beiden Bereiche insofern miteinander verbunden, als sie zwei Arten weißen Privilegs betreffen, das eine sozial und materiell, das andere subjektiv und kognitiv. Ausgleichsmaßnahmen bewirken, dass ein vorher existierender, über Jahrhunderte hinweg akkumulierter weißer Vorteil ›geoutet‹ und ›benannt‹ wird. Während *affirmative action* den Blick auf jene richtet, die durch ein rassendiskriminierendes System benachteiligt worden sind, führt die Weißseinsforschung eine psychosoziale Analyse der Bevorzugten durch. Hier sind Weiße aufgefordert, nicht nur einen materiellen Vorteil aufzugeben, sondern auch einen psychischen Vorteil, nämlich den Luxus, sich als nicht an sozialer/ethnischer Vorherrschaft beteiligt zu wähnen. Wenn *affirmative action* im Wortsinn ausgleichend ist, ist die Weißseinsforschung metaphorisch ausgleichend, indem sie die irrige Vorstellung korrigiert, nur Schwarze seien ›rassisch definiert‹.

Unser Zweck hier besteht nicht darin, eine vollständige institutionelle Geschichte zu liefern oder konkrete Lösungen einzeln aufzuführen, sondern vielmehr darin, die transnationale Dimension der Debatten zu untersuchen. Das Ausdehnen einer Diskussion, die sich gewöhnlich auf die Vereinigten Staaten konzentriert, auf Frankreich und Brasilien macht sowohl die Kontinuität als auch die Diskontinuität der Argumente über die Grenzen hinweg deutlich. Wie sind diese Diskussionen über die drei Zonen hinweg geführt und übersetzt worden? Während die Debatten oft eine komparatistische Methode eingesetzt haben, um Ausgleichsmaßnahmen entweder zu befürworten oder zu verdammen, sind sie manchmal einheitlichen Vorstellungen von Nation verhaftet geblieben. Wir hoffen die Debatten durch ein ›translationales‹ [Übersetzungs-] Prisma, welches die Verbundenheit zwischen unterschiedlichen kulturellen Geografien berücksichtigt, zu transnationalisieren.

Ausgleichsmaßnahmen und das Erbe affirmativen Weißseins

Die Debatten über Wiedergutmachung und *affirmative action* bilden Neuauflagen der Aufklärungsdebatten über Sklaverei und Freiheit und das Universelle und Partikulare. Gilt der ›soziale Vertrag‹ von Hobbes und Locke auch für ethnische Zugehörigkeit und Sexualität? Sind Rechte universell oder auf der

Grundlage von ethnischer Zugehörigkeit, Geschlecht und Besitz begrenzt? Solche Debatten sind nicht allein das Produkt des 20. Jahrhunderts. In den Vereinigten Staaten deutete schon Walkers ›Appell‹ von 1829 ein Recht der Schwarzen auf Reparationen an. Im Jahr 1868, gerade einmal fünf Jahre nach der Ausrufung der Sklav_innenbefreiung, reichten Hunderte von ehemaligen Sklav_innen Klage ein, um ehemalige Sklav_innenhalter_innen zu zwingen, den Lohn für die Erntearbeit der vorherigen Saison zu bezahlen. (Weiße reagierten mit dem Abfackeln des Gerichtsgebäudes, in dem die von den Befreiten eingereichten 1.800 Klagen aufbewahrt wurden.) Raymond A. Winbush unterscheidet drei deutlich voneinander abgesetzte Phasen in der Reparationsdebatte: Die erste von 1865 bis 1920, in der zur Kompensation der drei Millionen befreiten Afro-Amerikaner_innen von der US-Regierung zum Beispiel vorgeschlagen wurde, jedem »40 Morgen und einen Maulesel« zu geben; die zweite von 1920 bis 1968, in der Marcus Garvey und andere *Black Nationalists* versuchten, Schwarze bezüglich der ihnen geschuldeten Schuld aufzuklären; und die dritte von 1968 bis in die Gegenwart, in der schwarz-nationalistische Gruppen wie die *Republic of New Africa* und Anführer_innen wie Randal Robinson Anstrengungen unternehmen, die Möglichkeit vom Kongress anbefohlener Reparationen zu untersuchen.[553]

In Brasilien wurden formelle Forderungen nach Reparationen 1987 der verfassungsgebenden Versammlung des Landes überreicht. Über ein Jahrhundert davor hatte jedoch schon der Abolitionist Joaquim Nabuco im Jahr 1883 auf die den schwarzen Brasilianer_innen geschuldete Schuld aufmerksam gemacht.

> »Alles, was mit dem Kampf des Menschen gegen die Natur, mit der Eroberung des Bodens durch Besiedlung und Kultur, mit Straßen und Gebäuden, Zuckerrohrfeldern und Kaffeeplantagen, dem Haus des Herren und den Quartieren der Sklav_innen, Telegrafen und Eisenbahnschienen, Schulen und Krankenhäusern zu tun hat, alles, absolut alles, was in Brasilien als Ergebnis von körperlicher Arbeit und dem Ansammeln von Reichtum existiert, ist nichts anderes als ein Geschenk der ›Rasse‹, die die Arbeit geleistet hat.«[554]

Die der Reparationsbewegung zugrunde liegende Annahme ist die, dass der transatlantische Sklav_innenhandel und die Sklaverei selbst Verbrechen gegen die Menschlichkeit waren, mit die schlimmsten je begangenen, und dass diese Verbrechen enorme Folgen zeitigten, die den Sklav_innenhalter_innen und ihren Erb_innen nützten und den Versklavten und ihren Nachkommen schlim-

553 Vgl. Raymond A. Winbush, introduction to Winbush, Hrsg., *Should America Pay? Slavery and the Raging Debate on Reparations* (New York: HarperCollins, 2003), xii.

554 Nabuco zitiert nach Liv Sovik, *Aqui Ninguém é Branco* (Rio de Janeiro: Aeroplano, 2010), 146.

men Schaden zufügten. Die Sklaverei stellte nicht ein einzelnes Verbrechen dar, sondern vielmehr eine ganze Gruppe von Verbrechen, einschließlich Kindesentführung, Vergewaltigung und Diebstahl. Die Reparationsbewegung lenkt somit die Aufmerksamkeit auf eine in gewisser Weise unbezahlbare Schuld. Tatsächlich besteht ein diskursiver Vorteil des Betonens von Reparationen an Stelle von Rassismus darin, dass dieser Vorschlag Weiße an die kumulativen Vorteile erinnert, die sich für sie aufgrund der Sklaverei und ihrer Folgen ergeben haben, *selbst* wenn sie als Immigrant_innen kamen und so einige der für selbstverständlich erachteten Vorteile des Weißseins genießen konnten.

Sowohl in den Vereinigten Staaten als auch in Brasilien verweisen Wiedergutmachungsvertreter_innen auf bedeutende Präzedenzfälle, wie die US-Zahlungen an indigene Amerikaner_innen (z.B. den Alaska Native Claims Settlement Act), die US-Zahlungen an während des Zweiten Weltkriegs internierte japanische Amerikaner_innen, die vom Repräsentantenhaus Floridas 1994 verabschiedeten Schenkungen für die Erben der schwarzen Opfer weißer Mob-Gewalt, kanadische Landschenkungen an die ›first peoples‹, deutsche und österreichische Zahlungen an Jüd_innen aufgrund des Holocaust, und so weiter. Da Individuen für unberechtigte individuelle Inhaftierung Kompensation erhalten können, so wird argumentiert, können logischerweise auch Gruppen für ihren kollektiven Verlust persönlicher Freiheit und staatsbürgerlicher Rechte entschädigt werden. Aber unabhängig davon, ob die Reparationsbewegung zu tatsächlichen Reparationen führt oder nicht, so hat allein schon der Diskurs der Bewegung eine heilsame Wirkung. Indem sie die normalen weißen Abwehrmechanismen kurzschließt, verschiebt die Reparationsthematik den Schwerpunkt von höchst subjektiven und oft narzisstischen, Vorurteile betreffenden Fragen hin zu sehr konkreten Themen von unbezahlter Arbeit, gestohlenem Land und nicht eingehaltenen offiziellen Versprechungen. Die typische Reaktion von Weißen auf Rassismusvorwürfe ist oft eine Flucht vor Verantwortung. Mit der Reparationsdebatte wird die Energie, die von Weißen darauf verwendet wird, ihren fehlenden Rassismus zu ›beweisen‹, auf produktivere materielle Fragen gelenkt: Genau wie groß ist die Summe, die indigenen Menschen für Genozid und den Verlust von Land geschuldet wird, oder diasporischen Schwarzen für das durch die Sklaverei erzeugte physische, psychologische, ökonomische und moralische Leid? Das Rechtssystem entschädigt häufig für Traumata; verdient das historische Trauma der ›Rassentrennung‹ nicht ebenfalls Kompensation?

Als ein Ergebnis der Bürgerrechtsbewegung der 1950er und 60er wollte *affirmative action* in den Vereinigten Staaten Ungleichheit durch eine Vorzugsbehandlung bei der Verteilung von Ressourcen und Jobs beheben. Obgleich sie sowohl von Gegner_innen als auch von Befürworter_innen diskutiert wird, als sei sie eine ausschließlich US-amerikanische Idee, wird *affirmative action* keineswegs einzig in den Vereinigten Staaten eingesetzt. Viele Nationalstaaten haben ihre eigenen Formen von *affirmative action* entwickelt, wenn auch nicht notwendigerweise unter diesem Namen. In Indien führte Bhimrao Ramji Ambedkar die Bewegung an, schon in die Verfassung von 1848 gesetzliche Mechanismen für – ›Vorbehalte‹ genannte – Ausgleichsmaßnahmen für die ›Unberührbaren‹ (Dalit) aufzunehmen. Malaysia führte 1971ein Quotensystem für die *bumiputeras* ein, während Kanada, Australien und Südafrika jeweils ähnliche Maßnahmen für ihre jeweiligen Minderheiten verabschiedeten.

Affirmative action, die als solche zum ersten Mal im Civil Rights Act [Bürgerrechtsgesetz] von 1964 auftauchte, forderte konkretes Handeln seitens der Arbeitgeber_innen, Chancengleichheit zu fördern, und die Entwicklung konkreter Hilfestellungen für ethnische Minderheitsgruppen, die offiziell als Leidtragende einer Geschichte der Diskriminierung anerkannt wurden. (Eine Präsidentenverfügung von 1965 setzte das Gesetz in der Folge für den Beschäftigungssektor in die Praxis um.) Statt ausschließlich um *race* zu gehen, betraf *affirmative action* auch Hautfarbe, Religion, Geschlecht und nationale Herkunft. In den 1970ern kam zum negativen Argument früherer Diskriminierung ein neues, positives Argument – ›Vielfalt‹ – hinzu. Das Problem mit ›Vielfalt‹ ist jedoch seine Ungenauigkeit: Ähnlich einem Spaltungsprozess, können mittlerweile alle Personen, selbst weiße Rassist_innen, behaupten ›vielfältig‹ zu sein. Seit kürzerem begegnen wir einer richterlichen Ermüdung, was »Gruppenrechte« anbelangt, und zwar genau weil die Gruppen, die Rechte verlangen, potentiell unzählig sind, was zu einer Abwehrbewegung weg von partikularen »Gruppenrechten« hin zu universellen »gleichen Rechten« führt. Deshalb verschiebt sich das Argument von den »Rechten für Schwarze« hin zu einem »allgemeinen Recht, nicht diskriminiert zu werden«, bzw. von den »Rechten von Behinderten« hin zu einem »allgemeinen Recht auf Zugang zu politischen Institutionen«.

Lebendige Debatten über Entschädigungsmaßnahmen sind in allen drei Ländern aufgekommen, ob, wie in den Vereinigten Staaten, über *affirmative action* oder in Frankreich über *discrimination positive* oder in Brasilien über *cotas* (Quoten). In den Vereinigten Staaten sind Befürworter_innen davor zurückgescheut, von Quoten zu reden – die geschichtlich an antisemitische Verordnungen erinnern – während sie andererseits Mechanismen unterstützten, durch die *race* als ein Faktor unter mehreren dazu beitrug, höhere Bildung und Beschäftigungsfelder für historisch benachteiligte Gemeinden zu öffnen. Einige brasilianische Aktivist_innen sprechen sich für die Erwünschtheit von numerischen Quoten deshalb aus, weil diese ein allgemeines soziales Ziel durchsetzten – eine Gleichheit der *Ergebnisse* – statt einer individualistischen

Wettbewerbsgleichheit der *Chancen*. In allen drei Zonen haben kompensatorische Maßnahmen angstbesetzte Diskussionen hervorgerufen und manchmal Spannungen bezüglich *race* und Klasse innerhalb progressiver Bewegungen offenbart. Angesichts der konkreten rechtlichen und praktischen Konsequenzen von *affirmative action* bildet diese eine Stelle, wo der Arsch *Critical Race Theory* auf den Eimer alltäglicher sozialer Praxis trifft. Kimberlé Crenshaw unterscheidet zwischen »bloßer Ablehnung weißer Vorherrschaft als normativer Vision« und einem »gesellschaftlichen Bekenntnis zur Beseitigung materieller Bedingungen schwarzer Unterdrückung [durch] eine tatsächliche Verteilung von Gütern und Ressourcen, von Status und Prestige«.[555] *Affirmative action* verlangt vielleicht zum ersten Mal in der Geschichte öffentliche politische Maßnahmen, die tatsächlich den Verlust einiger für selbstverständlich erachteter Privilegien seitens der Weißen mit sich bringen könnten. Weiße werden nicht mehr bloß aufgefordert, den Rassismus verbal zu verurteilen, sondern sie werden aufgefordert, tatsächlich ein Mindestmaß an Macht im Namen umfassenderer egalitärer Ziele aufzugeben.

Als Versuch, das von Jahrhunderten der Ungleichheit erzeugte Unrecht zu überwinden, hat *affirmative action* ein breites Spektrum an Initiativen, die mit Beschäftigung im öffentlichen Dienst, Zugang zu Bildung, Jobs, Vertretung in der Gemeinde und vielem mehr zu tun haben, ergriffen. Es wird weithin anerkannt, dass diese Initiativen rassistische und sexualisierte Diskriminierung bei der Einstellung, Beförderung und bei den Löhnen reduziert, aber keineswegs beseitigt hat. Für radikalere Kritiker_innen stellt *affirmative action* nur eine kleine und unzureichende Geste dar, die zu einem Feigenblatt, welches das schmutzige Geheimnis der systematischen Produktion von Ungleichheit versteckt, zu werden droht. Eine tiefergehende Umstrukturierung müsste ein umfangreicheres Arsenal an Klassenzugehörigkeit, *race*, Geschlecht, Sexualität und Region erfassenden Umverteilungstechniken aufweisen. Speziell *race* berücksichtigende Maßnahmen, wie *affirmative action*, und Reparationen würden idealerweise Teil eines Kontinuums sich ergänzender Strategien bilden, die geeignet wären, erstens, ›Rassenungleicheit‹ und –diskriminierung zu bekämpfen; zweitens, diskriminierende Handlungen gegen People of Color (PoC), Schwule, Lesben und Transsexuelle zu bestrafen; drittens das verletzte Selbstwertgefühl von Minderheiten durch kulturelle, schulisch-universitäre und mediale Bestärkung zu heilen; und viertens, PoC und Frauen of Color in den Hauptmedien und Bildungsinstitutionen mit Macht auszustatten.

Ein alternativer und in gewisser Weise komplementärer Ansatz bevorzugt geschlechts- und *race*-blinde öffentliche Politikinitiativen, um ganz allgemein

---

555 William Phillips, »Comment«, *Partisan Review* 59, no. 1 (1992): 12.

Reichtum, Prestige und Macht zu nivellieren.[556] Anscheinend verbessern ›rassenneutrale‹ Maßnahmen – kostenfreie oder bezahlbare Bildung, allgemeine Gesundheitsversorgung, Kindertagesstätten, Arbeitslosenunterstützung, Elternzeit, Renten – die Lebensqualität für die Mehrheit der Menschen, aber ganz besonders für PoC, die gewöhnlich auf der untersten Stufe der sozialen Leiter stehen. (Dass der französische Wohlfahrtsstaat diese Vorteile schon bietet, zeigt sowohl, erstens, wie ungleich das US-Sozialsystem ist, als auch zweitens, dass der Wohlfahrtsstaat an sich Diskriminierung und Marginalisierung noch nicht beseitigt.) Um einmal utopisch zu denken, könnte man sich einen steil progressiven Steuersatz vorstellen, der gemäß der sich überschneidenden Faktoren von sozialem Ausschluss aufgrund von *race*, Klasse und Geschlecht kalibriert sein würde, was leichte Opfer für die Wohlhabenden mit sich bringen könnte, aber marginalisierten Bevölkerungsgruppen massiv helfen würde. Eine gut ausgeführte Art schichtbezogener Reparationen könnte jenen finanzielle Hilfe zuteil werden lassen, die im Sumpf transgenerationaler struktureller Arbeitslosigkeit stecken. Ein innenpolitischer ›Marshall Plan‹ könnte derweil die innerstädtischen Wohnviertel wiederherstellen. Statt Zuschüsse an Individuen zu vergeben, könnten solche Ausgleichsprogramme Gelder von Konzernen, die nachweislich von der Sklaverei und Diskriminierung profitiert haben, auf Institutionen und Gemeinden übertragen, die genauso nachweislich unter der Sklaverei und ihren Folgen gelitten haben. Die direkt oder indirekt durch die Sklaverei bereicherten Institutionen – Schifffahrtsgesellschaften, Agrarindustrie, Versicherungsfirmen, Immobilienfirmen – wären verpflichtet, den Menschen und Gemeinden ›zurückzugeben‹, deren Arbeit sie reich gemacht hat. Solche auf *race* beruhende Ausgleichsmaßnahmen brauchen sich nicht um individuelle weiße Schuld und Ressentiments zu kümmern, sondern vielmehr nur um historische Verantwortlichkeit. Statt eine Gefälligkeit für PoC zu sein, stellen solche Maßnahmen einen Beitrag zu einer vollkommeneren Union dar. Ausgleichsmaßnahmen können gleichzeitig Ausdruck kollektiver Verantwortung für geschichtliche Ungerechtigkeit und Ausdruck der Erkenntlichkeit für vergossenes Blut und erbrachte Arbeit sein und so die Wunden von *race* für alle heilen helfen.

Obwohl einige Konservative die Erfolge von *affirmative action* anerkennen, argumentieren sie, dass sie jetzt nicht mehr gebraucht würde, und dass sie weißen Männern gegenüber unfair sei, weil innerhalb eines Nullsummenspiels die Zugewinne von Frauen of Color und PoC notwendigerweise weiße

556 Für eine vergleichende Studie ausgleichender Maßnahmen, vgl. Charles V. Hamilton, Lynn Huntley, Neville Alexander, Antonio Sérgio Alfredo Guimarães, und Wilmot James, Hrsg., *Beyond Racism: Race and Inequality in Brazil, South Africa, and the United States* (Boulder, CO: Lynne Rienner, 2001)

Verluste zur Folge hätten. Einsprüche gegen Ausgleichsmaßnahmen basieren oft auf individualistischen und moralistischen Annahmen, die die Prozesse verschleiern, durch die das System Vorteile systematisch nach rassistischen Kriterien zuteilt, die wenig mit Verdienst zu tun haben. Dieses meritokratische Argument ignoriert die uneingestandenen Formen der Sonderbehandlung, die historisch weiße Europäer_innen bevorzugten und zurückgehen bis zur Entdeckungsdoktrin, die weiße Europäer_innen bevollmächtigte, souveräne indigene Gebiete zu besetzen. Ganz ähnlich bereicherte die transatlantische Sklaverei Europa und seine Abkömmlinge in den Amerikas. Sowohl in den Vereinigten Staaten als auch in Brasilien hielt der weiße Vorteil in Form von diskriminierenden Landschenkungen, diskriminierenden Immigrationsgesetzen und Besitzwegnahmen an oder dadurch, dass ein großer Bevölkerungsteil auf der Grundlage von *race* von dem Wettbewerb um Jobs, Unterstützungsleistungen und Wählerstimmen ausgeschlossen wurde.

In diskursideologischer Hinsicht spielen Individualismus, Meritokratismus, Sozialdarwinismus und eine staatsskeptische Ideologie der freien Marktwirtschaft alle eine Rolle bei der Ablehnung von Ausgleichsmaßnahmen. Einige Mittelschichtsweiße, die davon überzeugt sind, dass sie ihre Gewinne allein ihrem eigenen individuellen Verdienst statt ererbten Ressourcen verdanken, lehnen nicht nur *affirmative action* ab, sondern auch andere demokratisierende Maßnahmen, wie die allgemeine Gesundheitsversorgung, obgleich diese der Mittelschicht zum Vorteil gereicht. Gleichzeitig stellen alte Vorurteile ›rassistisch‹ wahrgenommene Minderheiten und Immigrant_innen of Color als unverantwortliche Parasit_innen, die ›Anspruchsrechte‹ nicht verdienten, dar. Ein kurzsichtiger Narzissmus sucht ›Anderen‹ ihren fairen Anteil am Kuchen vorzuenthalten, wird jedoch letzten Endes zu einem Bumerang für die derart Befangenen selbst, die ihr eigenes Stück Kuchen verlieren.

Eine an Orwell erinnernde Behauptung der Gegner_innen von Ausgleichsmaßnahmen ist, dass anti-rassistische Maßnahmen tatsächlich selber rassistisch seien. Diese Behauptung setzt das Benennen des Rassismus mit Rassismus gleich. Teil dieser Gleichung ist es, dass die Gegner_innen Rassismus auf sehr enge und letztlich trivialisierende Weise definieren. In *The End of Racism* zum Beispiel bezeichnet Dinesh D'Souza Rassismus als »eine Meinung, die reale Zivilisationsunterschiede erkennt und sie der Biologie zuschreibt«.[557] Diese Definition enthält eine Reihe von Taschenspielertricks. Das fängt an mit dem Gedanken, Rassismus sei eine ›Meinung‹. Wenn Rassismus bloß eine ›Meinung‹ ist, und wenn ›wir alle unsere Meinungen haben‹, dann ist Rassismus nur eine weitere auf dem ›freien Markt der Ideen‹ gehandelte Idee, wo in der

557 Dinesh D'Souza, *The End of Racism: Principles for a Multiracial Society* (New York: Free Press, 1995), 537.

meritokratischsten aller möglichen Welten die beste Idee gewinnt. Aber Rassismus ist vor allem eine soziale Beziehung – in Fanons knapper Formel: eine »systematische, unerbittlich verfolgte Hierarchisierung«[558] – ein in materiellen Strukturen verankertes und in geschichtlichen Machtbeziehungen eingebettetes Ganzes sozialer Diskurse und institutioneller Praktiken. Individuen müssen Rassismus nicht aktiv ausdrücken oder praktizieren, um seine Nutznießer zu sein. Wäre Rassismus bloß eine Meinung, wäre er nicht so gefährlich.

D'Souza geht zurück zu den Debatten der Aufklärung über ›Rasse‹ und Zivilisationshierarchien, wenn er von ›wirklichen Zivilisationsunterschieden‹ spricht – einer höflichen Art und Weise Zivilisationshierarchien zu sagen – und sich so an die Seite der Ideolog_innen stellt, die Zivilisationen als überlegen oder minderwertig einstufen. Schon das Wort ›Zivilisation‹ an sich ist belastet von seinem eigenen historischen Gepäck der Unterscheidung zwischen zivilisiert und wild. D'Souzas einziges Zugeständnis an den anti-rassistischen Diskurs besteht darin, es abzulehnen, ›Zivilisationsunterschiede‹ der Biologie zuzuschreiben, ein Schachzug, der den Weg dafür öffnet, diese Unterschiede der ›Kultur‹ zuzuschreiben. Einerseits macht D'Souza Anleihen bei der Kritik des ›wissenschaftlichen Rassismus‹, andererseits aber drückt seine Beschwörung von ›Zivilisationsunterschieden‹ die Waagschale in Richtung hierarchischer Einstufungen und bewegt sich damit von einem biologischen Rassismus hin zu einem kulturellen. Mit der ›affirmativen‹ Korrektur geschichtlichen Unrechts konfrontiert, wird die Rechte, indem sie die Geschichte weißer Vorteilsnahme vergisst, zur Verfechterin einer abstrakten Gleichheit. Das leere Ideal der ›Farbblindheit‹ behauptet, Fortschritt bestünde darin, ›Rasse‹ zu ›transzendieren‹ und verurteilt deshalb sowohl weißen Rassismus und schwarze Befreiungsideologie als unrechtmäßig ›rassenbewusst‹. Aber Farbblindheit kann selbst eine »besondere Form von Machtdiskurs« sein, der von der herrschenden Gruppe eingesetzt wird, um ihren eigenen privilegierten Status zu rechtfertigen.[559] Legalistische Behauptungen bezüglich Gleichheit und Rechten unterschlagen in dieser Hinsicht einen anderen Katalog von sozialen Zugangsberechtigungen (weiß sein, männlich sein, Besitz haben, amerikanisch sein), jenen inoffiziellen ›Rassenkontrakt‹, der die wahre Grundlage der Zugehörigkeit bildet.[560]

In allen drei nationalen Zonen gipfelte die Gegenreaktion gegen Affirmative-Action- Programme in Vorwürfen von ›umgekehrtem Rassismus‹, ›rassistischen Quoten‹, ›speziellen Rechten für Schwarze‹, ›starren Quoten‹,

558 Frantz Fanon, »*Racism and Culture*«.

559 Gary Peller, »Race against Integration«, *Tikkun* 6, no. 1 (January–February 1991): 54–66.

560 Vgl. U.S. Mehta, »Liberal Strategies of Exclusion«, *Politics and Society* 18, no. 4 (1990): 429–430.

›Bevorzugung bei der Einstellung‹ und so weiter. Aber jenen, die Kompensationsmaßnahmen im Namen von ›Fairness‹ und ›Farbblindheit‹ ablehnen, stellen wir die folgenden Fragen: Woher kommt diese erst vor kurzem erworbene Leidenschaft für ›Fairness‹? Warum gab es keine Proteste gegen die diskriminierende Politik, die Ihre eigene Gruppe geschichtlich bevorzugte? Und warum soll die schreckliche Hinterlassenschaft jener pro-weißen Maßnahmen nicht korrigiert werden? Außerdem bestraft das Beharrungsvermögen der Diskriminierung die Nation als Ganzes und verdammt damit einen wesentlichen Teil der Bürgerschaft zu verkümmerten Träumen und der Vergeudung menschlicher Ressourcen. Und wie erklären wir die selektive Empörung über die Kosten? Warum haben so viele weiße Amerikaner_innen es willentlich zugelassen, dass ihre Steuern dem Pentagon nützen, während sie gleichzeitig Maßnahmen ablehnen, die PoC helfen würden? (Die Feindseligkeit der Tea Party der ›Regierung‹ gegenüber ist zum Beispiel höchst selektiv, eben nicht gegen teure Kriege gerichtet, sondern ausschließlich gegen Programme, die den Armen und den PoC nützen.) Warum entwickeln Weiße nur dann plötzlich eine Leidenschaft für Kostensenkungen, wenn Nichtweiße profitieren?

Kritiker_innen von *affirmative action* nennen diese polarisierend, untauglich und im ›Rassendenken‹ verwurzelt. Aber wenn sie nach konkreten Alternativen gefragt werden, bieten sie nur eine kunterbunte Sammlung abgedroschener Vorschläge an, wie etwa dem, dass die Ausbildung verbessert werden müsste, also kurz gesagt, mehr der selben allgemeinen Vorschläge, die es versäumen, die spezifisch rassistische Dimension des Problems anzugehen. Diejenigen, die alle konkreten Vorschläge abweisen, wie die Gesellschaft in Richtung substantielle Gleichheit zu bewegen sei, unterstützen letzten Endes den Status Quo der Bevorteilung der Weißen. Die eigentliche Frage ist nicht, wer Rassist_in ist, sondern was gemeinsam getan werden kann, um die Systeme ›rassifizierter‹ Ungleichheit umzuwandeln. Obgleich die Debatten über Ausgleichsmaßnahmen oft zu anekdotischen Streitereien um individuelle Fälle und mit einander verglichenen Ansprüchen geraten, erscheinen diese Themen in einem anderen Licht, wenn sie innerhalb der *longue durée* der Kolonialgeschichte und der Aufklärungsdebatten gesehen werden. Aus unserer Perspektive von fünf Jahrhunderten lässt sich die Geschichte des Schwarzen Atlantik seit 1492 als ein Fall sich selbst erhaltender ›*affirmative whiteness*‹ lesen, durch die einige Europäer_innen (offensichtlich nicht alle, da einige Europäer_innen Schuldknechte waren) das Recht gewährt bekamen, in ressourcenreiches Land einzufallen, es zu enteignen, zu versklaven, zu besetzen und zu beherrschen. *Affirmative action* für Weiße war sogar zur Zeit der Abschaffung der Sklaverei in Kraft, und zwar indem Sklav_innenhalter_innen dafür, dass sie ›ihre‹ Sklav_innen verloren, entschädigt wurden. Wie Alexis de Tocqueville es ausgedrückt hat: »Wenn Schwarze das Recht haben frei zu sein, dann haben die Kolonist_innen das Recht, nicht durch die Freiheit der Schwarzen ruiniert zu werden«.[561] Die Sklav_innenbesitzer_innen wurden für ihr Verbrechen entschädigt, während die Versklavten keine Entschädigung für ihr Leid und ihre Freiheitsberaubung erhielten.[562]

In den Vereinigten Staaten haben die offiziellen Politikmaßnahmen nach der Abschaffung der Sklaverei fast immer Weiße bevorzugt, einschließlich der armen Südstaatenweißen, die symbolisch dafür entschädigt wurden, dass sie sich *nicht* mit Schwarzen verbündeten. Die US-Regierung hat ein Füllhorn von Begünstigungen über Weiße ausgeschüttet, ob in Form von Konzessionen für Land, das indigenen Amerikaner_innen weggenommen wurde (z.B. durch den *Homestead Act* von 1862) oder in Form von Weiße durch rassengetrennte Wohnanlagen bevorzugenden Gesetzen.[563] Wie William Julius Wilson hervorhebt, wurden viele Regierungsprogramme, wie die 1934 aus der Taufe gehobene *Federal Housing Administration* [Bundesverwaltung für privaten Wohnungsbau], selektiv zum Nutzen von Weißen umgesetzt.[564] ›Platzreservierungsprogramme‹ im Bildungssystem wiederum kanalisieren die Kinder weißer Eliten in die Eliteuniversitäten. Es war ein solches ›Erbschafts‹-Programm, welches George W. Bush – einem späteren Gegner von *affirmative action* – trotz seiner mittelmäßigen akademischen Leistungen einen Platz an der Yale University garantierte. Tatsächlich liefert Bushs gesamte Laufbahn ein eindrucksvolles Beispiel für *affirmative action* für reiche Weiße, sogar jene mit Lernbehinderungen und einer Neigung zu Alkohol, Kokain und destruktivem Verhalten.

Die Feindseligkeit gegenüber ausgleichenden Maßnahmen für Schwarze wird gestärkt durch hochgiftige Vorurteile bezüglich der Geschichte Afrikas und der Sklaverei, welche zurückgehen auf das Denken des rechten Flügels

---

561 De Tocqueville zitiert nach William B. Cohen, *Français et Africains: Les Noirs dans le Regard des Blancs* (Paris: Gallimard, 1982), 273.

562 Diese verdrehte Betrachtungsweise schädigte nicht nur schwarze Individuen, sondern auch schwarze Nationen. Das gerade unahbhängig gewordene Haiti wurde 1804 zu ruinösen Schadensersatzzahlungen für das ›Verbrechen‹ gezwungen, Frankreich besiegt und eine ironischerweise der französischen nachgebildete Republik geschaffen zu haben. Es waren diese Schadenersatzzahlungen und nachfolgende feindliche Aktionen der Vereinigten Staaten, die Haiti in seine augenblickliche traumatisiserte und ausgehungerte Lage gebracht haben. (Im Jahr 2003 forderte Präsident Jean-Bertrand Aristide von Frankreich, dass es Haiti eine Summe von 21 Milliarden Dollar für die ›Unabhängigkeitsschuld‹ zurückerstatte.

563Vgl. Ira Katznelson, *When Affirmative Action Was White: An Untold History of Racial Inequality in Twentieth-Century America* (New York: Norton, 2005).

564 William Julius Wilson, *More Than Just Race: Being Black and Poor in the Inner City* (New York: Norton, 2009), 28–29.

der Aufklärung. Erstens unterstellte die eurozentrische Sicht von Afrika als einem zerrütteten Kontinent, dem eine legitime Kultur fehlte, dass entführte Afrikaner_innen nichts Wertvolles verloren hätten und deshalb auch keine Entschädigung verdienten. Zweitens wird die Feindseligkeit verstärkt durch die auf konservative Aufklärungsdenker_innen zurückzuführende und jetzt von rechten Ideologen wie David Horowitz wiederbelebte Behauptung, dass die Sklaverei dazu diente, Afrikaner_innen zu »zivilisieren« und zu »humanisieren«. Drittens wird die Feindseligkeit durch die ungeheuerliche Idee verschärft, dass Schwarze den Weißen Ausgleichszahlungen schuldeten, weil Weiße wie Lincoln die Sklav_innen befreiten. Viertens wird sie verstärkt durch die liberale Fetischisierung einer rein individuellen ›Freiheit‹, die vermeintlich von ›Gruppenrechten‹ verletzt würde. Die Feindseligkeit wird schließlich gestützt von einem selbstgefälligen, in der Vergangenheit von einigen Abolitionist_innen und später von einigen weißen Liberalen geäußerten Glauben, dass Schwarze noch nicht ›bereit‹ seien für die Freiheit. Dieser Glaube an die allmähliche Befreiung hat einen sehr alten Stammbaum. Einige Philosoph_innen des 18 Jahrhunderts, einige ›Gründungsväter‹ der USA und sogar einige französische und US-amerikanische Abolitionist_innen warnten vor einer ›vorschnellen‹ Emanzipation. Einige weiße Liberale des 20. Jahrhunderts wiederum ermahnten schwarze Aktivist_innen, »langsam zu machen«. Aber nur die Annahme der Existenz einer ›Herrenrasse‹ könnte die Idee, dass schwarze Menschen nach Jahrhunderten der Unterdrückung geduldig auf volle Gleichbehandlung warten sollten, für normal halten, besonders wenn das Versprechen von Gleichheit vom ersten Beginn der Republik an in offiziellen Dokumenten als nationale Überzeugung festgeschrieben war.

Die Quotendebatte in Brasilien

In Brasilien sind in der Folge der Wiedereinführung der Demokratie Mitte der 1980er Jahre und dank des Einsatzes von Aktivist_innen jeder Hautfarbe viele Ausgleichsmaßnahmen, die sowohl *race* als auch Klasse betreffen, vorgeschlagen und verabschiedet worden. Ein erster solcher Einsatz, das von Senator José Sarney 1998 eingebrachte Gesetz 650, verfügte, dass Schwarzen 20 Prozent der Stellen im öffentlichen Dienst und im höheren Bildungsbereich gewährt werden müssten. Im Staate Rio de Janeiro wurde bundesstaatlich verfügt, dass 40 Prozent der Plätze an den Universitäten des Bundesstaates Schwarzen zugewiesen werden sollten. Die Bundesuniversität von Bahia, die Staatsuniversität von Rio, die Universität von Brasilia und die Universität von São Paulo haben ebenfalls Projekte, die schwarzen Studierenden den Zugang erleichtern, entwickelt. Rosana Heringer identifizierte in ihrer zwischen 1995 und 1999 durchgeführten Studie von zehn brasilianischen Städten 124 Programme, die dafür entworfen worden waren, Rassendiskriminierung zu bekämpfen, und die Anzahl solcher Programme hat seitdem exponentiell zugenommen.[565] Die Lula-Regierung richtete ein Ministerium für Rassengleichheit ein und berief außerdem Joaquim Benedito Barbosa Gomes, einen schwarzen Rechtswissenschaftler und Experten von (Brasilien und die USA) vergleichender *affirmative action* Forschung, zum Obersten Gericht. Barbosa Gomes vertritt in seinen Schriften die Ansicht, dass der brasilianische Staat trotz einer Rhetorik der Unvoreingenommenheit die weiße Elite durch Steuergesetze unterstützt, die Privatschulen bevorzugen.

Entlang ähnlicher Argumentationslinien wie der von Vertreter_innen der kritischen Rechts-, der *Critical Race* und der *Racial Contract* Theorie in den Vereinigten Staaten verwendeten kontrastiert Barbosa Gomes die bloß formale und verfahrensrechtliche Gleichheit der oft angeführten, von der klassischen Kontrakttheorie abgeleiteten ›Gleichheit vor dem Gesetz‹ mit einer materiell substantielleren Gleichheit, die die von einem rassistischen System erzeugten Ungerechtigkeiten beheben würde. Die Nationen, die am meisten von »Gleichheit vor dem Gesetz« schwätzen, so stellt Gomes klar, »weisen oft die höchsten Kennwerte für soziale Ungerechtigkeit auf, da die Betonung des rechtstaatlichen Verfahrens alle Faktoren, die dem Eintritt des Individuums in den wettbewerbsgeprägten Jobmarkt vorausgehen, ignoriert.«[566] Der Ethnologe und Aktivist José Jorge de Carvalho argumentiert auf ähnliche Weise, dass »die brasilianische Gesellschaft [...] als ein sich selbst regulierendes System funktioniert, welches dauernd dieselbe Rassenungleichheit reproduziert«.[567] Er stellt die Ungerechtigkeit anhand des Bildes eines Rennens über einen Fluss dar, den die Weißen mit einem Motorboot überqueren, während Schwarze schwimmen müssten.[568] (Kimberlé Crenshaw verwendet eine andere Analogie aus dem Sport, wenn sie die US-amerikanische Situation mit einer Leichtathletikbahn vergleicht, zu der einige sozial privilegierte Individuen unmittelbaren Zugang gewährt bekommen, während andere durch endlose Hürden aufgehalten werden, bevor sie überhaupt in Sichtweite der Bahn gelangen.)[569]

---

565 Vgl. Rosana Heringer, »Mapeamento das Ações e Discursos de Combate às Desigualdades Raciais no Brasil«, *Estudos Afro-Asiáticos* 23, no. 2 (2001): 1–43.

566 Vgl. Joaquim B. Barbosa Gomes, »Ações Afirmativas, Aspectos Jurídicos«, in Giralda Seyferth et al., *Racismo no Brasil* (São Paulo: Editora Fundação Petrópolis, 2000), 140.

567 José Jorge de Carvalho, Inclusão Étnica e Racial no Brasil: A Questão das Cotas no Ensino Superior (São Paulo: Attar, 2005), 60.

568 Ebd., 61.

569 Kimberlé Crenshaw, *National Public Radio's Intelligence Squared U.S. Debate* »It's Time to End Affirmative Action«, am 13. November, 2007 von John Donovan moderiert und von der Rosenkranz Foundation präsentiert.

Die brasilianische Verfassung von 1988 war bezüglich der Rechte von Frauen und Indigenen, anti-rassistischer und anti-sexistischer Gesetze, Prinzipien von Toleranz und kulturellem Pluralismus sowie des Schutzes individueller Würde bemerkenswert fortschrittlich. Die Verfassung lehnte eine bloß formale ›Chancengleichheit‹ zugunsten einer materiellen Ergebnisgleichheit ab. Die Herausforderung besteht seitdem darin, jene hehren Ankündigungen im Alltag umzusetzen, in einem nationalen Kontext, in dem das Gesetz häufig eher ein frommer Ausdruck ›netter Ideen‹ ist als einer wirklichkeitsgerechten Praxis. *Affirmative action* füllt in dieser Hinsicht die Versprechungen der Verfassung mit Leben. Doch sind egalitäre Klauseln nicht ganz neu: Jede brasilianische Verfassung hat Klauseln für formale, rechtsstaatliche Verfahrensweisen und grundlegende Rechte enthalten – Regelungen, die von der französischen und der US-amerikanischen Verfassung inspiriert waren – aber in der Praxis haben die Gerichte immer nur die Rechte der Mächtigen beschützt. Doch gleichzeitig hat die Verfassung von 1988 dem Nahrung gegeben, was James Holston »aufständisches Bürgertum« nennt, nämlich einem bisher nicht gekannten Versuch, das Gesetz zum Sichern von Bürgerrechten zu benutzen, auch wenn dieser Versuch seinerseits wiederum die Unfähigkeit des bloß festgeschriebenen Rechts entlarvt und damit das Problem der Straflosigkeit verstärkt hat.[570]

Einige Kritiker_innen weisen auf eine technische Schwachstelle bei der Anwendung eines Quotensystems in Brasilien hin, nämlich die, dass diese von der individuellen Selbstcharakterisierung als ›schwarz‹ abhängt, was in Brasilien angesichts der wenig stabilen ›Rassendefinition‹ noch problematischer ist als anderswo. In einem berühmt-berüchtigten Fall wurde ein eineiiger Zwilling zu einem ›Schwarzen‹, während sein Bruder zu einem ›Weißen‹ erklärt wurde. Einige äußerlich schwarze Studierende haben sich aus Prinzip geweigert, Vorteil aus Quoten zu ziehen, während einige äußerlich weiße Studierende sich beeilt haben, sie zu ihrem Vorteil zu benutzen.[571] *Affirmative action* erregt dadurch Ängste vor jenem Opportunismus, der in dem Hollywood-Film *Soul Man*, in dem ein weißer Student seine Haut schwärzt, um sich für finanzielle Unterstützung zu qualifizieren, karikiert wird. Dem Argument, dass ja »niemand wirklich weiß, wer schwarz ist, da wir alle gemischt sind«, haben einige schwarze Aktivist_innen entgegnet, dass, wenn die Militärpolizei sich einzelne schwarze Menschen herauspickt, um sie festzunehmen oder zu verprügeln, oder

570 James Holston, Insurgent Citizenship: Disjunctions of Democracy and Modernity in Brazil (Princeton: Princeton University Press, 2008), 286.

571 Diese Situation wird in dem Dokumentarfilm *Brazil in Black and White* des Public Broadcasting System [zuschauerfinanziertes öffentliches Fernsehen der USA] aus dem Jahre 2007 gezeigt.

wenn Portiers schwarze Menschen zum Lastenaufzug schicken, sie sehr wohl den Code zu kennen scheinen, der essentielles Schwarzsein festlegt. Wenn die Militärpolizei eine Razzia in einem Bus durchführt und nur schwarze Menschen festnimmt, handelt die Polizei in der ihr zugewiesenen Rolle als spontane ›Physiognomiker_innen‹ gemäß einer eindeutigen Vorstellung davon, wer als schwarz gilt. ›Schwarz‹ bezieht sich in diesem Sinn nicht nur auf Phänotyp und Farbe, sondern auch auf die untergeordnete Stellung jener, die die brasilianische Philosophin Denise Ferreira da Silva »die Betrefflichen« nennt, die von der disziplinierenden Gewalt des Staates als Unterbürger_innen behandelt werden.[572] Das sowohl in Aktivist_innenliteratur als auch in Rap Songs verurteilte *Racial Profiling* offenbart in diesem Sinn die existentiellen Grenzen der ›ethnischen Vermischung‹ als einem Allheilmittel, ähnlich wie diese Art von *Racial Profiling* von Schwarzen und Menschen aus dem Maghreb in Frankreich die Grenzen republikanischer Farbblindheit bloßlegt oder wie *Racial Profiling* von Schwarzen für DWB (*driving while black*, d.h., das Fahren als Schwarze) oder von Araber_innen für FWA (*flying while Arab*, d.h., das Fliegen als Araber) in den Vereinigten Staaten die Grenzen der ›Chancengleichheit‹ und des ›alle Menschen sind gleich erschaffen‹ offenbart.

Anders als in den Vereinigten Staaten, kommt die Gegnerschaft gegen *affirmative action* in Brasilien nicht unbedingt von denjenigen, die man normalerweise mit rechter oder laissez-faire Marktideologie in Verbindung bringt. Ebensowenig haben brasilianische Politiker_innen *race* als ein Spaltthema ausgebeutet. Die brasilianischen linken Kritiker_innen befürworten oft egalitäre Ziele aber beanstanden die Mittel. Eine bestimmte an Marx orientierte Linke argumentiert, dass ›es nicht *race* ist sondern Klasse‹ oder dass ›es die Arbeiterklasse spalten wird‹. Dennoch bergen die vorgebrachten Argumente Zeichen einer *diskursiven* Nähe zu jenen der US-amerikanischen Rechten, wie in der bereits weiter oben beschriebenen Konvergenz von Rechts und Links. Gelegentlich zitieren brasilianische Kritiker_innen sogar ausdrücklich US-amerikanische Konservative. Einer der lautstärksten Gegner von *affirmative action*, der Journalist Ali Kamel, führt zum Beispiel Thomas Sowells Angriff auf *affirmative action* als ›Pflichtlektüre‹ an und nennt ihn dabei »einen der namhaftesten amerikanischen Intellektuellen«, ohne zu erläutern, dass Sowell ein Bundesgenosse der Bushregierung und Mitglied des rechtsextremen Thinktank *Hoover Institution* ist und damit zu jenen statistisch seltenen Vögeln gehört, die man ›schwarze Republikaner‹ nennt.[573]

---

572 Vgl. Denise Ferreira da Silva, *Toward a Global Idea of Race* (Minneapolis: University of Minnesota Press, 2007).

573 Ali Kamel, *Não Somos Racistas: Uma Reação aos que Querem nos Transformar numa Nação Bicolor* (Rio de Janeiro: Nova Fronteira, 2006).

Die Gegnerschaft zu *affirmative action* wurde in Brasilien in den Massenmedien und in Protestpetitionen ausgedrückt. Die Titelseite des Nachrichtenwochenblatts *Veja* (6. Juni, 2007) erklärte, dass »Rasse nicht existiert«. Am 21. April 2008 argumentierte unterdessen eine Petition mit dem Titel »113 antirassistische Bürger_innen gegen Rassegesetze«, dass Bildungsgesetze (ADI 3.330 und ADI 3.197), die ethnische Quoten befürworteten, die Verfassung verletzten, weil sie zwischen Brasilianer_innen Unterschiede machten. In der von renommierten Akademiker_innen (Alba Zaluar), Dichter_innen (Ferreira Gullar), Theaterdirektor_innen (Gerald Thomas) und Romanautor_innen (João Ubaldo Ribeiro) unterzeichnete Petition wurde behauptet, dass solche Gesetze das Risiko beinhalteten, das soziale Leben in Brasilien dadurch zu einem ›Rassenproblem‹ zu machen, dass sie das US-amerikanische schwarzweiße Klassifizierungssystem etablieren würden. Gleich US-amerikanischen Konservativen zitiert die Petition Martin Luther King Juniors Rede »I Have a Dream« und zitieren insbesondere Thomas Sowells Behauptung, dass *affirmative action* die ›Rassentrennungslinie‹ verschärft habe. Der Text zitiert sogar den von Bush ernannten Richter des Obersten Gerichts, John G. Roberts Jr., dahingehend, dass *affirmative action* eine Form der Rassendiskriminierung darstelle. Während sie Rassenvorurteile in Brasilien zugibt, wiederholt die Petition die gewohnten vergleichenden Gemeinplätze, dass Brasilien, anders als die Vereinigten Staaten, ›ethnisch‹ gemischt sei, Rassenhass nicht kenne, und so weiter, um zu belegen, dass »Brasilien keine rassistische Nation ist«.

Ein ehemaliger Kritiker des ›Mythos der Rassendemokratie‹, der in Großbritannien geborene Peter Fry, spricht sich wiederum für eine Art brasilianischen Exzeptionalismus aus, der die Notwendigkeit kompensatorischer Maßnahmen überflüssig mache.[574] Aufgrund der besonderen Auspräung von *race* und Klasse in Brasilien, riskiere *affirmative action* Fry zufolge die Saat der ›Rassenteilung‹ innerhalb gerade der Bevölkerungsgruppe zu säen, die jetzt die sozial am meisten integrierte sei, der brasilianischen unteren Mittelschicht. Während Fry im Übrigen wenig mit Arthur Schlesinger oder Dinesh D'Souza gemein hat, teilt er mit ihnen die Vorstellung, dass Ausgleichsmaßnahmen soziale Teilung mit sich bringen. Der *Sambista,* Aktivist, Intellektuelle Nei Lopes argumentiert im Gegensatz dazu, dass Affirmative-Action-Maßnahmen helfen würden, eine wahre ›Rassendemokratie‹ zu bilden, weil sie nämlich auch für schwarze Brasilianer_innen die volle Staatsbürgerschaft verwirklichten.[575] Während viele Aktivist_innen den ›Mythos der Rassendemokratie‹ ablehnen, argumentiert Fry jetzt, dass dieser Mythos den Vorteil besitzt, einer progressiven Norm Gehör zu

574 Vgl. Peter Fry, »Politics, Nationality, and the Meaning of ›Race‹ in Brazil«, *Daedalus* 129, no. 2 (2000): 91.

575 Nei Lopes, *O Racismo Explicado aos Meus Filhos* (Rio de Janeiro: Agir, 2007).

verschaffen, die Rassismus verurteilt und demokratische Toleranz befürwortet, und die alle Brasilianer_innen als Wert teilen. ›Rassendemokratie‹ ist für Fry nicht be- sondern vorschreibend, ein inspirierendes Ideal, eine »gute Idee« mit positiven Wirkungen in der Welt.[576] (An dieser Stelle ist man versucht Gandhis Witz von der »westlichen Zivilisation« als einer »guten Idee«, die ebenfalls »niemals versucht worden ist«, zu wiederholen.)

Obgleich solche Mythen als Bestandteil eines konsensuellen Antirassismus funktionieren können, können sie ebenso als eine Art Verleugnung funktionieren. Das grobe funktionelle Gegenstück zu ›Rassendemokratie‹ könnte in den Vereinigten Staaten in diesem Sinne der ›Mythos der Chancengleichheit‹ sein – als eine produktive Fiktion oder ein heilsamer Glaube, der von allen Amerikaner_inen geteilt wird – selbst wenn er, anders als die ›Rassendemokratie‹, *race* nicht ausdrücklich anspricht. Ähnlich könnte der Satz aus der Unabhängigkeitserklärung, dass »alle Menschen gleich geschaffen sind«, als eine ›gute Idee‹ oder ein Versprechen, das die Bürgerrechtsaktivist_innen einzulösen versuchten, betrachtet werden. Solche wertbefrachteten Ideen werden von unterschiedlichen Gruppen mit unterschiedlichen Bedeutungen belegt; nur konkrete Kämpfe füllen sie mit Leben und Sinn. In diesem Sinn kann der Kampf für ›Rassengerechtigkeit‹ innerhalb allerlei diskursiver Bezugsrahmen stattfinden, egal ob innerhalb von ›Rassendemokratie‹ in Brasilien, der Bill of Rights und Chancengleichheit in den Vereinigten Staaten, oder egalitärem Republikanismus in Frankreich.

Fry verankert seine Opposition zu *affirmative action* in einem weiter gespannten geografisch-kulturellen Vergleichsschema, welches angelsächsisch rassentrennende Gesellschaften wie die Vereinigten Staaten, Großbritannien und das koloniale Rhodesien und heutige Zimbabwe (wo Fry lebte und arbeitete) als Orte, an denen kulturelle Grenzen starr und streng kontrolliert sind, mit lusotropikale Gesellschaften wie Brasilien und Mosambik als Orten der Fusion, Zweideutigkeit und Flexibilität kontrastiert. Fry gestaltet somit zwei traditionelle Diskurse neu, den alten dichotomen von Anglo versus Latino und den des Lusotropikalismus à la Freyre. Aber Frys Analyse weicht von diesen Vorgängern in entscheidenden Punkten ab: Erstens ist Frys Wahl nicht ein Produkt von nationalem oder ›ethnischem‹ Narzissmus, etwa im Sinne seiner eigenen ›Anglo‹-Herkunft, da er eindeutig die latino-lusotropikale Seite der Dichotomie vorzieht; und zweitens ist Fry im Gegensatz zu Freyre, dessen tiefsitzende Antipathie gegen schwarze Militanz mit einer sentimentalen Bindung an den portugiesischen Kolonialismus gepaart war, immer ein progressiver Antirassist und Antikolonialist gewesen.

576 Vgl. Peter Fry, *A Persistência da Raça: Ensaios Antropológicos sobre o Brasil e a África Austral* (Rio de Janeiro: Civilização Brasileira, 2005).

In seinem Essay »Affirmative Action in Brasilien« weist João Feres Junior die Argumente gegen *affirmative action* zurück, indem er deutlich macht, dass, erstens, die Hälfte der brasilianischen Bevölkerung trotz der im Gesetz verankerten Prinzipien formaler Gleichheit unter Mechanismen des sozialen Ausschlusses leidet; zweitens, diese Ungleichheit sich statistisch in deutlichen Einkommens-, Bildungs- und Beschäftigungsunterschieden zeigt; drittens, diese chronische Ungleichheit durch die Modernisierung des ökonomischen Systems oder durch die Demokratisierung der politischen und sozialen Institutionen nicht besser wurde; viertens, die prestigeträchtigsten Positionen des Landes fast ausschließlich von Weißen besetzt sind; und fünftens, das Bildungssystem, statt ein Mittel gegen sozialen Ausschluss zu sein, entscheidend dazu beiträgt, Ungleichheit zu reproduzieren. Da *affirmative action* genau jenen Formen der Reproduktion von Ungleichheit etwas entgegenzusetzen versucht, die den allgemeinen Politikmaßnahmen entgangen sind, ist es Feres zufolge unsinnig darauf zu bestehen, dass solche allgemeinen Politikmaßnahmen der Einführung von Affirmative-Action-Maßnahmen *vorausgehen* müssten.[577]

Die brasilianischen, mit dem Denken von Michael Hardt und Antonio Negri in Verbindung stehenden Anhänger_innen von Deleuze legen sich unterdessen einerseits mit dem Konzept von ›Identität‹ an, während sie andererseits aber auch die ›Heuchelei‹ der Gegner_innen von *affirmative action* anprangern. Antonio Negri und Giuseppe Cocco lehnen die opportunistische Verwendung von ›Gemischtrassigkeit‹ als Beweis für fehlenden Rassismus ab:

> »Die Art und Weise, in der die konzernhörige nationalistische Oligarchie die reichhaltigen Prozesse der Vermischung nur anerkennt, um sie zu verleugnen, könnte nicht deutlicher sein: Sie verleugnen die von der Vermischung (nicht nur in der Vergangenheit) geschaffene, unendlich vielfältige (in punkto Hautfarben, Kulturen, Sprachen) Dimension und verleugnen gleichzeitig deren Element von Widerstand gegen die perversesten Formen von Herrschaft (von Bio-Macht, Macht über das Leben selbst), die den Sklav_innenhalter_innenstaat in Brasilien kennzeichnete. Die notwendigerweise vielfältige Dynamik von Vermischung steht im Gegensatz zu der grauen Gestaltung des offiziellen Diskurses: ›Hier gibt es keine Schwarzen und Weißen; wir sind alle dunkel; wir sind alle grau‹. Dies ist das sowohl von der Linken als auch der Rechten gegen *affirmative action* systematisch benutzte Argument. Diese doppelte Verneinung läuft zusammen in einem allgemeinen Konsens unter den Eliten, die behaupten, dass ›die gegenwärtige Auseinandersetzung in Brasilien sozial und nicht rassenbezogen ist‹. [...] Indem sie die allgemeine Idee von ›Rassismus‹ verleugnet, schließt die nationalistische Linke ihre Augen vor der offensichtlichen Anpassung, die Klasse und Farbe miteinander verbindet.«[578]

577 Vgl. João Feres, Jr., »Ação Afirmativa no Brasil«, *Economica* 6, no. 2 (December 2004).

578 Antonio Negri and Giuseppe Cocco, *GlobAL: Bipoder e Luta em Uma América Latina Globalizada* (Rio de Janeiro: Record, 2005), 149.

Der hier implizite Kontrast ist der zwischen Vermischung als einem subversiven Prozess von unten nach oben und Vermischung als einer stabilisierten Realität, auf die eine einheitliche Nation und insbesondere deren Elite ›stolz‹ ist. Die alarmistischen Warnungen vor einem vermeintlich durch *affirmative action* herbeigeführten unmittelbar bevorstehenden Chaos stellen für Negri und Cocco eine »*chantagem*« (Erpressung) dar, die darauf abzielt, Aufmerksamkeit von der Tatsache abzulenken, dass die ›Rassenungleichheit‹ selbst alarmierend ist.

Der Ethnologe José Jorge de Carvalho wendet diese Argumente auf die höhere Bildung an. Als Sesam-öffne-dich der Chancen bildet die brasilianische Universität das Zugangstor zu ökonomischem und kulturellem Kapital. Carvalho nennt die brasilianische Universität provokant eine der »rassistischsten auf dem Planeten«, und sie ist für ihn sogar diskriminierender als die südafrikanische Universität während der letzten Jahre der Apartheid. Für seine Einschätzung liefert er verheerende Statistiken. In einem Land, in dem 47 Prozent der Bevölkerung allgemein für schwarz oder mestizo gehalten werden, ist die Studenten_innenschaft zu ungefähr zwei Prozent schwarz und zu acht Prozent *pardo* (dunkel). Die Professor_innenschaft wiederum ist zu 99 Prozent weiß. Schwarze Professor_innen an der Universität von São Paulo stellen weniger als ein halbes Prozent der Gesamtzahl. Wie Carvalho feststellt, wird es bei der gegenwärtigen Geschwindigkeit 60 Jahre dauern, bis die Universität selbst eine so skandalös niedrige Marke von einem Prozent erreicht.[579] Für schwarze Studierende und Dozent_innen kommt der durch *race* verursachte Stress zum sozio-ökonomischem und Bildungsstress hinzu und stellt letztendlich einen weiteren Vorteil für die Weißen dar: »Der durch *race* verursachte Nachteil, den Schwarze in ökonomischer Hinsicht erleiden, stattet Weiße im Kampf um den Zugang zu den besten Universitäten mit einem Vorteil aus.«[580] In einem auch für die Vereinigten Staaten relevanten Punkt verknüpft Carvalho die rassistische, in der Vergangenheit europäische Immigrant_innen Schwarzen vorziehende Immigrationspolitik mit der Tatsache, dass viele heutige Nutznießer_innen des Status Quo, die sich jetzt gegen *affirmative action* stellen, selber Nachkommen dieser europäischen Immigrant_innen sind. Auf diese Weise ist eine durch die Immigrationspolitik zur Jahrhundertwende zum 20. Jahrhundert bewirkte Diskriminierung an der Schwelle zum 21. Jahrhundert zu einer weiteren Diskriminierung mutiert, und zwar in der Form des Widerstands gegen Maßnahmen, die das soziale, durch ererbte Vorteile erzeugte, Ungleichgewicht korrigieren würden.

579 Carvalho, *Inclusão Étnica e Racial no Brasil*, 96.
580 Ebd., 61.

affirmative action für Schwarze (und Amerindianer_innen) in höherer Bildung könnte Carvalhos Meinung nach viele Vorteile mit sich bringen. Diese wären, erstens, die Entschädigung für Hunderte von Jahren der Sklaverei; zweitens, der tatsächliche Erwerb der in der Verfassung von 1988 versprochenen gleichen Rechte; drittens, der durch die Besetzung von Machtpositionen durch Schwarze ausgelöste Multiplikatoreneffekt; viertens, ein intellektuelles Leben, das weniger durch den ›blinden Eurozentrismus‹ eines epistemisch einer ethnozentrischen Vorstellungswelt verhafteten Universitätssystems behindert sein würde; und fünftens, die Stärkung des antirassistischen Kampfes in Brasilien. Jenen, die vor zunehmender Spannung warnen, antwortet Carvalho, dass solche Spannung produktiv ist, indem sie nämlich Intellektuelle zwingt, ihre Pose wissenschaftlicher Objektivität aufzugeben und sich für oder gegen konkretes Handeln zu entscheiden. Schließlich ruft Carvalho zu einem schwarz-weiß-indigenen Bündnis für Gerechtigkeit und Inklusion auf.[581] Lulas Ministerin für ›Rassengleichheit‹, Matilde Ribeiro, gab dem Argument ›verstärkter Spannung‹ sogar eine frontalere Antwort: »Ich sehe lieber Weiße verärgert und Schwarze in den Universitäten, als Weiße glücklich und Schwarze bei den Universitäten außen vor.«[582]

Am 17. Juni 2010 verabschiedete der brasilianische Senat ein »Gesetz zur Rassengleichheit«, welches zum Ziel hat, die ›Rassenungleichheit‹ zu reduzieren. Das Gesetz ordnet Unterricht über die Geschichte Afrikas und Afro-Brasiliens an und erkennt die Eigentumsrechte der Nachkommen der *Quilombo*-Rebell_innen an. Zur Verärgerung vieler Aktivist_innen schrieb das Gesetz für Schwarze an brasilianischen Schulen weder Quoten vor noch fiskalische Anreize für Unternehmen, die 20 Prozent schwarze Arbeitnehmer_innen einstellten, noch entsprach es dem Antrag einer Quote von zehn Prozent Schwarzen in politischen Parteiorganisationen. Das Gesetz wies auch Entschädigungen oder Reparationen für Schwarze zurück für die Folgen der Diskriminierung, die sie im Laufe der brasilianischen Geschichte erlitten hatten.

---

581 Vielleicht um das brasilianische Modell vom negativen Image des US-amerikanischen Bürgerrechtsmodells abzusetzen, argumentiert Carvalho, dass Affirmative Action in den Vereinigten Staaten vereinnehmend und individualistisch und in einem Wettbewerbsethos des Gewinnens und Verlierens verwurzelt sei, während das brasilianische Modell seine Wurzeln in einer gesellschaftlichen Entscheidung für Wandel und eine Ergebnisgleichheit statt einer Chancengleichheit habe. Gleichzeitig macht er unhaltbare Verallgemeinerungen, wie die, dass »rassische und ethnische Minderheiten – Schwarze, Indianer_innen, Latin@s, Asiat_innen – niemals auf der Basis von Solidarität eine gemeinsame politische Front gebildet haben«. Ebd., 125.

582 Ribeiro zitiert nach Larry Rohter, *Brazil on the Rise: The Story of a Country Transformed* (New York: Palgrave, 2010), 76.

Die US-amerikanische Blaupause

Viele der schon lange verwendeten Vergleichstopoi bezüglich Brasiliens und der USA haben sich ihren Weg in die aktuellen Debatten gebahnt. Einige Rechtfertigungen des brasilianischen Status Quo der ›Rassenbeziehungen‹ gebärden sich als Widerstand gegen das ›US-amerikanische Modell‹, so als ob die Ablehnung von Maßnahmen, die Unrecht gegen Schwarze korrigieren, irgendwie eine Leugnung des Imperialismus bedeuteten. (Eine ähnlicher Sophismus ist am Werk, wenn Dritte Welt Nationalisten patriarchalische Gewohnheiten verteidigen, indem sie den Feminismus als einen ›westlichen Export‹ verdammen.) Die Kritiker_innen benutzen in ihrer ideologischen Armut die Vereinigten Staaten als eine Blaupause, so dass die Verherrlichung Brasiliens Hand in Hand mit einer Dämonisierung der Vereinigten Staaten geht. Einige Befürworter_innen von *affirmative action* aus den Vereinigten Staaten wiederum nehmen arroganterweise an, dass Brasilianer_innen als koloniale Nachäffer_innen nur das überlegene US-amerikanische Bürgerrechtsmodell kopieren bräuchten.

Der USA-Brasilien-Vergleich wird in den *affirmative action* Debatten Brasiliens sowohl von Befürworter_innen als auch Gegner_innen eingesetzt. So beschwören die Gegner_innen die sehr realen Schrecken der US-amerikanischen Segregation, des Lynchens und der Regel vom einen Tropfen, um *affirmative action*-Vorschläge zurückzuweisen. José de Carvalho spricht in diesem Zusammenhang von einer nationalistischen Sophisterei, durch die sich die Frage, welche Maßnahmen den sozialen Ausschluss reduzieren würden, zur Frage nach der vermeintlichen nationalen Herkunft der Maßnahmen verlagert. Carvalho beschwört deshalb Vergleiche nicht mit den USA, sondern mit anderen Ländern wie Mexiko, Kuba, Trinidad, Kanada, dem Vereinigten Königreich und den Niederlanden, Länder, deren Universitäten ihm zufolge alle mehr ›rassenintegriert‹ sind als die brasilianischen.[583]

Eines der unverschämtesten Beispiele der Instrumentalisierung von Vergleichen für narzisstische Vorteilsnahme ist Ali Kamels typischerweise *Wir sind keine Rassisten: Eine Reaktion gegen jene, die uns zu einer zweifarbigen Nation machen wollen* genanntes Buch.[584] Dieser Titel offenbart vielleicht mehr, als der Autor beabsichtigte. Erstens sind das ›Wir‹ und das ›uns‹ implizit weiß, da es Weiße sind, die gewöhnlich des Rassismus beschuldigt werden. Zweitens nimmt der Untertitel fälschlicherweise an, dass *affirmative action* ein zweifarbiges ›Rassenmodell‹ zu verwirklichen suche, wenn sie in Wahrheit Bipolarität dadurch *untergräbt*, dass sie größere Gleichheit für eine ganze Reihe sich überschneidender diskriminierter Gruppen fördert, nämlich für indigene,

583 Carvalho, *Inclusão Étnica e Racial no Brasil*, 68.

584 Kamel, *Não Somos Racistas*.

hispanische, asiatische Amerikaner_innen und vor allem für Frauen. Selbst wenn sie als bürokratisch getrennt angesehen werden, bilden die angesprochenen Gruppen in Wirklichkeit eher ein Spektrum. Tatsächlich sehen viele Analyst_innen in Frauen jeder Hautfarbe die Hauptnutznießer_innen dieser *affirmative action*-Maßnahmen.

Für Kamel bedeutet *affirmative action* die Gefahr einer Amerikanisierung. Durch sie »werden wir, die so stolz auf unsere Vermischung waren, unser Farbenspektrum, zu einer Nation von Schwarzen und Weißen reduziert werden und, schlimmer noch, zu einer Nation von Weißen und Schwarzen, in der Weiße Schwarze unterdrücken«.[585] Kamels Verwendung der grammatischen Zukunft für die Vision eines Brasilien, das irgendwann mal zu einer Nation werden könnte, in der »Weiße Schwarze unterdrücken«, beweist eine bemerkenswerte geschichtliche Amnäsie. Denn die darin verdeckte Prämisse ist doch die, dass brasilianische Weiße noch nie Schwarze unterdrückt hätten und alle zukünftige Unterdrückung allein dem Einfluss von außen geschuldet würde! Drei Jahrhunderte der Sklaverei und über ein Jahrhundert der Benachteiligung nach der Abschaffung der Sklaverei werden wegretuschiert. Diese ungeheuerliche Behauptung geht nur dank des Vergleichs mit den Vereinigten Staaten durch, wo nach Kamel »der Rassismus härter, offener, direkter ist, [...] [wo] es eine totale Abneigung gegen alles gibt, was mit Schwarzen zu tun hat; während hier fast alle, einschließlich der Rassist_innen, in alles verliebt sind, was als aus Afrika stammend angesehen wird«.[586]

Trotz der Übertreibungen – *totale* Abneigung, *alle* in Afrika verliebt –weist Kamel auf einige echte Unterschiede hin. Man kann zumindest in den letzten Jahrzehnten tatsächlich in Brasilien eine breite Begeisterung für afrobrasilianische Kultur finden, obgleich man auch (in der Vergangenheit seitens der katholischen Kirche und gegenwärtig seitens der Pfingstbewegung) Feindseligkeit ihr gegenüber findet. Kamels Analyse unterschlägt auf der brasilianischen Seite die historische Feindseligkeit der Elite gegenüber afrikanischer Kultur und auf der US-amerikanischen Seite die Millionen weißer Amerikaner_innen, die Schwarze als gleiche behandeln, schwarze Prominente bewundern und für Barack Obama stimmen. Ein bipolares Schema stellt einem sehr rosigen Bild Brasiliens ein sehr finsteres Bild der Vereinigten Staaten gegenüber. Dabei ist der Punkt nicht, dass der Rassismus in den Vereinigten Staaten nicht finster wäre, sondern nur der, dass die Standardkontraste im Zeitalter von Oprah Winfrey[587] und Barack Obama eine neue Eichung erfordern. Sie

585 Ebd., 18.
586 Ebd.
587 US-amerikanische Talkshow-Moderatorin, Schauspielerin,Unternehmerin und erste Afroamerikanerin, die Milliardärin wurde. Sie verfügt über enorme mediale Macht.

erfordern auch eine Revision zu einer Zeit, zu der Kontinentalafrikaner_innen – Nigerianer_innen, Ghanaer_innen, Senegales_innen, Malier_innen, Äthiopier_innen – in Rekordanzahl in die Vereinigten Staaten einwandern. Tatsächlich erfahren die Vereinigten Staaten im Augenblick die größte Immigration afrikanischer (und karibischer) Einwanderer_innen seit dem Verbot des Sklav_innenimports aus dem Jahr 1808. Außerdem sind diese Immigrant_innen die am besten ausgebildeten Immigrant_innen im Land – und der Verlust hier ist der für Afrika – besser ausgebildet als einwandernde Asiat_innen, Europäer_innen und Lateinamerikaner_innen. Das heißt nicht, dass die Vereinigten Staaten Brasilien ›voraus‹ wären sondern im Gegenteil vielmehr, dass auf verdinglichten Vergleichen beruhende Unterscheidungen sich nicht mehr der einstigen Geltung erfreuen.

Indem Kamels Buchtitel einem falsch beschuldigten ›Wir‹ eine Stimme verleiht, verweist er auf den brennenden Kern der ›narzisstischen Wunde‹. Aus Kamels Sicht sind nicht nur weiße brasilianische Individuen nicht rassistisch, sondern auch Brasilien als Ganzes ist es nicht: »Hier, und dies kann nicht abgestritten werden, findet man weniger dieses widerlichen Menschenschlages – Rassist_innen«.[588] Als erstes gibt es zugegebenermaßen mehr Rassist_innen in den Vereinigten Staaten. Das riesige Publikum für rassistische Demagog_innen wie Limbaugh, Savage und Beck, die den öffentlichen Diskurs vergiften, würde nahe legen, dass Kamel absolut Recht hat. Bei unseren ständigen Aufenthaltswechseln zwischen Brasilien und den Vereinigten Staaten sind wir oft entsetzt angesichts der fremdenfeindlichen Gemeinheit und der Rassenhetze, die die US-Medien durchdringen, in denen alles durch ein schwarz-weiß Raster gesehen wird, welches den komplexen Vielfältigkeiten des Landes, wie es eigentlich ist, überhaupt nicht entspricht. Der Rassismus, die ›Fremdenfeindlichkeit‹, der antimuslimische Rassismus stehen dem emotionalen Zentrum der Tea Party nahe, die dem Zentrum der Republikanischen Partei nahe steht, die dem Zentrum der Macht nahe ist. Anders als die Vereinigten Staaten hat Brasilien keine lautstarke Minderheit weißer Rassist_innen, keinen KuKlux-Klan, keine Milizen, *Minutemen*, keine schwarzenfeindlichen Politker_innen und Meinungsmacher_innen. In der Folge der Wahl Obamas stellte eine grenzenlos paranoide US-amerikanische Rechte sogar Obamas Legitimität als gewählter Präsident in Frage, indem sie ihn als keinen echten Amerikaner bzw. als Muslim, Kommunist oder Faschist darstellten. Keine Beschuldigung ist tabu, und die Medienkonzerne verstärken noch diese absurden Anschuldigungen. Es ist, als ob hysterische weiße Vorherrschaftsanhänger_innen eifrig Charles Mills' Idee bestätigen wollten, dass der ›Rassenkontrakt‹ nur für Weiße da sei.

588 Ebd.

Der Rassismus US-amerikanischer Rassist_innen ist darüber hinaus wohl eindeutig abstoßender als der brasilianischer Rassist_innen. Viele schreckliche Praktiken – weiße Ausschreitungen gegen wohlhabende Schwarze, ›*sunset towns*‹, zu denen Schwarzen der Zugang nach Sonnenuntergang verwehrt wurde – finden in der brasilianischen Geschichte keine Parallele. In diesen Auseinandersetzungen besitzt Brasilien auch wichtige kulturelle Vorteile. ›Mischehen‹ und ›Vermischung der unterschiedlichen Rassen‹ lassen Minderheiten weniger zu den ›ganz Anderen‹ werden. Angesichts eines gespaltenen Verhältnisses, das viele fortschrittliche Bewegungen in den Vereinigten Staaten beeinträchtigt hat, scheint eine klassen- und *race*bezogene interethnische egalitäre Politik in Brasilien jetzt wahrscheinlicher.[589] Brasilien hat auch politische Vorteile. Aufgrund eines zur linken, sozialdemokratischen und grünen Seite geneigten politischen Spektrums können brasilianische Politiker_innen wie französische Politiker_innen, aber anders als US-Politiker_innen, eine Neuverteilung des Wohlstands vorschlagen, ohne des ›Klassenkrieges‹ und ›Kommunismus‹ bezichtigt zu werden. Während Millionen Brasilianer_innen sich aus der Armut bewegt haben, haben sich Millionen US-Amerikaner_innen *in* die Armut bewegt.

Anders als die Vereinigten Staaten, wo Millionen Menschen, die wählen wollen, von der Wahl ausgeschlossen sind, können in Brasilien praktisch alle, die wählen wollen, auch wählen. Und während Obama, nur weil er sich im selben Raum aufhielt wie ein Radikaler (Bill Ayers[590]) aus den 1960ern, verteufelt wurde, wählte Brasilien gerade eine Frau (Dilma Rousseff), die sogar in einer verbotenen Guerillagruppe (*Comando de Libertação Nacional*, eine Stadtguerilla zur Zeit der Militärdiktatur) aktiv war. Allgemeiner ausgedrückt, könnte man mit Blick auf ein erstaunliches Fehlen fremdenfeindlicher Dämonisierung eine Art brasilianischen Exzeptionalismus begründen. Sowohl in Frankreich als auch in den Vereinigten Staaten entwickeln rechtsextreme Politker_innen Diskurse, die ›wahre Amerikaner_innen‹ oder ›wahre Französ_innen‹ von weniger legitimen anderen unterscheiden oder jene, deren Unterschiede ›integrierbar‹ seien, mit denen kontrastieren, deren Unterschiede es vermeintlich nicht sind. Solche Diskurse sind nicht Teil des gängigen politischen Diskurses in Brasilien. Sogar die brasilianische Diktatur, die zwar ideologisch andere stigmatisierte – den inneren Feind – , stigmatisierte nicht ›ethnisch‹ andere oder Fremde.

---

589 Vgl. George M. Fredrickson, »Race and Racism in Historical Perspective«, in Hamilton et al., *Beyond Racism*, 14.

590 Bill Ayers war 1969 Gründungsmitglied der *Weathermen* und ist heute Professor für Pädagogik an der University of Illinois in Chicago.

In vielerlei Hinsicht haben die Vereinigten Staaten mit Problemen zu kämpfen – der Erblast der Segregation, dem Extremismus von weißen Suprematisten und der anti-hispanischen und anti-arabischen Fremdenfeindlichkeit eines außer Kontrolle geratenen rechtsextemen Flügels –, die in Brasilien nicht existieren. In anderer Hinsicht jedoch ist Brasilien mit Problemen konfrontiert, die im Augenblick in den Vereinigten Staaten nicht im selben Ausmaß existieren, mit massiver Armut, der Zunahme von Favelas, einem funktionsuntüchtigen Justizsystem, einer beinahe ausschließlich weißen politischen und unternehmerischen Klasse, und so weiter. Auf jeden Fall ist das eigentliche Thema weder die relative Stärke des Rassismus noch der genaue Anteil an Rassist_innen, sondern vielmehr das strukturierte (und seinerseits strukturierende) System kumulativer Bevorteilung der Weißen, das beide Länder kennzeichnet.[591] Man kann von der tumben Trägheit der Ungleichheit in beiden Ländern behaupten, dass sie eine Situation eines ›Rassismus ohne Rassist_innen‹ erzeugt hat, oder, genauer gesagt, ein System, welches Rassist_innen nicht mehr braucht, ein System, das aus Gewohnheit einer Gruppe Privilegien zuteilt und Verelendung einer anderen. Innerhalb dieser sozialen Reproduktion von Ungleichheit spielen Klasse, Kaste, ›ethnische‹ Zugehörigkeit, Hautfarbe, kulturelles Kapital und der relative Koeffizient von ›europäischem Verhalten‹ alle eine Rolle. ›Welcher Rassismus ist schlimmer?‹ und ›Wo gibt es mehr Rassist_innen?‹ sind dagegen die falschen Fragen. Die *Critical Race Studies* sind schon lange darüber hinausgegangen, um den tieferen institutionellen, rechtlichen, systemischen und epistemischen Unterbau des Rassismus zu ergründen. Die entscheidendere Frage ist dabei, was Gesellschaften gemeinsam tun können, um Systeme ›rassebasierter‹ Bevorteilung abzubauen.

Das von Kamel vorgebrachte Argument des »wir sind nicht rassistisch wie die Amerikaner_innen« ist letzten Endes unlogisch. Erstens setzt es voraus, dass nur Nordamerikaner Brasilianer_innen des Rassismus bezichtigen, wenn in Wahrheit es hauptsächlich Brasilianer_innen selbst (schwarze und einige weiße) sind, die dies behaupten. Zweitens scheint Kamel die absurde Vorstellung zu haben, dass die Einführung ›US-amerikanischer‹ Maßnahmen in Brasilien, selbst solcher, die zur Bekämpfung des Rassismus entwickelt wurden ... zu mehr Rassismus ... führen! Kamels Argument heftet sich parasitär auf das weitverbreitete Porträt der abscheulichen US-amerikanischen Rassist_innen – und US-amerikanische Rassist_innen sind tatsächlich abscheulich – als Blaupause für die toleranten Brasilianer_innen. Wenn man die Situation nur

591 Metaphorisch ausgedrückt könnte man sagen, dass der weiße US-amerikanische Rassismus wie eine Schlange ist, die zischelt und mit Bissen und Gift tötet, während der brasilianische Rassismus eine Anaconda ist, die einen mit ihrer erstickenden Umarmung erwürgt.

ein wenig geografisch verschiebt, so wäre es, als hätten US-Amerikaner_innen in den 1960er Jahren die Bürgerrechtsbewegung mit Hinweis auf die schlimmeren Ungerechtigkeiten in Südafrika abgelehnt. Unserer Meinung nach geht es aber nicht darum festzustellen, ›wessen Rassismus schlimmer ist‹, sondern darum, die spezifischen Umstände der ›Rassenunterdrückung‹ in jeder Zone herauszufordern und dabei neben globalen Strategien auf kulturelle Stärken des Widerstandes zu setzen.[592]

Obgleich Kamel zugibt, dass es in Brasilien Rassismus gibt, so wird dieses Eingeständnis von relativierenden Nebenbemerkungen, dass dies »wie überall sonst in der Welt« sei, begleitet und damit sein Gewicht heruntergespielt. Es wird so allgemein ausgedrückt wie die Erkenntnis, dass ›Krankheiten existieren‹ und dass wir natürlich versuchen sie abzustellen. Aber die ›Rassenhierachie‹ hat ihre Wurzeln in der Versklavung, Unterdrückung und Diskriminierung von aus Afrika stammenden Völkern ist somit Grundlage eines Brasiliens, das etwa 40 Prozent der auf den amerikanischen Kontinent verfrachteten Afrikaner_innen erhielt. In dem, was als gewöhnlicher sentimentaler Nationalismus bezeichnet werden könnte, bietet Kamel eine geschichtslose brasilianische Nation an, »die Rassismus immer verdammt hat« und in der »es nach der Abolition keine institutionellen Barrieren für Schwarze gab«.[593] Kamels Formulierung drängt uns eine Frage auf – »Wenn es keine Barrieren gab, warum sind brasilianische Schwarze dann letztlich so arm und marginalisiert geblieben?« – und eine implizite Antwort – »Sie müssen selbst daran schuld sein.« Auf diese Weise soll sich ein Land, dessen Strukturen während fast vier Jahrhunderten von der Sklaverei beherrscht wurden und das europäische Immigrant_innen systematisch gegenüber den gerade befreiten Schwarzen bevor-

---

592 Ania Loomba zeigt, dass diese US-amerikanische Blaupause sowie ein indischer Exzeptionalismus in Abgrenzung davon sogar von Intellektuellen aus Indien herangezogen wurde, als die *Dalit*, eine Bevölkerungsgruppe von ungefähr 180 Millionen Menschen, zur Konferenz über Rassismus und Fremdenfeindlichkeit in Durban gingen, um gegen den Rassismus in Indien zu protestieren. Die Dalit sind durch das Kastensystem vom Essen oder Studieren mit Personen aus den oberen Kasten, dem Heiraten außerhalb ihrer Kaste, vom Tragen von ihrer Kaste unangemessener Kleidung und von der Wasserentnahme aus bestimmten Brunnen ausgeschlossenene Menschen, die regelmäßig Feindseligkeit und sogar Lynchpraktiken ausgesetzt sind. Einige linke Intellektuelle aus Indien argumentierten angesichts dessen, dass Kaste als *race* zu diskutieren bedeute, einer US-amerikanischen imperialistischen Agenda zu folgen. In Begriffen, die an Bourdieus (in Kapitel 8 besprochenes) Argument gegen Michael Hanchard erinnern, wurde eingewandt, dass »*race* als eine zentrale Kategorie für den Kampf zwar im US-Kontext selbstverständlich sein mag, aber nicht so nützlich in anderen Umfeldern ist«. Vijay Prashad, »Cataracts of Silence«, zitiert nach Ania Loomba, »Race and the Possibilities of Comparative Critique«, *New Literary History* 40, no. 3 (Summer 2009): 510.

593 Kamel, *Não Somos Racistas*, 20.

zugte, mit einem abolitionistischen Federstrich Prinzessin Isabels auf magische Weise in ein nicht-rassistisches Land verwandelt haben. In dieser Hinsicht erinnert Kamels Narrativ an das von US-amerikanischen Rechtsextremen gerne erzählte Märchen, nach dem der US-Rassismus ein Ende fand mit dem Urteil im Fall *Brown gegen Board of Education* aus dem Jahr 1954, das schwarze Amerikaner_innen vollständig gleichgestellt und ihnen Zugang zur meritokratischen Normalität bereitet und damit jede Art ›rassistischer‹ Maßnahmen, wie beispielsweise *affirmative action* überflüssig gemacht habe.

Kamels Text zeigt eine implizite Konvergenz mit den Argumenten US-amerikanischer Konservativer. Der Unterschied besteht darin, dass für Kamel das anzugehende Problem das des zweifarbigen Rassenmodells ist. Ist das Zweifarbenmodell auch tatsächlich repressiv, so kann Diskriminierung ebenso ohne dieses stattfinden. Wie einige ›anti-rassistische‹ Analyst_innen in Frankreich und den Vereinigten Staaten unterstellt Kamel, dass auf Rassenunrecht aufmerksam zu machen selbst schon rassistisch sei. Aber Brasilien war wie die Vereinigten Staaten schon lange vor den Debatten um *affirmative action* durch soziale und ethnische Zerrissenheit gespalten. Brasilianische Journalist_innen sprechen schon lange von »sozialer Apartheid« und einem »unerklärten Bürgerkrieg«, der, obwohl sicherlich nicht ausschließlich um *race* gehend, doch eine deutliche ›ethnische‹ Dimension hat, was offensichtlich wird in der soziologischen Literatur, in Nachrichtenberichten über Polizeimassaker und in den vielen Spiel- und Dokumentarfilmen über die Favelas von Rio (*City of God, City of Men, Quase Dois Irmãos, Falcão* und andere), die alle eine Situation von Klassen- und ›Rassenunterdrückung‹ bloßstellen. Sowohl Klasse als auch *race* sind in die Alltagssprache eingeschrieben – in einer Gesellschaft, die sich aufteilt in die familiär angesprochenen *vocês* und die noblen *senhores* – und in eine Architektur, wo sogar die vom Kommunisten Oscar Niemeyer entworfenen Mietwohnungsgebäude mit Quartieren für die Dienstmädchen ausgestattet sind.

Mit einem Kopfnicken vor dem Ökonomismus von ›Klasse statt *race*‹ schreibt Kamel, der nicht gerade ein Marxist ist, dass »Rassismus sich wesentlich aus der Klassengesellschaft ergibt«.[594] Indem er die Geschichte der von den Eliten betriebenen Stigmatisierung von ›ethnischer Vermischung‹ als einer Ursache für »Degenerierung« übersieht, behauptet Kamel auch: »Wir Brasilianer_innen sind schon immer stolz auf unsere Vermischung gewesen.«[595] Die ›Vermischung‹ ist in jedem Fall das zwiespältige Produkt eines schmerzli-

594 Ebd., 101.

595 Ebd. Zur Idee des ›Neu-Freyreanischen‹ vgl. Christopher Dunns »A Retomada Freyreana«, in Joshua Lund und Malcolm McNee, Hrsg., *Gilberto Freyre e os Estudos Latinoamericanos* (Pittsburgh: Instituto de Literatura Iberoamericana, 2006).

chen Prozesses gewalttätiger Kontaktaufnahme und Vorherrschaft und damit nichts, was schon an sich zu loben wäre. (So vergewaltigten und schwängerten serbische Soldaten bosnische Muslima und verursachten dadurch auch eine Art von Vermischung, aber kaum jemand würde dies fortschrittlich nennen.) ›Vermischung‹ kann sogar ein Mittel des Ethnozids sein. Wie Antonio Negri und Giuseppe Cocco hervorheben, wurden die indigenen Gemeinschaften in Brasilien durch zwei Mechanismen systematisch vernichtet: »Ganz einfach durch Ausrottung (durch das Schwert oder durch Seuchen) sowie durch eine Vermischung, die dazu bestimmt war, den demografisch unzureichenden Migrationszufluss von der iberischen Halbinsel auszugleichen«.[596] Eine Gesellschaft kann stark gemischt sein und trotzdem strukturell repressiv, wie Brasilien, oder nur wenig gemischt und strukturell repressiv, aber seine ›Vermischung‹ verleugnen, wie die Vereinigten Staaten. ›Vermischung‹ an sich zu loben riskiert, die vollendete Tatsache kolonialer Gewalt, die die ›Vermischung‹ überhaupt erst erzeugt hat, zu rechtfertigen.[597]

Kamels Verleugnung der Existenz von Rassismus in Brasilien ist im Lichte der Tatsache, dass er Nachrichtenleiter bei Brasiliens mächtiger Globo Medienanstalt ist, besonders paradox. Seit den Protesten wegen einer Blackface Produktion von *Onkel Toms Hütte* im Jahre 1968 [einer Produktion, in der ein weißer Schauspieler mit schwarzem Make-up den Onkel Tom spielte] ist Globo eine Hauptzielscheibe schwarzer Aktivist_innen, die sowohl die Unterhaltungs- als auch die Nachrichtenabteilung der Diskriminierung von Schwarzen bezichtigt haben. Die Starreporter_innen sind fast alle weiß – genauso wie die Helden und Heldinnen der überwältigenden Mehrheit der Telenovelas. Wie Joel Zito Araújos Buch (und Film) *A Negação do Brasil* [Verleugnung von Brasilien] im Detail zeigt, enthalten Telenovelas selten Charaktere, Paare oder Familien aus der schwarzen Mittelschicht. Unter dem Druck von Boykotten und Protesten machte Globo ein paar Zugeständnisse, und in der Folge des kommerziellen Erfolgs von *City of God* und seinem Fernsehnachfolger *City of Men* hat sich die Lage verbessert. Einige schwarze Schauspieler_innen, vor allem Taís Araújo und Lázaro Ramos, sind aus dem Magd-, Diener_innen-, Sklav_innen- und Gauner_innen-Klischee ausgebrochen und haben jetzt Hauptrollen, aber in den Nach-

596 Vgl. Negri and Cocco, *GlobAL*, 76

597 Während die Vereinigten Staaten tatsächlich gut daran täten, alle Reste des Zweifarbenmodells zugunsten eines nicht auf Assimilation bestehenden Spektrumsmodells aufzugeben, scheinen Kamels Warnungen vor einer neuen Apartheid zu unterstellen, dass die bloße Einführung von Affirmative Action Maßnahmen Brasilien schon auf einen rückwärtsgewandten historischen Kurs in Richtung legaler Segregation bringen wird, obgleich diese Maßnahmen die Segregation gerade bekämpfen sollten. Sein Gedankengang scheint hier ziemlich unverständlich.

richtensendungen moderiert nur ein einziger schwarzer Reporter gelegentlich die Wochenendnachrichten, und nur eine schwarze Reporterin erscheint in den Sonntagsnacht-Nachrichten Brasiliens. Die Fernsehsender und Werbeagenturen haben heftige Lobbyarbeit gegen alle Gesetzesvorlagen geleistet, die von ihnen verlangen würden, mehr Rollen mit Schwarzen zu besetzen. Obgleich Kamel von einem allgemeinen brasilianischen Stolz auf ›unsere Vermischung‹ spricht, widerspricht die rassistisch gefärbte Ästhetik der Globo Telenovelas und Werbung dieser Behauptung, denn sie scheint besser zu einem skandinavischen Land zu passen als zu einem Brasilien mit schwarzer und mestizo Mehrheit.

Kamel erfindet in seinem Wunsch, Brasilianer_innen vor den Vorwürfen des Rassismus zu ›schützen‹ ein Brasilien, das nicht existiert. ›Zweifarbigkeit‹ ist ja nicht wirklich unbekannt in Brasilien. ›Schwarz‹ und ›weiß‹ werden oft als Kennzeichnung von *race* verwendet, und zwar nicht nur von schwarzen Aktivist_innen und Rapper_innen, sondern auch auf T-Shirts, in populärer Musik, in soziologischer Literatur und im Alltagsdiskurs. Wenn der Dichter/Komponist Vinicius de Moraes sich »den schwärzesten weißen Mann in Brasilien« nannte, wenn Florestan Fernandes und Roger Bastide über »Schwarze und Weiße« in São Paulo schrieben, wenn Paulinho Camafeu schrieb: »Weißer Typ, wenn du den Wert / von Schwarzsein kennen würdest / würdest Du ein Bad in Pech nehmen / und auch schwarz werden«, dann gehen ihre Worte eindeutig davon aus, dass die Schwarz-Weiß-Polarität eine anerkannte soziale Bedeutung besitzt. Eine lange Reihe schwarzer Aktivist_innen und Künstler_innen hat mit dem eigenen Namen Aufmerksamkeit auf ihr Schwarzsein gelenkt: die Theatergruppe *Black Revue Company* in den 1920ern, die politische *Schwarze Front Partei* in den 1930ern, das *Schwarze experimentelle Theater* in den 1940ern, ganz zu schweigen von den chromatisch angehauchten Namen populärer Musiker_innen wie Blecaute (Blackout), Chocolate und Principe Retinho (Kleiner schwarzer Prinz). Das Fehlen weißer Parallelformen – es gibt kein »Weißes experimentelles Theater« – signaliert schon von sich aus weiße Normativität. Das zweifarbige Modell koexistiert mit einem Wort schon längst neben dem Spektrumsmodell, so wie es das auch, wenn auch in geringem Ausmaß, in den Vereinigten Staaten tut.

Ein Spektrumsmodell der Assimilation bringt allerdings auch seine eigenen Probleme mit sich. Angesichts der für dieses Modell typischen Überbewertung des Weißseins wird Weißsein als Ich-Ideal eine alles durchdringende Norm. Der Rassismus ist überall eine situative Äußerung und hängt davon ab, wer wen anspricht, mit welcher Absicht, in welchem Ton und in Beziehung zu welcher Machtdynamik. Nichts illustriert die brasilianische Mischung aus Kameraderie und Paternalismus besser als die Situation, in der weiße Brasilianer_innen, um die Gefühle ihrer schwarzen Gesprächspartner_innen zu schonen, ihnen das

›Kompliment‹ machen, sie *moreno* (braun) statt *preto* (schwarz) zu nennen. Solche Sprachhandlungen verbinden echten guten Willen – die weiße Person ist wirklich um die Gefühle der schwarzen Person besorgt – mit einer rassistischen Prämisse (dass heller besser ist als dunkler) und einer Definition von *race* mit gewissen fließenden Übergängen. Innerhalb des hierarchischen Rassismus gilt der Weiße als dem *moreno* überlegen, der wiederum als dem Mulatten überlegen gilt, und so weiter. Was dabei vergessen wird ist das hegemoniale Weiße, das diese Hierarchie überhaupt erst zur Geltung gebracht hat.

Einige brasilianische Kritiker_innen argumentieren, dass alles, was an der US-amerikanischen Gesellschaft schlecht ist, durch Ausgleichsmaßnahmen in eine tolerante brasilianische Gesellschaft hineingetragen werden würde. In der zweiten Hälfte des 20. Jahrhunderts wurde ein vorgeblich kohärenter und eindeutiger ›American Way of Life‹ in Brasilien nicht zu Unrecht zunehmend als angespannt, stressig, übermäßig von Konkurrenz geprägt und ›rassegetrennt‹ gesehen, alles im Gegensatz zu einem gelebten Gefühl des eigenen ›Brasilianischseins‹. Die Kritiker_innen befürchten, dass solche Maßnahmen die gastfreundliche, entspannte Lebensart Brasiliens von Leben-und-leben-lassen untergraben und zu zensierend kritischen Einstellungen und vermehrter Spannung zwischen den ›Rassen‹ führen würde, so dass Brasilianer_innen sich gegenseitig über einen Graben des Argwohns zu betrachten begönnen, wie er in den Vereinigten Staaten allzu verbreitet ist. Ist diese Sorge auch verständlich, so würde Brasilien doch wohl *noch mehr* Großzügigkeit und Herzlichkeit zeigen und weniger heuchlerisch in seiner Herzlichkeit sein, wenn es von all der Ungleichheit befreit wäre, die die Gesellschaft jetzt zerreißt. Es geht letzten Endes nicht darum, dass Brasilien eine Bewegung von woanders ›borgt‹, sondern vielmehr darum, die potentiellen Gemeinsamkeiten innerhalb paralleler und miteinander verbundener Kämpfe als Teil eines transnationalen antirassistischen Netzwerkes zu sehen.

Im 20. Jahrhundert sind Diskurse der ›Rassenüberlegenheit‹ Diskursen der Angst gewichen, und Brasilien und die Vereinigten Staaten lassen sich diesbezüglich deutlich unterscheiden. In Brasilien richteten sich einige potentielle Ängste der Weißen auf eine schwarz-mestizo Mehrheit, daher der Widerstand gegen ein Verschmelzen von *pardos* (dunkelhäutigen) und *pretos* (schwarzen Menschen) zu einer Gruppe und das Bedürfnis, die Angst vor einer solchen Mehrheit durch Ideologien einvernehmender Einbeziehung abzuwehren. Brasilien zu einem schwarz-mestizo Land umzudefinieren würde die soziale Dynamik verändern. Die wichtigste Frage beträfe nicht mehr den im Vergleich mit anderen Nationalstaaten relativ hohen Grad an ›Rassenintegration‹, sondern den historischen Prozess, durch den es Weißen gelang ein Land mit weißer Minderheit zu beherrschen. In den Vereinigten Staaten herrscht unterdessen die Angst vor einer relativ machtlosen *Minderheit* und ist in dieser Hinsicht ein sogar noch phobischerer und irrationalerer Versuch Angst dadurch abzuwehren, dass man die Menschen, die angeblich die Angst ›auslösen‹, zu an sich ›anderen‹ erklärt. Der Schwarze Atlantik bietet so ein vielfarbiges Spektrum weißer Ängste – der Angst vor einer schwarzen Minderheit (eher typisch für die Vereinigten Staaten), die Angst vor einer schwarzen Mehrheit (eher typisch für Brasilien) und die Angst vor dem, was *Public Enemy* »einen schwarzen Planeten« nannte (d.h., Ängste, die auf dem Minderheitenstatus der Weißen in der Welt insgesamt beruhen).

Das Aufkommen der Weißseinsforschung

Während in den Vorschlägen für *affirmative action* eine Kritik am Weißsein schon mitschwang, wurde diese erst ausdrücklich in dem *Critical Whiteness Studies* (›kritische Weißseinsforschung‹) genannten akademischen Projekt thematisiert. Die Konsolidierung von Stellen für Akademiker_innen of Color und der zunehmende Raum für sich mit *race* beschäftigende Forschungsfelder halfen, den Weg für dieses zusätzliche Projekt zu öffnen. Interdisziplinäre angelegt, enthüllte die Weißseinsforschung das Weißsein als nicht gekennzeichnete soziale Norm und warf Licht auf den Prozess, durch den Weiße autorisiert worden sind, oberhalb von *race* im hellen Himmel zu fliegen, während andere sozusagen im Schlamm ihrer dunklen Eigentümlichkeit stecken bleiben.

Weißseinsforschung als ein Gebiet würde es nicht ohne seine Vorläufer geben – die schwarzen Kritiker_innen des weißen Rassismus, die aus erster Hand die Folgen weißer Vorherrschaft erlitten hatten und deshalb bestens geeignet waren, die psychischen Störungen des Weißseins wahrzunehmen und zu artikulieren. Allein um zu überleben, waren diasporische Schwarze gezwungen die für die herrschende Gruppe typischen Zeichen und Ausweichmanöver aufmerksam zu lesen. David Roediger hat von dem scharfsinnigen Blick der Versklavten selbst in der Zeit der tiefsten Sklaverei geschrieben, in denen die schonungslose Realität des Auktionsblocks »den dringlichen Imperativ für die Sklav_innen, die Psychologie der Weißen zu durchdringen, wie auch die Notwendigkeit Unterschiede, sogar zwischen den weißen Käufer_innen der Sklav_innen festzustellen« durchsetzte.[598] Daher ist das, was für Weiße unsichtbar blieb – nicht nur die Realität weißer Macht, sondern auch die Blindheit weißer Wahrnehmung – historisch für die meisten PoC sichtbar gewesen. Was Charles Mills die »Antipoden«-Position von Schwarzen nennt, machte ein kritisches Begreifen des Systems in seiner Gänze möglich. Ein Blickwinkel

598 David R. Roediger, Einführung zu Roediger, Hrsg., *Black on White: Black Writers on What It Means to Be White* (New York: Schocken Books, 1998), 3.

von den Rändern der Geborgenheit weißen Privilegs begünstigte einen Blick nicht so sehr ›aus der Ferne‹ – da die Unterdrückten oft in Reichweite von ihren Unterdrücker_innen lebten – als ›von unten her‹, einem Punkt, von dem aus die Marginalisierten eigentlich nicht anders konnten als das erdrückende Gewicht des sie niederpressenden Systems wahrzunehmen.[599]

Die ersten ›Weißseinsforscher_innen‹ waren daher die afro-diasporischen Intellektuellen, die argumentierten, dass der Rassismus kein ›schwarzes‹ sondern ein ›weißes‹ Problem sei. Lange vor frankofonen Autor_innen wie Césaire, Fanon und Memmi den kolonialen Rassismus auspackten, und lange bevor James Baldwin von der »Lüge des Weißseins« sprach, tauchten die Vorfahr_innen der kritischen Weißseinsforschung in allen drei Zonen auf. In seinem Essay »The Souls of White Folk« stellte W.E.B. Du Bois 1910 fest, dass die »Welt in einer plötzlichen Konvertierung entdeckt hat, dass sie weiß ist und deshalb wunderbar«.[600] Mit ozeanischen Metaphern erklärt Du Bois: »Welle auf Welle, jede mit größerer Stärke, wird diese neue Religion des Weißseins auf die Strände unserer Zeit geworfen.«[601] Für Du Bois war Weißsein eine Form des besitzergreifenden/habgierigen Individualismus, ein Gefühl »die Erde für immer und in alle Ewigkeit zu besitzen. Amen.«[602] Im Jahr 1924 schrieb Franklin Frazier einen ähnlich wegweisenden Essay mit dem Titel »The Pathology of White Prejudice« [Die Pathologie des weißen Vorurteils]. Rassistische Weiße, so argumentiert er darin, wiesen viele der eine Demenz kennzeichnenden Symptome auf[603]. Frazier verglich den weißen »Negerkomplex« mit dem »Somnambulismus der Geisteskranken«.[604] Mit Recht nennt Stephen Steinberg Fraziers bahnbrechenden Essay »den wegweisenden Anfang dessen, was viel später ›Weißseinsforschung‹ genannt worden ist – eine Umkehr des Objektivs, durch die Weiße an Stelle von Schwarzen zum Objekt der Untersuchung wurden«.[605]

Eine weitere Kultfigur, diesmal von der anderen Seite der *Color Line*, ist der weiße US-amerikanische Sklavereigegner John Brown. Von der haitianischen

599 Charles Mills, *The Racial Contract* (Ithaca: Cornell University Press, 1997), 109.

600 W.E.B. Du Bois, »The Souls of White Folk«, ursprünglich als ein Artikel im *Independent* (August 18, 1910) veröffentlicht und in Du Bois, *Darkwater: Voices from within the Veil* wiederveröffentlicht (1920; Neudruck, New York: Dover, 1999), 17.

601 Du Bois, *Darkwater*, 18.

602 Ebd.

603 Zu jener Zeit wurde der Begriff ‚Demenz', anders als heute, umfassend für viele psychologische/psychiatrische Störungen verwendet.

604 Frazier zitiert nach Stephen Steinberg, *Race Relations: A Critique* (Stanford: Stanford University Press, 2007), 64.

605 Ebd., 64.

Revolution inspiriert, führte Brown am 16. Oktober 1859 eine Truppe schwarzer und weißer Rebell_innen in einen bewaffneten Angriff auf das Waffenarsenal bei Harpers Ferry [einer Stadt in Virginia am Zusammenfluss von Potomac und Shenandoah]. Sein Plan war es, eine Sklav_innenrebellion in Virginia zu entfachen, einen freien Staat in den Appalachen zu errichten und die Rebellion im ganzen Süden zu verbreiten. Wie James Loewen deutlich macht, tendieren amerikanische Geschichtsbücher dazu, Brown als geisteskrank darzustellen.[606] So sind sie nicht imstande zu erklären, wieso Brown für viele Schwarze und abolitionistische Weiße ein Held wurde. Nach Browns Verurteilung durch ein US-Gericht schrieb Victor Hugo aus Frankreich: »Der Blick Europas ist in diesem Augenblick auf Amerika gerichtet. [Brown zu hängen ...] mag die Sklaverei in Virginia festigen, aber es wird ganz sicher die amerikanische Demokratie zunichte machen. Sie bewahren Ihre Schande, aber sie werden Ihren Ruhm zerstören.«[607] Brown bezog die Inspiration für seine Pläne, eine multi-ethnische Maroon-Gesellschaft zu gründen, nicht nur von der haitianischen Revolution, sondern auch von Aufständen der indigenen Amerikaner_innen, vor allem von dem schwarz-indianischen Seminole-Aufstand in Florida.[608] Anders als viele paternalistische Sklavereigegner_innen verteidigte und praktizierte Brown tatsächlich vollständige und radikale ›Rassengleichheit‹. Obgleich er, wie Frederick Douglass sagte, »ein weißer Gentleman« war, »ist er in seinem Empfinden ein schwarzer Mann und so tiefgehend an unserem Anliegen interessiert, als wäre seine eigene Seele von dem Eisen der Sklaverei durchstochen worden.«[609] Brown belegt unsere Ansicht, dass radikale Stellungnahmen zugunsten voller ›Rassengleichheit‹ bereits in der Vergangenheit für Weiße eine Option waren. Wie Diderot glaubte Brown nicht nur an das *Recht* der Schwarzen sich zur Wehr zu setzen, sondern auch an ihre *Fähigkeit* dies zu tun. Schwarze haben Browns Zuneigung zu ihnen vielfältig erwidert. Für Du Bois war Brown gleichgestellt mit Toussaint Louverture und Nat Turner. Und Malcolm X sagte: »Wenn Du für mich bist, musst du gewillt sein, das zu tun, was der alte John Brown getan hat.«[610] Viele Schwarze betrachteten Brown als einen Ehrenschwarzen, der wegen seiner »vollständigen Identifizierung mit den Unterdrückten [...] ein Neger war, und als solcher litt«.[611]

606 James W. Loewen, *Lies My Teacher Told Me* (New York: Simon and Schuster, 1995), 171–177.

607 Victor Hugo zitiert ebd., 179.

608 David S. Reynolds, *John Brown, Abolitionist* (New York: Knopf, 2005), 106.

609 Douglass zitiert ebd., 104.

610 Malcolm X zitiert ebd., 498.

611 Lerone Bennett, Jr., zitiert ebd., 504.

In den Vereinigten Staaten waren die *Critical Whiteness Studies* eine Antwort auf den Ruf von Wissenschaftler_innen of Color nach einer Analyse der Rolle des Rassismus beim Zustandekommen sozialer Ungerechtigkeit. Forscher_innen wie David Roediger wiesen die Argumente, dass Klasse als analytische Kategorie entscheidender sei als *race* zurück und analysierten den »Lohn des Weißseins« in seiner die Arbeiterklasse spaltenden Funktion, und zwar in Texten, die als Ziel »die Abolition des Weißseins« hatten.[612] Weißseinsforscher_innen stellen die lautlos überwältigende Normativität des Weißseins in Frage, diesen Prozess, durch den *race* einseitig anderen zugeschrieben wird, während Weiße selber stillschweigend als Menschheit in ihrem reinen, nicht abweichenden Zustand inthronisiert werden. Dieser Kritik zufolge wohnen Weiße in einer geschützten Festung des Selbst, was einer unbewusst kollektiven Form bürgerlichen Selbst(*un)*bewusstseins entspricht. (Feministinnen of Color haben eine ähnliche Kritik an Argumenten geäußert, die *Geschlecht* als entscheidender als *race* sahen und die Besserstellung weißer Frauen außer Acht ließen.) Während Weiße sich selbst in den liebgewonnenen Nuancen ihrer individuellen Komplexität präsentierten, trugen Schwarze (und andere PoC) die allegorische Last eine ganze *race* zu vertreten, und zwar entweder, wie Martin Luther King jr., auf der Habenseite oder, wie O.J. Simpson, auf der Sollseite. Da für Weiße die Vermutung galt, sie seien unbeteiligte Zuschauer_innen der ›Rassenkämpfe‹, konnten sie voyeuristisch beobachten, ohne gesehen zu werden. Aber, wie Sartre schon in seinem *Orphée Noir*-Vorwort zu Senghors Gedichtsammlung hervorhob, werden mit den schwarzen Kritiker_innen des Weißseins die Spanner_innen auf frischer Tat ertappt – die Voyeur_innen gesehen.

Ein damit verbundener Forschungstrend macht auf die komplexen Identitäten innerhalb des Weißseins selbst aufmerksam. Es wird oft vergessen, dass viele Weiße, besonders in den frühen Jahrhunderten nordamerikanischer Geschichte, praktisch selber Sklav_innen oder sogenannte ›Schuldknechte‹ waren. In ihrem Buch *White Cargo: The Forgotten History of Britain's White Slaves in America* richten Don Jordan und Michael Walsh ihr Augenmerk auf die weißen »Überschuss-Menschen«, die »genauso grausam wie schwarze Sklav_innen behandelt wurden und in der Tat zusammen mit ihnen schufteten, litten und rebellierten«.[613] Diese Gruppe, die aus Zwangsmigrant_innen,

---

612 Vgl. David Roediger, *The Wages of Whiteness: Race and the Making of the American Working Class* (London: Verso, 1991) and *Towards the Abolition of Whiteness* (London: Verso, 1994).

613 Don Jordan and Michael Walsh, White Cargo: *The Forgotten History of Britain's White Slaves in America* (New York: NYU Press, 2007), 12.

Schuldner_innen und aufgrund von *enclosure*[614] und britischer Kolonialherrschaft Nichtsesshaften bestanden, waren Vorfahr_innen von zig Millionen weißer Amerikaner_innen. Es geht hier nicht darum, dass solche Weiße gleich stark wie die Schwarzen gelitten hätten – denn die weiße Versklavung dauerte nur relativ kurz – sondern vielmehr darum, dass die Geschichte der *race* übergreifenden Viktimisierung und die damit möglichen Solidaritäten aus der offiziellen Geschichte herausretuschiert worden sind. Ein ›Rassenkeil‹ hat die zwei Geschichtsfassungen auseinander gerissen, um die Erinnerung an geteiltes Leid und (potentielle) gegenseitige Identifikation auszulöschen.

Andere Wissenschaftler_innen haben die Umwandlungsalchemie der ›Weißwerdung‹ untersucht. Die Historiker Theodor Allen und Noel Ignatiev zeigen wie sogenannte ›weiße Ethnien‹ wie die Ir_innen sich allmählich als ›weiß‹ definiert haben.[615] Caren Kaplan hat unterdessen die drehangelartige Zwischenbeziehung von Jüd_innen untersucht, die in Bezug auf ›WASPs‹ [Weißen, angelsächsischen Protestant_innen] als ›dunkelhäutig‹ gelten, aber in Bezug auf PoC als weiß getönt.[616] Im Rahmen ihrer Beschäftigung mit der Einordnung von Jüd_innen in Bezug auf Weißsein zeigt Ruth Frankenberg auch, dass Weiße im Allgemeinen eine Ausgangsposition selbstverständlicher Macht besetzen, von der aus sie sowohl sich selbst als auch andere aus der Sicherheitszone von ›Rassengeografie‹ heraus wahrnehmen.[617]

Gegnerschaft gegen die ›Sonderforderungen‹ von ›Rasseminderheiten‹ maskiert oft, wie George Lipsitz nahelegt, die ›Identitätspolitik‹, die sich hinter der Investition der dominanten Gruppe in weißes Europäer_innentum verbirgt.[618] Im günstigsten Fall lässt Weißseinsforschung Weißsein als Norm nicht mehr natürlich gegeben erscheinen, sondern entlarvt seine uneingestandenen Priviliegien, die da sind: leichter Zugang zu Ämtern, die Annahme, nicht kri-

614 Einhegung: Bereits im 14. Jahrhundert begonnene Umstrukturierung des Agrarsystems in England. Gegen Ende des 18. Jahrhunderts und anfangs des 19. Jahrhunderts wurden dann die Landlords vom Parlament allgemein zur Durchführung von Enclosures ermächtigt. Die bisherigen Landpächter_innen wurden dabei vertrieben und bildeten dann in den stark anwachsenden Städten das Arbeitskräfteheer der beginnenden industriellen Revolution und die hier genannten Nichtsesshaften.

615 Theodore W. Allen, *The Invention of the White Race: The Origin of Racial Oppression in Anglo-America* (New York: Verso, 1994); Noel Ignatiev, *How the Irish Became White* (New York: Routledge, 1995).

616 Caren Kaplan, »›Beyond the Pale‹: Rearticulating US Jewish Whiteness«, in Ella Shohat, Hrsg., *Talking Visions: Multicultural Feminism in a Transnational Age*, 451–458 (Cambridge: MIT Press, 1998).

617 Ruth Frankenberg, *White Women, Race Matters: The Social Construction of Whiteness* (Minneapolis: University of Minnesota Press, 1993).

618 George Lipsitz, *The Possessive Investment in Whiteness: How White People Benefit from Identity Politics* (Philadelphia: Temple University Press, 1998), vii.

minell zu sein, der Luxus über jeglichem Polizeiverdacht zu stehen und nicht das Objekt medialer Stereotypisierung zu sein. *Critical Whiteness Studies* haben in ihrer radikalsten Form einen ›neuen Abolitionismus‹ oder ein radikales Aussteigen aus dem weißen Privileg bis hin zu einem ›Rasseverrat‹ in der Tradition von John Brown gefordert. Angesichts der heute bestehenden sozialen Strukturen wird solch freiwillige Selbstentrechtung leichter gefordert als umgesetzt, da ein rassistisches System sogar jenen Weißen Vergünstigungen einräumt, die sie gar nicht verlangen. Obgleich Weiß-, Schwarz- und Rotsein bloß kulturelle Fiktionen ohne wissenschaftliche Grundlage sind, ist die sozial aufgebaute Hierarchie unter den *race* auch unleugbare soziale Tatsache mit sehr wirklichen Folgen für die Verteilung von Reichtum, Prestige, Chancen und psychischem Wohlbefinden.[619] Die akademische Dekonstruktion von *race* muss außerdem nicht unbedingt bedeuten, dass *race* nicht weiterhin in der Welt Unheil anrichtet. Die selben gefeierten schwarzen Professor_innen, die *race* in ihren Seminaren und Vorlesungen dekonstruieren, können durchaus immer noch von der Polizei für ›Schwarzsein am Steuer‹ oder sogar für den Versuch, in ihre eigenen Häuser in Cambridge, Massachusetts, einzutreten, drangsaliert werden.

Wenn *Critical Whiteness Studies* im günstigsten Fall die subtilen Funktionsweisen von ›Rassenhegemonie‹ offenbaren, so rücken sie im schlimmsten Fall Weißsein zurück ins Zentrum, indem sie den Fokus in einer auf *race* bezogenen Variante des Spruchs aus dem Showbusiness, dass »jede Öffentlichkeit gute Öffentlichkeit ist«, zurückwendet auf weiße Subjektivität. Diese narzisstische Wende sagt soviel wie: »Jetzt reicht's zu Euch; lasst uns zu dem zurückkehren, was wirklich zählt – uns!« Und manchmal bleibt ›Weißsein‹ mit seinem Dauerbegleiter ›Schwarzsein‹ eingesperrt in der alten Dichotomie von Schwarz-Weiß, und strafen dabei nicht nur den Regenbogen vieler Farben mit Geringschätzung, sondern ignorieren auch noch weitere an der sozialen Unterdrückung beteiligte Faktoren, wie Kaste, Religion, und kulturelles Kapital. Insgesamt jedoch hat die Weißseinsforschung schon die heilsame Wirkung gezeitigt, ›Weißsein‹ zu ›outen‹ und als ein von seinem gleichermaßen künstlichen schwarzen Gegenstück untrennbares Konstrukt zu offenbaren. Weißseinsforschung relativiert Weißsein, indem sie ihm den Platz als bloß einer weiteren ›Ethnie‹, allerdings einer historisch mit außergewöhnlichen Privilegien ausgestattenen, zuweist. Weißseinsforschung zeigt somit den Niedergang dessen an, was man mit Stuart Hall »das unschuldige *weiße* Subjekt« nennen könnte, und beendet die einseitige Übertragung von *race* auf Minderheits-›andere‹, durch

619 Ebd.

die Weiße ›rassenlos‹ und über die Unterscheidung erhaben bleiben.[620] Dieses ›Outing‹ des Weißseins hat auch die populäre Kultur erfasst mit Bestsellern wie Michael Moores *Stupid White Men* und Christian Landers *A Whiter Shade of Pale.* In seiner *Real Time* Kabelfernsehshow vom 15. Oktober 2010 machte sich Bill Maher über die pseudo-viktimisierten männlichen Heulsusen der Tee Party lustig. »Wenn Penisse heulen könnten – und ich glaube, sie können es«, so sagte er, »dann würden weiße Penisse überall in Amerika heulen.«

Die Debatten über Schwarzsein, Weißsein und *Mestiçagem*

Weißseinsforschung an sich begann in Brasilien in den 1990er Jahren und wurde stark von dem anglo-amerikanischen Projekt beeinflusst, während sie gleichzeitig auf früherer brasilianischer Kritik an der ›Ideologie des Weißens‹ aufbaut, die von solchen Persönlichkeiten wie Oliveira Vianna verkörpert wurde, die für ein ›Weißen‹ und ›Arisieren‹ Brasiliens eintrat, durch das ein »unausgeformter, wuchernder Mob minderwertiger Gemischtblütiger« zu respektablen Brasilianer_innen gemacht würde.[621] Wie in den Vereinigten Staaten waren auch in Brasilien schwarze Autor_innen, die auf den Rassismus als ein ›weißes Problem‹ aufmerksam machten, die ersten Weißseinskritiker_innen. Hier war der Soziologe Alberto Guerreiro Ramos, der sich am Experiementellen Schwarzen Theater und dessen angegliederten Nationalen Schwarzen Institut in den 1940er Jahren beteiligte, eine Schlüsselfigur. In den 1950er Jahren organisierte Ramos Gruppentherapiesitzungen mit dem Ziel, die zerfetzten Psychen schwarzer Brasilianer_innen zu heilen. 1957 veröffentlichte Ramos einen bahnbrechenden Artikel, in dessen Titel – »Die Sozialpathologie des brasilianischen ›Weißen‹« – ein Echo von Fraziers Paukenschlag von 1924 widerhallte. Während der Sklaverei, so schreibt Ramos, »griff die herrschende Minderheit europäischen Ursprungs« nicht nur auf Zwang und Gewalt zurück, sondern auch auf ein System falscher Rechtfertigungen und Stereotype und auf Prozesse psychologischer Domestizierung. Die dogmatische Behauptung der Exzellenz von Weißsein und die ästhetische Abwertung von Schwarzsein bildeten die psychologischen Stützen dieser Ausbeutung.«[622]

620 In »What Is this ›Black‹ in Black Popular Culture?«, spricht Stuart Hall vom »Ende der Unschuld des schwarzen Subjekts bzw. dem Ende der unschuldigen Vorstellung eines essentiellen schwarzen Subjekts.« Stuart Hall, »What Is this ›Black‹ in Black Popular Culture?«, *Social Justice* 20, nos. 1–2 (Spring–Summer 1993): 112.

621 Vgl. Jeffrey D. Needell, »History, Race, and the State in the Thought of Oliveira Vianna«, *Hispanic American Historical Review* 75, no. 1 (1995): 15.

622 Alberto Guerreiro Ramos, *Introdução Crítica à Sociologia Brasileira* (Rio de Janeiro: UFRJ, 1995), 220.

Ramos sozio-psychoanalysierte sozusagen das herrschende weiße Ideal-Ich als »ein Vestigium oder ein Überbleibsel, das den Prozess des psychologischen Reifens der Brasilianer_innen behindert«.[623] Wie José Jorge de Carvalho ausführt, wurden schwarze radikale Denker_innen wie Ramos, Edison Carneiro und Clóvis Moura trotz ihrer wissenschaftlichen Leistungen von der brasilianischen Wissenschaftsgemeinde nie vollständig angenommen, sondern manchmal sogar als ›Militante‹ abgetan, als ob soziales Engagement mit wissenschaftlicher Objektivität unvereinbar sei.[624]

Angesichts der langen Debatte um *race* in Brasilien und der vielen Verbindungen zwischen den brasilianischen und US-amerikanischen Universitäten überrascht es wenig, dass Weißseinsforschung in Brasilien auftauchte und beispielsweise zu dem Forschungsprojekt »Studien über Weißsein« der Universität von São Paulo führte. Iray Carone und Maria Aparecida Silva Bento behaupten in ihrer Einführung zu ihrem Buch *Sozialpsychologie des Rassismus* (2003), dass das derzeit in Brasilien gelebte Weißsein Formen annimmt, dass man sich nicht als Weiße_r bezeichnen möchte.[625] Weißsein, so argumentieren sie, ist erstens Schwarzen sichtbarer als den Weißen; schreibt zweitens Unterschied als Überlegenheit ein; hat drittens ein Unbehagen bezüglich des Themas der ›Rassendiskriminierung‹ zur Folge und beinhaltet viertens negative Einstellungen zu Schwarzen, die sich als den Weißen gleich verhalten und deswegen als sich wichtig machende Emporkömmlinge gelten. Edith Piza weist in »Weiße in Brasilien? Niemand weiß was, niemand hat etwas gesehen« darauf hin, dass weiße Brasilianer_innen durchaus ihren Stolz auf beruhigend weit entfernte indigene Vorfahr_innen ausdrücken können – zum Beispiel eine Tupi Urgroßmutter – aber ohne deshalb ihren weißen Status aufzugeben. Piza zufolge wird *race* oft euphemistisch ins Spiel gebracht, zum Beispiel wenn ihr italo-brasilianischer Vater ihr nicht ausdrücklich verbot, Schwarze als Freund_innen oder Geliebte zu haben, sondern ihr nur empfahl, dass sie unter ›ihresgleichen‹ bleiben sollte. Da sie die implizite Norm verstand, beschränkte sie ihre sozialen Kontakte bald auf Weiße.[626] Rita Segato andererseits betont die Selbstunsicherheit eines Weißseins, das sich Sorgen um eine ›Verunreinigung‹ macht, die nicht in »ethni-

623 Ramos zitiert in Iray Carone und Maria Aparecida Silva Bento, Einführung zu Carone und Bento, Hrsg., *Psicologia Social do Racism: Estudos sobre Branquitude e Branqueamento no Brasil* (Petrópolis, Brazil: Vozes, 2003), 47.

624 Vgl. Carvalho, Inclusão Étnica e Racial no Brasil, 91–93.

625 Carone and Bento, Einführung zu *Psicologia Social do Racism.*

626 Edith Piza, »Branco no Brasil? Ninguém Sabe, Ninguém Viu«, in Antonio Sérgio Alfredo Guimarães und Lynn Huntley, Hrsg., *Tirando a Máscara: Ensaios sobre o Racismo no Brasil,* 97–126 (São Paulo: Paz e Terra, 2000).

schem Abstand und der Angst vor Fremden wurzelt«, wie in stärker ›rassegetrennten‹ Gesellschaften, sondern vielmehr in »Verwandtschaftlichkeit«.[627]

Wenn Ali Kamel verkündet, das »kein_e weiße_r Brasilianer_in rassistisch ist,« dann verkündet Marco Frenette in seinem Buch *Schwarz und weiß: Die Bedeutung der Hautfarbe* genau das Gegenteil, dass alle weißen Brasilianer_innen rassistisch seien. Beide Darstellungen überbetonen unserer Meinung nach die psychologische Frage nach der rassistischen Einstellung, während sie die Frage des systemischen Rassismus vernachlässigen. Frenette beschreibt seine eigene Kindheit als eine Ausbildung in weißer Eigenanwartschaft: »Schon als Kind lehrten sie mich das Monotone von Weißen zu preisen und dunkle Haut mit einem Fehlen an Würde und Mut zu verwechseln.«[628] Frenette erinnert sich, dass, mit dem eigenen Weißsein als einer »Persönlichkeitskrücke«, die schwarzen Kinder, die mit ihnen spielten, »nicht uns gleichberechtigt waren; sie waren schwarz«. Weiße wuchsen auf mit einem »tröstlichen Gefühl der Überlegenheit«, so dass die weiße Haut ein »informeller Pass zu den guten Dingen des Lebens war«.[629] Schwarz zu sein dagegen bedeutete, »dauernd in einer feindseligen Wirklichkeit zu leben«, die von einer dünnen Blende guter Manieren verbrämt wurde.[630] Frenette zufolge kann der Rassismus eine weite Spanne von Formen umfassen – irrationalen Hass, den Wunsch den (ungewöhnlichen) schwarzen Körper zu besitzen, eine »zoologische« Neugier bezüglich des schwarzen »Exemplars« oder die sich selbst beglückwünschende Kultivierung einer Kameraderie (»Wie außergewöhnlich großzügig von mir, Schwarze zu meinen Freund_innen zu machen!«).[631] Für Frenette offenbart sich die weiße brasilianische Psyche als der »unbewusste Aufbewahrungsort eines beschämenden kollektiven Unbewussten« in symptomatischen Redewendungen wie »hübsch aber schwarz« und anderen, eine überkommene Mentalität ausdrückenden »sprachlichen Juwelen«.[632]

Frenette stellt auch die »stillschweigende Diktatur des Weißseins« in Frage, die die Medien beherrscht. Die gelegentlichen Ausnahmen wie schwarze Schauspieler_innen in den Telenovelas bestätigen nur die Regel, da ihre Schönheit im Großen und Ganzen den weißen ästhetischen Standards entspricht. Schwarze Kinder verinnerlichen wiederum weiße Schönheitsideale, was dazu

627 Rita Segato, »The Color-Blind Subject of Myth, or, Where to Find Africa in the Nation«, *Annual Review of Anthropology* 27 (1998): 147.

628 Marco Frenette, *Preto e Branco: A Importância da Cor da Pele* (São Paolo: Editora Brasil, 2001), 21.

629 Ebd., 22.

630 Ebd., 29.

631 Ebd., 31.

632 Ebd., 54.

führt, dass zuhause der Spiegel tägliche Folter auslöst, die von der Behelligung des schwarzen Körpers draußen auf den Straßen noch verstärkt wird. »Durch die Anhäufung zahlloser Demütigungen, direkter und versteckter, gegen das eigene Schwarzsein gerichteter Beleidigungen wird das schwarze Kind sich seines Unterschieds bewusst, [... und zwingt es] psychologische Ausgleichsmechanismen zu entwickeln, um emotional heil zu bleiben und einen gefährlichen Sturz ins Ressentiment oder ins Selbstmitleid zu vermeiden.«[633] Frenette fasst seine Schlussfolgerungen so zusammen: (1) Millionen weißer Brasilianer_innen sind Rassist_innen; (2) Millionen schwarzer Brasilianer_innen sind dem Rassismus ausgeliefert; (3) Millionen ›gemischtrassiger‹ Brasilianer_innen schwanken zwischen den Einstellungen der Herrschenden und der Beherrschten hin und her; (4) die Millionen nicht-rassistischer Menschen in Brasilien tun wenig, um schwarzen Menschen konkret zu helfen; (5) die Medienlandschaft wird von einer weißen Ästhetik beherrscht; (6), und dies ist der einzige positive Punkt, eine schwarze Bewegung, der wahre ›schlafende Riese‹, erzieht Kinder gegen den Rassismus. Wie Kamels Buch, aber vom entgegengesetzten Standpunkt aus, lässt auch Frenettes Buch wenig Raum für Widersprüche und Ambivalenz innerhalb weißer Einstellungen.

Der Ethnologe José Jorge de Carvalho wiederum richtet zwar auch eine heftige Anklage gegen das weiße Verleugnen, legt aber größere Betonung auf die Strukturen weißer Vorteilsnahme: »Alle wir Weißen schlagen täglichen und unzulässigen Vorteil daraus, dass wir in einer rassistischen Gesellschaft leben. Unzählige Privilegien [...] helfen uns, unseren Vorteil zu bewahren und Ressourcen zu gewinnen. In dem Maße wie der brasilianische Rassismus sich im Alltäglichen abspielt, werden wir Weiße bezüglich sozialem, ökonomischem und kulturellem Kapital, welches aufgrund von Kriterien der Rassenzugehörigkeit unfair verteilt worden ist, bevorzugt ausgestattet.«[634] Im Gegensatz zu südafrikanischen oder US-amerikanischen Weißen, so fährt Carvalho fort, erkennen brasilianische Weiße ihren Status nicht als Bestandteil einer weißen Kollektivität: »Die weiße Elite kontrolliert das allgemeine Porträt von *race* in Brasilien aber erkennt sich selbst nicht als Autorin dieses Porträts, noch problematisiert sie das Tendenziöse, was sich aus ihrer Kontrolle des Porträts ergibt.«[635]

Der Brasilianist John M. Novell seinerseits analysiert das »unbehagliche Weißsein der brasilianischen Mittelschicht.«[636] Die Klischees, dass »wir Bra-

633 Ebd., 65-66.

634 Carvalho, *Inclusão Étnica e Racial no Brasil*, 102.

635 Ebd.

636 John M. Novell, »Uncomfortable Whiteness of the Brazilian Middle Class«, in Yvonne Maggie und Claudia Barcellos Rezende, Hrsg., *Raça como Retórica: A Construção da Diferença* (Rio de Janeiro: Civilização Brasileira, 2002).

silianer_innen eine Mischung von Rassen [seien]«, und dass »es keine Rassen in Brasilien [gebe], nur die eine brasilianische Rasse,« seien, so argumentiert er, höchst zweifelhaft. Wenn es keine ›Rassen‹ gibt, so fragt er, wie kann es dann eine Mischung von ›Rassen‹ geben? Novell verfolgt das Feiern der brasilianischen ›Vermischung‹ zurück bis zu drei klassischen Texten: Paulo Prados *Porträt Brasiliens* (1928), Freyres *Herren und Sklaven* (1933) und Sérgio Buarque de Holandas *Wurzeln Brasiliens* (1936). In dieser Zeit wurde etwas, was die weiße Elite vorher als Ursache von sittlichem Verfall gesehen hatte – nämlich die Mischung von Schwarz und Weiß (im Gegensatz zu der zwischen Rot und Weiß, die vom Indianismus gefeiert wurde) – in einen Grund für Stolz verwandelt. Die Ethnologin Angela Gilliam nennt dies die Freyresche »große Spermientheorie nationaler Formung«,[637] während Novell diskreter von einem »weißen, unbestimmten, diskursiv privilegierten Subjekt« spricht, das sich dazu entschieden habe, sich mit PoC zu vermischen.[638] Oft wird diese ›Vermischung‹ mit einer Bettgeschichte verknüpft, wenn Brasilianer_innen zum Beispiel als Witz erzählen, dass sie das Rassenproblem durch ›gemischten Sex‹ gelöst hätten.

Weißseinsforschung in Brasilien hätte auch ›*moreno*‹-Forschung genannt werden können, da einige von Brasiliens führenden Intellektuellen das Land als ein grundsätzlich brunettes, dunkel weißes (=*moreno*) verstehen, welches von Infusionen chromatischen Andersseins profitiert hat. Die *moreno*-Norm macht sich bemerkbar, wenn blonde Brasilianer_innen von anderen Brasilianer_innen gesagt bekommen, dass ›sie nicht brasilianisch aussehen‹. Der Ethnologe Darcy verleiht diesem *moreno*-Stolz Stimmen in *O Povo Brasileiro*: »Wir sind besser, weil in schwarzem und indianischem Blut gebadet, verbessert und tropisch.«[639] In dieser tendenziösen Formulierung ist das gemeinte ›Wir‹ euro-brasilianisch: ›Wir (weißen) Brasilianer_innen mischen uns mit Indianer_innen und Schwarzen‹ und nicht ›Wir (schwarzen) Brasilianer_innen mischen uns mit Portugies_innen und Europäer_innen‹. Angesichts der Asymmetrien der Macht beinhaltet die erste Version eine Toleranz von oben herab, während die zweite eine opportunistische ›Verbesserung von *race*‹ suggeriert. Für Novell sind ›gemischte‹ Brasilianer_innen ein »genealogisches Paradox, welches linguistisch gesehen das Mischprodukt dreier verschiedener Rassen ist, aber sich als ein aktives grammatikalisches Subjekt mit verschiede-

637 Vgl. Angela Gilliam, »Women's Equality and National Liberation«, in Chandra Talpade Mohanty, Ann Russo, und Lourdes Torres, Hrsg., *Third World Women and the Politics of Feminism* (Bloomington: Indiana University Press, 1991), 60.

638 Novell, »Uncomfortable Whiteness«.

639 Darcy Ribeiro, *O Povo Brasileiro: A Formação e o Sentido do Brasil* (São Paulo: Companhia das Letras, 1995), 239.

nen Rassen mischt, jedoch nicht mit Europäer_innen, da die angenommene zugrunde liegende Kontinuität und Norm europäisch ist«.[640]

In ihrem Buch *O Sortilégio da Cor: Identidade, Raça e Gênero no Brasil* [Farbhexerei: Identität, Rasse und Geschlecht in Brasilien] untersucht Elisa Larkin Nascimento die Geschichte der Abwehrreaktionen auf schwarzen brasilianischen Radikalismus. Was passiert mit nationaler Identität, fragt sie, in einem Mestizo-Land, in dem eurozentrische Hegemonien die allgemeine Subjektivität infiltrieren? Ein Ergebnis ist das symbolische Weißen Brasiliens, ob nun durch das Konzept eines ›Latein‹-Amerikas oder durch die Forderungen nach einer ›Arisierung‹ Brasiliens oder durch den Mythos einer sonnengebräunten brasilianischen ›Metarasse‹. Das Anrufen heikler Kategorien wie *moreno* (brunette), *pardo* (dunkel) und *nordestino* (nordöstlich), so macht sie deutlich, ›versteckt‹ das Schwarz sein der so bezeichneten Menschen. Ein Ansatz, der Rassismus in einem Beziehungsgeflecht sieht, so ihre Schlussfolgerung, macht es notwendig »Weißsein als eine Identität zu benennen und die durch Rassismus für unterschiedliche soziale Akteure erzeugten Privilegien und Nachteile offenzulegen«.[641]

Eine wichtige Vertreterin brasilianischer Weißseinsforschung ist die Kulturwissenschaftlerin Liv Sovik, eine norwegische Amerikanerin, die jahrzehntelang in Brasilien gelebt und gelehrt hat. In *Hier ist niemand weiß* weist Sovik auf die Unsichtbarkeit brasilianischen Weißseins in einer Situation hin, in der die Überbewertung von Weiß sein Hand in Hand mit dem Herabsetzen von Schwarz sein geht.[642] Indem sie sagt, dass Weißseinsforschung kein Modell sei, das einfach nur angewandt werden müsse, weil eine Größe allen passe, und dass Weißseinsforschung deswegen in verschiedenen Zusammenhängen auch unterschiedlich theoretisch zu fassen sei, wendet sie sich gegen die bloße Übertragung der US-Bewegung auf Brasilien. In Brasilien ist Weiß sein ein Ort der Ansage, eine Position an der Spitze der sozialen Pyramide, die nicht unbedingt einen Anteil schwarzer Vorfahr_innen ausschließt, aber die Inwertsetzung von Farbe, Haarstil, Gesichtsmerkmalen und wörtlichem und kulturellem Kapital orchestriert. *Race* in Brasilien ist bedingt: eine Person, die in Bahia weiß ist, ist möglicherweise in Rio Grande do Sul nicht weiß.[643] Die brasilianische Herangehensweise an *race* ist für Sovik in einiger Hinsicht flexibler und weniger

640 Novell, »Uncomfortable Whiteness«, 257.

641 Elisa Larkin Nascimento, *O Sortilégio da Cor: Identidade, Raça e Gênero no Brasil* (São Paulo: Summus, 2003).

642 Sovik, *Aqui Ninguém é Branco.*

643 Patricia Pinho wiederum stellt den Prozess dar, durch den viele brasilianische Emmigrant_innen in den Vereinigten Staaten ›entweißt‹ werden. Patricia de Santana Pinho, *Reinvençóes da África na Bahia (*São Paulo: Annablume, 2004), 219.

moralistisch und von Schuldgefühlen begleitet als in den Vereinigten Staaten. Anders als der Weißseinsdiskurs in den Vereinigten Staaten, entwickelt Weißsein in Brasilien einen emotionalen Diskurs, der Ungleiche umarmt, während er die soziale Hierarchie intakt lässt.

Sovik weist auf das janusgesichtige von *mestiçagem* hin, welches zwei Diskurse einsetzt. Der eine ist der von Weißen untereinander benutzte, der andere der für ›rassisch‹ gemischte Gruppen. Die Behauptung, dass alle Brasilianer_innen ›gemischt‹ seien, so sagt sie, wird eher an Fremde oder an Brasilianer_innen gerichtet, die andere Brasilianer_innen des Rassismus bezichtigen. (Kia Lilly Caldwell spricht in diesem Zusammenhang sinnvollerweise von einem »Mestizen-Essentialismus«.)[644] Die Absicht dahinter ist es, sagen zu können: »Wie können wir Rassist_innen sein, wenn wir alle gemischt sind?« Der dabei mitschwingende Vergleich ist der mit nordamerikanischen Weißen, von denen man annimmt, dass sie nicht ›gemischt‹ und deshalb wahrscheinlich eher Rassist_innen sind. Gleichzeitig drücken viele Brasilianer_innen eine verständliche Verärgerung über einige kritische nordamerikanische Kommentare zu *race* aus. Diese Verärgerung hat mit dem in offiziellen Äußerungen und im allgemeinen US-amerikanischen Alltagsurteil über die Völker und Nationen des globalen Südens anklingenden blasierten und selbstgerechten Ton zu tun.[645] Liv Sovik zitiert Caetano Veloso zum Thema dieser Verärgerung über die US-Macht:

> »Wenn man ›amerikanisch‹ sagt, meint man schnellen, wirksamen und sofortigen internationalen Schutz für amerikanische Staatsbürger_innen, egal ob sie schwarz, gelb oder weiß sind. Amerikanischer Staatsbürger_in zu sein verleiht einem einen riesigen Vorteil, egal welche Hautfarbe diese Staatsbürger_in hat. Der Afro-Amerikaner ist sofort überlegen, weil er Amerikaner ist, und dieser Vorteil wird tief und natürlicherweise von Amerikaner_innen, Brasilianer_innen, Peruaner_innen, und so weiter, erlebt.«[646]

Caetano zufolge ärgern sich Brasilianer_innen über die Anmaßung, dass alles Amerikanische besser sei, selbst der amerikanische Rassismus besser als der brasilianische!

> »Anders als jene Brasilianist_innen, die uns zeigen wollten, dass Brasilien einen Rassismus pflegte, der heuchlerisch und deshalb noch schädlicher wäre als der offene und ausgewiesene einst in den Vereinigten Staaten ausgeübte Rassismus, denke ich – zusätzlich zu dem, dass ich es vorziehe, dass Rassist_innen sich zumindest genötigt sehen sollten, so zu tun, als seien sie keine Rassist_innen – dass die brasilianische Unklarheit bezüglich Rasse eine tiefe Vermischung offenbart, die sich unvermeidlich auch in den Vereinigten Staaten ereignete – trotz der

---

644 Kia Lilly Caldwell, *Negras in Brazil: Reenvisioning Black Women, Citizenship, and the Politics of Identity* (New Brunswick: Rutgers University Press, 2006).

645 Sovik, *Aqui Ninguém é Branco*, 69.

646 Caetano Veloso zitiert nach ebd., 71.

Tatsache, dass sie mithilfe von rassistischen Gesetzen und mit ihren Versuchen antirassistischer Kompensation so taten, als hätte die gleiche Sache dort nicht stattgefunden.«[647]

Sovik zufolge tun einige derjenigen, die sich *affirmative action* widersetzen, dies aus einer gewissen Nostalgie »nicht für die Sklaverei oder schwarzer Unterwürfigkeit, sondern für die Schwarzen entgegengebrachte Sympathie und die Erinnerung an Beziehungen, die trotz der Brutalität der sozialen Hierarchie herzlich waren«.[648] Aber diese Harmonie unter den ›Rassen‹, so fügt sie hinzu, findet gewöhnlich statt auf dem Terrain von Schwarzen, die Weiße in ihrem Bereich willkommen heißen, und nicht auf dem von Weißen, die Schwarze in den dominanten Bereich willkommen hießen. Das Resultat ist verblüffend. Die Striktheit der ›Rassenbeziehungen‹ in den USA führte zu stärkerem Aktivismus gegen die Segregation, während der verhältnismäßig ›sanfte‹ Charakter brasilianischer ›Rassenbeziehungen‹ es leichter machte, die Sklaverei noch Jahrzehnte aufrecht zu erhalten, nachdem sie in anderen Ländern abgeschafft worden war.

Die Kritik des normativen Französischseins

Während die wissenschaftliche vergleichende Literatur zu *race* in Brasilien und in den Vereinigten Staaten Jahrhunderte weit zurückreicht, verfolgen Wissenschaftler_innen vergleichende Analysen von *race* und Rassismus in Frankreich und Brasilien jetzt erstmalig. In ihrem Essay »Dem Rassismus in Frankreich und Brasilien ins Auge sehen: Von moralischer Verurteilung zu Hilfe für die Opfer« vergleicht Alexandra Poli die beherrschenden Rassenmythologien der beiden Länder. Der Mythos der ›Rassendemokratie‹ in Brasilien scheint, wie sie ausführt, auf den ersten Blick das krasse Gegenteil des französischen Mythos der *République* zu sein. Während die orthodoxe brasilianische ›Richtung‹ die harmonischen, von der ›Rassenvermischung‹ geschaffenen ›Rassenbeziehungen‹ zum Schlüssel für die Praxis der Demokratie macht, lehnt der französische republikanische Mythos einen kulturellen Partikularismus im Namen der Gleichheit aller Bürger_innen ab. Doch haben beide Modelle Poli zufolge gemeinsam, die gelebten Erfahrungen der Opfer von Rassismus und Diskriminierung zu leugnen. Diese werden auch angehalten, über die von ihnen erlittenen Aggressionen nicht zu sprechen. »Die Redewendungen vom ›Land der Menschenrechte‹ und ›dem Land der Rassenvermischung‹ dienen beide dazu, die Einheit des Volkes zu stärken und von Anfang an jedwede

647 Caetano Veloso zitiert nach ebd., 71.
648 Sovik, *Aqui Ninguém é Branco*, 147.

Diskussion von Rassismus auszuschließen.«[649] Doch sowohl in Frankreich als auch in Brasilien haben Bürger_innen gegen Diskriminierung protestiert und ihr ›Recht auf Unterschied‹ auf eine Weise geltend gemacht, die die Frage des Rassismus zurück auf den Tisch brachte, von dem sie verbannt worden war.

Die konventionellen Gegensätze, die für Frankreich gegenüber den Vereinigten Staaten konstatiert werden, ähneln den für Brasilien gegenüber den Vereinigten Staaten aufgezeigten. Sie bestehen darin, dass Segregation nie legalisiert wurde, dass Rassismus mit einem symbolischen Tabu belegt wird, und so weiter. Doch trotz der diskursiv-ideologischen Trennungslinien, haben viele Kommentator_innen unerwartete Ähnlichkeiten gefunden, nicht nur in Ungleichheitsmustern, sondern auch in den gegen Diskriminierung eingesetzten gesetzlichen Maßnahmen. Azouz Begag spricht von einer »Konvergenz der französischen und amerikanischen Herangehensweisen zur Föderung gleicher Chancen«.[650] Beide Länder haben die offizielle Definition von Diskriminierung als absichtlichen, individuellen Handlungen, wie der Weigerung jemanden wegen seiner oder ihrer *race* einzustellen, gemeinsam.[651] Der französische Staat hat einige antirassistische Gesetze verabschiedet, die zurückgehen auf das erste Gesetz gegen Rassismus und Antisemitismus, das Anti-Rassismus Gesetz von 1972, welches durch das Gaysott Gesetz von 1990, welches alle »rassistischen, antisemitischen und xenophobischen Handlungen« unter Strafe stellt, ergänzt wurde. Angesichts der rechtlichen Schwierigkeiten, Rassismus zu beweisen, schuf der französische Senat den Fond für Soziale Aktion (FAS), welcher finanzielle Unterstützung für die ›Integration‹ immigrierter Arbeiter und ihrer Familien und außerdem Programme zum Erlernen der französischen Sprache und Zugang zu sozialen Institutionen wie Schulen anbietet. Französisches Recht ermöglicht auch die gerichtliche Verurteilung von Menschen, die ›Rassenhass‹ schüren, wie in einem Fall vom Februar 2011, in dem der prominente Fernseh- und Pressekommentator Éric Zemmour eine Geldstrafe von insgesamt €10.500 dafür auferlegt bekam, dass er *Racial Profiling* und Jobdiskriminierung gegenüber Schwarzen und Araber_innen gerechtfertigt hatte.

649 Alexandra Poli, »Faire Face au Racisme en France et au Brésil: De la Condamnation Morale à l'Aide aux Victimes«, *Cultures and Conflicts* 59 (2005): 15.

650 Azouz Begag, *Ethnicity and Equality: France in the Balance*, übers. von Alec G. Hargreaves (Lincoln, NE: Bison Books, 2007), 116.

651 Vgl. Robert C. Lieberman, »A Tale of Two Countries: The Politics of Color- Blindness in France and the United States«, in Herrick Chapman und Laura L. Frader, Hrsg., *Race in France: Interdisciplinary Perspectives on the Politics of Difference*, 189–216 (New York: Berghahn Books, 2004).

Das »zentrale Ziel französischen Rechts war es nie«, so führt Erik Bleich aus, »numerische Rassengleichheit zu fördern oder eine durch Rasse definierte Opfergruppe zu entschädigen. Vielmehr ist das französische Recht dazu gedacht, Rassist_innen, die bigotte, von rassistischer Absicht getragene Taten begehen, zu bestrafen«.[652] Gleichzeitig »euphemisiert« die französische Regierung sich an *race* orientierende Politikmaßnahmen durch das, was Gwénaële Calvès »verdeckte Umsetzung« nennt, ob dies kompensatorische Maßnahmen sind, die wie die ›städtischen Revitalisierungszonen‹ auf geografische Orte bezogen werden, oder solche, die sich auf Ungleichheiten im Bildungsgrad beziehen (›Prioritätsbildungsbereiche‹). Tatsächlich zeigt sich Calvès überrascht von der »bemerkenswerten Geschwindigkeit, mit der die Rhetorik und Politikmaßnahmen von *affirmative action* in Frankreich übernommen wurden«, und zwar durch die Übernahme der US-amerikanischen ›*Outreach*‹-Programmart der 1960er Jahre und die ›*diversity promotion*‹ [Vielfaltsförderung] der 1980er Jahre und dies trotz der weitverbreiteten Feindseligkeit dagegen in den 90ern.[653]

Yazid und Yacine Sabegs Buch *Affirmative Action: Warum kann Frankreich ihr nicht entkommen*? (2004) verfolgt die Spur der gegenwärtigen Diskriminierung zurück bis zum kolonialen ›Eingeborenencode‹, der drastische Maßnahmen wie Zwangsarbeit und Kollektivstrafe vorsah.[654] Diese unstimmige Zuweisung von Rechten in den Kolonien nahm innerhalb von Frankreich selbst die Form diskriminierender Maßnahmen wie Ausgangssperren, Einschränkungen und unterschiedlichem Zugang zum Wohlfahrtssystem an. Die Unterordnung sichtbarer Minderheiten in Frankreich entwickelt sich daher aus einer komplexen Reihe von institutionellen Praktiken, die zum Teil vom Kolonialismus geerbt worden waren. Nachdem sie die geschichtliche Begründung für *affirmative action* erklärt haben, widerlegen die Autor_innen die Einwände, dass sie umgekehrt rassistisch sei, meritokratische Normen verletze, rechtlich unhaltbar sei, und so weiter, und fordern schließlich eine *affirmative action* à la Française, eine, die den für die US-Version typischen Legalismus und die damit einhergehende Streitsucht vermeiden würde.

Während lebhafte Debatten über *affirmative action* in Frankreich toben, ist Weißseinsforschung als Wissensgebiet noch nicht anerkannt. Tatsächlich scheint die Suche nach *Whiteness Studies* in Frankreich auf den ersten Blick

---

652 Erik Bleich, »Anti-racism without Races: Politics and Policy in a ›Color-Blind‹ State«, in Chapman and Frader, *Race in France*, 166.

653 Calvès, »Color-Blindness at a Crossroads in Contemporary France«, in Chapman and Frader, *Race in France*, 221.

654 Yazid Sabeg and Yacine Sabeg, *Discrimination Positive: Pourquoi la France ne peut y échapper* (Paris: Calmann-Levy, 2004).

absurd. Der gesunde Menschenverstand sagt uns, dass Frankreich ein ›weißes‹, europäisches und christliches (katholisch und protestantisch) Land ist und kaum derart mit Schwarzsein (und Rotsein) beschäftigt ist wie die kolonialen Siedlerstaaten USA und Brasilien. Dennoch ist es genau dieser gesunde Menschenverstand, der demontiert werden muss. Zum einen hat es in Frankreich schon immer PoC gegeben, von den assimilierten Indigenen aus Brasilien bis zu den als Sklav_innen oder Diener_innen arbeitenden Schwarzen, selbst unter dem *ancien régime.*[655] Andererseits zeigt die Tatsache, dass französische Naturalist_innen und Ethnolog_innen des 18. Jahrhunderts sich bemüßigt sahen, das ›Abnormale‹ schwarzer Pigmentierung (und für Cuvier, der Genitalien und des Hinterns) zu erklären, überdies, dass sie den schwarzen Körper als anomal und den weißen als normativ betrachteten. Wie Léon-François Hoffman es in *Le Négre Romantique* ausdrückt: »Europäer haben nie über das Problem ihrer eigenen Farbe nachgedacht; es gibt jeden Grund zu glauben, dass sie sie als die Norm angesehen haben.«[656]

Zwei Jahrhunderrte später, am 5 März 1959 verlieh Charles de Gaulle der Macht weißer Normativität Ausdruck:

> »Es ist alles schön und gut, dass es gelbe französische Menschen, schwarze französische Menschen, braune französische Menschen gibt – sie zeigen, dass Frankreich allen Rassen gegenüber offen ist und dass es eine universelle Neigung hat. Aber unter der Bedingung, dass solche Menschen eine kleine Minderheit bleiben, denn wenn nicht, wird Frankreich nicht länger Frankreich sein. Wir sind letzten Endes vor allem ein europäisches Volk, von weißer Rasse, griechischer Kultur und christlicher Religion.«[657]

Die Gegenwart einiger schwarzer Französ_innen bewies 1958 für de Gaulle die Offenheit und ›universelle Neigung‹ Frankreichs, aber er belegt diese Universalität mit Einschränkungen, indem er warnt, dass Schwarze »eine kleine Minderheit« bleiben sollten, so dass »Frankreich Frankreich bleiben könne.«[658] Sein Geburtsort, so warnte de Gaulle, wäre nicht mehr »Colombey-les-Deux-Églises« sondern »Colombey-les-Deux-Mosquées«.[659] Jeder ernstliche Beitrag von Farbe oder des Islam würde Frankreichs ethno-ontologisches Wesen *als* Frankreich kompromittieren. Dies bedeutet, dass de Gaulle einerseits die

655 Vgl. Léon-François Hoffman, Le Nègre Romantique: Personnage Littéraire et Obsession Collective (Paris: Payot, 1973), 47.

656 Ebd.

657 De Gaulle zitiert nach Pascal Blanchard, Éric Deroo, und Gilles Manceron, *Le Paris Noir* (Paris: Hazan, 2001), 154.

658 Ebd.

659 De Gaulle zitiert nach Jean-Baptiste Onana, *Sois Nègre et Tais-Toi!* (Paris: Éditions du Temps, 2007), 61.

französisch-christliche Präsenz in Algerien naturalisieren wollte, aber gleichzeitig jede substantielle muslimische/schwarze Präsenz in Frankreich zu delegitimieren trachtete. In den 1950er Jahren betraten französische Schwarze die öffentliche Sphäre weitgehend auf die von Roland Barthes in seiner berühmten Analyse des Titelbildes von *Paris Match* genau beschriebenen Art und Weise. Dieses zeigte einen schwarzen Soldat (eigentlich ein Pfadfinder), der die französische Flagge militärisch grüßte, und sandte mit jedem dieser semiotischen Bestandteile die beruhigende Botschaft schwarzen Festhaltens am weißen imperialen Projekt aus. Am 19. Juni 1991 übertraf Jacques Chirac dann de Gaulle noch mit einer Triade über eine »Überdosis« von Immigrant_innen, die hart arbeitende französische Familien mit den schrecklichen Gerüchen aus ihren überfüllten polygamistischen Wohnungen belästigten.[660]

Sprache kann ebenfalls stillschweigend ›normatives Weißsein‹, bzw. in diesem Fall ›normatives Französischsein‹ kodieren. So weckt der Begriff *immigrants* im Französischen Assoziationen von ›PoC aus den ehemaligen Kolonien‹, während *étrangers* (Fremde) an hellhäutige Miteuropäer_innen denken lässt. Selbst fortschrittliche Arbeiten aus dem 21. Jahrhundert über Kolonialismus und Diskriminierung neigen dazu, nicht auf Weißsein einzugehen. Weißsein, so schreibt Didier Gondola,

> »spielt keine Rolle in der Art und Weise, wie Intellektuelle in Frankreich mit Vorstellungen ringen, die Klarheit brächten, wenn sie bloß mit diesem kritischen Thema gepaart würden. Die meisten jüngst von bekannten französischen Akademiker_innen [über Sklaverei, Kolonialismus, Immigration und Staatsbürgerschaft] veröffentlichten Arbeiten nehmen keinen ausdrücklichen Bezug auf das Konzept des Weißseins. In keiner dieser Arbeiten werden Schwarzsein und Weißsein als gegenseitig bedingt und gegenseitig konstituierend gesehen [...]. Dieses eklatante Versäumnis spiegelt die Unsichtbarkeit des Weißseins in der französischen sozialen Landschaft wieder und vergrößert im Gegensatz dazu die Sichtbarkeit von Schwarz- und Arabischsein, beides unentrinnbare Bedingungen, die den Ausschluss von Schwarzen und Beurs bedeuten.«[661]

Diese Unsichtbarkeit des Weißseins setzt sich noch Jahrzehnte fort, auch nachdem Fanon das normative Weißsein offengelegt hatte, welches das ängstliche »Guck, ein Neger!« des französischen Kindes prägte. Fanon zufolge zeigen selbst Schwarze Symptome dessen, was er einen »Vermilchungsprozess«[662] nannte, der in den französischen Kolonien sowohl in Bezug auf die am meisten

660 Vgl. Didier Gondola, »Transient Citizens: The Othering and Indigenization of Blacks and Beurs within the French Republic«, in Charles Tshimanga, Didier Gondola, und Peter J. Bloom, Hrsg., *Frenchness and the African Diaspora: Identity and Uprising in Contemporary France* (Bloomington: Indiana University Press, 2009), 162.

661 Ebd., 160.

662 Frantz Fanon, *Black Skin, White Masks* (1967; Nachdruck, New York: Grove, 1994), 29.

stigmatisierte Gruppe (jener mit dunkelschwarzer Haut) existierte als auch in Bezug auf ›gemischtrassige‹ Menschen, die als ›assimiliert‹ und ›entwickelt‹ und daher als mit französischen Normen vereinbarer galten.

Wissenschaftler_innen of Color haben lange bestritten, was Jean-Baptiste Onana in seinem 2007 erschienenen Buch *Sei schwarz und halt die Klappe!* »den Mythos vom weißen Frankreich«[663] nennt. Weißsein, so führt Pap Ndiaye aus, sei für die französische nationale Identität auf eine Weise konstitutiv, die sich nicht *wesentlich* von den britischen und US-amerikanischen Modalitäten des Weißseins unterscheide.[664] Das Privileg, zur »herrschenden Gruppe« zu gehören, heißt Ndiaye zufolge, »blind zu sein für die eigene Farbe, weil von der angenommen wird, sie sei universell«.[665] Während es in Frankreich keine wissenschaftliche Welle selbsternannter *Whiteness Studies* gibt, findet man eine gute Entsprechung in einem Buch wie Pierre Tévanians *La Mécanique Raciste*. Der Autor beginnt, indem er seine eigene Position als Subjekt als weiß kennzeichnet: »Ich behandele die Frage ›Was tun in Bezug auf den Rassismus?‹ vom einzigen Standpunkt aus, der mir zur Verfügung steht, dem eines weißen Mannes, der innerhalb der Rassenbeziehungen, wie sie in unserer postkolonialen Republik bestehen, den Platz der Dominierenden einnimmt.«[666] In einem ironisch »Die weiße Frage« überschriebenen Kapitel fragt Tévanian, was Weißsein definiert und antwortet mit einem Paradox: »Weiß zu sein bedeutet, die Frage, was es heißt weiß zu sein, nicht beantworten zu müssen.«[667] Für Tévanian beinhaltet in Frankreich weiß zu sein die Privilegien, erstens, *nicht* schwarz, arabisch, asiatisch, türkisch oder muslimisch zu sein, also kurz gesagt, *nicht* die Last einer stigmatisierten Identität tragen zu müssen; zweitens, *keine* Diskriminierung zu erleiden; drittens, den Doppelbetrug zu begehen, maßlose Privilegien zu genießen und deren Existenz gleichzeitig zu leugnen; und viertens, anders als wegen ihrer *race* zu ›anderen‹ Gemachte, als legitim, glaubwürdig und ernsthaft zu gelten. Tévanian schließt mit »Einer Ode an den Verrat«, die an US-amerikanische ›Rassenverräter‹-Manifeste erinnert, und kommt zum Schluss, dass Weiße weißes Privileg erkennen und es in einen unruhigen Krisenzustand versetzen müssen.

Wenn das französische intellektuelle Leben auch keine *Critical Whiteness Studies* an sich aufweist, so bietet es doch mit den Kritiken an dem, was man ›normatives Französischsein‹ nennen könnte, wenigstens ein funktionales

663 Onana, *Sois Nègre et Tais-Toi!*

664 Pap Ndiaye, *La Condition Noire: Essai sur une Minorité Française* (Paris: Calmann-Lévy, 2008), 89.

665 Ebd., 107.

666 Pierre Tévanian, *La Mécanique Raciste* (Paris: Dilecta, 2008), 8.

667 Ebd., 74.

Äquivalent. Der Amerikanist François Durpaire zum Beispiel spricht von einer spezifisch französischen Form der Verleugnung: »Wenn es keine Besonderheit des französischen Rassismus selbst gibt, so gibt es eine Besonderheit in der Art seiner Verleugnung.«[668] In Frankreich ist es »immer leicht zu sagen, dass man nicht gegen Schwarze oder Araber_innen ist, sondern nur gegen ›schwarzen Kommunitarismus‹ und gegen ›arabischen Kommunitarismus‹«.[669] Das Schlüsselwort, das benutzt wird, um in Frankreich ›rassenbewusste‹ Aktion und Forschung zu stigmatisieren, ist *communautarisme*. Es wird als ein unwürdiger Abstieg in Identitätspolitik und als eine Bedrohung republikanischer Farbblindheit angesehen. Als eine Art Vogelscheuche gehandhabt, besitzt das Wort die gleiche repressive Funktion wie das ›PC‹ [political correctness] und die ›Separatismus‹-Vorwürfe in den Vereinigten Staaten. Statt der Warnung à la Schlesinger, dass der Multikulturalismus Amerika spalte, finden wir die Mahnung, dass »der Kommunitarismus Frankreich spaltet.« Die realen als ›Minderheiten‹ identifizierten Menschen verschwinden in den Äther stigmatisierter Abstraktionen. Schon die Definition von ›Kommunitarismus‹ in der 2004er Ausgabe vom *Petit Robert* Wörterbuch stigmatisiert diesen bereits als spaltend: »Ein System, welches die Bildung von (ethnischen, religiösen, kulturellen, sozialen) Gemeinschaften entwickelt und somit die Nation zum Nachteil von Integration spaltet.«[670] Die Logik, die diese Dichotomie von Kommunitarismus und Republikanismus unterfüttert, ist in dieser Hinsicht letztlich nicht so weit von einem Huntingtonschen Diskurs vom »Kampf der Kulturen« entfernt.

Ein ›rassifizierter‹ Blick schreibt einer andersartigen Gruppe, die zum Beispiel aus einem Menschen aus dem Maghreb, einer Person von Martinique und einer aus dem Senegal besteht, eine eingebildete farbliche Einheit zu, die sie dann als ›kommunitär‹ projiziert. Aber für Durpaire wohnt der wirkliche Kommunitarismus im ›rassifizierten‹ Blick selbst, insofern dieser sich erstens eine monolithische ›schwarze Gemeinschaft‹ vorstellt, die nicht existiert, und zweitens den versteckten Kommunitarismus derjenigen verleugnet, die diesen ›rassifizierten‹ Blick werfen. Paradoxerweise sind die als ›kommunitär‹ Verurteilten oft genau die, die ihre ursprünglichen Gemeinschaften *verlassen*, um sich mit anderen in aktivistischen koalitionären Bewegungen gegen Rassismus zusammenzutun. Durpaire liefert ein anschauliches Beispiel: »Ein ›adliger‹ Soninke, der eine Soninke Dienstmagd heiratet und damit die Kastenschranke ignoriert, oder eine Frau aus dem Senegal, die einen Mann aus Kamerun hei-

668 François Durpaire, *France Blanche, Colère Noire* (Paris: Odile Jacob, 2006), 13.
669 Ebd., 43.
670 Zitiert nach ebd., 26.

ratet, oder eine muslimische Afrikanerin, die einen christlichen Afrikaner heiratet, oder ein Afrikaner der eine Frau aus der Karibik heiratet, sie alle können von einer weißen Mehrheit, die nur die gemeinsame schwarze Haut der betreffenden Menschen sieht, ›kommunitär‹ genannt werden.«[671] Durpaire enthüllt das verborgene Weißsein eines sich universell gebenden Diskurses. Diejenigen, die den Vorwurf des Kommunitarismus vorbringen, so fährt er fort, »halten sich selbst nicht für eine partikuläre Gruppe, sondern als Träger eines universalistischen Ideals. Nur die Unterschiedlichkeit der anderen ist kommunitär. In dieser selektiven Denunzierung findet man eine nicht einzugestehende Realität, die des kommunitären Charakters des antikommunitären Diskurses.«[672] Durpaires strategische Kritik erinnert damit an das, was *Critical Race* Theoretiker_innen als die uneingestandene weiße Identitätspolitik sehen, die sich hinter den Angriffen auf die ›Identitätspolitik‹ der PoC als der weißen verbirgt, Angriffen die von jenen vorgebracht werden, die sich selbst als universelle Subjekte in einem Reich ›jenseits von Identität‹ wähnen. Der Antikommunitarismus ist in diesem Sinn eine euphemistische Form von Rassismus.

Ohne den Ausdruck ›normatives Weißsein‹ selbst zu benutzen, macht Durpaire, indem er über den kommunitären Charakter des antikommunitären Diskurses spricht, eine analoge Feststellung in Bezug auf normatives weißes Französischsein.[673] Die Kritik am ›kommunitären‹ Diskurs ist an sich vergleichend, und zwar insofern, als Kommunitarismus in vielen französischen Köpfen sehr stark mit einer teilweise eingebildeten anglo-amerikanischen Gesellschaftsform verbunden wird und somit den Gegensatz von lateinisch und angelsächsisch einschreibt. Die offensichtlichen Übel der US-amerikanischen Gesellschaft – verarmte Ghettos, ›Rassenspannungen‹, ein zerfleddertes soziales Sicherheitsnetz – werden in Frankreich oft als dem ›angelsächsischen‹ Ansatz, der die Gesellschaft als eine Anhäufung ›ethnischer‹ Lobbies betrachtet, inhärent gesehen. Jedoch ist es Durpaire zufolge eines der unglücklichen Nebenprodukte dieser Ablehnung des ›angelsächsischen‹ Modells, dass in Frankreich selbst »Ghettoisierung und Antikommunitarismus Hand in Hand arbeiten: Sie marginalisieren bestimmte Bevölkerungsgruppen und nehmen dabei gleichzeitig die Möglichkeit weg, gegen Diskriminierung zu kämpfen«.[674]

Durpaire wirft ›Kommunitarismus‹ als Bumerang und lässt ihn nicht radikale Muslim_innen oder neoliberale Angelsächs_innen kennzeichnen, sondern vielmehr die ›normale‹ weiße französische Gesellschaft. Die postko-

671 Ebd.

672 Ebd., 33.

673 Ebd., 85.

674 Ebd.

loniale Wissenschaftlerin Françoise Vergès verweist ebenfalls auf den »kolonialen Kommunitarismus«, der weiße französische Menschen in ihre eigenen ›rassengetrennten‹ Clubs, Kirchen und Bälle abgeriegelt hat. diese typisch koloniale Form der sozialen Organisation, so argumentiert sie, kehrt jetzt nach Frankreich selbst zurück.[675] Fanons scharf getrennte »zwei Städte« zur Zeit des Algerienkriegs verwandeln sich jetzt in die brennende soziale Kluft zwischen dem wohlhabenden Stadtzentrum und dem marginalisierten Banlieue. Wir finden eine Antwort auf den Vorwurf, dass ›Differentialismus‹ und ›Kommunitarismus‹ die republikanische Einheit bedrohten, in dem Unterrtitel von Frédérique Mouzers und Charles Onanas Buch *Un Racisme Français*. Der Untertitel des Buches treibt die in diesem Kapitel angesprochenen Widersprüche auf ihre Spitze und lautet: »Weißer Kommunitarismus bedroht die Republik.«[676]

675 Françoise Vergès, *La Mémoire Enchaînée: Questions sur l'Esclavage* (Paris: Albin Michel, 2006), 48.

676 Frédérique Mouzer und Charles Onana, *Un Racisme Français* (Nantes: Duboiris, 2007).

8 Französische Intellektuelle und das Postkoloniale

In Frankreich, einem der Hauptorte des Aufklärungsdenkens werden die gegenwärtigen Debatten am ausdrücklichsten in der Kontinuität mit frühen Debatten um *Les Lumières* und die Revolution gesehen. Sowohl die Massenmedien als auch prominente Intellektuelle stellen den Konflikt als einen zwischen universeller säkularer Aufklärung und religiösem und kommunitärem Partikularismus dar. Wie wir schon gesehen haben, war die herrschende Einstellung französischer Intellektueller gegenüber Diskursen von *Critical Race*, Identitätspolitik und Multikulturalismus ablehnend. Bis vor kurzem bildete auch die *Postcolonial Theory* eine strukturelle Leerstelle im herrschenden französischen Diskurs. Diese Leerstelle stand nicht nur im Kontrast zu der angloamerikanischen akademischen Welt, sondern auch zu anderen Teilen Europas (den Niederlanden, Deutschland, Skandinavien) und zu vielen Teilen Asiens und Afrikas, alles Orte, wo *Postcolonial Studies* schon seit Jahrzehnten eine bedeutende Präsenz entwickelt haben. In Frankreich fungierte das Wort ›postkolonial‹ weitgehend als chronologische Markierung, als Synonym für die Zeit ›nach der Unabhängigkeit‹, statt als Indexierung eines bestimmten Diskurses oder Forschungsfeldes.[677] Aus verschiedenen Gründen haben viele französische Intellektuelle eine Gruppe miteinander verbundener Projekte, wie die *Postcolonial*, die *Cultural* und die *Critical Race Studies*, im besten Fall ignoriert und im schlimmsten Fall schlecht gemacht. Es gab ganz allgemein eine deutliche Feindseligkeit gegenüber allen als angloamerikanisch wahrgenommenen Strömungen, ganz unabhängig davon, ob sie in der Form von (mit ›Angelsächs_innen‹ in Verbindung gebrachtem) Multikulturalismus oder von (zunächst mit Großbritannien und später mit den Vereinigten Staaten in Verbindung gebrachten) *Cultural Studies* oder von der (mit den Vereinigten Staaten, Großbritannien, Indien und der anglofonen Zone ganz allgemein in Verbindung gebrachten) *Postcolonial Theory* auftraten. Auf diese Weise haben die Debatten national-allegorische Untertöne entwickelt, und zwar sowohl in der Art, wie französische Intellektuelle sich ihre eigene Rolle vorstellten, als auch wie sie sich die Rolle der Intellektuellen anderer Nationen dachten.

Es gab in Frankreich jedoch durchaus auch ein postkoloniales Terrain. Dies wurde nicht durch *Postcolonial Studies* besetzt, sondern durch Forschungsarbeit in den traditionellen Disziplinen. Während die *Postcolonial Studies* in der anglofonen Welt ursprünglich das Produkt von Wissenschaftler_innen der Abteilungen Englische und Vergleichende Literatur- und allgemein der Geis-

677 Man kann zwischen ›post-kolonial‹ als chronologischer Markierung und ›postkolonial‹ ohne Bindestrich als Bezugnahme auf die Theorie unterscheiden.

teswissenschaften waren, war das, was man ›proto-postkolonialistische‹ Forschung nennen könnte, in Frankreich von Ethnolog_innen und Geschichtswissenschaftler_innen beherrscht. Schon 1971 nahm zum Beispiel der Ethnologe Georges Balandier Homi Bhabbas Idee von der »listigen Höflichkeit« als eines Bewältigungsmechanismus im Kolonialismus vorweg, indem er von »kollektiven Reaktionen, die heimlich oder indirekt genannt werden könnten« sprach oder von »kalkulierten Bekundungen von Passivität« als subtile Art und Weise die koloniale Herrschaft zu unterlaufen.[678]

Dieses Kapitel kartografiert eine neue Situation, in der die alten Antagonismen zwar weiter fortbestehen, aber auch neue Stimmen und Diskurse auftauchen. In den späten 1990er Jahren und im ersten Jahrzehnt des 21. Jahrhunderts sind wir Zeug_innen einer größeren Auseinandersetzung mit dem, was je nachdem *Postcolonial Theory*, *Postcolonial Critique* und *Postcolonial Studies* genannt wird. Zahlreiche Konferenzen und Spezialausgaben von Zeitschriften wie *Esprit*, *Labyrinthe*, *Rue Descartes* und *Mouvements* behandeln »den kolonialen Bruch«, »Die Fortsetzung des Kolonialismus« und »Die Kriege um die koloniale Erinnerung«. Viele der neueren Veröffentlichungen thematisieren die historische Verzögerung selbst, indem sie quasi ritualistisch das französische Zögern, den postkolonialen Trend aufzugreifen, zugeben. Um nur eines von vielen Beispielen herauszugreifen: Dino Costantinis Buch *Mission Civilisatrice: Le Rôle de l'Histoire Coloniale dans la Construction de l'Identité Politique Française* [Die zivilisierende Mission: Die Rolle der Kolonialgeschichte bei der Konstruktion der französischen politischen Identität] beginnt, indem es einen Abstand zwischen Frankreich und den anglofonen Ländern eingesteht. In den letzteren »wird die Tatsache, dass die Kolonialgeschichte ein konstitutiver Bestandteil einer gemeinsamen westlichen Identität ist, schon jahrzehntelang erkannt«, während Frankreich erst vor kurzem begonnen hat, »die theoretischen und praktischen Folgen von Jahrhunderten kolonialer Einsätze und die Art, wie diese bis heute Frankreichs politische Identität geformt haben, zu untersuchen«.[679]

Ironien einer Aversion

Eine Reihe prägnanter Ironien schwirren um die ursprüngliche Zurückhaltung französischer Intellektueller, sich auf die *Postcolonial Studies* einzulassen. Die erste und offensichtlichste ist die, dass die *Postcolonial Studies* selbst ein For-

678 Vgl. Georges Balandier, *Sociologie Actuelle de l'Afrique Noire: Dynamique Sociale en Afrique Centrale* (Paris: PUF, 1971).

679 Dino Costantini, *Mission Civilisatrice: Le Rôle de l'Histoire Coloniale dans la Construction de l'Identité Politique Française* (Paris: La Découverte, 2008), 13.

schungsbereich sind, der sehr stark vom frankofonen, antikolonialen Diskurs geprägt ist. Viele Hauptinhalte innerhalb der postkolonialen Kritik gehen zurück auf frankofone Intellektuelle wie Césaire, Senghor, Fanon, Memmi und Anouar Abdel-Malek. Das Kapitel »Die Missgeschicke des nationalen Bewusstseins« in Fanons *Die Verdammten dieser Erde* nahm zum Beispiel die postnationalistischen Aspekte der postkolonialen Theorie vorweg, während Abdel-Maleks Kritik der Orientalistik in den 1960er Jahren Saids Klassiker *Orientalismus* ahnen lässt. Die zweite Ironie besteht darin, dass ›französische Theorie‹, wie Robert Young in *White Mythologies* zeigt, von der kolonialen Situation und davon, dass viele der führenden Theoretiker_innen (Derrida, Althusser, Lyotard, Cixous) Verbindungen zu Nordafrika hatten, geprägt wurde. Die dritte Ironie ist die, dass der französische Poststrukturalismus einen weithin anerkannten Einfluss auf führende postkoloniale Denker_innen ausgeübt hat – man denke an Foucaults Einfluss auf Said, Derridas auf Spivak, Lacans auf Bhabas – sowie auf den postkolonialen Bereich im Allgemeinen, was sich in unzähligen Verweisen nicht nur auf Derrida, Foucault und Lacan, sondern auch auf Deleuze, Guattari, Irigaray, Cixous, Lyotard und Certeau beweist. (Dieser poststrukturalistische Aspekt postkolonialer Theorie ist umso bemerkenswerter, als die führenden poststrukturalistischen Denker_innen selbst sich nur selten systematisch mit antikolonialen Texten befassten.) Deshalb scheint es überraschend, dass der Anteil ›französischer Theorie‹ an postkolonialer Forschung so wenig Resonanz in Frankreich gefunden hat.[680] In anderer Hinsicht überrascht es wiederum überhaupt nicht, da ›französische Theorie‹ in Frankreich oft als eine transatlantische Erfindung betrachtet wurde.[681] Trotz der französischen theoretischen Quellen der verschiedenen ›post‹-Bewegungen weckten sie in Frankreich wenig Begeisterung, auch weil diese Quellen selbst irgendwann als anglo-amerikanisch empfunden wurden. Doch aus einer anderen Perspektive kann man auch sagen, dass der Poststrukturalismus selber einige Themen des antikolonialen Diskurses aufgriff, zum Beispiel dessen Aushöhlen der Behauptung Europas, die ›exklusive Referenzkultur‹ zu sein.

Eine vierte Ironie bezüglich der Aversion gegen die postkoloniale Theorie dreht sich um die Tatsache, dass Frankreich in den 1960er und frühen 70er Jahren das Epizentrum der ›Dritten Welt Theorie‹ war, also genau jener Tradition,

680 Im Fall von Achille Mbembes *De la Postcolonie*, zum Beispiel, wurde das Buch zuerst auf Französisch geschrieben und veröffentlicht, erzielte aber in seiner englischen Übersetzung eine größere Wirkung.

681 Eine brillante und umfassende Analyse dieser Austauschprozesse liefert François Cussets *French Theory. Foucault, Derrida, Deleuze & Cie et les mutations de la vie intellectuelle aux Etas-Unis.* (Paris: La Découverte, 2005).

die der Postkolonialismus sowohl eingliederte als auch ablöste. Mit dem Zerlegen des französischen Imperiums nach dem Krieg standen der Kolonialismus und die Dekolonialisierung, wenn auch manchmal nur implizit, im Mittelpunkt vieler Polemiken. Tatsächlich stammt ein Großteil des französischen Beitrags zur seismischen Verschiebung aus diesen frühen Auseinandersetzungen, da ›Dritte Welt Theoretiker_innen‹ wie Césaire und Fanon neben afrikanischen Autor_innen wie Amílcar Cabral, Cheikh Diop und Mongo Beti sowie radikalen afro-amerikanischen Exilant_innen wie Richard Wright oder arabisch/maghrebinisch/frankofonen Autor_innen wie Albert Memmi, Gisèle Halimi, Anouar Abdel-Malek, Mohammed Harbi und Assia Djebar im französischen Mutterland Verbündete in Intellektuellen wie Edgar Morin, Maxime Rodinson, Claude Lévi-Strauss, Jean-Paul Sartre, Simone de Beauvoir, Henri Alleg, Pierre Vidal-Naquet, François Maspero, Yves Bénot und Francis Jeanson fanden.

Eine fünfte Ironie bezüglich der Gegnerschaft zur postkolonialen Theorie betrifft die Missachtung eines spezifisch französischen Intertexts, nämlich erstens, desjenigen der französischen Tradition thematischer Analysen des kolonialen Romans und des literarischen Exotismus (zum Beispiel Martine Astier-Louftis *Littérature et Colonialisme* und Martine Mathieus *Le Roman Colonial*) und zweitens, desjenigen der hoch politisierten Theorien von Lukács, Goldmann, Althusser, Macheray und Barthes und der Arbeit von Zeitschriften wie *Tel Quel* (nach 1968), *Cahiers du Cinéma* und *Cinétique*. In den 1960er und 70er Jahren waren französische Intellektuelle die Pionier_innen des ›ideologischen‹ und ›symptomatischen‹ Lesens von literarischen, medialen und kulturellen ›Texten‹ und nahmen mit dieser Art zu lesen die postkolonialen Stilanalysen vorweg, die die ›Risse‹ und ›strukturierenden Leerstellen‹ sowohl in den Texten selbst (die Sklaverei in Jane Austens *Mansfield Park*) als auch in den Exegesen solcher Texte (die Blindheit gegenüber dem Kolonialismus in Analysen der Neuen Kritik von *Heart of Darkness*) untersuchten.

Eine sechste Ironie bezüglich der Gegnerschaft zur postkolonialen Theorie besteht darin, dass das gegenwärtige Frankreich als ein Produkt kolonialen Karmas selbst in demografischer, politischer und kultureller Hinsicht eine postkoloniale Nation ist. Dieses postkoloniale Erbe zeigt sich in einer endlosen Kette von rassistisch, kolonial oder auch antisemitisch gefärbten Ereignissen, Ereignissen, die von der Presse und den Medien gründlich durchgekaut wurden: Da gab es die nationale Euphorie über den *noir-blanc-beur* (schwarz-weiß-arabischen) Fußballweltmeisterschaftssieg von 1998 (die in krassem Kontrast dazu stand, wie nach der Niederlage von 2010 die Spieler of Color zu Sündenböcken gemacht wurden), den ›Skandal‹ von Kindern maghrebinischer Einwanderer_innen, die die Marseillaise bei Fußballspielen ausbuhten, die diversen Ausbrüche antisemitischer oder antimuslimischer Gewalt (wie

Schändungen jüdischer oder muslimischer Friedhöfe), die Beschuldigungen Le Pens wegen Folterns von Algerier_innen während der so genannten Schlacht von Algerien und die skandalösen Memoiren von wichtigen Militärs wie Massu und Aussaresses. Die Spannungen manifestierten sich auch in von ideologischer Streitsucht getragenen Gerichtsverfahren wegen Antisemitismus und Holocaustleugnung gegen prominente pro-palästinensische Intellektuelle, selbst wenn diese französisch jüdisch (Edgar Morin) oder israelisch französisch (Eyal Sivan) waren. Auf der anderen Seite wurden Gerichtsverfahren gegen Historiker_innen wie Olivier-Pétré Grenouilleau gerichtet, die der Leugnung der Sklaverei bezichtigt wurden. (Das Wort *négationisme*, hier übersetzt mit ›Leugnung‹, stellt eine metonymische Übertragung von der Shoah zur Sklaverei dar, die für das Auseinanderfransen der schwarz-jüdischen Nachkriegsallianz symptomatisch ist und für das, was einige französische Intellektuelle als ›den Wettbewerb der Opfer‹ verspotten.)

Der französische Präsident Nicolas Sarkozy spielte eine aktive Rolle in diesen Debatten und bewies in seiner Rede vom 26. Juli 2007 in Dakar, dass der kolonialistisch-rassistische Diskurs immer noch lebendig und wohlauf war, indem er die von Césaire in seinem *Diskurs über den Kolonialismus* ein Jahrhundert vorher eingesetzte Art von Rhetorik gebrauchte:

> »Die Tragödie Afrikas ist es, dass der Afrikaner nicht genügend in die Geschichte eingetreten ist. Der afrikanische Bauer, der Jahrtausende mit den Jahreszeiten gelebt hat, dessen Lebensideal es ist in Einklang mit der Natur zu sein, kennt nur die ewige Wiederkehr einer nach einem endlosen Rhythmus der Wiederholung der gleichen Gesten und der gleichen Worte gestellten Zeit. Innerhalb dieser Vorstellung, wo alles andauernd wieder beginnt, ist kein Platz für das menschliche Abenteuer oder für die Idee des Fortschritts. In diesem Universum, in dem die Natur alles kontrolliert, entkommt der Mensch der Angst der Geschichte, die den modernen Menschen quält, aber er bleibt unbeweglich in der Mitte einer sich nicht verändernden Ordnung, wo alles im Voraus verfügt zu sein scheint. Der Afrikaner ist nicht genügend in die Geschichte eingetreten [...]. Der afrikanische Bauer lebt den Rhythmus der Jahreszeiten.«[682]

Sarkozys Rede verwertet eine eurozentrische Sicht von einem allochron in einer toten Vergangenheit steckengebliebenen Afrika wieder, eine Sichtweise, die an Hegels Interpretation von einem Afrika erinnert, das gegenüber dem dynamisierenden Charme des europäischen ›Geistes‹ widerspenstig wäre. Für Autor_innen, die dieser Tradition anhängen, fehlen ›ahistorischen‹ Völkern wichtige menschliche und soziale Attribute, nämlich Schrift, Vernunft und ein Staat. Sarkozy schilderte Afrika gegenüber Afrikaner_innen selbst als vortechnologisch, dringend der »Naturwissenschaft und modernen Technik« bedürf-

682 Nicolas Sarkozy, Rede an der Universität von Cheikh Anta Diop, Senegal (July 26, 2007).

tig, doch kulturell reich in seiner Fähigkeit »die einfachen und vergänglichen Freuden wieder zu erwecken [...] und dem Bedürfnis zu glauben statt zu verstehen, dem Bedürfnis zu fühlen statt rational zu denken.« Die einzige Hoffnung für Afrikaner_innen sei es, ihrem »europäischen Teil«, der »Freiheit, Emanzipation und Gerechtigkeit« verlange, freien Ausdruck zu verleihen. Der wahre Adressat von Sarkozys Rede war jedoch die französische Öffentlichkeit, und ihr Ziel war es, ein für alle Mal das zu begraben, was Frankreichs konservative humanistische Intellektuellen als einen masochistischen ›Kult der Reue‹ in Bezug auf den Kolonialismus betrachten. In einer Übung nationaler Selbstentlastung erklärte Sarkozy, dass der Kolonialismus »nicht verantwortlich war für alle heutigen Probleme Afrikas, [...] nicht verantwortlich für die blutigen Kriege unter Afrikaner_innen, [...] nicht verantwortlich für die Völkermorde, [...] nicht verantwortlich für die Diktatoren«. Sarkozy erinnerte seine Zuhörer_innen in Dakar, dass Afrikaner_innen sich selber gegenseitig oft bekämpft und gehasst hätten – als wäre solcher Hass in Europa undenkbar – dass niemand Kinder auffordern sollte, sich für die Fehler ihrer Eltern zu entschuldigen, dass die Kolonist_innen, während sie von Afrika genommen, Afrika auch etwas gegeben hätten. In dieser Hinsicht wandelte Sarkozy des ›weißen Mannes Jammern‹ um in ein selbstherrliches Metanarrativ.

Damit leugnete Sarkozy indirekt das, was von vielen kritischen Forscher_innen längst bewiesen worden war, nämlich dass sich Frankreich durch den Kolonialismus und die Sklaverei bereichert hat. Das frankofone Afrika – oder das, was Kritiker_innen wie Jean-François Verschave in einem Wortspiel ›Françafrique‹ oder ›France-à-fric‹ (*fric*=Kohle, Geld) genannt haben – war durch und durch von französischer Unterstützung afrikanischer Kleptokrat_innen korrupt gemacht worden. Dabei beuteten die wirtschaftliche und politische Elite Frankreichs zusammen mit afrikanischen Diktatoren Afrika für ihre eigenen Zwecke aus. Zumindest zwei Essaysammlungen, *L'Afrique Répond à Sarkozy* und *Petit Précis de Remise à Niveau sur L'Histoire Africaine à l'Usage du Président Sarkozy* stellen afrikanische Antworten auf Sarkozys Verunglimpfungen Afrikas vor.[683] Bei einer anderen Gelegenheit richtete Sarkozy sein eigenes ›*love it or leave it*‹ Ultimatum [das in den USA einst gegen die Vietnamkriegsgegner_innen gerichtet worden war] an afrikanische Immigrant_innen in Frankreich: »Wir können unsere Gesetze und Bräuche nicht ändern, weil eine winzige Minderheit sie nicht mag. Wenn gewisse Leute Frankreich nicht mögen, sollten sie sich frei fühlen ihren Abschied zu nehmen.«[684]

---

683 Makhily Gassama, Hrsg., *L'Afrique Répond à Sarkozy: Contre le Discours de Dakar* (Paris: Philippe Rey, 2008); Adame Ba Konaré, Hrsg., *Petit Précis de Remise à Niveau sur L'Histoire Africaine à l'Usage du Président Sarkozy* (Paris: Le Découverte, 2008).

684 Nicolas Sarkozy, Rede vor der Union für eine Volksbewegung, Paris (April 22, 2006).

Für Alain Badiou verbindet Sarkosys »neuer Pétainismus« die Angst vor ›rassifizierten‹ Minderheiten mit der Angst vor einer wieder aufkommenden Linken (für Pétain die Volksfront, für Sarkozy, der Mai 1968).[685] Mit seinem Ruf nach einer Diskussion über die ›nationale Identität‹ drängte Sarkozy Minderheiten unterdessen in die Defensive, indem er auf subtile Weise eine normativ weiß-französische Sicht dieser Identität verstärkte. Wie die US-amerikanische schürt die französische Rechte Ängste vor inneren und äußeren Feind_innen: Für Sarkozy sind dies der Banlieue-›Abschaum‹ zuhause und die Islamist_innen in der Welt, und für die US-Rechte sind es Schwarze, Latin@s und Muslim_innen zuhause und der ›islamische Faschismus‹ außen. So wie die US-amerikanischen rechten Politiker_innen vorschlagen, den 14. Verfassungszusatzartikel [der die Grundlagen des Staatsbürgerschaftsrecht mit dem Recht auf gleiche Behandlung und auf ein ordentliches Gerichtsverfahren für alle Bürger_innen enthält] aufzuheben, um mexikanische Arbeiter_innen ohne Papiere zu bestrafen (und damit indirekt amerikanische Staatsbürger_innen mexikanischen Hintergrunds), schlug Sarkozy vor, Immigrant_innen, die eines schweren Verbrechens verurteilt wären, ihre Staatsbürgerschaft wegzunehmen. Nur um die antimuslimische und antiafrikanische Absicht dahinter klarzustellen, fügte Sarkozys Innenminister Polygamie und weibliche Beschneidung zu der Liste der Vergehen, die den Verlust der Staatsbürgerschaft bedeuteten, hinzu. Sarkozy drohte auch, eine von Europas paradigmatischen Gruppen ›innerer anderer‹ – die Roma – zurück nach Rumänien und Bulgarien zu schicken, wofür er dann gebührend von der Europäischen Union gescholten wurde.

Die Dekolonialisierung der *République*

Die gedankliche Neufassung von Frankreich in dem Oxymoron ›koloniale Republik‹ hat einige grundlegende Prinzipien des Republikanismus in Frage gestellt. Wie Seloua Luste Boulbina es sagt, wurde die Dekolonialisierung von einigen Französ_innen als ein ›*morcellement*‹ (Zerstückeln) erlebt, das zu perversen Effekten führte: »Es ist, als ob der französische postkoloniale Staat auf einem Trümmerfeld aufgebaut wurde, so dass, um zu existieren, es notwendig war, die Republik zu rehabilitieren (was die Unterschiedlichkeit und die ›communities‹ ignoriert) wie auch den Laizismus (der den Schleier ablehnt) sowie die nationale Identität (welche kulturelle Vielfalt überdeckt).«[686] Die

685 Vgl. Alain Badiou, *De Quoi Sarkozy Est-il le Nom?* (Paris: Lignes, 2007).

686 Seloua Luste Boulbina, »Ce Que Postcolonie Veut Dire: Une Pensée de la Dissidence«, *Rue Descartes* 58 (2006): 13.

neuere französische Geschichte hat in diesem Sinn einen wahrhaften Kampf der Kulturen zwischen denen, die die negative Erbschaft des Kolonialismus betonen, und denen, die den ›Kult der Reue‹ bezüglich derselben Erbschaft beklagen, aufgeführt. Die Rede vom ›Kult der Reue‹ diente dazu, die Verbrechen des Kolonialismus herunterzuspielen und gleichzeitig die Aufmerksamkeit auf die Weißen, die sich entschieden zu bereuen oder nicht zu bereuen, als den Hauptakteur_innen zu lenken, was den ›Rest‹ zu bloßen Zuschauer_innen eines innerweißen Streits machte. So macht sich Daniel Lefeuvre in seinem Buch *Pour en Finir avec la Repentance Coloniale* (2008) lustig über das, was er als ein obsessives Interpretieren gegenwärtiger Phänomene als Nachwirkungen des Kolonialismus erachtet: »Der Rassismus von Polizei und Verwaltung? Koloniales Erbe! Das Versagen der Schulen? Koloniales Erbe! Die schwierige Einfügung des Islam in den nationalen Raum? Koloniales Erbe«. Lefeuvre attackiert Marc Ferros 2003 erschienenes Buch *Le Livre Noir du Colonialisme* und fordert ein der »Glorie der französischen kolonialen Unternehmung einschließlich der Werke indigener Autor_innen« gewidmetes »Weißbuch der Kolonisierung«. Reue für den Kolonialismus ist für Lefeuvre reine »Scharlatanerie und Blindheit«.[687] Im selben Stil verleiht Alain Finkielkraut seiner eigenen Nostalgie eine Stimme, wenn er jammert, dass französische Schulen »nicht mehr lehren, dass es das Ziel des kolonialen Unternehmens war, die Wilden zu erziehen und ihnen die Zivilisation zu bringen«.[688]

In diesen paradigmatischen ›Kriegen‹ geht der Streit nicht darum, ob der Kolonialismus gewalttätig war, sondern nur darum, ob der Kolonialismus vom Wesen her und unwiderruflich oder nur auf Grund bestimmter Umstände und manchmal sogar zum Besten gewalttätig war. Die Feind_innen des ›Kultes der Reue‹ lassen die glimmende Asche des imperial-romantischen Traums vom ›kolonialen Epos‹ und den ›Abenteuern der Pioniere‹ wieder aufflammen. Akademiker_innen wie Lefeuvre und Politiker_innen wie Sarkozy sind in dieser Hinsicht Teil einer ideologischen Koalition, die die *mission civilisatrice* für die Zeit nach der Unabhängigkeit der ehemaligen Kolonien wiederzubeleben versuchen. Als Präsidentschaftskandidat tat Sarkozy in einer Rede in Toulon

687 Daniel Lefeuvre, *Pour en Finir avec la Repentance Coloniale* (Paris: Flammarion, 2008), 13, 229.

688 Finkielkraut zitiert nach Costantini, *Mission Civilisatrice*, 15. Solche ursprünglich in einem Interview mit *Haaretz* gemachte und später in *Le Monde* (24. Nov. 2005) wiedergegebene Kommentare lösten eine enorme Debatte in Frankreich aus. In den Vereinigten Staaten unterdessen beschuldigt Newt Gingrich, dessen Doktorarbeit von 1971 eine von der ›Bürde des weißen Mannes‹ ausgehende Verteidigungsschrift der belgischen Kolonialpolitik im Kongo war, jetzt Barack Obama, ein kenianischer Antikolonialist zu sein, was für einen Unterstützer der Tea Party eine merkwürdige Anklage ist, wenn man bedenkt, dass die ursprüngliche Tea Party in Boston antikolonialistisch war.

vom Mai 2007 sogar seine eigene neo-orientalistische Vorstellung kund, indem er den Traum pries, der »die Ritter Europas auf die Routen des Orients schickte, der Traum von Napoleon Bonaparte in Ägypten, von Napoleon III in Algerien, von Lyautey in Marokko, [...] ein Traum, nicht von Eroberung sondern von Zivilisation.«[689] Der konservative Konsens scheint darauf hinauszulaufen, dass der Kolonialismus trotz einiger ›Missbräuche‹ voll guter Absichten und allgemein nutzbringend war. Seine Argumente erzeugen politische Wirkungen, indem sie alle von ehemals kolonisierten Völkern vorgebrachten Behauptungen, man schulde ihnen etwas, unterhöhlen.

In den Vereinigten Staaten haben ähnliche kulturelle Kämpfe Vertreter_innen einer radikalen Pädagogik gegen rechte Extrempatriot_innen in Stellung gebracht. Der Unterschied zwischen dem französischen und dem US-amerikanischen Kampf der Kulturen leitet sich zum Teil ab von den Unterschieden zwischen den Praktiken eines in Europa fest liegenden kolonisierenden Nationalstaates und den Praktiken eines kolonialen Siedlerstaates in Amerika. In kolonialen Siedlerstaaten ist, wie der Name schon besagt, der Kolonialismus schon im Kern ihrer sozialen Entstehung angelegt. Diese Zentralität wird jedoch durch exzeptionalistische Narrative, wie dem von der ›Nation von Immigrant_innen‹ und der ›Eroberung des Westens‹ oder in Brasilien von ›dem Marsch zum Westen‹ und ›der Fabel von den drei Rassen‹. Der Kolonialismus ist allgegenwärtig, aber unsichtbar gemacht, wiedererzählt als legitime Expansion in einen leeren Raum. In Frankreich andererseits wurde der Kolonialismus, obgleich er die Metropole ökonomisch, kulturell und politisch formte, so wahrgenommen als fände er ›dort drüben‹ statt.

Unsere Recherche hat uns zu einem umfangreichen Korpus an ›interkolonialen‹ Texten geführt, die direkt oder indirekt die Überlegenheit bestimmter Formen des Kolonialismus gegenüber anderen Formen behaupten (des britischen gegenüber dem französischen, des amerikanischen gegenüber diesen beiden, und so weiter). Viele dieser Texte stellen dem gegenüber anderen ›Rassen‹ phobischen und rassentrennenden ›angelsächsischen‹ Kolonialismus den offeneren, assimilationsorientierten und toleranten ›lateinischen‹ Kolonialismus gegenüber. Diese Polarität sucht sogar Bücher heim, die sich postkolonialer Theorie mit Sympathie nähern. Um nur ein Beispiel zu zitieren: Jacqueline Bardolphs Buch *Études Postcoloniales et Littérature* fordert eine Untersuchung der »unterschiedlichen kolonialen Vorstellungswelten, eine Untersuchung der Art und Weise, wie die vom Katholizismus und dem Geist der Aufklärung geprägte französische Geschichte einen weniger hierarchischen

689 Sarkozy zitiert nach Catherine Coquio, Einführung zu Coquio, Hrsg., *Retours du Colonial? Disculpation et Réhabilitation de l'Histoire Coloniale Française* (Paris: L'Atalante, 2008), 14–15.

Blick auf nicht-europäische Völker bieten könnte als die britische imperiale Sichtweise«.[690] Somit werden uralte anglo-französische Spannungen bezüglich der relativen Humanität der verschiedenen Varianten des Kolonialismus in einer erneuten interkolonialen Rivalität wieder aufgerechnet, diesmal sogar innerhalb postkolonialer Forschung.

Solche nationalistisch-exzeptionalistischen Narrative werden aufgesogen durch Schulen, Geschichtsbücher, Museen, Ausstellungen über die Kolonien und durch die Medien. Die offizielle Geschichtsschreibung wird gemäß der klassischen Abschwächungsformel »Ich weiß, aber dennoch ...« zu einer Art nationaler Apologetik. In diesem Sinne bringt Nationalismus zwangsweise eine Amnesie mit sich. Wie Nietzsche es ausgedrückt hat: »Die Erinnerung sagt: ›Ich tat dies‹. Der Stolz antwortet ›Ich kann das nicht getan haben‹. Am Schluss gibt die Erinnerung nach.«[691] Zum Beispiel entwickelten die tief in die Sklaverei verwickelten Mächte vergleichende Diskurse relativer Unschuld. Dieser spiegelfechterische Wettbewerb sich herausputzender nationaler Egos hat in der Geschichte zu Behauptungen geführt, dass ›unsere‹ Eroberung sanfter, ›unsere‹ Sklaverei humaner und ›unser‹ Imperialismus kultivierter war. Unserer Meinung nach wäre eine vergleichende Untersuchung der Rolle des Narzissmus innerhalb des interkolonialen Diskurses produktiver. Sie würde die unterschiedlichen ›Mundarten‹ der größeren Sprachfamilien des Imperialismus untersuchen, wie die des US-militärischen Exzeptionalismus (»Wir fördern Demokratie und erheischen nicht einen Inch irakischen, afghanischen, vietnamesischen, laotischen, koreanischen ... Landes«), die des britischen Freihandelsimperialismus (»Uns kümmert nur der Handel, der allen nützt«), die der französischen *mission civilisatrice* (»Vive la culture française«), die des Luso-Tropicalismus (»Wir haben das Blut der Maur_innen und vergöttern *mulatas*«).

Gleichzeitig ist der theoretische Austausch in den verschiedenen Ländern durch gewisse Asymmetrien gekennzeichnet. Die erste Asymmetrie ist die zwischen dem Einfluss der anglofonen akademischen Welt mit ihrer (von der Hegemonie der englischen Sprache verstärkten) logistischen Kapazität, Ideen zu entwerfen und zu verbreiten, und der relativen Ideenlosigkeit (trotz der Berühmtheit von Frankreichs *maîtres à penser*) der französischen Akademie. Andererseits wirken einige Asymmetrien auch in die entgegengesetzte Richtung. So trifft erstens die intellektuelle Anglophobie vieler französischer Intellektueller im Allgemeinen nicht auf eine gleiche Frankophobie seitens an-

690 Jacqueline Bardolph, *Études Postcoloniales et Littérature* (Paris: Honoré Champion, 2002), 17–18.

691 Friedrich Nietzsche, "Vom Nutzen und Nachteil der Historie für das Leben" (1874), 187.

glo-amerikanischer linker Intellektueller, die mit mindestens genauso großer Wahrscheinlichkeit frankophil sind. Anne Berger, Professorin französischer und frankofoner Literatur an der Cornell University und damit eine ›Schleuserin‹ oder ›Mittlerin‹ in einer guten Position, die zwei akademischen Welten zu vergleichen, weist auf einen Gegensatz zwischen den zwei Akademien hin: »Anders als Frankreich, das sein Wissen und seine Ideen zu exportieren und von niemandem Lektionen erteilt zu bekommen hofft, ist Amerika (*sic*) ein begieriger Importeur von Ideen.«[692] Rada Ivekovic trifft eine ähnliche Feststellung in Bezug auf französische Intellektuelle, die vielleicht denken, sie widerstünden der »Einfuhr von Ideen«, die aber, indem sie dies tun, die »positive, bereichernde Seite solcher Einfuhren« verpassen. Wie Ivekovic dann ausführt, »beginnt [die Polemik um die Postcolonial Studies] auf etwas eitle und ängstliche Weise, da sie sich um den republikanischen Nationalstolz und einen Wunsch nach Eigenständigkeit dreht, wodurch sie eine unglückliche Tendenz bekommt, dass neue Ideen mit groben ›dafürs‹ und ›dawiders‹ rezipiert werden, was jede strukturelle Komplexität und historische Tiefe einebnet«.[693]

Das Problem auf der anglo-amerikanischen Seite, so wollen wir hinzufügen, besteht manchmal in einer insularen, selbstgefälligen, einsprachigen Provinzialität, gepaart mit einer gewissen modeorientierten Oberflächlichkeit, die dekoratives Zitieren der geweihten *maîtres à penser* einer tieferen Auseinandersetzung mit der substantiellen, aus Frankreich und der französischsprachigen Welt kommenden Forschung vorzieht. Es geht daher nicht darum, dass französische Intellektuelle einfach als Trittbrettfahrer_innen auf den postkolonialen Zug springen sollten, sondern vielmehr darum, dass alle Intellektuelle die Kreise der Debatten auch dadurch, dass sie die Provinzialitäten der von der Debatte angenommenen lokalen Formen kritisieren, ausweiten sollten. Es geht nicht darum, wer importiert und wer exportiert, sondern vielmehr darum, eine komplexere Beschreibung der Ideenzirkulation über die Grenzen hinweg zu entwickeln. Auf diesen Punkt werden wir im abschließenden Kapitel noch zurückkommen.

Ein kolonialer roter Faden läuft durch viele neuere französische Polemiken um solche Themen wie: den Schleier und religiöse Symbole in französischen Schulen, die Gesetze, die das Leugnen des Genozids an den Armeniern und der Shoah verbieten, das Gedenken an die Sklaverei und das Taubira Gesetz, welches die Sklaverei zu einem ›Verbrechen gegen die Menschheit‹ macht, das koloniale Erbe französischer Museen, Sarkozys Vorschlag eines Ministeriums

692 Anne Berger, "Traversées de Frontières: Postcolonialité et Études de Genre en Amérique," *Labyrinthe* 24 (2006): 11–37.

693 Rada Ivekovic, »Langue Coloniale, Langue Globale, Langue Locale«, *Rue Descartes* 58 (2007): 28–29.

für Immigration, Integration, nationale Identität und Ko-entwicklung, den die Pensionen für die nordafrikanischen Soldat_innen, die Frankreich am Ende des Zweiten Weltkriegs befreiten, betreffenden Film *Indigènes*, die offizielle Anerkennung des Massakers in Madagaskar von 1947 durch Chirac im Jahr 2005, die ›Wiederentdeckung‹ des Polizeimassakers vom 17. Oktober 1961 in Paris an Hunderten von Algeriern, die Vorwürfe französischer Komplizenschaft am Genozid von 1994 in Ruanda drei Jahrzehnte danach sowie die Parlamentsdebatten um die ›positiven Wirkungen des Kolonialismus‹. Gelegentlich haben sich prominente Veteran_innen der antikolonialen Kämpfe an diesen Debatten beteiligt, so als Césaire sich weigerte, den damaligen Bildungsminister Sarkozy zu treffen und zur Begründung feststellte: »Als Autor des *Diskurses über den Kolonialismus* bleibe ich meinem Credo als ein entschiedener Antikolonialist treu [und] kann nicht auftreten, als sei ich mit dem Geist oder den Buchstaben des Gesetzes vom 23. Februar 2005 [welches das Anführen von ›positiven Wirkungen des Kolonialismus‹ im Geschichtsunterricht vorschrieb] einverstanden.«.[694]

Ein Großteil der postkolonialen Produktivität rückte in dem Jahr ins Blickfeld, welches der Winter des postkolonialen Unbehagens genannt werden könnte: 2005. Das Jahr begann mit dem Aufruhr gegen eine parlamentarische Gesetzesvorlage, die für die aus Algerien wieder zurück eingebürgerten Französ_innen (d.h., die ehemaligen *colon* oder *pieds-noirs*) und für die ›positiven Errungenschaften‹ der französischen Kolonisierung nationale Anerkennung forderte. (Die Gesetzesvorlage wurde in der Folge wieder zurückgezogen.) Das Jahr endete mit den teilweise durch provokante Äußerungen von Regierungsmitgliedern ausgelösten Banlieue-Aufständen vom November, die in einen Taumel der Wut gegen Polizeigewalt, Diskriminierung, *Racial Profiling* und Arbeitslosigkeit mündeten. Mehr als 10.000 Autos wurden verbrannt und über 100 öffentliche Gebäude wurden in ganz Frankreich angezündet. Der koalitionäre Optimismus des »Marche des Beurs« von 1983 war, so schien es, zwei Jahrzehnten später von der spontanen Wut der Unterdrückten aus den Banlieues abgelöst worden.

Dies war auch das Jahr der Bildung der *Indigènes de la République*, einer radikalen Gruppe, deren Name an sich schon die Erinnerung an den kolonialen ›indigenen Kodex‹ mit der Republik verschweißt und damit das Fortbestehen des Kolonialen in der vermeintlich postkolonialen Ära kundtut. 2005 veröffentlichte die Organisation einen Appell, der die Lage der neuen ›Eingeborenen‹ beklagte:

694 »Aimé Césaire Refuse de Recevoir Nicolas Sarkozy«, Le Monde (December 7, 2005).

»Diskriminiert wie sie werden in Bezug auf Beschäftigung, Wohnen, Gesundheitsversorgung, sowie in Schule und Freizeitaktivitäten, sind die Menschen der ehemaligen Kolonien, oder der heutigen, oder jene, deren Anwesenheit in Frankreich Resultat postkolonialer Immigration ist, vorrangige Opfer sozialer Ausgrenzung und Entrechtung. Unabhängig von ihrer tatsächlichen Herkunft werden die Bevölkerungen der ›quartiers‹ ›indigenisiert‹, d.h., an den Rand der Gesellschaft gedrängt [...]. Identitätsüberprüfungen, Provokationen und Verfolgungen jeder Art werden vervielfacht; die manchmal extreme Polizeibrutalität wird nur selten von einem Justizsystem geahndet, das mit zwei Geschwindigkeiten operiert.«[695]

Der Text fährt fort mit der Feststellung, dass »Frankreich ein Kolonialstaat bleibt«, egal ob in der Form territorialer *départements* (Martinique, Guadeloupe, Guyana, La Réunion) oder von Übersehterritorien (Neukaledonien, Tahiti), wo auf jeden Fall die ökonomische Entwicklungsstufe weit unter der der Metropole ist. »In Frankreich«, so der Text, »wird den Kindern dieser Kolonien der Status von Immigrant_innen zugewiesen – von französischen Bürger_innen zweiter Klasse ohne alle ihre Rechte«. Der Appell konstatiert kühn, dass »die Behandlung der Bevölkerungsgruppen, die ein Produkt der Kolonisierung sind, die Kolonialpolitik weiterführt«. Gleichzeitig unterstreicht er die ökonomische Dimension der Unterdrückung: »Die Figur des ›*indigène*‹ [...] ist mittlerweile verwoben mit anderen Logiken sozialer Unterdrückung, Diskriminierung oder Ausbeutung. So werden heute, im Kontext des Neoliberalismus, Immigrantenarbeiter_innen dazu gebracht, die Rolle von Deregulator_innen des Arbeitsmarktes zu spielen, so dass die Ausdehnung der Logik des prekären Lebens und der flexiblen Produktion auf die gesamte Bevölkerung der Lohnabhängigen leichter erfolgen kann.« Der Text schließt damit, dass er (1) ein radikales Hinterfragen des Aufklärungs-»Chauvinismus des Universellen« fordert und (2) radikale Maßnahmen zur Beendigung der Zugangsdiskriminierung bezüglich Jobs, Wohnungen, Kultur und Staatsbürgerschaft sowie die Eliminierung jener »Institutionen, die ehemals kolonisierten Bevölkerungen einen untermenschlichen Status zuweisen«.

Kurz gesagt, beschreiben die *Indigènes de la République* das heutige Frankreich als einen quasi kolonialen Staat. Das *Racial Profiling* und Schikanieren der Bevölkerungen aus der Karibik, Nordafrikas und aus den Ländern südlich der Sahara verlagerten für die *Indigènes* bloß die alten, den französischen Kolonialismus ausmachenden Einstellungen und diskriminierenden Praktiken ins Hexagon des Mutterlandes. Am 16. Januar 2005 verbreitete die Gruppe einen »Appell für eine Konferenz über den postkolonialen Antikolonialismus«. Sie

695 Für den ganzen Text dieses Appells, vgl. Mouvement des Indigènes de la République, »L'Appel des Indigènes de la République«, Januar 2005, http://indigenes-republique.fr/le-p-i-r/appel-des-indigenes-de-la-republique/

organisierte außerdem eine Kundgebung am 8. Mai, dem Jahrestag der brutalen französischen Niederschlagung einer algerischen Demonstration in Sétif im Jahre 1945, gegen die Amnesie bezüglich vergangener französischer Massaker und gegen eine selten von einem Justizsystem ›mehrerer Geschwindigkeiten‹ bestrafte Polizeibrutalität. Unter anderem wurden die folgenden Punkte in dem Appell aufgeführt:

> »Frankreich ist und bleibt ein kolonialer Staat [...]. In seinen früheren Kolonien führt es eine Politik der Vorherrschaft fort [...]. Die vom Kolonialismus stammende Behandlung der Bevölkerungen geht weiter, ohne auf die Kolonialpolitik reduziert werden zu können [...]. In den Handlungen der Politik, der Verwaltung und der Justiz spukt weiterhin die Figur des ›Eingeborenen‹ herum [...] im Verbund mit anderen Logiken der Unterdrückung, Diskriminierung und sozialen Ausbeutung [...]. Wir, die Abkömmlinge von Sklav_innen und afrikanischen Deportierten, die Töchter und Söhne der Kolonisierten und von Immigrant_innen, wir, Französ_innen und Nicht-Französ_innen, die in Frankreich leben, [...] wir sind die ›Eingeborenen‹ der Republik.«

Die *Indigènes de la République* erfuhren eine feindselige Rezeption von einem Großteil des politischen Spektrums, also nicht nur vom politisch in der Mitte anzusiedelnden *Nouvel Observateur*, der ihr Manifest »einen verworrenen Cocktail von linkem Poujadismus[696], flachem Glauben an eine andere Welt und post-fanonschem Radikalismus« nannte,[697] sondern auch von einigen Linken, die diese Bewegung als »kommunitär« und »rassistisch« bezeichneten.[698] Diese teilweise Konvergenz von Rechts und Links legt nahe, dass sich koloniale, auf einem eurozentrischen Universalismus beruhende Einstellungen in der postkolonialen Epoche erhalten haben.

Ebenfalls 2005 wurde der Band *La Fracture Coloniale: La Société Française au Prisme de l'Héritage Colonial* (Der koloniale Bruch: Die französische Gesellschaft im Prisma des kolonialen Erbes) veröffentlicht. Wie die Herausgeber_innen in der Einführung schreiben:

> »Es ist heute schwierig, ›Postkolonialität‹ zu ignorieren, zieht man die außerordentlich starken Spannungen in Betracht, die damit einhergehen: die Erweiterung des Vergleichs zwischen der kolonialen Situation und den Situationen sozialer, ökonomischer, kultureller, bildungsbezogener und religiöser Marginalisierung in den einzelnen Stadtvierteln; [...] die Forderungen in Bezug auf die historische Er-

696 Poujadismus - besonders in den 1950er-Jahren; kleinbürgerliche französische Protestbewegung mit extremistisch-faschistischer Tendenz.

697 Jean Daniel, »Les Damnés de la Républiques«, *Nouvel Observateur* (March 9, 2005).

698 Vgl. Forence Bernault, »Colonial Syndrome«, in Charles Tshimanga, Didier Gondola, und Peter J. Bloom, Hrsg., *Frenchness and the African Diaspora: Identity and Uprising in Contemporary France* (Bloomington: Indiana University Press, 2009).

innerung an die ›Kinder der Kolonisierung‹; [...] das zunehmende ›Gefühl der Unsicherheit‹ bezüglich postkolonialer Immigration und das Versagen seitens der republikanischen Eliten ›extra-normale‹ (als *communautaristes* angesehene) Identitäten zu verstehen; die mediale Verurteilung eines sogenannten ›anti-weißen Rassismus‹ zu einer Zeit, in der wir Zeug_innen einer zunehmenden Rigidität des ›französischen Integrationsmodells‹ werden; die Zurückweisung von Frankreich und von *francofonie* im frankofonen Afrika [...]. All diese Zeichen machen den *kolonialen Bruch* zu einer vielschichtigen Realität, die nicht länger ignoriert werden kann.«[699]

Als Teil der Auseinandersetzung um die Art, wie die französische Geschichte in Schulbüchern und in den Medien dargestellt werden soll, präsentiert der Band Essays über die Rolle, die das herrschende republikanische Modell dabei spielt, erstens, kritisches Denken zu *race* zu unterdrücken (Achille Mbembe); zweitens, postkoloniale Migrant_innen und ihre Nachkommen durch den Mythos der ›Integration‹ zu marginalisieren (Ahmed Boubeker), und drittens, Araber_innen und Muslim_innen zu stereotypisieren (Thomas Deltombe und Mathieu Rigouste).

Die Reaktionen auf die Arbeit französischer postkolonialer Wissenschaftler_innen offenbaren sowohl Ähnlichkeiten als auch Unterschiede im Vergleich zur anglo-amerikanischen Situation. Nicolas Bancel und Pascal Blanchard nahmen sich 250 Kommentare und kritische Bezugnahmen in der Presse, den Medien und im Internet vor, um die Reaktionen auf ihr einflussreiches Buch *La Fracture Colonial* zu untersuchen. Eine erste Achse der Kritik bestand darin, jede eindeutige Verbindung zwischen dem Kolonialismus und der heutigen Situation abzustreiten. (Die Autor_innen antworten, dass die Situation sowohl verknüpft als auch eindeutig sei.) Eine zweite, eher marxistische Kritik, stieß sich an der Privilegierung von *race* gegenüber Klasse und von Kultur gegenüber Ökonomie. (Für die Autor_innen sind alle wesentlich, miteinander verwoben und auf komplexe Weise miteinander verschränkt.) Eine dritte Kritik beschuldigte die Autor_innen der Zersetzung republikanischer Werte, während eine vierte über das ›Öffnen historischer Wunden‹ jammerte. Solche launischen Reaktionen auf die *Postcolonial Studies* in sowohl Frankreich als auch den Vereinigten Staaten sind symptomatisch für eine gemeinsame ›Gefühlsstruktur‹ (Williams), die sich jeder tiefergehenden Auseinandersetzung mit der Wirkung des Kolonialismus auf die nationale Geschichte widersetzt.

Tatsache ist, dass das gegenwärtige Frankreich sowohl Kontinuitäten als auch Brüche mit seiner kolonialen Vergangenheit aufweist. Als Beispiel für Kontinuität könnte man die Tatsachen zitieren, dass (1) die demografische

---

699 Pascal Blanchard, Nicolas Bancel und Sandrine Lemaire, Einführung zu Blanchard, Bancel und Lemaire, Hrsg., *La Fracture Coloniale: La Société Française au Prisme de l'Héritage Colonial* (Paris: La Découverte, 2005), 11–12.

Mehrheit in den überbelegten Wohngebieten (Banlieues) ein sprichwörtliches Nebenprodukt der französischen Kolonialisierung des Maghreb und von Teilen Afrikas südlich der Sahara ist; (2) die Wiedereinführung des Ausnahmezustands am 8.November 2005 auf einem Notstandsgesetz von 1955 basierte, das ursprünglich zur Unterdrückung von Unruhen im französischen Algerien verabschiedet wurde; (3) die aus Algerien heimgekehrten *pieds-noirs* eine wichtige Stellung in der immigrant_innenenfeindlichen *Front National* einnehmen; und (4) viele aus Algerien heimgekehrte koloniale Verwaltungsbeamt_innen auf Stellen gesetzt wurden, auf denen sie Kontrolle über postkoloniale Immigrant_innen ausüben.[700] Dem Soziologen Didier Lapeyronnie zufolge »erfahren sich« die Bewohner_innen dieser Gegenden »als ›kolonisierte Menschen‹ in genau dem Sinn, den Frantz Fanon, Albert Memmi oder V.S. Naipaul diesem Begriff geben: Sie werden definiert durch von außen kommende und dominante Blicke und Kategorien [...]. Wie kolonisierte Menschen haben die Bewohner_innen der ›sensiblen Zonen‹ den Eindruck, dass sie keine eigene politische Existenz haben, dass sie nicht als Bürger_innen erachtet werden«.[701] Andere Analyst_innen finden die Kontinuitätsthese übertrieben: Immerhin sei der indigene Kodex selbst erloschen, und seien sogar die *Indigènes de la République* Staatsbürger_innen. Pap Ndiaye nimmt eine sorgfältig differenzierte Position ein, wenn er meint, dass es »unverschämt vereinfachend« sei zu behaupten, dass die heutigen ›Rassendiskriminierungen‹ auf die alte koloniale Sklavenordnung zurückzuführen seien, dass es aber auch »ziemlich unehrlich« wäre zu behaupten, dass die heutigen Ungerechtigkeiten nichts mit dieser Ordnung zu tun hätten. Ndiaye zufolge lade uns das postkoloniale Projekt ein, genau über die »Beibehaltung von Strukturen der Beherrschung nach der Dekolonialisierung« nachzudenken. Die Besinnung auf diese »difference non indifferente [diesen nicht gleichgültigen Unterschied] zwischen Vergangenheit und Gegenwart ist genau das, was in den gegenwärtigen Sozialwissenschaften auf dem Spiel steht«.[702]

---

700 Bezüglich dieses letzten Punktes, vgl. Alexis Spire, *Étrangers à la Carte: L'administration de l'Immigration en France* (1945–1975) (Paris: Grasset, 2005), 268–272.

701 Didier Lapeyronnie, »La Banlieuecomme Théâtre Colonial, ou la Fracture Coloniale dans les Quartiers«, in Blanchard, Bancel und Lemaire, *La Fracture Coloniale*, 214.

702 Pap Ndiaye, *La Condition Noire: Essai sur une Minorité Française* (Paris: Calmann-Lévy, 2008), 346–347.

Der Walzer des Zögerns seitens der französischen postkolonialen Forschung

Die vergangene Dekade hat in Frankreich ein beträchtliches Werk postkolonialer Forschung geschaffen. Marie-Claude Smouts zufolge basierte dies auf drei schon lange in der ›anglofonen‹ akademischen Welt akzeptierten Grundannahmen; erstens, dass die koloniale Tatsache einen wesentlichen Teil der Geschichte der französischen Gegenwart ausmacht; zweitens, dass der Kolonialismus nicht nur die ehemals kolonisierten Gesellschaften verändert hat, sondern auch die kolonisierende Gesellschaft selbst; und drittens, dass Frankreich, um zu einer inklusiveren Republik zu werden, die Erbschaft seiner kolonialen Vergangenheit anerkennen muss.[703]

Vor einer Beschäftigung mit den aktuellen postkolonialen Arbeiten lohnt es sich, über die Gründe für die Abwehr gegen *Postcolonial Studies* nachzudenken. Womit ist das spezifisch französische Zögern bezüglich des postkolonialen Projekts zu erklären? Oder, um unsere früheren Fragen zur Rezeption multikultureller Identitätspolitik zu wiederholen: Auf welche Art diktieren nationale Interessen, kulturelle Institutionen und globale sozioökonomische Ausrichtungen die Routen ›reisender Theorien‹ wie die des Postkolonialismus? Welche Gefühlsstruktur, welche Widerstände und Interferenzen liegen hinter dieser anfänglichen Gegnerschaft? Hier untersuchen wir erst einmal die Gründe für die Gegnerschaft und wenden uns dann dem bemerkenswerten jüngsten Aufblühen direkt sich mit Themen des Postkolonialen befassenden Schreibens zu.

Zur Einleitung ist es wichtig, einige Unterschiede bezüglich der Rezeption des Postkolonialismus in den verschiedenen Zonen festzuhalten. Trotz des Widerstandes gegen die akademische postkoloniale Theorie, gewannen die politischen Debatten über den Kolonialismus in der französischen Öffentlichkeit eine viel größere Aufmerksamkeit als in den Vereinigten Staaten und Großbritannien. Es wäre deshalb verkehrt, das Thema der Rezeption des Postkolonialismus mit einem Stufenmodell oder linear zu erfassen, so als wäre es bloß eine Frage seitens der französischen Intellektuellen, mit der anglo-amerikanischen akademischen Welt gleichzuziehen. »Die verschiedenen Sprachen«, so drückt es Rada Ivekovic aus, »sind in ihrer Zeitlichkeit und Geschichtlichkeit nicht immer deckungsgleich«.[704] Einiges am französischen Zögern gegenüber *Postcolonial Studies* entstammte, wie wir gesehen haben, einer schon lange bestehenden intellektuellen Stärke, nämlich Frankreichs Status als einem bevor-

703 Marie-Claude Smouts, Hrsg., *La Situation Postcoloniale: Les Postcolonial Studies dans le Débat Français* (Paris: Sciences Po, 2008), 24–25.

704 Ivekovic, »Langue Coloniale, Langue Globale, Langue Locale«.

zugten Terrain für antikoloniale, anti-neokoloniale und anti-imperialistische Literatur sowohl französischer als auch frankofoner, in und außerhalb Frankreichs lebender Autor_innen, die zurückgeht auf Césaire, Senghor, Édouard Glissant, Maryse Condé, Alioune Diop, Hamidou Kane, Amadou Hampaté Bâ, Abdelmalek Sayad, Alice Cherki, Yves Bénot, Francis Jeanson und vielen anderen. Später ging dieses antikoloniale und anti-imperiale Werk nicht so sehr ins akademische Feld des Postkolonialismus über, als in den mit der Antiglobalisierung und globalisierungskritischen Bewegungen verbundenen Aktivismus.[705] So begann beispielsweise das Weltsozialforum als Zusammenarbeit zwischen progressiven Brasilianer_innen und den anti-imperialistischen Linken von *Le Monde Diplomatique*. Während so eine geringere postkoloniale akademische Produktion in Frankreich anfiel, gab es aber andererseits vielleicht auch mehr politischen Aktivismus gegen die modernen Nachfolger von Kolonialismus und Imperialismus.[706]

Gleichzeitig gab es einen deutlichen Unterschied bezüglich der Rolle der verschiedenen akademischen Disziplinen. Während postkoloniale Forschung in Frankreich weitgehend auf spezifische Disziplinen beschränkt blieb, sind *Postcolonial Studies* in der anglofonen Welt schon lange transdisziplinär. Als ein Ergebnis dieses Unterschieds in der jeweiligen akademischen Genealogie könnte das, was in der anglofonen Welt ›postkolonial‹ genannt würde, in Frankreich einfach ›Geschichte‹ oder ›Ethnologie‹ oder ›Ökonomie‹ oder ›Literatur‹ genannt werden. Auf ähnliche Weise könnte das, was ›postkoloniale Literatur‹ genannt wird, in Frankreich ›Entwicklungsliteratur‹ oder ›Schwellenliteratur‹ genannt werden.[707] Solche Arbeiten richteten sich in Theorie und Praxis häufig gegen den Kolonialismus, auch wenn sie sich nicht genügend von solchen infantilisierenden Begriffen wie ›auf der Schwelle stehend‹ oder ›sich entwickelnd‹ befreiten. Was vielleicht in der französischen akademischen Welt fehlte, war die metatheoretische und transdisziplinäre

705 Es ist auch wichtig, die weiter bestehende Fähigkeit der französischen Linken, die Massen zu mobilisieren, festzuhalten, egal ob bei dem Widerstand von 2005 gegen das Referendum zur europäischen Verfassung, ob bei der studentischen Mobilisierung von 2006 gegen den CPE-Angriff auf Arbeitnehmerrechte oder bei der Mobilisierung gegen die Veränderungen der Sozialversicherungsgesetze durch die Konservativen.

706 Viele französische Autor_innen haben zum Beispiel die neokoloniale Unterseite der gegenwärtigen französischen Politik in Afrika untersucht. In *La Françafrique: Le Plus Long Scandale de la République* erforscht François-Xavier Verschave die Mechanismen des französischen Neokolonialismus in Afrika, wo die französische politische Elite sowohl der Rechten als auch der Linken sehr enge Beziehungen mit einer Reihe afrikanischer Kleptokraten und Diktatoren, deren Interessen sie bevorzugt, unterhalten hat.

707 Vgl., zum Beispiel Bernard Mouralis, *Littérature et Développement* (Paris: Silex, 1999) oder Jean-Marie Grassin, *Littératures Émergentes* (Bern: Peter Lang, 1996).1.

Stoßrichtung der *Postcolonial Studies*, obgleich diese zum Teil von französischer kritischer Theorie inspiriert worden war.

Auf der Suche nach einer multidimensionaleren Analyse haben einige Kommentator_innen die Kategorien von Foucault und Bourdieu sozusagen auf *race* bezogen und ›postkolonialisiert‹. Statt einfach von ›Rassismus‹ zu sprechen, rückt die Soziologin Nacira Guénif-Souilamas die normative Biopolitik in den Vordergrund, die die Staatsbürgerschaft und Staatsunterbürgerschaft im postkolonialen Frankreich prägt und die Körper und das Verhalten der Kinder von Immigrant_innen of Color reguliert. Während der dominante Diskurs eine allgemeine Freiheit, sich selbst zu erfinden für alle Menschen annimmt, lässt man die Marginalisierten sich in ihren eigenen Körpern eingesperrt fühlen, zurückgehalten von der unsichtbaren Barriere, die jene abtrennt, denen ›zivilisatorische Legitimität‹ fehlt.[708] In dichter Foucaultscher Prosa verfasst Guénif-Souilamas eine Kritik der »Biopolitik im Dienste der herrschenden Ordnung«:

> »Unsere, so um die Freiheit eines jeden sich selbst zu erfinden besorgte Epoche reserviert für die am meisten Beherrschten eine sehr sonderbare Art der Selbsterfindung, eine neue Form der Gefangenschaft, eine neue Freiheitsberaubung, die jene französischen Menschen befällt, die in ihren eigenen Körpern eingesperrt sind. Somit ist die Barriere, die zwischen jenen aufgerichtet ist, die sich zivilisatorischer Legitimität erfreuen, und jenen, die dies nicht können, nicht länger äußerlich [...]. Diese nicht zu überschreitende Grenze vermählt sich mit den Körpern selbst, wickelt sie ein in einen durchsichtigen Film, der allen Korrosionen durch Berührung widersteht, [...] isoliert die so Umgrenzten [...]. Denjenigen, die erlebt oder als Zeug_innen mitbekommen haben, wie *Racial Profiling* von Körpern diese praktisch einkerkert, [...] wird deutlich bewusst, dass man inhaftiert sein kann, obwohl man dem Anschein nach frei ist.«[709]

Indem sie von Bourdieu und Norbert Elias entwickelte Konzepte aufgreift, argumentiert Guénif-Souilamas, dass Gebräuche und Habitus eine entscheidende Rolle in der Ökonomie der ›Unterscheidung‹ und dem Aufrechterhalten von Klassenbarrieren spielen. »Vorsoziale, in den anderen Worten der Umgangssprache, im Wortsinn natürliche, aber zutiefst kulturelle, *race* zugeschriebene Charakterzüge werden konstruiert, um dem ihnen auferlegten Zweck zu dienen: herabzuwürdigen, um abzutrennen, das Böse zuzuordnen, um sich selbst davor zu schützen.«[710]

Guénif-Souilamas spricht von der »durch Integrationsrhetorik [verschleierten] Verbindung zwischen Kolonialismus und Assimilationismus aufgrund

---

708 Nacira Guénif-Souilamas, Einführung zu Guénif-Souilamas, Hrsg., *La République Mise à Nu par Son Immigration* (Paris: La Fabrique, 2006).

709 Ebd., 24-26.

710 Ebd.

von deren Wesensähnlichkeit.[711]« Die offensichtlichste Verbindung ist der symbiotische Zusammenhang zwischen einem ›rassisch‹ gefärbten ›Zivilisierungsprozess‹, der einst im Ausland stattfand und jetzt innerhalb französischer Institutionen stattfindet. Der Körper selbst spielt eine allegorische Rolle insofern, als die neuen ›Protagonisten des Andersseins‹ die beunruhigende Figur des undomestizierten ›anderen‹ verkörpern. Genauso wie der afro-amerikanische Körper eine allegorische Rolle als wandelnde Mahnung an die unterdrückte Erinnerung an weiße Verbrechen an Schwarzen gespielt hat, ist auch in Frankreich »die Gegenwart [der Protagonist_innen des Andersseins] selbst eine Mahnung an das, was diese unfreiwilligerweise abbekommen haben«.[712] Selbst der Feminismus wird gegen einen generischen arabisch-muslimischen ›anderen‹ eingesetzt. Für antimuslimischen Rassismus ist nur ein Glaube, der Islam, als im Kern sexistisch stigmatisiert. Guénif-Souilamas macht sich lustig über den »patriarchalischen Feminismus« der französischen, weißen, männlichen Kritiker des Islams, die sich als ritterliche Verteidiger muslimischer Frauen gegen muslimische Männer gerieren und uns damit unvermeidlich an Spivaks einprägsame Formel von den »weißen Männern, die braune Frauen vor braunen Männern retten«, erinnern.[713] Wie in den Vereinigten Staaten beteiligen sich weiße Feministinnen manchmal an den Verurteilungen, so wenn Elisabeth Badinter eine religiöse Tradition in einer Art säkularen Fundamentalismus pathologisiert, indem sie verschleierte muslimische Frauen »sehr, sehr krank« nennt. Eine religiös kodierte Kleiderwahl wird zum Auslöser einer den Dialog meidenden, von Projektionen gefärbten Analyse, die die Subjektivität der Trägerinnen des Schleiers verneint, der für Badinter »die kategorische Verweigerung mit dem anderen in Kontakt zu treten symbolisiert, [...] ein dreifaches Vergnügen gegenüber dem anderen: das Vergnügen des Nichtreziproken, das Vergnügen des Exhibitionismus und ein voyeuristisches Vergnügen«.[714]

711 Ebd., 8.

712 Ebd., 17.

713 Guénif-Souilamas sprach in einem im Französischen Haus der New York University im November 2009 gehaltenen Vortrag von »patriarchalischen Feministen«. In den Vereinigten Staaten wird der Begriff oft im Zusammenhang eines weißen oder eurozentrischen feministischen Diskurses über weiße Frauen, die braune Frauen vor braunen Männern retten, benutzt (Shohat). Vgl. Ella Shohat, Hrsg., *Talking Visions: Multicultural Feminism in a Transnational Age* (Cambridge: MIT Press, 1998). Die Formulierung »Weiße Männer retten braune Frauen vor braunen Männern« ist Gayatri Spivaks »Can the Subaltern Speak?« , in Cary Nelson und Lawrence Grossberg, Hrsg., *Marxism and the Interpretation of Culture* (London: Macmillan, 1988) entnommen.

714 Öffentliche Rede vor der französischen Nationalversammlung, www.assemblee-nationale.fr, zitiert nach Achille Mbembe, »Provincializing France?« *Public Culture* 23, no. 1 (Winter 2011): 94–95.

Das Feld des Postkolonialen wurde in Frankreich noch von einer weiteren diskursiven Gestalt, nämlich der *Francofonie* ›besetzt‹. Weniger eine kritische Theorie als eine von offizieller Seite befürwortete Neuformatierung der *mission civilisatrice*, kann *la Francofonie* als ein gaullistisches kulturelles, diplomatisches und kommerzielles Projekt gesehen werden, das zum Teil gegen die ›angelsächsischen‹ Rival_innen um Einfluss in der ›Dritten Welt‹ gerichtet war. Diese Situation erzeugte einen zwiespältigen, gleichzeitig sowohl privilegierten als auch marginalisierten Status für frankofone Autor_innen. Pascale Casanova bringt diese missliche Lage frankofoner Autor_innen auf den Punkt: »Paris war nie an Autor_innen aus den kolonialen Gebieten interessiert gewesen; in Wirklichkeit hat es sie lange als Provinzielle verachtet und schlecht behandelt; als zu nahe, um ihre Unterschiedlichkeit anzuerkennen, und als zu weit entfernt, um sie einfach wahrzunehmen.«[715] Beispielsweise wurden die karibischen Schriftsteller_innen als zu karibisch angesehen, um französisch zu sein, und als zu französisch, um karibisch zu sein. Ein großer Teil der postkolonialen ›Luft‹ wurde auf diese Weise zumindest in den Literaturabteilungen von *la Francofonie* und frankofoner Literatur aufgesogen.[716] Jedoch wird das Konzept von Frankofonie an sich zunehmend sowohl von den Kritikern_innen als auch den Autor_innen selbst, die Begriffe wie ›Weltliteratur auf Französisch‹ vorziehen, in Frage gestellt.

Eine Reihe französischsprachiger Wissenschaftler_innen, die ungezwungen zwischen den Amerikas, Europa und der Karibik hin und her reisen – besonders Françoise Vergès, Anne Donadey, Françoise Lionnet, Winifred Woodhull, Brent Hayes Edwards, Tyler Stovall, Dominic Thomas und Georges Van Den Abbeele – , sprechen von neuen hybriden, transdisziplinären Formationen (und führen dies für sich als Kategorien ein), die französische und frankofone Belange in umfassenderen Strukturen wie ›frankofonen *Postcolonial Studies*‹ aufheben. In der Anthologie *French Civilization and Its Discontents: Nationalism, Colonialism, Race* merken Tyler Stovall und Georges Van den Abbeele das allgemein fehlende Interesse Frankreichs an diesen Strömungen an. »Das Studium französischer Literatur und Kultur, welche außerhalb Frankreichs

715 Pascale Casanova, *La République Mondiale des Lettres* (Paris: Seuil, 1999), 218.

716 Das von Édouard geschaffene *Institut du Tout-Monde*, wurde als Versuch gegründet, »das Verständnis der Prozesse der Kreolisierung voranzubringen und die außergewöhnliche Vielfalt der Vorstellungswelten der Völker, wie sie sich in einer Fülle von Sprachen und einer Pluralität künstlerischen Ausdrucks und in unerwarteten Lebensstilen ausdrückt,« zu verbreiten. Das Ziel ist es, ein »internationales Netzwerk von Studien und Forschung, einen Raum für Erfindung und Gestaltung, einen Platz für Begegnungen und Erinnerungen« aufzubauen. Das letztendliche Ziel des Instituts ist es, »die Welt anders zu leben«. Fondation Euro-Méditerranéene Anna Lindh pour le Dialogue entre les Cultures, "Institut du Tout-Monde," http://www.euromedalex.org/node/5966.

und tatsächlich in der ganzen französischsprachigen Welt entstanden ist, ist trotz der Gleichgültigkeit und Feindseligkeit des Mutterlandes entstanden.« Und sie fahren fort: »Die berauschende Erweiterung des Korpus französischer Studien findet wenig zustimmende Resonanz in der Metropole und dies trotz der überraschenden Entwicklung von so etwas wie einem globalen frankofonen Bewusstsein mit einem beinahe schwindelerregenden Spektrum an gleichrangigen Kontakten entlang der gesamten Peripherie, insofern als angloamerikanische Forscher_innen Paris umgehen, um sich mit ihren karibischen, kanadischen, afrikanischen und pazifischen Partner_innen auszutauschen.«[717] Der wachsende Austausch zwischen frankofonen Regionen, so folgern die Autor_innen möglicherweise etwas übertreibend »geht vollständig an Paris vorbei«.[718] Die von Glissants Beziehungstheorien abgeleiteten Vorstellungen von *tout-monde* und ›Kreolisierung‹ – mittlerweile Standardlektüre in der Karibik, Schwarz-Afrika und dem Maghreb –werden ihnen zufolge in Frankreich selbst weitgehend ignoriert.

Frankreichs ›eigene‹ Postkoloniale haben sich aufgrund dessen von französischer Lehre und von französischen Institutionen zugunsten anderer Alternativen abgewandt. Viele französischsprachige afrikanische und karibische Intellektuelle, einschließlich einiger, die früher in Frankreich lebten, sind in die Vereinigten Staaten emigriert. Trotz der Tatsache, dass Afrikaner_innen (und Afrokarib_innen) in den Vereinigten Staaten nicht vom von Afro-Amerikaner_innen im Allgemeinen erlittenen Rassismus ausgenommen sind, haben renommierte französischsprachige Intellektuelle und Autor_innen aus der Karibik und aus Afrika Dozent_innenstellen an US-amerikanischen Universitäten eingenommen: Souleymane Bachir Diagne und Maryse Condé (emeritiert) an Columbia, Édouard Glissant an der Columbia University of New York, Mamadou Diouf an der Universität von Michigan, Assia Djebar, Manthia Diawara und Awam Amkpa an der New York University, Jean-Godefroy Bidima an der Tulane University, Mbye Cham an der Howard University und Valentin Mudimbe an der Duke University – ohne unbedingt ihre Verbindungen zu Frankreich, Afrika und der Karibik zu kappen.[719] Während des akademischen Jahres 1998/99 kamen zum Beispiel 165 afrikanische

717 Tyler Stovall und Georges Van Den Abbeele, Einführung zu Stovall und Van Den Abbeele, Hrsg., *French Civilization and Its Discontents: Nationalism, Colonialism, Race,* 1–16 (Lanham, MD: Lexington Books, 2003), 3.

718 Ebd., 10.

719 Ein Nebeneffekt dieses Zustroms afrikanischer Akademiker_innen an US-Campusse sind gelegentliche Spannungen mit afro-amerikansichen Akademiker_innen in Black Studies, die sich beschweren, dass afrikanische und afro-karibische Akademiker_innen bevorzugt werden, sowie Spannungen zwischen denjenigen, die speziell afro-amerikanische Themen bzw. diasporische Fragen betonen. Als Beispiel einer afro-amerikanischen Bewer-

Wissenschaftler_innen aus frankofonen Ländern in die Vereinigten Staaten. Jean-Philippe Dedieu spricht von der afrikanischen Wertschätzung der relativ offenen Netzwerke wissenschaftlichen Wissensaustauschs und professioneller Anerkennung in den USA im Gegensatz zu Frankreich, wo »der Kreis professionellen Wissensaustauschs nie wächst«. Der afrikanische Wissenschaftler, so berichtet ein Historiker, wird von Einladungen zur Mitarbeit überschüttet, was »eine auf der französischen Seite nie zu findende Vertrautheit und Kontinuität« schafft.[720] Unterdessen nehmen US-amerikanische Philosophieinstitute Anstellungen für das Gebiet afrikanischer Philosophie vor, während akademische Stellenanzeigen für Französische Literatur zunehmend ›frankofone und postkoloniale Literatur‹ abgedeckt haben wollen.[721] Afrikanische postkoloniale Denker_innen in den Vereinigten Staaten profitieren ironischerweise auch von der Frankophilie einiger Abteilungen der US-Universitäten. Die frankofone Wissenschaft in den Vereinigten Staaten hat Dedieu zufolge zwei Vorteile; erstens, den, dass sie afrikanisch ist, und zweitens, dass sie französisch und philosophisch orientiert ist und damit von der in den Vereinigten Staaten positiven Aura des Poststrukturalismus profitiert.

Die Ursachen des französischen Zögerns bezüglich der *Postcolonial Studies* sind gleichzeitig linguistischer (über die Hegemonie des Englischen verärgerter), demografischer (aufgrund des relativen Mangels an Professor_innen of Color an französischen Universitäten) und institutioneller (wegen des Mangels an Stellen für solche Studien) Natur. Alec G. Hargreaves schiebt die französische Ambivalenz gegenüber *Postcolonial Studies* auf (1) die traumatische Trennung Frankreichs von seinen Kolonien vor allem in Vietnam und Algerien, die zu einem Wunsch nach Löschung führte; (2) den Anti-Amerikanismus der französischen Intellektuellen, die die Verbreitung des (anglo-)amerikanischen Einflusses sowohl in Frankreich selbst als auch in einer größeren Welt,

---

tung, vgl. Cecil Brown, *Dude, Where's My Black Studies Department? The Disappearance of Black Americans from Our Universities* (Berkeley, CA: North Atlantic Books, 2007).

720 Bericht über ein Gespräch mit einem afrikanischen Wissenschaftler in Jean-Philippe Dedieu, »Des États-Unis Sortent des Voix Africaines, et Fidélité Francofone«, *Black Renaissance Noire* 5, no. 2 (Summer 2003).

721 Jüngste Trends zeigen, dass es unmöglich ist französischsprachige von englischsprachigen Bereichen bezüglich der Ausbreitung des Studiums von *race* und Kolonialität zu trennen. Tatsächlich haben afrikanische Wissenschaftler_innen wie der verstorbene Emmanuel Chukwudi Eze (Bucknell), wie Kwame Gyeke (University of Ghana, Temple University, und University of Pennsylvania), Jean-Marie Makang (University of Maryland), D.A. Masoli (Antioch College und University of Nairobi), Ngugi wa Thing'o (University of California, Irvine), Tsenay Serequberhan (Simmons College, Boston), Valentin Mudimbe (Duke University) und Kwasi Wiredu (University of South Florida) entscheidend zur Kritik des Eurozentrismus und Rassismus bei einigen Hauptvertreter_innen der europäischen Aufklärung, insbesondere bei Hobbes, Hume, Locke, Kant und Hegel, beigetragen.

in der französische Intellektuelle einst unangefochten führten, übelnehmen; (3) den im Gegensatz zu einer anglo-amerikanischen Akademie, in der Literaturwissenschaftler_innen zumindest im Bestreben, wenn auch nicht immer tatsächlich, pluridisziplinär und transnational wurden, unidisziplinären Konservatismus französischer Forschungsinstitutionen. Während der Boden für solche Arbeit in der anglo-amerikanischen Welt durch verschiedene Formen interdisziplinärer Studien bereitet wurde, fielen transdisziplinäre Forschungsbereiche wie die *Postcolonial Studies* in das Loch des ›nicht in eine Schublade Passenden‹.[722] Dieser Zwischenstatus wurde weniger durch einen Mangel an interdisziplinärem Wunsch oder Willen seitens der Wissenschaftler_innen selbst verursacht als durch die zentralistische Natur des französischen Staats, da jegliche interdisziplinäre Experimente die Zustimmung des Ministeriums für die Universitäten erfordern würde, welches die Schaffung von beamteten Professor_innenstellen kontrolliert. Hier bildet die École des Hautes Études en Sciences Sociales (EHESS=Hochschule der Sozialwissenschaften) mit ihrer Begünstigung interdisziplinärer Affinitätsgruppen eine teilweise Ausnahme von der Regel.[723] Der elitäre und hierarchische Charakter französischer Hochschulbildung lässt wenig Raum für Initiativen der Studierenden im Hauptstudium (graduate students) Vereinigungen zu bilden, Essays und Bücher zu veröffentlichen, und so weiter. All das ist natürlich nicht nur von Vorteil, und es wäre absurd, ein US-Universitätssystem, welches von Milliardär_innen als Treuhänder_innen, unverschämt hohen Studiengebühren, dem Eindringen von Marktbewertungen, einem akademischen Starkult und dem *publish-or-perish* [veröffentliche oder gehe unter] Syndrom geplagt wird, zu idealisieren.

Die Ambivalenz gegenüber Projekten wie den *Postcolonial Studies* hängt auch mit der strittigen Frage zusammen, wie Frankreich seine Rolle in der Welt nach seiner imperialen Zeit sieht – als gleichzeitiges Opfer des US-Imperialismus und ehemals kolonialen aber jetzt wohltätigen Beschützer vieler der noch nicht völlig in der anglo-amerikanische Sphäre aufgegangenen Länder. De Gaulle waltete über das Ende des französischen Imperiums und erfand dann fast sofort das Bild von Frankreich als der Verteidigerin der ›Dritten Welt‹ gegen ›*les Anglo-Saxons*‹. Obgleich Frankreich nicht länger so tun konnte, als sei es eine Supermacht, konnte es für ›den Rest‹ als Sponsor einer alternativen, gegen den falschen Universalismus der ›Supermacht‹ antretenden Universalität sprechen. Defensiv und im Vergleich zu der (mittlerweile schwächelnden) Supermacht zurückgesetzt, konnte Frankreich eine Sprecherin für die Ausgeschlossenen sein und den allgemeinen Widerstand zum Beispiel gegen den

722 Alec G. Hargreaves, »Chemins de Traverse«, *Mouvements des Idées et des Lutte* 51 (September–October 2007): 24–31.

723 Unser Dank gilt Jim Cohen dafür, uns darauf hingewiesen zu haben.

US-geführten Irakkrieg artikulieren. In diesem Sinne ist Frankreich auch dazu gekommen, eine besondere Rolle auf dem Gebiet der kulturellen Produktion in der Welt zu spielen. Schon 1984 hatte Jean Guiart vom Musée de l'Homme von der neuen ›Mission‹ französischer Ethnologie gesprochen, nämlich der, »die kulturellen Reichtümer jedes nicht-europäischen Volkes wertzuschätzen«.[724] Man findet diese willkommene Wertschätzung nicht-europäischer Kulturen in vielen Ausprägungen französischer Kulturpolitik, egal ob auf dem Gebiet der ›Weltrepublik der Literatur‹, auf dem, wie Pascale Casanova betont, Frankreich eine Schlüsselrolle als Torwächter oder Weltbank für Literatur innehat, oder auf dem Gebiet der Musik, wo Frankreich ein Hauptproduzent ist, oder auf dem Gebiet des Weltkinos, wo Frankreich das im frankofonen Afrika, in Asien und im Nahen Osten entstehende Kino finanzieren geholfen hat und der Hegemonie von Hollywood entgegengetreten ist und sich dabei auf dem feinen Grat zwischen großzügigem Pluralismus und subtilem Paternalismus bewegt hat.

Andere institutionelle Faktoren behindern in Frankreich die Entwicklung interdisziplinärer Bereiche wie dem der *Postcolonial Studies*. Anne Berger kritisiert bestimmte Aspekte der US-amerikanischen Universitäten – den Erfolgskult, Starintellektuelle, die politische Impotenz vieler Akademiker_innen, für die die akademische Freiheit bloß akademisch ist – und lobt gleichzeitig ein flexibles, die Studierenden und Lehrenden zum Schaffen neuer Forschungsgebiete ermächtigendes System. Sie kontrastiert die Zunahme der Orte der Begegnung in den Vereinigten Staaten mit dem für die französische Akademie typischen isolierenden Aufsplitterung und hebt die interdisziplinären, durch Ethnizität, Region oder Thema definierten Forschungsgruppen oder ›Studien‹-programme lobend hervor. Ihr zufolge schaffen solche Möglichkeiten der diskursiven Begegnung neue Studienobjekte und führen neue Gedanken darüber ein, wie diese Objekte so betrachtet werden können, dass vielfältiges und überlappendes Sich-Einbringen ermutigt wird. So können Professor_innen der Geisteswissenschaften gleichzeitig an Feministischen Studien, Frankofonen Studien, *Cultural Studies*, *Critical Race Studies*, transnationalen feministischen Studien, Diaspora Studien, und so weiter, beteiligt sein. (Einige Felder, wie der Feminismus, sind potentiell für alle Gebiete relevant.)[725]

Wenn man zurückschaut auf die intellektuelle Geschichte nach dem Krieg, so ist vielleicht am enttäuschendsten das Versäumnis der führenden *maîtres à penser* sich trotz ihrer gewöhnlich progressiven politischen Einstellung mit *race* und Kolonialität theoretisch auseinanderzusetzen. Sartre schrieb flammende Vorworte und trat gegen den Algerienkrieg und den US-amerikanischen Impe-

---

724 Guiart zitiert nach Benoît de L'Estoile, *Le Goût des Autres: De L'Exposition Coloniale aux Arts Premiers* (Paris: Flammarion, 2007), 198.

725 Berger, »Traversées de Frontières«.

rialismus ein, aber seine literarischen und philosophischen Schriften befassten sich selten mit der französischen Imperialherrschaft. Die Teilnehmer_innen an der ›*Socialisme ou Barbarie*‹-Gruppe verteidigten das Recht kolonisierter Menschen auf Selbstbestimmung, aber sie wurden in Frankreich weitgehend ignoriert. Foucault entwickelte kurzzeitig Theorien des ›Rassestaats‹, ging dann aber bald zu anderen Themen über. Étienne Balibar, der schon seit Jahrzehnten »Neorassismus«, »Rassismus ohne Rasse« und den »Universalismus als Rassismus« thematisiert und Rassismus als Kern der heutigen europäischen Politik betrachtet, bildet hier eine wichtige Ausnahme.[726] Aber abgesehen von Balibar, dem Foucault des ›Rassestaats‹ und zu einem gewissen Grad Derrida, Lyotard, Guattari und Deleuze ließen die meisten der *maîtres* die rassistisch/imperiale Architektur Frankreichs selbst unberücksichtigt.

Ann Stoller baut auf einer Metapher Foucaults auf und spricht provozierend von »kolonialer Aphasie«, einem beeinträchtigenden Zustand, der Verbindungen durch »außer Kraft gesetzte Historien« und durchgeschnittene Verbindungsglieder auf den Assoziationspfaden unterbricht.[727] Sie schreibt: Wenig von Frankreichs »kraftvoller theoretischer Energie quer durch die Disziplinen (so scharfsinnig bezüglich politischer Kultur, Totalitarismus, staatlichen Strukturen und Klasse) war auf die rassistischen Grundlagen des französischen Staates gerichtet«.[728] Eine Theorie der ›Differenz‹ inspirierte theoretische Bewegungen von Semiotik bis Poststrukturalismus, die Idee von *race*- und Geschlechterdifferenz wurde jedoch als ›differentialistisch‹ abgetan. Stoller schreibt, dass sowohl Bourdieu als auch Derrida »ihre scharfe Kritik scholastischen Wissens von den ›rass[ist]ischen‹ Milieus des französischen Imperiums, die sie intim und gründlich kannten, geschieden hielten«.[729] Bourdieu, so führt sie aus, wartete praktisch 30 Jahre, bevor er das durch die Trennung von theoretischer Arbeit und ethnografischer Praxis erzeugte Dilemma ansprach. Bourdieus theoretische Konstrukte »traten« nach Paul Silverstein und Jane Goodman »unabhängig von den nordafrikanischen und französischen politischen Zusammenhängen, in denen sie ursprünglich entwickelt wurden, in den Hauptstrom sozialer Theorie ein«.[730] Phyllis Taoua fasst die Lage wie folgt

726 Vgl. zum Beispiel Balibars Essay »Y-a-t-il un Neo-racisme?« in dem gemeinsam (mit Immanuel Wallerstein) verfassten *Race, Nation, Classe: Les Identités Ambiguës* (Paris: La Découverte, 1988); und »Racism as Universalism«, in *Masses, Classes, Ideas* (New York: Routledge, 1994).

727 Vgl. Ann Laura Stoller, »Colonial Aphasia: Race and Disabled Histories in France«, *Public Culture* 23, no. 1 (Winter 2011): 121–156.

728 Ebd., 141.

729 Ebd., 131.

730 Paul A. Silverstein und Jane E. Goodman, Einführung zu Goodman und Silverstein, Hrsg., *Bourdieu in Algeria* (Lincoln: University of Nebraska Press, 2009), 1–2.

zusammen: »Eine genaue Einschätzung der Dekolonialisierung kann nicht die französische Theorie der 1960er Jahre als ihr ethisches Gravitationszentrum haben, da dieser Korpus an Texten antithetisch zu den grundlegenden, für diesen Freiheitskampf erforderlichen Notwendigkeiten steht [...]. Nie vorher in der Geschichte Frankreichs hat theoretische Betrachtung zu solch mystifizierender Abstraktion Zuflucht genommen, obwohl gerade sie sich angeblich auf die ›Politik der Differenz‹ bezog.«[731]

Der Streit um die Genealogie

Eine der heftigsten Kritiken an *Postcolonial Studies* in Frankreich ist Jean-François Bayarts Artikel »Postcolonial Studies: A Political Invention of Tradition?«[732] Worte wie ›postkolonial‹ und ›Postkolonialität‹, bemerkt Bayart, sind so weitgehend Teil der intellektuellen Debatten in Frankreich, dass Sozialwissenschaftler_innen nicht mehr »geschützt« sind – die Wahl dieses Adjektivs ist symptomatisch – vor den von ihrer Verwendung ausgelösten Polemiken. Bayart pflichtet vielen der Kritikpunkte an der postkolonialen Theorie bei, die in der anglofonen Welt schon von Marxist_innen wie Arif Dirlik, für den die postkoloniale Theorie mit der Ankunft von Intellektuellen aus der ›Dritten Welt‹ in der akademischen ›Ersten Welt‹ begann, vorgebracht worden waren. Bayart wiederholt auch, was er selbst als Anthony Appiahs »gemeine« Abqualifizierung postkolonialer Intellektueller als einer »*comprador intelligentsia*« bezeichnet, die den kulturellen Austausch zwischen dem Weltkapitalismus und seiner Peripherie vermittle. In Bayars Resümee betrachtet diese jetzt von weißen Jüngern umgebene Mittlergruppe die ›koloniale Situation‹ als das, was die gegenwärtigen sozialen Beziehungen sowohl in den ehemaligen Kolonien als auch in den Metropolenländern bestimmt.

Der »Fluss« postkolonialer Theorie hat für Bayart viele Ströme, von denen einige, wie der Bosporus, einen Sog in entgegengesetzte Richtungen ausüben. Während Gayatri Spivak die epistemische Gewalttätigkeit westlichen Denkens betont, betrachten andere, wie Depesh Chakravarty, das westliche Denken als ein Geschenk für die Welt. Bayart zufolge ist neu, dass eine sich ausweitende postkoloniale Forschung als Nebeneffekt das Bild eines provinziellen, konservativen Frankreichs erzeugt hat, welches zögert, seine koloniale Vergangenheit

---

731 Vgl. Phyllis Taoua, *Forms of Protest* (Portsmouth, NH: Heinemann, 2002), 257–258.

732 Ursprünglich veröffentlicht als »Les Études Postcoloniales: Une Invention Politique de la Tradition?« in *Sociétés Politiques Comparées: Revue Européenne d'Analyse des Sociétiés Politiques* 14 (April 2009); auf Englisch erschienen als »Postcolonial Studies: A Political Invention of Tradition?«, *Public Culture* 23, no. 1 (Winter 2011): 55–84.

zu konfrontieren, oder, schlimmer noch, von einer rassistischen Vorstellungswelt befallen ist. Die Sorge, die das Essay bewegt, ist daher eine patriotische – um das Bild Frankreichs. *Postcolonial Studies*, so beschwert sich Bayart, schreiben Frankreich ein einheitliches Wesen zu, essentialisieren es, und übersehen dabei seine demografische, politische und ideologische Heterogenität. Er fragt, ob französische Intellektuelle mittlerweile dafür kritisiert werden, dass sie sich weigern, ein »neues globales Pidgin« zu sprechen, und dass sie die »Rituale bürgerlicher Betroffenheit, die jetzt als politisches Engagement gelten«, vermeiden. Vielleicht, so spekuliert er, hätten französische Forscher_innen ja Recht, wenn sie einen modischen postkolonialen Trend, »dessen heuristischer Wert noch nicht demonstriert worden ist«, zurückwiesen.[733]

Bayarts Essay, das die *Postcolonial Studies* in ähnlichem Maße homogenisiert, wie er es den *Postcolonial Studies* unterstellt, dass sie es mit Frankreich tun, versucht zu beweisen, dass französisch schreibende Autor_innen (er erwähnt Césaire, Senghor, Memmi und Sartre) eigentlich die ›Gründerväter‹ des Postkolonialismus waren. »Wie Monsieur Jourdain, der Prosa sprach ohne es zu wissen, so betrieben diese französischen Autor_innen Postcolonial Studies ohne es zu wissen.«[734] In anderen Worten, der Postkolonialismus ist in Frankreich überflüssig, weil die Arbeit dort bereits erledigt ist. In dem, was einem frankozentrischen Bericht von der Entstehung des Forschungsgebietes gleichkommt, durchstöbert Bayart eifrig die intellektuelle Geschichte nach allen auf Französisch schreibenden Autor_innen, die Forschung betrieben haben, die irgendwie entfernt analog dem ist, was sonstwo als postkolonial angesehen wird. Frankofone Antikolonialisten wie Césaire und Fanon werden einfach ›französisch‹, obwohl Fanon in der späteren Phase darauf bestand, dass er »nie französisch gewesen war«, und dass Sprache und Kultur »nicht genügen, um einen zu einem Volk gehören zu lassen«.[735] Bayarts Frankozentrismus grenzt manchmal an Absurdität, so zum Beispiel, wenn er behauptet, dass die *Postcolonial Studies* durch Anleihen bei Bourdieu, Deleuze und Foucault dazu angeregt worden seien, die Kritik des Kolonialismus mit der Kritik anderer Herrschaftsformen, insbesondere auf dem Gebiet von Gender, zu verknpüpfen. Wo man Namen wie Simone de Beauvoir, Hélène Cixous und Luce Irigaray hätte erwarten können, findet man stattdessen in einem phallozentrischen Narrativ die Namen alter männlicher *maîtres* ohne jede Anerkennung für die vielen feministischen Autorinnen, die Gender lange vor ihnen viel gründlicher analysiert hatten.

733 Bayart, »Postcolonial Studies«, 59.

734 Ebd., 60.

735 Frantz Fanon, *A Dying Colonialism* (New York: Grove, 1965), 175.

Für fast alle nicht-französischen Denker_innen sucht Bayart eine sie befruchtende französische Verbindung heraus: Raymond Aron und Pierre Hassner beeinflussten Hannah Arendt; Sartre war bereits vor Edward Said Anti-Orientalist; Fernand Braudel beeinflusste Immanuel Wallerstein; George Balandier untersuchte »postkoloniale Situationen« schon in den 1950er Jahren; und so weiter. Obwohl sie informativ ist, erinnert diese Diskussion an den faden nationalistischen Streit darüber, wer das Flugzeug erfand. Was Bayart dabei aber gelingt, ist die Aufstellung eines gründlichen Inventars aller kolonialbezogenen Arbeiten seitens eines breiten Spektrums von französischen Historiker_innen (Jean Suret-Canale, Charles André Julien, Charles Robert Ageron), politischen Soziolog_innen (Jean-Frédéric Schaub), Belletrist_innen (Jean Genet, Michel Leiris, Henri Michaux), frankofonen Romanautor_innen (Mongo Beti, Ahmadou Kourouma, Ousmane Sembène, Yambo Ouologuem, Sony Labou Tansi, Alain Mabanckou, Tierno Monénembo) und maghrebinischen Intellektuellen (Mohammed Harbi, Mostefa Lacheraf, Abdallah Laroui und Mohamed Tozy).

Gleichzeitig steht Bayart französischen Institutionen nicht unkritisch gegenüber. Die »schlechte Behandlung« der *Postcolonial Studies* in Frankreich rührt für ihn nicht von einer »ideologischen Allergie« her, sondern von institutioneller Malaise, wie dem »Elend« der französischen Universität und des Nationalen Zentrum für Wissenschaftliche Forschung (CNRS), das die Einstellung junger afrikanischer Wissenschaftler_innen, die anschließend von US-Universitäten willkommen geheißen wurden, behindert habe; wie einer absurden Visumsregelung, die intellektuellen Austausch mit dem globalen Süden beschränke; wie der Schwächung von *Présence Africaine*; wie dem Fehlen von mit der *New York Review of Books* oder dem *Times Literary Supplement* vergleichbaren Zeitschriften; wie dem archaischen Charakter des Büchervertriebs; wie den hohen Kosten für Übersetzungen; und wie der institutionalisierten Trägheit der *Francofonie*, die Wissenschaftler_innen von einer tieferen Untersuchung von Kolonialismus und seinen Nachwirkungen abgelenkt habe.

Statt eines hinter dem Mond gebliebenen Frankreichs, sieht Bayart bloß eine andere Konfiguration des akademischen Feldes, die französische Intellektuelle akzeptieren sollten statt das Risiko einzugehen, »neue Avatare des akademischen Atlantizismus« zu werden.[736] Bayart entdeckt (oder projiziert) eine Reihe ziemlich unappetitlicher Motive für die postkoloniale Welle: eine Strategie der Nischen-Eigenwerbung seitens der Forscher_innen, die ihren Teil am akademischen ›Markt‹ begehren; eine französische Koketterie, die Snobismus, Amerikanophilie und eigenen Masochismus vermengt; den Wunsch die

736 Bayart, »Postcolonial Studies«, 63.

Figur des Sartre'schen engagierten Intellektuellen wiederzubeleben; den Konformismus französischer Austauschakademiker_innen, die ihren anglofonen Gastgeberinstituten huldigen; die Marktstrategien französischer Verleger_innen, die von einer akademischen Mode profitieren; und ein für die neoliberale Zeit typisches Niedermachen Frankreichs.

Bayart beschuldigt die französischen Anhänger_innen der *Postcolonial Studies*, innerhalb eines nationalen Narrativs zu bleiben und es gleichzeitig durch das Entmystifizieren der französischen Revolution, der *République* und der *mission civilisatrice* auf den Kopf zu stellen. Am Ende sagt er nicht, dass der Postkolonialismus Unrecht hat, sondern nur, dass er unnötig ist, da er in allem *déjà vu* und *déjà lu* ist. Alles an ihm ist schon vorher und besser von auf Französisch schreibenden Autor_innen gemacht worden. Gleichzeitig lehnt er das bereitwillige Befolgen der »identitätspolitischen Vorlieben« für die extremsten Formen des »*Cultural Turns*« seitens des Postkolonialismus ab. Für Bayart ontologisiert der Postkolonialismus den Kolonialismus im Sinne eines »tropischen Calvinismus«, der »die Kolonien und die Sklaverei als vorbestimmt sieht«.[737] (Bayarts religiöse Kategorisierung enthält eine sublimierte Version des anglo-protestantischen/latin-katholischen Gegensatzes.) Schließlich mache der Postkolonialismus die soziale Frage der Banlieues durch das ›katastrophale‹ Konzept der Identität zu einer ›ethnischen‹ und versäume es dabei, die internen Differenzierungen und räumlich-zeitlichen Variationen innerhalb des Kolonisierungsprozesses zu berücksichtigen.

Ein Leitmotiv in einigen französischen Kritiken ist die Beschwörung des idealen Über-Ichs nüchterner Wissenschaftlichkeit in Kontrast zum frivolen »grandiosen akademischen Karneval« der *Postcolonial Studies*. Bayart, gleich Historiker_innen wie Frederick Cooper in den Vereinigten Staaten, den er häufig zitiert, fordert größere historische Präzision seitens postkolonialer Forscher_innen. Während die postkoloniale Forschung Bayart zufolge eine mechanische, eindeutige, überdeterminierte und manichäische Reproduktion des Kolonialismus postuliere, sei der Kolonialismus tatsächlich geschichtlich vielfältig, kontingent und ambivalent. Er schreibt: »Wir können nicht länger eine statische und binäre Sicht eines verdinglichten Tête-à-tête zwischen Kolonisierern und Kolonisierten beibehalten.« Als Mittel gegen das, was er als die Geschichtslosigkeit der postkolonialen Theorie ansieht, fordert Bayart die Art vergleichender historischer Soziologie, wie sie von Autor_innen wie Fernand Braudel, Jean Aubin, Denys Lombard und Serge Gruzinski verkörpert wird. Im Hintergrund dieses Arguments liegt der Schutt der Debatte von Geschichte gegen Theorie, die am Höhepunkt des Poststrukturalismus stattfand; es geht

737 Ebd., 65.

der Streit nicht so sehr um politische Perspektiven als um unterschiedliche fachwissenschaftliche Methoden, die Vergangenheit zu ›lesen‹.

Einige der Punkte Bayarts sind berechtigt, obgleich die meisten innerhalb des weiter gefassten Feldes des Postkolonialismus schon vorher eingebracht wurden. Wir wissen auch seine unverzichtbare Auflistung des französischen und frankofonen Beitrags zur Forschung trotz des ressentimentgeladenen Tons des »wir Französ_innen haben es zuerst und besser gemacht« und trotz der ›Vive la France‹-Tendenz des Essays zu schätzen. Indem er alle und jede_n Kritiker_in des Postkolonialismus bemüht, selbst solche extrem weit auseinander gehender politischer Richtungen, vermengt Bayart die marxistisch angelehnte Kritik eines Arif Dirlik mit dem französischen Standardvorwurf des ›Identarismus‹. Seine Metapher des Postkolonialismus als eines ›globalen Pidgin‹ hat einen unglücklichen, kolonialistischen Geschmack. Seine sarkastische Beschreibung ›masochistischer‹ Übungen in ›Ritualen bürgerlicher Betroffenheit‹ wiederum klingt schwer nach den Klagen französischer Rechter über die ›Kultur der Reue‹. Wenn er den Postkolonialismus »politisch gefährlich« und eine Form von »kulturellem Engineering«[738] nennt, demonstriert Bayart seine begrenzte Kenntnis der postkolonialen Forschung – er wirft zum Beispiel Octave Mannoni mit dessen Erznemesis Fanon in einen Topf – und gleichzeitig manifestiert er seine heftige Ungeduld mit der radikaleren Arbeit. Am Schluss veranschaulicht er die Tücken eines nationalen Narzissmus im Bereich wissenschaftlichen Austauschs. Es geht darin nämlich nicht darum, einen einzigen Ursprung für *Postcolonial Studies* für sich zu reklamieren, sondern vielmehr darum, die vielgerichteten Kreisläufe intellektueller Ströme anzuerkennen.

Genres postkolonialer *Écriture*

Trotz solcher Kritik haben in Frankreich die vergangenen Jahrzehnte, besonders nach 2005, eine wahrhafte Explosion postkolonialer Forschung erlebt. Wie Jim Cohen deutlich macht, wurde die französische Debatte über das Postkoloniale nicht von literarischen Akademiker_innen angeführt, sondern vielmehr war sie

> »eine Kristallisierung mehrerer verschiedener aber zusammenlaufender *politischer* Kontroversen um das Erbe des Kolonialismus und seiner möglichen Wirkungen in der heutigen Gesellschaft [...]. Sie war eine Reaktion: auf gerade geführte Debatten zum ›republikanischen Integrationsmodell‹ mit ihren verschiedenen inhaltlichen Aspekten, einschließlich der insbesondere durch den Islam aufgekommenen Frage, wie mit ethnorassi[sti]scher Diskriminierung und

738 Bayart, »La Novlangue d'un Archipel Universitaire«, in Smouts, *La Situation Postcoloniale.*

mit religiöser Vielfältigkeit umgegangen werden soll; eine Reaktion auf die Vorstellung von *race*, die viele Soziolog_innen trotz starker republikanischer Voreingenommenheit gegen die Legitimität dieses Begriffs ernst zu nehmen begonnen hatten; und nicht zuletzt war sie eine Reaktion auf Kontroversen bezüglich der Erinnerung von Kolonialismus, Sklaverei und Abolition sowie auf die Rolle der staatlichen Stellen bezüglich der Anerkennung und dem Bewahren solcher Erinnerung.«[739]

Hier können wir einige der wichtigeren Genres solcher postkolonialen Arbeiten beschreiben, wohl wissend, dass diese Genres nie in reiner und unlegierter Form auftreten. Während nur ein Teil der Arbeiten unter der Rubrik des ›Postkolonialen‹ durchgeführt werden, stehen sie doch insgesamt direkt oder indirekt mit dem Kolonialismus und seinen Nachwirkungen in Verbindung. Da uns hier der Raum fehlt, diese Arbeiten detailliert vorzustellen, werden wir Bücher zitieren, deren Titel allein schon die postkoloniale Stoßrichtung innerhalb der Auseinandersetzung vermitteln.

In Hinblick auf die grundlegenden Tendenzen konzentriert sich ein umfangreiches Genre derzeitiger Arbeiten erstens auf die verborgene Geschichte des französischen Kolonialismus und die im ›republikanischen Kolonialismus‹ enthaltenen Widersprüche: Bernard Mouralis' *République et Colonies: Entre Histoire et Mémoire* (1999); Rosa Amelia Plumelle-Uribes *Ferocité Blanche* (2001); Yves Bénots *Massacres Coloniaux* (2001; Marc Ferros Sammelband *Le Livre Noir du Colonialisme* (2010); Olivier Le Cour Grandmaisons *Coloniser, Exterminer: Sur la Guerre et lÉtat colonial* (2005); Nicolas Bancel, Pascal Blanchards und Françoise Vergès' *La République coloniale* (2003); und Jean Pierre Dozons *Frères et Sujets: La France et L'Afrique en perspective* (2003). Das Buch Dozons zum Beispiel lotet das zentrale Paradox des französischen Kolonialismus aus, der Kolonisierte schuf, die gleichzeitig ›Bürger_innen‹ innerhalb des republikanischen Diskurses waren und ›Untertanen‹ und ›Eingeborene‹ innerhalb des kolonialen Diskurses.

Zweitens befasst sich ein zweites Genre mit der kolonial/imperialen populären Kultur, wie sie im Hexagon des französischen Mutterlandes von der französischen Bevölkerung konsumiert worden ist: Nicolas Bancel, Pascal Blanchard, Gilles Boetsch, Eric Deroo und Sandrine Lemaires *Zoos humains: Au temps des exhibitions humaines* (2002); Pascal Blanchards und Sandrine Lemaires *Culture coloniale 1871-1931: La France conquise par son Empire* (2003) sowie *Culture impériale 1931-1961: Les colonies au coeur de la Répu-*

739 Jim Cohen, »Postcolonial Immigrants in France and Their Descendants: The Meanings of France's ›Postcolonial Moment‹« (unveröffentlichtes, uns vom Autor überlassenes Manuskript), basierend auf einer Präsentation von 2009 in Amsterdam: »Postcolonial Immigration and Identity Formation in Europe since 1945: Towards a Comparative Perspective«, IISG/KITLV Amsterdam.

blique (2004); und Pascal Blanchards, Nicolas Bancels und Sandrine Lemaires *La Fracture coloniale: La Société française au prisme de l'héritage colonial* (2005). Diese Bücher thematisieren, wie sich normale französische Menschen an den von der ›imperialen Kultur‹ gelieferten Spektakeln erfreuen konnten, wie sie sich in kolonialen Ausstellungen und ›menschlichen Zoos‹, in denen, wie in Abdellatif Kechiches Film *Black Venus* dargestellt, Kolonisierte zum Ergötzen der europäischen und US-amerikanischen Bevölkerung zur Schau gestellt wurden.

Drittens untersuchen andere Texte – Romain Bertrands *Mémoires d'empire: La controverse autour du ›fait colonial‹* (2006), Benjamin Storas *La Guerre des mémoires: La France face à son passé colonial* (2007) und die kollektive Arbeit *Eine unglückliche Entkolonisierung: Frankreich vom Imperium bis zu den Aufständen der Banlieues* (2007) – den sich um den Kolonialismus windenden ›Krieg der Erinnerungen‹.

Viertens behandeln postkoloniale Texte das dazugehörige Thema der Geschichte und Erinnerung der Sklaverei: Françoise Vergès' *La mémoire enchaînée: Questions sur l'esclavage* (2006) und Édouard Glissants *Mémoires des esclavages* (2007). Die Arbeiten über die Sklaverei bieten ein zweideutiges Bild in Bezug auf die postkoloniale Forschung, die allzu oft die Sklaverei ausklammert, so als gehöre sie nicht ebenfalls zum Kern der kolonialen Frage. Diese Texte suchen eine deutliche Kontinuität zwischen Kolonialismus und Sklaverei zu beweisen, auch in Bezug auf glühende Sklavereigegner_innen wie Victor Schoelcher, die sich in der Folge in ebenso glühende Kolonialisten verwandelten.

Fünftens untersuchen einige Arbeiten die koloniale Dimension des französischen philosophischen Denkens. Wissenschaftler_innen wie Yves Bénot und später Louis Sala-Molins haben nachgeforscht, wie Philosoph_innen der Aufklärung sowohl kolonialistische als auch antikolonialistische Meinungen vertraten. In Sala-Molins' Untersuchung des *Code Noir* vermerkt er die Tendenz der *philosophes*, von der Sklaverei weitgehend als einer Metapher für Unterdrückung durch die Weißen zu sprechen, gleichzeitig aber den wirtschaftlichen Nutzen der Sklaverei für das Mutterland Frankreich zu unterschlagen. Bücher wie Odile Tobners *Du racisme français: Quatre siècles de négrophobie* und Alain Ruscios *Le credo de l'homme blanc* gehen wiederum dem nach, was man die Anatomie kolonialer Dummheiten nennen könnte.

Sechstens gibt es Werke über postkoloniale Literaturstudien: Jean-Marc Mouras *Littératures francofones et théorie postcoloniale* (1999) und Jacqueline Bardolphs *Études postcoloniales et littérature* (2002). Pascale Casanovas unglaublich informiertes *La république mondiale des lettres* geht ganz deutlich auf postkoloniale Autor_innen ein aber vermeidet die Idiome der postkolonialen Theorie zugunsten politischer und ökonomischer, Bourdieus Konzepten von kulturellem Kapital und literarischer Alleinstellung entlehnter Metaphern. So spricht er von der ›Börse‹ literarischer Werte, literarischem ›Devisenaustausch‹ und ›der Republik der Literatur‹.

Die letzten Jahre sind Zeuginnen einer zunehmenden Beschäftigung mit bewusst ›rassenbezogenen‹ Diskursen geworden, was Alec Hargreaves drei Ursachen zuschreibt; erstens, der unter den politischen Eliten und staatlichen Beamt_innen wachsenden Erkenntnis der Realität von Diskriminierung gegenüber Immigrant_innenminderheiten; zweitens, der größeren Sichtbarkeit gewalttätiger, direkt oder indirekt gegen Diskriminierung gerichteter Proteste und, drittens, politischen Chancen für eine Antidiskriminierungsgesetzgebung.[740] In der jüngsten Zeit fällt auch ›Schwarzenforschung‹ à la Française in der Form von Pap Ndiayes Buchmanifest von 2008, *La condition noire: Essais sur une minorité française* auf. Wie Ndiaye darin feststellt, sind französische Schwarze als Individuen, nicht aber als eine soziale Gruppe oder als Objekt akademischer Forschung sichtbar. Im Gegensatz zu der Überfülle an französischen Studien über indigene Amerikaner_innen und Afro-Amerikaner_innen gibt es ihm zufolge fast keine Studien über Schwarze in Frankreich selbst.[741] Die zeitgenössische soziale, politische und mediale Präsenz der ›Frage der Schwarzen‹ hatte keine Entsprechung in der Welt der wissenschaftlichen Forschung gefunden, was dazu führte, dass *race* zu einer strukturierenden Leerstelle in der französischen Nachkriegssozialtheorie verkam.

Da Ndiaye einen interdisziplinären Ansatz, der die Sozialwissenschaften mit den Geisteswissenschaften in Einklang bringt, favorisiert, findet er die übergreifende Vorstellung von einer schwarzen ›Minderheit‹ produktiver als die essentialistische Vorstellung von einer ›Gemeinschaft‹, die in Frankreich als dem Wesen nach antirepublikanisch gesehen wird. Das Konzept einer ›sichtbaren Minderheit‹ hat den Vorteil, sehr unterschiedliche Gruppen in ungleichartigen Situationen zu umfassen, die nichtsdestotrotz gemeinsamen, durch ihre sichtbare (und manchmal hörbare oder zahlenmäßige) Differenz ausgelösten, Herausforderungen und Problemen gegenüberstehen. Ndiaye greift

---

740 Vgl. Alec G. Hargreaves, »Half-Measures: Anti-discrimination Policy in France«, in Herrick Chapman und Laura L. Frader, Hrsg., *Race in France: Interdisciplinary Perspectives on the Politics of Difference*, 227–245 (New York: Berghahn Books, 2004).

741 Ndiaye schreibt dem US-amerikanischen Historiker William Cohen, der sein Buch *The French Encounter with Africans* 1980 veröffentlichte, das als *Français et Africains: Les Noirs dans le Regard des Blancs* (Paris: Gallimard, 1982) ins Französische übersetzt wurde, das Verdienst zu, in Frankreich das Gebiet schwarzer Geschichte eröffnet zu haben. Das Buch wurde damals von Emmanuel Todd verurteilt, weil es ein illegitimes Thema propagiere und ein Fall »eklatanten geschichtlichen Deliriums« sei. Vgl. Ndiaye, *La Condition Noire*, 111.

auf umfangreiche Recherchen zurück, wenn er ausführt, dass seine schwarzen Interviewpartner_innen auf ihrem Französischsein teilweise bestehen, weil dieses dauernd in Zweifel gezogen werde, manchmal schon durch ›gut gemeinte‹ Fragen wie: »Wo kommen Sie *wirklich* her?« Selbst Komplimente – ein an Schwarze von den Antillen, die mit Französisch aufwuchsen, gerichtetes »Ihr Französisch ist so fließend« – können in das Gift ›ethnischen‹ Insidertums getunkte Dolche sein, die schwarze französische Bürger_innen an ihr Außenseiter_innentum erinnern.

Ndiaye beobachtet ein subtiles, kontingentes Einsetzen ›ethnischer‹ Identität seitens französischer Schwarzer. Während einige stolz ihr Schwarzsein bejahen, beschreiben sich andere als *métis* (›gemischtrassig‹) oder bekräftigen eine nationale Identität, zum Beispiel, dass sie Senegales_innen sind. Wie Ndiaye es in einer Metapher ausdrückt, stellt jede dieser Optionen »eine Karte in der identitären Brieftasche« dar.[742] Indem sie innerhalb eines komplex hierarchisierten Klassifikationsrepertoires zwischen Codes hin und her springen, stellen französische Schwarze oft ihr Französischsein an erste Stelle, fügen aber andere Elemente und Zugehörigkeiten – zu einem Land, einer Region, einer ›ethnischen‹ Gruppe – in einer Art Identitäts-›Bastelei‹ (*bricolage*) hinzu. Obgleich Schwarze in Frankreich ihr Schwarzsein je nach Klassenzugehörigkeit, Gender, Religion, Sprachkompetenz, nationaler Herkunft und Selbstwahrnehmung unterschiedlich leben, werden sie von ihren weißen Landsleuten wahrscheinlich immer noch als ›*noir*‹ wahrgenommen. Es gibt, um die vom Titelkonzept eines schwarzen ›Zustands‹ (*condition*) aufgerufene phänomenologische Sprache zu verwenden, eine Spannung zwischen der selbstgewählten *pour soi*-Identität (des Für-sich-Seins) und der durch den Blick des anderen (*le regard d'autrui*) vorgeschriebenen *en soi*-Identität (des An-sich-Seins).

Für Ndiaye ist das wahre Ziel nicht, »über *race* hinaus« zu gehen, sondern vielmehr *race* als soziale Kennzeichnung von Minderwertigkeit abzuschaffen. Den gegen Schwarze gerichteten Rassismus zu bekämpfen, hat eine universelle Dimension, insofern es nicht nur schwarzen Menschen, sondern der ganzen Menschheit nützt, einschließlich einigen, die die Folgen von Rassismus erleiden, sogar ohne es zu wissen. Trotz der offensichtlichen Unterschiede zwischen den Vereinigten Staaten zu Anfang des 20. und Frankreich zu Beginn des 21. Jahrhunderts behält Du Bois' ›Doppelbewusstsein‹ für Ndiaye seine Gültigkeit für französische Schwarze heute:

> »Es bedeutet, dass wir französisch und schwarz sein wollen, ohne dass dies merkwürdig oder verdächtig oder bloß als ein vorübergehendes Problem angesehen wird, das die Assimilation schon lösen wird. Wir wollen in Hinsicht auf unser soziales Leben unsichtbar sein, so dass die Schmähungen und Diskriminierun-

742 Ebd., 360.

gen, die uns als Schwarzen widerfahren, geringer werden. Wir wollen aber auch in Hinblick auf unsere schwarzen kulturellen Identitäten sichtbar sein, und zwar aufgrund unserer wertvollen und einzigartigen Beiträge zur französischen Gesellschaft und Kultur.«[743]

Innerhalb eines differenzierten, antiessentialistischen, überschneidenden und koalitionären Ansatzes empfiehlt Ndiaye Formen schwarzer Solidarität, die idealerweise in Abstimmung mit anderen Minderheiten funktionieren. Die wahre Grundlage für Solidarität sei nicht Identität an sich, sondern vielmehr eine gemeinsame soziale Erfahrung und ein gemeinsamer Kampf. »Hautfarbe«, so argumentiert er, »kennzeichnet eine Interessensgruppe und nicht eine Kultur«.[744]

Im 21. Jahrhundert ist *race* als eine analytische Kategorie innerhalb französischer akademischer Forschung hervorgetreten. Auch diese Forschung nimmt verschiedene generische Formen an: erstens, als Arbeiten über Immigration und die ›Rassenfrage‹ in Frankreich, wie Michel Wieviorkas *La France raciste* (1992), Véronique de Rudders, Christian Poirets und François Vourchs *L'inégalité raciste: L'universalité républicaine à l'épreuve* (2000), Eric Savareses *Histoire coloniale et immigration: Une invention de l'étranger* (2000), Dominique Vidals und Karim Bourtels *Le mal-être arabe: Enfants de la colonisation* (2005), Jean-Michel Bliers und Solenn de Royers *Discriminations raciales, pour en finir* (2001) und das von Nacira Guénif-Souilamas' herausgegebene Buch *La république mis à nu par son immigration* (2006). Zweitens nimmt diese kritische Arbeit die Form von Textzeugnissen *(témoignages)* an, die die alltägliche Rassendiskriminierung betreffen, so zum Beispiel Frédérique Mouzers und Charles Onanas *Un racisme français* (2007), Mongo Betis *Africains si vous parliez* (2005), François Durpaires *France blanche, colère noire* (2006) und Jean-Baptiste Onanas *Sois nègre et tais-toi!* (2007).

In der Anthologie *De la question sociale à la question raciale* (2006) nehmen Didier und Éric Fassin zusammen mit ihren Mitarbeiter_innen Balibars Herausforderung in dessen *Actuel Marx* Dossier an, »den Rassismus nach *race* « zu denken, also in einer Situation, in der *race* nicht mehr existiert, wo man weiß, dass sie konstruiert ist, wo jedoch der Rassismus eine greifbare, brutale Realität bleibt. In einem Versuch, neue Artikulierungen von *race* und Klasse aufzuzeigen, plädieren die Beiträge für eine interkulturelle, vergleichende Methode. Während die multikulturellen und *Critical Race* Projekte in den Vereinigten Staaten dazu neigen, sich um die Idee einer gleichen Anerkennung ehemals stigmatisierter Identitäten zu orientieren, hat der Kampf in Frankreich

743 Ebd., 362.
744 Ebd., 353.

einigen Beiträgen zufolge weniger mit Identitäten an sich als mit der Anerkennung der Realität von Diskriminierung zu tun. Die Fassins fassen die Situation so zusammenfassen: »Man spricht *als*, um nicht *als* – schwarz, arabisch, jüdisch, aber auch *als* Frau und homosexuell – behandelt zu werden: Dies ist das Paradox, das in den Minderheitszustand an sich eingeschrieben ist: Es bedeutet, dass man für die Kritik an dem Zur-Minderheit-gemacht-Werden kein Gehör findet, wenn man nicht die schon etablierte Begrifflichkeit des Mehrheitsdiskurses einsetzt.«[745] Am Ende folgern die Fassins: »Es bedeutet wenig, ob der eigene Diskurs universalistisch oder partikulär ist; was bedeutungsvoll ist, ist, dass man über den Sinn und die Performativität des eigenen Diskurses nachdenkt, über das, was er wirklich besagt und, letzten Endes, was er tut.«[746]

Auf jeden Fall werden im heutigen Frankreich tiefgreifende Fragen zu *race* und Postkolonialität gestellt, sowohl entlang einer räumlichen Achse – ob der Kolonialismus der französischen Geschichte innerlich oder äußerlich ist – als auch entlang einer zeitlichen Achse – ob der Kolonialismus noch heute die französische Geschichte prägt. Nach der Dämonisierung des Multikulturalismus Mitte der 90er Jahre und der anfänglichen Antipathie gegenüber dem Postkolonialismus hat sich die französische akademische Szene wesentlich bewegt. Wie die Herausgeber_innen einer postkolonialen Sonderausgabe von *Mouvements* es ausdrückten: »Wer also hat Angst vor dem Postkolonialen? Auf diese Frage gibt es keine einfache Antwort. Es gibt keine wesentlichen zu verurteilenden Feind_innen außer dem kolonialen Unbewussten, das die französische Gesellschaft und seine sozialen Hierarchien heimsucht, und deren Fortdauern es in einer ›diskontinuierlichen Kontinuität‹ sichert. Es gibt keine republikanische Verschwörung, die bloßzustellen wäre, sondern nur eine speziell französische Schwierigkeit, nochmals auf die Grundlagen des Republikanismus zurückzukommen und sie mit den Tatsachen ihrer eigenen Geschichtlichkeit zu konfrontieren.«[747]

745 Didier Fassin und Éric Fassin, »Éloge de la Complexité«, in Fassin and Fassin, Hrsg., *De la Question Social à la Question Raciale? Représenter la Société Française* (Paris: La Découverte, 2006), 253.

746 Ebd., 130.

747 »Who Is Afraid of the Postcolonial?«, Sonderausgabe von *Mouvements: Des Idées et des Luttes* 51 (September–October 2007): 12.

9 Der transnationale Ideenverkehr

In diesem Kapitel betrachten wir den in mehrere Richtungen zwischen den drei Zonen verlaufenden Ideenverkehr bezüglich *race*/Kolonialität, indem wir eine Quadrille von Lesarten analysieren, durch die Intellektuelle eines Landes sich mit Intellektuellen eines zweiten Landes befassen, die Behauptungen über ein drittes Land aufstellen. Wir umreißen außerdem die Geschichte der sich mit Brasilien befassenden akademischen Forschung in den Vereinigten Staaten und Frankreich und mischen uns ein in die Debatten über die Verbreitung französischer Theorie in den Amerikas. Als Teil unseres transnationalen und ›translationalen‹ (Übersetzungs-) Ansatzes analysieren wir Bourdieu/Wacquants Kritik der Arbeit Michael Hanchards über die *black consciousness* Bewegung in Brasilien einschließlich der Rezeption dieser Kritik in Brasilien, um die wörtliche und metaphorische Übersetzung von Ideen rund um den Atlantik zu erforschen.

Frankreich, die Vereinigten Staaten und die Brasilienforschung

Eine gründliche Analyse des Dreiecksverkehrs von Ideen erfordert die Aufbereitung des geschichtlichen Kontextes akademischer Beschäftigung mit Brasilien, die von sowohl US-amerikanischen als auch französischen Wissenschaftler_innen geleistet wurde. Während im Falle Frankreichs diese Beschäftigung in ihren Ursprüngen auf die Anfänge der franko-brasilianischen Beziehung im 16. Jahrhundert zurückgeht, ist eine solche Beschäftigung im Falle der USA neueren Datums. In der Nachkriegszeit führten mehrere Faktoren – das Aufkommen von *Area Studies* (auf bestimmte Weltbezirke konzentrierte Forschung) in den Vereinigten Staaten, der Wunsch der brasilianischen Diktatur, die höhere Bildung zu verbessern, sowie der gaullistische Wunsch nach einer Allianz mit der ›Dritten Welt‹ – alle zu einer starken Erweiterung des wissenschaftlichen Austausches zwischen den drei Ländern. In Brasilien schuf das Militärregime Stipendien für Auslandsstudien, für die die Vereinigten Staaten das beliebteste Ziel waren, gefolgt von Frankreich.

Der Historiker Edward A. Riedinger bemerkt in seiner Übersicht über in Frankreich zu Brasilien ausgeführter Forschung, dass an französischen Universitäten seit der ersten, 1823 geschriebenen Dissertation über Brasilien bis 1999 1.344 Dissertationen über Brasilien geschrieben wurden, davon über 98 Prozent in der Nachkriegszeit.[748] Ein rascher Überblick über die Dissertationen

748 Vgl. Edward A. Riedinger, »Comparative Development of the Study of Brazil in the United States and France«, in Marshall C. Eakin und Paulo Roberto de Almeida, Hrsg.,

offenbart bestimmte Muster: Erstens ist die Mehrzahl der Arbeiten von Brasilianer_innen, die unter französischen, sich mit Brasilien auskennenden Professor_innen (wie Raymond Cantel und Guy Martinière) oder mit in Frankreich lebenden brasilianischen Wissenschaftler_innen (wie Katia de Queirós Mattoso) oder mit berühmten, eher für ihre innovativen Sozialtheorien als für ihre Kenntnis Brasiliens bekannten Wissenschaftler_innen (wie Cornelius Castoriadis, Maurice Godelier, Pierre Bourdieu und Alain Tourraine) gearbeitet haben: Zweitens schloss eine Galerie angesehener brasilianischer Forscher_innen der afrikanischen, afro-brasilianischen und indigenen Kultur und Geschichte – Luiz Felipe de Alencastro (über den südatlantischen Sklavenhandel), Juana Elbein dos Santos (über afro-brasilianische Religion), Renato Ortiz (über Umbanda und populäre Kultur) und der Ethnologe Eduardo Viveiros de Castro (über indigene Philosophie) – ihr Hochschulstudium in Frankreich ab; Drittens neigen die relativ seltenen komparatistischen und übernationalen Dissertationen dazu, Brasilien mit Afrika (Jean-Paul Coleyn über Besitzkulte in Mali, Brasilien und Haiti) oder Frankreich mit Brasilien (Gabriel Colo über französische gegenüber brasilianischen Bildern der Brasilianer_innen; Claudia Andrade dos Santos über französische Reisende und die brasilianischen Sklavereidebatten) in Verbindung zu setzen. Viele Dissertationen behandeln afrobrasilianische Religion und eine den schwarzen brasilianischen Aktivismus (Luiz Alberto Oliveira Gonçalves Doktorarbeit mit dem Titel »Die schwarze Bewegung in Brasilien« von 1994). Während das Vergleichsthema *race* in der Forschung von Brasilianer_innen und Nordamerikaner_innen allgegenwärtig ist, wurde wenig vergleichende Forschung zu *race* von französischen Wissenschaftler_innen betrieben, teilweise, weil die Kategorie von *race* dort selbst unter Verdacht steht.[749]

Riedinger stellt in seinem Vergleich fest, dass: (1) der Schwerpunkt der französischen Forschung bezüglich Brasilien auf den Naturwissenschaften und Sozialwissenschaften liegt, während die US-amerikanische Forschung sowohl in diesen als auch in den Geisteswissenschaften stattfindet; (2) die französi-

---

Envisioning Brazil: A Guide to Brazilian Studies in the United States, 375–395 (Madison: University of Wisconsin Press, 2005).

749 Wir fanden eine trilaterale Studie, die in unserem Sinne die Beziehungsgeschichten von Frankreich, Brasilien und den Vereinigten Staaten untersuchte: Georgette Medleg Rodrigues' Studie von 1998 mit dem Titel »French Attitudes toward US Influence in Brazil (1944–1960)«, die auf der Grundlage diplomatischer Archive und veröffentlichter Schriften und Memoiren Frankreichs Anstrengungen untersucht, seinen Einfluss geltend zu machen angesichts der Konkurrenz durch die USA in einer Situation, in der Frankreich selbst ebenfalls den Druck des US-amerikanischen Einflusses spürte und sich gefordert sah, sich gegenüber Brasilien als genauso modernes Land wie die USA darzustellen und zusätzlich als die Inkarnation einer traditionellen Universalität.

sche Forschung mehr vom Marxismus beeinflusst ist; (3) die Annales-Schule (die wichtigste Gruppe französischer Historiker_innen des 20. Jahrhunderts, die um die *Annales d'histoire économique et sociale* herum eine langfristig und sozialwissenschaftlich orientierte Geschichtsschreibung entwickelt haben) einen erheblichen Einfluss ausübt, unter anderem wegen ihres Fokus auf ein franko-mediterranes Teilen bestimmter kultureller Aspekte mit Brasilien; (4) geopolitisch gesehen die französische Forschung Brasilien als eine regionale Macht im Bündnis mit Frankreich und gegen die Vereinigten Staaten begreift, während US-amerikanische Studien Brasilien als Ergänzung zu den Vereinigten Staaten betrachten; und (5) es in den Vereinigten Staaten weitgehend mit Brasilien verbundene Nordamerikaner_innen gewesen sind, die sich wissenschaftlich mit Brasilien befasst habe, während brasilianische Wissenschaftler_innen in den USA dazu neigen, mit amerikanischen Expert_innen zusammenzuarbeiten, für die Brasilien oder zumindest die ›Dritte Welt‹ ein Fachgebiet ist.[750] (Daran ändert sich im Augenblick etwas, insofern als ›brasilianische Brasilianist_innen‹ in großer Anzahl an US-Universitäten strömen.)[751]

Auf jeden Fall sind= Brasilianische Studien ein wachsendes Feld in Nordamerika geworden. Die BRASA (*Brazilian Studies Asscociation*), die 1992 gegründet wurde, hat heute über 1.000 Mitglieder. Zu diesem Zeitpunkt müssen wir von mehreren Generationen von Brasilianisten_innen sprechen, die die Gründer_innen wie Ruth Landes, Donald Pierson und Charles Wagley und Hunderte von Wissenschaftler_innen, die heute als Brasilianisten_innen arbeiten, umfassen. Einige Wissenschaftler_innen drücken ihr Unbehagen mit dem Etikett ›Brasilianist_in‹ aus, weil sie das Gefühl haben, dass dieses Wort Forscher_innen distanziert, die sich tatsächlich aber mit einer brasilianischen Perspektive identifizieren. Während einige es vorziehen, sich selbst als *abrasileirados* (Brasilianisierte) statt als ›Brasilianist_in‹ zu bezeichnen, betonen andere eine breitere disziplinäre Zugehörigkeit wie zum Beispiel in der Komparatistik, wo das Etikett ›Brasilianist_in‹ zu eng gefasst erscheint. Wieder andere legen Wert auf ihre besondere Identität oder ihren besondern Zugangswinkel, so wenn der Ghanaer Anani Dzidzienyo sich selbst einen ›Afro-Brasilianisten‹ nennt.

Ein grundlegendes Fehlen von Gegenseitigkeit hat die intellektuelle Beziehung zwischen Brasilien und seinen nichtbrasilianischen Gesprächspart-

750 Vgl. Sergio Miceli, *A Desilusão Americana: Relações Acadêmicas entre Brasil e os Estados Unidos* (São Paulo: Sumaré, 1973), 40.

751 Vgl. Piers Armstrong, »Evolução de uma Dinâmica Relacional: A Hermêutica do Pensar a Cultura Brasileira a Partir dos EUA«, in Cristina Stevens, Hrsg., *Quando o Tio Sam Pegar no Tamborim: Uma Perspectiva Transcultural do Brasil* (Brasilia: Plano, 2000), 57.

ner_innen beeinträchtigt.[752] Gemäß der geltenden intellektuellen Arbeitsteilung, soll die ›Peripherie‹ nicht das ›Zentrum‹ studieren; vielmehr soll sie vom Zentrum lernen, wie sie sich selbst studiert. Während Brasilianer_innen also nach Frankreich und in die Vereinigten Staaten wanderten, um Brasilien oder zu Brasilien in Bezug stehende Themen zu studieren, strömten französische und US-amerikanische Studierende keineswegs nach Brasilien, um über ihre eigenen Gesellschaften zu forschen. Doch als eine Folge dieser Asymmetrien verspürt auch die Peripherie ein geringeres Bedürfnis, das Zentrum zu studieren; die Peripherie kennt schon das Zentrum, weshalb das Zentrum auch Zentrum heißt. Gleichzeitig kann der Gegensatz von Zentrum und Peripherie zu einem Hindernis für das Aufzeichnen der wechselseitigen Austauschbewegungen werden, die wir hier ansprechen. Trotz der im Allgemeinen asymmetrischen Informationsströme haben brasilianische intellektuelle und künstlerische Bewegungen häufig einen Einfluss auf das kulturelle und politische Leben in den Vereinigten Staaten und Frankreich ausgeübt, so geschehen in Bezug auf die Abhängigkeitstheorie in der Wirtschaftswissenschaft (hier spielte der spätere Präsident Brasiliens Fernando Henrique Cardoso eine Hauptrolle), auf die Sozialgeografie (Josué de Castros »Geografie des Hungers«), auf die Erziehungstheorie (Paulo Freires »Pädagogik der Unterdrückten«), auf das radikale Theater (Augusto Boals »Theater der Unterdrückten«), auf das Kino (Gluaber Rochas »Ästhetik des Hungers«), auf die Ethnologie (Viveiros de Castros indigener ›Perspektivismus‹) und auf die Musik (Bossa Nova, Tropcália).

Französische Theorie vor Ort und fehl am Platz

Hinter der Diskussion des trilateralen Ideenaustauschs zwischen Frankreich, Brasilien und den Vereinigten Staaten liegen Fragen, die sich um Zentrum und Peripherie drehen. In einem Essay mit dem Titel »Poststrukturalismus und

752 Obgleich der Begriff ›Brasilianist_in‹ im Schlepptau ähnlicher Ausdrücke wie ›Latinist_in‹ oder ›Germanist_in‹ aufkam, steht dahinter auch noch eine implizite, von vielen Brasilianer_innen verinnerlichte kulturelle Hierarchie. Aus geschichtlichen Gründen finden es viele Brasilianer_innen verblüffend, dass Nicht-Brasilianer_innen sich für ein Studium Brasiliens entscheiden. ›Brasilianist_innen‹ werden unweigerlich von Journalist_innen (und manchmal auch von Akademiker-innen) gefragt: »Wie kam es, dass Du Dich für Brasilien interessiert hast?« Amerikaner_innen und Brasilianer_innen, die über Frankreich schreiben, oder Französ_innen und Brasilianer_innen, die über die Vereinigten Staaten schreiben, wird im Gegensatz dazu selten die gleiche Frage gestellt. Es wird angenommen, dass diese ›wichtigen‹ Kulturen an sich schon interessant sind, während nur ein besonderes Erlebnis oder eine Art Erweckung – eine Reise nach Brasilien, eine Liebesaffaire, ein überraschendes Stipendium, eine Zeit im Peace Corps – überhaupt erklären könnte, warum man sich ›für Brasilien interessiert‹.

Dekonstruktion in den Amerikas« beklagt Leyla Perrone-Moisés die Tatsache, dass die US-amerikanische akademische Welt französische Poststrukturalist_innen dermaßen populär gemacht hat, dass brasilianische Intellektuelle heute französische Ideen ›über‹ die Vereinigten Staaten aufgreifen. Ihre Kritik zielt hauptsächlich auf die *Cultural Studies*, den ›Multikulturalismus‹, und das ›politisch Korrekte‹, die alle als deformierte Abkömmlinge ursprünglich französischer philosophischer Strömungen gesehen werden. Sie verweist ganz richtig auf die starke französische poststrukturalistische Präsenz innerhalb der *Cultural Studies*, die Althussers antihumanistische Neuinterpretation von Marx übernahmen, wie auch Lacans Neuinterpretation von Freud, Barthes' Kritik der ›Mythologien‹, Foucaults ›genealogische Kritik der Macht‹, Deleuzes Versenken in ›Differenz und Fluss‹, Derridas Kritik des ›Logozentrismus‹, Lyotards ›Ende der Großen Erzählungen‹, Cixous' Verteidigung der *écriture féminine*, und so weiter. (Sie lässt Lefebvre, Certeau und Bourdieu weg, aber dies ist hier nicht von Belang.)[753]

Perrone-Moisés stellt hier gegenüber, was sie »fraglos fortschrittliche« politische Anliegen nennt, die von den *Cultural Studies* verteidigt würden, und das, was sie als deren reduktionistische Interpretationsmethode sieht. Ihr zufolge wurde die französische Theorie in den Dienst des ›politisch Korrekten‹ gezwungen – zu einem hohen Preis für die literarische und philosophische Forschung. In der kargen Erde der US-amerikanischen akademischen Welt konnten fruchtbare französische Ideensamen nur merkwürdige und groteske Hybridblüten treiben. Wir greifen hier absichtlich auf die Sprache der europäischen ›Naturalist_innen‹ des 18. Jahrhunderts zurück, denn Perrone-Moisés vermittelt und aktualisiert ungewollt Ideen der europäischen Naturalist_innen über Amerika allgemein als einem Ort der Fäulnis und des Verfalls, an dem ›Hunde nicht bellen‹ und ›Pflanzen nicht wachsen‹. In ihrer Ablehnung der *American Cultural Studies* benutzt Perrone-Moisés den gleichen naturalistischen Tropus der Infantilisierung, der die Amerikas ganz allgemein als kulturell jung und ›unentwickelt‹ abwertet. Der uralte Tropus der jungen Neuen Welt liegt auch dem folgenden Abschnitt zugrunde: »Die karikaturhaftesten Formen von *Cultural Studies* treten in Ländern *jüngerer* Kultur auf, denen eine starke philosophische Tradition und die besondere, für solche Studien notwendige,

---

753 Eine transnationalere und weniger frankozentrische Genealogie von *Cultural Studies*, so würden wir argumentieren, schlösse nicht nur die von Perrone-Moisés angeführten französischen Autor_innen ein, sondern auch frankofone Schriftsteller_innen wie Fanon und Césaire, sowie C.L.R. James aus der Karibik, James Baldwin und Leslie Fiedler aus den Vereinigten Staaten zusammen mit dem italienischen Marxisten Antonio Gramsci, britischen Marxist_innen wie E.P. Thompson und Raymond Williams und dem Postmarxisten Stuart Hall.

Ausformung diverser Fachgebiete fehlen. In den Amerikas gibt es eine Tendenz, das, was noch nicht ›konstruiert‹ worden ist, zu ›dekonstruieren‹.«[754] Perrone-Moisés reproduziert hier den altehrwürdigen Gegensatz vom ›alten Europa‹ und dem ›jungen Amerika‹, welches ein Europa ›einholen‹ müsse, das dadurch, dass es an der Spitze fortschrittlicher Ideen und Kreativität stehe, sowohl jung aber dann auch wieder in Bezug auf seine philosophische Reife ›alt‹ sei. Dass einige der Nationalstaaten Amerikas genau genommen ›älter‹ sind als einige Nationalstaaten Europas, und dass Europas Fortschritt im Zweiten Weltkrieg und Holocaust gipfelte, lässt sicherlich Zweifel bezüglich der Behauptung besonderer ›Reife‹ aufkommen, genauso wie die imperialistischen Praktiken der Vereinigten Staaten Zweifel an exzeptionalistische Behauptungen jugendlicher Unschuld aufwerfen. Ohnedies sind die Amerikas im Allgemeinen nicht ›jung‹ sondern insofern palimpsestartig ›alt‹, als sie durch genau ihre Zusammensetzung als Nationen die tausendjährigen Traditionen des indigenen Amerika, von Europa, Afrika und Asien erben. Was Melville in *Redburn* schrieb, trifft auf die Amerikas allgemein zu: »Wir sind die Erben aller Zeiten, und mit allen Nationen teilen wir unser Erbe. Auf dieser westlichen Hemisphäre sind alle Stämme und Menschen dabei, sich zu einem föderierten Ganzen zu formen; und es wird eine Zukunft geben, die all die entfremdeten Kinder Adams wie zur alten Herdstelle in Eden zurückgekehrt sehen wird [...]. Die Saat ist gesät und die Ernte muss kommen.«[755]

Für Perrone-Moisés entleerten Nordamerikaner_innen Derridas Ideen, indem sie ›Dekonstruktion‹ zu einem Slogan machten. Sie mutmaßt: »Dekonstruktion wurde ein prestigeträchtiges Etikett in den amerikanischen Universitäten, weil Amerikaner_innen über die enorme philosophische und breit gefächerte Bildung Derridas, die es so nicht so häufig in den Vereinigten Staaten gab, erstaunt waren.«[756] Diese Beobachtung geht fälschlicherweise davon aus, dass Derridas enorme Belesenheit in Frankreich gewöhnlich ist – wo es doch seine außergewöhnliche Belesenheit ist, die ihn zu einem *maître* macht – und dass eine solche Belesenheit an amerikanischen (und brasilianischen) Universitäten unbekannt sei. Ironischerweise sah Derrida selbst die Vereinigten Staaten als ein besonders günstiges Terrain für die Aufnahme seiner Ideen an, und er machte die bekannte Bemerkung: »Amerika ist Dekonstruktion«. Indem sie den ›Philosophen der Differenz‹ gegen seine vermeintlichen Vulgarisierer verteidigt, bestreitet Perrone-Moisés jedoch gleichzeitig die Unvermeidbarkeit

754 Leyla Perrone-Moisés, »Pós-estruturalismo e Desconstrução nas Américas«, in Perrone-Moisés, Hrsg., *Do Positivismo à Desconstrução: Idéias Francesas na América*, 213–237 (São Paulo: USP, 2003).

755 Herman Melville, *Redburn* (1849; Nachdruck, New York: Penguin Books, 1986), 239.

756 Perrone-Moisés, »Pós-estruturalismo e Desconstrução nas Américas«, 226.

von ›Differenz‹, wenn es um die transtextuellen Übertragungen von Derridas Ideen in andere Idiome und Regionen geht, wo diese Ideen unweigerlich einen lokalen Akzent und eine lokale Färbung annehmen.

Hinter Perrone-Moisés' polemischen Behauptungen erblickt man wieder flüchtig die Konturen der unfruchtbaren lateinisch-angelsächsischen Dichotomie:

> »Einige unter uns übernehmen treu und brav Ansätze, die zur angelsächsischen Welt gehören, ohne die Unterschiede zu unseren lateinamerikanischen Geschichten und Kulturen zu berücksichtigen [...]. Der Multikulturalismus, der auch in den Vereinigten Staaten kritisiert wird, bevorzugt die Aufrechterhaltung separater Ghettos [...]. Es wird von einem lateinamerikanischen Postkolonialismus gesprochen. Aber der angelsächsische Postkolonialismus bezieht sich nur auf die Verwendung des Englischen durch kürzlich dekolonisierte Autor_innen, während unser Postkolonialismus bereits zwei Jahrhunderte alt ist und unsere Aneignung von Sprachen der Metropole wie in den Vereinigten Staaten lange zurück liegt. Wer würde je nordamerikanische Literatur als postkolonial behandeln?«[757]

In einer Hinsicht hat Perrone-Moisés Recht: Einige postkoloniale Schriften sind, wie wir selbst schon argumentiert haben, tatsächlich anglozentrisch und spielen die innovativen lateinamerikanischen Debatten um Hybridität, Synkretismus und die Beziehungen zwischen Kolonie und Metropole zusammen mit der indigenen Kritik von Kolonialität und Modernität herunter. Aber der Begriff ›angelsächsisch‹ ethnisiert das Politische und essentialisiert das Antiessentialistische. Die Widersprüchlichkeit wird in den letzten zwei Sätzen offenkundig, wenn Perrone-Moisés bemerkt, dass sowohl die Vereinigten Staaten als auch Brasilien sich Sprachen der Metropole aneigneten und sich dann aber über die Idee, dass nordamerikanische Literatur deshalb auch ›postkolonial‹ genannt werden könnte, lustig macht. Aber tatsächlich sind alle Teile Amerikas postkolonial in dem Sinne, dass sie die Unabhängigkeit vom europäischen Kolonialismus erreicht haben, selbst wenn Großbritannien und die Vereinigten Staaten in Lateinamerika hegemoniale Macht ausübten. Aber entweder sind alle kolonialen Siedlerstaaten postkolonial oder keiner von ihnen. Genauer gesagt, bilden sie alle eine palimpsestartige Mélange aus Zeitlichkeiten und Chronotopen und mischen Koloniales (in Bezug auf indigene Gemeinschaften) mit Postkolonialem (das heißt, aus der Zeit nach der Unabhängigkeit), Neokolonialem (entsprechend der politischen Ökonomie des Nord-Süd Herrschaftsgefälles) und Parakolonialem (insofern als der Kolonialismus nicht alles erklärt). Der springende Punkt aber ist die unterschiedliche Art und Weise, in der die verschiedenen Nationen und diversen Gruppen innerhalb der Nationen diesen gleichen postkolonialen Zeitpunkt leben.

757 Ebd., 230.

Perrone-Moisés hüllt ihre Kritik in den Mantel des Antikolonialismus: »Insofern es nordamerikanische Vorschläge übernimmt, feiert Brasilien das Ende unseres kulturellen Kolonialismus in unserer Beziehung zu Frankreich ohne zu bemerken, dass am Ursprung dieser Vorschläge französische Theoretiker_innen stehen. Der einzige Unterschied für uns ist der, dass wir in der Vergangenheit theoretische Inspiration innerhalb der französischen Matrix suchten und es jetzt über die Vereinigten Staaten tun.«[758] Diese sehr ambivalente Kritik scheint Brasilianer_innen fast aufzufordern, die Französ_innen selbst nachzuahmen statt die ›Nachahmer_innen nachzuahmen‹, sprich, die Amerikaner_innen. Perrone-Moisés betrachtet die ›Post‹-bewegungen als bloße Epiphänomene ›französischer Theorie‹, während doch das relevantere Thema nicht die ›Treue‹ zu einem europäischen ›Original‹ ist, sondern vielmehr die faszinierenden ›Untreuen‹, die Übersetzungsdrehungen und –wendungen und die Wandlungen der Theorien. Die fruchtbarere Frage beträfe die Art und Weise, wie Jameson Greimas politisiert oder Spivak Derrida subalternisiert oder Stoller Foucault ›rassifiziert‹ oder Bhabha Lacan postkolonisiert, und so weiter. In gleicher Weise sollte es Thema sein, wie brasilianische Intellektuelle und Künstler_innen ›Ideen von anderen Orten‹ indigenisieren, wie Roberto Schwarz Adorno indigenisiert oder Glauber Rocha Brecht afrikanisiert oder Haroldo de Campos Faust brasilianisiert oder Ismail Xavier Walter Benjamin national-allegorisiert oder Sérgio Costa Stuart Hall sampelt oder Jessé Souza Bourdieu für die Peripherie nutzt. Oder, um eine weitere Ebene anzusprechen, wie Rapper_innen wie Racionais MC die afro-amerikanische Gruppe *Public Enemy* brasilianisiert oder Calinhos Brown James Brown bahianisiert oder Gilberto Gil die *Beatles* tropikalisiert.

Perrone-Moisés ist jedoch nicht die einzige, die die entscheidende US-amerikanische Rolle für die Verbreitung französischer Theorie herausstellt. In seinem Buch *French Theory: How Foucault, Derrida, Deleuze, & Co. Transformed the Intellectual Life of the United States* liefert François Cusset einen differenzierten Bericht dieser Verbreitungsprozesse. Er beschreibt die schwindelerregende Hochphase französischer Theorie, als französische Autor_innen »einen Grad offizieller Bekanntheit und Untergrundbedeutung in den Vereinigten Staaten erlangten, den sie in ihrem eigenen Land nie erreichten«.[759] In dem, was Cusset einen »perfekten Chiasmus« oder eine »symmetrisch umgekehrte Situation«[760] nannte, fielen die Höhenflüge französischer Theorie

758 Ebd., 232.

759 François Cusset, *French Theory: How Foucault, Derrida, Deleuze, & Co. Transformed the Intellectual Life of the United States*, übers. von Jeff Fort (Minneapolis: University of Minnesota Press, 2008), 2.

760 Ebd., xviii.

in den Vereinigten Staaten mit ihrem Niedergang in Frankreich selbst zusammen. Im gleichen Augenblick, als Foucault, Lyotard und Derrida in Frankreich in den Hintergrund traten, wurden sie an US-amerikanischen Universitäten allgegenwärtig. Gleichzeitig bewarben französische Medien die telegenen *nouveaux philosophes* in ihrem Eifer, linke, radikale, multikulturelle und postkoloniale Ideen hinwegzufegen. Doch Cusset zufolge wurde die selbe, von den *nouveaux philosophes* dämonisierte ›französische Theorie‹ nicht nur an US-amerikanischen Universitäten eine mächtige Kraft, sondern auch in den »am wenigsten erwarteten Winkeln« der Kultur »von Pop Art bis zum Cyberpunk-Roman«.[761]

Der Einfluss französischer Theorie in Übersee wurde nicht nur durch französische kulturelle Institutionen wie das Maison Française vermittelt, sondern auch durch eine Reihe renommierter US-amerikanischer Universitäten, insbesondere dem ›goldenen Dreieck‹ von Johns Hopkins, Cornell und Yale, zusammen mit der New York University, Columbia und der University of California und zwar in Begleitung von Zeitschriften wie *Diacritics, Enclitic, Substance, Semiotexte*, und so weiter. In der Sprache Bourdieus spricht Cusset von den »Prozessen der Auswahl, Etikettierung und Klassifizierung«, durch die US-amerikanische Akademiker_innen die intellektuellen Trends der 1980er Jahre prägten.[762] Durch ein *dépaysement des idées* [das Trennen der Ideen vom Land ihres Ursprungs] wurden französische Konzepte von ihren Ursprüngen gekappt, so dass sie wie Treibholz nicht nur in Berührung mit in den Vereinigten Staaten gebräuchlicheren Konzepten kamen, sondern auch mit Konzepten anderer französischer Denker_innen. Aber für Cusset erzeugte dieses Kappen der Taue einen politischen Gebrauchswert, indem es französische Texte, die in Frankreich »in die Falle ihrer Redaktions- und Verlagszwangsjacken geraten waren, neu erfand«.[763] Cusset sieht daher einen Vorteil in dem, was Bourdieu die »Entnationalisierung« von Texten nennt. Dadurch konnte die französische Theorie als das, was Cusset das »neue interdisziplinäre, von Literaturwissenschaftler_innen des französischen Poststrukturalismus geschaffene Objekt« nennt, in die Zwischenräume amerikanischen intellektuellen Lebens drängen.[764]

Eines der Dinge, für die die ›Post‹-ismen in den Vereinigten Staaten Verwendung fanden, war das Theoretisieren von *race*, Multikulturalität und Postkolonialität. *Postcolonial* und *Cultural Studies* bilden in diesem Sinn transnationale Mischungen unterschiedlicher Strömungen – sicherlich fran-

---

761 Ebd., 10.
762 Ebd., 8.
763 Ebd., 10.
764 Ebd., 99.

zösischen Strömungen, aber auch britischen, afrikanischen, indigen amerikanischen, lateinamerikanischen, südasiatischen, karibischen, nahöstlichen, und so weiter. Dass Akademiker_innen in den Vereinigten Staaten im Gegensatz zu den frankophoben US-Rechten diese französischen Denker_innen so angenommen haben, könnte als Zeichen einer heilsamen Offenheit für von anderswo herkommende Ideen interpretiert werden oder als ein Hinweis, dass US-amerikanische und brasilianische Intellektuelle (wie Intellektuelle überall in der Welt) alle einen französisch gebeugten Intertext teilen, selbst wenn dieser auf unterschiedliche Weise an den verschiedenen Orten einverleibt, assimiliert und umgemodelt wurde. Perrone-Moisés moniert nur einen der ›Endpunkte‹ in einem breitgefächerten globalen transtextuellen Prozess. Während sie den Poststrukturalismus positiv beschwört, führt sie die Debatte innerhalb eines vor-poststrukturalistischen Paradigmas. Für Derrida beinhaltet intellektueller Austausch einen endlosen Prozess der Verbreitung und Intertextualität, der Neuakzentuierungen ohne ›Ursprünge‹ zur Folge hat, wo die ›Kopie‹ genauso gültig sein kann wie das ›Original‹, ja, wo es die Kopie ist, die das Prestige und sogar die Originalität des Originals erzeugt. Das Beschützen Derridas gegen Verrat bedeutet so paradoxerweise ein Aufgeben seiner Kritik des Ursprungs.

Allegorien des Eindringens

Bourdieus/Wacquants Essay »Über die List der imperialistischen Vernunft« widmet sich ebenfalls den intellektuellen Beziehungen zwischen Frankreich, den Vereinigten Staaten und Brasilien. Das als Polemik gegen die vom afroamerikanischen Politikwissenschaftler Michael Hanchard in seinem 1994 veröffentlichten Buch *Orpheus and Power*[765] vorgenommene Analyse der *Black Consciousness*-Bewegungen in Brasilien konzipierte Essay greift sich Hanchard als eine Inkarnation der ›List‹ der imperialen Vernunft heraus, die jetzt People of Color (PoC) rekrutiere, um die ›MacDonaldisierung‹ des Denkens zu verbreiten: »Kultureller Imperialismus (ob amerikanischer oder sonstiger) setzt sich nie besser durch, als wenn er von progressiven Intellektuellen (oder, im Fall von ›Rassenungleichheit‹, von Intellektuellen of Color) aufgetischt wird, die über jeden Verdacht erhaben scheinen, hegemoniale Interessen eines Landes zu verfolgen, gegen das sie ansonsten die Waffen sozialer Kritik schwingen.«[766] In überspitzter Sprache stellen Bourdieu/Wacquant Hanchard als einen Hand-

765 Michael George Hanchard, *Orpheus and Power: The ›Movimento Negro‹ of Rio de Janeiro and São Paulo, Brazil, 1945–1988* (Princeton: Princeton University Press, 1994).

766 Pierre Bourdieu and Loïc Wacquant, »On the Cunning of Imperial Reason«, *Theory, Culture, and Society* 16, no. 1 (1999): 51.

langer des Imperialismus dar, der »ethnozentrisches Gift« in die Debatte um *race* spritze, indem er einer brasilianischen Gesellschaft, die im Kern ohne Rassismus sei, ein binäres nordamerikanisches Muster überstülpe.

Wie viele andere Kritiker_innen von ›Identitätspolitik‹ sind sich die Autoren nicht zu schade, Identität für ihre eigenen Zwecke zu verwenden. Hanchards Identität als ›afro-amerikanischer Politikwissenschaftler‹ stellt ein Schlüsselelement ihrer Argumentation dar; sie liefert das Stichwort für die Hegelsche ›List‹ im Titel, die Hanchard Teil eines imperialistischen Tricks sein lässt. Die tatsächlich ›über jeden Verdacht‹ erhaben bleibende Identität ist unterdessen die des Weiß- und Französischseins der Autoren. Ihre Identität ist so weit über jeden Verdacht erhaben, dass sie nicht einmal *als* eine Identität erwähnt wird. Während es natürlich wahr ist, dass das US-amerikanische rechte Herrschaftsgefüge durchaus einige seltene schwarze Konservative ›listig‹ benutzt hat, um den Neoliberalismus und imperialistische Interventionen zu unterstützen und sogar *affirmative action* anzugreifen, so ist Hanchard doch eindeutig kein Konservativer. Tatsächlich gibt es wenige Sozialwissenschaftler_innen, auf die der allgemeine Vorwurf gegen die US- Sozialwissenschaften, dass sie unpolitisch und gegenüber Klasse und Herrschaft blind seien, weniger zutrifft. So wie es aus einer komplexen theoretischen und historischen Perspektive geschrieben und von den konzeptionellen Kategorien von Marx, Gramsci, Fanon und anderen linken Theoretiker_innen geprägt ist, ist *Orpheus and Power* auf stolze Art politisch, klassenbewusst und sehr mit sozialer Herrschaft befasst. Doch für Bourdieu/Wacquant exportiert Hanchard das dichotome US-amerikanische »*folk concept of race*« in eine flexible und offene brasilianische Gesellschaft.[767]

Bourdieu/Wacquant machen eine widersprüchliche Aussage, wenn sie sowohl den Multikulturalismus als auch das »dichotome amerikanische Denken über *race*« verurteilen. Was immer seine Fehler sein mögen, so hat das multikulturelle Projekt im Allgemeinen jedoch dichotomes Denken über *race* zugunsten von Diskursen des kulturellen Vermischens und der Regenbogenallianzen vermieden. Tatsächlich nehmen viele Analyst_innen eine Art ›Brasilianisierung‹ der Vereinigten Staaten war, und zwar nicht nur in Bezug auf verstärkte Klassenunterschiede und ein Auseinanderklaffen der Vermögen, sondern auch in Bezug auf neue Wege, über die Überschneidung von Klasse, *race* und ›ethnischer‹ Zugehörigkeit nachzudenken, da einige Weiße (wie viele Schwarze) in die Armut abrutschen, einige PoC einen ›multiethnischen‹ Status für sich reklamieren, und dazwischen liegende Gruppen, wie Latin@s, arabische und asiatische Amerikaner_innen die bekannten dichotomen Zuordnungen

767 Ebd., 48.

durcheinander werfen. Der Soziologe Eduardo Bonilla-Silva sagt eine sich entfaltende Lateinamerikanisierung des nordamerikanischen Spektrums voraus, und zwar auf Grund: (1) sich verändernder demografischer Zusammensetzung (Bevölkerungsschätzungen sagen bis 2050 eine Minderheitenmehrheit in den Vereinigten Staaten voraus); (2) des Aufkommens einer ›freundlicheren und sanfteren‹ weißen Vorherrschaft; (3) des Kommens eines im Stile Lateinamerikas ›farbblinden Rassismus‹; (4) der Eingliederung dunkelhäutiger ›anderer‹ durch den globalen Kapitalismus; (5) der Zunahme von ›Mischehen‹, die zwischen Weiß und Schwarz gering aber in Bezug auf Latin@s, Asiat_innen und indigene Amerikaner_innen, von denen nur 33 Prozent andere indigene Amerikaner_innen heiraten, gewaltig ist.[768]

Der Vorwurf Bourdieus/Wacquants eines »brutalen Eindringens« in eine rassismusfreie brasilianische Gesellschaft widerspricht völlig dem größten, hauptsächlich von Brasilianer_innen im Laufe des letzten halben Jahrhunderts geleisteten Teil ernster Forschung über Brasilien. Eine genderlastige Sprache positioniert Bourdieu/Wacquant als Beschützer eines weiblich definierten Brasiliens, welches von einem brutalen Eindringling, in diesem Fall einem schwarzen männlichen US-amerikanischen Wissenschaftler, vergewaltigt würde. Diese reduktionistischen Vorstellungen von interkulturellem Austausch stellen einen Bruch mit Bourdieus eigenem Konzept ›kultureller Felder‹ dar. Während Bourdieus Arbeit allgemein die Interaktion von Struktur und Selbstbestimmung wahrnimmt, sehen diese Essays nur die aktive Herrschaft US-amerikanischer Weißer und die passive Opferrolle der ›Dritten Welt‹. In quasi konspirativer Weise sprechen die Autoren von der »symbolischen Herrschaft und Einflussnahme, die von den Vereinigten Staaten über jede Art wissenschaftlicher und speziell halbwissenschaftlicher Produktion ausgeübt wird, insbesondere mittels der Macht der Weihe, die sie besitzen, sowie mittels der materiellen und symbolischen Profite, die Forscher_innen aus den beherrschten Ländern durch ein mehr oder weniger angenommenes oder verschämtes Festhalten an dem aus den Vereinigten Staaten kommenden Modell einheimsen«.[769] Diese Einbahnstraßenformulierungen erinnern an nicht problematisierte Kulturtheorien der Frankfurter Schule, die annehmen, dass die Kulturindustrie passive Konsument_innen mit einer Injektionsnadel impfe, oder an die These eines ›Medienimperialismus‹, die davon ausgeht, dass der Imperialismus durch diesen in ›Dritte Welt‹-Psychen ›eindringt‹, beides Thesen, die selbst von ihren einstigen Vertreter_innen wie Ariel Dorf-

768 Vgl. Eduardo Bonilla-Silva, *Racism without Racists: Color-Blind Racism and the Persistence of Racial Inequality in the United States* (Lanham, MD: Rowman and Littlefield, 2010), 183–185.

769 Bourdieu and Wacquant, »On the Cunning of Imperial Reason«, 45–46.

mann und Armand Mattelart revidiert worden sind. Bourdieu/Wacquant stellen »Forscher_innen in den beherrschten Ländern« entweder als naive, von imperialistischen Kulturprodukten begeisterte Tölpel dar oder als zynische Opportunist_innen, denen es nach »materiellen und symbolischen Profiten« gelüste.[770] Die Weigerung, ihnen die Selbstvertretung zuzugestehen, könnte nicht totaler ausfallen, etwas, was noch durch die Tatsache verstärkt wird, dass die Bibliografie des Essays von der ›List‹ *keine* brasilianischen Forscher_innen enthält. Gleichzeitig zitiert die Bibliografie ironischerweise mit fünf US-amerikanischen Brasilienexpert_innen (Charles Wagley, Anthony Marx, George Reid Andrews, Edward Telles und Howard Winant) genau diejenigen, die von der Theorie Bourdieu/Wacquants normalerweise als solche verurteilt würden, die Brasilien ihre ethnozentrische Vision aufdrückten!

Obwohl die Angst bezüglich afro-amerikanischem ›ethnischen Eindringen‹ einer anti-imperialen Logik entstammt, hat sie ironischerweise einen Vorläufer im Argwohn der brasilianischen Militärdiktatur (1964-1985) gegenüber jeder Zusammenarbeit zwischen schwarzen brasilianischen und schwarzen US-amerikanischen Aktivist_innen, die vom Regime als eine Bedrohung der ›nationalen Sicherheit‹ angesehen wurde. Ein offizieller Fragebogen forderte Zensor_innen auf, wachsam gegenüber irgendwelchen direkten oder verschleierten Hinweisen auf die ›Black Power Bewegung‹ zu sein. Die Zensor_innen der Junta verbaten Journalist_innen sogar das Wort ›schwarz‹ in einem ›rassenbezogenen‹ Sinn zu benutzen.[771] Musikgruppen mit ausschließlich schwarzen Musiker_innen wie *Abolição* wurde befohlen zu integrieren. Der Staat der ›nationalen Sicherheit‹ untersagte jede Diskussion über Rassendiskriminierung als subversiv, selbst wenn diese in Form ›rassenbezogener‹ Volkszählungsstatistik geführt wurde. Dem Historiker Thomas Skidmore zufolge erfolgte das Zwangsexil von Wissenschaftler_innen wie Abdias do Nascimento, Florestan Fernandes, Fernando Henrique Cardoso und Octávio Ianni weitgehend aufgrund ihres Hinterfragens des nationalistischen Konsenses, dass Brasilien eine Rassendemokratie sei.[772]

Wir werden hier nicht versuchen, all die verschränkten Fehldarstellungen im zweiten Essay Bourdiesu/Wacquants klarzustellen. Tatsächlich hat der Brasilianist John French in einem Essay mit dem Titel »Die Fehltritte der anti-imperialistischen Vernunft« schon eine sorgfältig bemessene aber vernichtende

770 Ebd., 46.

771 Sérgio Augusto, brasilianischer Journalist, in einem Gespräch mit Robert Stam im September 1995.

772 Vgl. Thomas E. Skidmore, »Race and Class in Brazil: Historical Perspectives«, in Pierre-Michel Fontain, Hrsg., *Race, Class, and Power in Brazil* (Los Angeles: UCLA Center for Afro-American Studies, 1985).

Kritik geschrieben.[773] Nachdem er ihr Argument fair zusammengefasst hat, weist French auf die unzähligen Einschätzungsfehler in ihrem Essay hin: die platte und undifferenzierte Karikatur US-amerikanischer und brasilianischer intellektueller Trends, die unbedarften, falschen Aussagen zu dem derzeitigen Forschungsstand zu *race* in Brasilien, die Fehldarstellungen der Standpunkte bestimmter Forscher_innen, die eine bestimmte Absicht verfolgende Idealisierung der brasilianischen ›Rassensituation‹ und die damit einhergehende schematische, allzu vereinfachte Beschreibung der US-amerikanischen Situation. Die Autoren, so meint French, »folgen ganz deutlich einer doppelten Moral, wenn sie die USA mit Brasilien vergleichen. Sie präsentieren ein übertrieben krasses und negatives Bild der Rassensituation in den Vereinigten Staaten und sind ihrer Mythologie gegenüber intolerant; im Gegensatz dazu präsentieren sie ein übertrieben tolerantes und positives Bild der Rassensituation in Brasilien und nehmen seine nationale Mythologie mit offenen Armen und ohne Kritik an«.[774] French stellt dann Mutmaßungen darüber an, warum die zwei französischen Soziologen wohl so »unversöhnlich gegenüber US-Illusionen und so entgegenkommend gegenüber brasilianischen« sind.[775] Er findet den Schlüssel in einer Fußnote zu einem Buch, das die Autoren »wissenschaftlich skandalös« nennen, Wieviorkas *Racist France*. In einem spöttischen Ton fragen Bourdieu/Wacquant in dieser Fußnote: »Wie lange wird es dauern, bis wir ein Buch *Racist Brazil* erhalten, das dem wissenschaftlich skandalösen *Racist France* eines französischen Soziologen nachgebildet ist, der den Erwartungen des journalistischen Marktes mehr Aufmerksamkeit schenkt als den Komplexitäten der sozialen Wirklichkeit?«[776]

Abgesehen von der Tatsache, dass Bourdieu/Wacquant Wieviorkas ergiebige und vielseitige Arbeit auf ähnliche Weise falsch darstellen, wie sie Hanchards Arbeit karikieren, ist man verwundert ob solch einer heftigen Reaktion auf ein französisches Buch über französischen Rassismus oder ein brasilianisches Buch über brasilianischen Rassismus. Die Reaktion der Autoren spiegelt eine erstaunliche Amnesie bezüglich französischer und frankofoner intellektueller Geschichte wider. Immerhin brauchte weder Césaire ein ›brutales ethnozentrisches Eindringen‹, um Frankreich rassistisch zu finden, als er *Über den*

773 John French, »The Missteps of Antiimperialist Reason«. Das Essay wurde zuerst als ein Duke University Arbeitspapier (no. 27) und später in *Theory, Culture and Society* 17, no. 1 (2000): 121 veröffentlicht, einem Sonderheft, das den Antworten auf das Bourdieu/Wacquant Essay gewidmet war.

774 Ebd., 122.

775 Ebd.

776 Bourdieu and Wacquant, »On the Cunning of Imperialist Reason«, 44, 53, zitiert nach French, »The Missteps of Anti-imperialist Reason«, 122.

Kolonialismus schrieb, noch brauchte es Fanon, als er *Schwarze Haut, Weiße Masken* schrieb, noch brauchte es Memmi, als er *Porträt des Kolonisierten* und *L'homme dominé* schrieb. Alle diese Autor_innen fanden sowohl Frankreich als auch die Vereinigten Staaten rassistisch. John French mutmaßt daher, dass die zwei Autoren »opportunistischen Gebrauch von Brasilien« machen, um »Intellektuelle anzugreifen [...], die ihre liebgewonnene Idee von Französischsein untergraben könnten«. Er fügt hinzu, dass, wenn Rassismus per Definition etwas ist, das nur Nordamerikaner_innen tun, »dann weder Frankreich noch Brasilien rassistisch genannt werden können«.[777]

Ein weißer Narzissmus nationaler Prägung führt auf diese Weise einige Analyst_innen dazu, bestimmte Gesellschaften des Schwarzen Atlantik trotz einer gemeinsamen Geschichte von Eroberung, Kolonialismus und Sklaverei als irgendwie vom Rassismus ausgenommen zu verfechten. Ein verdeckt nationales Pathos kompromittiert in diesem Fall die Methodologie der Autor_innen und lockt sie weg von ihren eigenen theoretischen Grundsätzen. Die in Frenchs Essay und in unserem eigenen Text durchgehend vertretene Ansicht ist im Gegensatz dazu die eines historischen und sozialen Kontinuums rassistischer Ideologien und Praktiken, das sich rund um den postkolonialen Atlantik erstreckt. In diesem Zusammenhang scheinen Bücher, die gegenüber einem ›rassistischen Amerika‹, einem ›rassistischen Frankreich‹ und einem ›rassistischen Brasilien‹ kritisch eingestellt sind, nicht wirklich skandalös; vielmehr scheinen sie unvermeidlich, ja sogar heilsam; skandalös wäre es, wenn es solche Bücher nicht gäbe. Das unschuldig Machen von Frankreich und Brasilien findet bezeichnenderweise nur im Kontext von Vergleichen zwischen den Nationen statt. Der Vergleichsrahmen an sich scheint das auszulösen, was man analog zu der Art und Weise, wie sich streitende Familien angesichts von Kritik von außen plötzlich zusammentun, ein ›Familienbeschützungs‹- oder ›Dreckige-Wäsche-Abwehr‹-Syndrom nennen könnte.

Das einfache Abtun der Möglichkeit eines Buches über ein ›rassistisches Brasilien‹ lässt fehlende Beschäftigung mit der Wissenschaftsgeschichte in Brasilien erkennen. Wie wir es schon bei Ali Kamel gesehen haben, schreiben auch Bourdieu/Wacquant, als ob Kritik des brasilianischen Rassismus ausschließlich aus Nordamerika käme. Dabei tragen zahllose brasilianische Bücher solche Titel, die, selbst wenn sie nicht gerade ›rassistisches Brasilien‹ sagen, dennoch einen ähnlichen Vorwurf erheben. Ein kurzer Blick über unser Bücherregal liefert die folgenden (aus dem portugiesischen übersetzten) Titel: *Racism and Anti-racism in Brazil* [Rassismus und Anti-Rassismus in Brasilien](1999), *Racism in Brazil* [Rassismus in Brasilien] (2002), *The Gen-*

777 French, »The Missteps of Anti-imperialist Reason«, 122.

ocide of Brazilian Blacks [Der Genozid an brasilianischen Schwarzen] (1978) und *Racism Explained to My Children* [Rassismus, meinen Kindern erklärt] (2007). Der Titel eines 2007 erschienenen brasilianischen Buches – *Racism: The Truth Hurts* [Rassismus: Geben wir es zu, die Wahrheit tut weh] – könnte an die Leugner_innen des Rassismus in Brasilien (und in der Welt allgemein) gerichtet sein. Selbst die Mainstream-Zeitung *Folha de São Paulo* erkannte in einem investigativen Sonderbericht von 1995 einen allgemeinen brasilianischen Rassismus. Der Titel des Berichts, »Cordial Racism« [Rassismus mit Herz], spielte auf die gefeierte Beschreibung des Brasilianers als ›Mann mit Herz‹ durch den Historiker Sérgio Buarque de Holanda an. Jedenfalls begann der Dialog zwischen schwarzen Brasilianer_innen und Afro-Amerikaner_innen und die Kritik des Rassismus in Brasilien nicht mit Hanchard. Was immer berechtigterweise an Hanchards Buch auszusetzen sein mag – und einige Brasilianer_innen haben es wegen seines Privilegierens des afro-amerikanischen Bürgerrechtsaktivismusmodells als Norm und wegen einer damit einhergehenden gewissen selbstgefälligen Annahme, dass brasilianische Schwarze Opfer falschen Bewusstseins seien, auch kritisiert – die Vorstellung von Hanchard als einem ›rassen‹-besessenen Imperialisten, der ›ethnozentrisches Gift‹ in ein paradiesisches Brasilien bringe, geht eindeutig fehl.

Bourdieus/Wacquants implizit idyllisches Porträt Brasiliens entspricht nicht dem Stand der kritischen Forschung der letzten Jahrzehnte. Wie wir schon sahen, wurden die freundlichen Mythen Freyres von der ›Rassendemokratie‹ schon in den 1940er Jahren von Abdias do Nascimento und Guerreiro Ramos und durch die *São Paulo Schule* (Florestan Fernandes, Octávio Ianni, Fernando Henrique Cardoso) in den 1950er Jahren dekonstruiert.[778] Bourdieu/Wacquant kehren die geschichtliche Bewegung der Wissenschaft um. Statt die spätere kritische Arbeit zu zitieren, um die frühere, Brasilien feiernde Arbeit zu diskreditieren, greifen sie zurück auf die idealisierende Fiktion der früheren Arbeit, um die eher ernüchterten Schlussfolgerungen der späteren Generationen zu diskreditieren. Die zwei Autoren betreten verspätet ein umfangreiches intertextuelles Feld, dessen Konturen sie nur vage wahrnehmen. Während wir die mit einander verknüpften und doch differenzierten Analogien zwischen all den vielfältigen Rassismen des Atlantik betont haben, ziehen Bourdieu/Wacquant eine Linie absoluter Differenz zwischen Brasilien und den Vereinigten Staaten sowie zwischen Frankreich und den Vereinigten Staaten und unterschlagen dabei Ähnlichkeiten, Parallelen, Kontinuitäten und Beziehungsgeschichten.

---

778 Für Freyres kühnste, den Luso-Tropischen Exzeptionalismus bekräftigende Aussage vgl. Gilberto Freyre, *O Luso e o Trópico* (Lisbon: Comissão Executiva do Quinto Centenário da Morte do Infante D. Henrique, 1961).

In einer Beziehung haben Bourdieu/Wacquant nicht ganz unrecht, wenn sie feststellen, dass die ›Rassenbeziehungen‹ in Brasilien weniger »angespannt und feindselig« sind, ein Charakterzug, der von zahllosen Beobachter_innen bemerkt wurde. Mehrere Aspekte des brasilianischen sozialen Lebens verleihen einer in strukturellen Kategorien gemessen ›rassi[sti]sch‹ und ökonomisch hierarchischen Gesellschaft tatsächlich ein menschlicheres Antlitz. Viele Faktoren spielen für dieses relative Fehlen von Spannung eine Rolle: eine Geschichte, die den Ausgleich der Konfrontation vorgezogen hat, eine ›Vermischung‹, die binäre Rassenvorstellungen untergräbt, und den kompliziert choreografierten Pas de deux zwischen einem Populismus von oben nach unten, der Spannungen verharmlost, und einer Artigkeit von unten nach oben, die verschlagen und ambivalent kollaboriert.[779] Viele Elemente der brasilianischen populären Kultur – das Rollenspiel des Karnevals und die ergebnisoffenen Identifikationen des Candomblé – bevorzugen eine außergewöhnliche Geschmeidigkeit des Code-Wechselns und des *jogo de cintura* (Spiels sozialer Anpassungsfähigkeit). James Holston spricht von »Ideologien der Inklusion, die [...] persönlichen, von Geschlecht-, *race*- und Besitzunterschieden nicht freien Beziehungen einen Glanz einverständlicher Anpassung verleihen, ein Gefühl der Intimität, die grundlegende Ungleichheiten verschleiert aber aufrecht erhält [...] [und erzeugt wird durch] die (nicht zu übersetzenden) Kunstgriffe von *jeitinho, malicia, malandragem, jinga, jogo de cintura* und *mineirice.*«[780] Trotz der niedrigeren ›Rassenspannungen‹ sind die materiellen Ungleichheiten zwischen der weißen Elite und rassi[siti]sch definierten Subalternen geschichtlich bis heute größer als in den Vereinigten Staaten. Jedoch ist die Frage, was schlimmer sei, immer noch die falsche Frage. Genauer gesagt ist es nicht falsch, bessere oder schlechtere Situationen hervorzuheben; was aber falsch ist, ist eine schlechtere Situation zum Leugnen von Ungerechtigkeit bei sich zuhause zu benutzen. Die zwei Gesellschaften zeigen klar unterscheidbare Modalitäten der Weißen- und Europavorherrschaft. Eine ist im Segregationsrassismus in einem sehr reichen Land verwurzelt, die andere im assimilatorischen Paternalismus in einem relativ armen Land. Es gibt aber regionale Variationen und auf beiden Seiten viele Mischformen. Gegenwärtig bringen die verschiedenen ›Rassenbezie-

779 Zum Beispiel beinhaltet die Erfahrung des brasilianischen Karnevals eine über die Rassengrenzen hinweggehende, ›transrassische‹ Geselligkeit, die in der Art in den Vereinigten Staaten (oder Frankreich) nicht verfügbar ist. Sowohl schwarze als auch weiße US-Amerikaner_innen, die Brasilien besuchen, drücken oft ein Gefühl der Erleichterung angesichts des Fehlens der in den Vereinigten Staaten das soziale Leben oft durchsetzenden und vergiftenden ›Rassenspannung‹ aus.

780 James Holston, *Insurgent Citizenship: Disjunctions of Democracy and Modernity in Brazil* (Princeton: Princeton University Press, 2008), 284.

hungsstrukturen‹ um den Schwarzen Atlantik herum soziale Trennung mit Assimilation und ökonomischer Entmächtigung zusammen. Letzten Endes geht es darum, den relativen Koeffizienten jedes Elementes in der allgemeinen Mischung zu erkennen und, was noch wichtiger ist, zu erkennen, was Aktivist_innen bzw. Wissenschaftler_innen von einander in Bezug auf Analysen und Lösungen lernen können.

Bourdieu/Wacquant schaffen den Eindruck, dass die Vereinigten Staaten grundsätzlich rassistisch seien, während Brasilien nur durch die Zwänge des Imperialismus und die Korruption durch den US-amerikanischen Einfluss bedingt Unterdrückung zeitige. Man beachte die folgende Formulierung: »Von Amerikaner_innen und in den Vereinigten Staaten ausgebildeten Brasilianer_innen durchgeführt, versucht die neuere Forschung zu Rassenungleichheit in Brasilien zu beweisen, dass das Land der ›drei traurigen Rassen‹ im Gegensatz zum Bild, das Brasilianer_innen von ihrer eigenen Nation haben, [...] nicht weniger rassistisch ist als andere Länder.«[781] Diese Passage wirft eine Reihe von Fragen auf. Erstens, warum sollten kritische Intellektuelle, die normalerweise gegenüber nationalistischen Beurteilungskriterien skeptisch sind, so viel Respekt vor ›dem Bild, das eine Nation von sich selbst hat‹, haben? Zweitens vermittelt die Ortsbestimmung in dem Satz ›Amerikaner_innen und in den Vereinigten Staaten ausgebildete Brasilianer_innen‹ fälschlicherweise das Bild einer monolithischen Forscher_innengruppe, die eine einzige politische Position vorbringen. Drittens tun die Autoren so, als ob Brasilianer_innen ein einziges Bild von ihrer Nation hätten, während Brasilien tatsächlich einer lebendigen Debatte um mit einander konkurrierende Bilder der verschiedenen *Brasis* (Brasilien im Plural) Schutzraum gewährt. Viertens tun die Autoren so, als ob Brasiliens Selbstbild statisch und jenseits von Geschichte existierte, während es tatsächlich in dauernder Bewegung ist. Mit einem Wort unterstellt die Formulierung eine vereinfachende Dichotomie zwischen einerseits der großen Mehrheit normaler, ein positives Bild ihres Landes besitzender ›Brasilianer_innen‹ und andererseits zwei Außenseitersplittergruppen, US-amerikanischen Forscher_innen und in den Vereinigten Staaten ausgebildeten Brasilianer_innen. Alle potentiellen Kritiker_innen der brasilianischen Rassenbeziehungsstruktur werden quasi ins Exil auf die US-amerikanische Seite geschickt.

In dem Versuch Hanchard zu diskreditieren, lassen Bourdieu/Wacquant Mythen wiederauferstehen, die von kritischen brasilianischen Wissenschaftler_innen schon längst widerlegt worden sind, selbst wenn diese Mythen im hegemonialen Diskurs noch immer etwas Restgeltung behalten haben. Indem sie Brasilien und indirekt damit auch Frankreich gegen potentielle Rassismus-

781 Bourdieu and Wacquant, »On the Cunning of Imperial Reason«, 44.

vorwürfe verteidigen, kehren Bourdieu/Wacquant unbeabsichtigt zu den alten Rivalitäten unter den imperialen Mächten und der Anglo-Latin Polarität zurück. Und während es übervereinfachend wäre zu behaupten, dass ›alle Gesellschaften rassistisch sind‹, oder selbst, dass irgend eine einzelne Gesellschaft einfach und grundsätzlich und ausschließlich rassistisch sei, können wir bestätigen, dass alle jene Länder, die aktiv oder passiv am Kolonialismus und der Sklaverei teilnahmen, mit großer Wahrscheinlichkeit nicht nur die institutionellen Spuren dieser Unterdrückungssysteme zeigen, sondern auch die gegen sie stattfindenden Kämpfe.[782]

Ein Teil der Feindseligkeit gegenüber *race* bezogener Forschung stammt, wie es scheint, von der historisch problematischen Annahme, dass eine derartige Forschung mit der hegemonialen Macht in den Vereinigten Staaten selbst verbündet ist. In diesem Zusammenhang kritisieren Bourdieu/Wacquant die Rolle US-basierter Stiftungen, die auf *race* bezogene Forschung in Brasilien unterstützen:

> »Man müsste offensichtlich hier auch die von den wichtigen amerikanischen philanthropischen und Forschungsstiftungen gespielte Rolle als treibende Kraft hinter der Verbreitung der ›US rassenbezogenen‹ Grundannahmen innerhalb des brasilianischen Akademiebereichs auf sowohl der Ebene der Repräsentationen als auch auf der der Praxis ansprechen. So finanzieren die *Rockefeller Foundation* und ähnliche Organisationen ein Programm über ›Rasse und Ethnie‹ an der Bundesuniversität von Rio de Janeiro wie auch eines des Zentrums für afroasiatische Studien der Candido Mendes Universität (und seine Zeitschrift *Estudos Afro-Asiáticos*), um den Austausch von Wissenschaftler_innen und Studierenden anzuregen. Aber der intellektuelle Strom fließt nur in eine Richtung. Und als eine Bedingung für ihre Unterstützung verlangt die Rockefeller Foundation, dass Forscher_innenteams US-Kriterien von *affirmative action* entsprechen müssen, was unüberwindliche Probleme aufwirft, da, wie wir gesehen haben, die Anwendung der Dichotomie von Weiß/Schwarz in der brasilianischen Gesellschaft zumindest riskant ist.«[783]

Obwohl sie Recht haben, wenn sie die Einseitigkeit der Austauschrichtung kritisieren, scheinen Bourdieu/Wacquant außerdem ihre eigenen, aus dem

782 Immanuel Wallerstein argumentiert, dass der Rassismus über die ganze Welt verteilt ist, so dass kein Teil des Planeten bezüglich lokaler, nationaler und internationaler Politik von ihm verschont ist. Vgl. Immanuel Wallerstein, *O Declínio do Poder Americano* (Rio de Janeiro: Contraponto, 2004), 267.

783 Bourdieu and Wacquant, »On the Cunning of Imperial Reason«, 46. Bourdieu/Wacquant scheinen absurderweise vorauszusetzen, dass einige US-amerikanische Stiftungen verlangen, dass brasilianische Forschungsteams den Regeln von *affirmative action* entsprechen müssten, was, wenn es wahr wäre, bedeutete, dass sie indigene Amerikaner_innen, Latin@s, asiatische Amerikaner_innen und Bewohner_innen pazifischer Inseln einstellen müssten.

staatsabhängigen und zentralisierten französischen Kulturbetrieb abgeleiteten Annahmen auf sehr andersgeartete Kontexte zu projizieren. In Frankreich wird ein höchst zentralisiertes System als Verkörperung des ›allgemeinen Willens‹ angesehen, und sowohl die Linke als auch die Rechte versuchen die Macht und das Prestige von Kultur für politische Zwecke einzuspannen. In den Vereinigten Staaten füllen dagegen Stiftungen das von einem neoliberalen System, welches Regierungsunterstützung für die Künste und für Bildung auf ein Minimum herabgesenkt hat, hinterlassene Vakuum.

Politisch gesehen haben US-amerikanische Stiftungen eine lange und oft finstere Geschichte. Auf dem Gebiet der Wirtschaftswissenschaften spielte die *Ford Foundation* eine äußerst verheerende Rolle, und zwar dadurch, dass sie das Wirtschaftswissenschaftsprogramm der University of Chicago finanzierte, eine von Milton Friedman geleitete Brutstätte neoliberalen Denkens. Ford wurde so mit der Schockdoktrin-Agenda der ›Chicago Boys‹ in Chile und der ›Berkeley Mafia‹ in Indonesien in Verbindung gebracht. Mitte der 1970er Jahre machte Ford jedoch eine Kehrtwende und mauserte sich zu einem führenden Sponsor von Menschenrechtsaktivismus. Nachdem sie ihre Verbindungen zur Ford Motor Corporation 1974 gekappt hatte, half die Ford Stiftung dabei, den Kongress zu überreden, seine militärische Unterstützung für Argentinien und Chile zu streichen. Wie Naomi Klein hervorgehoben hat, war es so, als ob Ford Buße für seine früheren Sünden tun wolle: »Nachdem die Linke in jenen Ländern durch Regime, die zu bilden Ford geholfen hatte, ausgelöscht worden war, war es niemand anderes als Ford, das eine neue Generation kämpfender Rechtsanwält_innen finanzierte, die sich dem Kampf zur Befreiung Hunderttausender von genau diesen Regimen festgehaltener politischer Gefangener widmeten.«[784]

Stiftungen spielen sowohl in den Vereinigten Staaten selbst als auch im globalen Süden eine sehr umstrittene Rolle. Manchmal verbreiten sie die neoliberale Doktrin und manchmal leisten sie Entschädigungen für die Verwüstungen des transnationalen Kapitalismus. Obwohl die Ford Foundation Initiativen zur Förderung sozialer Gerechtigkeit und zur Bekämpfung von Rassismus durch legale, mediale, rechtliche und wissenschaftliche Aktivitäten entwickelte,[785] wäre es dennoch schwierig eine theoretische oder politische Uniformität der von der Stiftung unterstützten Forschung zu *race* festzustellen und erst recht irgend eine von US-Institutionen und Wissenschaftler_innen aufgezwungene Orthodoxie. Noch ist es klar, dass (1) *affirmative action* auf der Dichotomie von Weiß/Schwarz basiert oder dass (2) sich die Stiftungen der Verbreitung

---

784 Naomi Klein, *The Shock Doctrine* (New York: Holt, 2007), 123.

785 Vgl. Sérgio Costa, *Dois Atlânticos: Teoria Social, Anti-racismo, Cosmopolitanismo* (Belo Horizonte, Brazil: UFMG, 2006), 198.

US-amerikanischer Grundannahmen zu *race* widmeten. Schlussendlich geht es nicht darum, stiftungsgetragene Arbeit eindeutig zu verteidigen oder zu diffamieren, sondern darum, die Widersprüche hervorzuheben, unter denen linke Akademiker_innen an unterschiedlichen Orten arbeiten, wenn sie oppositionelle Forschung zu betreiben versuchen, die teilweise von Stiftungen oder von Regierungen finanziert wird. Eine wahrhaft demokratische Gesellschaft würde nicht von den Launen philanthropischer Stiftungen abhängen, die private Scheinlösungen für tief wurzelnde öffentliche soziale Probleme liefern. Die Herausforderung besteht darin, reduktionistisches Denken zu vermeiden und statt dessen das Gewicht, die Trägheit und die formende Kraft von Regierungshandeln zu erkennen und gleichzeitig die Art und Weise anzuerkennen, in der unzählige Institutionen und Interessen soziale Projekte mitgestalten, ohne dabei aber in einen ›vulgären Institutionalismus‹ zu verfallen, demzufolge Individuen, Künstler_innen und Wissenschaftler_innen als vollständig von ihren institutionellen Orten und Verbindungen bestimmt und ideologisch auf diese reduziert zu sehen wären.

Nach Bourdieus/Wacquants Ansicht breitet sich Ideologie wie die Schoten in der *Invasion der Körperfresser* aus. Hanchard verinnerliche passiv das US-artige dichotome Denken zu *race* (obgleich er als Afro-Amerikaner selbst dessen Opfer sei) und gebe es dann an gleichermaßen passive brasilianische Intellektuelle weiter, deren schwaches Immunsystem sie zu Opfern der Ansteckung mache. Brasilianer_innen, die in den Vereinigten Staaten studierten, nähmen, da sie gleichermaßen machtlos seien sich zu widersetzen, den Virus auf und brächten ihn zurück nach Brasilien. Statt als Idee, die ›fehl am Platz‹ wäre, wird *race* bezogene Analyse als ein ›von außen kommender‹ ideologischer Virus gesehen. Innerhalb dieser viralen Sicht werden ganze Länder wie Großbritannien – in einem Echo der ewigen angelsächsisch-lateinischen Streitereien – zu *passeurs* [Schleusern] für Imperialismus. So stellt eine Fußnote des Essays England dar als »strukturell empfänglich dafür, als trojanisches Pferd, durch das Vorstellungen des amerikanischen wissenschaftlichen Common Sense in das europäische intellektuelle Denken eindringen, zu wirken«.[786] Diese wiederum in eine maskulinistische Sprache vom ›Eindringen‹ gefasste, reduktionistische Sichtweise bildet das kulturelle Gegenstück zur geopolitischen Analyse, die Großbritannien dafür verantwortlich macht, die Infiltration der neoliberalen anglo-amerikanischen Ideologie in die Europäische Union begünstigt zu haben. Wir haben kein Problem mit der Kritik der neoliberalen Ideologie oder selbst mit der Kritik der Rolle bestimmter Nationalstaaten, sondern mit der Tendenz, kritische Intellektuelle und ihre Regierungen in einen Topf zu

786 Bourdieu and Wacquant, »On the Cunning of Imperial Reason«, 54.

werfen. Um es einmal grob auszudrücken: Obwohl Tony Blair vielleicht Bushs Pudel war, war es Stuart Hall nicht. Und auch Edward Said war nicht der Diener des US-Außenministeriums, noch ist Michael Hanchard das akademische Gegenstück zu Colin Powell. Bourdieus/Wacquants Selbstdarstellung als die Retter eines feminisierten Brasiliens erinnert ein wenig zu stark an ein neokoloniales Rettungsnarrativ, besonders da das Essay sich überhaupt nicht mit brasilianischen Intellektuellen befasst. Progressive brasilianische Intellektuelle verdienen Bündnisgenoss_innen und Gesprächspartner_innen jeder Nationalität, aber keine ›Erretter‹.

Cultural Studies und kritische Utopien

Im selben Essay über die »List der imperialen Vernunft« drücken Bourdieu/Wacquant außerdem ihre Verachtung für *Cultural Studies* aus:

> »So kommt es, dass Entscheidungen bloßer Buchvermarktung die Forschung und Universitätslehre in Richtung Homogenisierung und Unterwerfung unter Moden aus Amerika ausrichten, wenn sie nicht sogar vollständige ›Disziplinen‹ fabrizieren, wie die der *Cultural Studies*, dieser in den siebziger Jahren in England geborenen Mischlingsdomäne, die ihre internationale Verbreitung (die ihre eigentliche Existenz ausmacht) einer erfolgreichen Veröffentlichungspolitik verdankt.«[787]

Trotz dieser bissigen Ablehnung einer komplexen Disziplin sind es genau die *Cultural Studies* – und weiter gefasst, die *Multicultural, Postcolonial* und *Transnational Studies* – die methodologisch gerüstet sind, mit dem heutigen kulturellen Synkretismus am Roten, Schwarzen und Weißen Atlantik umzugehen. Während Bourdieu in Büchern wie *Die feinen Unterschiede* einschneidende kritische Analysen sozialer, Bildungs- und kultureller Privilegien erstellte, untergraben die mit Wacquant gemeinsam verfassten polemischen Essays mögliche grenzüberschreitende Bündnisse mit jenen Forscher_innen anderorts, die elitäre/rassistische Auffassungen von Kultur in Frage stellen. Man könnte mit Wacquants in einem anderen Zusammenhang geäußerter Formulierung sagen, dass die zwei Autoren, indem sie *Cultural Studies* pauschal ablehnen, diese »mit genau den Denkkategorien beurteilen, die [diese] zu transzendieren trachten«.[788] Ihre Verspottung einer ›Mischlingsdomäne‹ vergisst zum Beispiel die kolonialistische Färbung des ›Mischlings‹-Tropus bei rassistischen Denkern wie Gobineau, für den Hybridität und ›Mischehen‹

---

787 Ebd., 47.

788 Loïc Wacquant, »Bourdieu in America: Notes on the Transatlantic Importation of Social Theory«, in Craig Calhoun, Edward LiPuma, und Moishe Postone, Hrsg., *Bourdieu: Critical Perspectives* (Chicago: University of Chicago Press, 1993), 241.

»Degeneriertheit« bedeuteten. Die Metapher ist Teil einer Reihe binärer Paare – Mischling-reinrassig, unrein-rein – die historisch eingesetzt wurden, um elitäre Hierarchien zu verfestigen. Indem sie genau die hoch-niedrig Hierarchie wieder einsetzt, die die *Cultural Studies* gerade zu transzendieren trachten, unterwandert diese Metapher Bourdieus eigene Kritik am Elitismus der »Erben« in der Bildung.

Bourdieus/Wacquants lässiges Abtun eines vielschichtigen Projekts, das sich *Cultural Studies* nennt, stellt ein besonders unerhörtes Beispiel eines vulgären Institutionalismus dar. Die gesamte Arbeit der Birmingham Schule und ihrer unzähligen Erb_innen wird von ihnen gezeichnet als »bloßer« Effekt eines Markttricks. Dabei könnten woanders Bourdieus eigene Arbeiten zu Sport, Museumsbesuchen und zu Medien in einer weiteren ironischen Brechung durchaus selbst als *Cultural Studies* gelten. Tatsächlich ist Bourdieu ein innerhalb der *Cultural Studies*, also des interdisziplinären Gebildes, das wie Bourdieus eigene Arbeit die Methoden der Sozial- und der Geisteswissenschaftler_innen zusammenbrachte, oft zitierter Autor. Obwohl die Autor_innen die französischen *Cultural Studies* verspotten, sprechen einige Praktiker_innen dieser Domäne wie Marie-Pierre Le Hir von den »langjährigen historischen Verbindungen zwischen dem Birmingham Center und der Bourdieu Gruppe« und postulieren Bourdieus »reflexive Soziologie« als ein methodologisches Modell.[789]

Bourdieu/Wacquant sagen spöttisch die Art von Arbeit voraus, die europäische *Cultural Studies* im Augenblick schon leisten: »Und man kann vorhersagen, dass kraft des Prinzips der ethno-koeditorischen Parthenogenese, das heute in Mode ist, wir schon bald in Buchläden ein Handbuch *French-Arab Cultural Studies* finden werden, das seinem 1997 erschienenen Cousin auf der anderen Seite des Kanals, *Black British Cultural Studies* entspricht (Wetten können allerdings noch abgeschlossen werden, ob Routledge es wagen wird, *German-Turkish Cultural Studies* zu verlegen).«[790] Es trifft einen der höhnische Ton gegenüber bereits der Idee einer Forschung, die sich mit ›rass[sist]isch‹ definierten Minderheiten in Europa befassen würde. Die zugrunde liegende Annahme geht vielleicht davon aus, dass ›Minderheiten‹ per Definition partikular und nicht universal und darüber hinaus eine Europa und besonders auch Frankreich fremde, nämlich US-amerikanische Erfindung sind. Aber warum kann die Aussicht auf ›französisch-arabische‹ und ›deutsch-türkische‹ *Cultural Studies* nicht befürwortet, statt lächerlich gemacht werden? Ange-

789 Vgl. Marie-Pierre Le Hir, »The Popular in Cultural Studies«, in Marie-Pierre Le Hir und Dana Strand, Hrsg., *French Cultural Studies: Criticism at the Crossroads* (Albany: SUNY Press, 2000).

790 Bourdieu and Wacquant, »On the Cunning of Imperial Reason«, 47.

sichts ›ethnischer‹ Spannungen im heutigen Frankreich, scheint es doch, dass französisch-arabische Studien genau das sind, was Ärzt_innen empfehlen. Und angesichts wiederholter Wellen antimuslimischen Rassismus' in Deutschland, was könnte wichtiger sein als deutsch-türkische Studien? Auch sind europäische sich mit Minderheiten befassende Wissenschaftler_innen keine bloßen ›Mimic Men‹, die US-amerikanische Doxa imitieren; sie sind Intellektuelle, die ihren eigenen mehrdeutigen sozialen Status innerhalb einer Situation, die nach *race* definierte Minderheiten schafft, zu formulieren versuchen.

Französische Intellektuelle wie Bourdieu/Wacquant haben noch nicht die Relevanz von *(Multi-)Cultural* und *Postcolonial Studies* für eine unumkehrbar pluralistische europäische Kultur ›assimiliert‹. Wie François Cusset es (vor dem jüngsten Aufblühen der *Postcolonial Studies* in Frankreich) ausdrückte:

> »Von den wichtigsten amerikanischen intellektuellen Strömungen des letzten Vierteljahrhunderts sind praktisch keine in einem bedeutsamen Ausmaß in Frankreich aufgegriffen worden, weder die Analytische Philosophie, noch die Konvergenzen von Pragmatismus und kontinentaleuropäischer Philosophie, noch die postkoloniale Theorie oder *Subaltern Studies*, nicht einmal die neuen Theorien der Geschlechts-Identität – trotz einem schüchternen, jüngsten Aufkommen, ›langsam aber sicher‹, der *queer question*. Wahrhaftig, Frankreich verändert sich nur langsam oder unter Zwang.«[791]

Der brasilianische Ethnologe Eduardo Viveiros de Castro bringt ein ähnliches Argument bezüglich des Zögerns französischer Intellektueller, die radikaleren Implikationen des Poststrukturalismus aufzugreifen, auf, der das Paradox unterstreicht, dass die »anglofone akademische Welt gegenüber kontinentaleuropäischer Philosophie offener ist als die französische Ethnologie selbst«. Der Ursprung der Annäherung zwischen Philosophie und Ethnologie, so fügt er hinzu, »hat hauptsächlich in englischsprachigen Ländern gelegen (nicht ohne heftige Reaktionen seitens der lokalen [französischen] akademischen Kardinäle zu provozieren)«.[792]

Der Mangel an Beschäftigung mit diesen transnationalen Strömungen hat im gegenwärtigen Frankreich zu einer Kluft zwischen akademischer Forschung und dem unwiderruflich hybriden kulturellen Leben geführt. Wenig von den nicht nur für die Straßen von Paris, sondern auch für die populäre französische Kultur typischen kulturellen Synkretismen findet seinen Weg in die Theoriebildung der französischen *maîtres à penser*. Im Falle Bourdieus korrelierte dieser Flüchtigkeitsfehler vielleicht mit der Annahme, dass die »harten« Sozialwissenschaften sich nicht mit »weicher« populärer Kultur befassen müssten,

791 Cusset, *French Theory*, 232.

792 Eduardo Viveiros de Castro, *Métaphysiques Cannibales* (Paris: Presses Universitaires de France, 2009), 66–67.

oder er ging vielleicht auf die Gleichsetzung durch die Frankfurter Schule von Massenkultur mit falschem Bewusstsein zurück. In vielen Ländern benennt der Begriff *Cultural Studies* den Versuch, die Kluft zwischen populärer Kultur und akademischer Theorie wie auch den zwischen Sozial- und Geisteswissenschaften zu schließen. Das Unvermögen der *Cultural Studies* in der französischen Akademie Fuß zu fassen ist insofern besonders ironisch, als französische Denker_innen wie Henri Lefebvre, Roland Barthes und Michel de Certeau zusammen mit Césaire, Fanon und sogar Sartre und Beauvoir alle Vorläufer_innen der *Cultural Studies* waren. Hier treffen wir wieder auf dasselbe Paradoxon, dem wir bei den *Postcolonial Studies* schon begegnet sind, und bei dem eine Bewegung, die teilweise die intellektuelle ›Nachkommenschaft‹ französischer Denkschulen ist, von ihren ›Eltern‹ zumindest bis vor kurzem gemieden wurde.[793]

Bourdieu/Wacquants brüskes Abtun von *British Cultural Studies* und ›amerikanischem Multikulturalismus‹ – zwei komplexen Projekten, die sie fälschlich mit jeweils individueller nationaler Herkunft gleichsetzen – offenbart eine Art selbstbespiegelnder Abneigung. Die zwei Autoren scheinen auf ihre Alter Egos einzuschlagen, auf Kulturtheoretiker_innen also, die abgesehen von ihrer nationalen Herkunft in mancher Hinsicht ›aussehen wie sie‹. Sie verurteilen *British Cultural Studies*, obgleich Stuart Halls Rolle und Bedeutung in Großbritannien als scharfer Kritiker der herrschenden Medien und

793 Trotz der Feindseligkeit von Intellektuellen wie Bourdieu/Wacquant haben einige Wissenschaftler_innen, viele davon französische oder französischsprachige in den Vereinigten Staaten oder in Großbritannien, begonnen, den *Cultural Studies* ähnliche Forschung über französische populäre Kultur selbst zu betreiben und dabei zum Beispiel Untersuchungen über die Darstellungen des französischen Kolonialismus in den Filmen Brigitte Rouans und Claire Denis' gemacht oder über die Abbildung diasporischer Minderheiten im französischen Fernsehen oder über die Rolle der Hip-Hop Kultur in den Banlieues oder die ›*métissage* in postkolonialen Comics‹. Catherine Liu sieht MC Solaars Rap-Texte als hybride Erben von sowohl Public Enemy als auch Baudelaire an und als Gegenstück zu Walter Benjamins ›Ragpicker‹. Französische *Postcolonial Studies* haben sich auf den Exotizismus der französischen Massenliteratur konzentriert und auf frankofone Sprach- und Identitätstheorien sowie auf die Relevanz anglo-indischer postkolonialer Theorie für die französische Kultur. Und einige Wissenschaftler_innen der Cinematografie haben versteckte koloniale und ›rassenbezogene‹ Motive in der französischen Neuen Welle entdeckt: den schwarzen, von der faschistischen Student_innenfeier ausgeschlossenen Mann in Chabrols *Schrei, wenn du kannst*, die antikolonialistischen Afrikaner_innen in Rouchs *Chronique d'un Été* und Markers *Der schöne Mai*, die Black Panthers in Godards *Weekend*, die Anspielungen auf koloniales Schlachten in Chabrols *Der Schlachter* und die kodierten Bezüge zum Krieg in Algerien in Vardas *Cleo - Mittwoch zwischen 5 und 7*, Roziers *Adieu Philippine* und Demys *Die Regenschirme von Cherbourg*. Vgl. zum Beispiel Dina Sherzer, Hrsg., *Cinema, Colonialism Postcolonialism: Perspectives from the French and Francofone World* (Austin: University of Texas Press, 1996). Vgl. auch Kristin Ross, *Fast Cars, Clean Bodies: Decolonization and the Reordering of French Culture* (Cambridge: MIT Press, 1995).

der elitären Institutionen der Bourdieus in Frankreich entspricht. Anglo-amerikanische radikale Pädagogik sucht das angestammte Privileg im Schulsystem zu untergraben, so wie es auch Bourdieus Arbeit in Frankreich zu tun vorgibt. Es ist das wilde Umsichschlagen auf ein imaginäres Double, das die Alarmglocken läutet und vor einem versteckten nationalen und vielleicht den eigenen Fachbereich tangierenden Narzissmus warnt.

Als ein postmarxistisches Gebiet haben die *Cultural Studies* das Modell von Basis und Überbau in Frage gestellt und Widerstand an vorher als Entfremdung und falsches Bewusstseins abgetanen Stellen entdeckt. Obwohl die *Cultural Studies* manchmal in einer Art Madonna-Syndrom die Menge von Widerstand in der Massenkultur inflationär aufgebläht haben, entdeckten sie auch utopische Momente, die über präskriptive Blaupausen sozialen Wandels hinausweisen. Sie haben uns gezeigt, dass heutige politische Auseinandersetzung notwendigerweise über die populäre Kultur läuft. Ein vom Fernsehkanal Arte am 5. Dezember 1999 gefilmtes Treffen zwischen Bourdieu und dem deutschen Schriftsteller Günter Grass erweist sich als sehr aufschlussreich in Hinblick auf entgegengesetzte Auffasungen von Kultur. Grass lobt Bourdieus Projekt in *Das Elend der Welt* als Kritik sozialer Unterdrückung, bemerkt aber, dass etwas fehlt: Humor. Bourdieu antwortet, dass Leiden keine Sache zum Lachen sei, worauf Grass antwortet, dass Werke wie Voltaires *Candide oder der Optimismus* zeigten, dass Satire und Parodie schreckliche Sozialverhältnisse entlarven könnten. Intellektuelle, so fügt er hinzu, müssen das Leiden beschreiben, gleichzeitig aber auf der Fähigkeit der Menschen bestehen, Widerstand zu leisten, auch durch Humor. Bourdieu antwortet: »Globalisierung regt nicht zum Lachen an; unsere Ära ist nicht zum Lachen.« Daraufhin erwidert Grass, dass er nicht sage, dass die Globalisierung lustig sei, sondern nur, dass das durch Kunst ausgelöste »infernale Lachen« auch eine unverzichtbare Waffe im sozialen Kampf sein könne.

Wir stimmen mit Grass überein, dass unerfreuliche Zeiten das subversive Elixier des Lachens besonders brauchen. Brecht zufolge war der Sinn für Humor unverzichtbar für ein Verständnis des dialektischen Materialismus. In diesem Sinne ist Bourdieus Ablehnung des Humors als Form sozialer Selbstbestimmung undialektisch. Sie spiegelt das wider, was Literaturkritiker_innen einen ›Genrefehler‹ oder einen ›mimetischen Fehlschluss‹ nennen, insofern sie davon ausgeht, dass leidgeplagte Zeiten – und welche Zeit war je nicht leidgeplagt? – nicht auf komische oder satirische Weise behandelt werden könnten. Gemäß der asketischen Über-Ich-Auffassung Bourdieus kann nur die Wissenschaft soziale Unterdrückung genau erfassen, analysieren und bekämpfen. Der französische Mediensoziologe Éric Maigret sieht in dem Grass-Bourdieu Austausch die Gegensätzlichkeit zweier Visionen, von der die eine (Bourdieus) die

Masse der Menschen mit Leid, Äußerungspassivität und Enteignung verbindet und Intellektuelle als die designierten Sprecher_innen für die ausdruckslosen Massen postuliert, während die andere (Grass') sowohl das Leiden als auch den populären Widerstand erkennt.[794] Obgleich Bourdieu ein Lippenbekenntnis für die ›Agentschaft‹ abgibt, porträtiert er gewöhnliche Menschen (und brasilianische Intellektuelle) als ›kulturelle Tölpel‹, die auf der symbolischen Ebene von Mangel geprägt sind. Sein Projekt könnte in dieser Hinsicht von einer dialogischeren und nicht so endgültigen Vision von Kultur und Agentschaft profitieren.

Bourdieus Werk vermittelt durch alle seine verschiedenen Phasen – von der ethnologischen Arbeit in Algerien über die von Marx, Weber und Durkheim gefärbte Bildungssoziologie und die Arbeit über symbolische Gewalt in Kunst und Konsum bis hin zu den polemischen Schriften über das Fernsehen – eine grundlegende Skepsis gegenüber populärer Kultur. So argumentiert Bourdieu in *Über das Fernsehen*, dass Fernsehen ernstes Denken verhindere, da es unter dem Signum der Gleichzeitigkeit und Übertragungsgeschwindigkeit produziert werde.[795] Ein solcher Blick erklärt nicht, wieso totalitäre Regime immer wieder versuchen, Live-Sendungen im Fernsehen und Direktübertragungen zu *unterbinden*. (Man fragt sich auch, was Bourdieu zu der Rolle der sozialen Medien in den ›Twitter-Revolutionen‹ im Nahen Osten gesagt hätte, wo ›Gleichzeitigkeit und Geschwindigkeit‹ entscheidend für den revolutionären Aktivismus waren.) Innerhalb dessen, was Arlindo Machado Bourdieus »platonische und aristokratische« Auffassung nennt, bedeuten die Massenmedien dank des Regierens von Spektakel und Kommerz das Ende freien Denkens und freier Intelligenz.[796] Die einzige Lösung liegt für Bourdieu in der *distinction* (dem ›feinen Unterschied‹), den wissenschaftliche Expert_innen machen.

Daher endet Bourdieu, obwohl er versucht sich von dem elitären Determinismus der Frankfurter Schule zu distanzieren, schließlich doch damit, die Adorno'sche Gleichsetzung von populärer Entfremdung und dominanter Kulturindustrie zu bekräftigen. Maigret drückt es so aus:

> »Wenn man Bourdieus Schriften liest, kann das zuerst eine befreiende Wirkung haben und ein Gefühl des Revoltierens auslösen, weil sie die unbekannten Korridore von Privileg, die tägliche Herstellung von Macht ans Licht bringen. Aber dann erzeugen sie eine Enttäuschung, wenn sie eine durch die Spinoza'sche Philosophie gerechtfertigte oder rationalisierte metaphysische Auffassung von Geschlossenheit innerhalb des sozialen Spiels offenbaren: Das Bewusstsein vom De-

794 Vgl. Éric Maigret, »Pierre Bourdieu, la Culture Populaire et le Long Remords de la Sociologie de la Distinction Culturelle«, *Esprit* (March–April 2002): 170–178.

795 Pierre Bourdieu, *On Television* (New York: New Press, 1999).

796 Vgl. Arlindo Machado, *A Televisão Levada a Sério* (São Paulo: SENAC, 2000), 127.

terminismus verhilft einem dazu, frei zu sein. Für die meisten Menschen jedoch, denen diese Form der Erkenntnis fehlt, gibt es keine Lösung für das Problem der symbolischen Gewalt, da diejenigen, die sie erfahren, ihr keinen Sinn abgewinnen können, und diejenigen, die sie ausüben, ebenfalls ihre Opfer sind.«[797]

Daher ist jede_r innerhalb der Analyse à la Bourdieu in einem grausamen und ungleichen sozialen Spiel gefangen, außer jenen, die sich des Zugangs zu den Wahrheiten der Sozialwissenschaften erfreuen, die dem Schiffswrack der kapitalistischen Moderne entkommen, um die Geschichte der Katastrophe zu erzählen. Bourdieu lässt keinen Glauben an das, was Maigret »das individuelle Aushandeln von Bedeutung oder die kollektive Verwaltung der sozialen Beteiligung« nennt.[798] Für Bourdieu werden Menschen doppelt beherrscht, erstens, durch soziale und ökonomische Herrschaft an sich, und dann noch durch ihren eigenen naiven Glauben an die Legitimität dieser Herrschaft. Aber ohne eine Theorie populärer Selbstvertretung besitzen die Beherrschten weder eine valide Kultur noch die Fähigkeit zu reagieren. Bourdieu fällt daher zurück in das, was Maigret einen »erstaunlich konservativen Diskurs« nennt, wie er der »alten bürgerlichen Rhetorik von Kultur« innewohnt.[799]

Für Konservative ist das soziale Leben ein Wettbewerb um Status und Macht. Der Kapitalismus passt in diesem Leben perfekt zu den tatsächlich existierenden Menschen, deren ›Natur‹ sie zu Gewinner_innen oder Verlierer_innen in diesem Kampf macht. Wie diese Konservativen stellt sich auch Bourdieus Werk das Sozialleben, einschließlich des universitären, als einen dauernden Kampf um Status, den ›kleinen Unterschied‹ und um Autonomie mittels der Ansammlung ökonomischer, akademischer, sozialer und symbolischer Macht vor, selbst wenn sein Ziel – und dieser Unterschied ist entscheidend – darin besteht, das System neu zu ordnen, um die soziale Unterdrückung zu beenden. In seinem Buch *Das unmögliche Verlangen. Science Fiction als kritische Utopie* unterscheidet Tom Moylan zwischen wissenschaftlichen »Blaupausen-Utopien«, welche Teil eines totalisierenden Metanarrativs von Fortschritt sind, und »kritischen Utopien«, die »aufrührerischen Ausdruck für sozialen Wandel« suchen, der sich in einem »fortwährenden offenen Prozess des Sich-Vorstellens dessen, was noch nicht ist«, vollzieht.[800] Kritische Utopien werden aus dieser Sicht durch die konkreten Unzufriedenheiten des Alltags unter dem Kapitalismus erzeugt und trachten danach, sich das Mögliche neu vorzustellen, dabei aber gleichzeitig ein Bewusstsein für die strukturellen Hindernisse zu

797 Maigret, »Pierre Bourdieu«,175.

798 Ebd.

799 Ebd.

800 Tom Moylan, *Demand the Impossible: Science Fiction and the Utopian Imagination* (New York: Methuen, 1986), 213.

bewahren, die die Verwirklichung von Utopien schwer machen. Es ist schwierig, in Bourdieu eine ›kritische Utopie‹ zu finden, die mit der in Moylan aber auch in Marx (›der Seufzer der unterdrückten Kreatur‹) und Autor_innen wie Bachtin, Ernst Bloch, Herbert Marcuse, Fredric Jameson, Paul Gilroy und vielen anderen in Einklang wäre. In der Dialektik Bourdieus von Struktur und Selbstbestimmung hat letztere kaum Gewicht; wenig außer der Wissenschaft und einer erlösenden ›Reflexivität‹ bleibt als Trost.

Obwohl Bourdieu in *Die feinen Unterschiede* eine Bachtin-ähnliche Begeisterung für die Satiren und karnevalesken Parodien äußert, die »unsere Lust an ausgelassenem Feiern, am ehrlichem Sprechen und herzlichem Lachen befriedigen und befreiend wirken, indem sie die soziale Welt auf den Kopf stellen und Konventionen und Prioritäten umstoßen«,[801] verflacht er letzten Endes Bachtins Karneval wieder, indem er im Nachwort meint, dass für Bachtin »die populäre Phantasie die Beziehung, die die Grundlage der ästhetischen Gesellschaftsrechtfertigung ist, nur *umdreht*« [Betonung durch die Autor_innen].[802] Wenn Bachtin einem Irrtum in Richtung eines euphorischen Utopianismus unterliegt, so irrt sich Bourdieu in Richtung eines trostlosen Dystopianismus. Die Linke braucht sowohl das, was Ernst Bloch die »kalte Strömung« des Marxismus nannte – die missbrauchsfreie Analyse ökonomischer Schichtung und sozialer Entfremdung – und seine »warme Strömung« (das berauschende Erhaschen des Anblicks von kollektiver Freiheit).[803] Deshalb braucht die Linke die warme Strömung von Bachtin und Bloch, nicht um Bourdieu zu ersetzen, sondern um den kalten Strom des Denkens zu ergänzen.

Dreieckslesen

Nach der Veröffentlichung zweier Sonderhefte der Zeitschrift *Theory and Culture* und eines Sonderheftes von *Black Renaissance Noire*, sind die beiden Bourdieu/Wacquant Essays mittlerweile mit die am gründlichsten sezierten und ›zurückgewiesenen‹ Essays der jüngeren Geistesgeschichte. Dies gilt auch für Brasilien, wo der Polemik von Michael Hanchard ein Sonderheft von *Estudos Afro-Asiáticos* (Januar-April 2000) gewidmet wurde.[804] Unser sich dre-

801 Pierre Bourdieu, Distinction: *A Social Critique of the Judgement of Taste*, übers. von Richard Nice (Cambridge: Harvard University Press, 1984), 34.

802 Ebd., 491.

803 Ernst Bloch, Atheismus im Christentum, (Frankfurt: Suhrkamp-.Verlag, 1963).

804 Sonderheft zum Essay, »On the Cunning of Imperial Reason«, *Estudos Afro-Asiáticos* (Januar–April 2002). Bourdieu/Wacquant erwähnen diese Zeitschrift, aber nicht in Bezug auf die dort veröffentlichte Arbeit, sondern nur als ein Beispiel für die Finanzierung rassenbezogener Forschung in Brasilien durch Stiftungen. Wacquant selbst, so möchten

hender Fokus richtet sich hier auf brasilianische Intellektuelle, die französische Intellektuelle abrufen, die Afro-Amerikaner_innen gelesen haben, die Brasilien lesen.

Der in Brasilien am meisten begrüßte Aspekt von *Cunning of Imperial Reason* war seine Verurteilung des Imperialismus. Brasilianische Intellektuelle waren froh zu sehen, dass renommierte französische Intellektuelle eine langjährige brasilianische anti-imperialistische Kritik bestätigten. Aber die brasilianischen Autor_innen der Beiträge zum Sonderheft der *Estudos Afro-Asiáticos* drückten ihre Überraschung darüber aus, dass sie sich als Schafe, die US-amerikanischen intellektuellen Moden folgten, dargestellt sahen, ohne dass die lange Reihe brasilianischer Historiker_innen, Ethnolog_innen, Soziolog_innen, Aktivist_innen und Kulturkritiker_innen, die sich mit *race* in Brasilien befasst haben, gewürdigt wurde. Die französischen Soziologen waren für diese brasilianischen Wissenschaftler_innen sowohl gegenüber der Vielfalt der tatsächlichen Arbeit als auch gegenüber der Komplexität des US-amerikanisch-brasilianischen Verhältnisses unaufmerksam. Bourdieu/Wacquant zufolge zwingen US-amerikanische Forscher_innen Brasiliens ihren brasilianischen ›Gefolgsleuten‹ einen fremden bipolaren US-amerikanischen Blickwinkel auf, zitieren dabei aber ironischerweise nur Forschung von Nordamerikaner_innen, als genau denjenigen, die ihrer eigenen Theorie zufolge einen »amerikanischen bipolaren Blickpunkt« bevorzugen würden. Wir aber würden plädieren, dass es keinen eindeutigen US-amerikanischen (oder brasilianischen oder französischen) Blickpunkt zu *race* gibt, sondern nur eine endlose Auseinandersetzung um mit einander rivalisierende Analysen von *race*, was erklärt, warum einige US-Analyst_innen brasilianische Ansätze zu *race* vorziehen und warum einige schwarze Brasilianer_innen das afro-amerikanische Aktivismusmodell bewundern.

Wie andere Beiträge, so tadelt Jocélio Teles dos Santos' Beitrag Bourdieu/Wacquant dafür, dass sie redeten, als verträten brasilianische Intellektuelle sich in der Debatte nicht selbst. Dabei kehrt er Bourdieus eigene Terminologie wie einen Bumerang gegen sein Argument: »[Brasilianische Intellektuelle] sind nicht bloße Tabula rasa Opfer der List der imperialen Vernunft und ihres hegemonialen Rassenmodells. Ein ernsthaftes, in die Tiefe gehendes Lesen der bestehenden Bibliografie – etwas, was man von seriösen Intellektuellen erwartet – würde all die Geusenworte offenbaren, die man in der Auseinandersetzung um diesen ›Bereich‹ von Macht findet«.[805] Santos' Verwendung des Begriffs ›Geusenwort‹ [*resignification* = umwertende Bedeutungszuschreibung] deu-

---

wir hinzufügen, erhielt ebenfalls finanzielle Unterstützung durch US-amerikanische Stiftungen.

805 Jocélio Teles dos Santos, »De Armadilhas, Convicções e Dissensões: As Relações Raciais como Efeito Orloff«, *Estudos Afro-Asiáticos* 24, no. 1 (2002): 183.

tet auf eine paradigmatische Strategie, mittels derer brasilianische Intellektuelle Ideen von anderswoher indigenisiert und umgewandelt haben. Das brasilianische intellektuelle Leben ist, wie Osmundo de Araújo Pinho und Ângela Figueiredo meinen, immer schon von »fremden« Modellen beeinflusst worden, besonders von französischen und nordamerikanischen.[806] Während er einen (nordamerikanischen) Einflussstrang kritisiert, normalisiert der Bericht Bourdieu/Wachquants den über viele Jahrhunderte reichenden europäischen und vor allem französischen Einfluss in Brasilien (und macht ihn unsichtbar). Pinho und Figueiredo zufolge war der Preis der inneren Kolonisierung die »permanente Malaise einer denkenden und verwaltenden Schicht, die einer Nation gegenüberstand, die aus für sie gewissermaßen Fremden im Land bestand«, was zu elitären Ermahnungen gegen »afrikanische Barbarei« oder das »Analphabetentum der Massen« führte.[807] Ganze Fachbereiche wie die Soziologie wurden unbesehen von Übersee importiert. Der Soziologe Alberto Guerreiro Ramos hatte von dem »in Dosen konservierten« Charakter der Sozialwissenschaften in Brasilien gesprochen, wohin Formen von Ethnologie »wörtlich von europäischen Ländern oder aus den Vereinigten Staaten verpflanzt« worden seien, um in Brasilien wenig mehr als »eine Rationalisierung oder eine Ablenkung von kolonialer Ausbeutung« darzustellen.[808] Es war daher nicht Hanchard, der »als erster ausländische Ideen in das nationale intellektuelle Panorama« einführte. Wie Pinho und Figueredo es ausdrücken, scheinen Bourdieu/Wacquant »von einer Sicht Brasiliens und seiner Rassenbeziehungen [verführt zu sein], die für viele von uns völlig inakzeptabel ist«.[809]

Michael Hanchard betont in seiner Antwort auf seine Kritiker den transnationalen Charakter afro-diasporischer Bewegungen und wie dieser seine Inspiration aus einer großen Vielzahl von Quellen des Schwarzen Atlantik bezieht: der haitianischen Revolution, Palmares und den *quilombos*, der *Frente Negra*, der Harlem Renaissance, den frankofonen *Négritude*-Dichter_innen, der afrikanischen Dekolonisierung sowie der US-Bürgerrechts- und der Black-Power-Bewegung. Hanchard zufolge mache uns ein nationalistisch-essentialistischer Ansatz blind für die diasporischen Bedingungen, die oberflächliche Unterscheidungen zwischen imperialistischen und nicht-imperialistischen Nationalstaaten verkomplizieren. Die Analyse Bourdieus/Wacquants lässt wenig Raum

---

806 Osmundo de Araújo Pinho und Ângela Figueiredo, »Idéias Fora do Lugar e o Lugar do Negro nas Ciências Sociais Brasileiras«, *Estudos Afro-Asiáticos* 24, no. 1 (2002): 189–210.

807 Ebd.

808 Alberto Guerreiro Ramos, *Introdução Crítica à Sociologia Brasileira* (Rio de Janeiro: UFRJ, 1995), 165.

809 Pinho and Figueiredo, »Idéias Fora do Lugar«, 193.

für ideologische oder politische Differenzen innerhalb der Länder oder aber auch für Punkte der Übereinstimmung über die nationalen Grenzen hinweg. Die Autoren führen sich nicht die Möglichkeit innenpolitischer, gegen den Staat gerichteter Bewegungen vor Augen, wie sie von den afro-amerikanischen Aktivist_innen verkörpert wurden, die sowohl gegen die staatlich verordnete Apartheid im Land als auch gegen den außerhalb des Landes verfolgten Imperialismus Widerstand leisteten. Sowohl Martin Luther King jr., als auch Malcolm X verurteilten den Rassismus zuhause und den nach außen gerichteten Imperialismus, ja, sie bestanden auf der engen Verbindung zwischen den zwei Phänomenen. Bourdieu/Wacquant dagegen setzen stark vereinfachend den afro-amerikanischen Transnationalismus mit der Außenpolitik der Vereinigten Staaten gleich und betrachten dabei anscheinend multinationale Konzerne, die US-Regierung, liberale Stiftungen und die unterdrückten Bevölkerungsgruppen des Landes als praktisch austauschbar. Ihre Formulierungen gehen nach Ansicht Hanchards von stabilen und innerlich stimmigen, in sich geschlossenen nationalen Einheiten aus, über die ein Staat waltet, dessen Politik die nationale ideologische Gesinnung aller seiner Bürger_innen bestimmt. US-amerikanische Intellektuelle und Aktivist_innen schreiben einfach die herrschende imperiale DNA der Vereinigten Staaten ein, was für Hanchard so absurd ist wie es die Behauptung wäre, dass Gobineau, Georges Bataille, Julia Kristeva, Jacques Chirac und Henri Lefebvre alle eine ›französische‹ Art zu denken inkarnierten. Wenn nationalstaatliche Zugehörigkeit wirklich Ideologie bestimmte, so fragt sich Hanchard, wie konnten dann Bourdieu und Wacquant selbst dem Gefängnis ideologischen Beherrschtseins entkommen?

Der Soziologe Sérgio Costa andererseits fragt, wie relevant die Kategorie ›Imperialismus‹ für die Beschreibung der Beziehungen zwischen Intellektuellen vom globalen Norden und dem globalen Süden überhaupt noch sei, da doch alle Gesellschaften einen ›postnationalen‹ Aspekt aufwiesen, den die Kategorie ›Imperialismus‹ mit ihrer Konnotation einseitiger Beherrschung, nicht fasse. Costa weist darauf hin, dass die Debatte manchmal zu einem Kampf zwischen den vermeintlichen Verteidiger_innen der ›Rassendemokratie‹ und jenen, die auf ›Rassenunterdrückung‹ aufmerksam machen, verkommen sei. Diese Reduktion des Diskurses, so schreibt er, »verwandelt die akademische Debatte in einen (falschen) moralischen Streit um das Beschützungsmonopol für die Opfer sozialer Unterdrückung, egal ob es um brasilianischen Rassismus oder amerikanischen Imperialismus geht, und trägt nichts zur Stärkung der theoretischen Reflexion über bestehende soziale Probleme und die politischen Mittel, sie zu beheben, bei«.[810] Costa deutet hier auf die Spannungen inner-

810 Costa, *Dois Atlânticos*, 54.

halb und zwischen den konkurrierenden nationalen Eitelkeiten der weißen Eliten hin, während seiner Ansicht nach das Ziel nicht darin bestehen sollte, irgend ein einzelnes Land als Vorbild hervorzuheben, sondern vielmehr die analytischen Werkzeuge zu schmieden und die politischen und institutionellen Mechanismen zu schaffen, die man braucht, um Gesellschaften zu bilden, in denen die Hautfarbe nicht länger dieselbe furchtbare Macht ausübt, die sie geschichtlich hatte und immer noch hat.

Kurz gesagt verweist die Rezeption des Essays von Bourdieu/Wacquant in Brasilien auf ein allgemeines Problem, das entsteht, wenn intellektueller Austausch unter der Annahme eines einseitigen kulturellen Imperialismus beschrieben wird. Geschichtlich gesehen haben brasilianische Intellektuelle in diesem transnationalen Austausch nicht nur selbstbestimmt gehandelt, sie sind auch unter den Ersten gewesen, die die Asymmetrien kultureller Produktion und Verbreitung theoretisch erfasst haben. So war die Aneignung französischer Ideen durch die brasilianischen Modernist_innen zum Beispiel selektiv und keineswegs unterwürfig. Einige französische Ideen wurden probiert und dann ausgespuckt, während andere gekaut, verwandelt und so verdaut wurden, dass sie für die brasilianische Multikultur nahrhaft sein konnten. Mehr noch als ein provokanter Tropus zu sein, stellte die ›Anthropophagie‹ eine Theorie kulturellen Austauschs dar. Die brasilianische Literaturtheorie und –geschichte hat innovative Theorien von Abhängigkeit, Übersetzung und Transtextualität in Hinblick auf den Kontext postkolonialer Beherrschung entwickelt. Dem Literaturkritiker Antônio Cândido zufolge macht eine Art Zwangskosmopolitismus die brasilianische Literaturanalyse grundsätzlich komparatistisch. Sie ist sich nämlich immer der angeborenen Verbindung brasilianischer Literatur zu anderen literarischen Traditionen bewusst, wie der portugiesischen, der französischen und der anglo-amerikanischen. und sieht diese Verbindung *in Beziehung* zu kulturellen Strömungen von außen, die eine Literatur formten, die gleichzeitig abhängig von den dominanten literarischen Strömungen draußen war als auch sich von ihnen unterschied.[811]

Bourdieu/Wacquant rücken mit Recht die Asymmetrien in der globalen Verteilung intellektueller Arbeit in den Vordergrund, aber sie versäumen es, sie geschichtlich zu erfassen, da sie den Prozess nur in seiner neuesten US-amerikanischen Inkarnation wahrnehmen. Innerhalb der ›Übergänge‹ literarischer Produktion und Ideen war Brasilien zum Beispiel unter sehr nachteiligen Bedingungen beteiligt. In der kolonialen Vorstellungswelt repräsentierte Europa Kultur und Brasilien Agrikultur, Europa »Vornehmheit« und Brasilien Zuckerrohr. In der internationalen intellektuellen Arbeitsteilung wurde Brasilien

811 Antônio Cândido, *A Formação da Literatura Brasileira: Momentos Decisivos* (São Paulo: Martins, 1959).

nicht als Produzent, sondern als Konsument von Ideen betrachtet, so wie Brasilien auch ein Konsument von materiellen Gütern war, die anderswo hergestellt wurden. Brasiliens relativ benachteiligte geopolitische Position und das konkrete Fehlen akademischer Institutionen und Verlage während der Kolonialzeit trug darüber hinaus nicht nur zu geringer akademischer Produktion bei, sondern auch zu reduzierten Möglichkeiten die bestehende Produktion zu verbreiten. Aber diese aufgezwungenen Beschränkungen bedeuteten nicht, dass Brasilien nicht dennoch *Kultur* erzeugte. Brasilien war von Anfang an umwerfend kreativ im Erschaffen neuer Formen populärer und gehobener Kultur, von afrikanisierter Küche und islamisierter Architektur bis hin zu urbaner Literatur und wunderbar synkretischer Musik. Jahrhundertelang bedeutete die Abneigung der sklavenhaltenden Elite gegenüber Arbeit, dass die meisten Handwerker_innen, Künstler_innen und Musiker_innen in Brasilien – zum Beispiel die Barockkomponist_innen und Bildhauer_innen im Minas Gerais des 18. Jahrhunderts – Schwarze oder Mestiz_innen waren. Die herrschenden Diskurse jedoch stigmatisierten die schwarze Bevölkerung, also die einzige, die wirklich *arbeitete*, als Ursache von Brasiliens ›Rückständigkeit.‹

Schon der Modernist Mário de Andrade dachte über die Prozesse der kulturellen Diskriminierung nach, die die Arbeit brasilianischer Künstler_innen abwerteten, und die als Fragestellung erst später in den 1960er und 70er Jahren in Form der Debatte um »kulturelle Abhängigkeit« in den Vordergrund rückten. Während er »sehr optimistisch bezüglich der Kreativität unserer Literatur und anderer Gegenwartskunst« war, meinte er auch, dass brasilianische Texte aufgrund von Faktoren, die nichts mit künstlerischem Verdienst zu tun hätten, nie den Beifall gewinnen würden, den sie verdienten. Einige Länder, so schrieb er, »bringen sich mit großem Gewicht ein auf der universellen Waagschale; ihre Währung ist wertvoll oder gibt vor, wertvoll zu sein, und ihre Armeen haben die Macht in den Kriegen der Zukunft die Entscheidung zu bringen [...]. Die Langlebigkeit der Kunst eines gegebenen Landes steht, wenn sie in Kategorien der Aufmerksamkeit der Welt gemessen wird, in direktem Verhältnis zu der politischen und ökonomischen Macht des betreffenden Landes«.[812] Genauso wie die Preise für Brasiliens Rohstoffe einst in Europa und den Vereinigten Staaten festgesetzt wurden, egal ob in Lissabon, Amsterdam, London oder New York, so neigte der Wert von Brasiliens kulturellen Gütern dazu, außerhalb von Brasilien bemessen zu werden – wiederum in genau den gleichen Hauptstädten.

Die Formulierungen Bourdieus/Wacquants über die intellektuellen Beziehungen zwischen Frankreich, Brasilien und den Vereinigten Staaten berück-

812 Mário de Andrade, *Poesias Completas* (São Paulo: Martins, 1972), 32–33.

sichtigen nicht die Tatsache, dass französische und amerikanische Intellektuelle gleichermaßen gegenüber Intellektuellen des globalen Südens privilegiert sind. Lateinamerikanische Akademiker_innen aus den Geisteswissenschaften sind mit großer Wahrscheinlichkeit sowohl mit französischer als auch US-amerikanischer Forschung vertraut, während französische und US-amerikanische Akademiker_innen mit sehr viel geringerer Wahrscheinlichkeit die Arbeiten der Lateinamerikaner_innen kennen. Brasilianische Intellektuelle lesen gewöhnlich sowohl die Französ_innen (Deleuze, Rancière) als auch die Amerikaner_innen (Jameson, Hall), während weder die Amerikaner_innen noch die Französ_innen – mit Ausnahme US-amerikanischer und französischer ›Brasilianist_innen‹ – mit großer Wahrscheinlichkeit Brasilianer_innen wie Antônio Cândido, Walnice Galvão, Heloisa Buarque de Holanda, Roberto Schwarz, Ismail Xavier, Sérgio Costa, und so weiter, lesen. Bourdieu/Wacquant ignorieren daher den relativ starken institutionellen Status französischer Intellektueller im ›Süden‹. Die französische Sprache erfreut sich trotz des Verlusts ihrer früheren mächtigen Stellung eines globalen Prestiges, das auf einem Netzwerk beruht, welches die Verbreitung französischer Ideen fördert. Es geht uns nicht darum, São Paulo oder Buenos Aires zu den neuen Hauptstädten der Gelehrtenrepublik auszurufen. Statt eine Metropolenhauptstadt durch eine andere zu ersetzen, geht es darum, die Produktion und Verbreitung künstlerischer und intellektueller Arbeit zu dezentralisieren und gleichberechtigtere Ströme kultureller Arbeit, einschließlich solchen, die von Süden nach Süden und von Norden nach Norden fließen, zu erzeugen.

Theorien zum grenzüberschreitenden Gespräch

Analysen auf nationalstaatlicher Grundlage sind, kurz gesagt, dem in viele Richtungen verlaufenden Verkehr der Ideen unangemessen. Loic Wacquants Essay über die Rezeption von Bourdieus Werk in den Vereinigten Staaten kann in dieser Hinsicht als Prisma für unsere Diskussion transnationaler intellektueller Gesprächsflüsse dienen.[813] Für Wacquant wird jedes »ausländische« Werk »über die Strukturen des nationalen intellektuellen Feldes« vermittelt, was zu »Interferenzen« und »Verschiebungen« zwischen der objektiven Position »des importierten Werkes in seinem ursprünglichen intellektuellen Raum« und der Position seiner internationalen »Konsument_innen in dem rezipierenden akademischen Raum« führt. Wacquant spricht vom »Senden« und »Empfangen« intellektueller Universen und von den »Schemata« und »Prismen«, die die Rezeption ausländischer intellektueller Produkte beein-

813 Wacquant, »Bourdieu in America«.

flussen. Bourdieus Theorien, so klagt er, sind »mittels genau der Denkkategorien beurteilt worden, die seine Theorien zu transzendieren trachten«. Der hegemoniale Status US-amerikanischer Sozialwissenschaften, so führt er weiter aus, mache sie weniger aufmerksam und offen gegenüber ausländischen intellektuellen Strömungen als es Ausländer_innen gegenüber US-amerikanischen sind. Ethozentrische US-Sozialtheoretiker_innen hätten in anderen Worten Bourdieu aufgrund ethnozentrischer »Fehlinterpretationen«, »Fehldeutungen« und »unkontrollierten Projektionen«, sowie »zersplitterten« und »fragmentierten« Lesarten, die die »Hauptstoßrichtung« von Bourdieus Essay verfehlten, falsch verstanden.

Wacquant hat möglicherweise Recht, wenn er darauf hinweist, dass viele US- Sozialwissenschaftler_innen Bourdieu falsch verstehen, und zweifelsohne ist es richtig, wenn er die reaktionäre Tendenz in den Vereinigten Staaten der herrschenden Sozialtheorie zur Last legt. (Seit C. Wright Mills haben US-amerikanische Linke die exzeptionalistische ›Soziologie der Selbstbeweihräucherung‹ kritisiert.) Aber, wenn man das breitere akademische Spektrum der Geisteswissenschaften und der Sozialwissenschaften anschaut, ändert sich das Bild. Es studieren dort US-amerikanische Wissenschaftler_innen mit größerer Wahrscheinlichkeit französische Autor_innen als umgekehrt. Besonders die Geisteswissenschaften bilden eine Bastion der Frankophilie. US-amerikanische Dissertationen in den Geisteswissenschaften produzieren eine wuchernde Anzahl quasi ritueller Huldigungen von Foucault, Derrida, Lacan, Deleuze, Irigaray und in jüngerer Zeit von Badious und Rancière, bzw. von französisch gefärbten in den USA ansässige Denker_innen wie Spivak, Butler und Bhabha. Das Umgekehrte kann man dagegen von den Geisteswissenschaften, wie sie in Frankreich gelehrt werden, kaum sagen. Klagen über eine französische Opferrolle scheinen in diesem Bereich daher ziemlich übertrieben.

Viele der Behauptungen Wacquants über die Verkennung Bourdieus in den Vereinigten Staaten fallen auf ihn wie ein Bumerang zurück, insofern sie gleichermaßen auf seine eigenen Projektionen bezüglich der von uns angesprochenen Dekolonisierungsprojekte zutreffen. Wie Bourdieus ›Fehldeuter_innen‹ beurteilen auch Bourdieu/Wacquant jene Projekte, um mit Wacquant zu sprechen, »mittels genau der Denkkategorien, die diese Projekte zu transzendieren trachten.« Unsere Absicht hier ist jedenfalls, Wacquants methodologische Wahl des Idioms und der Metaphern, mit denen er die Bewegung von Ideen behandelt, zu hinterfragen. Wacquants Sprache von ›Sendern‹ und ›Empfängern‹ ruft nicht nur archaische, vorkybernetische Technologieformen auf, sondern auch die psychologistischen Grundannahmen einer Saussure'schen Linguistik, die schon in den späten 1920er Jahren von Bachtin und Mitte der 1960er Jahre von Derrida demontiert worden ist. Ein ›translinguistischer‹

Ansatz wie der von Bachtin und Woloschinow würde solche transnationalen intellektuellen Begegnungen als geschichtlich geprägte und sozial spezifisch situierte Formen des Gesprächs betrachten. In einem Hin und Her prägen sowohl Sprecher_in als auch Zuhörer_in teilweise geteilte und teilweise unterschiedliche Diskursbereiche aus und werden von diesen geprägt, während sie gleichzeitig vom »sozialen Takt« (Bachtin) von Machtverhältnissen eingeschränkt werden. Die nationale Äußerung findet, um Bachtin zu umschreiben, auf transnationalem Territorium statt. Der Prozess ist zudem zu einem gewissen Grad gegenseitig, besonders in Situationen relativer Gleichheit – beispielsweise der zwischen französischen und US-amerikanischen Intellektuellen bestehenden – in der sowohl Sprecher_in als auch Zuhörer_in sich gegenseitig beeinflussen. (In Bezug auf Massenmedien ist im Gegensatz dazu der Prozess äußerst ungleich; deshalb die Forderung nach französischer ›kultureller Ausnahme‹.)

Wacquants dichotome Begriffe – Sender/Empfänger, Export/Import, einheimisch/ ausländisch, Produzent/Konsument – ziehen innerhalb streng begrenzter nationaler Räume übermäßig fette Linien zwischen Punkten des Ursprungs und Punkten der Rezeption. Dabei ist es der implizite Standpunkt dieses Buches gewesen, dass die globalisierte Zeit asymmetrischer Abhängigkeiten untereinander ein erhöhtes Gespür für den (teilweise regulierten) Fluss der Ideen, für sich überkreuzende Botschaften und für vielgerichtete, aber dennoch von Macht gefärbte Kanäle des Austauschs erfordere, wo Nationen und Staaten nicht notwendigerweise deckungsgleich sind. Wacquants ökonomistische Rede von »Import/Export« setzt einen Handel der nationalen Gewinner_innen und Verlierer_innen mit positiven bzw. negativen ›Handelsbilanzen‹ voraus. Aber im Ideenhandel kann man ›gewinnen‹, indem man ›verliert‹, zum Beispiel wenn eine ›importierte‹ Theorie sich als sehr nützlich für die ›importierende‹ Nation erweist. Der brasilianische Modernismus verlor nicht, als er sich die europäische Avantgarde ausborgte (und sie umdeutete), genauso wenig wie die Akademiker_innen der USA und Brasiliens dadurch ›verloren‹ haben, dass sie die verschiedenen ›Post‹-Denker_innen oder, was das betrifft, Bourdieu, ›importierten‹. Kurzum, der Fluss der Ideen kann trotz einer materiellen und sogar kommerziellen Dimension nicht auf die Logik der Buchhaltung reduziert werden.

Wacquants Sprache der Werktreue und des Originären sieht nur Fehlinterpretationen, Fehlübersetzungen und Fehlkonstruktionen statt translinguistische Neuakzentuierungen und Unterlassungen. Obgleich Übersetzungen genau oder ungenau sein können, können sie ebenso als produktiv oder unproduktiv, fruchtbar oder steril gesehen werden. Wacquant schreibt, als hätte der strukturalistische und poststrukturalistische Schritt von Werktreue und

Ursprung hin zur Intertextualität nie stattgefunden. In seiner Analyse sind Ideen einfach gut oder schlecht am Ort ihres Ursprungs und werden auf ihrer transatlantischen Passage entweder bewahrt oder beschädigt; sie verändern sich während der Reise nie zum Besseren. Die Rezeption in den Vereinigten Staaten ist für ihn ein wahrhaftes Fest der Missverständnisse; von europäischen Häfen geschickte Ideen sind zu einer traurigen Reise der Entwertung verurteilt. Französische Intellektuelle schicken die tollsten Ideen an den Abfahrtshäfen los, aber diese zerbrechliche Fracht wird, wenn sie auf den amerikanischen Docks ankommt, rücksichtslos behandelt. Wie schlecht gekühlte Käse ›verderben‹ absolut gute französische Ideen in anderen Klimazonen. Nur Europa, so scheint es, erzeuge Ideen. Die Intellektuellen in Amerika transkribieren diese Ideen schlecht, in krummen Linien. Amerikanische Intellektuelle andererseits schaffen keine guten Ideen, die dann auf dem Weg nach Frankreich ›schlecht werden.‹ Vielmehr sind ihre Ideen schon bei ihrer Abfahrt schlecht und können deshalb an der Grenze nur durch intellektuellen Protektionismus ferngehalten werden. Was Bourdieu/Wacquant eigentlich fordern, ist deshalb nicht eine Auseinandersetzung mit diesen Ideen, sondern vielmehr eine vor ihnen schützende Quarantäne.

Innerhalb des Narrativs von Wacquant ›produzieren‹ Intellektuelle wie Bourdieu Wissen, während US-Amerikaner_innen und Brasilianer_innen es passiv ›konsumieren‹. Ironischerweise waren aber gerade brasilianische Intellektuelle und Künstler_innen in der vordersten Reihe derer, die diese passive Auffassung ihrer Rolle auseinander genommen haben, indem sie in Theorie und Praxis zeigten, dass beherrschte Kulturen ›außerörtliche Ideen‹ indigenisieren, umwandeln, enteignen, ›kannibalisieren‹ und mit neuer Bedeutung ausstatten können. Innerhalb des Indigenisierungsprozesses können sogar Missverständnisse fruchtbar werden, so wie es Oswald de Andrades Ode an den »Millionenbeitrag von Fehlern« nahelegt oder Silviano Santiagos Lob der »fruchtbaren Irrtümer« und Caetano Velosos Forderung einer »Ästhetik der Fehler«.

Ein ökonomisches Abhängigkeitsmodell versäumt es in dieser Hinsicht, die Komplexität des kulturellen Bereichs zu begreifen. In »Über die anthropophage Vernunft: Dialoge und Differenz in brasilianischer Kultur« stellt sich der Dichter und Kritiker Haroldo de Campos die modernistische Anthropophagie als einen brillanten strategischen Zug vor, um das Nationale innerhalb einer dialogischen Beziehung zum Universellen zu denken. Indem er Oswalds anthropophagische Stichworte aufgreift, bekräftigt Campos die Werte von »Aneignung, Enteignung, Enthierarchisierung und Dekonstruktion«.[814]

814 Haroldo de Campos, Da Razão Antropofágica: A Europa sob o Signo da Devoração, *Revista Colôquio: Letras* 62 (July 1981): 10–25.

Campos zufolge passt die brasilianische Kultur die Kunst an lokale Zeiten und Plätze durch eine provokante ›Transvalorisierung‹ [Aufwertung durch Umwertung] an, durch die Ideen aus den Metropolen ›spirituelle Nahrung‹ für Erneuerung werden. Verschlungen, gekaut und verdaut werden die Texte aus dem Zentrum eine Grundnahrung für das, was Eneida Maria de Souza ein »multikulturelles Festmahl« an der Peripherie nennt.[815] Roberto Schwarz erinnert uns in seinem Essay »The National by Subtraction«, dass in einer Zeit, in der praktisch jeder behauptet marginal zu sein, die Derrida'sche Wiederherstellung der Kopie narzisstische Befriedigung biete, da sie die Peripherie nicht nur gleich mache, sondern sogar überlegen, und zwar insofern, als sie sich selbst immer schon *als* peripher erkannt habe. Anders als die ›Erste Welt‹ akzeptiert die bescheidenere ›Dritte Welt‹ die Ablehnung von Ursprüngen mit Leichtigkeit und ist deshalb besser auf die Moderne und Postmoderne vorbereitet. Aber während sie für die Sorgen der ›Dritten Welt‹ eine Heilsalbe darstellt, ist diese Wiederherstellung der Kopie für Schwarz keine ausreichende Ausrede für eine nationale Kultur.[816]

In einer Demonstration dessen, was Althusser'sche Marxist_innen »ungleiche Entwicklung« nannten, bleiben Bourdieu/Wacquant, die ansonsten schneidende Kritiker neoliberaler Globalisierung sind, epistemologisch eurozentrisch, insofern als sie es versäumen, Verbindungen zwischen der Philosophie der Aufklärung und kolonialen Praktiken in einer früheren Periode und zwischen Kolonialität und Globalisierung in einer späteren zu ziehen. In *Acts of Resistance* argumentiert Bourdieu wortgewandt für den Erhalt der wohlfahrtsstaatlichen Anrechte, dem Ergebnis »mehrerer Jahrhunderte intellektueller und politischer Kämpfe für die Würde der Arbeiter_innen«. Bourdieu rutscht dann in eine aufschlussreiche Analogie. Mit Recht macht er sich über die Neoliberalen lustig, die die Verteidigung sozialer Errungenschaften »konservativ« nennen, fragt dann aber rhetorisch: »Würde irgend jemand die Verteidigung von kulturellen Errungenschaften der Menschheit [wie] Kant oder Hegel als konservativ verurteilen?«[817] In Wahrheit würden tatsächlich viele kritische Intellektuelle Hegel und Kant für konservativ erachten, ja sogar für kolonialistisch und rassistisch. Blind gegenüber den eher unziemlichen Aspekten europäischer philosophischer Tradition, berücksichtigt Bourdieu nicht, wie Hegel aus dem Blickwinkel indigener Gesellschaften wahrgenommen werden könnte, deren ›Ausrottung‹ Hegel als einen Triumph des ›Geistes‹ feierte. Indem er den falschen Universalismus verurteilt, während er gleich-

815 Eneida Maria de Souza, *Crítica Cult* (Belo Horizonte, Brazil: UFMG, 2002), 101.
816 Roberto Schwarz, Misplaced Ideas (London: Verso, 1997), 219.
817 Pierre Bourdieu, Acts of Resistance: *Against the Tyranny of the Market* (New York: New Press, 1998), 61.

zeitig einen seiner philosophischen ›Stammväter‹ preist, kratzt Bourdieu den falschen Universalismus globalisierender Glaubenssätze mit seiner Kritik nur oberflächlich. (Bourdieu/Wacquant geben als Beispiel für diesen falschen Universalismus Fukuyamas *Ende der Geschichte* an, ohne auf Fukuyamas selbst erklärten Hegelianismus einzugehen.)

Während Kants und Hegels Werke tatsächlich brillante kulturelle Errungenschaften der Menschheit sind, liegt wenig ›Menschlichkeit‹ in ihrem Porträt nicht-europäischer Menschen. Bourdieu gleitet leicht von der Verteidigung hart erkämpfter sozialer ›Anrechte‹ in Europa zu einer Befürwortung von Philosoph_innen, die sich das ›Recht‹ anmaßten, die Mehrheit der Menschheit im Namen einer selbstverständlichen europäischen Überlegenheit zur Unbedeutsamkeit zu verdammen. Wir wollen natürlich nicht sagen, dass das Werk solcher Philosoph_innen auf den in ihm enthaltenen Rassismus zu reduzieren sei, oder dass es in ihren Werken keine fortschrittliche Dimension gäbe. Doch sollten die weniger angenehmen Aspekte ihres Werkes nicht auf die übliche Weise weiß gewaschen werden. Eine mehr ›beziehungsgeschichtliche‹ Methode, um ein von sowohl Bourdieu als auch uns bevorzugtes Wort zu wählen, würde eine Verbindung zwischen ›Anrechten‹ innerhalb Europas und dem Fehlen solcher ›Anrechte‹ in den Kolonien und Neokolonien des Westens erkennen. Eine beziehungsgeschichtliche Methode würde nicht nur eine innige Verbindung zwischen dem Reichtum Europas (*latu sensu*) und der Armut der kolonisierten Welt erkennen. Sie würde diese auch (1) mit dem Bewusstsein der Philosoph_innen, ein ›Anrecht‹ darauf zu haben, nicht-europäische Zivilisationen herabzusetzen, in Verbindung bringen, wie auch (2) mit dem geschichtlichen Anrecht der Kolonialist_innen, sich nicht-europäisches Gemeinschaftsland anzueignen, und (3) mit dem Recht , das sich transnationale Konzerne rausnehmen, wenn sie sich indigenes Wissen unter dem Vorwand patentieren lassen, dass die indigenen Bewohner_innen keinen ›Anrechtstitel‹ auf das Land oder seine Erzeugnisse besäßen.

Bourdieus Kritik von sozialem Privileg im französischen Bildungssystem betrifft eindeutig andere ähnlich geteilte Bildungssysteme. Nach Bourdieu ist kulturelles Kapital die Anhäufung von Prestige mittels Bildung, Schichtzugehörigkeit, Familienstatus und ritualisierter Initiationen in den privilegierten Status, durch den Wert sozial erzeugt wird. Bourdieu erlitt aufgrund seiner Benachteiligung durch seine soziale Herkunft aus dem ländlichen Süden Frankreichs die französische Variante dessen, was Richard Sennett die »versteckten Verletzungen von Klasse« genannt hat.[818] In seinem Buch *Ein soziologischer Selbstversuch* spricht Bourdieu bewegend davon, wie sein durchschnittlicher

818 Richard Sennett und Jonathan Cobb, *The Hidden Injuries of Class* (New York: Knopf, 1972).

(»sich nicht durch Unterschied auszeichnender«) sozialer Hintergrund zu einer »offenen Sympathie für die [algerischen] Eingeborenen« geführt habe.[819] Die Analogie als kognitiv-affektives Instrument verhilft Bourdieu dazu, repressive Situation anderswo zu verstehen. Er erkennt eine Analogie zwischen seinen Erinnerungen an die angesehenen ›Anführer‹ in der Schule – eine Art provinziellen Microadels – und der geschichtlichen Erinnerung an den wirklichen französischen Adel. Bourdieu ruft eine Variante dessen auf, was wir die ›epistemologischen Vorteile‹ jener genannt haben, die die soziale Szene von ›unten‹ beobachten: »Vielleicht bietet die Tatsache des aus ›Klassen‹ Stammens, die ›bescheiden‹ genannt werden, Tugenden, die in Methodologielehrbüchern nicht gelehrt werden: ein Fehlen der Verachtung für empirische Details, die niedrigen Objekten gewidmete Aufmerksamkeit, die Ablehnung donnernder Brüche und spektakulärer Auftritte.«[820] Wenn die sozialen Wunden aus Bourdieus ländlichen Ursprüngen ihn angestoßen haben, die versteckten Verletzungen durch Klasse zu sehen, könnte nicht dieselbe Fähigkeit zur Analogie ihm dazu verhelfen, die versteckten (und nicht so versteckten) Verletzungen durch *race* und Geschlecht aufzudecken? Global gesehen hat der koloniale Rassismus eine Situation geschaffen, in der kulturelles und symbolisches Kapital auf unfaire Weise einer Gruppe zugewachsen ist und einer anderen Gruppe auf unfaire Weise weggenommen wurde. Der Kolonialismus, die Sklaverei, der Rassismus und der Neokolonialismus sowie ihr diskursives Korrelat, der Eurozentrismus, haben die heutige Produktion und Verbreitung von Wissen stark geprägt. Während er viele unterschiedlichen Formen von Kapital – ökonomisches, soziales, kulturelles, und so weiter – anspricht, ignoriert Bourdieu das weiße ›Rassenkapital‹, das in den vergangenen Jahrhunderten ererbt und von Generation zu Generation weitergegeben wurde. Eine Gruppe von Menschen hat Vorteile einfach dadurch ererbt, dass sie, um Beaumarchais frei zu zitieren, sich die Mühe gemacht haben geboren zu werden – in diesem Fall als Weiße.

Translationale Beziehungsgeschichten

In *Race in Translation* haben wir die Zirkulation der *race*-/Kolonialismusdabatten auf den Begriff der mehrfachen, farblichen Atlantikarten gebracht. Wir haben versucht, die gegenseitig eindringlichen Verbindungen zwischen drei auseinandergehenden aber historisch verknüpften kolonialen/nationalen Zonen zu schmieden, um das Potential für grenzüberschreitende Erleuchtung aufzuzeigen. Gleichzeitig offenbart unsere Erzählung eine zum Teil phanta-

819 Pierre Bourdieu, *Esquisse pour une Auto-Analyse* (Paris: Raisons d'Agir, 2004), 13.
820 Ebd., 126.

sierte, durch unterschiedliche Nationalismen, Narzissmen und Exzeptionalismen gefilterte Begegnung. Die Gegnerschaft zu *Multicultural/Critical Race/Postcolonial Studies*, so argumentierten wir, basiert manchmal auf nationalen Paradigmen, so dass die Ablehnung mehr durch projektive Ängste ausgelöst wird als durch irgendeine in die Tiefe gehende Beschäftigung mit dem dekolonisierenden Forschungsstand. Was vergessen wird, ist, dass ethno-nationale Identitäten, als zum Teil imaginäre Konstrukte, einen Fall sich bewegender Identifikationen darstellen statt ontologische Wesenheiten – Essenzen – mit ein für allemal festgeschriebenen Eigenschaftslisten (also ›Ontologi-Nationen‹) zu sein: Frankreich ist nicht ewig kartesianisch, Brasilien nicht andauernd karnevalesk, und die Vereinigten Staaten sind nicht ausnahmslos puritanisch. Obgleich Nationalstaaten ungleiche politische und ökonomische Macht ausüben, kann intellektuelle Arbeit nicht auf ein einziges Ethos oder auf staatlich diktierte Ideologie reduziert werden. Ein Pass stempelt einem Menschen, einem Text oder einem Diskurs keinen ganz bestimmten Nationalcharakter auf, noch entsprechen Kultur und Wissensproduktion ordentlichen politischen Grenzlinien, und sie gehorchen auch nicht den Aufträgen selbst der autoritärsten Regime.

Monolithische Auffassungen von Nationalität dämpfen die intellektuelle Heteroglossie von durch eine Vielzahl sozialer Dialekte, Jargons und Ideologien gekennzeichneten kulturellen Zonen. Da Nationalstaaten nicht durch ein einziges politisches Modell definiert sind, sondern vielmehr durch endlose innere Auseinandersetzungen um miteinander rivalisierende Modelle, ist die intellektuelle Arena notwendigerweise uneinig und differenziert. Nationalstaaten sind polyperspektivisch und im Sinne Bachtins multichronotopisch (d.h., auf mehrfache Weise räumlich und zeitlich auf einander bezogen und verbunden) und bilden dissonante Polyfonien teilweise uneiniger Stimmen. Statt eines ›Kampf der Kulturen‹ finden wir mit Arjun Appadurais Umkehrung eine »Kultur der Kämpfe«.[821] Unser Streit mit einigen linken Intellektuellen hat sich letztlich nicht um anti-imperialistische Geopolitik gedreht, über die wir im Einklang sind, sondern um die reduktive Darstellung komplexer intellektueller Bereiche.

In dem Versuch, sich über die national-exzeptionalistischen Beschreibungen und binären Vergleiche hinaus zu bewegen, hat unser Buch gewisse geschichtliche und diskursive Konvergenzen festgestellt. So wie Komparatist_innen eine Konvergenz der ›Rassendynamiken‹ in den Vereinigten Staaten und in Brasilien wahrgenommen haben, spricht Ryler Stovall jetzt von einer »Konvergenz« zwischen dem schwarzen Leben in Frankreich und dem in den Ver-

821 Arjun Appadurai, *Fear of Small Numbers: An Essay on the Geography of Anger* (Durham: Duke University Press, 2006), 18.

einigten Staaten.[822] In der Folge der Rebellionen von 2005 ist es schwieriger geworden, die Parallelen und Verbindungen zwischen ›Rassenspannungen‹ an den diversen Orten um den postkolonialen Atlantik abzustreiten. In Wahrheit weisen französische, US-amerikanische und brasilianische Städte alle soziale Brüche auf, die von miteinander verwobenen Geschichten von Kolonialität und *race* geprägt sind. Fanons koloniale *zwei Städte* haben die Gestalt der postkolonialen Scheide zwischen Banlieue und Stadtzentrum in Frankreich, zwischen Ghetto und weißem Vorort in den Vereinigten Staaten und zwischen Favela und *bairre nobre* (elegantem Viertel) in Brasilien angenommen. Derart sind die drei Zonen und die Diskurse über sie zunehmend dazu gekommen, sich gegenseitig auf eine Weise zu ähneln, die nicht auf *Globalisierung* oder *Amerikanisierung* reduziert werden kann. Es ist daher keine Frage der bloßen Gegenüberstellung kolonialer/nationaler Geschichten innerhalb eines additiven Ansatzes, sondern vielmehr eine der Erforschung ihrer Vernetzungen innerhalb eines globalen Systems interkolonialer Hegemonien und Kämpfe. Zwar haben wir nationale Verortungen angesprochen, aber nur, um eine analytische Entortung vorzunehmen, indem wir die verworrenen Netze von Ideen und Praktiken, die miteinbezogene nationale und regionale Ausformungen begründen, konstruieren und dekonstruieren, auffädeln und entwirren.

Wir sind von der Annahme ausgegangen, dass alle Nationen auf einer Ebene Transnationen sind und sich in einer Übersetzungsbeziehung ungleicher Unterredungen befinden. Statt intellektuelle Werke in Kategorien klarer nationalstaatlicher Grenzen zu diskutieren, haben wir die transnationale gegenseitige Verbundenheit von Ideen hervorgehoben. Da intellektuelle Arbeit mittels Anleihen, Indigenisierungen und Bearbeitungen gedeiht, verwischt die gegenseitige Einbeziehung von Historien und Geografien die Linien zwischen ›innen‹ und ›außen‹. Eine translinguistische Betrachtung von *Übersetzung* stellt in diesem Sinne jedes Idiom von *Treue* und *Verrat*, welches eine eins-zu-eins Übereinstimmung zwischen einer ›ethno-nationalen‹ Kultur und einem intellektuellen Feld annimmt, in Frage. Statt sich angemessene oder unzulängliche Kopien *ursprünglicher Ideen* vorzustellen, betont die Translinguistik den Dialog, die Unterredung, das Neuanstimmen und die Vermittlung. Gleichzeitig entgehen diese Vermittlungen nicht der Schwerkraft der Geschichte; sie werden gemacht und neu geformt innerhalb spezifischer Geografien und politischer Zusammenhänge. Jeder Übersetzungsakt befindet sich an bestimmter Stelle und wird unweigerlich überschattet von der Architektur der Ungleichheit.

822 Vgl. Tyler Stovall, »›No Green Pastures‹: The African Americanization of France«, in Elisabeth Mudimbe-Boyi, Hrsg., *Empire Lost: France and Its Other Worlds* (New York: Lexington Books, 2009).

Die Bewegung von Ideen ist, wie wir gesehen haben, vielgerichtet und besitzt diverse Eingangs- und Ausgangspunkte. Als ein Plurilog über mehrere Schauplätze hinweg haben die verschiedenen *Critical Race*/Kolonialitätsprojekte sich auf eine Auswahl an Diskursen gestützt, die sich, besonders angesichts der postkolonialen Entortungen vieler Intellektueller selbst, nicht auf einen nationalen Ursprung reduzieren lassen. Wir haben versucht, Ideen auf der Durchreise zu verfolgen und auf ihre Neuakzentuierung hinzuweisen, während sie durch unterschiedliche Zonen in einem jedes Idiom von Original/Kopie, einheimisch/ausländisch und Export/Import transzendierenden Hin und Her zirkulieren – in einem Narrativ, welches das Dazwischen von Sprachen und Diskursen in den Vordergrund rückt.

Auswahlbibliographie

Die hier wiedergegebene Literatur ist nicht die im Buch verwendete, sondern eine vom Verlag erstellte Auswahl. Angaben zur (meist englischsprachigen) Original-Literatur finden sich ausführlich in den Fußnoten.

Aas, Norbert & Werena Rosenke (Hrsg.): Kolonialgeschichte im Familienalbum. Frühe Fotos aus der Kolonie Deutsch-Ostafrika. Münster: Unrast, 1992

Achebe, Chinua: »Ein Bild von Afrika. Rassismus in Conrads ›Herz der Finsternis‹.« In: ders: Ein Bild von Afrika. Essays. Berlin: Alexander Verlag, 2000 (Erstveröffentlichung auf Englisch 1975/1988)

Agozino, Biko: Counter-Colonial Criminology. A Critique of Imperialist Reason. London: Pluto, 2003

Ahmed, Sara: »Declarations of Whiteness. The Non-Performativity of Anti-Racism.« In: borderlands e-journal 3.2 (2004), URL: http://www.borderlands.net. au/vol3no2_2004/ahmed_declarations.htm (18.01.2010)

Aikins, Joshua Kwesi: »Die alltägliche Gegenwart der kolonialen Vergangenheit.« In: Antidiskriminierungsbüro Köln, cybernomads (Hrsg.): TheBlackBook. Deutschlands Häutungen. Frankfurt am Main, London: Iko-Verlag für Interkulturelle Kommunikation, 2004

Aikins, Joshua Kwesi, Chandra-Milena Danielzik & Matti Steinitz: »Wie weiß ist der Elfenbeinturm?« In: HUch Sonderausgabe Rassismus (Winter 2008/2009)

Ajayi, F. Ade: Unfinished Business. Confronting the Legacies of Slavery and Colinialsm in Africa. Amsterdam: SEPHIS-CSSSC publication, 2002

Alexander, M. Jacqui & Chandra Talpade Mohanty (Hrsg.): Feminist Genealogies, Colonial Legacies, Democratic Futures. London, New York: Routledge, 1996

Anderson, Benedict: Die Erfindung der Nation. Zur Karriere eines erfolgreichen Konzepts. Frankfurt am Main; New York: Campus, 1988 (Erstveröffentlichung auf Englisch 1983)

Appadurai, Arjun: Fear of Small Numbers. An Essay on the Geography of Anger. Durham: Duke University Press, 2006

Araeen, Rasheed: »Eurocentricity, Canonization of the White/ European Subject in Art History, and the Marginalization of the Other.« In: Irene Below & Bearice von Bismarck (Hrsg.): Globalisierung/Hierarchisierung. Kulurelle Dominanz in Kunst und Kunstgeschichte. Marburg: Jonas Verlag, 2005, S. 54-61

Arendt, Hannah: Elemente und Ursprünge totaler Herrschaft. München, Zürich: Piper, 1986

Arndt, Susan: »Impressionen. Rassismus und der deutsche Afrikadiskurs.« In: Susan Arndt (Hrsg.): AfrikaBilder. Studien zu Rassismus in Deutschland. Münster: Unrast, 2001, S. 11-68

Arndt, Susan und Maureen Maisha Eggers, Grada Kilomba & Peggy Piesche (Hrsg.): Mythen, Masken und Subjekte. Kritische Weißseinsforschung in Deutschland. Münster: Unrast, 2005

Arndt, Susan: »Myths and Masks of ›Travelling‹. Colonial Migration and Slavery in Shakespeare's Othello, The Sonnets and The Tempest.« In: Lars Eckstein & Christoph Reinfandt (Hrsg.): Anglistentag 2008 Tübingen. Procedings. Trier: WVT, 2009, S. 213-226

Arndt, Susan: »Rereading (Post)Colonialism. Whiteness, Wandering and Writing.« In: dies. & Marek Spitczok von Brisinski (Hrsg.): Africa, Europe and (Post)Colonialism. Racism, Migration and New Diasporas in African Literatures.

Arndt, Susan & Antje Hornscheidt (Hrsg.): Afrika und die deutsche Sprache. Münster: Unrast, 2003

Ashcroft, Bill, Gareth Griffiths & Helen Tiffin: Post-Colonial Studies. The Key Concepts. London; New York: Routledge, 2000

Ashcroft, Bill, Gareth Griffiths & Helen Tiffin (Hrsg.): The Post-Colonial Studies Reader. London; New York: Routledge, 1995

Attia, Iman: Die ›westliche Kultur‹ und ihr Anderes. Zur Dekonstruktion von Orientalismus und antimuslimischem Rassismus. Bielefeld: transcript, 2009

Attia, Iman (Hrsg.): Orient-und Islambilder. Interdisziplinäre Beiträge zu Orientalismus und antimuslimischem Rassismus, Münster: Unrast, 2007

Auer, Katrin: »›Political Correctness‹. Ideologischer Code, Feindbild und Stigmawort der Rechten.« In: Österreichische Zeitschrift für Politikwissenschaft 30.3 (2002), S. 291-303, URL: http://www.renner-institut.at/download/texte/auer. pdf (16.11.2010)

Ayim, May: Grenzenlos und unverschämt. Berlin: Orlanda Frauenverlag, 1997

Ayim, May; Gülsen Aktas, Ilona Bubeck, Ika Hügel, Chris Lange & Dagmar Schulz (Hrsg.): Entfernte Verbindungen. Rassismus, Antisemitismus, Klassenunterdrückung. Berlin: Orlanda Frauenverlag, 1993

Bacon, Francis: »Über Kolonien.« (Erstveröffentlichung auf Englisch 1597) In: Levin L. Schücking (Hrsg.): Francis Bacon. Essays oder praktische und moralische Ratschläge. Stuttgart: Reclam, 2005, S. 116-119

Bade, Klaus: Homo Migrans. Wanderungen aus und nach Deutschland. Erfahrungen und Fragen. Essen: Klartext, 1994

Baer, Martin & Olaf Schröter: Eine Kopfjagd. Deutsche in Ostafrika. Spuren kolonialer Herrschaft. Berlin: Ch. Links Verlag, 2001

Balibar, Étienne: Sind wir Bürger Europas? Politische Integration, soziale Ausgrenzung und die Zukunft des Nationalen. Hamburg: Hamburger Edition, 2003 (Erstveröffentlichung auf Französisch 2001)

Balibar, Étienne & Immanuel Wallerstein (Hrsg.): Rasse, Klasse, Nation – Ambivalente Identitäten. Hamburg: Argument, 1998 (Erstveröffentlichung auf Französisch 1988)

Banton, Michael: Race Relations. New York: Basic Books, 1967

Baucom, Ian: Specters of the Atlantic. Finance Capital, Slavery and the Philosophy of History. Durham: Duke University Press, 2005

Beck, Ulrich: Der kosmopolitische Blick oder: Krieg ist Frieden. Frankfurt am Main: Suhrkamp, 2004

Becker, Thomas: Mann und Weib – schwarz und weiß. Die wissenschaftliche Konstruktion von Geschlecht und Rasse 1600-1950. Frankfurt am Main, New York: Campus, 2005

Ben Tovim, Gideon: »Why ›Positive Action‹ is ›Politically Correct‹.« In: Tariq Modood (Hrsg.): The politics of Multiculturalism in the new Europe. Racism, Identity and Community. London: Zed Books, 1997, S. 209-222

Bernasconi, Robert: Race. London: Blackwell, 2001

Beyan, Amos J: »Atlantic Ocean Slave Trade.« In: The Oxford Encyclopedia of African Thought, Oxford University Press, 2010, URL: http://www.oxfordreference.com

Bhabha, Homi K.: Die Verortung der Kultur. Tübingen: Stauffenburg, 2000 (Erstveröffentlichung auf Englisch 1994)

Biko, Steve: I write what I like. Oxford; New Hampshire; Gaborone: Heinemann, 1987 (Erstveröffentlichung 1978)

Black Panther: »The Ten Point Plan.« In: URL: http://www.blackpanther.org/TenPoint.htm (10.09.2010)

Blackburn, Robin: The Making of New World Slavery. From the Baroque to the Modern 1492-1800. London: Verso, 2010 (Erstveröffentlichung 1997)

Boal, Augusto: Theater der Unterdrückten. Übungen und Spiele für Schauspieler und Nicht-Schauspieler. Frankfurt am Main: Suhrkamp, 1989 (Erstveröffentlichung auf Portugiesisch 1973)

Borges, Jorge Luis: »Von der Strenge der Wissenschaft.« In: Jorge Luis Borges: Im Labyrinth. Frankfurt am Main: Fischer, 2003 (Erstveröffentlichung auf Spanisch 1961), S. 48

Bourdieu, Pierre: »Physischer, sozialer und angeeigneter physischer Raum.« In: Martin Wentz (Hrsg.): Stadt-Räume. Frankfurt am Main: Campus, 1991, S. 25-34

Brague, Rémi: Europa – eine exzentrische Identität. Frankfurt am Main: Campus, 1993 (Erstveröffentlichung auf Französisch 1992)

Brah, Avtar: Cartographies of Diaspora, Contesting Identities. London, New York: Routledge, 1996

Bremer, Karl (Hrsg.): G.W.F. Hegel. Vorlesungen, Ausgewählte Nachschriften und Manuskripte. Bd. 12. Vorlesungen über die Philosophie der Weltgeschichte (Berlin 1822/1823). Hamburg: Meiner, 1996

Broeck, Sabine: »Das Subjekt der Aufklärung – Sklaverei – Gender Studies: Zu einer notwendigen Relektüre der Moderne.« In: Gabriele Dietze & Sabine Hark (Hrsg.): Gender kontrovers. Genealogien und Grenzen einer Kategorie. Königstein: Ulrike Helmer Verlag, 2006

Broeck, Sabine: »Never Shall We Be Slaves. Locke's Treatises, Slavery and Early Modernity.« In: Heike Raphael-Hernandez (Hrsg.): Blackening Europe. The African American Presence. London, New York: Routledge, 2004, S. 235-247

Bronfen, Elisabeth & Benjamin Marius: »Hybride Kulturen. Einleitung zur angloamerikanischen Multikulturalismusdebatte.« In: dies. (Hrsg.): Hybride Kulturen. Beiträge zur anglo-amerikanischen Multikulturalismusdebatte. Tübingen: Stauffenburg, 1997, S. 1-29

Buck Morss, Susan: »Hegel und Haiti.« In: Tina Campt & Paul Gilroy (Hrsg.): Der Black Atlantic. Berlin: Haus der Kulturen der Welt, 2004 (Erstveröffentlichung auf Englisch 2000), S. 69-77

Butler, Cheryl Blanche: The Art of the Black Essay. From Meditation to Transcendence. New York: Routledge, 2003

Butler, Judith: Gender Trouble. London; New York: Routledge, 1999/2006 (Erstveröffentlichung 1990)

Butler, Judith und Ernesto Laclau & Slavoj Žižek (Hrsg.): Contingency, Hegemony, Universality. Contemporary Dialogues on the Left. London, New York: Verso, 2000

Castro Varela, María do Mar & Nikita Dhawan: Postkoloniale Theorie. Eine kritische Einführung. Bielefeld: transcript, 2005

Césaire, Aimé: Über den Kolonialismus. Berlin: Wagenbach 1968 (Erstveröffentlichung auf Französich 1950)

Chinweizu: »Afrocentric Rectification of Terms. Excerpts From: What Slave Trade? and Other Afrocentric Reflections on the Race War.« In: Tinabantu. Journal of African National Affairs 1.2 (2003), S. 33-35

Clarke, John Henrik: Christopher Columbus and the African Holocaust. Slavery and the Rise of European Capitalism. New York : A & B Distributors & Publishers Group, 1992

Clifford, James: Routes. Travel and Translation in the Late Twentieth Century. Cambridge: Harvard University Press, 1997

Coetzee, Pieter H. & Abraham P.J. Roux (Hrsg.): The African Philosophy Reader. London, New York: Routledge, 2003 (Erstveröffentlichung 1998)

Cohen, Robin: Global Diasporas. An Introduction. London; New York: Routledge, 2008

Collins, Patricia Hill: Black Feminist Thought. Knowledge, Consciousness, and the Politics of Empowerment. London; New York: Routledge, 1991

Conrad, Sebastian & Shalini Randeria (Hrsg.): Jenseits des Eurozentrismus. Postkoloniale Perspektiven in den Geschichts-und Kulturwissenschaften. Frankfurt am Main, New York: Campus, 2002

Crenshaw, Kimberlé: »Mapping the Margins. Intersectionality, Identity Politics, and Violence against Women of Color.« In: Stanford Law Review 43 (1990), S. 1241-1299

Danckwortt, Barbara und Thorsten Querg & Claudia Schöningh (Hrsg.): Historische Rassismusforschung. Ideologie Täter - Opfer. Berlin, Hamburg: Argument, 1995

Davidson, Basil: Vom Sklavenhandel zur Kolonialisierung. Afrikanisch-europäische Beziehungen zwischen 1500 und 1900. Hamburg b. Reinbek: Rowohlt, 1966

Davis, Angela: Rassismus und Sexismus. Schwarze Frauen und Klassenkampf in den USA. Berlin: Elefanten Press, 1982 (Erstveröffentlichung auf Englisch 1981)

Deleuze, Gilles & Félix Guattari: Rhizom. Berlin: Merve, 1977

Dhawan, Nikita: »Can the Subaltern Speak German? And Other Risky Questions. Migrant Hybridism versus Subalternity.« In: translate.eipcp.net, URL: http://translate.eipcp.net/strands/03/dhawan-strands01en (25.04.2007)

Dietze, Gabriele: »Race Class Gender. Differenzen und Interdependenzen am Amerikanischen Beispiel.« In: Die Philosophin. Forum für feministische Theorie und Philosophie. 12.13 (2001), S. 30-49

Du Bois, W. E. B.: The Souls of Black Folk. Oxford: Oxford University Press, 2007

Duala-M'bedy, Munasu: Xenologie. Die Wissenschaft vom Fremden und die Verdrängung der Humanität in der Anthropologie. Freiburg, München: Alber, 1977

Dussel, Enrique: »Invention of the Americas. Eclipse of ›the other‹ and the Myth of Modernity.« In: URL: http://bibliotecavirtual.clacso.org.ar/ar/libros/dussel/1492in/1492in.html (22.09.2009)

Dussel, Enrique: »World-System and ›Trans‹-Modernity.« In: Nepantla: Views from the South 3.2 (2002), S. 221-244

Escobar, Arturo: »The Making and Unmaking of the Third World Through Development.« In: Majid Rahnema & Victoria Bawtree: The Post-Development Reader. London: ZED Books, 1997, S. 85-93

Eze, Emmanuel Chukwudi: Race and the Enlightenment. A Reader. Malden, Oxford: Blackwell Publishers, 1997

Fanon, Frantz: Die Verdammten dieser Erde. Frankfurt am Main: Suhrkamp, 1981 (Erstveröffentlichung auf Französisch 1961)

Fanon, Frantz: Schwarze Haut, weiße Masken. Frankfurt: Syndikat, 1980 (Erstveröffentlichung auf Französisch 1952)

Fischer, Sybille: Modernity Disavowed. Haiti and the Cultures of Slavery in the Age of Revolution. Durham: Duke University Press, 2004

Foucault, Michel: Archäologie des Wissens. Frankfurt am Main: Suhrkamp, 1994 (Erstveröffentlichung auf Französisch 1969)

Foucault, Michel: »Die Gouvernementalität.« In: Ulrich Bröckling, Susanne Krasmann & Thomas Lemke (Hrsg.): Gouvernementalität der Gegenwart. Studien zur Ökonomisierung des Sozialen. Frankfurt am Main: Suhrkamp, 2000, S. 41–67

Foucault, Michel: Die Ordnung des Diskurses. Inauguralvorlesung am Collége de France, 02.12.1970. Frankfurt am Main: Fischer, 2003 (Erstveröffentlichung auf Französisch 1971)

Foucault, Michel: »Leben machen und sterben lassen. Die Geburt des Rassismus.« In: Sebastian Reinfeldt & Richard Schwarz (Hrsg.): Bio-Macht. Biopolitische Konzepte der neuen Rechten. Duisburg: DISS, 1992 (Erstveröffentlichung auf Französisch 1991), S. 27-50

Freire, Paulo: Pädagogik der Unterdrückten. Bildung als Praxis der Freiheit. Reinbek b. Hamburg: Rowohlt, 1973 (Erstveröffentlichung auf Portugiesisch 1970)

Galeano, Eduardo: Las venas abiertas e América Latina. Montevideo: Catálogos, 1971

Gilroy, Paul: The Black Atlantic. Modernity and Double Conciousness. Cambridge: Harvard University Press, 1993

Glissant, Édouard: Zersplitterte Welten. Der Diskurs der Antillen. Heidelberg: Wunderhorn, 1986 (Erstveröffentlichung auf Französisch 1981)

Gutiérrez Rodríguez, Encarnación & Hito Steyerl (Hrsg.): Spricht die Subalterne Deutsch? Migration und postkoloniale Kritik. Münster: Unrast, 2003

Ha, Kien Nghi; Nicola Lauré al-Samarai & Sheila Mysorekar (Hrsg.): re/visionen. Postkoloniale Perspektiven von People of Color auf Rassismus, Kulturpolitik und Widerstand in Deutschland. Münster: Unrast, 2007

Hall, Stuart: Rassismus und kulturelle Identität. Ausgewählte Schriften 2. Hamburg: Argument, 1994

Haritaworn, Jinthana: »Am Anfang war Audre Lorde. Weißsein und Machtvermeidung in der queeren Ursprungsgeschichte.« In: femina politica. Zeitschrift für feministische Politik-Wissenschaft 14.1 (2005), S. 23-36

Hegel, Georg Friedrich Wilhelm: »Vorlesungen zur Philosophie der Geschichte.« In: Helmut Reinicke (Hrsg.): Georg Friedrich Wilhelm Hegel. Werke in zwanzig Bänden. Vol. 12. Frankfurt am Main: Suhrkamp, 1986 (Erstveröffentlichung 1805/06)

Horkheimer, Max & Theodor W. Adorno: Dialektik der Aufklärung. Philosophische Fragmente. Amsterdam: Querido-Verlag, 1947

Hrzán, Daniela und Jana Hussmann-Kastein, Gabriele Dietze & Martina Tißberger (Hrsg.): Weiss - Weissein – Whiteness. Kritische Studien zu Gender und Rassismus / Critical Studies on Gender and Racism. Stuttgart: Peter Lang, 2006

Hund, Wulf D. (Hrsg.): Zigeunerbilder. Schnittmuster rassistischer Ideologie. Duisburg: DISS, 2000

Huntington, Samuel Phillips: Kampf der Kulturen. The clash of civilizations. Die Neugestaltung der Weltpolitik im 21. Jahrhundert. München, Wien: Europa Verlag, 1996 (Erstveröffentlichung auf Englisch 1996)

Huntley, Audrey: Widerstand schreiben! Entkolonialisierungsprozesse im Schreiben indigener kanadischer Frauen. Münster: Unrast, 1996

Jäger, Siegfried & Dirk Halm (Hrsg.): Mediale Barrieren. Rassismus als Integrationshindernis. Münster: Unrast, 2007

Jäger, Siegfried & Jens Zimmermann (Hrsg.): Lexikon Kritische Diskursanalyse. Eine Werkzeugkiste (= Edition DISS Bd. 26). Münster: Unrast, 2010

Joseph, Gloria: Schwarzer Feminismus. Theorie und Politik afro-amerikanischer Frauen. Berlin: Orlanda Frauenverlag, 1993 (Erstveröffentlichung 1983)

Kaké, Ibrahima Baba: »Popularisation of the History of the Slave Trade.« In: Doudou Diene (Hrsg): From Chains to Bonds. Paris: UNESCO Publishing, 2001, S. xxii-xxv

Kant, Immanuel: »Von den verschiedenen Racen der Menschen.« In: Wilhelm Weischedel (Hrsg.): Immanuel Kant. Schriften zur Anthropologie, Geschichtsphilosophie, Politik und Pädagogik 1. Frankfurt am Main: Suhrkamp, 1977

Kaplan, Elizabeth Ann: »Fanon, Trauma and Cinema.« In: Anthony C. Alessandrini (Hrsg.): Frantz Fanon. Critical Perspectives. London: Routledge, 1999

Khanna, Ranjana: Dark Continents. Psychoanalysis and Colonialism. Durham; London: Duke University Press, 2003

Khiari, Sadri: »L'indigène discordant.« In: Les indigènes de la république 10. Mai 2005, URL: http://indigenes-republique.fr/lindigene-discordant/ (07.01.2015)

Kilomba, Grada: Plantation Memories. Episodes of Everyday Racism. Münster: Unrast, 2008

Kimminich, Eva (Hrsg.): Rap. More than Words. Frankfurt am Main: Lang, 2004

Kipling, Rudyard: „The White Man's Burden" In: URL: http://www.online-literature.com/kipling/922/ (07.01.2015)

Kuhn, Gabriel: Tier-Werden, Schwarz-Werden, Frau-Werden. Eine Einführung in die politische Philosophie des Poststrukturalismus. Münster: Unrast, 2005

Lann Hornscheidt, Antje & Adibeli Nduka-Agwu (Hrsg.): Rassismus auf gut Deutsch. Frankfurt am Main: Brandes & Apsel, 2010

Lovejoy, Paul E. Transformations in Slavery. A History of Slavery in Africa. Cambridge: Harvard University Press: 1983

Luesebrink, Hans-Jürgen (Hrsg.): Das Europa der Aufklärung und die außereuropäische koloniale Welt. Göttingen: Wallstein, 2006

Luxemburg, Rosa: Gesammelte Werke. Berlin: Dietz, 1988

Mabana, Kahiudi Claver: »Critical Insights on African Philosophy and Negritude Literature.« In: University of West Indies at Cave Hill, Barbados, URL: http://www.cavehill.uwi.edu/fhe/histphil/Philosophy/CHiPS/2006/Papers/mabana.pdf (31.03.2009)

Mahmood, Saba: »Cultural Studies and Ethnic Absolutism. Comments on Stuart Hall's ›Culture, Community, Nation‹.« In: Cultural Studies 10.1 (1996), S. 1-11

Mahmood, Saba: Politics of Piety. The Islamic Revival and the Feminist Subject. Princeton: Princeton University Press, 2005

Mamozai, Marta: Schwarze Frau, weiße Herrin. Reinbek b. Hamburg: Rowohlt, 1989

Marx, Karl: Das Kapital. Kritik der politischen Ökonomie. Erster Band. Hamburg 1883. Berlin: Akademie Verlag, 1989 (=MEGA)

Mbembe, Achille: On the Postcolony. Berkeley, Los Angeles, London: University of California Press, 2001

Memmi, Albert: Der Kolonisator und der Kolonisierte. Zwei Porträts. Frankfurt am Main: Syndikat, 1980 (Erstveröffentlichung auf Französisch 1957)

Memmi, Albert: Rassismus. Frankfurt am Main: Athenäum-Verlag, 1987

Mills, Charles Wade: The racial contract. Ithaca: Cornell Univ. Press, 1997

Minh-ha, Trinh T.: »Not You/Like You. Postcolonial Women and the Interlocking Questions of Identity and Difference.« In: Anne McClintock, Amir Mufti & Ella Shohat (Hrsg.): Dangerous Liasons. Gender, Nation and Postcolonial Perspectives. Minneapolis: University of Minesota Press, 2004, S. 415-419

Montaigne, Michel de: »Über Die Menschenfresser.« (Erstveröffentlichung auf Französisch 1580) In: ders.: Essais. Erste moderne Gesamtübersetzung von Hans Stilett. München: Goldmann, 2002, S. 315-333

Morel, Edmund Dene: The Black Man's Burden. Manchester: National Labour Press, 1920

Morrison, Toni: »Home.« In: Wahneema Lubiano (Hrsg.): The House That Race Built. New York: Vintage Books, 1998, S. 3-12

Morrison, Toni: Im Dunkeln Spielen. Weiße Kultur und literarische Imagination. Reinbek: rororo, 1995 (Erstveröffentlichung auf Englisch 1992)

Münchner Gesellschaft für Dialektische Philosophie (Hrsg.): Widerspruch. Zeitschrift für Philosophie/ Afrikanische Philosophie.

Ofuatey-Rahal, Nadja (Hrsg.): 200 Years Later. Commemorating the 200 Year Anniversary of the Abolition of the Transatlantic Slave Trade. Berlin: Werkstatt der Kulturen, Berlin & AfricAvenir International e.V., 2008

Oguibe, Jean Olu: »Kunst, Idenität, Grenzen. Postmodernismus und zeitgenössische afrikanische Kunst.« In: Peter Weibel (Hrsg.): Inklusion/ Exklusion. Versuch einer neuen Kartografie der Kunst im Zeitalter von Postkolonialismus und globaler Migration. Ostfildern: DuMont Reiseverlag, 1997, S. 91-97

Ogundipe-Leslie, Molara: »Stiwanism: Feminism in an African Context.« In: dies.: Re-Creating Ourselves. African Women and Critical Transformations. Trenton: Africa World Press, 1994, S. 207-241

Oguntoye, Katharina, May Opitz, & Dagmar Schultz (Hrsg.): Farbe bekennen. Afro-deutsche Frauen auf den Spuren ihrer Geschichte. Berlin: Orlanda Frauenverlag, 2006

Paul, Jobst: Das ›Tier‹-Konstrukt -und die Geburt des Rassismus. Zur kulturellen Gegenwart eines vernichtenden Arguments. Münster: Unrast, 2004

Paz, Octavio: El laberinto de la soledad. México D.F.: Fondo de cultura económica, 2004 (Erstveröffentlichung 1950)

Plumelle-Uribe, Rosa Amelia: Weiße Barbarei. Vom Kolonialrassismus zur Rassenpolitik der Nazis. Zürich: Rotpunktverlag, 2004 (Erstveröffentlichung auf Französich 2001)

Poiss, Thomas: »Die Farbe des Philosophen. Zum Motiv des ›weißen Menschen‹ bei Aristoteles.« In: Wolfgang Ulrich & Juliana Vogel: Weiß. Frankfurt am Main: Fischer, 2003, S. 144-154

Quijano, Aníbal: »Colonialidad del poder, eurocentrismo y America Latina.« In: Colonialidad del saber, eurocentrismo y ciencias sociales, S. 201-246, URL: http://www.cholonautas.edu.pe/modulo/upload/Anibal%20Quijano.pdf (16.11.2010)

Quintero, Pablo und Sebastian Garbe (Hg.): Kolonialität der Macht. De/Koloniale Konflikte: zwischen Theorie und Praxis, Münster: Unrast 2013

Rodney, Walter: »How Europe Underdeveloped Africa.« In: URL: http://www.blackherbals.com/walter_rodney.pdf (07.01.2015)

Roediger, David R. (Hrsg.): Black on White. Black Writers on What it Means to be White. New York: Schocken Books, 1998

Rommelspacher, Birgit: Anerkennung und Ausgrenzung. Deutschland als multikulturelle Gesellschaft. Frankfurt am Main: Campus, 2002

Said, Edward: »Kritik zwischen Kultur und System.« In: Edward Said: Die Welt, der Text und der Kritiker. Frankfurt am Main: S. Fischer, 1997 (Erstveröffentlichung auf Englisch 1983), S. 199-262

Said, Edward: Orientalismus. Frankfurt am Main: Ullstein, 1981 (Erstveröffentlichung auf Englisch 1978)

Schmitz, Markus: Kulturkritik ohne Zentrum. Edward W. Said und die Kontrapunkte kritischer Dekolonisation. Postcolonial studies Band 1. Bielefeld: transcript, 2008

Schön, Georg: Somos Viento - Wir sind der Wind. Globalisierte Bewegungswelten in Lateinamerika. Münster: Unrast, 2008

Seier, Andrea: »Macht.« In: Marcus S. Kleiner (Hrsg.): Michel Foucault. Eine Einführung in sein Denken. Frankfurt am Main, New York: Campus, 2001, S. 90–107

Sen, Amartya: Die Identitätsfalle. Warum es keinen Krieg der Kulturen gibt. Bonn; Bundeszentrale für politische Bildung, 2007

Smith, Andrea: »Heteropatriarchy and the Three Pillars of White Supremacy. Rethinking Women of Color Organizing.« In: INCITE! Women of Color against Violence

(Hrsg.): Color of Violence. The INCITE! Anthology. New York: South End Press, 2006, S. 66-73

Sow, Noah: Deutschland. Schwarz Weiß. Der alltägliche Rassismus. München: C. Bertelsmann, 2008

Sow, Noah: »Edutainment Attacke!.« In: URL: https://edutainmentattacke.wordpress.com/ (07.01.2015)

Spivak, Gayatri Chakravorty: A Critique of Postcolonial Reason. Toward a History of the Vanishing Present. Cambridge Mass.: Harvard University Press, 1999

Steyerl, Hito & Encarnación Gutiérrez Rodríguez (Hrsg.): Spricht die Subalterne deutsch?. Münster: Unrast, 2007

Stötzer, Bettina: InDifferenzen. Feministische Theorie in der antirassistischen Kritik. Hamburg: Argument, 2004

Stoler, Ann Laura: Race and the Education of Desire. Foucaults History of Sexuality and the Colonial Order of Things. Durham, London: Duke University Press, 1995

Thiong'o, Ngugi wa: Moving the Centre. Essays über die Befreiung afrikanischer Kulturen. Münster: Unrast, 1995 (Erstveröffentlichung auf Kikuyu)

Tißberger, Martina: Dark Continents und das UnBehagen in der weißen Kultur. Rassismus, Gender und Psychoanalyse aus einer Critical-Whiteness-Perspektive. Münster: Unrast 2013

Todorov, Tzvetan: La Conquete De L'amérique. La Question De L'autre. Paris: Edition du Seuil, 1982

Trejo, Arnulfo D. (Hrsg.): The Chicanos. As We See Ourselves. Tucson: University of Arizona Press, 1979

Trouillot, Michel-Rolph: Silencing the Past. Power and the Production of History. Boston: Beacon Press, 1995

Tucker, Vincent: »The Myth of Development. A Critique of a Eurocentric Discourse.« In: Ronaldo Munck & Denis O'Hearn (Hrsg.): Critical Development Theory. Contributions to a New Paradigm. London: Zed Books, 1999, S. 1-26

Waechter, Friedrich Karl: Der Anti-Struwwelpeter. Oder listige Geschichten und knallige Bilder. Zürich: Diogenes, 1990

Walker, Alice: In Search of Our Mothers' Gardens. Womanist Pro's. San Diego: Mariner Books, 1983

Weber, Klaus: »Deutschland, der atlantische Sklavenhandel und die Plantagenwirtschaft der Neuen Welt.« In: Journal of Modern European History 7.1 (2009), S. 37-67

Wheeler, Roxann: The Complexion of Race. Categories of Difference in Eigteenth-Century British Culture. Philadelphia: University of Pennsylvania Press, 2000, S. 26-28

Worldmapper: »A to Z Index of maps.« In: URL: http://www.worldmapper.org/atozindex.html (07.01.2015)

Young, Robert C.: Colonial Desire. Hybridity in Theory, Culture and Race. London; New York: Routledge, 1995

Young, Robert C.: Postcolonialism. An Historical Introduction. Malden, Oxford: Blackwell, 2001

Young, Robert C.: White Mythologies. Writing History and the West. London: Routledge, 1990

Yuval-Davis, Nira: Gender & Nation. London: Sage, 1997

Zimmerer, Jürgen: Von Windhuk nach Auschwitz. Beiträge zum Verhältnis von Kolonialismus und Holocaust. Münster: lit Verlag, 2009

In der *Assoziation Linker Verlage* sind Kleinverlage mit politisch engagiertem Programm zusammengeschlossen. Seit 1994 koordinieren wir Werbung und Vertrieb und sparen auf diese Weise Geld und Zeit, sodass mehr Ressourcen für unsere eigentliche Aufgabe verbleiben: das Büchermachen.

Die *aLiVe*-Verlage verstehen sich als Teil der linken Gegenöffentlichkeit. Wir bieten kritischen Köpfen und sozialen Bewegungen ein Forum, politische Ideen vorzustellen, in die Gesellschaft zu tragen und kontrovers zu diskutieren. Deshalb arbeiten wir eng mit sozialen Bewegungen zusammen, greifen ihre Themen auf, begleiten aktuelle Debatten, diskutieren auf Demos, Tagungen und Kongressen.

In der Assoziation Linker Verlage arbeiten zusammen:

AG SPAK Bücher
www.agspak-buecher.de

Alibri Verlag
www.alibri.de

Edition Assemblage
edition-assemblage.de

Verlag Edition AV
www.edition-av.de

Neuer ISP Verlag
www.neuerispverlag.de

Schmetterling Verlag
www.schmetterling-verlag.de

Trotzdem Verlag
www.trotzdem-verlag.de

Unrast Verlag
www.unrast-verlag.de

Assoziation Linker Verlage • www.alive-verlage.de